Revista de Direito Tributário

93

MALHEIROS EDITORES

Revista de Direito Tributário

Publicada sob os auspícios do
Instituto Geraldo Ataliba — IDEPE — Instituto Internacional de Direito Público e Empresarial
Presidente: Prof. Aires Barreto

ISS 0102-7956

REVISTA DE DIREITO TRIBUTÁRIO
publicação trimestral de
MALHEIROS EDITORES LTDA.
Rua Paes de Araújo, 29, 17º andar - conj. 171
CEP: 04531-940 - São Paulo, SP
Tel. (0xx11) 3078-7205
Fax. (0xx11) 3168-5495
Diretor Responsável: Álvaro Malheiros
Diretora: Suzana Fleury Malheiros

Assinaturas e comercialização:
CATAVENTO DISTRIBUIDORA
DE LIVROS S.A.
Rua Conselheiro Ramalho, 928
CEP 01325-000 - São Paulo - SP
Tel. (0xx11) 289-0811 - Fax. (0xx11) 251-3756
Supervisão Gráfica: Vânia Lúcia Amato
Composição: *Scripta*
Impressão: Paym Gráfica e Editora Ltda.

AOS COLABORADORES DA *REVISTA DE DIREITO TRIBUTÁRIO*

Com a finalidade de agilizar a publicação e melhorar ainda mais a qualidade da *RDT*, decidimos centralizar e formalizar o recebimento de material para publicação na forma que segue.

Para o fim de submissão ao Comitê de Redação da *RDT*, os trabalhos devem ser entregues exclusivamente por escrito e acompanhados de disquete, com a devida qualificação do autor. Se for enviado mais de um texto, solicita-se impressão em separado e a gravação de um texto por disquete.

Solicita-se, ainda, que sejam fornecidos dados curriculares mínimos do autor, incluindo o seu endereço eletrônico e telefone para contato.

As correspondências para a *RDT* devem ser enviadas para

Revista de Direito Tributário
Rua Bahia, 1.233
São Paulo/SP
CEP 01244-001

PAULO DE BARROS CARVALHO
Diretor

SUMÁRIO

Aos Colaboradores da RDT 3

CADERNOS DE DIREITO TRIBUTÁRIO

O ART. 3º DA LEI COMPLEMENTAR 118/2005, PRINCÍPIO DA IRRETROATIVIDADE E LEI INTERPRETATIVA 9
— PAULO DE BARROS CARVALHO

ISS — SERVIÇOS DE REPARAÇÃO DE TURBINAS DE AERONAVES, PARA DESTINATÁRIOS NO EXTERIOR — NÃO-INCIDÊNCIA — EXEGESE DO ART. 2º, I, E SEU PARÁGRAFO ÚNICO, DA LEI COMPLEMENTAR 116/2003 24
— ROQUE ANTONIO CARRAZZA

LOS ANTICIPOS IMPOSITIVOS: ¿OBLIGACIONES TRIBUTARIAS? 40
— JORGE BRAVO CUCCI

EXECUÇÃO FISCAL — PENHORA "ON LINE" E A LEI COMPLEMENTAR 118/2005 44
— BETINA TREIGER GRUPENMACHER

FUNDAMENTACIÓN DE LA RESERVA DE LEY EN MATERIA TRIBUTARIA 50
— ANDRÉS BLANCO

ANÁLISE DA VALIDADE DA COBRANÇA DE ICMS SOBRE A EXTRAÇÃO DE PETRÓLEO NO ESTADO DO RIO DE JANEIRO: LEI NOEL 81
— ANTONIO CORRÊA MEYER, RAQUEL NOVAIS e THAIS DE BARROS MEIRA

O ÔNUS/DEVER DA PROVA NO PROCESSO ADMINISTRATIVO TRIBUTÁRIO 93
— FABIANA DEL PADRE TOMÉ

ESTATUTO DO CONTRIBUINTE 106
— AGOSTINHO TOFFOLI TAVOLARO

OS JUROS DE MORA E OS CRÉDITOS TRIBUTÁRIOS COM EXIGIBILIDADE SUSPENSA POR MEDIDA LIMINAR EM MANDADO DE SEGURANÇA 123
— HELENILSON CUNHA PONTES

EMENDAS CONSTITUCIONAIS E SEUS REFLEXOS EM MATÉRIA TRIBUTÁRIA 132
— ADELMO EMERECIANO

A "GUERRA FISCAL" ENTRE OS ESTADOS NO BRASIL — UMA ANÁLISE À LUZ DA TEORIA GERAL DO DIRETO (ENFOCANDO OS PENSAMENTOS DE KELSEN E LUHMANN ... 138

— OSVALDO SANTOS DE CARVALHO

REFLEXÕES TEÓRICAS SOBRE A PROVA APLICADAS NO DIREITO TRIBUTÁRIO ... 155

— FLORENCE CRONEMBERGER HARET

ESTUDOS E COMENTÁRIOS

A TRIBUTAÇÃO DOS SERVIÇOS DE TELECOMUNICAÇÕES PRÉ-PAGOS ... 167

— ANA CLÁUDIA AKIE UTUMI e JERRY LEVERS DE ABREU

OS PRINCÍPIOS DE PERSONALIDADE, CULPABILIDADE E PROPORCIONALIDADE E O ELEMENTO SUBJETIVO DAS INFRAÇÕES TRIBUTÁRIAS: UMA ANÁLISE COMPARATIVA ENTRE O DIREITO POSITIVO ESPANHOL E O BRASILEIRO ... 178

— MARCELO MARQUES RONCAGLIA

PRINCÍPIO DA NÃO-DISCRIMINAÇÃO DO TRATAMENTO FISCAL NAS RELAÇÕES DE COMÉRCIO INTERNACIONAL E SEUS EFEITOS EM RELAÇÃO À CONTRIBUIÇÃO PARA O PIS/PASEP E À CONFINS ... 197

— CIRO CARDOSO BRASILEIRO BORGES

ISENÇÕES DE ICMS E ISS VEICULADAS POR TRATADOS INTERNACIONAIS E O PACTO FEDERATIVO ... 225

— ALDO DE PAULA JUNIOR

O APROVEITAMENTO DO ICMS ACUMULADO NA EXPORTAÇÃO ... 256

— TÉRCIO CHIAVASSA e DIEGO CALDAS RIVAS DE SIMONE

COMENTÁRIOS SOBRE A RESOLUÇÃO DO SENADO FEDERAL 71, DE 26.12.2005 ... 265

— FABRÍCIO DA MOTA ALVES

ISS — CONFLITO ENTRE A LEI MUNICIPAL E A NORMA GERAL DE DIREITO TRIBUTÁRIO — AUTONOMIA MUNICIPAL — LEI COMPLEMENTAR 116/2003 — ANÁLISE DOS PRINCIPAIS ASPECTOS POLÊMICOS DA LEGISLAÇÃO DO ISS ... 286

— AUTA ALVES CARDOSO

DA IMUNIDADE E DA ISENÇÃO DO ICMS EM OPERAÇÕES E PRESTAÇÕES DESTINADAS A ATENDER AOS ÓRGÃOS DA ADMINISTRAÇÃO PÚBLICA ... 300

— EDUARDO AZEREDO RODRIGUES

DA NÃO-INCIDÊNCIA DA CPMF SOBRE CONTRIBUIÇÕES PARA ENTIDADES DE PREVIDÊNCIA COMPLEMENTAR ... 310

— ANDREA NOGUEIRA NEVES e FABIANA ULSON ZAPPA

Revista de Direito Tributário

CADERNOS DE DIREITO TRIBUTÁRIO

Fundador: Rubens Gomes de Sousa (†)

CADERNOS DE DIREITO TRIBUTÁRIO

O ART. 3º DA LEI COMPLEMENTAR 118/2005, PRINCÍPIO DA IRRETROATIVIDADE E LEI INTERPRETATIVA

PAULO DE BARROS CARVALHO
Professor Titular de Direito Tributário da PUC/SP e da USP

1. Introdução. 2. Considerações jurídicas sobre o tema: 2.1 A construção de sentido realizada a partir do conjunto de enunciados integrantes do sistema jurídico – 2.2 Os princípios jurídicos e a compreensão do Direito – 2.3 O princípio da separação dos Poderes – 2.4 A certeza do direito e outros valores que se compõem para realizar o sobreprincípio da segurança jurídica: 2.4.1 Princípio da irretroatividade das leis tributárias – 2.5 O art. 106, I, do CTN e a retroatividade da lei interpretativa: 2.5.1 Requisitos para que se tenha uma lei "interpretativa" – 2.5.2 A questão da retroatividade das "leis interpretativas" – 2.6 A compostura do caso concreto: 2.6.1 Extinção da obrigação tributária na hipótese de tributo sujeito a "lançamento por homologação" – 2.6.2 O instituto da decadência no direito tributário brasileiro e a caducidade do direito à restituição de tributo pago indevidamente – 2.6.3 Prazo para o exercício do direito de repetição do indébito perante a Administração Pública – 2.7 O art. 3º da Lei Complementar 118/2005 e seus efeitos jurídicos: 2.7.1 Leis interpretativas, segurança jurídica e irretroatividade: inaplicabilidade do disposto no art. 106, I, do CTN ao art. 3º da Lei Complementar 118/2005. 3. Respostas aos quesitos.

1. Introdução

Em face da alteração legislativa implementada pela Lei Complementar 118/2005 – cujo art. 3º prescreve que: "Para efeito de interpretação do inciso I do art. 168 da Lei n. 5.172, de 25 de outubro de 1966 – Código Tributário Nacional, a extinção do crédito tributário ocorre, no caso de tributo sujeito a lançamento por homologação, no momento do pagamento antecipado de que trata o § 1º do art. 150 da referida Lei" –, fui consultado acerca da possibilidade de se atribuir à norma introduzida o qualificativo de "interpretativa", bem como sobre a possibilidade de sua aplicação às ações que já se encontrem em curso.

Para que o parecer chegasse a bom termo, solucionando as dúvidas concernentes ao assunto, formularam-se os seguintes quesitos, que serão respondidos ao final:

1. Acerca do momento em que ocorre a extinção do crédito tributário, nos tribu-

tos sujeitos ao lançamento por homologação, o legislador complementar poderia, sem violar o princípio da separação dos Poderes, editar norma interpretativa em sentido contrário àquela interpretação emanada da 1ª Seção do STJ? E, sendo a interpretação veiculada pela lei contrária ao entendimento jurisprudencial dominante, não constitui ela uma inovação no ordenamento jurídico?

2. Caso se entenda que não, ou seja, que o legislador não poderia editar norma interpretando um dispositivo cuja interpretação já foi consolidada pelo Poder Judiciário, como deve ser interpretada a norma, dando-lhe um sentido conforme à Constituição?

3. Caso se entenda que tal norma inova o ordenamento jurídico, pode ser ela aplicada às ações pendentes?

2. Considerações jurídicas sobre o tema

2.1 A construção de sentido realizada a partir do conjunto de enunciados integrantes do sistema jurídico

O procedimento de quem se põe diante do Direito com pretensões cognoscitivas há de ser orientado pela compreensão dos textos prescritivos. A partir do contacto com a literalidade textual, vale dizer, com o plano dos significantes ou com o chamado plano da expressão, ali onde estão as estruturas morfológicas e gramaticais (i), o intérprete constrói os conteúdos significativos (ii) e os ordena na forma estrutural de normas jurídicas, articulando essas entidades para formar um domínio (iii). O Direito abriga sempre esses três planos: o das formulações literais, o de suas significações enquanto enunciados prescritivos e o das normas jurídicas, como unidades de sentido obtidas mediante o grupamento de significações que obedecem a determinado esquema formal (implicação), cabendo ao intérprete *construir* essas normas a partir do estrato de linguagem que lhe é oferecido.

A lei, vista sob certo ângulo, representa o texto, na sua dimensão de veículo de prescrições jurídicas. Constituição, emenda constitucional, lei complementar, lei ordinária, medida provisória, resoluções, decretos, sentenças, acórdãos, contratos, manifestações unilaterais de vontade e atos administrativos, enquanto suportes materiais de linguagem prescritiva, pertencem à plataforma da expressão dos textos prescritivos e, como tais, são veículos introdutórios de normas jurídicas, constituindo a base empírica do conhecimento do Direito posto.

Já a norma jurídica é juízo implicacional construído pelo intérprete em função da experiência no trato com esses suportes comunicacionais. Por isso, não há que se confundir norma, como complexo de significações enunciativas, unificadas em forma lógica determinada (estrutura implicacional), e a expressão literal desses enunciados, ou mesmo os conteúdos de sentido que tais enunciados apresentem, quando isoladamente considerados. O plano dos significantes (plano de expressão) é o veículo que manifesta, graficamente (no Direito escrito), a mensagem expedida pelo autor. Na sua implexa totalidade, constitui o sistema morfológico e gramatical do Direito posto, conjunto de frases prescritivas introduzidas por fatos jurídicos que a ordenação positiva para tanto credencia.

Com propósitos analíticos, entretanto, podemos isolar frase por frase, enunciado por enunciado, compondo um domínio de significações, antes de agrupar os conteúdos segundo fórmulas moleculares caracterizadas pelo conectivo implicacional. Nesse momento intermediário, estaremos diante daquilo que poderíamos chamar de sistema de significações proposicionais. Agora, num patamar mais elevado de elaboração, juntaremos significações, algumas no tópico de antecedente, outras no lugar sintático de conseqüente, tudo para constituir as entidades mínimas e irredutíveis (com o perdão do pleonasmo) de manifestação do deôntico, com sentido completo, uma vez que as frases prescritivas, insularmente tomadas, são também portadoras de sentido. Formaremos, desse modo, as unidades normativas, regras ou normas jurídicas que, articuladas em relações de coordenação e de subordinação, acabarão compondo a forma superior do sistema normativo.

Colho o ensejo para reiterar que os três sistemas a que me referi são constitutivos do texto, entendida a palavra na sua mais ampla dimensão semântica. Nunca é demais insistir que as subdivisões em sistemas respondem a cortes metódicos que os objetivos da investigação analítica impõem ao espírito do pesquisador.

Com efeito, a norma jurídica é uma estrutura categorial construída, epistemologicamente, pelo intérprete, a partir das significações que a leitura do texto do direito positivo desperta em seu espírito. É por isso que quase sempre não coincidem com os sentidos imediatos dos enunciados em que o legislador distribui a matéria no corpo físico da lei. Advém daí que, na maioria das vezes, a leitura de um único artigo será insuficiente para a compreensão da regra jurídica. E quando isso acontece o exegeta se vê na contingência de consultar outros preceitos do mesmo diploma e, até, sair dele, fazendo incursões pelo sistema. A proposição que dá forma à norma jurídica, ensina Lourival Vilanova, *é uma estrutura lógica. Estrutura sintático-gramatical é a sentença ou oração, modo expressional frástico (de frase) da síntese conceptual que é a norma. A norma não é a oralidade ou a escritura da linguagem, nem é o ato de querer ou pensar ocorrente no sujeito emitente da norma, ou no sujeito receptor da norma, nem é, tampouco, a situação objetiva que ela denota. A norma jurídica é uma estrutura lógico-sintática de significação.*

2.2 Os princípios jurídicos e a compreensão do Direito

O Direito é um plexo de estruturas normativas existentes aqui e agora, que se projetam sobre a realidade social para ordená-la no que tange às relações interpessoais que nela se estabelecem, canalizando o fluxo das condutas em direção a certos valores que a sociedade anela e quer ver implantados. Reconhecemos no fenômeno jurídico algo extremamente complexo, no qual interferem fatores de naturezas distintas, num intensivo processo de miscigenação. A tipificação dos fatos que ingressam pela porta aberta das hipóteses normativas se dá mediante conceitos que o legislador formula: conceitos sobre os acontecimentos do mundo e conceitos sobre as condutas inter-humanas. "Conceituar" importa selecionar caracteres, escolher traços, separar aspectos, desprezando os demais. As singularidades irrelevantes, o legislador as deixa de lado, mesmo porque são em tal quantidade que o trabalho ganharia proporções infinitas. E surge o conceito, após a aplicação do critério seletivo que o legislador adotou – critério, esse, que nada mais é que um juízo de valor expedido em consonância com sua ideologia, tomada a palavra, neste ensejo, como pauta de valores, tábua de referências axiológicas.

Toda vez que houver acordo, ou que um número expressivo de pessoas reconhecer que a norma "N" conduz a um vetor axiológico forte, cumprindo papel de relevo para a compreensão de segmentos importantes do sistema de proposições prescritivas, estaremos diante de um *princípio*. Princípio é uma regra portadora de núcleos significativos de grande magnitude, influenciando visivelmente a orientação de cadeias normativas, às quais outorga caráter de unidade relativa, servindo de fator de agregação para outras regras do sistema do direito positivo.

2.3 O princípio da separação dos Poderes

Em que pese ao poder estatal ser uno e indivisível, como repetidamente advertido por Rousseau, para que se opere seu racional e responsável exercício, este é partido em três segmentos, objetivando atender à complexidade das tarefas estatais e à conseqüente necessidade de especialização dos órgãos do Estado, no desempenho dessas tarefas. Fala-se, assim, em *separação dos Poderes*, consistente na divisão do exercício do poder estatal.

O conceito de *separação dos Poderes* designa um princípio de organização política que, mediante a repartição de competências jurídicas, estrutura órgãos com funções específicas. No ordenamento brasileiro o assunto encontra-se disciplinado, expressamente, no art. 2º da CF, nos termos do qual "são Poderes da União, independentes e harmônicos entre si, o Legislativo, o Executivo e o Judiciário". A independência e a harmonia entre os Poderes do Estado indicam, como princípio, que cada um deles projeta uma esfera própria de atuação, cuja demarcação tem por fundamento de validade a própria norma constitucional. Ao Legislativo confere, preponderantemente, a função de editar normas gerais e abstratas; ao Executivo o dever de efetivá-las mediante a edição de normas individuais e concretas; e, finalmente, ao Judiciário a tarefa de dirimir os inevitáveis conflitos na aplicação das normas jurídicas produzidas pelo sistema. Nessa projeção das fontes não está previsto o poder privado responsável pela produção intensiva de normas, que, a todo momento, enriquece o ordenamento positivo.

2.4 *A certeza do direito e outros valores que se compõem para realizar o sobreprincípio da segurança jurídica*

Entre as grandes diretrizes que formam o estrato axiológico das normas tributárias no Brasil, algumas se apresentam como conteúdos de enunciados expressos, enquanto outras se encontram na implicitude dos textos do Direito posto. Todas, porém, com a mesma força vinculante. A circunstância de figurarem no texto, ou no contexto, não modifica o teor de prescritividade da estimativa, que funciona como vetor valorativo que penetra as demais regras do sistema, impregnando-lhes, fortemente, a dimensão semântica. Por isso mesmo são colocadas no altiplano da Constituição. De lá, precisamente onde começam todos os processos de positivação das normas jurídicas, descem aqueles primados para os vários escalões da ordem legislada, até atingir as regras terminais do sistema, timbrando os preceitos que ferem diretamente as condutas em interferência intersubjetiva, com a força axiológica dos valores constitucionalmente consagrados.

O princípio da certeza do direito experimenta uma dualidade de sentido que não pode ser ignorada: (i) exprime a circunstância de que o comando jurídico, atuando numa das três modalidades do deôntico ("proibido", "permitido" e "obrigatório"), requer, com assomos de necessidade absoluta, que a conduta regrada esteja rigorosamente especificada (alguém, estando obrigado, tendo a permissão ou estando proibido, deve saber, especificamente, qual a conduta que lhe foi imputada – comportamento, esse, que não se compadece com a dúvida, com a inexatidão, com a incerteza); (ii) ao mesmo tempo, *certeza do direito* significa previsibilidade, isto é, o administrado tem o direito de saber, com antecedência, qual o conteúdo e alcance dos preceitos que lhe serão imputados, para que possa programar-se, tomando iniciativas e dirigindo suas atividades consoante a orientação que lhe advenha da legislação vigente. É aquilo que alguns preferem chamar de *princípio da não-surpresa*.

Mas, ao lado da certeza, em qualquer das duas dimensões de significado, outros valores constitucionais, explícitos e implícitos, operam para concretizar o sobrevalor da *segurança jurídica*. Diremos que em um sistema dado existe este sobreprincípio, pairando sobre a relação entre Fisco e contribuinte, sempre que nos depararmos com um feixe de estimativas, integradas para garantir o desempenho da atividade jurídico-tributária pelo Estado-Administração. Convencionou-se que tais valores são, basicamente, a igualdade, a legalidade e a legalidade estrita, a universalidade da jurisdição, a vedação do emprego do tributo com efeitos confiscatórios, a irretroatividade e a anterioridade, ao lado do princípio que consagra o direito à ampla defesa e o devido processo legal.

Qualquer violação a essas diretrizes supremas compromete, irremediavelmente, a realização do princípio implícito da certeza, como previsibilidade, e, ainda, o grande postulado, também inexpresso, da segurança jurídica.

2.4.1 Princípio da irretroatividade das leis tributárias

Entre as *limitações do poder de tributar* inscreveu o constituinte de 1988 o princípio da irretroatividade (art. 150, III, "a"). Por certo que a prescrição é despicienda, visto que a diretriz contida no art. 5º, XXXVI, da CF é portadora desse mesmo conteúdo axiológico, irradiando-se por todo o universo do direito positivo, incluindo, portanto, a região das imposições tributárias. O simples vedar que a lei prejudique o direito adquirido, o ato jurídico perfeito e a coisa julgada seria o bastante para obstar a qualquer incursão do legislador dos tributos pelo segmento dos fatos sociais que, por se terem constituído cronologicamente antes da edição legal, ficariam a salvo de novas obrigações. Qual o motivo do zelo constitucional? Sabemos que o legislador das normas gerais e abstratas, a começar por aquelas fundantes da ordem jurídica, comete seus desassisos, seja pela ausência de regras disciplinadoras – *anomia* –, seja pela ponência de normas contrárias e contraditórias, seja, ainda, pela impressão, juridicamente falsa, mas aparentemente útil, de que, prescrevendo a mesma coisa duas ou mais vezes, outorgará a eficácia que a regra não logrou alcançar na formulação singular. Se em termos dogmáticos representa um ledo engano, nada modificando no panorama concreto da regulação das condutas, pelo ângulo histórico ou sociológico encontra-se a explicação do fato.

Com efeito, o enunciado normativo que protege o direito adquirido, o ato jurídico perfeito e a coisa julgada, conhecido como *princípio da irretroatividade das leis*, não vinha sendo – é bom que se reconheça – impedimento suficientemente forte para obstar a certas iniciativas de entidades tributantes, em especial a União, no sentido de atingir fatos passados, já consumados no tempo, debaixo de plexos normativos segundo os quais os administrados orientaram a direção de seus negócios. Isso marcou decisivamente o meio jurídico, e na primeira oportunidade – que ocorreu com a instalação da Assembléia Nacional Constituinte – fez empenho em consignar outra prescrição explícita, dirigida rigorosamente para o território das pretensões tributárias, surgindo, então, o princípio de que falamos.

2.5 O art. 106, I, do CTN e a retroatividade da lei interpretativa

Como expressão do imperativo da segurança do Direito, as normas jurídicas voltam-se para a frente, para o porvir, para o futuro, obviamente depois de oferecido ao conhecimento dos administrados seu inteiro teor – o que se dá pela publicação do texto legal. Na linha de realização desse valor supremo, estatui a Carta Magna que "a lei não prejudicará o direito adquirido, o ato jurídico perfeito e a coisa julgada". Fere a consciência jurídica das nações civilizadas a idéia de que a lei possa colher fatos pretéritos, já consolidados, e cujos efeitos se canalizaram regularmente em consonância com as diretrizes da ordem institucional.

Há ocasiões, entretanto, em que se concede ao legislador a possibilidade de atribuir às leis sentido retroativo. O CTN discorre sobre o assunto, ao cristalizar, no art. 106 e seus incisos, as hipóteses em que a lei se aplica a fato pretérito. Interessa-nos, nesta oportunidade, o teor do inciso I, que alude às chamadas *leis interpretativas*. Segundo tal dispositivo, assumindo a lei expressamente esse caráter, pode ser aplicada a fatos passados, excluindo-se a aplicação de penalidades à infração dos dispositivos interpretados.

As leis interpretativas exibem um traço bem peculiar, na medida em que não visam à criação de novas regras de conduta para a sociedade, circunscrevendo seus objetivos ao esclarecimento de dúvidas levantadas em razão da dubiedade dos vocábulos lingüísticos constantes da lei interpretada. Encaradas sob esse ângulo, despem-se da natureza inovadora que acompanha a atividade legislativa, retrotraindo ao início da vigência da lei interpretada, explicando com fórmulas elucidativas sua mensagem antes obscura.

2.5.1 Requisitos para que se tenha uma lei "interpretativa"

As leis tributárias ditas *interpretativas*, assim como qualquer outra lei que pretensamente assuma esse caráter, devem ser examinadas com particular cautela. Não pode o legislador, sob o pretexto de esclarecer pontos obscuros de uma lei ou de revelar seu verdadeiro sentido, utilizar-se de outros diplomas, supostamente interpretativos, para estabelecer aos destinatários os rigores de uma retroatividade ilimitada.

Inicialmente, cumpre distinguir *lei interpretativa* de *lei inovadora*. As leis interpretativas, como já anotei, circunscrevem seus objetivos ao esclarecimento de dúvidas. A quase-totalidade das legislações, todavia, mostra-se inovadora, introduzindo alterações nas regras prescritivas de condutas. A dificuldade de se produzir norma que nada altere no ordenamento é tão acentuada que torna quase impossível identificar preceito exclusivamente interpretativo, significando mera declaração do sentido e alcance de dispositivo já existente.

Examinando o rol de possíveis alterações legislativas, para, a partir delas, identificar os caracteres da lei interpretativa, assevera Nuno Sá Gomes[1] serem inovadoras as normas revogatórias, pois a extinção de um regime jurídico conduz à aplicação da regra geral ou reconduz as relações que deixaram de ser reguladas à esfera da liberdade. Implicam alteração no ordenamento até mesmo as leis novas que veiculem regras idênticas às antes existentes, na medida em que, sendo a lei nova informada por outros princípios e tendo diverso enquadramento sistemático, haverá sentido necessariamente inovador, devendo-se lembrar que a *occasio legis*, a razão de ser imediata da nova lei, é também diferente, sendo outra, por igual, a atividade da enunciação de que decorre. São também inovadoras as leis novas que, em face de uma interpretação uniforme e pacífica, atribuem sentido diferente à lei antiga ou, ainda, que, embora sendo controvertida a interpretação daquela, orientam a adoção de uma solução inteiramente nova, que exorbita da controvérsia sobre o respectivo sentido.

Têm-se por interpretativas apenas as leis que objetivem fixar a significação de norma jurídica que suscite dúvidas no seu sentido e alcance ou que possa vir a suscitálas. Apresenta-se como pressuposto da lei interpretativa, portanto, a existência de incerteza sobre o significado normativo do preceito interpretado – incerteza, esta, que decorre da possibilidade de interpretações variadas, as quais se pretende uniformizar por meio do preceito interpretativo. Procura-se, pois, com essa espécie de procedimento legislativo, resolver problema de certeza e de igualdade na aplicação da lei.

Muitas vezes, porém, não obstante as leis ou dispositivos legais sejam denominados *interpretativos*, acabam por inovar as regras supostamente interpretadas, modificando-lhes as disposições. Isso acontece, por exemplo, quando a interpretação da lei antiga é pacífica ou quando, existente a controvérsia, venha a nova legislação a indicar uma solução que jamais foi admitida em face do regramento pretérito. Reitero, portanto, que somente quando se verificar o escopo de elucidar os termos de dispositivo legal cujo conteúdo gere controvérsia

1. Nuno Sá Gomes, *Manual de Direito Fiscal*, vol. II, Lisboa, Rei dos Livros, 1997, p. 333.

pode falar-se em natureza *interpretativa* da norma. Ainda assim, é preciso ter cuidado com a significação conferida por esse veículo, que não pode se distanciar do foco das dúvidas existentes, quer dizer, é-lhe vedado alterar entendimentos já consolidados, restringir ou ampliar direitos.

2.5.2 A questão da retroatividade das "leis interpretativas"

Existe forte corrente doutrinária que rejeita, terminantemente, a atribuição de caráter retroativo às leis interpretativas. Esse é o posicionamento adotado por Carlos Maximiliano,[2] para quem a chamada *interpretação autêntica*, emanada do próprio Poder que produziu o ato interpretado, pretendendo aclarar seu sentido e alcance, só se aplica aos casos futuros: *não vigora desde a data do ato interpretado*, posto que deve respeitar os direitos adquiridos em conseqüência do entendimento conferido, até então, pelo órgão aplicador (Judiciário ou Executivo). Semelhante é o posicionamento do Min. Carlos Mário da Silva Velloso, manifestando que: "Nos sistemas constitucionais como o nosso, em que a regra da irretroatividade situa-se em nível constitucional e não apenas de lei ordinária, impossível falar-se em lei interpretativa. Admiti-la seria permitir ao legislador ordinário, a pretexto de estabelecer regra de interpretação da lei, a pretexto de fornecer a interpretação autêntica da lei, fazê-la retroagir".[3]

Com maior razão, sendo a lei inovadora, não há que falar na produção de efeitos retroativos. No ordenamento brasileiro, em que a irretroatividade da lei em relação às situações jurídicas definitivamente constituídas assume caráter de direito e garantia individuais do Estatuto Político, a lei interpretativa há de ser limitada à sua função específica de esclarecer e suprir o que foi legislado, sem introduzir novo significado, mais oneroso para o cidadão. Lei que interpreta outra há de ser retroativa apenas se destinada a eliminar as obscuridades e ambigüidades. Não se admite, contudo, que lei falsamente interpretativa retroaja, atingindo situações consolidadas. Verificando-se a criação de qualquer espécie de obrigação, dever ou ônus, a legislação é tida por inovadora, alcançando somente os acontecimentos futuros.

Pelo que se expôs, fica evidente a circunstância de que, a despeito do disposto no art. 106, I, do CTN, não basta que a lei seja *expressamente* interpretativa: é preciso que esta se caracterize, *materialmente*, como interpretativa, objetivando tão-somente esclarecer controvérsias existentes, sem que isso implique restrição a direitos e garantias constitucionais conferidos aos destinatários.

2.6 A compostura do caso concreto

Prescreve o CTN, em seu art. 168, I, que o direito de pleitear a restituição dos valores indevidamente pagos a título de tributo encerra com o decurso do prazo de cinco anos, contados da data da extinção do crédito tributário.

Tratando-se de tributo sujeito ao denominado *lançamento de ofício*, em que, nos termos do art. 142 daquele diploma normativo, a autoridade administrativa emite a norma individual e concreta constitutiva do crédito tributário, o liame obrigacional extingue-se com o pagamento (art. 156, I, do CTN), contando-se o prazo decadencial a partir desse instante.

Relativamente aos tributos sujeitos ao chamado *lançamento por homologação*, contudo, a disciplina legislativa originária é diversa. Prescreve o art. 150, §§ 1º e 4º, do CTN, *in verbis*:

2. Carlos Maximiliano, *Hermenêutica e Aplicação do Direito*, 9ª ed., Rio de Janeiro, Forense, 1979, p. 87.

3. Carlos Velloso, "Irretroatividade da lei tributária – Irretroatividade e anterioridade – Imposto de renda e empréstimo compulsório", *RDTributário* 45/85.

"Art. 150. O lançamento por homologação, que ocorre quanto aos tributos cuja legislação atribua ao sujeito passivo o dever de antecipar o pagamento sem prévio exame da autoridade administrativa, opera-se pelo ato em que a referida autoridade, tomando conhecimento da atividade assim exercida pelo obrigado, expressamente a homologa.

"§ 1º. O pagamento antecipado pelo obrigado nos termos deste artigo extingue o crédito, sob condição resolutória da ulterior homologação do lançamento.

"(...).

"§ 4º. Se a lei não fixar prazo à homologação, será ele de 5 (cinco) anos, a contar da ocorrência do fato gerador; expirado esse prazo sem que a Fazenda Pública se tenha pronunciado, considera-se homologado o lançamento e definitivamente extinto o crédito, salvo se comprovada a ocorrência de dolo, fraude ou simulação."

Ao disciplinar as modalidades extintivas do crédito tributário, o Código Tributário Nacional refere-se expressamente à exigência de que, ao lado do pagamento antecipado, se tenha sua homologação, nos termos do disposto no art. 150, §§ 1º e 4º, acima transcritos. Essa é a orientação veiculada pelo art. 156, VII.

Tendo em vista a ambigüidade e vagueza inerentes a todo texto, instalou-se fervorosa discussão doutrinária e jurisprudencial acerca do conteúdo semântico dos comentados dispositivos, cuja determinação é imprescindível à fixação do termo inicial do prazo de decadência para a restituição dos valores indevidamente recolhidos.

Tudo começou com o reconhecimento da inconstitucionalidade de parte do art. 10 do Decreto-lei 2.288/1986, que instituiu o controvertido empréstimo compulsório sobre consumo de combustíveis, acarretando, em meados dos anos 90, grande fluxo de ações pleiteando a restituição do gravame. Já naquela oportunidade, o egrégio STJ entendeu que a extinção do crédito tributário se realiza somente com a ulterior homologação do pagamento, conforme se depreende do julgado abaixo:

"Tributário – Empréstimo compulsório – Consumo de combustível – Decadência – Prescrição – Inocorrência.

"O tributo arrecadado a título de empréstimo compulsório sobre o consumo de combustíveis é daqueles sujeitos a lançamento por homologação. Em não havendo tal homologação, faz-se impossível cogitar em extinção do crédito tributário.

"À falta de homologação, a decadência do direito de repetir o indébito tributário somente ocorre decorridos cinco anos, desde a ocorrência do fato gerador, acrescidos de outros cinco anos, contados do termo final do prazo deferido ao Fisco, para apuração do tributo devido."[4]

Em seguida, dada a reiterada manifestação daquela Corte sobre o tema, sua posição foi se consolidando naquele sentido. Ao julgar os EREsp 435.835, a 1ª Seção do STJ pacificou o entendimento em termos de que o prazo para interposição de ações que versem sobre a repetição de tributos sujeitos a "lançamento por homologação" é de cinco anos, contados da efetiva homologação, seja ela expressa ou tácita.

Não obstante estar o entendimento jurisprudencial uniformizado a respeito do tema, foi editada recentemente a Lei Complementar 118/2005, que, em seu art. 3º, autodenominando-se *interpretativo*, dispôs ocorrer a extinção do crédito tributário, no caso de tributo sujeito a "lançamento por homologação", no instante do pagamento antecipado, e não posteriormente, com a homologação daquele. Em razão do pretenso caráter interpretativo, o art. 4º da referida lei complementar prescreve a sujeição do art. 3º ao comando do art. 106, I, do CTN, nos termos do qual as leis interpretativas retroagem, aplicando-se a fatos pretéritos.

4. EDiv em REsp 42.720-5-RS, *DJU* 17.4.1995.

2.6.1 Extinção da obrigação tributária na hipótese de tributo sujeito a "lançamento por homologação"

O art. 156 do CTN relaciona 11 causas extintivas do crédito tributário:[5] I – o pagamento; II – a compensação; III – a remissão; IV – a transação; V – a prescrição e a decadência; VI – a conversão do depósito em renda; VII – o pagamento antecipado e a homologação do lançamento, nos termos do disposto no art. 150 e seus §§ 1º e 4º; VIII – a consignação em pagamento; IX – a decisão administrativa irreformável; X – a decisão judicial passada em julgado; e XI – a dação em pagamento em bens imóveis, na forma e condições estabelecidas em lei.

Tanto o surgimento quanto as modificações por que passam durante sua existência, e assim também a extinção das obrigações tributárias, hão de ocorrer nos precisos termos da lei. Nesse terreno, o princípio da estrita legalidade impera em toda a extensão, e a ele se ajunta, em vários momentos, o postulado da indisponibilidade dos bens públicos.

Ao inscrever o pagamento antecipado e a homologação do lançamento no catálogo das causas extintivas, quis o legislador referir-se à situação daqueles tributos que não precisam do ato jurídico administrativo de lançamento para que possa o devedor satisfazer a prestação. Há espécies tributárias que requerem a expedição de um ato administrativo veiculando a norma individual e concreta do lançamento. Noutras, contudo, a aplicação da regra-matriz de incidência fica a cargo do sujeito passivo, de tal modo que, ocorrido o evento no mundo físico-social, encontrará ele nos textos do direito positivo todas as informações necessárias à apuração do débito, bem como os prazos e demais condições em que a quantia apurada deva ser recolhida aos cofres públicos. Nessas circunstâncias, caberá à entidade tributante fiscalizar os atos praticados por seu administrado, controlando, dessa maneira, o fiel cumprimento das obrigações tributárias. Trata-se, aqui, de um desempenho de controle, em que o Fisco, zelando na defesa de seus interesses, realiza atividades de verificação. Podendo atestar a regularidade da conduta prestacional do devedor, que observou adequadamente os ditames da lei, a Fazenda dá-se por satisfeita, exarando ato no qual declara nada ter de exigir: é o que se chama de *homologação expressa de lançamento*. Nada obstante, ao certificar qualquer desacordo na atividade identificadora ou apuradora exercida pelo sujeito passivo, passa a substituí-lo, lavrando ato de lançamento, e, caso venha a surpreender um ilícito, aplica, conjuntamente, as medidas sancionatórias cabíveis, compondo a peça denominada *auto de infração*.

Sempre atento à segurança das relações jurídicas, e tomando como pressuposta a diretriz segundo a qual a expectativa dos direitos e dos correlatos deveres não pode perdurar no tempo, indefinidamente, o sistema normativo brasileiro criou a figura da homologação tácita. Se o sujeito ativo não exercer suas competências administrativas, fiscalizando, concretamente, as atuosidades do devedor, durante o lapso de cinco anos, a contar da data dos eventos tributados, operar-se-á a homologação, vale dizer, toma-se por efetivada a fiscalização daqueles atos, extinguindo-se o liame obrigacional.

Quanto à figura do *pagamento antecipado*, é forma de pagamento, significando o cumprimento, pelo sujeito passivo, da conduta que dele se esperava. Isso poderia levar à conclusão de que com a realização do pagamento antecipado ter-se-ia o desaparecimento do direito subjetivo de que esteve investido o credor, desfazendo-se o crédito e, correlativamente, o débito, extinguindo a obrigação. Mas, precisamente aqui, ingressa um dado que é peculiar ao instituto, tal qual o prescreve o direito tributário brasileiro: ainda que o *factum* do

5. O crédito tributário é apenas um dos aspectos da relação jurídica obrigacional, mas sem ele inexiste o vínculo. Desaparecido o crédito, decompõe-se a obrigação tributária.

pagamento tenha efeitos extintivos, requer a legislação aplicável que ele se conjugue ao ato homologatório a ser realizado (comissiva ou omissivamente) pela Administração Pública. Só assim dar-se-á por dissolvido o vínculo, diferentemente do que sucede nos casos de pagamento de dívida tributária apurada por "lançamento de ofício", em que a conduta prestacional do devedor tem o condão de pôr fim, desde logo, à obrigação tributária.

2.6.2 O instituto da decadência no direito tributário brasileiro e a caducidade do direito à restituição de tributo pago indevidamente

Tomemos o direito positivo como instrumento de ação social, concebido para ordenar as condutas intersubjetivas, orientando-as para os valores que a sociedade quer ver realizados. Claro está que organização dessa índole não pode compadecer-se com a indeterminação, com a incerteza, com a permanência de conflitos insolúveis, com o perdurarem no tempo, sem definição jurídica adequada, questões que envolvam controvérsias entre sujeitos de direito. Os comportamentos interpessoais são tolhidos pelas modalidades deônticas ("obrigatório", "proibido" e "permitido"), concretizando-se no plano factual em termos de cumprimento da orientação normativa (condutas lícitas) ou no modo de descumprimento (condutas ilícitas). Enquanto sistema, a ordem jurídica aparece como forma de superar conflitos de interesse, estabelecendo, coercitivamente, a direção que a conduta há de seguir, em nome do bem-estar social. Essa tendência à determinação e à estabilização dos comportamentos intersubjetivos nem sempre se volta, de modo imediato, para o valor *justiça*. Antes, persegue o equilíbrio das relações, mediante a convicção de que uma solução jurídica será encontrada: eis o primado da *certeza do direito*, que opera para realizar, num segundo momento, o bem maior da *justiça*.

Dessa maneira, sempre que o fluxo do tempo ameaçar, de algum jeito, a obtenção daquele almejado equilíbrio, que se reflete no princípio da firmeza ou da certeza jurídica, prevê o sistema a ocorrência de fatos extintivos, que têm a virtude de definir, drasticamente, a situação pendente, determinando direitos e deveres subjetivos correlatos. Entre tais acontecimentos está a *decadência*. Eis aqui outro termo jurídico que experimenta sensível instabilidade de ordem semântica. Na mesma seqüência discursiva emprega-se *decadência* ou *caducidade*, seu equivalente nominal, às vezes por ocorrências efetivas da vida social, outras por normas – o que não é para admirar, pois é nessa dualidade que o fenômeno da positivação jurídica se estabelece e se sustenta. Teremos sempre normas, construídas a partir dos textos positivos, que juridicizam sucessos da realidade em que vivemos, provocando a expedição de outras normas de inferior hierarquia, até chegar ao evento/conduta que o Direito pretende concretamente regular. A singela lembrança desse movimento dialético, do estilo "norma/fato", é suficiente para fixar os parâmetros dentro dos quais há de se mover o raciocínio jurídico-científico. Examinemos, então, quais sejam as possibilidades significativas do vocábulo "decadência" no ordenamento jurídico brasileiro.

A decadência – como, de resto, todas as entidades do hemisfério jurídico – pode ser analisada numa instância normativa, enquanto regra que compõe o sistema do direito positivo, ou no plano factual, como acontecimento do mundo, descrito em linguagem. Fala-se, portanto, em "norma decadencial" e em "fato decadencial". Na condição de norma, desfrutando da comum estrutura de todas as unidades do ordenamento, integra-se de um antecedente ou hipótese e de um conseqüente ou tese. A hipótese descreve as notas predicativas de um evento de possível ocorrência: "dado o decurso de certo trato de tempo, sem que o titular do direito o exercite"; e a tese prescreve a desconstituição do direito subjetivo de que o sujeito ativo esteve investido: "deve ser a extinção do direito".

Quando recolhida no domínio da facticidade jurídica, a decadência vai aparecer como acontecimento que se dá no tempo histórico e no espaço social. Exemplificando: "a Fazenda Nacional deixou escoar o intervalo de cinco anos sem celebrar o ato jurídico-administrativo de lançamento, que lhe competia privativamente". Uma vez relatado esse evento, em linguagem competente, isto é, segundo as provas em Direito admitidas, dar-se-á o efeito extintivo que lhe é próprio. Menciona-se aqui a ocorrência do "fato decadencial", não se utilizando, nesse ângulo de observação, da palavra "instituto", que fica reservada ao conhecimento da entidade enquanto estrutura normativa.

Breve investigação semântica revelará nada menos que seis acepções para o vocábulo "decadência" no campo do direito tributário: (i) "decadência" como norma geral e abstrata; (ii) como a hipótese dessa norma, descrevendo o termo final de um lapso de tempo; (iii) como o conseqüente da norma geral e abstrata, tipificando o efeito extintivo; (iv) como norma individual e concreta que constitui o fato de haver decorrido o tempo referido na regra geral e abstrata, no mesmo instante em que determina, no conseqüente, o efeito fulminante de desconstituir uma relação existente; (v) como o antecedente desta última norma individual e concreta; e (vi) tão-só como o conseqüente, também desta última regra. Seu uso, na linguagem técnica do Direito posto ou na linguagem científica da Dogmática, sugere, portanto, o processo de elucidação, pois nem sempre o contexto virá em socorro do intérprete, ficando iminente o equívoco.

O CTN trata da espécie no art. 173, prescrevendo que: "O direito de a Fazenda Pública constituir o crédito tributário extingue-se após 5 (cinco) anos, contados: I – do primeiro dia do exercício seguinte àquele em que o lançamento poderia ter sido efetuado; II – da data em que se tornar definitiva a decisão que houver anulado, por vício formal, o lançamento anteriormente efetuado". O efeito extintivo previsto é o do desaparecimento do direito da Fazenda, consistente em exercer sua competência administrativa para constituir o crédito tributário. Reconhecido o fato da decadência, sua eficácia jurídica será a de fulminar a possibilidade de a autoridade administrativa competente realizar o ato jurídico-administrativo do lançamento. Sabemos que, sem efetuá-lo, não se configura o fato jurídico e, por via de conseqüência, também não se instaura a obrigação tributária. É fácil concluir que, nesse caso, a decadência não extingue a relação jurídica tributária, mas tão-somente a competência para que os agentes do poder tributante celebrem o ato de lançamento. A caducidade será extintiva do vínculo apenas nas circunstâncias em que tiver sido alegada pelo interessado e reconhecida pelo órgão credenciado pelo sistema, depois de ter nascido a obrigação tributária. Aqui, sim, o efeito será terminativo da relação. Em ambos os casos, porém, trata-se mesmo é do direito de a Fazenda Pública editar a norma individual e concreta do lançamento.

Outra hipótese de fato decadencial está no desaparecimento do direito de o particular pedir a devolução do tributo pago indevidamente. Essa prerrogativa há de ser exercida num lapso que tem como termo inicial a *data da extinção do débito* e como termo final o marco de cinco anos. É bem verdade que a contagem desse período de tempo se depara com a dificuldade interpretativa da locução "extinção do crédito pelo pagamento", uma vez que o Código Tributário Nacional veicula duas modalidades de pagamento: (i) uma que podemos chamar de puro e simples; e (ii) outra que aquele próprio diploma denomina *pagamento antecipado*.

Havendo ato jurídico-administrativo de lançamento, com a apuração, pelo Fisco, da importância devida a título de tributo, o recolhimento do valor correspondente configura a hipótese de "pagamento puro e simples", dando-se por extinto o crédito (ou o débito, que é a mesma coisa) no momento mesmo de sua realização, vale dizer, no átimo em que o recolhimento for efetuado. Se, todavia, a produção da norma individual e concreta, que apura em linguagem o *quantum* devido como tributo, couber ao contribuinte, competindo-lhe também o "pagamento antecipado" da dívida, o que sucede com os impostos sujeitos ao chamado "lançamento por homologação", o Código Tributário Nacional, por disposição expressa (art. 156, VII), determina que a extinção somente acontecerá após a *homologação do pagamento antecipado*.

No subsolo da disciplina normativa está a preocupação do legislador em assegurar, por parte do Estado-Administração, o controle do procedimento de liquidação do gravame. Partindo a iniciativa de seus agentes, o pagamento "puro e simples" terá, sem outros desdobramentos, a virtude de extinguir o crédito tributário. Quando, porém, a atividade de levantamento do montante devido ficar a cargo do sujeito passivo, sem passar pelos olhos do Poder Público, o pagamento antecipado dependerá de confirmação, mediante ato homologatório, expresso ou tácito, exercido por representantes da Fazenda.

2.6.3 Prazo para o exercício do direito de repetição do indébito perante a Administração Pública

Fixa o CTN, no art. 168 e em seus dois incisos, o intervalo de tempo em que se pode postular, perante a Administração Pública, a devolução do pagamento indevido. São palavras dos legislador: "Art. 168. O direito de pleitear a restituição extingue-se com o decurso do prazo de 5 (cinco) anos, contados: I – nas hipóteses dos incisos I e II do art. 165, da data da extinção do crédito tributário; II – na hipótese do inciso III do art. 165, da data em que se tornar definitiva a decisão administrativa ou passar em julgado a decisão judicial que tenha reformado, anulado, revogado ou rescindido a decisão condenatória".

O fluxo temporal é de decadência, pois o lapso da prescrição vem estabelecido no art. 169 e seu parágrafo único, sendo de dois anos a partir da decisão administrativa que denegar a restituição, momento em que perece o direito à interposição da correspondente ação anulatória.

Quer significar que o contribuinte terá cinco anos para exercitar o direito de pedir restituição, a partir do instante em que se der a extinção do crédito tributário (inciso I) ou no átimo em que se tornar definitiva a decisão administrativa ou transitar em julgado a decisão judicial que tenha reformado, anulado, revogado ou rescindido a decisão condenatória (inciso II). Por outro lado, denegada a restituição em boa hora reclamada, o contribuinte terá dois anos para deduzir sua pretensão em juízo, com o ingresso da competente ação anulatória da decisão administrativa que inaceitou o pedido. Prazo de decadência o primeiro, em que vemos desaparecer o direito à reivindicação na esfera administrativa; tempo de prescrição o segundo, com o perecimento do direito à ação judicial.

Salta à evidência que o cerne da questão interpretativa repousa na frase "da data da extinção do crédito tributário", empregada no inciso I do art. 168. Dependendo da orientação de sentido que outorgarmos a essa frase, haverá contagens diversas, deslocando-se o termo final que define o momento do fato extintivo da caducidade. E as proporções semânticas dessa frase adquirem especial interesse quando se tratar de impostos submetidos ao chamado *lançamento por homologação*, que pressupõe, como tive a oportunidade de acentuar, o "pagamento antecipado", sem prévio exame, pela Fazenda Pública, de sua adequada aderência aos textos do direito positivo.

Volto a frisar que o entendimento mais forte e substancioso em termos de sustentação no Direito Brasileiro, já pacificado pela 1ª Seção do egrégio STJ, aponta para a interpretação que privilegia a fórmula redacional do art. 156, VII, da Lei 5.172/1966 (Código Tributário Nacional): "Art. 156. Extinguem o crédito tributário: (...) VII – o pagamento antecipado *e a homologa-*

ção do lançamento nos termos do disposto no art. 150 e seus §§ 1º e 4º" (grifei).

Isso quer significar que, havendo pagamento antecipado, a extinção do crédito fica diferida para o instante em que a homologação, expressa ou tácita, ocorrer. Desse marco de tempo haverá de ser contado o prazo de cinco anos para que se dê o fato jurídico decadencial. Dito por outros torneios, tal intervalo foi tido como apropriado para que o contribuinte, que pagara importâncias indevidas, ajuste suas contas com o Fisco, obtendo de retorno os valores excedentes. E sabemos que tal ajuste implica remexer os elementos e registros escriturais, tanto do Estado-Administração, que devolve, quanto do sujeito passivo, que assiste ao reingresso, na sua contabilidade, daquelas quantias que saíram indevidamente de seus cofres.

Ainda que o sistema jurídico acompanhe de perto o exercício dos múltiplos direitos que adjudica às pessoas, públicas e privadas, não pareceu qualquer demasia ao legislador estipular uma porção de tempo que pode chegar a 10 anos, levando-se em conta que, do *factum* do pagamento antecipado, tenha decorrido o nexo de 5 anos para a homologação tácita, ponto de partida para o cômputo subseqüente, de caráter decadencial, e que se perfaz em outros 5 anos. E creio que o legislador do Código ponderou conscientemente, sopesando a circunstância de se tratar de valor indevido, que não poderia manter-se em mãos do Poder Público, sob pena de caracterizar enriquecimento sem causa. Daí a justificativa para adotar-se, com elasticidade, um período tão largo: a necessidade de tutela de direitos legítimos do sujeito passivo, devidamente reconhecidos como tais pelas autoridades administrativas.

2.7 O art. 3º da Lei Complementar 118/2005 e seus efeitos jurídicos

Como já consignado, em face do disposto nos arts. 150, §§ 1º e 4º, e 156, VII, do CTN, o STJ pacificou o entendimento de que a extinção do crédito tributário nas hipóteses de tributos sujeitos ao chamado *lançamento por homologação* opera-se com a homologação, expressa ou tácita, do pagamento antecipado.

O art. 3º da Lei Complementar 118/2005, todavia, veicula comando diverso, colocando o pagamento antecipado como único requisito necessário ao desaparecimento do vínculo obrigacional tributário. A despeito de o referido enunciado asseverar que a disposição ali contida é veiculada *para efeito de interpretação*, evidencia-se, com nitidez, seu caráter inovador. Trata-se de ato do Poder Legislativo rebelando-se contra entendimento já consolidado no Judiciário, promovendo alterações legislativas que objetivam, efetivamente, *modificar* a ordem jurídica sob a qual a jurisprudência se formou. Apresenta, por conseguinte, incompatibilidade com os primados da separação dos Poderes e da segurança jurídica, além de lhe serem inaplicáveis os termos do art. 106, I, do CTN.

2.7.1 Leis interpretativas, segurança jurídica e irretroatividade: inaplicabilidade do disposto no art. 106, I, do CTN ao art. 3º da Lei Complementar 118/2005

Importa registrar que, além do fato de o art. 3º da Lei Complementar 118/2005 dispor que o comando é ali veiculado "para efeito de interpretação", o art. 4º faz expressa referência ao art. 106, I, do CTN, nos seguintes termos: "Art. 4º. Esta Lei entra em vigor 120 (cento e vinte) dias após sua publicação, observado, quanto ao art. 3º, o disposto no art. 106, I, da Lei n. 5.172, de 25 de outubro de 1966 – Código Tributário Nacional".

Com tal determinação, objetiva que o disposto no art. 3º retroaja, sendo aplicado a fatos passados. Todavia, como exposto, reiteradamente, no corpo deste parecer, o Judiciário, por meio do STJ, possui posicionamento consolidado a respeito do assunto. Em razão disso, não se pode tomar o preceito do art. 3º como se fosse mera regra interpretativa.

Esse o motivo pelo qual, por ocasião do julgamento dos EREsp 327.043-DF, o Relator, Min. João Otávio de Noronha, proferiu voto mantendo o atual entendimento da jurisprudência do STJ. Segundo ele, a tese dos "cinco mais cinco", que considera a homologação como elemento imprescindível à extinção dos créditos tributários a ela sujeitos, está pacificada há 15 anos. Não há que se falar, por conseguinte, em lei interpretativa ou em exegese autêntica. O que se deseja com o novo comando é *alterar* situação estabilizada, favorável ao contribuinte, desconstituindo-se tudo que foi concretizado no passado. Aceitar essa espécie de determinação significaria dar um cheque em branco ao Legislativo para que este, discordando da interpretação realizada pelo Judiciário, possa modificá-la. Por tais motivos, o comando veiculado no art. 3º da Lei Complementar 118/2005 é lei nova que diz ser interpretativa, mas não é. Por conseguinte, não pode retroagir.

O ideal maior do Direito é a segurança jurídica, sobreprincípio que se irradia por todo o ordenamento e tem sua concretização viabilizada por meio de outros princípios, tal como o da irretroatividade das leis. Com ela não se compatibiliza dispositivo que, além de determinar ao Judiciário que este modifique posicionamento pacificado, pretende ser aplicado retroativamente.

3. Respostas aos quesitos

Tecidas as considerações que me parecem pertinentes e imprescindíveis à análise do caso, passo a solucionar as indagações formuladas. Para tanto, reescrevo os quesitos e, seqüencialmente, consigno as respectivas respostas.

1. Acerca do momento em que ocorre a extinção do crédito tributário, nos tributos sujeitos ao lançamento por homologação, o legislador complementar poderia, sem violar o princípio da separação dos Poderes, editar norma interpretativa em sentido contrário àquela interpretação emanada da 1ª Seção do STJ? E, sendo a interpretação veiculada pela lei contrária ao entendimento jurisprudencial dominante, não constitui ela uma inovação no ordenamento jurídico?

Resposta: Norma interpretativa só tem cabimento quando destinada a esclarecer dúvidas suscitadas em razão da vagueza ou polissemia dos vocábulos jurídicos. Tratando-se de legislação existente há quase 40 anos e cujo sentido já foi pacificado pelos Tribunais pátrios, inadmissível qualquer pretensão legislativa concernente à fixação de seu conteúdo: (i) caso veicule significação semelhante à firmada judicialmente, a norma será inútil; (ii) se, por outro lado, determinar adoção de posicionamento diverso, implicará interferência na tarefa interpretativa do Judiciário, maculando o primado fundamental da separação dos Poderes.

É o que se verifica na situação objeto do presente parecer. Ao dispor que o crédito tributário se extingue com o pagamento antecipado, sendo prescindível o ato homologatório, o art. 3º da Lei Complementar 118/2005 está a veicular comando oposto àquele consolidado pela 1ª Seção do STJ, implicando verdadeira inovação no ordenamento.

2. Caso se entenda que não, ou seja, que o legislador não poderia editar norma interpretando um dispositivo cuja interpretação já foi consolidada pelo Poder Judiciário, como deve ser interpretada a norma, dando-lhe um sentido conforme à Constituição?

Resposta: O princípio da interpretação conforme à Constituição consubstancia orientação jurídico-política segundo a qual – no âmbito do controle jurisdicional da constitucionalidade das leis – não se deve declarar nula uma lei quando ela puder ser interpretada em consonância com a Constituição. O intérprete, sempre que possível, deve adotar a exegese que torne a lei compatível com a Constituição.

Nessa linha de raciocínio, diante de norma que se autodenomine *interpretativa*, mas introduza modificações no regramento das condutas intersubjetivas, esta deve ser compreendida como regra inovadora, que é. Pode ser considerada válida e subsistir na ordem positiva tão-somente se irradiar efeitos para o futuro, sujeitando-se ao princípio da irretroatividade das leis.

3. Caso se entenda que tal norma inova o ordenamento jurídico, pode ser ela aplicada às ações pendentes?

Resposta: De modo algum. Os sobreprincípios da segurança jurídica e da certeza do direito exigem, para sua implantação, que as alterações legislativas tenham seus efeitos desencadeados apenas em relação aos fatos ocorridos em momento posterior à sua vigência.

Por conseguinte, as ações instauradas com fundamento na interpretação conferida pelo STJ regem-se pela legislação em vigor à época, nos termos da qual o crédito tributário extingue-se com a homologação do pagamento antecipado, sendo esse o termo inicial do prazo de decadência para o pedido de restituição do indébito.

É meu parecer.

CADERNOS DE DIREITO TRIBUTÁRIO

ISS – SERVIÇOS DE REPARAÇÃO DE TURBINAS DE AERONAVES, PARA DESTINATÁRIOS NO EXTERIOR – NÃO-INCIDÊNCIA – EXEGESE DO ART. 2º, I, E SEU PARÁGRAFO ÚNICO, DA LEI COMPLEMENTAR 116/2003

Roque Antonio Carrazza

Professor Titular de Direito Tributário da Faculdade de Direito da PUC/SP – Advogado e Consultor Tributário

1. Circunscrição do problema e plano de trabalho. 2. A tributação na Constituição. 3. O perfil constitucional do ISS. 4. Considerações gerais sobre as isenções tributárias. 5. As isenções heterônomas autorizadas no art. 156, § 3º, II, da CF: 5.1 A isenção concedida pelo art. 2º, I, da Lei Complementar 116/2003. 6. Reequacionamento do problema e encaminhamento de sua solução. 7. Da não-incidência de ISS sobre os serviços em tela.

1. Circunscrição do problema e plano de trabalho

Neste trabalho verificaremos se, em face do que dispõem o art. 2º, I, e seu parágrafo único, da Lei Complementar 116, de 31.7.2003, há incidência de ISS quando empresa sediada em Município Brasileiro presta serviços de reparação de turbinas de aeronaves de propriedade de empresas estrangeiras, considerando que tais aparelhos são testados no Brasil antes de serem entregues aos destinatários no exterior, e que o pagamento pelos serviços só é autorizado ao depois de aceitos por bons.

Preliminarmente, observamos que, para ser bem aplicado, o Direito exige, *de um lado*, a adequada interpretação das normas jurídicas em vigor e, *de outro*, a correta análise dos fatos havidos no *mundo fenomênico*.

Assim, para levarmos a bom termo a missão que nos foi confiada, teceremos, num primeiro momento, algumas considerações sobre o fenômeno jurídico da tributação e o perfil constitucional do imposto sobre serviços de qualquer natureza (ISS).

De seguida discorreremos sobre as isenções tributárias, voltando nossas atenções para a prevista no art. 156, § 3º II, da CF.

Por fim, com apoio nas conclusões a que tivermos chegado, cuidaremos do nosso assunto central.

2. A tributação na Constituição

I – Nossa Carta Constitucional,–atriz de todas as manifestações normativas do Estado,[1] contém grande número de normas

1. A Constituição Federal ocupa, dentro do ordenamento jurídico, posição sobranceira, dando

tributárias. Realmente, não só aponta os fatos que podem ser alcançados pela tributação, como estabelece os limites e condições de seu exercício, deixando pouca liberdade ao legislador ordinário das pessoas políticas.

Noutras palavras, a Constituição Brasileira adotou a técnica de apontar, de modo minudente e exaustivo, as áreas dentro das quais as pessoas políticas podem levar a efeito a tributação. *Forjou, portanto, um sistema rígido de distribuição de competências tributárias.*

Só para registro, *competência tributária* é a aptidão jurídica para criar, *in abstracto*, tributos, descrevendo, legislativamente, suas *hipóteses de incidência*, seus *sujeitos ativos*, seus *sujeitos passivos*, suas *bases de cálculo* e suas *alíquotas*.

A Constituição traçou rigorosamente as competências tributárias, subtraindo ao legislador ordinário (da União, dos Estados, dos Municípios e do Distrito Federal) a possibilidade de livremente definir o alcance das *normas jurídicas* criadoras *in abstracto* de tributos (*normas jurídicas tributárias*).

Deste modo, os entes políticos só podem tributar dentro do restrito campo que lhes foi reservado pela Constituição Federal, uma vez que dela receberam *não* o *poder tributário* (incontrastável, absoluto), *mas* uma parcela deste, bastante limitada.

A propósito, tivemos a oportunidade de escrever: "(...) o legislador de cada pessoa política (União, Estados, Municípios ou Distrito Federal), ao tributar, isto é, ao criar *in abstracto* tributos, vê-se a braços com o seguinte dilema: ou praticamente reproduz o que consta da Constituição – e, ao fazê-lo, apenas recria, num grau de concreção maior, o que nela já se encontra previsto – ou, na ânsia de ser original, acaba ultrapassando as barreiras que ela lhe levantou e resvala para o campo da inconstitucionalidade".[2]

As competências tributárias das pessoas políticas foram perfeitamente desenhadas por grande messe de normas constitucionais. Tais normas guiam o legislador ordinário (federal, estadual, municipal ou distrital) enquanto institui, *in abstracto*, as várias exações.

De fato, a Constituição Brasileira, ao discriminar as competências tributárias, traçou a *norma-padrão de incidência* (a *regra-matriz*) de cada exação. Noutro falar, apontou a *hipótese de incidência possível*, o *sujeito ativo possível*, o *sujeito passivo possível*, a *base de cálculo possível* e a *alíquota possível* das várias espécies e subespécies tributárias. Destacamos que o legislador, ao exercitar qualquer das competências tributárias reservadas à *sua* pessoa política, deverá ser fiel à *norma-padrão de incidência* do tributo, pré-traçada na Carta Magna. Não pode fugir deste arquétipo constitucional.[3]

Como vemos, o Constituinte estabeleceu, de modo peremptório, alguns enunciados que necessariamente deverão compor as normas jurídicas instituidoras dos tributos. Estes enunciados formam o *domínio mínimo necessário*, ponto de partida inafastável do processo de criação *in abstracto* dos tributos.

Logo, ao mesmo tempo em que distribuiu competências tributárias, a Constituição indicou os "padrões" que o legislador ordinário de cada pessoa política deverá observar enquanto cria as várias figuras exacionais.

Em suma, o legislador tributário das várias pessoas políticas encontra no Texto

fundamento de validade aos atos emanados dos Poderes Legislativo, Executivo e Judiciário. Encimando a *pirâmide jurídica*, consagra grandes princípios, que interferem em todas as manifestações normativas estatais e, de modo especial, no significado, conteúdo e alcance das normas tributárias.

2. Roque Carrazza, *Curso de Direito Constitucional Tributário*, 20ª ed., São Paulo, Malheiros Editores, 2004, pp. 360.

3. A Constituição reduziu todo e qualquer tributo a um *arquétipo*, que o legislador ordinário necessariamente deve levar em conta.

Supremo, perfeitamente iluminado e demarcado, o caminho que está, em caráter privativo, credenciado a percorrer.

II – Também no que concerne aos *impostos* a Magna Carta traçou a *regra-matriz* daqueles que podem ser criados pela União, pelos Estados-membros, pelos Municípios e pelo Distrito Federal. Mais: para evitar conflitos entre as pessoas políticas, delimitou-lhes o âmbito de incidência, restringindo, assim, a ação do legislador infraconstitucional.

Deste modo, os Estados são competentes para criar os impostos mencionados no art. 155, I a III, da CF (sobre transmissão *causa mortis* e doação, de quaisquer bens ou direitos; operações relativas à circulação de mercadorias e prestações de serviços de transporte transmunicipal e de comunicação; e propriedade de veículos automotores).

Os Municípios, de sua parte, estão autorizados a criar os impostos referidos no art. 156, I a III, do mesmo Diploma Supremo (sobre propriedade predial e territorial urbana; transmissão *inter vivos*, por ato oneroso, de bens imóveis; e serviços de qualquer natureza).

O Distrito Federal, dentro de seu território, pode criar os impostos estaduais (art. 155, *caput*, da CF) e também os municipais (art. 147, *in fine*, da CF).

Finalmente, a União pode criar quaisquer outros impostos: os adnumerados no art. 153, I a VII, da Lei Fundamental e – desde que o faça por meio de lei complementar, não invada os campos impositivos estaduais, municipais e distrital, observe o *princípio da não-cumulatividade* e leve em conta os direitos fundamentais dos contribuintes – aqueles que a imaginação criadora do Congresso Nacional vier a conceber (cf. art. 154, I, da CF).[4]

Podemos facilmente notar que a partilha, entre a União, os Estados, os Municípios e o Distrito Federal, das competências para criar impostos (*competências impositivas*) foi levada a cabo de acordo com um *critério material*. O Constituinte, neste passo, descreveu objetivamente fatos que podem ser validamente colocados pelos legisladores ordinários (federais, estaduais, municipais ou distritais) nas *hipóteses de incidência* (fatos geradores *in abstracto*) dos impostos de suas pessoas políticas. Melhor explicitando, os mencionados arts. 147, 153, 154, I, 155 e 156 do Código dos Códigos autorizam cada uma das pessoas políticas a instituir impostos sobre os fatos neles apontados genericamente (*e.g.*, o fato de alguém auferir rendimentos, o fato de alguém industrializar produto, o fato de alguém praticar uma operação de seguro, o fato de alguém ser proprietário de imóvel urbano, o fato de alguém prestar serviço de qualquer natureza etc.).

Note-se que a pessoa política, ao criar *in abstracto* o imposto de sua competência, deve necessariamente associar-lhe, à materialidade (serviço, renda, operação mercantil, propriedade territorial urbana etc.), o verbo que, exprimindo uma ação ("ser", "estar", "permanecer", "auferir", "prestar", "vender" etc.), esteja em sintonia com os princípios constitucionais (*capacidade contributiva*, *não-confiscatoriedade*, *igualdade* etc.) que o informam. É isto que evita conflitos de competência impositiva, ao mesmo tempo em que garante que os contribuintes serão tributados de forma adequada, isto é, com integral respeito à Constituição.

4. Logo, à União é permitido criar impostos sobre a importação, sobre a exportação, sobre a renda e proventos de qualquer natureza, sobre produtos industrializados etc. (todos elencados no art. 153 do Estatuto Supremo) e, dentro do teoricamente infinito campo de sua *competência impositiva residual* (ou *supletiva*), que lhe foi outorgada pelo art. 154, I, da Lei das Leis, os impostos sobre os atos jurídicos, sobre a cessão de direitos, sobre as arrematações, e assim avante. Salientamos, apenas, que, ao criar impostos de sua competência residual, a União não pode atropelar o princípio da capacidade contributiva (art. 145, § 1º, da CF), isto é, deve descrever, na *hipótese de incidência* dos novos tributos, fatos que revelem aptidão econômica por parte dos virtuais contribuintes.

Assim, pouco a pouco vai-se revelando que um dos traços característicos da competência tributária é sua *privatividade* (ou, se preferirmos, com Geraldo Ataliba, sua *exclusividade*[5]).

As pessoas políticas só podem criar *in abstracto* tributos se permanecerem dentro das faixas tributárias exclusivas que a Constituição lhes outorgou.

As normas constitucionais que discriminam competências tributárias encerram duplo comando; a saber: (a) habilitam a pessoa política contemplada – e somente ela – a criar o tributo; e (b) proíbem as demais de fazê-lo.

De fato, a outorga de competência tributária, ao mesmo tempo em que *afirma* a aptidão de uma dada pessoa política para criar *aquele* tributo, *nega* a das demais para fazerem o mesmo. É cláusula vedatória implícita, de endereço *erga omnes*, salvo, é claro, o próprio destinatário da prerrogativa.

A criação de um dado tributo por pessoa política incompetente viola normas constitucionais, não podendo a anomalia ser sanada, nem mesmo com o beneplácito de quem sofreu a usurpação. Quanto mais diante de seu silêncio ou oposição.

Rubens Gomes de Sousa captou muito bem a idéia: "Quando se alega incompetência, automaticamente se está alegando que alguém extravasou de limites. Portanto, talvez melhor do que a referência direta à competência, a referência indireta, pois a argüição de incompetência torna mais patente ainda que se trata de um ato exercido fora de limites prefixados".[6]

5. A contribuição de Geraldo Ataliba ao estudo do assunto é, como sempre, valiosa: "Quem diz *privativa*, diz *exclusiva*, quer dizer: excludente de todas as demais pessoas; que priva de seu uso todas as demais pessoas. A exclusividade da competência de uma pessoa implica proibição peremptória, *erga omnes*, para exploração desse campo" (*Sistema Constitucional Tributário Brasileiro*, 1ª ed., São Paulo, Ed. RT, 1966, p. 106).

6. Rubens Gomes de Sousa, *Comentários ao Código Tributário Nacional*, em co-autoria com Geraldo Ataliba e Paulo de Barros Carvalho, São Paulo, EDUC/Ed. RT, 1975, pp. 68-69.

Portanto, a pessoa política que cria o tributo, de duas, uma: ou tem competência constitucional para fazê-lo (e ele será válido), ou não a tem (e ele será inválido, constitucionalmente ilegítimo, por invasão de competência).

Tudo o que foi até aqui escrito aplica-se, *mutatis mutandis*, aos Municípios enquanto tributam por meio de ISS – figura exacional que passa a merecer nossos cuidados.

3. O perfil constitucional do ISS

I – A Constituição prevê vários impostos sobre prestações de serviços; a saber: (a) o imposto sobre a prestação de serviços de transporte interestadual e intermunicipal (*ICMS-transporte*); (b) o imposto sobre a prestação de serviços de comunicação (*ICMS-comunicação*); e (c) os impostos sobre prestações de serviços de outras naturezas, mais conhecidos como impostos sobre serviços de qualquer natureza (*ISS*). Os dois primeiros a Carta Magna reservou aos Estados-membros (art. 155, II); os últimos, aos Municípios (art. 156, III).[7]

Ressaltamos, de logo, que as referidas pessoas políticas estão constitucionalmente credenciadas a tributar, por meio de impostos, *não propriamente* o transporte transmunicipal, a comunicação ou quaisquer outros serviços, *mas sim* as *prestações onerosas* destes serviços.

Queremos com tal assertiva significar que, em si mesmos considerados, o transporte transmunicipal, a comunicação ou qualquer outro serviço não fazem nascer qualquer dos tributos em tela.

Na realidade, o *ICMS-transporte*, o *ICMS-comunicação* e o *ISS* somente serão devidos quando, respectivamente, o transporte transmunicipal, a comunicação ou o outro serviço resultarem – isto é, forem

7. Em seu território, o Distrito Federal pode instituir todos os impostos sobre serviços, por força do que estatuem os arts. 147, *in fine*, e 155, *caput*, da CF.

objeto – de contrato oneroso firmado entre um prestador e um tomador.[8]

Notamos, pois, ser necessária a detida análise do contrato de prestação de serviços para saber se há tributo devido e, em caso afirmativo, qual deles: se o *ICMS-transporte*, se o *ICMS-comunicação* ou se o *ISS*.

Uma coisa, porém, é certa: os ***fatos físicos*** *transporte, comunicação, serviços de outra natureza*, são de per si irrelevantes para determinar a incidência de quaisquer destes impostos. É o *fim* (*telos*) pretendido pelas partes contratantes que, refletindo o próprio objeto do negócio jurídico, determinará, quando for o caso, tal incidência.

II – Muito bem. O ISS vem genericamente previsto no art. 156, III, da CF, que estabelece: "Art. 156. Compete aos Municípios instituir impostos sobre: (...) III – serviços de qualquer natureza, não compreendidos no art. 155, II, definidos em lei complementar".

Portanto, no Brasil, o Município é competente para tributar, por meio de impostos, os serviços de qualquer natureza, exceção feita aos serviços de transporte transmunicipal e de comunicação, estes tributáveis por meio de ICMS (*ex vi* justamente do disposto no art. 155, II, da CF).

Reiteramos que o ISS não alcança propriamente os serviços de qualquer natureza, mas a *prestação* (onerosa) *destes serviços*.[9] Daí podermos avançar o raciocínio, frisando que o tributo em pauta só pode surgir da execução de uma *obrigação de fazer*,[10] isto é, do fato "prestar serviços".[11]

Os serviços de qualquer natureza, em si mesmos considerados, não fazem nascer o ISS. O tributo só será devido quando o serviço de qualquer natureza, não-consistente nem em transporte transmunicipal, nem em comunicação, resultar – isto é, for objeto – de contrato oneroso firmado entre um prestador e um tomador.

Mesmo assim – tornamos a insistir –, a incidência dar-se-á apenas após a efetiva prestação do serviço de qualquer natureza.

Em linguagem mais técnica, o dever de recolher o ISS somente ocorre quando, em razão de negócio jurídico firmado entre particulares, sob regime de direito privado (mas não trabalhista),[12] serviços de qualquer natureza forem deveras prestados.

8. O "querer" ou, se preferirmos, a "vontade" do tomador (titular do direito de exigir o cumprimento da obrigação) e do prestador do serviço (o obrigado a fazer o que foi pactuado), manifestada no contrato oneroso entre eles firmado, é que identifica qual destes impostos vai incidir.

9. Embora a CF, em seu art. 156, III, faça expressa menção a "serviços", ela, elipticamente, está aludindo a serviços prestados a terceiros, ou seja, a *prestações de serviços*. Isto fica mais claro se cotejarmos este dispositivo com o art. 155, II, do mesmo Diploma Magno (referido no art. 156, III), que confere aos Estados competência para tributar, via ICMS, "*prestações de serviços* de transporte interestadual e intermunicipal e de comunicação" (grifamos).

Ademais, como o ISS deve obedecer a uma série de princípios constitucionais, dentre os quais o da *capacidade contributiva*, é necessário agregar à expressão "serviços de qualquer natureza" o verbo "prestar". Qualquer outro verbo ("fruir", por exemplo) negaria os postulados constitucionais informadores da tributação por meio de ISS.

10. Na *obrigação de fazer* o objeto da prestação é sempre um ato do devedor; nunca a entrega de uma coisa. Pelo contrário, na *obrigação de dar* o objeto da prestação consiste na entrega de uma coisa.

Aires Fernandino Barreto captou, com mestria, a essência do assunto, *verbis*: "A distinção entre dar e fazer como objeto de direito é matéria das mais simples. Basta (...) salientar que a primeira (obrigação de dar) consiste em vínculo jurídico que impõe ao devedor a entrega de alguma coisa já existente; por outro lado, as obrigações de fazer impõem a execução, a elaboração, o fazimento de algo até então inexistente. Consistem, estas últimas, num serviço a ser prestado pelo devedor (produção, mediante esforço humano, de uma atividade material ou imaterial)" (*ISS na Constituição e na Lei*, 2ª ed., São Paulo, Dialética, 2005, pp. 42-43).

11. Evidentemente, não são as *prestações de serviços* que podem ser tributadas pelos Municípios, mas as pessoas (físicas ou jurídicas) que as realizam. Só por amor à brevidade é que se proclama que o ISS incide sobre *prestações de serviços*. Em boa verdade científica, as prestações de serviços não passam do *aspecto material* da *hipótese de incidência* deste tributo.

12. Concordamos com Marçal Justen Filho, para quem *serviço* é "prestação de uma utilidade (material ou não) de qualquer natureza, efetuada sob o regime de direito privado mas não sob regime tra-

III – É o caso, porém, de indagarmos: qualquer serviço abre espaço à tributação por meio de ISS?

O mesmo é propor a questão, que lhe dar resposta negativa.

Como cuida de demonstrar Elizabeth Nazar Carrazza,[13] só podem ser alcançados pelo ISS os serviços prestados – por particulares, empresas privadas, empresas públicas ou sociedades de economia mista – *sob regime de direito privado* (mas não trabalhista). Aduz, ainda, que a prestação de serviços há de configurar uma utilidade (material ou imaterial), como execução de *obrigação de fazer* (e não *de dar*).

A propósito, o *regime de direito privado* pressupõe a liberdade de contratar. Por isso, o serviço tributável por meio de ISS deve advir de um contrato de direito privado,[14] livremente pactuado entre o prestador e o fruidor.[15]

Deveras, o ISS depende, para nascer *in concreto*, da existência de um serviço (esforço humano), prestado a terceiro, com autonomia e fito de lucro – na esteira, diga-se de passagem, do art. 594 do CC.[16]

O serviço sobre o qual pode incidir o imposto em exame é o colocado *in commercium* (no mundo dos negócios), sendo submetido, em sua prestação, ao *regime de direito privado*, que se caracteriza pela autonomia das vontades e pela igualdade das partes contratantes.

Portanto, nos termos da Constituição, a *hipótese de incidência* do ISS *só pode ser* a prestação, a terceiro, de uma utilidade, com conteúdo econômico, sob *regime de direito privado*, desde que não-trabalhista.

A idéia é suficientemente lata para albergar toda e qualquer prestação de utilidade, assim material (*v.g.*, uma obra de engenharia) como imaterial (por exemplo, os serviços prestados por profissionais liberais *stricto sensu*), desde que não tipifique *serviço público*[17] e esteja voltada a tercei-

balhista, qualificável juridicamente como execução de obrigação de fazer, decorrente de um contrato bilateral" (*O Imposto sobre Serviços na Constituição*, São Paulo, Ed. RT, 1985, p. 177).

13. Elizabeth Nazar Carrazza, *O ISS na Constituição*, dissertação de Mestrado, inédita, apresentada, em novembro/1976, na PUC/SP.

14. Pontes de Miranda, a propósito, é categórico: "O contrato de serviços e o contrato de trabalho, estrito senso, são, no Código Civil e na legislação do trabalho, contratos de direito privado" (*Tratado de Direito Privado*, 2ª ed., t. XLVII, Rio de Janeiro, Borsói, 1964, p. 9).

15. No mesmo sentido, Aliomar Baleeiro pontifica: "O fato gerador *[do ISS]* pressupõe prestação de serviços a terceiros como negócio ou profissão" (*Direito Tributário Brasileiro*, 10ª ed., Rio de Janeiro, Forense, 1981, p. 282 – esclarecemos no parêntese).

16. CC, art. 594: "Toda a espécie de serviço ou trabalho lícito, material ou imaterial, pode ser contratada mediante retribuição".

17. De fato, o serviço público – isto é, *a prestação de utilidade material, fruível individualmente, sob regime de direito público* (Celso Antônio Bandeira de Mello) – escapa ao ISS, nos expressos termos do art. 150, VI, "a", da CF ("Sem prejuízo de outras garantias asseguradas ao contribuinte, é vedado à União, aos Estados, ao Distrito Federal e aos Municípios: (...) VI – instituir impostos sobre: a) o patrimônio, renda ou serviços, uns dos outros").

Este dispositivo veda que os serviços da alçada do Poder Público (serviços públicos) abram espaço à tributação por meio de *impostos*. Tais serviços, desde que específicos e divisíveis, somente podem ensejar *taxas* (*de serviço*).

Detalhando o assunto, Aires Fernandino Barreto averba: "Será, pois, logicamente aberrante (e inconstitucional) a previsão de 'imposto' recaindo sobre o patrimônio, as rendas e os serviços das pessoas públicas – por isso, inclusive, referidos pela regra imunitória do art. 150, VI, 'a', da CF. (...). *Disso resulta evidente e manifesto que a prestação de serviços públicos* – típica e ontológica atividade estatal que é – *não pode consistir em hipótese de incidência de imposto*; *de nenhum imposto, inclusive do imposto sobre serviços*" (*ISS na Constituição e na Lei*, cit., 2ª ed., pp. 62-63 – grifamos).

Ademais, na medida em que as taxas não podem ter "base de cálculo própria de impostos" (art. 145, § 2º, da CF), elas só podem medir atuações estatais; nunca fatos regidos pelo direito privado, como, por exemplo, as prestações de serviço livremente contratadas por particulares, mediante retribuição.

Logo, *a contrario sensu*, os impostos, aí compreendido o ISS, só podem tomar por base de cálculo o valor de fatos regidos pelo direito privado; jamais – sob pena de irremissível inconstitucionalidade – o valor de atuações estatais (*v.g.*, os serviços públicos específicos e divisíveis).

ro, com conotação econômica e sem vínculo empregatício.[18]

Além disso, o comportamento do contribuinte que fará nascer o dever de recolher o ISS só pode consistir na execução de uma *obrigação de fazer*. Mesmo quando a prestação do serviço concretizar-se em utilidades materiais, "o *fazer* haverá de prevalecer sobre o *dar*".[19]

IV – Vai daí que a prestação potencial de serviço é inidônea a ensejar o nascimento do ISS. O tributo nasce do fato "prestar serviços". Somente o serviço efetivamente prestado – não o potencial – abre espaço à tributação de que ora estamos cogitando. Em síntese, como aguisadamente nota Xavier de Albuquerque, o "'fazer' há de ser 'concreto e efetivo'; não meramente 'potencial'".[20]

Enquanto não se positivar, no *mundo real*, dito também *fenomênico*, a prestação efetiva do serviço, não se verificará o *fato imponível* do tributo em tela.

Vale lembrar, a propósito, que a utilidade para terceiro é a conseqüência lógica da efetiva prestação do serviço. Dito de outro modo, *serviço*, juridicamente, é a atividade que se implementa em favor de terceiro.

V – É o caso de igualmente remarcarmos que por meio de ISS só se pode tributar a prestação do serviço, e não a relação jurídica (contrato) que a ela subjaz (isto é, que se instaura entre o prestador e o tomador). Com esta proclamação queremos deixar reafirmado que o imposto em exame deve necessariamente incidir sobre o *fato material* da prestação de uma utilidade. O ISS nasce de um *estado de fato*: a prestação efetiva – nunca a potencial – de um serviço.

O ISS não incide sobre a *relação jurídica* cujo objeto seja a prestação de serviços. Incide, sim, sobre a *prestação do serviço* propriamente dita. Noutros falares, seu *fato imponível* não ocorre quando da celebração do contrato de prestação de serviços, mas, sim, quando o serviço é efetivamente prestado.

Incensuráveis, a respeito, as seguintes lições de José Souto Maior Borges:

"(...) o ISS não grava as operações (atos jurídicos) mediante as quais a prestação de serviços é contratada. Não incide pois sobre os contratos de prestação de serviço (sua hipótese de incidência não é 'contratar serviços'), mas sobre o serviço em si mesmo considerado, como fato econômico juridicizado pelo direito tributário positivo.

"(...).

"Sua hipótese de incidência é um estado de fato: a prestação de serviços não-configuráveis como públicos (imunes) e não-enquadráveis na competência impo-

Serviços públicos específicos e divisíveis só podem ser remunerados por meio de *taxas de serviço, ex vi* do disposto no art. 145, II, segunda parte, da CF ("A União, os Estados, o Distrito Federal e os Municípios poderão instituir os seguintes tributos: (...) II – taxas, em razão do exercício do poder de polícia ou pela utilização, efetiva ou potencial, de serviços públicos específicos e divisíveis, prestados ao contribuinte ou postos à sua disposição").

18. Refoge à tributação por meio de ISS o *autoserviço*, isto é, o serviço que a pessoa presta a si própria.

O ISS igualmente não pode incidir sobre os *serviços sem conotação econômica* – impende dizer, irredutíveis ao denominador comum da moeda. É o caso do serviço familiar, do serviço de mera cortesia, do serviço filantrópico e do serviço religioso, que, por não terem base de cálculo, são inalcançáveis pelo ISS.

Ademais, o ISS também não pode incidir sobre o serviço que o empregado presta a seu empregador. Por quê? Em primeiro lugar, porque este serviço desenvolve-se sob um vínculo de subordinação: o empregado está subordinado a seu empregador, nos termos do contrato de trabalho e da própria lei (a *Consolidação das Leis do Trabalho*). Como se isto não bastasse, o salário que o empregado percebe corresponde a alimentos (não à contraprestação dos serviços prestados).

19. Misabel Abreu Machado Derzi, "Notas" ao *Limitações Constitucionais ao Poder de Tributar*, de Aliomar Baleeiro (7ª ed., Rio de Janeiro, Forense, 1997), p. 491.

20. Xavier de Albuquerque, "ISS e 'planos de saúde' – Inconstitucionalidade do item 6 da nova Lista de Serviços", parecer de junho/1992, inédito, p. 12.

sitiva da União e dos Estados. Tanto isso é verdade que, se há contrato de prestação de serviços e esta, por qualquer motivo, não se realiza, o ISS não incide. Se incidisse sobre atos jurídicos, a conclusão seria precisamente oposta."[21]

Em resumo, o ISS incide sobre o ***fato prestação de serviços***. E um serviço só está prestado quando é posto à disposição do contratante, isto é, do tomador, que pode utilizá-lo como for de sua conveniência. Enquanto isto não acontece não houve, juridicamente falando, uma prestação de serviço, tributável por meio de ISS. Afinal, serviço, nas hostes do Direito, é, como bem resume Aires Barreto, "atividade em proveito alheio".[22]

Embora a legislação silencie a respeito, parece-nos óbvio que a prestação do serviço de qualquer natureza só se ultima quando o usuário dele puder efetivamente dispor. E tal ocorre não com a conclusão do serviço no estabelecimento do prestador, de conformidade com a encomenda; tampouco quando vem simplesmente entregue ao tomador; mas quando, uma vez por ele aprovado, passa à sua livre disposição.

Exemplificando, para melhor esclarecer: um serviço de conserto de secador de cabelo ainda não estará prestado no momento em que o técnico acabar de repará-lo; tampouco quando, testando-o na oficina, constatar, de si para consigo, que foram atendidas as instruções do cliente. Também não estará prestado o serviço quando o secador de cabelo for simplesmente entregue ao destinatário ou a quem o represente. O serviço em tela só estará efetivamente prestado quando o contratante, já de posse do aparelho, verificar que está reparado, de conformidade com a encomenda, e, portanto, lhe serve, podendo ser utilizado.

No caso de serviço a destinatário localizado no exterior (não-residente), só estará prestado – determinando, assim, a incidência de ISS – quando o tomador dele puder efetivamente dispor. E quando isto se dá? Quando, uma vez entregue, estiver em condições de ser fruído pelo encomendante, no país onde se encontra domiciliado ou sediado. Em resumo, quando o serviço lhe trouxer – ou estiver apto a lhe trazer – a almejada utilidade. Ou, se preferirmos, quando atender à necessidade que ensejou a contratação do serviço – o que só pode dar-se no exterior, local onde o tomador desenvolve suas atividades.

Vem ao encontro desta idéia o próprio art. 155, § 2º, X, "a", da CF, quando declara imunes ao *ICMS-transporte* e ao *ICMS-comunicação* (impostos sobre serviços, tanto quanto o ISS) os "serviços prestados a destinatários no exterior" (redação dada pela Emenda Constitucional 42/2003). Só quando o destinatário, localizado no exterior, lá tem condições de *fruir* do serviço é que se pode dizer que houve uma prestação "de exportação" (e, como tal, imune ao ICMS).

VI – Uma coisa, porém, é certa: fatos que não configuram prestações de serviços privados, ou que estejam no *campo material* de impostos federais ou estaduais,[23] não podem ser tributados por meio de ISS, ainda que uma lei complementar assim o permita. Aliás, lei complementar deste jaez seria inconstitucional, porque estaria ampliando o âmbito de abrangência do ISS e – o que é muito pior – atropelando o direito que todos os contribuintes têm de serem tributados apenas pela pessoa política competente, observadas as regras-matrizes exacionais, postas no Diploma Magno.

Ainda que se aceite a *taxatividade* da *Lista de Serviços* (veiculada com apoio na parte final do art. 156, III, da Carta Magna), *serviços novos* nela só podem ser inseridos, por lei complementar, se forem, em

21. José Souto Maior Borges, "Parecer" inédito, agosto/1992, pp. 9-10.

22. Aires Barreto, *ISS na Constituição e na Lei*, cit., 2ª ed., p. 294.

23. Absolutamente não pode a lei complementar submeter ao ISS fato jurídico que a Constituição reservou à tributação dos Estados ou da União. Se o fizer, será inconstitucional, por atentatória ao *princípio da reserva das competências tributárias*.

tese, tributáveis por meio de ISS. Ou, se preferirmos, a lei complementar não pode "definir" ou "arrolar" fatos intributáveis pelo ISS (que poderíamos chamar de "não-serviços").

Também a *Lista* não pode criar "serviços tributáveis" por analogia, equiparação, ficção ou presunção. Tampouco considerar serviços, para fins de ISS, fatos regidos pelo direito público (*v.g.*, os serviços públicos).

É que não é dado a nenhuma lei complementar transformar em serviço tributável por meio de ISS o que prestação de serviço privado não é, por lhe faltarem as características acima apontadas.

VII – Ao cabo de tantos considerandos, percebemos, com facilidade, que a Lei Maior traçou, com grande riqueza de pormenores, os contornos do ISS, de tal sorte que o legislador ordinário municipal, ao instituir este tributo, não poderá superar uma série de pilares constitucionais.

Desenvolvendo a idéia, a lei municipal, ao cuidar do ISS, não poderá, por força do *princípio da reserva e da rigidez das competências tributárias*,[24] ir além do conceito de "serviços tributáveis", constitucionalmente posto. Mesmo que lei complementar – de modo indevido, diga-se de passagem – a tanto a "autorize".[25]

Também o campo de incidência do ISS não poderá ser dilargado pelo labor exegético, ainda que em nome das conveniências arrecadatórias. Com efeito, elas jamais poderão sobrepor-se ao inalienável direito dos contribuintes de serem tributados rigorosamente de acordo com os parâmetros constitucionais.

Estabelecidos estes pressupostos, podemos passar, agora, ao estudo das isenções tributárias, máxime da prevista no art. 156, § 3º, II, da CF.

4. Considerações gerais sobre as isenções tributárias

I – A competência para tributar, vale dizer, a aptidão jurídica para criar *in abstracto* tributos, abrange, inclusive no Brasil, a competência para conceder isenções tributárias, conseqüência lógica daquela.[26]

Nesse sentido os clássicos ensinamentos de José Souto Maior Borges: "O poder de isentar apresenta certa simetria com o poder de tributar. Tal circunstância fornece a explicação do fato de que praticamente todos os problemas que convergem para a área do tributo podem ser estudados sob o ângulo oposto: o da isenção. Assim como existem limitações constitucionais ao poder de tributar, há limites que não podem ser transpostos pelo poder de isentar, porquanto ambos não passam de verso e reverso da mesma medalha".[27]

24. A ação estatal de exigir tributos foi rigorosamente disciplinada pela Constituição Federal, de tal sorte que os entes políticos somente podem tributar *dentro* do campo que lhes foi reservado pela Carta Magna. Daí falarmos em *princípio da reserva e da rigidez das competências tributárias*.

E tais *reserva* e *rigidez* não se alteram ainda que a pessoa política competente deixe de tributar ou o faça apenas em parte. Com efeito, o não-exercício da competência tributária, por parte da pessoa política que a detém, não a transfere para outra pessoa política; tampouco a autoriza a dela se apossar. Afinal, a competência tributária é *improrrogável*. Assim, diga-se de passagem, prescreve – interpretando bem os ditames constitucionais – o art. 8º do CTN.

25. A competência tributária municipal para criar o ISS está delineada na Constituição Federal, não podendo ter suas fronteiras alteradas por meio de lei complementar.

26. Quem pode tributar (a pessoa política) pode, por igual modo, aumentar a carga tributária (agravando a alíquota ou a base de cálculo da exação), diminuí-la (adotando o procedimento inverso) ou, até, suprimi-la, por intermédio da não-tributação pura e simples. Pode, ainda, isentar tributos.

27. José Souto Maior Borges, *Isenções Tributárias*, 2ª ed., São Paulo, Sugestões Literárias, 1980, p. 2. Idéia semelhante foi defendida por Fernando Sainz de Bujanda: "(...) meu pensamento central é no sentido de que, se existe uma teoria jurídica do tributo – como existe uma teoria jurídica do contrato ou do delito –, é logicamente necessário que exista uma teoria jurídica da isenção" ("A isenção, definitivamente, não é senão a outra face da moeda", *XI Semana de Estudios de Derecho Financiero*, vol. 2º, p. 1.142 – traduzimos).

De idêntico teor as lições do inolvidável mestre Miguel Seabra Fagundes: "A competência constitucional para tributar supõe a opção entre criar tributos, ou não, e implica, por igual, a faculdade de isentar da incidência tributária determinadas pessoas, coisas ou situações".[28]

Portanto, a competência para tributar e a competência para isentar são como as duas faces da mesma moeda. De fato, a Constituição Federal, ao mesmo tempo em que discriminou as competências tributárias entre as pessoas políticas, deu-lhes a faculdade de não as exercitar, inclusive pela utilização do sistema de isenções (arts. 151, III, 155, § 2º, XII, "g",[29] e 156, § 3º, II).

II – Por integrarem o sistema constitucional tributário, as isenções também precisam obedecer a seus princípios retores, como o da *legalidade* (arts. 5º, II, e 150, I, da CF)[30] e o da *igualdade* (arts. 5º, I, e 150, II, da CF).

Desenvolvendo a idéia, a Constituição não deixa dúvidas no sentido de que ninguém deve recolher tributo ou deixar de fazê-lo, total ou parcialmente, senão em virtude de lei.[31]

Observamos, por oportuno, que as isenções de algum modo aumentam os encargos tributários dos contribuintes não-isentos. De fato, havendo menos pessoas submetidas à tributação, a tendência do legislador é majorar a carga fiscal das demais. Outra razão, pois, para que venham submetidas ao princípio da legalidade.

Mas também o princípio da igualdade paira sobre as isenções tributárias. De fato, só podem ser concedidas tendo em conta objetivos constitucionalmente consagrados (proteção à família, à cultura, aos deficientes mentais, aos economicamente mais fracos, às exportações de produtos e de serviços etc.). A nosso ver, o Judiciário, em homenagem a este princípio, pode: (a) anular isenção que privilegia apenas quem se encontra em situação mais favorável (*v.g.*, os grandes importadores); (b) estender o benefício a contribuintes em situação análoga à dos isentos (*v.g.*, aos publicitários, se

28. Seabra Fagundes, "Revogabilidade das isenções tributárias", *RDA* 58/1.

29. A Emenda Constitucional 42, de 19.12.2003, dando nova redação ao art. 155, § 2º, X, "a", da CF, declarou que o ICMS não incidirá "sobre operações que destinem mercadorias para o exterior, nem sobre serviços prestados a destinatários no exterior (...)" – *esvaziando*, assim, a alínea "e" do inciso XII do § 2º do art. 155 do mesmo Diploma Magno, que dispunha caber à lei complementar "excluir da incidência do imposto, *[o ICMS]* nas exportações para o exterior, serviços e outros produtos além dos mencionados no inciso X, 'a'" (esclarecemos no parêntese). Com efeito, se todas as exportações, de quaisquer produtos ou serviços, são imunes ao ICMS, não há mais espaço jurídico para que lei complementar venha a isentar algumas delas (pela redação originária do art. 155, § 2º, X, "a", da CF, estavam excluídos da imunidade em tela os serviços a destinatários no exterior, bem como as mercadorias que fossem produtos primários ou "semi-elaborados, definidos em lei complementar").

O açodamento e a falta de técnica de nosso *Constituinte derivado* foram tamanhos, que literalmente ele se "esqueceu" de, no art. 155, § 2º, XII, da CF, revogar expressamente a alínea "e", em questão. A nosso ver, porém, tal revogação deu-se implicitamente, por força da incompatibilidade desta alínea com o que agora vem preceituado no art. 155, § 2º, X, "a", da CF.

30. O *princípio da legalidade tributária* – tal como arquitetado na Carta Magna, especialmente em seus arts. 5º, II, e 150, I – exige que os tributos venham criados ou aumentados por meio de *lei formal*. Isto significa que a lei que se ocupa com o assunto deverá detalhar todos os elementos necessários (*v.g.*, a base de cálculo) ao nascimento do tributo (tipicidade), não podendo ser contrariada, direta ou indiretamente, nem pelo Judiciário, nem, muito menos, pela Fazenda Pública.

Como se isto não bastasse, o lançamento e a cobrança das obrigações tributárias devem levar em conta os direitos fundamentais dos contribuintes, máxime os que decorrem dos princípios que informam a tributação (segurança jurídica, igualdade, anterioridade, capacidade contributiva, proibição ao confisco, liberdade de comércio etc.). Incumbe ao aplicador (agente fiscal ou juiz) verificar quais, no caso concreto, têm prevalência, de modo a garantir os valores prestigiados na Constituição – o que afasta, de plano, a possibilidade de *executar* a lei tributária com *ampla liberdade*, tendo em vista *apenas* objetivos arrecadatórios.

31. No plano infraconstitucional, o CTN corrobora esta asserção ao proclamar, em seu art. 97, VI, que só à lei é dado "estabelecer as hipóteses de exclusão do crédito tributário", uma das quais é justamente a "isenção" (cf. art. 175, I).

a isenção favorece expressamente os propagandistas); e (c) prolongar a isenção aos que não foram por ela alcançados exclusivamente pela inércia das autoridades públicas (tal ocorreria se uma lei apenas isentasse do imposto específico contribuintes que, já tendo importado uma mercadoria, obtivessem o desembaraço aduaneiro até determinada data).

Como vemos, a isenção tributária encontra *fundamento de validade* na ausência de capacidade contributiva do beneficiário *ou* em objetivos de utilidade geral (ou de oportunidade política), que o Estado pretende venham alcançados.

Benedetto Griziotti esgrime muito bem a segunda idéia: "A esta circunstância que justifica a isenção tributária *[o autor refere-se à ausência de capacidade econômica do contribuinte]* agregam-se motivos de interesse geral sugeridos por determinados fins econômicos e sociais, que justificam, no interesse do país, que algumas classes de contribuintes não paguem tributos, ou os paguem em menor quantia que outras, com o fito de promover uma nova atividade, ou, ainda, que não se gravem determinadas classes de contribuintes que carecem de aumentar seu nível de vida, sua cultura ou suas potencialidades econômicas".[32]

Feitas estas considerações, vejamos o que é, afinal, *isenção tributária*.

III – Deixando de lado as inúmeras teorias que se construíram a respeito do assunto,[33] temos para nós que *isenção tributária é uma limitação legal do âmbito de validade da norma jurídica tributária, que impede que o tributo nasça ou faz com que surja de modo mitigado (isenção parcial)*. Ou, se preferirmos, é a nova configuração que a lei dá à norma jurídica tributária, que passa a ter seu âmbito de abrangência restringido, impedindo, assim, que o tributo nasça *in concreto* (evidentemente, naquela hipótese descrita na lei isentiva).

As isenções tributárias podem ser concedidas por meio de: (a) *lei ordinária*; (b) *lei complementar*; (c) *decreto legislativo* do Congresso Nacional; e (d) *decreto legislativo* estadual ou distrital (no caso do ICMS).

No mais das vezes as isenções tributárias são concedidas por meio de lei ordinária (da pessoa política tributante). Esta a regra geral: só a pessoa política que validamente criou (ou pode criar), por meio de lei ordinária, o tributo pode conceder a isenção, desde que também o faça por meio de lei ordinária. Assim, as isenções quase sempre são *autonômicas* (*isenções de tributos de competência própria*), conforme se infere da só leitura do art. 151, III, da Carta Magna ("é vedado à União instituir isenções de tributos da competência dos Estados, do Distrito Federal ou dos Municípios"[34]).

Para os fins deste artigo interessa-nos, porém, o estudo das isenções concedidas por meio de lei complementar, com fundamento no art. 156, § 3º, II, da CF.

5. *As isenções heterônomas autorizadas no art. 156, § 3º, II, da CF*

As isenções tributárias também podem ser concedidas por meio de lei complementar, nos termos do art. 156, § 3º, II, da CF. Este é, atualmente, o único caso em que nosso ordenamento jurídico admite *isenções heterônomas*, isto é, isenções concedidas por pessoa diversa da que tem competência constitucional para instituir o tri-

32. Benedetto Griziotti, *Principios de Política, Decrecho y Ciencia de la Hacienda*, Madri, Instituto de Estudios Réus, 1958, p. 179 (traduzimos e esclarecemos no parêntese).

33. V. nosso *Curso de Direito Constitucional Tributário*, cit., 20ª ed., pp. 784-796.

34. Este dispositivo da Lei Suprema aplica-se, por extensão, à demais pessoas políticas (Estados, Municípios e Distrito Federal). Realmente, não faria sentido jurídico que somente a União estivesse impedida de isentar tributos da competência de outras pessoas políticas. Na medida em que, juridicamente, as pessoas políticas são isônomas, segue-se que o impedimento em questão alcança todas as demais.

buto (isenções de competência tributária alheia).

Muito bem. De acordo com o supramencionado art. 156, § 3º, II, da Carta Magna, a União, por meio de lei complementar, pode conceder isenções de ISS sobre serviços prestados a destinatários no exterior.

Registramos com todas as letras – porque a idéia será sobremodo útil para o deslinde do problema jurídico em questão – que o art. 156, § 3º, II, da CF concede à lei complementar – *de modo atécnico, embora* – a aptidão para excluir da incidência do ISS as "exportações de serviços para o exterior". Na realidade, os serviços são produzidos no Brasil *para destinatários no exterior*, quando – aí, sim – se ultimam, ou seja, são dados por efetivamente prestados, já que atendem à necessidade que levou os tomadores a contratar sua execução.

Portanto, as pessoas que prestarem, em caráter negocial, para destinatários no exterior, serviços de qualquer natureza não compreendidos no art. 155, II, da CF poderão, por meio de lei complementar, ser isentadas da tributação em pauta.

Exemplifiquemos: a pessoa (física ou jurídica) que, em caráter negocial, presta, para destinatários no exterior, serviços de urbanismo será tributada, por meio de ISS, no Município onde foram produzidos (ou no Distrito Federal, caso os serviços aí tenham sido implementados), salvo se, com apoio no art. 156, § 3º, II, da CF, vier editada lei complementar concedendo-lhe uma isenção.

Note-se que é a própria Constituição Federal que autoriza a incidência do ISS sobre exportações de serviços, na medida em que dá competência à União para isentá-las, por meio de lei complementar. Afinal, aptidão para isentar pressupõe competência para tributar.

5.1 A isenção concedida pelo art. 2º, I, da Lei Complementar 116/2003

I – A Lei Complementar 116/2003 dispôs, em seu art. 2º, I: "Art. 2º. O imposto *[ISS]* não incide sobre: I – as exportações de serviços para o exterior do país".

Como é fácil perceber, este dispositivo, ao isentar de ISS as prestações de serviços a destinatários localizados no exterior, encontrou *fundamento de validade* no precitado art. 156, § 3º, II, da CF. Nesse passo, só merece encômios, pois levou em conta a sábia exortação dos economistas: "Um país deve exportar produtos, e não tributos".

II – Todavia, prescreve o parágrafo único do aludido art. 2º da Lei Complementar 116/2003: "Parágrafo único. Não se enquadram no disposto no inciso I os serviços desenvolvidos no Brasil, cujo resultado aqui se verifique, ainda que o pagamento seja feito por residente no exterior".

Tudo está em saber, portanto, qual a exata significação da ressalva "serviços desenvolvidos no Brasil, cujo resultado aqui se verifique".

A nosso sentir – damo-nos pressa em deixar consignado –, "serviços desenvolvidos no Brasil, cujo resultado aqui se verifique" são justamente aqueles que trazem utilidade para o tomador, aqui mesmo, no território nacional. Não há, no caso, *exportação* – e, portanto, os serviços não estão abrangidos pela norma isentiva em análise.

O que estamos procurando significar é que o termo "resultado", inserido no parágrafo único do art. 2º da Lei Complementar 116/2003, há de ser interpretado como sinônimo de "fruído". Assim, no rigor dos princípios, o aludido parágrafo único prescreve: "Não se enquadram no disposto no inciso I os serviços desenvolvidos no Brasil, *cuja fruição* aqui se verifique, ainda que o pagamento seja feito por residente no exterior".

Observamos, de caminho e às rápidas, que não estamos reescrevendo o parágrafo único do art. 2º da Lei Complementar 116/2003, nem o adaptando às nossas conveniências ou idiossincrasias. Estamos, simplesmente, submetendo-o a uma interpretação jurídica, a única que, a nosso ver, rima com o *princípio do destino*,[35] consagrado em nossa Constituição para o IPI e o ICMS[36] e admitido para o ISS.

III – De fato, se a Carta Magna permite, em seu art. 156, § 3º, II, que lei complementar exclua da incidência do *ISS* "exportações de serviços para o exterior", segue-se que estas operações, *em princípio*, são tributáveis. Como tributáveis, em tese, são as *importações de serviços*, vale dizer, as prestações de serviços que vêm do exterior ou lá se iniciam (agrediria o *princípio da livre concorrência* desfavorecer as prestações de serviços nacionais, desonerando as realizadas ou iniciadas no exterior).

Andou bem, pois, a Lei Complementar 116/2003 quando determinou a incidência do ISS sobre a importação de serviços (art. 1º, § 1º[37]) e sua não-incidência sobre a exportação dos mesmos (art. 2º, I). Assim estatuindo, consagrou, de uma vez por todas, também no âmbito deste tributo, o *princípio do destino*.[38]

IV – Reafirmamos que as exportações de serviços apresentam-se, por força do disposto no art. 156, § 3º, II, da CF e no art. 2º, I, da Lei Complementar 116/2003, totalmente desoneradas do ISS.

Mas, afinal, quando se dá a exportação do serviço?

A nosso ver, sempre que o tomador do serviço, sendo um não-residente, satisfizer, no exterior, a *necessidade* que o levou a contratar o prestador.

Pouco importa, para fins de isenção de ISS, se o serviço foi totalmente prestado no Brasil, se sua prestação aqui apenas se iniciou, ou se foi integralmente executado no exterior. Em qualquer destas hipóteses não haverá incidência, porque o *resultado* da prestação se fez sentir no exterior.

Apenas haverá incidência quando uma prestação de serviços avençada entre um nacional e um estrangeiro (pessoa domiciliada ou sediada no exterior) irradie seus efeitos no Brasil.

E isto por uma razão muito simples: é que, neste caso, não terá havido uma operação de exportação de serviço, já que ele terá sido fruído (consumido) – embora por não-residente – em nosso país.

35. O *princípio do destino* (também chamado *princípio do país do destino*) regula, no que tange aos tributos que a Economia rotula *indiretos*, as operações internacionais de bens e serviços. De acordo com este princípio, a transação internacional deve ser tributada apenas uma vez, no país importador, com a conseqüente exoneração das imposições sofridas no país de origem (onde o serviço foi prestado ou o bem produzido), justamente para que não haja "exportação do imposto".

Como é fácil perceber, o *princípio do destino* conduz ao *princípio da não-discriminação em razão da nacionalidade*, pelo qual o país importador deve ajustar sua legislação para que os bens e serviços estrangeiros suportem a mesma *carga fiscal* dos nacionais.

36. O *princípio do destino* foi prestigiado também no IPI e no ICMS, por força do disposto, respectivamente, nos arts. 153, § 3º, III (o IPI "não incidirá sobre produtos industrializados destinados ao exterior") e 155, § 2º, X, "a" (o ICMS "não incidirá sobre operações que destinem mercadorias para o exterior, nem sobre serviços prestados a destinatários no exterior, assegurada a manutenção e o aproveitamento do montante do imposto cobrado nas operações e prestações anteriores"), ambos da CF. Estes tributos não incidem, pois, sobre operações com produtos industrializados e mercadorias e sobre prestações de serviços de transporte interestadual e intermunicipal e de comunicação a destinatários no exterior.

37. Lei Complementar 116/2003, art. 1º, § 1º: "O imposto incide também sobre o serviço proveniente do exterior do país ou cuja prestação se tenha iniciado no exterior do país".

38. Esta peculiaridade não passou despercebida a Misabel Derzi, *verbis*: "A Lei Complementar n. 116/2003 altera para melhor o citado decreto-lei, *[Decreto-lei 406/1968]* exonerando as exportações e fazendo incidir o imposto nas importações de serviços. Como sabemos, em mercados não integrados adota-se o princípio do destino. A Lei Complementar 116/2203, nesta parte, foi correta. Manteve o princípio do destino nas prestações de serviço internacionais. Ela exonera totalmente do ISS as exportações, submetendo as importações à incidência do tributo, para isso elegendo a competência do Município onde se localizar o estabelecimento do tomador" ("O aspecto espacial do imposto municipal sobre serviços de qualquer natureza", in *ISS na Lei Complementar 116/2003 e na Constituição*, Barueri/SP, Manole, 2004, pp. 67-68 – esclarecemos no parêntese).

V – De conseqüência, sempre mais confirmamos que a expressão "cujo resultado aqui se verifique" tem a acepção de local onde ocorre a fruição do serviço, ou seja, o local onde ele é utilizado.

Se o serviço irradiar efeitos no Brasil, não há exportação – e, portanto, há, em tese, incidência de ISS. *A contrario sensu*, há exportação – e, portanto, não-incidência de ISS – quando o serviço for desfrutado, isto é, produzir resultados, no exterior.

O que, em resumo, estabelece o parágrafo único do art. 2º da Lei Complementar 116/2003 é que haverá incidência de ISS caso o serviço venha a ser consumido ou utilizado (pelo tomador) no Brasil, ainda que pago por não-residente.[39]

Tal a opinião de Mariana Oiticica Ramalho, que, em notável síntese, averba: "(...) para caracterizar a exportação de serviços não basta que o serviço seja pago por não-residente; é necessário que seja prestado para não-residente".[40]

O termo "resultado", agora em foco, tem a acepção, pois, de prestação de serviço *em favor de não-residente*, vale dizer, de pessoa que, no exterior, dele se beneficia diretamente. Em suma, o tomador do serviço deve ser não-residente para que o prestador tenha reconhecida sua isenção ao ISS.

VI – A situação de incidência perdura "ainda que o pagamento seja feito por residente no exterior", o que se nos afigura corretíssimo, pois o pagamento não compõe o *fato gerador* ***in abstracto*** (hipótese de incidência) do ISS, que, como vimos, só se positiva quando é satisfeita, pelo tomador,[41] a necessidade que levou à contratação do serviço, afinal prestado.

Estamos com Aires Barreto, para quem: "(...) não se há de confundir o momento da conclusão com o momento do pagamento do preço do serviço. O ISS é devido pela prestação de serviço. Ocorrida esta, nasce a obrigação tributária, em que pese, por circunstâncias várias, ao pagamento do preço do serviço venha a dar-se em momento posterior (ou até, eventualmente, não ocorrer). Prestado o serviço, é devido o imposto. Mesmo que o valor contratado não venha a ser pago pelo tomador (usuário, encomendante), há a incidência do imposto".[42]

Logo, como a obrigação de recolher o ISS nasce com o efetivo desfrute do serviço prestado, são irrelevantes para implementá-la tanto a ocorrência do pagamento (por parte do tomador do serviço) como o local onde este se efetiva. Utilizado o serviço no Brasil, ele não se desloca para o exterior apenas porque o pagamento lá ocorreu (ou a ordem de pagamento de lá partiu).[43]

39. Nesta hipótese, é evidente, não há falar em *princípio do destino*, subjacente ao art. 2º, I, da Lei Complementar 116/2003, já que o tomador do serviço dele se aproveita integralmente no Brasil. É no território nacional que aproveita o serviço que encomendou. O Brasil, neste caso, é o país do destino. A utilidade econômica do serviço prestado é satisfeita dentro de nossas fronteiras – circunstância que enseja a incidência do ISS ainda que o tomador seja sediado ou domiciliado no exterior.

40. Mariana Oiticica Ramalho, "ISS – Serviços de importação e exportação", in *Imposto sobre Serviços (de Acordo com a Lei Complementar 116/2003)*, São Paulo, Quartier Latin, 2004, p. 121.

41. A posição do tomador do serviço é que deve ser levada em conta para que se comprove a exportação do serviço. É o tomador que deve ser não-residente; não a pessoa que simplesmente paga pelo serviço.

Do contrário estaria aberta a porta para a fraude, como, ao fazer a exegese do parágrafo único do art. 2º da Lei Complementar 116/2003, bem o percebeu João Luiz Coelho da Rocha: "O desiderato *[deste parágrafo único]* terá sido o de evitar talvez certos planejamentos pelos quais empresas multinacionais supram serviços necessitados por suas bases brasileiras por meio de prestadores seus sediados no exterior, mesmo que remetendo valores ao Brasil para este fim" ("O novo trato legal do imposto sobre serviços e os problemas que permanecem", *Revista Dialética de Direito Tributário* 99/80-81 – esclarecemos no parêntese).

42. Aires Barreto, *ISS na Constituição e na Lei*, cit., 2ª ed., p. 306.

43. Assiste razão a Mariana Oiticica Ramalho quando observa que "o pagamento da prestação por não-residente por si não caracteriza a exportação, deve-se vislumbrar o fruto da prestação dos serviços no exterior para caracterizar a exportação" ("ISS –

Daí ser pertinente e até louvável, *desde que adequadamente interpretado*, o parágrafo único do aludido art. 2º da Lei Complementar 116/2003.

Muito bem. Definidas sumariamente as premissas de nosso artigo, é soada a hora de partirmos para a solução jurídica do problema inicialmente apresentado.

6. Reequacionamento do problema e encaminhamento de sua solução

Conforme adiantamos, deseja-se saber, em síntese, se, quando empresa presta serviços de reparação de turbinas de aeronaves de propriedade de pessoas jurídicas estrangeiras, está amparada pela *situação de não-incidência* ao ISS prevista no art. 2º, I, da Lei Complementar 116/2003. E isto inobstante tais aparelhos serem testados no Brasil, antes de entregues aos destinatários no exterior, para virem reinstalados em suas aeronaves.

Registramos, ainda, por oportuno, que o pagamento pelos serviços só é autorizado quando, uma vez acopladas as turbinas às aeronaves, as empresas contratantes constatam que os serviços foram feitos a preceito e, portanto, está satisfeita a necessidade que ensejou a contratação.

A resposta à questão é: não tem fundamento jurídico eventual entendimento de que, na hipótese em apreço, incide a ressalva contida no parágrafo único do art. 2º da Lei Complementar 116/2003, de modo a abrir espaço à exigência de ISS. Realmente, embora os serviços em questão sejam "desenvolvidos no Brasil", seus resultados verificam-se no exterior, de modo que resta perfeitamente configurada a *situação de não-incidência* prevista no art. 2º, I, do mesmo ato normativo.

Todavia, para não ficarmos no plano das simples alegações, vamos tratar de demonstrar as assertivas – o que faremos sumariamente, com base nos fundamentos lançados nas páginas anteriores.

7. Da não-incidência de ISS sobre os serviços em tela

Ainda que em tese, não vemos como compelir empresa a recolher ISS enquanto presta os serviços de reparação de turbinas, em pauta. É que tais serviços estão cobertos pelo manto da isenção criada pelo art. 2º, I, da Lei Complementar 116/2003, com respaldo no art. 156, § 3º, II, da CF.

I – De fato, as empresas aéreas clientes da empresa contratam-na para que realize, em suas oficinas, localizadas em Município Brasileiro, os serviços ora em exame.

A prestadora, depois de cumprida sua parte na avença, testa as turbinas e as remete para o exterior, onde operam as empresas contratantes.

Os tomadores, de seu turno, ao receberem de volta as turbinas, reinstalam-nas em suas aeronaves, certificam-se de que os serviços foram corretamente prestados e, uma vez satisfeita a necessidade que levou à contratação – o que, por óbvio, só se dá no exterior –, efetuam os pagamentos pertinentes.

Incontroverso, pois, que a utilidade dos serviços contratados e prestados só se revela por ocasião da reinstalação das turbinas nos aviões, quando estes readquirem a condição de alçar vôo.

Antes disso, os serviços, embora realizados no Brasil, nas oficinas da contratada, não trazem utilidade alguma aos tomadores. Juridicamente, para eles, ainda não foram prestados.

Se não, vejamos.

II – É ponto pacífico que sem as turbinas as aeronaves não têm como cumprir sua finalidade precípua, que é voar.[44] Segue-

Serviços de importação e exportação", cit., in *Imposto sobre Serviços (de Acordo com a Lei Complementar 116/2003)*, p. 122).

44. É o caso de aqui invocarmos Holmes, Juiz da Suprema Corte Americana, para quem, "às vezes, é melhor insistir no óbvio, que enveredar pelo obscuro".

se, pois, com a força irresistível dos raciocínios lógicos, que enquanto não se dá a reinstalação dos aparelhos nas aeronaves o serviço ainda não foi fruído, isto é, os resultados colimados pelo tomador ainda não se fizeram sentir.

Tal só ocorrerá no país de destino, hipótese em que incide, por inteiro, a regra isentiva do art. 2º, I, da Lei Complementar 116/2003. E isto por uma razão muito simples: o *fruto* da prestação dos serviços só é colhido no exterior. É lá que está o *beneficiário real e efetivo* dos serviços de reparação de turbinas de aeronaves.

III – Em remate, a situação examinada enquadra-se perfeitamente na louvável regra de desoneração de ISS nas "exportações de serviços para o exterior do país", contida no art. 2º, I, da Lei Complementar 116/2003. Inaplicável, *in casu*, a ressalva do parágrafo único desse artigo, pois o resultado dos serviços verifica-se no exterior.

CADERNOS DE DIREITO TRIBUTÁRIO

LOS ANTICIPOS IMPOSITIVOS: ¿OBLIGACIONES TRIBUTARIAS?

JORGE BRAVO CUCCI

Abogado – Profesor de Derecho Tributario de la Pontificia Universidad Católica del Perú

1. Sistema de referencia. 2. Naturaleza de los anticipos impositivos. 3. La infracción tipificada en el art. 178º, numeral 1, del Código Tributario del Perú.

1. Sistema de referencia

No es posible hacer ciencia sin un sistema de referencia. Pretender hacerlo es hundirse en el desconocimiento, es tantear en un mar de confusión sin saber a donde ir. Comenzamos el presente artículo con tales reflexiones, con las cuáles queremos dejar en evidencia la importancia de manejar un adecuado sistema conceptual de referencia que nos permita explicar o describir de la mejor manera posible los objetos o fenómenos jurídicos, entre ellos los que tienen relación con lo tributario, de una manera consistente, evitando incurrir en contradicciones.

Pues bien, el tema que nos ocupa nuevamente tiene su origen en una resolución del Tribunal Fiscal, la RTF 4.435-4-2003,[1] que se ha pronunciado en el Perú señalando que los "pagos a cuenta" del impuesto a la renta[2] son anticipos y *además* obligaciones tributarias. En ese razonamiento, el Tribunal Fiscal concluye que la infracción tipificada en el art. 178º del Código Tributario (declarar cifras o datos falsos que influyan en la determinación de la *obligación tributaria*) y su respectiva sanción (50% del *tributo* omitido) le resultan de aplicación a los referidos "pagos a cuenta".

No concordamos con la conclusión a la que arriba en esta ocasión la Sala 4 del Tribunal Fiscal, por las razones que expondremos a continuación. Sin perjuicio de tal discordancia, intentaremos entender el sistema de referencia utilizado por dicho organismo para llegar a tal aseveración.

2. Naturaleza de los anticipos impositivos

Ya en trabajos anteriores hemos señalado nuestro punto de vista con relación a

1. A los efectos de acceder al texto completo de la referida resolución, v. *http://tribunal.mef.gob.pe/jurisprudencia.htm*.

2. El régimen del impuesto a la renta peruano aplicable a las actividades empresariales dispone un régimen de anticipos al impuesto los cuales son denominados como "pagos a cuenta", los cuales se compensan con la obligación tributaria del impuesto a la renta resultante al final del ejercicio, y en caso de no haber impuesto determinado es posible solicitar su devolución.

la naturaleza jurídica de los anticipos impositivos, llamados en nuestro ordenamiento jurídico, en algunos casos, como "pagos a cuenta". Sin ánimo de ser reiterativos en nuestros argumentos, concluimos en aquellas oportunidades que los anticipos impositivos son prestaciones de dar sumas de dinero con *carácter temporal*, y que constituyen el objeto de obligaciones que, si bien tienen un origen legal, no son tributarias.[3] Los pagos a cuenta se diferencian de los tributos en que estos últimos son prestaciones de dar sumas de dinero pero con *carácter definitivo*.[4]

Lo primero que corresponde diferenciar es entre una obligación y su objeto. Son dos figuras que no se confunden. La *obligación*, cuyo origen puede ser legal o convencional, es un deber jurídico de prestación, mientras la *prestación* es una conducta humana determinada (dar, hacer o no-hacer). Hay una clara diferencia entre estar obligado a cumplir con cierta conducta y la conducta en sí misma, que es el objeto de la obligación. Por tanto, por un tema de rigor semántico, debe diferenciarse entre (i) obligación tributaria y (ii) tributo, así como entre (iii) obligación legal de efectuar anticipos impositivos y (iv) anticipos impositivos.

Las normas tributarias en sentido amplio son el fundamento de diversos tipos de obligaciones, y no sólo de las obligaciones tributarias, vale decir, de aquellas cuyo objeto es el tributo. En efecto, las normas tributarias pueden generar con su acaecimiento obligaciones instrumentales denominadas también como deberes formales, cuyo objeto consiste en una variada gama de prestaciones de hacer y no-hacer (tolerar) y también dar, pero no de naturaleza o contenido patrimonial. Los deberes formales no son obligaciones tributarias por el hecho de originarse por la incidencia de una norma tributaria en sentido amplio, empero nadie pone en discusión que tienen relación con las obligaciones tributarias. Las obligaciones de efectuar anticipos impositivos son también deberes jurídicos que se originan de normas tributarias en sentido amplio y que se relacionan con obligaciones tributarias, pero son independientes y distintas respecto de aquéllas.

A la luz de lo hasta ahora dicho en el presente artículo, queda claro que un "pago a cuenta" no puede ser "a la vez" un *anticipo* y una *obligación tributaria* como pretende el Tribunal Fiscal. Razonar así conllevaría incurrir en una fractura lógica, por cuanto el contenido (el anticipo) no puede ser identificado con el contenedor (la obligación legal de efectuarlo). Lo que debe ser materia de discusión es: (i) si el pago a cuenta es un tributo (y de serlo a qué categoría pertenece) y (ii) si es posible que una obligación tributaria pueda tener como objeto una prestación distinta al tributo.

Creemos que no puede sostenerse válidamente que un "pago a cuenta" es un tributo. No encuadra en las categorías de tributo recogidas expresamente en la Norma II del Título Preliminar del Código Tributario,[5] pues es ajena a la estructura de

3. Jorge Bravo Cucci, *Fundamentos de Derecho Tributario*, Lima, Palestra, 2003, pp. 72-85.

4. "(...) estos pagos son anticipados respecto a una obligación definitiva que, en el momento de efectuar las anticipaciones, se presenta como un vínculo futuro e incierto tanto en el *an* como en el *quantum debeatur*" (Gaspare Falsitta, *Manuale di Diritto Tributario*, Padova, CEDAM, 1972, p. 293).

5. "**Norma II: Ámbito de Aplicación**

"Este Código rige las relaciones jurídicas originadas por los tributos. Para estos efectos, el término genérico *tributo* comprende:

"a) Impuesto: es el tributo cuyo cumplimiento no origina una contraprestación directa en favor del contribuyente por parte del Estado.

"b) Contribución: es el tributo cuya obligación tiene como hecho generador beneficios derivados de la realización de obras públicas o de actividades estatales.

"c) Tasa: es el tributo cuya obligación tiene como hecho generador la prestación efectiva por el Estado de un servicio público individualizado en el contribuyente.

"No es tasa el pago que se recibe por un servicio de origen contractual.

un tributo *correctamente determinado* la posibilidad de restitución del monto recaudado. Un tributo es una exacción definitiva, no un empréstito forzoso, ni un anticipo a cuenta.

Respecto a la segunda cuestión, vale decir, si corresponde encuadrar a la obligación de efectuar pagos a cuenta como una especie del género "obligación tributaria", debemos señalar que desde nuestra perspectiva ello no es posible ni correcto, en tanto el art. 1º del Código Tributario define claramente a la obligación tributaria como aquella que tiene por objeto el cumplimiento de la *prestación tributaria*, siendo que la prestación tributaria no es otra cosa que el propio tributo.

Si bien hay doctrinarios que sostienen que los deberes formales son obligaciones tributarias adjetivas o formales (en contraposición a lo que denominan como obligaciones tributarias sustantivas), creemos que tal clasificación no cuenta con un rigor científico adecuado, tal como lo hemos sustentado en párrafos anteriores. Pretender calificar como "tributaria" a toda obligación legal que tenga alguna relación con normas de contenido tributario conllevaría a que en tal categoría se consideren no sólo a los deberes formales y anticipos impositivos, sino en general a los deberes de colaboración por parte de terceros, como es el caso de las retenciones y detracciones (que no se derivan de hecho imponible alguno), las propias sanciones tributarias de tipo pecuniario (multas), así como las obligaciones legales que se imponen al acreedor y administrador tributario, como la de devolución de pagos indebidos y/o en exceso, la de mantener la reserva tributaria, la de compensación de saldos y créditos – en lo que sería una relativización peligrosa de la institución.

Volviendo a lo dicho en los párrafos iniciales, y luego de lo dicho precedentemente, no queda claro cuál es el sistema de referencia adoptado por el Tribunal Fiscal para resolver la controversia planteada.

3. La infracción tipificada en el art. 178º, numeral 1, del Código Tributario del Perú

Dadas las recientes modificaciones al Código Tributario, corresponde hacer una diferenciación entre el texto del art. 178º vigente hasta el 31.12.2003 y el vigente a partir del 1.1.2004.

La RTF, que es materia de comentario en el presente trabajo, se refiere a una supuesta infracción cometida antes del 31.12.2003. El texto del art. 178º, numeral 1, exhibía el siguiente tenor: "No incluir en las declaraciones ingresos, rentas, patrimonio, actos gravados o tributos retenidos o percibidos, o declarar cifras o datos falsos u omitir circunstancias que influyan en la determinación de *la obligación tributaria*", siendo la sanción aplicable era el 50% del *tributo omitido*.

La referida infracción se relaciona con la obligación formal de incluir en las declaraciones tributarias la correcta determinación de la obligación tributaria.

Como lo hemos mencionado en el punto anterior, en nuestra opinión no cabe confundir a la obligación tributaria con la obligación legal de efectuar anticipos impositivos, razón por la cual consideramos que la omisión en la declaración de los anticipos, si bien es el incumplimiento de un

"Las tasas, entre otras, pueden ser:

"1. Arbitrios: son tasas que se pagan por la prestación o mantenimiento de un servicio público.

"2. Derechos: son tasas que se pagan por la prestación de un servicio administrativo público o el uso o aprovechamiento de bienes públicos.

"3. Licencias: son tasas que gravan la obtención de autorizaciones específicas para la realización de actividades de provecho particular sujetas a control o fiscalización.

"El rendimiento de los tributos distintos a los impuestos no debe tener un destino ajeno al de cubrir el costo de las obras o servicios que constituyen los supuestos de la obligación.

"Las aportaciones al Seguro Social de Salud – ESSALUD y la Oficina de Normalización Previsional – ONP se rigen por las normas de este Código, salvo en aquellos aspectos que por su naturaleza requieran normas especiales, los mismos que serán señalados por Decreto Supremo."

deber formal, no tipifica en el referido inciso como una infracción, no cumpliéndose con el principio de tipicidad aplicable a las infracciones y sanciones. Pero aún en el supuesto negado que pudiera sostenerse que dicha obligación es "tributaria" (*lato sensu*), la referida infracción no tendría una sanción aplicable, en tanto el anticipo (pago a cuenta) no califica como un *tributo*, no siéndole de aplicación a la pretendida infracción la sanción del 50% del *tributo omitido*. Por lo tanto, consideramos que el fallo del Tribunal Fiscal contiene un criterio insostenible, y que no encuentra un soporte jurídico adecuado, pues a través de un razonamiento *per saltum* y reñido con un procedimiento lógico concluye aplicando analógicamente a los *anticipos* la sanción aplicable a los *tributos*, obviando pronunciarse respecto a las razones que permiten decantar en tal conclusión,[6] y olvidando lo prescrito en el último párrafo de la Norma VIII del Título Preliminar del Código Tributario.

Pero ¿en qué ha cambiado el panorama a partir del 1.1.2004? El texto actual del numeral 1 del art. 178º del Código Tributario dispone lo siguiente: "1. No incluir en las declaraciones ingresos y/o remuneraciones y/o retribuciones y/o rentas y/o patrimonio y/o actos gravados y/o tributos retenidos o percibidos, *y/o aplicar tasas o porcentajes o coeficientes distintos a los que les corresponde en la determinación de los pagos a cuenta o anticipos*, o declarar cifras o datos falsos u omitir circunstancias en las declaraciones, que influyan en la determinación de la obligación tributaria; y/o que generen aumentos indebidos de saldos o pérdidas tributarias o créditos a favor del deudor tributario y/o que generen la obtención indebida de Notas de Crédito Negociables u otros valores similares".

Las sanciones aplicables a la referida infracción son: (a) 50% del tributo omitido, o (b) 50% del saldo, crédito u otro concepto similar de terminado indebidamente, o (c) 15% de la pérdida indebidamente declarada o (d) 100% del monto obtenido indebidamente, de haber obtenido la devolución.

Mas allá de lo farragoso del texto actual y de los innumerables problemas interpretativos que se avizora su texto generará, consideramos que muy poco es lo que ha cambiado. Queda claro que ahora sí califica como una infracción el hecho de aplicar tasas, porcentajes o coeficientes distintos en la determinación de los pagos a cuenta o anticipos, sin tomarse en cuenta si tal hecho se origina de un error material o de un comportamiento doloso. Sin embargo, nuevamente el legislador ha omitido tipificar como infracción la omisión de ingresos en la base de cálculo de los anticipos impositivos, a diferencia de lo que ocurre en el caso de los tributos. Pues bien, si pretendiera sostenerse que hay una identidad ontológica entre una obligación tributaria y una obligación legal de efectuar anticipos impositivos, inclusive en dicha hipótesis no existiría forma de sancionar a la supuesta infracción, pues el legislador ha olvidado consignar la sanción aplicable, en tanto se refiere solamente a tributos, saldos o créditos, pérdidas y montos obtenidos indebidamente, y no a los anticipos impositivos.

Nos parece que debería existir una infracción específica para el caso de los anticipos impositivos, pero sancionada con menor severidad que en el caso de los tributos, pues se trata de exacciones temporales con cargo a una obligación tributaria, que podrá o no existir en el futuro, atendiendo a que las sanciones deben graduarse proporcionalmente a la magnitud de la infracción cometida. Sin embargo, si tal infracción fuera tipificada, debería incluirse sólo aquellos comportamientos omisivos derivados de un actuar doloso e intencional, y no de los simples errores materiales.

6. Adherimos nuestro entendimiento al expresado en el comentario efectuado por el equipo de investigación de Análisis Tributario a la RTF 4.435-4-2003 (*Omisión de efectuar pagos a cuenta del impuesto a la renta. ¿Se configura la infracción del art. 178º, numeral 1, del Código Tributario y su correspondiente sanción?*, vol. XVII-n. 195/32-33, abril/2004).

CADERNOS DE DIREITO TRIBUTÁRIO

EXECUÇÃO FISCAL – PENHORA "ON LINE" E A LEI COMPLEMENTAR 118/2005

BETINA TREIGER GRUPENMACHER
Advogada – Professora Adjunta de Direito Tributário da UFPR

1. Noções introdutórias. 2. A penhora na execução fiscal. 3. O direito à ampla defesa. 4. A penhora "on line" e a Lei Complementar 118/2005.

1. Noções introdutórias

O processo de execução fiscal visa a garantir à Administração Fazendária o direito subjetivo de receber o crédito tributário ínsito à relação jurídica nascida a partir da incidência da norma desencadeada pela prática do fato imponível. A exemplo da execução prevista nos arts. 566 a 795 do CPC, há de ser instruído com prova documental e, portanto, pré-constituída – qual seja, a certidão de inscrição em dívida ativa.

A inscrição em dívida ativa só se consolida após transcorrido o prazo para impugnação do auto de infração. Na hipótese de inércia do sujeito passivo no sentido de impugnar a cobrança do débito ou, ainda, tendo questionado a cobrança na via administrativa e tendo o respectivo órgão julgador confirmado a pertinência da pretensão fazendária, ocorre a inscrição do débito em dívida ativa, sendo extraída a respectiva certidão que instrui o processo de execução fiscal, desencadeando procedimento de constrição patrimonial do devedor, no intuito de satisfazer a pretensão fazendária.[1]

Moacyr Amaral Santos afirma que pela penhora "se separam do patrimônio do devedor, e se apreendem, bens quantos bastem para garantir a execução".[2]

Enrico Tullio Liebman[3] afirma que a penhora tem dupla função: a uma, visa a

1. Quanto à inscrição em dívida ativa, ponderou Aliomar Baleeiro que "é o procedimento administrativo que habilita a Fazenda a entrar em juízo, a fim de executar o sujeito passível ou responsável, com um título líquido e certo, imediatamente exigível, sob pena de penhora. Assim, na hipótese de inadimplemento do contribuinte, ou seja, se o tributo não for recolhido ou questionado na via administrativa, ou em havendo decisão administrativa que mantenha a cobrança, ocorre a sua conversão em dívida ativa, inscrita nos livros da repartição competente" (*Direito Tributário Brasileiro*, Rio de Janeiro, Forense, p. 571).

2. Moacyr Amaral Santos, *Primeiras Linhas de Direito Processual Civil (Adaptadas ao Novo Código de Processo Civil)*, 3ª ed., 3º vol., São Paulo, Saraiva ,1979, pp. 271-272.

3. Enrico Tullio Liebman, *Processo de Execução*, 2ª ed., São Paulo, Saraiva, 1963, n. 55, p. 181.

individualizar e apreender bens destinados à futura apreensão; a duas, resguarda os interesses de vedar, no sentido de conservar os bens, evitando que sejam subtraídos ou alienados em prejuízo da execução.

O processo executivo fiscal é, no entanto, mais ágil que aquele previsto no Código de Processo Civil, em virtude de se lhe aplicar o princípio da supremacia do interesse público.

2. A penhora na execução fiscal

Proposta a execução fiscal, deve o executado, regularmente citado, no prazo de cinco dias, contados da juntada do mandado de citação ou aviso de recebimento, pagar a dívida com juros e multa de mora ou garantir a execução, indicando bens à penhora, conforme preceitua o art. 8º da Lei 6.830/1980, sob pena de, não correndo o pagamento nem a garantia da execução, serem penhorados quaisquer bens do executado, exceto os que a lei declarar absolutamente impenhoráveis (art. 10 da Lei de Execução Fiscal).

A penhora na ação de execução fiscal deve obedecer ao regramento estabelecido no art. 11 da Lei 6.830/1980, o qual estabelece ordem de preferência em relação aos bens penhoráveis, nos seguintes termos: "Art. 11. A penhora ou arresto de bens obedecerá à seguinte ordem: I – dinheiro; II – título da dívida pública, bem como título de crédito, que tenham cotação em bolsa; III – pedras e metais preciosos; IV – imóveis; V – navios e aeronaves; VI – veículos; VII – móveis ou semoventes; e VIII – direitos e ações".

É de se destacar que o "dinheiro" é indicado no mencionado preceito como a primeira opção a ser considerada pelo oficial de justiça quando não forem ofertados bens para garantir a execução ou, sendo ofertados, forem insuficientes para satisfazer o débito.

Considerando o disposto em tal dispositivo, os Tribunais pátrios passaram a considerar a hipótese de determinar a penhora de valores constantes em contas bancárias. Assim, foi com fundamento em construção pretoriana que nasceu a chamada "penhora *on line*", objeto do presente estudo.

A penhora *on line* – que, *a priori*, foi utilizada para bloquear contas correntes de devedores na esfera da Justiça do Trabalho – é hoje também utilizada como sistema de garantia que, por determinação judicial, impede os titulares de contas bancárias de movimentá-las quando, executados para pagamento de débito de natureza tributária, não tiverem indicado bens à penhora.

A penhora *on line* é determinada pelo juiz da causa para garantir agilidade no processo de cobrança de dívidas fiscais, e surgiu a partir dos avanços tecnológicos ocorridos na ciência da Informática. Foi viabilizada pelo convênio denominado "BACEN-JUD", no qual, está previsto que o Banco Central pode atribuir senhas aos juízes e tribunais, permitindo-lhes acessar as contas bancárias e bloquear os valores nelas contidos, além de aplicações financeiras existentes em nome do devedor.

Ocorre que, ao determinar o bloqueio de conta corrente, em regra, os juízes não se acautelam no sentido de deixar a salvo do bloqueio valores impenhoráveis por lei (art. 649, I-X, do CPC), como os salários, proventos e aposentadorias, pensões e demais valores de natureza alimentar.

O que tem ocorrido, na prática, é que, além de serem usualmente bloqueados valores impenhoráveis, não raramente a penhora recai sobre valor excedente ao que está sendo executado.

Na ânsia de solver o débito e eliminar a pendência judicial, direitos fundamentais são freqüentemente atropelados, tais como a garantia constitucional à ampla defesa e a vedação ao confisco da propriedade privada.

Cabe, aqui, indagar: como e quem arcará com os prejuízos que o sujeito passivo terá diante do excesso de penhora?

Todos sabemos que o imediatismo na correção dos equívocos cometidos pela Administração Fazendária nunca foi efetivamente observado. A Fazenda Pública, com freqüência, não age com a eficiência necessária para devolução de quantias indevidamente cobradas, o que nos leva a concluir que não será em relação à penhora *on line* que tal ocorrerá.

Não obstante a penhora *on line* possa ser um instrumento eficiente à disposição do Poder Judiciário para tornar efetivo o dever de pagar impostos, dita eficiência é, hoje, meramente aparente, pois, da forma arbitrária como vem sendo utilizada, a despeito de garantir a eficiência na arrecadação tributária, pode se converter em um perigoso instrumento de inviabilização das atividades da empresa.

O bloqueio das contas de uma empresa aniquila o "capital de giro", impedindo que o empresário salde débitos e – o que é pior – disponha de recursos para o pagamento de salários.

Diante de tal panorama, conclui-se que a utilização atualmente arbitrária da penhora *on line* há de ser aperfeiçoada através de normas que a regulamentem, impedindo que se transforme em um mecanismo de afronta aos direitos do contribuinte.

3. O direito à ampla defesa

A CF Brasileira, em seu art 5º, LV, institui a garantia ao contraditório e à ampla defesa, ao estabelecer: "LV – aos litigantes, em processo judicial ou administrativo, e aos acusados em geral são assegurados o contraditório e a ampla defesa, com os meios e recursos a ela inerentes".

A inclusão do citado princípio, que garante ao cidadão o "devido processo legal, o contraditório e a ampla defesa", foi inspirada no disposto no art. XI, n. 1, da Declaração Universal dos Direitos do Homem, que preceitua: "Todo homem acusado de um ato delituoso tem o direito de ser presumido inocente até que sua culpabilidade tenha sido provada de acordo com a lei, em julgamento publico no qual lhe tenham sido asseguradas todas as garantias necessárias à sua defesa".

O princípio que garante o devido processo legal é relevante para a análise da utilização da penhora *on line* como garantia do débito tributário no âmbito do processo de execução, na medida em que assegura igualdade de condições com o Estado-persecutor, viabilizando o direito à plena defesa.

Não obstante no processo de execução fiscal a prova deva ser documental e pré-constituida, é garantia do executado ser regularmente citado para que, tomando conhecimento de que contra si há ajuizada uma ação executiva fundada em certidão de inscrição em dívida ativa, possa opor defesa argüindo, apenas para exemplificar, a nulidade do título ou qualquer questão de direito que possa ser objeto de exceção de pré-executividade, requerendo o recolhimento do mandado de penhora até que o pedido seja examinado.

No entanto, não raramente o Poder Judiciário, sem esgotar todos os meios disponíveis no sentido de localizar o executado, determina sua citação por edital ou, mesmo, autoriza a citação de indivíduo sem vínculo pessoal, familiar ou jurídico com o executado, que, por se encontrar no endereço apontado no mandado de citação, exara sua ciência, mas deixa de comunicar o executado do ocorrido, o que o impede de apresentar defesa ou apresentar bens à penhora, dentro do prazo legal para tanto.

Nessa hipótese, transcorrido o prazo legal para garantir a execução sem manifestação do executado, o juiz pode determinar a penhora *on line* e o conseqüente bloqueio de suas contas correntes, ainda que não tenha sido efetivamente cientificado da existência da ação.

Tal circunstância ofende o princípio da ampla defesa, o que gera o indesejado desequilíbrio processual e, em conseqüência, a injustiça decorrente da desigualdade das partes no processo.

Segundo ensina Manoel Gonçalves Ferreira Filho, acerca do devido processo legal: "Para os juristas americanos, o *due process of law* tem duas faces: uma formal, outra substancial. O aspecto formal consiste na sujeição de qualquer questão que fira a liberdade ou os bens de um ser humano ao crivo do Judiciário, por meio do juiz natural, num processo contraditório, em que se assegure ao interessado ampla defesa. O substancial importa em que as normas aplicadas quanto ao objeto do litígio não sejam desarrazoadas, portanto intrinsecamente injustas".[4]

O questionamento da constitucionalidade da penhora *on line* está relacionado mais diretamente ao aspecto formal do princípio em questão, já que, ao determinar o bloqueio da conta corrente do contribuinte devedor, o juiz está proferindo decisão que alcança o patrimônio do mesmo, muitas vezes, conforme exposto, sem observar o devido processo legal.

Decorrente do princípio do devido processo legal, o princípio do contraditório demanda que o processo seja conduzido observando-se a igualdade das partes, também chamada de *par conditio*, em que se oportuniza a cada uma delas a livre produção de provas, como forma de garantir a segurança individual.

Acerca da penhora *on line* enquanto forma de ofensa ao princípio do devido processo legal, já afirmaram Aires F. Barros e Gilberto Rodrigues Gonçalves: "A penhora é, por si, instrumento de privação de bens, que não podem mais ser usufruídos livremente pelo devedor penhorado. Só pode, portanto, ser implementada em conformidade com o devido processo legal. A penhora de maior quantidade de bens do que os necessários para garantia do débito ofende a regularidade processual e deve se constituir em exceção a ser prontamente corrigida".[5]

A observância do devido processo legal e, em conseqüência, do direito à ampla defesa é uma forma de impedir a onipotência e a arbitrariedade.

Assim, em homenagem ao direito à ampla defesa e ao devido processo legal, a penhora *on line* deve ser medida extrema e excepcional fruto de decisão fundamentada, como já decidiu o egrégio STJ, relatora a Min. Eliana Calmon: "Execução fiscal – Penhora em saldos de conta corrente – Excepcionalidade. 1. A penhora em saldo bancário do devedor equivale a penhora sobre o estabelecimento comercial. 2. Somente em situações exepcionais e devidamente fundamentadas é que se admite a especial forma de constrição. 3. Recurso especial provido" (REsp 557.294-SP, j. 6.11.2003).

Destaque-se do voto da ilustre Ministra: "Permitir-se a penhora dos saldos bancários de uma empresa é o mesmo que decretar a sua asfixia, porque tal determinação não respeita os reais limites que deve ter tido credor: atendimento prioritário aos fornecedores, para possibilitar a continuidade da aquisição da matéria-prima, pagamento aos empregados, prioridade absoluta pelo caráter alimentar dos salários".

Nesse sentido também decidiu o Min. Francisco Falcão, no AgRg em REsp 2001/0094374-0:

"I – A jurisprudência deste Tribunal vem decidindo que não cabe a substituição da penhora, por parte da Fazenda, sem que haja uma fundamentação adequada a justificar tal procedimento, observando-se que a execução deve ser feita de modo menos gravoso para o executado, nos moldes do art. 620 do CPC.

"II – Para que ocorra a penhora sobre aplicações financeiras da devedora, é necessário que antes haja diligências, por parte da exeqüente, no sentido de penhorar outros bens pertencentes àquela. Inocorrendo tal conduta, por parte da credora, não se

4. Manoel Gonçalves Ferreira Filho, *Comentários à Constituição Brasileira de 1988*, vol. 1, São Paulo, Saraiva, 1990, p. 67.

5. Aires F. Barreto e Gilberto Rodrigues Gonçalves, "A penhora *on line* na execução fiscal e a Lei Complementar 118", *Revista Dialética de Direito Tributário* 116/15, São Paulo, Dialética, maio/2005.

cogita em constrição de valores presentes em conta corrente da executada, tratando-se esta de medida de caráter excepcional, exigindo-se, para tanto, justificativa suficiente por parte da exeqüente.

"III – Precedentes: REsp n. 557.294-SP, rela. Min. Eliana Calmon, *DJU* 15.12.2003; REsp n. 438.612-MG, rel. Min. José Delgado, *DJU* 23.9.2002; e EDREsp n. 159.705-SP, rel. Min. Sálvio de Figueiredo Teixeira, *DJU* 16.8.1999" (AgRg no REsp 331.955-SP; AgRg no REsp 2001/0094374-0, 1ª T., rel. Min. Francisco Falcão, *DJU* 29.11.2004 p. 226).

4. A penhora "on line" e a Lei Complementar 118/2005

A Lei Complementar 118/2005, publicada em fevereiro/2005, ao dar nova redação a alguns artigos no Código Tributário Nacional, consolidou a penhora *on line* nas execuções fiscais.

O art. 2º da lei complementar em comento acrescentou o art. 185-A ao CTN, legalizando a penhora *on line* e determinando a indisponibilidade dos bens do devedor e conseqüente bloqueio dos valores existentes em conta corrente.

O convênio conhecido como "BACENJUD" permite aos juízes encaminhar, via Internet, às instituições financeiras, solicitações de informações sobre a existência de contas correntes e aplicações em nome de contribuintes que estão sendo executados pela Fazenda Pública, determinando a indisponibilidade dos valores das contas e aplicações.

O art. 2º da Lei Complementar 118/2005 acrescentou o referido art. 185-A ao CTN, que assim dispõe:

"Art.185-A. Na hipótese de o devedor tributário, devidamente citado, não pagar nem apresentar bens à penhora no prazo legal e não forem encontrados bens penhoráveis, o juiz determinará a indisponibilidade de seus bens e direitos, comunicando a decisão, preferencialmente por meio eletrônico, aos órgãos e entidades que promovem registros e transferência de bens, especialmente ao Registro Público de Imóveis e às autoridades supervisoras do mercado bancário e do mercado de capitais, a fim de que, no âmbito de suas atribuições, façam cumprir a ordem judicial.

"§ 1º. A indisponibilidade de que trata o *caput* deste artigo limitar-se-á ao valor total exigível, devendo o juiz determinar o imediato levantamento da indisponibilidade dos bens ou valores que excederem esse limite.

§ 2º. Os órgãos e as entidades aos quais se fizer a comunicação de que trata o *caput* deste artigo enviarão imediatamente ao juízo a relação dos bens e direitos cuja indisponibilidade houverem promovido."

A nova Lei de Falências institui medidas de recuperação judicial e extrajudicial de empresas em estado de insolvência.

No intuito de adaptar a legislação tributária às alterações ocorridas em relação ao processo falimentar, o legislador complementar acresceu o citado dispositivo do Código Tributário Nacional, sem, contudo, estabelecer mecanismos de contenção de arbitrariedades, eventualmente cometidas, na aplicação da prerrogativa criada pelo art. 2º e respectivos §§.

Segundo o mencionado preceito, a penhora poderá recair sobre imóveis, direitos e/ou contas bancárias, mediante comunicação eletrônica aos respectivos cartórios e/ou instituições financeiras. Os ofícios que antes eram encaminhados por oficiais de justiça seguirão agora por meio eletrônico, agilizando o bloqueio de bens e, em grande parte das vezes, inviabilizando a defesa do executado.

Tal providência pode, como já examinado, implicar a paralisação da atividade produtiva, pois o contribuinte, "descapitalizado", não disporá de recursos para a compra de insumos e pagamento de salários.

O contribuinte deve redobrar a atenção no que tange à indicação de bens à penhora, fazendo-o de imediato, a partir de sua citação válida.

O disposto no § 1º do art. 2º da Lei Complementar 118/2005, que determina que o bloqueio de valores deve se limitar ao total exigível mas que, havendo excesso de penhora, o juiz deverá determinar o imediato levantamento da indisponibilidade dos bens e valores que excederem esse limite, demonstra com clareza meridiana a inconstitucionalidade do preceito, que admite o excesso da penhora.

Relativamente ao prazo em que deverá ocorrer a devolução dos bens e valores bloqueados em excesso, indaga-se: o que quis dizer o legislador complementar ao afirmar que o juiz deverá determinar o "imediato levantamento da indisponibilidade dos bens e valores"? Qual seria, na sua acepção, um prazo imediato: 30, 60, 90 dias?

Apenas com a regulamentação de tal regra ter-se-á a exata dimensão do preceito em questão, já que "imediato" é um termo por demais vago a autorizar a aplicação de pronto da malfadada regra.

Como afirmam Aires F. Barreto e Gabriel Rodrigues Gonçalves, "não se sabe a quem caberá cobrir os prejuízos que o contribuinte venha a sofrer em razão da penhora em demasia e com a letargia dos órgãos públicos ou privados em dar por conclusos os trâmites liberatórios do excesso".[6]

A execução deve buscar uma harmonização entre os interesses fazendários e os do contribuinte, possibilitando ao credor a cobrança ágil e eficiente do crédito que lhe é devido, respeitado o direito do devedor de se defender contra a infundada pretensão fazendária.

Há de se implementar mecanismo que, a par de garantir à Fazenda Pública a percepção de crédito efetivamente devido, não ofenda os direitos fundamentais, tais como o direito de defesa e o contraditório, e que permita, ao mesmo tempo, a continuidade da atividade empresarial.

6. Aires F. Barreto e Gilberto Rodrigues Gonçalves, "A penhora *on line* na execução fiscal e a Lei Complementar 118", cit., *Revista Dialética de Direito Tributário* 116/14.

CADERNOS DE DIREITO TRIBUTÁRIO

FUNDAMENTACIÓN DE LA RESERVA DE LEY EN MATERIA TRIBUTARIA

ANDRÉS BLANCO

1. Planteo del problema. 2. Naturaleza del objeto y ubicación disciplinaria del estudio. 3. El fundamento en la autoimposición. Crítica. 4. El fundamento en el derecho natural. Crítica. 5. Fundamentos intrajurídicos. Crítica. 6. Fundamentación en el derecho de propiedad. Crítica. 7. Fundamentación en la seguridad. Crítica. 8. Nuestra posición: fundamentación de la reserva de ley en la imparcialidad: 8.1 Relación entre el Derecho y una idea de lo "justo" – 8.2 La teoría general de la justicia como imparcialidad – 8.3 La imparcialidad de los procedimientos jurídicos – 8.4 El principio de legalidad como procedimiento jurídico imparcial – 8.5 El principio de legalidad como procedimiento jurídico imparcial para la imposición de la carga tributaria.

1. Planteo del problema

Antes que otra cosa, definamos brevemente nuestro objeto de estudio. Así, digamos que entenderemos por "reserva de ley" en materia tributaria a la regla según la cual sólo la ley puede establecer y regular el tributo en todos sus aspectos estructurales, comprendiendo en el término "ley" a toda norma emanada de un colectivo legislativo de origen electivo: Parlamento Nacional, órganos legislativos estaduales, provinciales, departamentales etc. Cabe aclarar desde este inicio que utilizamos la expresión "reserva de ley" y no "principio de legalidad" (como usualmente también se denomina a esta regla por la dogmática jurídico-tributaria), puesto que a partir de los trabajos de varios teóricos generales de las normas – entre los que cabe destacar a Dworkin[1] y Alexy[2] – los "principios" jurídicos, que previamente tenían un alcance equívoco o confuso, han pasado a tener una connotación bastante precisa: serían aquellas normas (generalmente constitucionales) cuyo cumplimiento admite grados y se evalúa mediante un juicio de ponderación, por oposición a las "reglas", entendidas como aquellas normas cuyo cumplimiento es planteable sólo en términos de "todo-o-nada". Desde ese punto de vista, y asumiendo que las normas que establecen la exclusividad de la norma legislativa en la regulación del tributo son en definitiva normas de competencia, ellas parecen coincidir con el concepto de "reglas" antes que con el de "principios".

En el derecho tributario son pocos los temas que han merecido tantas manifes-

1. Ronald Dworkin, *Los Derechos en Serio*, Barcelona, Planeta-Agostini, 1993, pp. 72 y ss.

2. Robert Alexy, *Teoría de los Derechos Fundamentales*, Madrid, Centro de Estudios Constitucionales, 2002, pp. 81 y ss.

taciones de análisis dogmático. No obstante, y valga la redundancia, este análisis ha sido casi exclusivamente de corte dogmático, esto es, tomando como materia a los mandatos normativos, particularmente los constitucionales, definiendo su contenido y su alcance, para deducir de ellos todas las conclusiones acerca de las normas jurídicas subordinadas. Pero todavía queda por verse, o al menos queda por profundizarse, en el análisis – que rebasa la dogmática jurídica – de los sustentos que tiene la consagración de esta regla por la Constitución y su alcance; en otras palabras, queda por verse profundamente por qué es menester que las Constituciones recojan la reserva de ley tributaria, y hasta dónde debería llegar dicha reserva. Desde nuestro punto de vista, dos fenómenos contemporáneos militan por la necesidad de este análisis.

El primero, el denominado como "crisis del principio de legalidad". Esta crisis se articuló, primero, como una crítica a la reserva absoluta de ley en su versión clásica, propugnando su reestructura sobre dos ejes conjuntos o alternativos: la delegación particular o genérica de poderes normativos por el legislador en favor de la Administración y la habilitación constitucional para que el Poder Ejecutivo dicte normas generales en la materia, con ratificación o rechazo expresos o fictos por el legislador *ex post facto*. En una segunda fase, estas críticas cristalizaron en modificaciones de los textos constitucionales, las que consagraron – en mayor o menor medida – las soluciones antes mencionadas, con un ímpetu tal que son hoy realmente contadas las Constituciones que conservan intacta la reserva de ley en su versión clásica.[3]

Las razones esgrimidas para estas críticas y alteraciones constitucionales son de orden pragmático. Se habla así de la mayor tentación por la demagogia que evidenciarían los Parlamentos, la cual los haría proclives a la adopción de soluciones peligrosas para el equilibrio de las finanzas públicas; de la intrincada complejidad de las normas tributarias, la que sería incompatible con su dictado integral por un Parlamento de proceder lento y carente de capacidad de análisis y comprensión minuciosos; se habla, por último, de la frecuente necesidad de obrar rápidamente en el dictado de las normas tributarias, tanto para evitar los abusos de los particulares como para solucionar problemas urgentes, objetivo juzgado también como incompatible con la ya mencionada lentitud de la formación de la norma legal en el Parlamento.

El otro fenómeno consiste en lo que llamaríamos "perversión" de la reserva de ley. Se trata de los casos en los que los Poderes Legislativos, las Administraciones y los Tribunales han habilitado el dictado de normas generales en materia tributaria por órganos administrativos contraviniendo frontalmente el mandato constitucional de los respectivos Estados. En el caso de Uruguay, por ejemplo, y aunque la Constitución prevea la reserva de ley en su versión más ortodoxa y rígida, se advierte desde hace años una paradójica flexibilización del principio por la vía de la multiplicación de leyes inconstitucionales delegatorias de poderes normativos en el Poder Ejecutivo, junto con una jurisprudencia de la Suprema Corte de Justicia (órgano encargado del control de constitucionalidad de las leyes) que avala la regularidad de dichas normas en contra de la opinión de la doctrina ampliamente mayoritaria.[4] Es interesante mencionar que

3. V. una síntesis de este fenómeno en Ramón Valdés Costa, *Instituciones de Derecho Tributario*, Buenos Aires, Depalma, 1992, p. 126; también José Luis Shaw, "El principio de legalidad en materia tributaria", en *Estudios Jurídicos en Memoria de Oscar Arias Barbé*, Montevideo, La Justicia Uruguaya, 1980, pp. 672 y ss.

4. V. Ramón Valdés Costa, "Consideraciones jurídico-constitucionales sobre la reciente legislación tributaria", en *Revista Tributaria* 70/5 y ss., Montevideo, enero-febrero/1986. En lo que respecta a la jurisprudencia, para citar sólo la más reciente, v. la sentencia de la Suprema Corte de Justicia 432/2003, publicada en *Revista Tributaria* 180/355 y ss., Montevideo, marzo-abril/2004.

Moschetti[5] describe un panorama no muy diferente respecto de la legislación y la jurisprudencia fiscales de Italia.

Todo ello, pues, nos lleva a la siguiente pregunta: ¿existe algún fundamento para que la Constitución consagre la reserva de ley en materia tributaria y, además, para que ello se haga en términos absolutos?

2. Naturaleza del objeto y ubicación disciplinaria del estudio

Antes de abordar el problema en sí, nos parece importante reflexionar un instante acerca de dos aspectos metodológicos del mismo, cuales son la naturaleza del problema objeto del estudio y la disciplina del conocimiento en que podemos ubicar este último.

Durante el siglo pasado tuvo fuerte aceptación la clasificación tripartita de los estudios del Derecho[6] en Teoría del Derecho, Filosofía del Derecho y Sociología Jurídica, respondiendo nuestro trabajo al campo de la segunda (y en menor medida a la tercera) de las ramas nombradas, y siendo ajeno a la Teoría del Derecho propiamente dicha. Tal actitud epistemológica, reconocible en la obra de diversos autores,[7] implica decir que un primer problema que se plantea respecto al Derecho es su validez, vale decir, la verificación de su carácter de norma jurídica. Otro problema sería determinar si una norma jurídica se ajusta a un modelo ideal referido a la materia que ella trata, y más aun si ese modelo es concebible; este sería un problema distinto del primero, puesto que forzosamente el estudio se desprenderá del campo de las normas jurídicas existentes, dirigiéndose a un terreno (digámoslo así) racional metajurídico. Un tercer problema, por fin, sería evaluar la eficacia (o, más genéricamente, los efectos) de la norma actuando en el medio social al cual está destinada. También este problema sería distinto de los dos anteriores, ya que no referiría ni a la adecuación formal de la norma, ni a su ajuste a un modelo puramente racional, sino que pondría su foco en la forma de operar la norma en el medio humano al cual se dirige.

Atendiendo al enfoque que antecede, las respuestas a las interrogantes que planteamos al final del punto precedente se resolverían primordialmente en el campo de la Filosofía del Derecho, sin perjuicio de sus reflejos de orden sociológico, y estarían por lo mismo fuera del campo de la Teoría del Derecho, que tiene por fin determinar la validez de las normas. Ello por cuanto si indagaremos acerca de un modo de ser el Derecho que pueda postularse como mejor que otros, es evidente que no indagaremos en la validez de ningún derecho positivo existente.

No obstante, esa tripartición epistemológica tanto de objetos como de disciplinas abocadas al estudio del Derecho es una idea que está lejos de obtener la unanimidad de los espíritus. Véase así la opinión de un teórico tan destacado como Ross. En buena medida retomando concep-

5. Francesco Moschetti, "L'abdicazione (ormai trentennale) del Parlamento vanifica il 'consenso all'imposta'", en *La Produzione di Norme Tributarie tra Elusione del Principi Costituzionali e Tantativi di Codificazione (Atti della Quarta Sessione del Seminario Permanente di Etica e Dimocrazia Fiscale a Cura di Francesco Moschetti)*, Roma, Il Fisco, Allegato n. 10, 2003, pp. 8-9.

6. Estas tres disciplinas son las que tienen por objeto el estudio del Derecho como conjunto, pues para cada rama o vertiente del Derecho en particular encontraremos una teoría jurídica particular que estudia la misma como fenómeno normativo, junto con otras disciplinas extrajurídicas que tienen por objeto los fenómenos sociales, económicos etc., asociados o causados por esas normas. Por ejemplo, en la materia tributaria tenemos, junto al derecho tributario, a la Ciencia de la Hacienda; en el campo punitivo se observa, junto al derecho penal, a las diversas disciplinas criminológicas; etc.

7. Para mencionar sólo algunos ejemplos, v. a Werner Goldschmidt, *Introducción Filosófica al Derecho*, Buenos Aires, Depalma, 1987, pp. 30 y ss.; Giorgio Del Vecchio, *Filosofía del Derecho*, Barcelona, Bosch, 1991, pp. 275 y ss.; Norberto Bobbio, *Teoría General del Derecho*, Madrid, Debate, 1991, pp. 33 y ss.; Jerome Hall, "Integrative jurisprudence". en AA.VV., *Interpretation of Modern Legal Philosophies*, Nueva York/Oxford, Universitary Press, 1997.

tos de la vieja Escuela Sociológica del Derecho de Pound,[8] Ross sostiene que debe entenderse por "Derecho vigente" al conjunto de ideas normativas abstractas que, siendo formuladas dentro del campo de lo jurídico, son efectivamente obedecidas por ser experimentadas y vividas por los individuos como socialmente obligatorias.[9] Es notorio pues que para Ross la eficacia social de la norma jurídica no es un fenómeno ajeno a su validez, pues esta última cualidad implica no sólo una cuestión formal en cuanto a su forma de producción, sino también un aspecto de hecho, cual es su efectiva obediencia por las personas. De ello se sigue sin dificultad que para Ross una norma que, en todo o en parte, no se interpreta socialmente como obligatoria no es en definitiva una norma jurídica existente.

Por otra parte, también perviven posiciones que, con mayor o menor intensidad, sostienen la reducción o la dependencia de la validez respecto de la Justicia, o respecto de ciertos valores o reglas de formulación no positiva a las que no obstante se otorga un valor directamente fundante de la regularidad o irregularidad de las normas positivas.[10]

Y finalmente, según veremos en el punto 5, desde antaño hasta el presente existe un amplio grupo de opiniones (desde el positivismo decimonónico hasta la teoría de los sistemas de Luhmann) según las cuales el Derecho sólo responde a su propia racionalidad interna, renunciando así a la posibilidad de una legitimación del orden jurídico proveniente desde fuera del mismo. Esta postura (simplificando las cosas, por cierto) significa pues una reducción o identidad entre validez y racionalidad o legitimidad.

En nuestra opinión, y si bien la racionalidad del orden jurídico – además de no depender, al menos absolutamente, de su concreta aceptación social – no es una cualidad que el sistema autogenere internamente, sí es un problema de naturaleza normativa en sentido amplio. En efecto, el juicio mediante el cual se postula de que las normas jurídicas (como en este caso, las normas constitucionales que delimitan las competencias para crear tributos) *deben* tener, o que es *bueno* o *deseable* que tengan, tal o cual contenido no puede sino ser también un juicio normativo, en tanto está intentando prescribir una conducta para el dictante real o hipotético de la Constitución. En otras palabras, esta clase de juicios sobre las normas jurídicas implica postular otras normas, que podríamos llamar éticas, lo cual tiene como consecuencia metodológica que intentemos desarrollar nuestra postura a partir de ciertas concepciones generales en materia – precisamente – normativa y ética.

Pero todo ello se desarrollará en los últimos puntos del trabajo. Vayamos primeramente a exponer y analizar diversos fundamentos esgrimidos para afirmar la preferencia por la reserva de ley en materia tributaria.

3. El fundamento en la autoimposición. Crítica

3.1 Este argumento para fundar la necesidad de la reserva de ley en materia tributaria ha sido, como dice Valdés Costa, su señal identificatoria secular, desde que se encuentra explicitado en los primeros textos constitucionales (la Carta Magna Inglesa, por ejemplo) como la razón para atribuir al órgano parlamentario el poder para dictar normas tributarias.[11] Su estructura puede resumirse como sigue.

8. Roscoe Pound, *Las Grandes Tendencias del Pensamiento Jurídico*, Barcelona, Ariel, 1950, pp. 187 y ss.

9. Alf Ross, *Sobre el Derecho y la Justicia*, Buenos Aires, Eudeba, 1997, pp. 40-41.

10. Esta concepción abarca un espectro que cubre desde posiciones directamente vinculadas con el Iusnaturalismo clásico (por ejemplo, v. las referencias a Massini Correas que realizaremos en el punto 4), hasta la más modesta "pretensión de corrección" que propugna Alexy como punto de coincidencia entre Derecho y Moral.

11. V. Ramón Valdés Costa, Ramón, *Instituciones de Derecho Tributario*, cit., pp. 125-126;

Partiendo del supuesto indiscutible de que el tributo (o más exactamente la norma tributaria) implica la existencia de un deber a cargo de los individuos integrantes de la sociedad, él se traducirá en un efecto típico: un detrimento patrimonial de esos individuos a raíz de una prestación económica en favor del Estado.[12] Ahora bien, repugnaría el hecho de que, a diferencia de lo que sucede con los deberes que normalmente recaen sobre los individuos y que descansan en su aceptación por parte de éstos, la carga tributaria se originara sólo en la voluntad discrecional del beneficiario; esto es, en la sola decisión del Estado. Por ello – se razona – debería buscarse alguna vía para que el consentimiento de los individuos que estarán sujetos al deber tributario esté presente en el nacimiento de éste.

¿Cuál es esa forma? Pues bien, que el tributo deba ser establecido por los Parlamentos, ya que – en esta tesis – estos órganos reúnen cualidades que les permiten cumplir con dichos propósitos. Por un lado, lo integran – se dice – representantes de los individuos que luego serán los sujetos pasivos de los tributos; esto es, se tiene la idea de que cuando el colectivo legislativo se reúne, discute y finalmente resuelve crear, modificar o suprimir un tributo, se trataría de una situación equivalente al caso en que esas personas realmente estuvieran allí acordando y decidiendo por sí mismas la existencia de tributo. Por otro lado, y ya que ese colectivo es un órgano del propio Estado, sus expresiones de voluntad se convierten en normas jurídicas dotadas de las notas de generalidad, abstracción y coercibilidad. Y con ello, pues, se cierra el círculo y tendremos una razón suficiente para que la Constitución establezca que los tributos deben ser el producto sólo de la decisión de los colectivos legislativos de origen electivo, y no de otros órganos del Estado; particularmente, no del Poder Administrador.[13]

3.2 Una segunda crítica a este fundamento se puede derivar de la objeción de Kelsen al carácter de "representantes" de los legisladores.[14] Indica Kelsen que la "representación" es un fenómeno típicamente jurídico, y que, para sostener que un sujeto cualquiera es representante de otro, dos elementos deben estar presentes en su forma de actuación: que el presunto representante esté jurídicamente obligado a ejecutar la voluntad del representado, y que se prevean mecanismos de aseguramiento de esa obligación, típicamente la posibilidad jurídica de remover al representante en caso de no cumplir con esa voluntad del representado.

En el caso de los legisladores de los Estados Democráticos contemporáneos, y también de sus Poderes Ejecutivos, en cambio, no existe ningún mecanismo que realmente implique que la voluntad de los legisladores o funcionarios elegidos equivalga a la verdadera voluntad de sus electores: ninguna consulta previa se requiere para el voto del legislador, ni su voluntad está condicionada por ser refrendada *a posteriori* por sus electores. Por otro lado, y salvo contadísimas excepciones, los legisladores y funcionarios designados por elección no pueden ser removidos de sus

Fernando Sáinz de Bujanda, *Hacienda y Derecho*, t. I, Madrid, Instituto de Estudios Políticos, 1962, p. 119; José Luis Pérez de Ayala y Eusebio González, *Curso de Derecho Tributario*, t. I, Madrid, EDERSA, 1991, pp. 27 y ss.

12. Deliberadamente eludimos la palabra "obligación" y empleamos el término "deber", a fin de no entrar en el tema de la naturaleza jurídica del vínculo surgido entre el Estado y los individuos a raíz de la tributación, aún cuando compartimos plenamente la tesis que postula que el núcleo del mismo lo constituye una obligación en sentido propio.

13. Este razonamiento está muy bien sintetizado por Francesco Moschetti, "L'abdicazione (ormai trentennale) del Parlamento vanifica il 'consenso all'imposta'", cit., en *La Produzione di Norme Tributarie tra Elusione del Principi Costituzionali e Tantativi di Codificazione (Atti della Quarta Sessione del Seminario Permanente di Etica e Dimocrazia Fiscale a Cura di Francesco Moschetti)*, p. 7.

14. V. Hans Kelsen, *Teoría General del Derecho y del Estado*, México, UNAM, 1995, pp. 343 y ss.

cargos sino por violación de la Constitución o las leyes, pero no por contrariar la voluntad de sus electores. Ciertamente existe una responsabilidad política frente al cuerpo electoral en virtud de que ese legislador o funcionario, o su sector político, deben comparecer cada tantos años frente al pueblo y que en tales ocasiones éste manifiesta su acuerdo o disconformidad con su actuación. Pero, señala Kelsen, esta responsabilidad política está muy alejada de una auténtica representación en el sentido jurídico del término, ya que no implica en absoluto que las decisiones por parte de esos legisladores o funcionarios necesariamente deban tener en cuenta la voluntad de los representados mientras ejercen sus cargos y adoptan decisiones.

A lo anterior, creemos nosotros que puede agregarse alguna razón adicional propia de la materia tributaria. Debe notarse que en los regímenes de democracia indirecta, que funcionan en general según el esquema comentado por Kelsen, existen sin embargo ciertos procedimientos que permiten que en la formación de las normas jurídicas incida la real voluntad de las personas. Típicamente, existe el mecanismo del referéndum, mediante el cual el cuerpo electoral puede ratificar o dejar sin efecto una norma jurídica o, en ciertos casos, completar su sanción. Pero lo peculiar es que, fundado en el temor a la demagogia, varias Constituciones (entre ellas la Uruguaya) han excluido expresamente a las leyes tributarias de las normas jurídicas susceptibles de ser sometidas a referéndum, con lo cual la materia tributaria suele ser un campo en el cual la auténtica voluntad de las personas expresada en forma directa queda completamente excluida del proceso de formación de las normas jurídicas. O sea, que, si se sostiene que, aún de alguna forma parcial, las normas jurídicas son o pueden ser el producto de la voluntad real de las personas por la vía del referéndum, se trata de una tesis que pierde todo sustento en el campo tributario si (como ocurre con la Constitución Uruguaya) ni siquiera existe la posibilidad del cuerpo electoral de decir "si" o "no" a las normas dictadas en la materia.

Entonces, el hecho de que la norma tributaria emane de un colectivo legislativo no supone que ella sea consentida en forma alguna por los sujetos pasivos de los deberes tributarios. Por supuesto, con esta conclusión tampoco se abona la validez ontológica del hipotético dictado de normas jurídicas tributarias por parte del Poder Ejecutivo, puesto que, como lo que falla es la tesis de la representación, no es posible demostrar la prevalencia de ningún órgano del Estado para el dictado de tales normas sólo a partir de esta teoría. El mismo Kelsen advirtió esta última consecuencia al comentar el "principio de separación de Poderes" que impregna todo el Constitucionalismo contemporáneo, la cual lleva ínsita la afirmación de la supremacía del Poder Legislativo. Si el fundamento filosófico de esta división estriba en el hecho de que el órgano legislativo es un "representante" de las personas en razón de ser electivo, también sería aceptable que, si existen otros órganos no legislativos sino ejecutivos, pero también electivos, ellos puedan sumar a sus tareas ejecutivas la producción de normas generales. Por todo lo cual, concluye Kelsen, lo esencial del régimen democrático no es la separación de Poderes, ni la supremacía del Poder Legislativo, sino que las normas deben emanar de personas elegidas por el pueblo.[15]

Ahora bien, la crítica de Kelsen se basa en entender que, cuando se habla del carácter de "representantes" de los legisladores ello se hace en un sentido jurídico del término. Si ese entendido es correcto, la crítica es impecable, pues la "representación" jurídica no describe adecuadamente el fenómeno de la investidura de los legisladores por parte del pueblo a través de las elecciones. Sin embargo, aún en ese caso debe reconocerse a la tesis de la autoimposición una virtud: su idea de enlazar la producción de normas por vía legislativa

15. Idem, p. 335.

con el espectro lo más amplio posible de intenciones y voluntades existentes en la sociedad civil. En efecto, y pensando acerca de los diversos modos de producir normas, la convicción elemental de que todas las personas son igualmente dignas de respeto y de que todas ellas deben participar libremente en la investidura de los que ejercen el poder vuelca naturalmente la preferencia por la norma dictada por un órgano en el que existe una diversidad de puntos de vista que se asemeja a los diferentes puntos de vista presentes en la sociedad civil, antes que a la norma dictada por un órgano en el que incide sólo uno o unos pocos puntos de vista. Entonces, y si bien esa preferencia no es fundable en la postulación de un fenómeno de representación jurídica, queda latente la idea de que ese enlace pueda replantearse en el marco de una teoría metajurídica acerca de la legitimidad ontológica del poder estatal, tarea a la cual nos abocaremos en el capítulo final.

3.3 Una segunda crítica, la más profunda, a nuestro juicio, parte de la identificación de la tesis de base sobre la que se funda el concepto de "autoimposición", y en definitiva vale también como crítica a esta tesis de base. Dicha tesis de base es, en definitiva, la concepción liberal-privatista[16] clásica acerca de los derechos individuales, y de la relación de éstos con la autonomía política y particularmente con el principio democrático. Si bien este esquema de pensamiento cuenta con varios y muy destacados impulsores, tomemos para nuestro análisis la concepción de Kant acerca de la autonomía moral del ser humano.

Entiende Kant que las personas están dotadas de una voluntad libre, característica ínsita al ser humano que se manifiesta en el plano interno en la facultad de examinar libremente la conducta propia y la ajena, así como de examinar racionalmente la moralidad de un juicio cualquiera (por ejemplo, una norma). Llevada al campo exterior, esa libertad de base del ser humano (o arbitrio, como la llama Kant) se enfrenta con iguales libertades o arbitrios del resto de los seres humanos, con lo cual tenemos una multiplicidad de sujetos, interactuando entre sí, todos ellos con una libertad de acción y juzgamiento amplísimos. ¿Cómo establecer una regla de interacción recíproca de esos arbitrios? Pues bien, la respuesta está para Kant en el único derecho fundamental "innato", del cual todos los demás se derivan como corolarios, y que puede formularse así: cada persona debe tener libertad, entendiendo ésta como la independencia del arbitrio de otras personas, siempre que esa libertad se concilie con la libertad de los demás.[17]

¿Por qué puede afirmarse que esta idea subyace a la teoría de la "autoimposición", y, en rigor, a toda idea que funde la legitimidad de una norma jurídica en un consenso de los obligados por ella? En nuestra opinión ello es así porque en esta concepción, en la que la libertad de cada uno tiene una primacía absoluta sobre cualquier otra pauta de convivencia social, es lógico proponer que las limitaciones al accionar individual sean autolimitaciones. De esta forma, la formación de las normas jurídicas generales (tributarias o no) emanadas del Estado se concebiría en términos semejantes a la formación de una norma contractual en la esfera de las relaciones privadas; esto es, la norma legislativa sería pensada en términos de concurso de consentimientos individuales, no en términos de "voluntad general" al estilo de Rousseau.[18]

16. Empleamos este adjetivo a conciencia de que el término "liberal" puede ser claramente equívoco. No obstante, creemos que el lector advertirá que empleamos este término como sinónimo – hablando algo gruesamente – de "primacía absoluta de la libertad individual por sobre cualquier otro precepto", lo cual diferencia esta acepción de "liberal" de aquella que se emplea, por ejemplo, al referirse al "Liberalismo político".

17. Immanuel Kant, *Introducción a la Teoría del Derecho*, Madrid, Marcial Pons, 1997, pp. 45-47.

18. V. por ejemplo Luis Prieto Sanchís, *Justicia Constitucional y Derechos Fundamentales*, Madrid, Trotta, 2003, pp. 73 y ss.

Ahora bien, a esa idea básica que subyace a la tesis de la autoimposición se le pueden formular, a nuestro juicio, dos críticas. En primer término, la primacía total de la libertad individual no conduce forzosamente ni a la primacía de la norma legislativa sobre cualquier otra, ni tampoco a la soberanía popular y/o al principio democrático en la investidura de los gobernantes, conceptos estos últimos que – podemos decir desde ya – están en la raíz de la reserva de ley.

En la medida en que este derecho fundamental de libertad es una consecuencia de la exteriorización de la voluntad libre de la persona, que primeramente actúa en el fuero interno, no puede fundamentarse firmemente que un tipo de normas sea preferible a otro en función de la manera de producirse, pues ello requiere necesariamente ver las cosas desde *el conjunto de personas*, y no sólo desde el punto de vista de *la persona* en singular. Dicho de otro modo: si el punto de partida es exclusivamente la postulación de un arbitrio en principio ilimitado de cada persona, podremos llegar (como lo hace Kant) a postular luego uno o más derechos individuales; pero como el Derecho es *per se* un conjunto de normas que supone un grupo o grupos de personas interactuando entre sí, considerar el problema teniendo en cuenta sólo el arbitrio individual nos permitirá sostener que esas normas deben respetar ese arbitrio en la mayor medida de lo posible, pero no proclamar que esas normas deben producirse de tal o cual manera. Esto último sólo es viable si, además, se desarrolla un discurso que refiera a la interacción entre los individuos como un fenómeno en sí mismo, tratando de establecer reglas y condiciones dentro de las cuales esa interacción debería darse. Por tanto, la construcción de un sistema de legitimidad basado sólo en la libertad individual, sin considerar al colectivo social, puede llevar a admitir un gobierno no democrático con tal que respete dicha libertad.

En ese sentido, véase que para Kant la nota esencial que deben tener las normas jurídicas para ser compatibles con ese derecho básico a la libertad es que se establezcan según una "ley general". Las características de esta "ley general" no están claramente delineadas en el pensamiento de Kant, ya que si bien en una ocasión manifestó que la ley general sólo puede provenir de "todo el pueblo", con lo cual parecería adherir al principio democrático en la producción de normas jurídicas (no obstante la extensa argumentación de Kant para justificar la no-universalidad del voto[19]), en la *Introducción a la Teoría del Derecho* la "ley general" parece referir nada más que a una norma de alcance general, sin importar el origen de la misma (vale decir, sin asociarla a ninguna forma de producción de normas en particular).[20]

Todo lo anterior, que vale como una crítica general a la tesis de la legitimidad de las normas jurídicas basada en una concepción subjetivo-privatista de los derechos, es a nuestro entender más profundo cuando se trata de fundar la legitimidad de las normas tributarias.

A pesar de que algunos destacados autores de la dogmática tributaria (como Jarach[21]) afirmaron que el tributo no entraña una limitación o lesión al derecho de propiedad, parece bastante más razonable sostener lo contrario. En efecto, y dado que el tributo siempre implica, antes o después, una detracción coactiva del patrimonio de los sujetos privados hacia el Estado, parece difícil no admitir que el tributo es por lo menos una limitación a la libre disposición del patrimonio, la cual sería a su vez una cualidad del derecho de propiedad. Ello significa que el tributo es quizás la manifestación más elemental e inevitable de la intervención del Estado en la economía

19. Immanuel Kant, "De la relación entre teoría y práctica en derecho político", en *Teoría y Práctica*, Madrid, Tecnos, 1993, pp. 33 y ss.

20. Immanuel Kant, *Introducción a la Teoría del Derecho*, cit., pp. 55-56.

21. Dino Jarach, *Curso Superior de Derecho Tributario*, t. I, Buenos Aires, Liceo Profesional Cima, 1969, pp. 169-170.

privada y en la sociedad civil, ámbitos naturales de los derechos subjetivos que son el corolario del principio de la libertad. Con tal característica, puede decirse que la sola existencia del tributo diluye toda posible pretensión de racionalidad y legitimidad del Derecho fundada nada más que en la libertad y los derechos subjetivos.

En efecto, Habermas[22] ha desarrollado la idea de que las grandes concepciones del Derecho, y particularmente las grandes ideas acerca de la legitimidad y racionalidad del Derecho, han asistido a una pugna entre los derechos subjetivos y autonomía política (o soberanía popular), la cual en definitiva es reflejo de dos visiones bien distintas acerca de las relaciones entre economía y sociedad, por un lado, y Estado por otro: o bien se sostiene la necesaria separación entre esfera privada y pública, entre economía y sociedad por un lado y Estado por otro (todo lo cual es el sustrato de la primacía total de los derechos subjetivos), o bien se sostiene la recíproca imbricación y participación entre ambas esferas y actores (lo cual es el sustrato de la legitimidad fundada en la soberanía popular o principio democrático).

Si se advierte que el tributo es una forma inevitable de penetración de lo público en lo privado, ello comporta desde el inicio la imposibilidad de fundamentar la legitimidad de la normas jurídica tributaria puramente en los derechos subjetivos y en la libertad, elementos ambos que reconstructivamente pueden verse como las raíces últimas de la tesis de la autoimposición. En su lugar, y empleando términos de Habermas, la norma jurídica tributaria sería un campo en el cual sólo sería posible una legitimidad que, sin ignorar en absoluto los derechos subjetivos y el principio de libertad, se enfocara en la formación de la voluntad del Estado como tal, y más concretamente que fincara de algún modo en la "voluntad general".

4. El fundamento en el derecho natural. Crítica

4.1 Teóricamente, otro posible fundamento de la reserva de ley podría consistir en sostener que esa supremacía del Poder Legislativo deriva de una imposición de un orden jurídico superior al positivo; hablando sin ambages, que esa supremacía constituye una norma del derecho natural. Obviamente, sería totalmente excesivo que ingresáramos aquí a un desarrollo *in extenso* de las tesis del derecho natural, pero una breve referencia a ellas es imprescindible.

La supremacía del Poder Legislativo sobre el Poder Administrador es una realidad de derecho positivo constatable, en mayor o menor medida, en la práctica totalidad de las Constituciones contemporáneas de corte liberal y democrático, y esto es lo que vuelve práctico al principio en el proceso de creación de normas jurídicas también positivas. Pero, en perspectiva iusnaturalista podría decirse que ese precepto de las Constituciones positivas no haría más que ejecutar normas supraordenadas a la propia Constitución, las que tienen la peculiaridad de no ser positivas (esto es, de no haber emanado de un órgano de poder humano) sino de integrar un orden jurídico "natural" anterior y superior al positivo.[23]

4.2 Las críticas que pueden formularse a esta postura son, en primer término, las que ya son clásicas para confutar la (o las) teoría(s) del derecho natural en general.

Por una parte, la tesis del derecho natural es, al menos en su versión clásica (aquella que verdaderamente postula un orden jurídico que precede al positivo), una teoría metafísica. En efecto, en los comien-

22. Jürgen Habermas, *Facticidad y Validez. Sobre el Derecho y el Estado Democrático de Derecho en Términos de Teoría del Discurso*, Madrid, Trotta, 1998, pp. 159 y ss.

23. Para un estudio del concepto del derecho natural v., a vía de ejemplo: Giorgio Del Vecchio, *Filosofía del Derecho*, cit., pp. 301-303; Luis Récasens Siches, *Tratado General de Filosofía del Derecho*, México, Porrúa, 1986, pp. 370 y ss.; Eduardo García Máynez, *Introducción al Estudio del Derecho*, México, Porrúa, 1964, pp. 40 y ss.

zos las concepciones iusnaturalistas buscaron el fundamento del derecho positivo en órdenes jurídicos sacros o divinos, anteriores a la labor jurídica humana, y a los cuales ésta estaba indefectiblemente ligada. Más adelante, el papel de esos órdenes sacros fue sustituido por otros órdenes a los cuales, si bien se le atribuyeron los más variados orígenes (un pacto previo entre los sujetos integrantes de la comunidad, la pura deducción racional etc.), se les asignaba una virtud análoga a los antiguos órdenes supuestos como de creación sacra: su carácter jurídico. ¿Qué significa esta atribución de un carácter jurídico a un orden normativo extrapositivo? Desde nuestro punto de vista, ello significa afirmar la existencia de un conjunto de normas no dictadas por ningún sujeto normador humano, reconocibles a través de la razón, de la intuición pura u otros medios distintos de los sensibles, y a las que se otorga no obstante el carácter de verdaderas normas jurídicas; esto es, a las que se las ubica efectivamente dentro de la cadena de validación de normas jurídicas, normalmente en un peldaño superior al de la propia Constitución, y respecto de las cuales deben compararse las normas jurídicas de inferior rango (sentencia, ley, la propia Constitución) a fin de evaluar su regularidad.[24] Esta idea común, más allá de sus variantes, es algo diferente a los modelos de racionalidad o legitimidad del Derecho producidos posteriormente, en los que los imperativos que se construyen, aunque pueden tener una naturaleza normativa en sentido amplio, no son concebidos sin embargo como verdaderas normas jurídicas.

Ahora bien, y desde nuestro punto de vista, esa afirmación de la naturaleza metafísica de la teoría del derecho natural implica su impropiedad como fundamento de la reserva de ley en términos de tal "Derecho" en la "cadena de validación de normas" por encima de las Constituciones positivas, tal como lo hace el Iusnaturalismo. En efecto, el derecho natural en sentido estricto presupone dos elementos totalmente incomprobables: su contenido (y al hablar de contenido nos referimos a la faz meramente textual de la norma[25]) y su dictante. Entonces, y faltando evidencia de dos elementos esenciales para la postulación de una norma jurídica en sentido estricto, esta última es en sí incomprobable.[26]

4.3 Pero al margen de lo anterior, es interesante resaltar que, siendo – como vimos al principio – la reserva de ley en materia tributaria (o en cualquier otra materia) una "regla", o norma de competencia, las teorías del derecho natural no han sido particularmente fecundas en la postulación de "normas naturales" de esa índole, ocupándose preponderantemente de los dere-

24. En lo que respecta al carácter verdaderamente jurídico del supuesto "orden jurídico natural", v. por ejemplo Carlos Ignacio Massini Correas, "Derechos humanos 'débiles' y derechos humanos 'absolutos'", en *Cuaderno de la Facultad de Derecho* 19/105 y ss., Montevideo, Facultad de Derecho y Ciencias Sociales de la Universidad de la República/FCU, 1993; Luis Legaz y Lacambra, *Filosofía del Derecho*, Barcelona, Bosch, 1972, p. 313. Acerca de la evolución de la propia teoría del derecho natural en cuanto a su fuente, v. Jürgen Habermas, *Facticidad y Validez. Sobre el Derecho y el Estado Democrático de Derecho en Términos de Teoría del Discurso*, cit., pp. 107 y ss.

25. Paulo de Barros Carvalho, *Derecho Tributario. Fundamentos Jurídicos de la Incidencia*, Buenos Aires, Ábaco, 2002, pp. 91 y ss.

26. Hans Kelsen, *Teoría General del Derecho y del Estado*, cit., pp. 9 y ss. Compárese esta tesis con los criterios de "verificabilidad" y "falsabilidad", elaborados por la Epistemología para conceder carácter científico a una teoría, en Karl Popper, *Conjeturas y Refutaciones*, Barcelona, Paidós, 1994, pp. 309 y ss. No es este el momento para abundar en el tema, pero señalemos al pasar que estos criterios impedirían que pudiera catalogarse como "ciencia" a toda (o casi toda) la dogmática jurídica. Tomemos el ejemplo de los problemas interpretativos de las leyes; la única forma en la que – de alguna forma – podría decirse que las diversas tesis sobre el punto son verificables o falsables sería a través de su recepción o rechazo por la jurisprudencia. Pero el dictado de una sentencia no implica un juicio de verificación o falsación sino un "discurso de fundamentación", por lo qué ninguna de las posiciones teóricas a respecto a la interpretación de la ley podrá nunca considerarse como científica en cuanto verificable o falsable en sentido propio.

chos subjetivos y – como máximo – de los principios. Esta constatación ameritaría una reflexión bastante amplia que no puede emprenderse aquí, por lo qué formularemos una explicación muy breve de la que a nuestro juicio es la causa de ese fenómeno.

La historia del derecho natural muestra que el mismo ha sido postulado dentro y hacia contextos sociales, políticos e ideológicos muy diversos, y hasta frontalmente contrapuestos: teocracias reales o utópicas, capitalismo emergente asociado bien con absolutismo monárquico, bien con sistemas de derechos subjetivos, etc. Ahora bien, en todos los contextos el derecho natural ha sido indiferente, cuando no reacio, en primer lugar al propio derecho positivo, siempre visto como una real o potencial amenaza para ese orden natural; e incluso, con no poca frecuencia, a la aceptación de una soberanía popular que pueda enturbiar el carácter lesivo para el orden jurídico natural del derecho positivo.

De esa forma, es plenamente explicable la poca reflexión acerca de las teorías del derecho natural hacia las formas de producción de normas jurídicas y, en verdadero rigor, la imposibilidad de fundamentar la reserva de ley desde una teoría fuerte del derecho natural sin violentar las propias bases de la misma.

5. Fundamentos intrajurídicos. Crítica

5.1 Al margen de los fundamentos extra o metajurídicos, a partir del siglo XIX se ha ensayado una serie de teorías que tienen en común la afirmación de una legitimidad intrasistémica y autogenerada del sistema jurídico; muy gruesamente hablando, podríamos decir que estas concepciones se caracterizan por afirmar que la única justificación del sistema jurídico se encuentra en sí mismo.

En lo que respecta a la reserva de ley en materia tributaria, entendemos apropiado detenernos en dos vertientes de estas teorías: la noción de "Estado de Derecho" y la "autolimitación estatal" en el marco del Positivismo clásico, y la teoría autopoiética del Derecho de Luhmann.

5.2 La concreción más o menos precisa de la noción de "Estado de Derecho" corresponde a una parte de la doctrina alemana del siglo XIX conformada – entre otros – por Mohl y Gneist,[27] la que por otra parte es creadora de la expresión misma (*Rechtstaat*). Para esta doctrina, el concepto de Estado de Derecho puede resumirse así: es Estado de Derecho aquel Estado que crea un orden jurídico y se autosujeta al mismo, teniendo ese orden jurídico un contenido doble, en cuanto incluye normas asegurativas de los derechos básicos de las personas y normas encauzadoras del accionar del Estado para la prosecución de sus fines. Podemos detener el análisis en este punto, para desbrozar el concepto, llegar a su esencia y ver cómo se convierte en sustento filosófico de la reserva de ley.

Parece claro que cuando estos teóricos aluden al "Estado" y postulan su sujeción al "Derecho", la palabra "Estado" refiere principalmente a la Administración en sentido amplio. En efecto, y omitiendo por el momento toda referencia a la separación de Poderes del Constitucionalismo contemporáneo, un análisis primario de la actividad estatal permite advertir que existe, por un lado, un Estado ejecutor de determinados fines, que lleva a cabo una serie de actos materiales y jurídicos orientados hacia un cierto propósito. Esta actividad de ejecución presupone la existencia de normas jurídicas, en tanto formulación de conductas a seguirse por parte de las personas particulares y por parte del propio Estado. El razonamiento que postula la teoría del Estado de Derecho es el siguiente: esas normas jurídicas deben ser, lógica y cronológicamente, precedentes a esa actividad de ejecución del Estado, no siendo aceptable su dictado "sobre la marcha", con

27. Cits. por R. Carré de Malberg, *Contribution a la Théorie Générale de l'État*, París, Sirey, 1922, pp. 488-489. V. también Oreste Ranelletti, *Istituzioni di Diritto Publico*, Milán, Giuffrè, 1955, p. 103.

el consiguiente riesgo de que su forma y contenido dependan de la discrecionalidad de las personas ocasionalmente a cargo de esa actividad ejecutiva. La evidente consecuencia de esta afirmación es que la producción de normas jurídicas debe estar a cargo de un sector del Estado perfectamente separado del sector del Estado encargado de esa actividad ejecutiva. En otras palabras, la consecuencia de ese postulado es la separación de Poderes y la reserva del poder de normación al Poder Legislativo.

Si nos ubicamos en el campo de los tributos, el razonamiento funciona de la misma manera. Si pensamos en el Estado llevando a cabo una actividad de obtención de recursos económicos de parte de la sociedad civil para sostener el cumplimiento de sus actividades, ello presupone la existencia de normas jurídicas que compelan a la sociedad civil a proporcionar esos recursos. Pero estas normas no pueden dictarse por ese mismo Estado "recaudador", pues si así se procediera se estaría sometiendo a los individuos al riesgo de quedar sujetos a su antojo. Por tanto, esas normas tributarias deben provenir de un Estado distinto, no comprometido directamente en esa actividad de obtención de recursos. O sea, esas normas deben provenir del Estado legislador.[28]

5.3 Ahora bien, la elevación de la "sujeción del Estado al Derecho" a una razón justificante en sí misma del Derecho fue ensayada por el Positivismo clásico de fines del siglo XIX y aun del siglo XX, pudiendo citarse (entre otros) los nombres de Austin, Ihering y Jellinek.[29]

Para esta corriente teórica el Derecho se integra, pura y exclusivamente, con normas jurídicas que emanan directa o indirectamente del Estado, suprimiendo la postulación de todo orden jurídico natural supraordenado al etático, e incluso siendo indiferente a toda construcción racional que sirva de parámetro del derecho positivo. Bajo ese supuesto, estos teóricos afirman que el Estado establece una limitación a su propio accionar, limitación que consiste genéricamente en su compromiso de no actuar de modo azaroso o errático sino de hacerlo de conformidad con las normas jurídicas (que él mismo dicta), y específicamente en confiar el dictado de esas normas a un órgano del Estado distinto del Estado ejecutivo: el Poder Legislativo. De esta forma, se dice, la autodivisión del Estado en órganos con atribuciones separadas en cuanto a la normación y la ejecución servirá de control adecuado para esta última.

Un siglo después, esta concepción intrasistémica de la legitimidad desemboca en la concepción autopoiética del Derecho de Luhmann.[30] Según este autor el Derecho, al positivizarse, se convierte en un subsistema totalmente cerrado, que se reproduce sólo mediante procedimientos y categorías que él mismo construye. En lo que concierne al entorno social (ámbito con el cual interesa a Luhmann relacionar el Derecho) lo anterior se traduce en aislamiento del sistema jurídico, ya que éste accede a todo lo que le es exterior por medio de una "observación" que ya viene "juridizada" en tanto se realiza sólo a través de esas categorías y procedimientos generados dentro del mismo Derecho.

De esa forma, la única legitimidad que produce el derecho positivo es, según Luhmann, la autopoiésis o autojustificación: el seguimiento de los procedimientos establecidos por él mismo con el único fin de evitar sorpresas y asegurar el cierre del sis-

28. Para una explicación de la aplicación de este fundamento a la norma jurídica tributaria, v. (entre otros) a Juan Carlos Luqui, *La Obligación Tributaria*, Buenos Aires, Depalma, 1989, pp. 74 y ss.

29. John Austin, *Sobre la Utilidad del Estudio de Jurisprudencias*, Madrid, Instituto de Estudios Políticos, 1951, pp. 27 y ss.; Rudolf von Ihering, *El Fin en el Derecho*, Buenos Aires, Atalaya, 1944, pp. 184 y ss.; Georg Jellinek, *Teoría General del Estado*, Buenos Aires, Albatros, 1954, pp. 274 y ss.

30. En Español, v. Niklas Luhmann, *Sistema Jurídico y Dogmática Jurídica*, Madrid, Centro de Estudios Constitucionales, 1983.

tema respecto del entorno, careciendo todo ello de motivación o valor adicional.

5.4 Rigurosamente hablando, una crítica a estas concepciones autolegitimantes del sistema jurídico podría coincidir casi letra por letra con el capítulo 8 de este trabajo. Trataremos, sin embargo, de concentrar ahora el análisis en los postulados de esta tesis en sí misma.

En términos generales, el problema de todas las teorías autorreferentes del sistema jurídico consiste en su pretensión de extraer los supuestos de legitimación del sistema jurídico, en su conjunto, del seno del propio sistema. En efecto, estas tesis apuntan – en el plano metodológico – a formular una teoría de validación de las normas jurídicas absolutamente interna al sistema jurídico. El problema es que si se concibe al sistema jurídico como un orden perfectamente cerrado, la validación (o, mejor dicho, la legitimidad) no ya de cada norma sino del sistema todo debía encontrarse en este mismo. Ahora bien, ¿qué entendemos en este contexto por "validación"?

Admitamos – con Kelsen[31] – que todo sistema normativo es o bien estático, en el cual las normas derivan su validez de una conformidad de contenido con una norma superior, o bien dinámico, en el cual las normas derivan su validez de que el sujeto que las dicte esté formalmente investido de una competencia para hacer tal cosa. Tanto si sostenemos (al igual que Kelsen, en tesis que a nuestro juicio es correcta) que la validez interna del sistema jurídico es de tipo dinámica (esto es, que depende de competencias antes que de contenidos), como también si postuláramos que es de tipo estática, hay que convenir que ambos esquemas suponen siempre la existencia de rangos jerárquicos entre las normas. Ello lleva inevitablemente a que la norma ubicada en la cúspide del sistema y que organiza a éste no pude validarse sino desde fuera del orden jurídico.[32]

Esto quiere decir que, desde el punto de vista de la lógica normativa, las tesis autolegitimantes del Derecho, en cualquiera de sus versiones, son insostenibles. En efecto, y como lo sostiene Habermas,[33] el sistema jurídico debe tener un "momento de incondicionalidad", el cual no puede estar constituido por una norma positiva dada la evidente mutabilidad de las mismas, inclusive las previstas en la Constitución, y que por tanto debe consistir en ciertos juicios éticos racionalmente postulables como normas.

A esa crítica se podría responder, por un lado, negando la posibilidad de postular verdaderas normas éticas fundables racionalmente de modo universal, en cuyo caso toda discusión acerca de la fundamentación del Derecho sería una labor ociosa. En esta ocasión no es posible ni pertinente abordar un problema de esta envergadura; digamos, de todas formas, que no creemos que pueda aceptarse una tesis así por las razones que ha expuesto Nino.[34]

Por otro lado, y esta sería la perspectiva de Luhmann, podría decirse que, al margen de que se admita o no la posibilidad de una fundamentación racional general del Derecho, las teorías autorreferentes del Derecho son: (1) meramente descriptivas de la forma en que opera el sistema jurídico; y/o (2) explicativas de la función social de estabilización que cumple el sistema jurídico. En cuanto a la primera afirmación, Habermas[35] ha señalado certeramente que puede decirse sin temor que ella es empíri-

31. Hans Kelsen, *Teoría Pura del Derecho*, México, Porrúa, 1997, pp. 203-205.

32. Luis Récasens Siches, *Tratado General de Filosofía del Derecho*, cit., p. 293.

33. Jürgen Habermas, "L'idée d'État de Droit", en *Droit et Morale*, París, Éditions du Seuil, 1997, p. 79.

34. Carlos Santiago Nino, *El Constructivismo Ético*, Madrid, Centro de Estudios Constitucionales, 1989, pp. 73 y ss.

35. Jürgen Habermas, *Facticidad y Validez. Sobre el Derecho y el Estado Democrático de Derecho en Términos de Teoría del Discurso*, cit., pp. 114-115.

camente falsa, dado el permanente empeño de los juristas (doctrina y jurisprudencia) en construir verdaderas razones, lógicamente consistentes, que apoyen sus decisiones. En cuanto a la segunda, puede compartirse la afirmación de Atienza[36] de que en sociedades relativamente complejas y contemporáneas difícilmente se logre la adhesión a un sistema jurídico solamente en base a cosas tales como la autoridad o la tradición, con lo cual parece también difícil que el Derecho pueda cumplir una labor de estabilización social apelando solamente a su discurso interno, como lo afirma Luhmann.

6. Fundamentación en el derecho de propiedad. Crítica

Esta forma de fundamentar la reserva de ley en materia tributaria tomaría como primer supuesto que el Estado tiene necesidades de fondos que deben atenderse y que, como consecuencia de lo anterior, puede establecer en su favor exacciones forzosas al patrimonio de las personas. Pero esas exacciones no pueden determinarse por el Estado en forma arbitraria o ilimitada, ya que no puede a través suyo anularse el derecho de las personas a tener y disponer de un conjunto de bienes. ¿Cómo compatibilizar entonces esas necesarias exacciones del Estado, que forzosamente entrañan una merma a los patrimonios de los particulares, con el derecho de éstos a que ese patrimonio propio no sea lesionado?. Pues bien, prescribiendo que esas exacciones sólo puedan establecerse mediante leyes, en tanto manifestación más despersonalizada y general de la voluntad del Estado.[37]

Para evaluar esta tesis, debemos distinguir las diferentes formas en las que podemos referirnos al derecho de propiedad: o bien hablamos de un derecho de propiedad como consagración del orden jurídico positivo (más concretamente de la Constitución), o bien hablamos de la propiedad privada como un valor metajurídico que debe ser respetado por el orden jurídico positivo.

Si hablamos de lo primero, el asociar el derecho de propiedad con la reserva de ley sólo puede afirmarse como un medio de garantizar en forma recíproca el funcionamiento de dos preceptos emanados ambos del propio orden jurídico, otorgando a uno de ellos (el derecho de propiedad) una prelación que convierte al otro (la reserva de ley) en un instrumento para la conservación del primero. Ahora bien, en este caso nos encontraríamos con una fundamentación de la reserva de ley intrasistémica o autorreferente, que sería entonces pasible de la misma crítica que realizamos en el capítulo anterior.

La otra forma de plantear esa fundamentación pasaría por demostrar la conexión de la reserva de ley con la propiedad en el plano metajurídico, afirmando pues a la propiedad como un valor a realizar por el orden jurídico. Al margen de cualquier discusión acerca de dicho carácter de la propiedad, su conexión con la reserva de ley como valor metajurídico puede concebirse – en nuestra opinión – en dos formas.

La primera es afirmar, sin más, que la norma legal es el instrumento normativo más apto para conservar la propiedad. Esta enunciación en términos apodícticos, desprovistos de cualquier otra razón, es obviamente insuficiente, pues es evidente que el concepto de "propiedad", sin más desarrollos, no deriva forzosamente en ningún modo de producción de normas en particular.

La otra forma es tomar como punto de partida a los beneficiarios de ese valor "propiedad". Ellos son, naturalmente, los in-

36. Manuel Atienza, *Las Razones del Derecho. Teorías de la Argumentación Jurídica*, Lima, Palestra, 2004, p. 35.

37. V. José Osvaldo Casás, "Estudio preliminar sobre los aspectos introductorios al principio de reserva de ley en materia tributaria", en *Estudios de Derecho Constitucional Tributario*, Buenos Aires, Depalma, 1994, pp. 153-154.

dividuos que integran la sociedad civil. Si se reconoce que esos individuos son los receptores de ese valor, éste sólo podrá renunciarse o limitarse en la medida en que sus receptores así lo consientan. El paso siguiente es afirmar que esa limitación a la propiedad sólo puede provenir de una decisión del colectivo legislativo, en tanto manifestación indirecta (a través de representantes) de la voluntad de esos individuos.[38] En definitiva, esta segunda posible fundamentación de la reserva de ley en la propiedad en el plano metajurídico se reduce, verdaderamente, a la tesis de la autoimposición. Pero como, según vimos en el capítulo 3, esta tesis no nos parece suficiente como sustento de la reserva de ley en materia tributaria, tampoco no lo parece esta vertiente de su fundamentación en la propiedad.

7. Fundamentación en la seguridad. Crítica

7.1 Trataremos ahora la posición de quienes encuentran tal sustento en la preservación de la seguridad, tomando como eje la construcción de Legaz y Lacambra.[39]

Este autor español, abocado a la tarea de otorgar un fundamento metajurídico a la legalidad, sopesa el valor de dos conceptos que tradicionalmente han sido manejados por la Filosofía del Derecho como valores a realizar por el orden jurídico: la justicia y el orden. Admitiendo que la justicia es la más alta cosa a la que puede aspirar a realizar el orden jurídico, señala Legaz que, sin embargo, el concepto de "orden" resulta ontológicamente más preciso y consistente como supuesto de un sistema jurídico. En efecto, y al margen del concepto de justicia que se sostenga, entiende Legaz que no es pensable ningún sistema justo sin que exista conjuntamente un orden, de lo cual, a su vez, deduce que la idea de orden es condicionante de la idea de justicia. Podemos decir que, para este autor, y si bien la justicia tiene un valor intrínseco mayor que el orden, éste la precede en el plano lógico.

Queda entonces por verse cuál es el concepto de "orden". No duda Legaz en identificar ese "orden" con el orden social, y más concretamente con la idea de previsibilidad: esto es, con la certeza con la que debe contar cada individuo en cuanto a cómo debe comportarse en su vida social, comprendiendo esa certeza tanto a los efectos de sus actos propios como a los actos que cabe esperar de los demás. En el plano de las normas jurídicas, el requisito que deben éstas cumplir para alcanzar tal certeza sería el de ser estables. Y estas estabilidad y certeza se materializan, en lo que refiere al modo de producción de las normas jurídicas, en la primacía de la norma emanada del colectivo legislativo, en tanto su formación les otorga una mayor rigidez que dificulta su continua variación.

En el campo de las normas tributarias la tesis implicaría afirmar que el principal propósito a lograr por las mismas consiste en que las personas puedan tener certeza en cuanto a las consecuencias fiscales de sus actos, así como en cuanto a la actitud que cabe esperar del Estado en cuanto sujeto activo de la relación jurídica tributaria. De esta manera, el medio más adecuado para ello sería la reserva de ley en la materia, de forma tal que la norma tributaria adquiera la estabilidad necesaria para ese fin.

7.2 En primer lugar, veamos la afirmación básica de la tesis, a saber, la precedencia lógica de la seguridad respecto de la justicia como valor legitimante del sistema jurídico. Esta concepción implica una

38. V. Horacio García Belsunce, "El principio de legalidad", en AA.VV., *El Principio de Legalidad en el Derecho Tributario*, Montevideo, Facultad de Derecho y Ciencias Sociales de la Universidad de la República/FCU, 1986, p. 99.

39. Luis Legaz y Lacambra, *Filosofía del Derecho*, cit., pp. 623 y ss.; v. también Gustav Radbruch, *Filosofía del Derecho*, Madrid, Editorial Revista de Derecho Privado, 1959, p. 96.

toma de posición que puede ser evaluada en el plano moral: ¿son la seguridad y su objetivo (el orden) el valor moralmente priorizable para construir un sistema de normas jurídicas? Si la respuesta a esa pregunta es afirmativa, va de suyo que un sistema jurídico debe, antes que otra cosa, estar dotado de estabilidad y generar un sentimiento de previsibilidad en las personas. Pero estas cualidades pueden estar parcial o totalmente disociadas de la justicia, pues es pensable un sistema jurídico perfectamente estable y absolutamente injusto. Piénsese en un Estado en el que grosera y abiertamente se desechen todos o las principales reglas y principios morales acerca de los cuales existe consenso general; digamos, por ejemplo, Sudáfrica durante el imperio del sistema del *apartheid*, o la Alemania nazi. De estos sistemas jurídicos es imposible sostener su justicia en términos racionales ni su legitimidad en cuanto sistema a partir de ningún fundamento filosófico-moral, y más aún su inmoralidad grosera hace moralmente sostenible la desobediencia a los mandatos de las normas que dicten. Y, sin embargo, se trataba de sistemas de los que podía sostenerse su "seguridad" si concebimos a ésta como meras estabilidad y certeza.

Se infiere de lo anterior que la seguridad, en cuanto valor a cumplir por un sistema jurídico, es aceptable sólo en la medida en que también sea aceptable el "orden" que se pretenda asegurar. O sea, es defendible que el orden jurídico genere certeza, pero no cualquier certeza es defendible. De esta forma, y como la "certeza aceptable" sólo puede evaluarse en función de la justicia (y prescindiendo por ahora de la definición de "justicia"), se deduce que ésta precede lógicamente a la seguridad como valor a realizar por el sistema jurídico, y no a la inversa.

Pero al margen del debate acerca de la prelación de los valores morales, y yendo al campo de los modos de producción de normas, en nuestra opinión la seguridad tampoco brinda un apoyo específico a la reserva de ley en materia tributaria, ni en ninguna otra. En efecto, y teniendo en cuenta que, al tenor de la tesis que enfatiza a la seguridad como sustento del sistema jurídico, la principal cualidad que deben tener las normas jurídicas en general y las normas tributarias en particular es su estabilidad, ello no deriva en una preferencia ineluctable por las normas emanadas de los colectivos legislativos de elección popular: bastará que un sistema jurídico esté dotado de un modo de producción de normas que provea a éstas de fijeza para que tal cualidad se cumpla, sin pasar forzosamente por un Parlamento de elección popular.

Ilustremos lo anterior con un ejemplo. Supongamos un Estado en el cual existe un Poder Ejecutivo unipersonal y de elección popular. Supongamos también que en ese Estado la función de creación de normas tributarias no ha sido confiada a un Parlamento de elección popular, sino a un órgano colectivo pero integrado por personas designadas por ese Poder Ejecutivo de elección popular y/o por un cierto régimen de cooptación. Supongamos, por último, que el proceso de sanción de las normas al seno de ese colectivo no-electivo sigue iguales ritualidades que las consagradas para los Parlamentos comunes, y que las normas que de él emanan, una vez sancionadas, están revestidas de todas las garantías de estabilidad que caracterizan a las leyes emanadas de un Parlamento común: obligatoriedad, ejecutoriedad, posibilidad de ser derogadas sólo por una norma de igual o superior jerarquía etc. En un sistema así, sin dudas que se cumple con el requisito de estabilidad y que, por tanto, existe una previsibilidad de los efectos jurídicos de los actos propios y de terceros. Pero tampoco existen dudas en cuanto a que en un sistema así no impera la reserva de ley en los términos en que lo enunciamos en el capítulo 1, ya que no existe ninguna primacía de las normas emanadas de un colectivo de elección popular; más aún, ni siquiera existe tal colectivo.

8. Nuestra posición: fundamentación de la reserva de ley en la imparcialidad

8.1 Relación entre el Derecho y una idea de lo "justo"

En este capítulo intentaremos fundamentar la reserva de ley en el concepto de "justicia como imparcialidad". Ello requiere también justificar, al menos someramente, la pertinencia de una evaluación del orden jurídico desde el punto de vista del valor "justicia".

La postulación de la necesidad de una legitimación del orden jurídico no coincide con la posición de quienes, como Kelsen, niegan todo condicionamiento necesario del contenido de las normas sobre la base de la subjetividad e irracionalidad del concepto de "justicia".[40] También se opone nuestra idea a las posturas de quienes, como Hart, admiten la existencia de vínculos entre la justicia y el orden jurídico a ciertos niveles específicos, pero no consideran que la justicia sea un criterio de validación extrínseca de un sistema de ejercicio del poder tomado como totalidad.[41]

Una primera razón para efectuar dicho análisis tomaría como supuesto que las normas jurídicas tienen un cierto contenido o – si se nos permite la expresión – al menos una "intención" deóntica, cosa que pensamos puede admitirse sin mayores dificultades. No obstante, y si – otra vez – consideramos con Kelsen[42] que el sistema de normas jurídicas es de validación dinámica, es claro que la validez de una norma jurídica nada nos dirá acerca de su contenido. Especialmente, y siempre que admitamos que existe un criterio que permita juzgar éticamente una conducta, la validez de la norma jurídica nada implica acerca de si la prohibición, obligación o permiso que consagra son éticamente aceptables o no.

Una segunda razón para el análisis deriva de la naturaleza del acto de creación de toda norma jurídica. Creemos que no es necesario demostrar que todas las normas jurídicas son actos humanos, y más específicamente que, como ya lo expresara Kelsen,[43] el acto de creación de cualquier norma jurídica es un acto de voluntad del sujeto dictante que, además, presupone un acto de pensamiento del mismo individuo, lo cual, al margen del juicio de validez que puede hacerse a su respecto a partir de la existencia o no de una competencia para ese dictado derivada de la norma superior, hace también posible el juicio de ese acto en el plano ético. Entonces, es fácil llegar a la conclusión de que el acto humano de creación de las normas jurídicas y sus consecuencias (o sea, las normas mismas) son un aspecto éticamente interesante al igual que el conjunto de los actos humanos.[44] Por lo demás, no puede desconocerse el hecho de que los procesos de producción de normas jurídicas a todos los niveles se fundamentan en discursos de los actores, discursos que, además de justificar la validez de la norma a través de su enlace con otra norma de rango superior, introducen – deliberada o inconscientemente – como apoyo de la decisión consideraciones racionales que rebasan el campo de lo jurídico-positivo.

8.2 La teoría general de la justicia como imparcialidad

8.2.1 Omitiendo el comentario de las múltiples tesis para concentrarnos en la que personalmente compartimos, cual es la de la justicia como imparcialidad, y trataremos de deducir de esa concepción la necesidad de la reserva de ley como medio idóneo de producción de normas jurídicas en general y particularmente tributarias.

40. Hans Kelsen, *Teoría General del Derecho y del Estado*, cit., pp. 6 y ss.

41. H. L. A. Hart, *The Concept of Law*, Oxford, Clarendon Press, 1997, pp. 200 y ss.

42. V. *ut supra*, punto 5.4.

43. V. a este respecto los comentarios acerca del trabajo de Hans Kelsen, *Recht und Logik*, en Ulises Schmill, *Derecho y Lógica*, México, Fontamara, 1991, pp. 29 y ss.

44. V. Immanuel Kant, *Introducción a la Teoría del Derecho*, cit., pp. 30 y ss.

La concepción de la justicia como imparcialidad ha sido desarrollada extensamente por Rawls, cuyos juicios acerca del punto de partida para elaborar un concepto de justicia nos parecen los más acabados.[45]

Preguntado a sí mismo acerca de cómo elaborar una teoría general de lo justo, entiende Rawls que ello no puede hacerse situándonos en el "momento actual", entendiendo por tal un estado cualquiera de desarrollo de una sociedad organizada. Por el contrario, hay que imaginarnos, por un instante y en forma ideal, en un estado hipotético en el cual las personas aún no han entrado en sociedad. Conviene desde ya aclarar que Rawls no postula este estado previo a la vida social como un hecho histórico real, ni siquiera como una teoría plausible acerca de la situación humana inicial, sino que – como ya lo hiciera Kant – lo hace como hipótesis puramente imaginaria que sirve como punto de partida al razonamiento.[46]

Ese estado hipotético ("posición original" la llama Rawls) se caracteriza por la existencia de personas entre las cuales no existe aún ninguna diferencia jurídica, económica, social ni de ninguna otra naturaleza. Existen diferencias de talentos y virtudes puramente personales, pero en todo caso cada persona es perfectamente ignorante de los talentos y virtudes particulares de los demás. O sea, nos encontramos en una situación en la cual todas y cada una de las personas son miradas y se miran entre sí como iguales. Por otro lado, esas personas son entera y perfectamente libres, en tanto pueden efectuar un pacto con el resto de sus semejantes, otorgar a ese pacto cualquier contenido, o aun no celebrar pacto alguno. Esas personas tienen también intereses personales, en tanto deben y quieren satisfacer ciertas necesidades, y son recíprocamente desinteresadas, ya que cada uno ignora los intereses del resto y le es indiferente su satisfacción. Por último, propongamos que esas personas son racionales, en los términos en los que lo es cualquier integrante medio del género humano.

Supongamos ahora – propone Rawls – que esas personas se plantean asociarse, conformar un grupo de personas vinculadas entre sí y que actuarán cada uno teniendo en cuenta a cada uno de los otros. La pregunta en este momento es, entonces: ¿qué principios elegirían racionalmente estas personas como reglas básicas de esa asociación? Este momento y esta pregunta son el punto neurálgico de la teoría de la justicia como imparcialidad. En efecto, debe partirse de la base de que, en el modelo hipotético propuesto, la "posición original" es una situación objetivamente justa si la pensamos en términos sociales, puesto que, como la sociedad no existe y los individuos se desconocen plenamente, es seguro que los sujetos contraerán su pacto social en términos de igualdad pura. Por tanto, de lo anterior se sigue fácilmente que los principios básicos de ese pacto serán unas reglas que permitirán a esos individuos vivir en sociedad conservando en la mayor medida posible el estado de cosas indudablemente justo que existía durante la vigencia de la "posición original".

Para Rawls, dos son los principios que, a partir de lo anterior, elegirían dichas personas, y que son en definitiva los dos principios de la justicia como imparcialidad:[47]

(1) Cada persona ha de tener un derecho igual al más extenso sistema de libertades básicas compatible con un sistema similar de libertades para todo el resto.

45. V. para los párrafos siguientes a John Rawls, *Teoría de la Justicia*, México, Fondo de Cultura Económica, 1997, pp. 24 y ss. Para un estudio complementario de esta postura, y particularmente de su defensa frente a las críticas formuladas en su contra, v. Brian Barry, *La Justicia como Imparcialidad*, Barcelona, Paidós, 1997.

46. V. Immanuel Kant, "De la relación entre teoría y práctica en derecho político", cit., en *Teoría y Práctica*, pp. 36-37.

47. John Rawls, *Teoría de la Justicia*, cit., p. 280.

(2) Las desigualdades sociales y económicas han de ser estructuradas de manera que signifiquen un mayor beneficio para los menos aventajados, y ello en un régimen de cargos y funciones en la sociedad asequibles para todas las personas en un régimen de igualdad de oportunidades.

En realidad, estos dos principios pueden resumirse para Rawls en una sola concepción general: todos los bienes primarios (libertad, igualdad de oportunidades, riqueza, renta y respeto mutuo) deben repartirse en forma igual entre todos los miembros de la sociedad, a menos que una distribución desigual en favor de los menos aventajados redunde en un beneficio para el conjunto.

A nuestro juicio estos principios de justicia que Rawls deduce de la hipotética "posición original" no son, al menos en toda su extensión, de una verdad indubitable. No es del caso aquí comentar en profundidad las razones del autor para formularlos en estos términos, pero, por ejemplo, no resulta indiscutible que para alcanzarse el segundo principio se requiera sólo de un sistema de igualdad de oportunidades. Pero al margen de estas circunstancias, lo que sí nos parece útil a los fines de nuestra tarea es la idea de "posición original". En efecto, si nos proponemos descubrir cuál sería la solución más justa para una instancia cualquiera de los fenómenos sociales (en nuestro caso, el más justo modo de producir normas jurídicas), ¿qué mejor que imaginarnos en un escenario anterior a los propios fenómenos sociales? En este escenario, forzosamente el relacionamiento entre los hombres es justo, si se tiene en cuenta su falta de interacción, predominancia y subordinación, y la completa ignorancia recíproca de calidades individuales. De ese modo, planteado que esas personas son libres y racionales, los términos del también hipotético pacto mediante el cual pasarían a vivir socialmente sería el pacto más justo concebible, pues razonablemente esas personas lo acordarían en los términos que permitieran en la mayor medida pensable la conservación del estado de justicia de la "posición original".

8.2.2 El problema concreto radica ahora en cómo deducir de esa "posición original" un sistema de producción de normas jurídicas que se ajuste al modo de justicia como imparcialidad. Siguiendo a Rawls, este problema podría ubicarse en el campo de la aplicación de la justicia como imparcialidad a las instituciones, entendiendo por tales a todos los sistemas de reglas que distribuyen posiciones entre las personas, asignando deberes, derechos, poderes etc. Ahora bien, en la labor de evaluación de la justicia de las instituciones, Rawls distingue (y distingue bien) la institución como entidad abstracta e ideal, de la institución como entidad real operando en el seno de la sociedad. El hecho es que para este autor sólo resulta apropiado hablar del ajuste o no de una institución al modelo de justicia como imparcialidad en el plano real, a partir del efectivo modo de operar de aquélla en la distribución de poderes, deberes y derechos entre las personas. Obviamente, esta idea constituye un obstáculo para que Rawls practique un análisis de la justicia de los modos de producción de normas, ya que éstos son necesariamente abstractos.

Naturalmente que, ubicados en el plano de una teoría moral general, es más importante la valoración de las soluciones reales antes que la adecuación al modelo de justicia de las soluciones abstractas. Pero este último aspecto no puede despreciarse en absoluto, pues las vías que las Constituciones prescriben para la generación del orden jurídico constituyen un fenómeno real que integra el universo social: esas estructuras abstractas de producción jurídica "están allí" y son un canal de acción para los agentes de las normas jurídicas, por lo qué su evaluación desde el punto de vista de la justicia no sólo es ineludible, sino que constituye la única forma de juzgar su legitimidad.

8.3 La imparcialidad de los procedimientos jurídicos

Yendo un poco más allá, y partiendo siempre del concepto de imparcialidad aunque sin manejar ni la "posición original" de Rawls ni sus principios, encontramos a Habermas y su estudio de la legitimidad de los procedimientos jurídicos.

El avance de Habermas está constituido por su intención de fundamentar la legitimidad de los sistemas jurídicos a partir de la imparcialidad concebida como precepto moral. Así, y criticando tanto a la posición de Weber (que veíamos al inicio de este capítulo) como a Abendroth y Forsthoff, Habermas parte del supuesto de que existe en las Constituciones una serie de vías mediante las cuales las normas jurídicas ven la luz: son los llamados "procedimientos jurídicos". Observa Habermas que las normas jurídicas son susceptibles de un análisis de legitimidad intrínseca en sí mismas, el que obviamente referirá a su contenido. Ahora bien, la positivización del Derecho implica que, desde hace varios siglos, la validez (en sentido jurídico) de las normas dependa de que hayan sido creadas por un sujeto que haya sido investido debidamente a tal fin, y de que se hayan seguido en su proceso de dictado las ritualidades también impuestas por una norma jurídica fundante general. Por ello, concluye Habermas, el centro de gravedad en el estudio de la legitimidad ontológica del Derecho se ha desplazado de las normas jurídicas en particular al sistema jurídico como conjunto, de suerte tal que tal estudio es principalmente un análisis de la legitimidad de los procesos de creación de normas: los procedimientos jurídicos.[48]

Dentro de esos procedimientos jurídicos juzgables según la medida de la imparcialidad, Habermas distingue la formación de las decisiones judiciales, la formación de normas convencionales de diferentes rangos y la legislación, entendida como el procedimiento de dictado de normas etáticas generales y abstractas. O sea que, hasta aquí, hemos dado varios pasos importantes para el hallazgo de un modo de producción de normas justo, y más especialmente de una fundamentación del principio de legalidad, sobre la base de la justicia como imparcialidad.

A la hora de evaluar la forma de legislación más justa en tanto más imparcial, inicialmente Habermas no apostaba por ninguna en especial. En efecto, en un primer momento el autor se limitó a criticar las tesis que buscan fundar la preferencia por la norma emanada del Parlamento en un análisis del principio de la mayoría y las teorías de la argumentación, expresando que el cumplimiento del requisito de imparcialidad por los procedimientos de producción de normas jurídicas etáticas dependerá del grado de participación e incidencia populares en tales procedimientos, de la transparencia de los medios de información, de la educación y de otros factores extrajurídicos, pero sin concluir en la preferibilidad genérica y de principio de ningún procedimiento en particular.[49]

Sin embargo, en análisis ulteriores Habermas se inclina por el procedimiento jurídico parlamentario como instancia más satisfactoria para el ejercicio del poder político. En particular, observa que, sentado el principio de soberanía popular, éste debería implicar el necesario asiento de la competencia para dictar normas jurídicas en todas las personas. Pero, como un mecanismo así concebido conllevaría enormes dificultades de instrumentación si se pretendiera aplicar como modo excluyente en la creación de normas, el "principio parlamentario", conforme al cual la creación de normas se encomienda a un cuerpo plural y deliberativo, constituye una salida ra-

48. Jürgen Habermas, *Facticidad y Validez. Sobre el Derecho y el Estado Democrático de Derecho en Términos de Teoría del Discurso*, cit., pp. 90 y ss.

49. Jürgen Habermas, "Comment la legitimité est-elle possible sur la base de la légalité?", en *Droit et Morale*, cit., pp. 47 y ss.

cional a la necesidad de un procedimiento jurídico imparcial y general.[50]

8.4 El principio de legalidad como procedimiento jurídico imparcial

8.4.1 Sobre la base de los desarrollos precedentes, intentaremos una fundamentación sistemática del procedimiento jurídico parlamentario (o sea, del principio de legalidad) como la forma de producción de normas más acorde con el criterio de justicia como imparcialidad. Pero cabe en este punto una anotación preliminar.

Nuestras conclusiones no se apartan demasiado de las últimas afirmaciones de Habermas que comentábamos en el punto anterior. Es más, también se verá que nuestros razonamientos conducentes a tales conclusiones son en gran medida paralelos a los del autor alemán. Las peculiaridades de nuestros desarrollos se ubican en dos aspectos: por un lado, la profundización en los puntos de partida y sus consiguientes deducciones que confluirán en la necesidad del principio de legalidad; y, por otro lado, en la proposición de nuestros argumentos y conclusiones como un "deber-ser" del orden jurídico.

Con respecto a lo último, no debe olvidarse que, en buena medida, los razonamientos de Habermas son de naturaleza reconstructiva: no se trata tanto, para este autor, de deducir racionalmente las características de un procedimiento jurídico que sea el preferible en términos absolutos, sino de recomponer en términos descriptivos la secuencia racional que ha llevado al Estado Democrático a estructurarse en la forma en que lo hace. Quizás la distinción parezca superflua dada la semejanza de conclusiones y razonamientos; pero para nosotros es importante reafirmarnos en la postulación de un "deber-ser" en la producción de normas jurídicas en general y tributarias en particular, en vista de que, como lo señalamos en el capítulo 1, es nuestra intención ubicar nuestra opinión en el seno del debate acerca del mantenimiento o no del principio de legalidad en términos de reserva legal absoluta.

Ubiquémonos así en la "posición original" de Rawls. Supongamos luego que esas personas ya han resuelto entrar en el pacto social. Supongamos también que, después de una serie de inferencias individuales y conjuntas – que no analizaremos –, esas personas han acordado que los principios del pacto social se traducirán en una serie de reglas de conducta para todos sus integrantes, las que razonablemente reproducirán los principios de justicia planteados antes como fórmulas genéricas. Para lograr la eficacia de estas reglas, ellas deberán ser aplicables a todo trance, eventualmente en contra de la reluctancia de los individuos; o sea, la creación de estas reglas estará dotada de su eventual imposición mediante la fuerza. Estas reglas no son otras que las normas jurídicas.

El paso siguiente es la constatación de que, luego de entrados en el pacto social, la producción de esas normas jurídicas proseguirá siendo necesaria, tanto a un nivel de fórmulas generales como de normas particulares que signifiquen la aplicación de aquéllas para casos concretos. Con esto, se concluiría en la necesidad de un sistema de producción y reproducción de normas jurídicas (o al menos de ordenamiento de su producción y reproducción) y de uso de la fuerza (o al menos de ordenamiento de su uso), al que simplificadamente llamaremos "Estado". Este último acuerdo, a su vez, nos conduce a una serie de cuestiones relativas a las propias normas, de las cuales sólo nos detendremos en una: el referido a cuál debería ser su modo de producción y reproducción. Esto es, a cuál debería ser el procedimiento jurídico debido, empleando los términos de Habermas.

8.4.2 Tomando siempre como pauta de lo justo a la imparcialidad, el procedimiento

50. Jürgen Hamermas, *Facticidad y Validez. Sobre el Derecho y el Estado Democrático de Derecho en Términos de Teoría del Discurso*, cit., pp. 238-239.

jurídico más adecuado será el más cercano a esa imparcialidad, en atención al grado en que asegure que las normas jurídicas tengan un contenido justo e imparcial.

Partamos del hecho de que entre las personas que van a ingresar al pacto social, y que por ello se van a someter a la autoridad de la entidad "Estado", existirán intereses divergentes. En cuanto a las normas jurídicas, ellas implicarán potencialmente el aseguramiento, la restricción o la ampliación de los intereses satisfechos por cada persona. Entonces, un sencillo razonamiento nos permite arribar a la siguiente conclusión: las normas jurídicas serán imparciales y legítimas en la medida en que impliquen bien una distribución igual de los bienes sociales a los que se dirigen los intereses individuales, bien una distribución desigual de dichos bienes sociales en favor de los menos aventajados.

Frente a ese contenido justo en el plano teórico de las normas, los intereses diversos de las personas implicarán una visión diversa acerca de ese contenido: quienes vean recortados sus intereses pretenderán que ello sea en la menor medida posible, los que vean sus intereses asegurados pretenderán que ello se haga en forma eficaz, los menos aventajados pretenderán que se compense su desigualdad con una desigualdad normativa de sentido inverso.

Para llegar a ello, se requiere que todos esos intereses contrapuestos deben ser escuchados en el procedimiento jurídico de creación de la norma. En efecto, el procedimiento jurídico no es más que un concurso de voluntades humanas actuando comunicativamente. Pero esas personas son, además de soporte del procedimiento jurídico, miembros de la sociedad civil, por lo qué tienen intereses que muy probablemente, en mayor o menor medida, son afectados por la norma que ellas mismas crearán.

Suponiendo que las personas en la "posición original" son racionales, la circunstancia vista en el párrafo anterior no puede ser ignorada. Entonces, el siguiente problema es: ¿cómo hacer que las personas que concurran al procedimiento jurídico no dicten una norma que atienda sólo a su interés, sino que se ajuste a los principios de la justicia como imparcialidad, contemplando los intereses de todas las restantes personas?

8.4.3 El procedimiento jurídico que contemplaría en forma más pura esos propósitos sería aquél en el que absolutamente todas las personas integrantes del pacto social participaran en forma directa en la formación de la norma jurídica, al estilo de la *ecclesia* de la Antigüedad en Atenas. En este modelo la imparcialidad abstracta del procedimiento jurídico estaría asegurada, puesto que todas las personas harían oír su voz y la norma jurídica sería el producto de la voluntad de absolutamente todos los posibles afectados por ella en sus intereses.

Sin embargo, este mecanismo es razonablemente impracticable en la mayoría de los casos, tanto por el número de personas como por la multiplicación de normas a crear. Por lo tanto, es de suponer que desde una "posición original" se ideara otro procedimiento jurídico distinto de la concurrencia universal de voluntades, sin perjuicio de – eventualmente – conservar este último para ciertos casos especiales. Ese procedimiento jurídico alternativo a idearse deberá por fuerza caracterizarse por la participación de sólo algunos de los individuos que serán parte del pacto social. Salvado este primer paso, quedan por solucionarse cuatro interrogantes: quiénes podrían ser los partícipes del procedimiento jurídico de creación de normas, cómo alcanzarían esa condición, cuántos deberían ser y cómo actuarán.

En cuanto a la primera interrogante, vemos que la decisión deberá ser tomada por personas que, de acuerdo a lo que vimos antes, están en un estado de perfecta igualdad. Por tanto, la solución racional que esas personas darían a esta interrogante sería paralela a ese estado de igualdad; esto es, de principio se admitiría que cualquiera de los partícipes del pacto fuera partícipe del procedimiento jurídico de creación de normas.

En cuánto al "cómo" debería llegar una persona a participar del procedimiento jurídico, el problema puede plantearse como sigue: tenemos un conjunto de personas, dentro del cual debemos optar sólo por algunas a fin de afectar los intereses de todos y cada uno, y todos los miembros del conjunto tienen iguales posibilidades de ocupar ese lugar.

Una primera posibilidad es dejar la opción librada al azar, y practicar un sorteo entre todos los miembros del grupo. Pero, evaluada racionalmente, esta vía debería desecharse. En primer lugar, ¿qué sucedería si el "ganador" del sorteo no acepta el puesto? Es claro que no se le podría compeler a ocuparlo realmente, por lo que habría que practicar uno o varios sorteos adicionales hasta hallar un aceptante. Pero existe una razón más profunda para evitar el dejar todo librado al azar, para vislumbrar la cual debemos volver una vez más a la "posición original". En esta situación hipotética, cada persona se orienta sólo a proteger su interés, en nada afecta los intereses de los demás y no se ve afectado por los demás en su propio interés. Cuando se resuelve celebrar el pacto social, esta sola decisión implica que los intereses individuales ya no estarán en un "prístino aislamiento", sino que inevitablemente algunos o todos serán alterados en más o en menos; ello se observa claramente, por ejemplo, en los principios de justicia de Rawls, que implican una potencial afectación de los intereses particulares. Ahora bien, esta alteración de intereses que es un efecto inmediato del pacto social, ¿cómo se produce? Por la voluntad libre de todas las personas que resuelven entrar al acuerdo, que podrían también no haber hecho tal cosa.

Si ahora esas personas en la "posición original" están proyectando un escenario mediato, en el cual existirá un procedimiento del que resultará una norma que alterará sus intereses, y han concluido que en ese procedimiento participen sólo algunos de ellos, ¿cómo querrían que esos pocos ocuparan tal lugar? De la manera lo más parecida posible a la cual se emplea para entrar en el pacto social; esto es, mediante el concurso de voluntades de absolutamente todas las personas. En otras palabras, racionalmente la elección general e irrestricta es el único modo imparcial y legítimo de designar a los protagonistas del procedimiento jurídico de creación de normas.

Por último, ¿cuántas deben ser las personas involucradas en ese procedimiento de creación de normas y cómo actuarán? Para responder volvamos al concepto general de justicia como imparcialidad de Rawls: reparto igual de bienes sociales, y reparto desigual para compensar a los menos aventajados sobre la base de que ello brindará un beneficio al conjunto. Una acepción rigurosa de la imparcialidad del procedimiento jurídico conllevaría que todas y cada una de las necesidades individuales debieran tenerse en cuenta para dictar la norma. En la práctica, lo anterior implicaría que, toda vez que esos partícipes del procedimiento jurídico deban tomar una decisión, previamente consulten la voluntad del resto de las personas que fueron sus electores, o que esa decisión se adopte siempre y sin restricciones *ad referendum* de los electores. Pero obrando de esta forma se estaría volviendo al esquema de concurso universal de voluntades en el procedimiento jurídico, el que, según vimos más arriba, había sido descartado al menos como mecanismo único para la formación de las normas jurídicas.

En este punto, sería inevitable que las personas en la "posición original" llegaran a una conclusión: en la mayoría de los casos, existirá un "corte" entre su voluntad y el procedimiento jurídico de creación de normas, de forma tal que, normalmente, las normas jurídicas no serán el producto de la voluntad libremente brindada de todas las personas sino sólo de la voluntad de los partícipes del procedimiento jurídico. Esta conclusión es tan inevitable como grave, pues significa que, a diferencia de lo que sucede con el pacto social en sí mismo, en el futuro el grado de acceso de las personas a los bienes sociales podrá ser resuelto por decisión de sólo unas pocas de ellas. De esta forma, el acuerdo social llevará inevitablemente a una situación en la que algunos, por sí y ante sí, decidirán el destino de todos, con lo qué el problema a resolver es la concepción de un procedimiento jurídico que, al menos como tendencia, ofrezca mayores posibilidades de que las normas tengan un contenido imparcial.

Una de las condiciones para ello es crear desde ya y de una sola vez una norma jurídica originaria y básica, que sea (ella sí) el producto de la decisión directa de todas las personas que van a ingresar al pacto, que contenga en su mayor amplitud y precisión los preceptos de la justicia como imparcialidad, que delimite los procedimientos jurídicos y que se imponga indefectiblemente a todos, especialmente a los futuros partícipes de los procedimientos jurídicos. O sea, crear la Constitución.

Otra condición refiere al número de partícipes del procedimiento. Si bien potencialmente pueden existir tantos intereses disímiles como personas, es claro que la tendencia natural será al agrupamiento de los mismos. Algunas veces, podrá existir una identidad total o casi total entre los grados de necesidad de un grupo de personas respecto de uno o más bienes sociales; otras, los grados de necesidad serán aproximadamente similares; pero, en definitiva, siempre podrán identificarse conjuntos más o menos latos de intereses iguales o similares. Sobre esa base, es evidente que las personas, en el proceso de elección de los partícipes del procedimiento jurídico, tenderán a optar por alguien que, razonablemente, se vea como proclive a atender a sus intereses, o mejor dicho al grupo de intereses del que participa el interés individual de esa persona electora. Si el partícipe del procedimiento jurídico es sólo un individuo, muy probablemente será proclive a atender los intereses del o los grupos de intereses que sean mayoritarios, y tienda a desatender a las necesidades de bienes sociales del resto de las personas. Evidentemente, un procedimiento jurídico de esas características se aleja del modelo de justicia como imparcialidad. Un riesgo similar se corre si el número de partícipes del procedimiento es superior a uno pero igualmente reducido: probablemente se atenderán las necesidades de una cantidad de grupos de intereses mayor que el procedimiento unipersonal, pero es casi seguro que los intereses de muchos grupos corran el albur de no atenderse.

Entonces, el número de partícipes del procedimiento deberá ser el mayor posible, de forma tal que se tienda a que la mayor cantidad de grupos de necesidades de bienes sociales se vean reflejados en la norma jurídica, a través del "ofrecimiento" a las personas electoras de un amplio espectro de posibles partícipes de entre los cuales cada grupo pueda optar por ubicar en el procedimiento el más proclive a su necesidad. Pero esta amplitud en número de los partícipes del procedimiento jurídico deberá ser completada con alguna cualidad en el mecanismo de designación de los mismos. En efecto, de nada serviría para el propósito de reflejar tendencialmente los diversos grupos de intereses un sistema de elección popular que significara que todos o la mayoría absoluta de los partícipes tuvieran puntos de vista que tendieran a coincidir con los grupos de intereses mayoritarios, pues de esa forma el procedimiento jurídico probablemente correría a la desatención de los puntos de vista coincidentes con los grupos de intereses minoritarios, arribándose a un resultado igual que en el procedimiento jurídico de uno solo o unos pocos partícipes. Como esta última situación ya habría sido racionalmente rechazada, la salida más lógica para respetar los principios de la imparcialidad consistiría en concebir a la elección general de los partícipes en términos de designación por proporciones: posibilidad de ofrecer a las personas un amplio espectro de posibles partícipes, posibilidad de las personas de optar libremente entre todos ellos, y asignación definitiva de los lugares en el procedimiento jurídico en función de la cantidad de personas que hayan optado por cada punto de vista.

Ello no supone que los partícipes así designados siempre actúen en forma acorde con los intereses de quienes los eligieron. Pero, habiéndose concluido (como vimos más arriba) que es inevitable la separación entre la voluntad de las personas y la voluntad de los partícipes del procedimiento, la posible discordancia entre las decisiones de éstos y las necesidades del resto de las personas es un riesgo que debe asumirse, dejando el resto librado a la suposición de que, razonablemente, la tendencia será a la coincidencia más o menos aproximada entre ambos.

¿Cuál debería ser el máximo posible de partícipes? La respuesta se vincula al "cómo" actuarán esos partícipes en el decurso del procedimiento. Una primera posibilidad es acordar que todas las decisiones para crear una norma jurídica requieran de la unanimidad de los partícipes del procedimiento jurídico. Teóricamente, es la forma que ofrece menos riesgos para la justicia como imparcialidad, ya que es la que ofrece menos posibilidades de que un grupo de intereses sea desatendido. Pero ya habíamos visto que la tendencia natural será a la multiplicación de la necesidad de normas jurídicas, la cual no es compatible con una unanimidad irrestricta de las tomas de decisiones en el procedimiento jurídico. Por consiguiente, el camino más racional es acordar que la decisión de dictar una norma jurídica se adopte por mayoría de los partícipes del procedimiento, suponiendo que así el contenido de dichas normas reflejará la mayor cantidad de grupos de necesidades existentes entre las personas.

8.4.4 Por último, es menester referirse a la forma de operar internamente en este procedimiento jurídico de muchos partícipes. En concreto, debemos referirnos al mecanismo deliberativo, sentando desde ya que el mismo puede concebirse con dos funciones: por un lado, como fundamento para la preferencia por la creación de normas por parte de un colectivo amplio antes que por una persona aislada o a través de un procedimiento de pocos partícipes; por otro lado, como pauta para determinar el número máximo ideal de partícipes en el procedimiento.

La racionalidad basada en una "posición original" supone dos cosas: por un lado una el llegar a un estado de cosas en el que se mantenga en toda la medida de lo posible el estado de igualdad inicial; pero también que las soluciones a las que se arribe hayan sido precedidas de una deliberación. En efecto, tanto si pensamos en la propia elección de los principios de justicia, como en la decisión de entrar al pacto social, como en cualquier otra decisión ulterior que involucre al conjunto de personas, se trata en todos los casos de decisiones que suponen la existencia de una intercomunicación real entre las personas; de tal forma, es imposible llegar a un consenso racional si las personas no han intercambiado información, no han explicitado sus puntos de vista e intereses y no han argumentado, de forma tal que las decisiones que se adopten puedan ser potencialmente aceptables para todos. Diciéndolo de una vez: la actuación racional de un grupo de personas y la adopción de decisiones racionales no son posibles sin una deliberación libre. Por tanto, es inevitable postular que el mismo, necesariamente, deberá ser deliberativo.[51]

La necesidad de deliberación conlleva, por un lado, la preferencia por un procedimiento jurídico con un número amplio de partícipes, pues, de tal forma, no es seguro pero sí es más posible que todos los puntos de vista (en nuestro análisis, todos los partícipes que tendencialmente reflejen grupos de intereses) se incidan recípro-

51. V. sobre este punto los razonamientos de Jürgen Habermas, *Facticidad y Validez. Sobre el Derecho y el Estado Democrático de Derecho en Términos de Teoría del Discurso*, cit., pp. 363 y ss.

camente, se intercambien una mayor cantidad de información y se pongan de manifiesto una mayor cantidad de argumentos, con lo cual se contará con mayores posibilidades de formar una decisión final más racional y potencialmente aceptable para todas las personas.

Por otro lado, el número de partícipes dependerá de esta necesaria condición deliberativa del procedimiento jurídico. En efecto, la necesidad de la "ritualidad de la discusión" impondrá que la cantidad de esos partícipes sea acorde con lo que podríamos llamar una "extensión razonable del debate", que permita esa manifestación general de voluntades sin demorar el dictado de la norma jurídica más allá de las necesidades de multiplicación de éstas, y siempre respetando la mayor amplitud posible que refleje la diversidad de intereses. Naturalmente que no sería posible establecer dicho número *a priori* y con una medida exacta válida para todos los casos, dependiendo el mismo de la cantidad y diversidad de las personas que integrarán el "pacto social".

8.4.5 En conclusión, los desarrollos precedentes nos indican que las personas ubicadas en la "posición original" pretenderían que las normas jurídicas, como todo fenómeno social, tuvieran un contenido acorde con los principios de la justicia como imparcialidad. Tales normas deberían ser el producto de un procedimiento jurídico que requiere para su eficacia la participación de un número restringido de personas y no de todo el colectivo social, existiendo además una independización entre las decisiones de esos partícipes y las reales voluntades de los individuos.

Tomando estos elementos como datos del problema, las personas ubicadas en la "posición original" racionalmente elegirían, como procedimiento jurídico preferible, uno en el que la norma fuera el producto de un colectivo lo más amplio posible de personas, en cuya designación participaran todos los miembros del colectivo social, que tendiera a reflejar la diversidad de intereses de este último por medio de la amplitud de número y la asignación proporcional de puestos, que siguiera en su seno la discusión como ritualidad necesaria y que en definitiva resolviera por mayoría. En definitiva, pues, ese procedimiento jurídico es el más acorde con el modelo de justicia como imparcialidad. Y, como ese procedimiento jurídico no es más que la reserva de ley, este es el preferible en materia de producción de normas jurídicas por ser el que más se ajusta al concepto de justicia como imparcialidad.

8.5 El principio de legalidad como procedimiento jurídico imparcial para la imposición de la carga tributaria

8.5.1 Formulada la conclusión anterior en términos genéricos, aplicables a todo tipo de normas jurídicas, veamos qué sucede con la materia tributaria.

Varios párrafos más arriba habíamos visto que las personas en la "posición original" probablemente habrán llegado a la decisión de que exista una entidad autónoma a la que llamamos "Estado", a la cual se asignarán una serie de cometidos. Ahora bien, los principios de justicia significan en definitiva una distribución de bienes sociales, comprendiendo aquí todo el espectro de "cosas" necesarias para la vida humana, materiales e inmateriales. De esta forma, los cometidos del Estado consistirán, en definitiva, en la concreción de una distribución justa de esos bienes materiales e inmateriales entre las personas integrantes del pacto social. Pero, como ya vimos, esa distribución deberá hacerse siempre mediante actos materiales, como ser: crear un sistema de seguridad que garantice el goce de la libertad y demás bienes, impartir justicia en las disputas entre las personas, proporcionar educación, y un largo etcétera. Estos actos materiales suponen por un lado personas que los realicen (esto es, empleados del Estado), y por otro lado la disponibilidad por el Estado de bienes materiales que sirvan de soporte para aquellos: inmuebles, instrumentos, dinero etc.

Con relación a estos bienes materiales, un dato preliminar es que se trata de bienes que, ubicándonos en la "posición original" y aún después, estarán en su totalidad en manos de las personas individuales. Entonces, es fácil concluir que la existencia del Estado supondrá que, de alguna forma, las personas deberán transferir al Estado parte de sus bienes materiales, pues de otra forma será inviable que éste lleve a cabo ningún acto material.

En todo caso, la transferencia de bienes materiales al Estado deberá hacerse en una forma acorde con el criterio general de justicia como imparcialidad. En efecto, este criterio es una pauta general para medir la legitimidad de todo mecanismo social, y si bien en su formulación básica refiere a la recepción de bienes sociales por las personas, también debe funcionar de la misma manera (*mutatis mutandis*) pero a la inversa si, indirectamente, los propios principios de justicia nos han conducido – como ocurre en el caso – a admitir la necesidad de un sacrificio individual de esos bienes. En otras palabras: ubicándonos en el campo específico de las necesidades de bienes materiales entre los integrantes del grupo, la transferencia de parte de esos bienes desde las personas hacia la entidad "Estado" comporta un reparto (en el caso, en sentido negativo) de bienes materiales entre esos integrantes del pacto social, lo que implica que también este fenómeno queda abarcado por el criterio general de justicia como imparcialidad. Por lo tanto, y aplicando dicho criterio, gruesamente podemos decir que la transferencia de bienes materiales al Estado será justa, imparcial y racional en la medida en que: (1) asegure la más amplia libertad posible a las personas; (2) se efectúe por igual por parte de todos, salvo en lo que respecta a un sacrificio desigual en favor de los menos aventajados.

En lo que refiere a la condición señalada en 2, ¿qué significa un reparto igual del sacrificio? Si partimos del supuesto de que estamos hablando de bienes materiales, es evidente que el grado de posesión de los mismos por las personas será diferente. Por tanto, la igualdad de sacrificio debe forzosamente pensarse en términos de porcentajes: cada persona experimentará un sacrificio en principio igual en relación con su situación personal, evaluada en forma de una porción de sus propios bienes materiales de igual proporción al sacrificio del resto.

Pero debemos precisar este concepto en cuanto al segundo aspecto, cual es el sacrificio desigual en favor de los menos aventajados. En primer lugar, este sacrificio desigual supone admitir que las personas de este grupo sacrifiquen sus bienes materiales en medidas menores que el resto. Ello es así puesto que debe suponerse que toda persona tiene una necesidad básica de bienes materiales que no puede rebajarse sin poner en riesgo su equilibrio individual y aun su supervivencia en términos racionales. Por consiguiente, es justo que el sacrificio que ellos experimenten sea o bien nulo en ciertos casos, o exista pero en una proporción menor al resto, de forma tal de nunca rebasar hacia abajo ese límite de necesidades materiales razonables. Esta cualidad a cumplir por la carga tributaria también importa de por sí un sacrificio comparativamente mayor de todos los que no ingresen en esa categoría de "los menos aventajados", puesto que, dada una cantidad "x" que equivalga al total de bienes materiales que requiera el Estado, la imposición a algunos de un sacrificio nulo o menor ya supone una desviación de todo o del grueso de la carga hacia quienes se conciben con una posibilidad de principio de experimentar un sacrificio en sus bienes materiales. Por otro lado, el criterio general de justicia puede suponer el admitir que las personas ubicadas en el otro extremo (los más aventajados) experimenten un sacrificio proporcionalmente mayor a todos los demás. Esta solución puede ser concebida como justa en la medida en que se entienda que una acumulación de bienes materiales por encima de ciertos límites sea nociva para la distribución imparcial de bienes sociales (materiales pero también inmateriales, como ser poder e influencia) en el conjunto de la sociedad.

Resumiendo, la admisión de la necesidad de un sacrificio en los bienes materiales de las personas supondrá una afectación de los intereses de todos. Por otro lado, este sacrificio deberá ser – siguiendo los principios generales – justo e imparcial, lo cual se logrará en la medida en que respete la libertad amplia de todos, se distribuya entre las personas en función del grado de posesión individual de bienes materiales, no lesione las necesidades básicas de las personas y, eventualmente, pueda servir de correctivo a las desigualdades exorbitantes de la sociedad. Queda por verse entonces cómo se formalizará ese sacrificio.

Para efectivizar una transferencia de este tipo, puede concebirse primeramente que ella suceda en forma voluntaria. Ello ocurriría si, ya en el pacto social inicial, las personas acordaran hacer lo propio con cierta periodicidad, dejando librada su efectivización a la buena-fe de cada uno. Pero en esta hipótesis no deberá perderse de vista que existirá una tendencia natural de las personas a no cumplir con su parte. Ello ocurrirá no sólo en caso de desacuerdo ideológico con la transferencia de bienes en favor del Estado, sino incluso cuando la persona la conciba idealmente como justa. En efecto, aún en este último caso existirá la idea de que el incumplimiento en el aporte de una sola persona no afectará el conjunto y, de todos modos, el Estado seguirá cumpliendo con sus cometidos de distribución de bienes sociales, lo que sin dudas "tentará" a cada individuo a no preocuparse por cumplir con su parte del sacrificio general.[52]

Por tanto, habrá que convenir en que esa transferencia se formalice en una norma jurídica, la cual (como vimos) está dotada de los adjetivos de generalidad y coercibilidad. O sea, como consecuencia de la necesidad del Estado de bienes materiales admitiremos la necesidad de la norma jurídica tributaria.

8.5.2 En este punto podríamos detener el análisis, ya que, si vimos en el punto anterior que la reserva de ley es el procedimiento jurídico más justo e imparcial para la creación de normas jurídicas, esa conclusión es perfectamente trasladable a la norma jurídica tributaria. Pero merece comentarse algo su justificación específica a partir del criterio de distribución del sacrificio material que vimos antes.

La preferibilidad en general de la reserva de ley reposaba, según veíamos, en la posibilidad de que a través suyo se reflejara de mejor modo la diversidad de necesidades de bienes sociales, con su tendencia al agrupamiento. Colocados en el plano del sacrificio de bienes materiales, la concepción del agrupamiento de intereses también es válida, en función de los diversos grados en que las personas puedan soportar el desmedro de sus bienes materiales en favor del Estado. En efecto, y si concluimos en un cierto criterio racional de reparto del sacrificio material que se funda en el diverso grado de posesión de bienes materiales, será posible distinguir diferentes grupos de personas a efectos de imponerles el sacrificio: por ejemplo, algunas tendrán necesidades de un reparto proporcional estrictamente igual al sacrificio medio, otros tendrán necesidad – total o parcialmente – de sufrir sacrificio menor, y así sucesivamente. De este modo, el fenómeno tributario enfrentará a las personas situadas en la "posición original" a un problema que, en lo particular, repite la estructura del problema que a nivel general plantea la existencia de las normas jurídicas: la ideación de un procedimiento jurídico que, al menos en forma tendencial, refleje los diversos grupos de intereses de la sociedad en cuanto a la posibilidad de sacrificio de bienes materiales y sea el que más probablemente culmine en el dictado de normas que repartan imparcialmente ese sacrificio

52. Cf. John Rawls, *Teoría de la Justicia*, cit., pp. 250-251.

material entre tales grupos en términos potencialmente aceptables para todos.

Para la solución de ese problema particular, las personas en la "posición original" repetirían, pues, la misma secuencia racional de conclusiones que más arriba describíamos con carácter general, llegando así a preferir un procedimiento jurídico integrado por un colectivo de personas, designado por todos los miembros de la sociedad mediante una elección libre, que tendiera a reflejar la mayor cantidad de grupos de intereses a través de la amplitud del número de partícipes y la asignación proporcional de lugares, que funcionara internamente por medio del debate y decidiera por mayoría. En resumen, el procedimiento jurídico de la legalidad también será, en lo que refiere a las normas jurídicas tributarias, el modelo que más asegurará que éstas se ajusten del criterio de distribución racional, justa o imparcial del sacrificio, en la medida en que tendencialmente mejor reflejará la diversidad de necesidades (en este caso, de bienes materiales) de las personas del grupo social.

8.5.3 Queda por verse, por último, el alcance que racionalmente correspondería otorgar a la reserva de ley en materia tributaria desde el punto de vista de una teoría de la justicia como imparcialidad.

Para estudiar el problema, debemos introducir un supuesto nuevo, a saber: que, en el proceso de decisión de los términos del acuerdo social, las personas en la "posición original" han llegado a concluir en la necesidad de que algunas normas jurídicas de alcance general no emanen del colectivo electivo sino de un procedimiento jurídico integrado con unos pocos partícipes. Esto es, debemos tomar como supuesto que se ha concluido en la necesidad de la norma jurídica administrativa. En nuestra opinión sería viable practicar una deducción lógica para fundar esta conclusión a partir de la "posición original", pero en gracia de brevedad pasaremos por alto ese análisis y tomaremos la conclusión como una cosa dada. A partir de lo anterior, el problema básico a resolver consiste en definir si racionalmente es ajustado al modelo de justicia el permitir que las normas jurídicas tributarias sean, al menos en parte, el producto de ese procedimiento jurídico distinto del estructurado en torno al colectivo electivo.

Como lo repetimos varias veces, el modelo de justicia como imparcialidad implica en definitiva un reparto de bienes sociales, reparto que puede formularse, primeramente, en un sentido positivo. Pero el fenómeno tributario significa una peculiaridad, pues implica el reparto de unos bienes sociales en particular (renta, riqueza) en un sentido negativo: no como entrega o aseguramiento, sino como sacrificio o desposesión de los mismos. Desde el punto de vista de las personas, esta característica seguramente infundirá un temor a que la norma tributaria se aparte del modelo de justicia, temor que sin dudas será mayor al provocado por las normas jurídicas que ordenen un reparto positivo de bienes sociales. En efecto, y si bien toda norma jurídica será un medio de forzamiento de las conductas individuales, las normas que asignen bienes sociales por la vía de su restricción implicarán el cambio más drástico para las personas en comparación con el estado en el que se encontraban en la "posición original", en donde las limitaciones al empleo de los bienes sociales de cada uno eran nulas.

Por otro lado, no pueden caber dudas en cuanto a que el procedimiento jurídico integrado con uno o pocos partícipes se ajusta al modelo de justicia en una medida mucho menor a la que lo hace el procedimiento jurídico de la legalidad. Al margen de las razones específicas por las cuales las personas en la "posición original" habrán tomado el riesgo de aceptar un procedimiento así, es evidente que la no amplitud de los partícipes volverá enormemente menores, en comparación con el procedimiento de la legalidad, las posibilidades teóricas de que en las normas dictadas tendencialmente se reflejen o incidan las necesidades de la mayor cantidad de grupos de personas. En efecto, ese partícipe único o esos partícipes de número reducido serán quienes obtengan un número mayor de voluntades en una elección general, con lo qué tendencial y probablemente reflejarán los intereses de la mayoría de los grupos en cuanto a las posibilidades de sacrificio material. Pero seguramente también quedará una cantidad muy respetable de grupos de intereses que tenderán a tener muchas menos probabilidades de verse reflejados en las decisiones de esos partícipes.

Además, no caben dudas en cuanto a que este procedimiento jurídico de un partícipe o unos pocos partícipes será poco o nada deliberativo. Por un lado, su falta de debate será una consecuencia natural de su número de partícipes. Por otra parte, el hecho de que los partícipes, de por sí reducidos en su número, respondan a un solo sector de opinión (o a lo sumo a unos pocos sectores de opinión) evidentemente comportará una nula o muy reducida posibilidad de que este procedimiento jurídico se caracterizara por una real confrontación de argumentos. Ya habíamos concluido en el punto anterior que la deliberación al seno del procedimiento jurídico era un requisito necesario para que el mismo fuera imparcial y produjera normas racionales, con lo qué, de por sí, el procedimiento jurídico de producción de normas por vía administrativa es mucho menos apto para ser calificado como imparcial. Si, a pesar de todo, se concluye en que ese carácter no obsta para excluirlo totalmente como modo de producción de normas, racionalmente deberá admitirse también que esa debilidad en la deliberación se torna crítica cuando nos referimos a la producción de normas tributarias.

En efecto, la norma tributaria es realmente (y así es percibida) una de las normas jurídicas más "riesgosas" desde el punto de vista de su cumplimiento de los principios de justicia, desde que no asigna bienes sociales sino que los detrae de las personas. Por tanto, y si el carácter deliberativo del procedimiento jurídico puede concebirse como esencial para la legitimidad de cualquier mecanismo de producción de normas, esa esencialidad es (si cabe la expresión) aún mayor si hablamos de la producción de normas tributarias, en la medida en que éstas necesitan de un reforzamiento de los medios que garanticen su imparcialidad.

En consecuencia, y puestos en la perspectiva de acordar un procedimiento jurídico adecuado para las normas que impondrán un sacrificio, racionalmente las personas en la "posición original" adoptarían el camino más seguro: restringir esas normas al procedimiento jurídico de la legalidad en forma absoluta, pues nadie querrá acrecentar el riesgo de que este tipo de normas tenga un contenido apartado del modelo de justicia como imparcialidad.

8.5.4 A modo de conclusión definitiva, estimamos que la reserva de ley en materia tributaria es un precepto sobre la producción de normas jurídicas tributarias que tiene bases filosóficas en la concepción de la justicia como imparcialidad en tanto elemento legitimante externo del sistema jurídico. Desde tal punto de vista, entendemos que la plena reserva legal en materia de dictado de normas jurídicas tributarias constituye el mecanismo más ajustado al modelo de justicia como imparcialidad y sigue siendo, en definitiva, el modelo a realizar en el "deber-ser" del Constitucionalismo positivo. Esta conclusión nos lleva a formular dos comentarios finales acerca del punto.

El primero se vincula con la apreciación final que hacíamos en el capítulo 3 acerca de la "teoría de la autoimposición". Como veíamos en aquella oportunidad, la formulación de esta teoría bajo la suposición de que los legisladores son verdaderos representantes jurídicos de los electores no es defendible ya que tal carácter no está en verdad presente en la investidura de los parlamentarios. No obstante lo cual, la fundamentación de la reserva de ley como "procedimiento jurídico imparcial" que nosotros hemos postulado maneja una idea central que no se aleja de la idea que, en forma implícita, subyace a la teoría de la autoimposición: la necesidad de que en el dictado de la norma jurídica tributaria pueda tener participación la mayor cantidad de puntos de vista existentes en la sociedad.

El segundo refiere a una concepción más general en cuanto a las características que debe revestir la distribución de la carga tributaria. Es evidente que nuestra concepción asocia la reserva de ley con un "deber-ser" de la forma de establecer tributos en función de un criterio de justicia distributiva, que no es otra cosa el criterio de justicia como imparcialidad. En otras palabras, nuestras conclusiones acerca de la reserva de ley en materia tributaria se basan en un razonamiento que también implica el sostenimiento de la capacidad contributiva como criterio rector central para la distribución de la carga tributaria en el plano de la Ciencia de la Hacienda.[53] Más concretamente, implica una postura cercana a la tesis que afirma que la carga tributaria debe distribuirse con un criterio justo, sirviendo como parámetro de justicia el grado de sacrificio impuesto a las personas. En definitiva, pues, nuestra tesis lleva, además, a afirmar el grado de distribución del sacrificio como criterio de legitimación del contenido de las normas tributarias.

Esta última afirmación viene de alguna manera a confirmar la opinión de Habermas que comentábamos más arriba, y según la cual en el análisis de legitimidad de los sistemas jurídicos juega un papel central la legitimidad intrínseca de las formas de producir normas, sin perjuicio de resultar pertinente la evaluación en ese plano del contenido de éstas. Ello puede verse con bastante claridad en lo concerniente a las normas jurídicas tributarias: si postulamos un cierto criterio para determinar en qué casos su contenido será justo y racional, forzosamente deberemos postular también un mecanismo para su producción que garantice ese contenido y sea, en definitiva, justo y racional en sí mismo.

53. V. al respecto John F. Due, *Análisis Económico de los Impuestos*, Buenos Aires, El Ateneo, 1972, pp. 87-89.

CADERNOS DE DIREITO TRIBUTÁRIO

ANÁLISE DA VALIDADE DA COBRANÇA DE ICMS SOBRE A EXTRAÇÃO DE PETRÓLEO NO ESTADO DO RIO DE JANEIRO: LEI NOEL

ANTONIO CORRÊA MEYER
Advogado em São Paulo

RAQUEL NOVAIS
Mestre em Direito Tributário pela PUC/SP — Advogada em São Paulo

THAIS DE BARROS MEIRA
Mestranda em Direito Tributário pela PUC/SP — Professora da GVLaw — Advogada em São Paulo

1. Introdução

Em 30 de junho de 2003 foi editada a Lei do Estado do Rio de Janeiro n. 4.117, conhecida como Lei Noel, que, alterando a Lei n. 2.657, de 26 de dezembro de 1996, instituiu o Imposto sobre Circulação de Mercadorias e Serviços de Transportes Interestaduais e Intermunicipais e de Comunicação ("ICMS") sobre a extração de petróleo ocorrida naquele Estado.

De acordo com o art. 15, § 1º, I, do art. 2º da Lei n. 2.657/1996, com a redação dada pelo art. 5º da Lei Noel, o contribuinte do ICMS incidente sobre a extração do petróleo e devido ao Estado do Rio de Janeiro é o extrator de petróleo.

O imposto considera-se devido, em conformidade com o art. 3º, XVII, da Lei n. 2.657/1996, inserido pela Lei Noel, no momento em que o petróleo passar pelos pontos de medição.[1]

O valor do ICMS devido em decorrência da extração de petróleo, nos termos do art. 14, inciso XXI da Lei n. 2.657/1996, com a redação dada pela Lei Noel, combinado com o art. 4º, XIII, § 5º, da Lei n. 2.657/1996, com a redação dada pelo art. 3º da Lei Noel, será calculado mediante a aplicação da alíquota de 18% (dezoito por cento) sobre o preço de referência do petróleo, assim entendido como a "média ponderada dos seus preços de venda praticados pelo concessionário, em condições de mercado, ou ao seu preço mínimo estabelecido pela ANP, aplicando-se o que for maior".

1. No § 10 do dispositivo legal acima, esclarece-se que "pontos de medição são aqueles pontos definidos no plano de desenvolvimento de cada campo nos termos da legislação em vigor, onde se realiza a medição volumétrica do petróleo produzido nesse campo, expressa nas unidades métricas de volume arroladas pela Agência Nacional do Petróleo — ANP e referido à condição padrão de medição, e onde o concessionário, a cujas expensas ocorrer a extração, assume a propriedade do respectivo volume de produção fiscalizada, sujeitando-se ao pagamento dos tributos incidentes e das participações legais e contratuais correspondentes".

Atualmente está em trâmite perante o Supremo Tribunal Federal a Ação Direta de Inconstitucionalidade n. 3.019, proposta pelo Procurador-Geral da República, visando à declaração de inconstitucionalidade da Lei Noel. O mérito da referida Ação Direta de Inconstitucionalidade não foi apreciado até o presente momento.

2. *Da Lei Noel*

2.1 Da hipótese de incidência do ICMS prevista pela Lei Noel: extração de petróleo

Na Ação Direta de Inconstitucionalidade n. 3.019, a Governadora do Estado do Rio de Janeiro sustenta que no momento em que o petróleo passa pelos Pontos de Medição de Produção restaria configurada a transferência da propriedade do petróleo — que se enquadraria no conceito de mercadoria — da União para o extrator. Dessa forma, no momento da extração do petróleo restaria configurada uma circulação de mercadoria hábil a ensejar a incidência do ICMS.

A Governadora do Estado do Rio de Janeiro sustenta que haveria transferência de propriedade do petróleo pela União ao extrator do petróleo, em virtude de o art. 26, *caput*, da Lei n. 9.478, de 6 de agosto de 1997, denominada Lei do Petróleo, estabelecer que a propriedade do petróleo é conferida ao extrator no momento de sua extração.

Saliente-se que referido dispositivo legal deve ser interpretado em conformidade com todo o ordenamento jurídico, e, em especial, conjuntamente com os demais dispositivos da própria Lei do Petróleo.

Dessa forma, esclareça-se que nos termos do art. 6º, inciso XVI, da Lei do Petróleo, a lavra, ou seja, a extração do petróleo, é sinônimo de produção do petróleo, que pode ser entendida como "o conjunto de operações coordenadas de extração do petróleo de uma jazida".

Assim, na medida em que se pode inferir, a partir do art. 6º, inciso XVI, da Lei do Petróleo, que a extração do petróleo consiste na própria produção desse bem, a conclusão a que se chega é que, antes de sua extração, o petróleo não existe como um produto em si. O que se tem até o momento da extração do petróleo é uma jazida com recursos a serem explorados. No entanto, a extração é o marco temporal a partir do qual o petróleo passa a existir como um bem individualizado.

Desta forma, a interpretação mais correta do art. 26, *caput*, da Lei do Petróleo — que, como já esclarecido, prescreve que a propriedade do petróleo é conferida ao extrator no momento de sua extração — seria no sentido de que a propriedade do petróleo é garantida originalmente ao extrator. Portanto, no momento da extração não haveria a transferência da propriedade. Saliente-se que o legislador utilizou o termo "conferir" e não "transferir".

Configurando a extração o petróleo a operação a partir da qual tal produto é produzido, tal operação não pode ser equiparada à circulação de mercadorias, haja vista que em tal momento não há transferência de propriedade, não se podendo cogitar, portanto, da incidência do ICMS nessa operação.

Em caso análogo ao presente em que se pretendia exigir o ICMS no momento em que os bens industrializados por determinada empresa eram registrados nos seus livros contábeis, concluiu o Tribunal Pleno do Supremo Tribunal Federal pela impossibilidade da cobrança do ICMS,[2] uma vez que, embora houvesse incorporação de bem novo ao ativo permanente da empresa, tal bem havia sido produzido pelo seu próprio proprietário, não havendo transferência de propriedade no momento de seu registro nos livros contábeis da empresa, razão pela qual não poderia ser legitimamente cobrado o ICMS sobre tal operação.

Frise-se que, recentemente, a validade do acima referido art. 26 da Lei do Petróleo, foi analisada pelo Tribunal Pleno do

2. Recurso Extraordinário n. 158.834-SP.

Supremo Tribunal Federal nos autos da Ação Direta de Inconstitucionalidade n. 3.273, ajuizada em 8 de agosto de 2004, que visava à declaração de inconstitucionalidade de diversos dispositivos dessa lei, dentre os quais o indigitado art. 26.

Em 6 de agosto de 2004, o Ministro Carlos Britto concedeu a medida liminar pleiteada nos autos da referida ação, de forma que foram suspensos os dispositivos da Lei do Petróleo que estavam sendo questionados.

Posteriormente, em 16 de março de 2005, foi julgada definitivamente a Ação Direta de Inconstitucionalidade, tendo sido declarada a constitucionalidade dos dispositivos da Lei do Petróleo sob exame, dentre os quais o art. 26. Apenas os Ministros Marco Aurélio, Joaquim Barbosa e Carlos Britto manifestaram-se pela inconstitucionalidade dos dispositivos questionados, os demais acataram os fundamentos do voto do Ministro Eros Grau que concluiu pela constitucionalidade dos referidos dispositivos.

Das premissas que fundamentaram o voto do Ministro Eros Grau, as seguintes seriam as mais relevantes para o presente exame:

(i) a propriedade do petróleo deve ser direta ou indiretamente garantida[3] para a empresa responsável pela sua extração, pois, caso contrário, sua exploração econômica seria inviável, uma vez que os riscos do negócio devem ser suportados pela empresa extratora do petróleo, de acordo com o regime atualmente em vigor. Caso não fosse garantida ao extrator do petróleo a propriedade do produto explorado ou de parcela do produto explorado, os particulares não teriam interesse no desenvolvimento de tal atividade. A escolha pela garantia direta ou indireta do petróleo seria uma escolha política; e

(ii) a Emenda Constitucional n. 9/1995 alterou a Constituição Federal, garantido que a propriedade de parcela do petróleo extraído ou parcela dos valores resultantes de sua exploração fossem conferidas ao extrator do petróleo. O art. 177, § 1º, da Constituição Federal[4] autoriza a conferência da propriedade do petróleo ao seu extrator;

(iii) o regime a que está sujeita a exploração do petróleo é totalmente diverso do regime a que está sujeita a exploração dos recursos minerais, regulada pelo art. 176 da Constituição Federal.

De acordo com o entendimento do Supremo Tribunal Federal, portanto, a propriedade de parcela do petróleo produzido deve ser conferida ao extrator do petróleo em virtude dos riscos do negócio assumidos pelo extrator.

Pode-se sustentar que tal parcela é garantida ao extrator desde o momento de sua extração. Não é o caso de alegar que a propriedade de todo o petróleo produzido seria conferida à União e posteriormente parcela de tal produção seria transferida ao extrator.

Essa situação em muito se assemelha aos casos analisados por conjuntos de acórdãos trazidos pela Governadora do Estado do Rio de Janeiro aos autos da Ação Direta de Inconstitucionalidade n. 3.019, que analisavam a incidência do ICMS incidente na produção de cana-de-açúcar por meio de contratos de parceria agrícola.

Esclareça-se que os diversos acórdãos mencionados pela Governadora do Estado do Rio de Janeiro nos autos da Ação Direta de Inconstitucionalidade n. 3.019 analisaram, basicamente, as seguintes hipóteses: (i) a incidência do ICMS sobre a extração da cana-de-açúcar produzida pelo detentor das terras; (ii) a incidência do ICMS sobre

3. O Ministro Eros Grau utiliza o verbo "transferir" e não garantir. No entanto, não estava sendo analisado no caso específico se a União garante ou transfere a propriedade do petróleo, mas apenas se a propriedade do petróleo poderia ser conferida ao extrator do petróleo, sem que houvesse violação à Constituição Federal.

4. "Art. 177. Constituem monopólio da União: I — a pesquisa e a lavra das jazidas de petróleo e gás natural e outros hidrocarbonetos fluidos."

a cana-de-açúcar pertencente, em virtude de contrato de parceria agrícola, ao responsável pelo seu plantio em propriedades de terceiros; e (iii) a incidência do ICMS sobre a aquisição pelo proprietário das terras da parcela da cana-de-açúcar pertencente ao responsável pelo plantio.

O caso sob análise em muito se assemelha à hipótese analisada no conjunto de acórdãos descritos no item (ii) acima.

Com efeito, em virtude do contrato de exploração do petróleo firmado entre a União e os extratores de petróleo não é transferida a posse ou a propriedade das jazidas de petróleo ao extrator. No entanto, a propriedade do petróleo produzido é conferida ao extrator, como já destacado.

Caso seja aplicado o entendimento firmado pelo Superior Tribunal de Justiça na análise da situação mencionada no item (ii) acima, a conclusão seria a de que a conferência da propriedade do petróleo ao seu extrator não autoriza a válida cobrança do ICMS.

De fato, nos autos dos Recursos Especiais ns. 44.653-9-SP e 46.920-1-SP, a 2ª Turma do Superior Tribunal de Justiça analisou casos em que parcela da produção da cana-de-açúcar produzida pertencia ao proprietário das terras e a outra parcela pertencia ao parceiro responsável pelo plantio e colheita da cana-de-açúcar.

Entendeu o Superior Tribunal de Justiça que, na medida em que, em virtude do contrato de parceria, parcela da produção da cana-de-açúcar pertencia *originalmente* ao parceiro responsável pelo plantio e colheita da cana-de-açúcar, não havia transferência de propriedade desta parcela, de forma que seria inconstitucional a incidência do ICMS no momento da colheita da cana-de-açúcar.

Note-se que caso se entendesse que a propriedade ou a posse das jazidas de petróleo é transferida aos extratores, o que se admite apenas a título argumentativo, o caso sob análise se equipararia à situação descrita no item (i) acima, qual seja, incidência do ICMS sobre a extração da cana-de-açúcar produzida pelo detentor das terras, hipótese em que se concluiu também pela não-incidência do ICMS.

Com relação a esta situação, entendeu o Supremo Tribunal Federal que, na medida em que no momento em que a cana-de-açúcar é extraída pelo seu cultivador não há circulação de mercadoria, pois a cana-de-açúcar foi plantada e colhida no próprio estabelecimento do cultivador, não haveria circulação nem sequer física de mercadoria.[5]

Trazendo tal conclusão para o caso ora sob análise, ter-se-ia que se a propriedade ou a posse da jazida fosse transferida ao extrator do petróleo, tal jazida passaria a pertencer ao estabelecimento do extrator, de forma que no momento da extração do petróleo não haveria a circulação hábil a ensejar a incidência do ICMS.

Dessa forma, em conformidade com o exposto até o momento, entende-se ser sustentável que o ICMS não pode ser exigido do extrator do petróleo no momento de sua extração, pois esse momento apenas indica o ponto a partir do qual o petróleo passa a existir como um produto, sendo sua propriedade conferida diretamente ao seu produtor. Portanto, no momento da extração do petróleo não há transferência de propriedade, razão por si só suficiente para tornar ilegítima a cobrança do ICMS prevista na Lei Noel.

Não seriam contraditórias com o referido entendimento as conclusões das decisões proferidas pelo Supremo Tribunal Federal nos autos dos Recursos Extraordinários n. 375.287, julgado em 9 de setembro de 1958, n. 56.608, julgado em 21 de outubro de 1964 e n. 19.734, julgado em 3 de dezembro de 1951 (citadas nos autos da Ação Direta de Inconstitucionalidade n. 3.019), nos quais se decidiu que no momento da extração de recursos minerais há a transferência de sua propriedade pela União a seu extrator.

5. Representação n. 1.292-1, RE 113.090-3, Representação 1.394-4 e Representação 1.181-0.

Isso porque, como salientado pelo Ministro Eros Grau no já citado voto proferido nos autos da Ação Direta de Inconstitucionalidade n. 3.273, o regime a que está sujeita a exploração das jazidas de recursos minerais é diverso daquele a que está sujeita a exploração do petróleo. De fato, a exploração das jazidas de recursos minerais deve observar o regime previsto no art. 176 da Constituição Federal. Já a exploração das jazidas dos recursos minerais está submetida ao regime previsto no art. 177 da Constituição Federal.

Além disso, vale ressaltar que em tais decisões o Supremo Tribunal Federal não definiu o momento em que haveria a transferência da propriedade dos recursos minerais ao seu explorador, ou seja, se tal transferência ocorreria exatamente no momento da extração dos recursos minerais.

2.1.1 Do não enquadramento do petróleo no conceito de mercadoria no momento de sua extração

Ainda que se pudesse sustentar que a propriedade do petróleo é transferida ao seu extrator, no momento de sua extração, tal produto deveria enquadrar-se no conceito de mercadoria já nesse momento em que suposta transferência ocorreria, para que se pudesse cogitar da legítima incidência do ICMS sobre a extração do petróleo.[6]

No caso específico do petróleo, tal produto enquadrar-se-á no conceito de mercadoria apenas a partir de sua venda pela empresa privada responsável pela exploração de suas jazidas. Antes disso, o petróleo é apenas um recurso natural que está fora de circulação, não se enquadrando tal produto, portanto, no conceito de mercadoria, no momento de sua extração.

No momento em que o petróleo é extraído, o Governo Federal não pode comercializá-lo, nem mesmo pode o Governo negociar o conteúdo de suas jazidas enquanto uma empresa for detentora do direito de exploração das jazidas de petróleo.

Ao celebrar o contrato por meio do qual o direito de exploração de uma jazida de petróleo é garantido a uma empresa, em

6. A doutrina e a jurisprudência pacificaram-se no sentido de que somente os bens que se enquadram no conceito de mercadorias sujeitam-se à incidência do ICMS. Em virtude de tal entendimento, mencione-se, a título exemplificativo, que até a edição da Emenda Constitucional n. 33, de 11.12.2001, doutrina e jurisprudência eram pacíficas quanto à impossibilidade de cobrança de ICMS na importação de bens para uso próprio. Como bem leciona o Prof. Roque Antonio Carrazza, "nem todo bem móvel é mercadoria", mas apenas aquele bem "que se destinam à prática de operações mercantis é que assume a qualidade de mercadoria" (*ICMS*, 7ª ed., São Paulo, Malheiros Editores, p. 39). Esse ilustre doutrinador, mais adiante esclarece que a própria água, que não se enquadra no conceito de mercadoria no momento de seu fornecimento domiciliar, pode ser enquadrada no conceito de mercadoria, por exemplo, quando ela é engarrafada e vendida por empresa comercial (ob. cit., p. 121).

No âmbito do STF a matéria em questão foi pacificada pelo seu Pleno, no julgamento do RE n. 203.075, cuja ementa é a seguinte: "*Ementa: Recurso Extraordinário. Constitucional. Tributário. Pessoa física. Importação de bem. Exigência de pagamento do ICMS por ocasião do desembaraço aduaneiro. Impossibilidade.* 1. A incidência do ICMS na importação de mercadoria tem como fato gerador operação de natureza mercantil ou assemelhada, sendo inexigível o imposto quando se tratar de bem importado por pessoa física. 2. Princípio da não-cumulatividade do ICMS. Pessoa física. Importação de bem. Impossibilidade de se compensar o que devido em cada operação com o montante cobrado nas anteriores pelo mesmo ou outro Estado ou pelo Distrito Federal. Não sendo comerciante e como tal não estabelecida, a pessoa física não pratica atos que envolvam circulação de mercadoria. Recurso extraordinário não conhecido".

Aos autos da ADI n. 3.019 foram trazidas duas decisões do STF também no sentido de que operações envolvendo bens que não se enquadram no conceito de mercadorias não poderiam ser tributadas pelo ICMS, quais sejam, RE n. 176.626 e ADI n. 567: nos autos do RE n. 176.626, a 1ª Turma do STF entendeu que não poderia ser imposto o ICMS sobre a venda de *softwares* desenvolvidos sob encomenda, pois tais operações não têm por objeto uma mercadoria, mas um bem incorpóreo; no acórdão proferido em 12.9.1991, que deferiu o pedido de concessão de medida liminar formulado nos autos da ADI n. 567, o Tribunal Pleno do STF concluiu ser inconstitucional a cobrança do ICMS sobre o fornecimento de água, pois nesse caso não se estaria diante de uma operação de compra e venda de uma mercadoria.

conformidade com o regime atualmente vigente, é garantida também à empresa exploradora a propriedade do produto da sua exploração.

Caso se admitisse que o Governo Federal pudesse dispor da propriedade do petróleo da forma que melhor lhe conviesse no momento da sua extração, não haveria interesse por parte de empresas privadas na exploração de jazidas, a menos que lhes fosse assegurada uma outra contrapartida, o que não é possível de acordo com o regime atualmente em vigor previsto na Lei do Petróleo.

Em decorrência do regime atual, o Governo Federal definitivamente não pode conferir ao petróleo o destino que preferir tampouco o do comércio. A partir do momento da extração o petróleo sua propriedade é conferida ao extrator. O extrator do petróleo, sim, tem a faculdade de comercializar o petróleo, destinando-o a quem melhor lhe aprouver.

Note-se que, se se admitisse que antes de sua extração, o petróleo pertenceria à União, ainda assim tal bem não se enquadraria no conceito de mercadoria, pois a União não estaria livre para dar-lhe o destino que melhor entendesse, razão pela qual não se enquadraria no conceito de mercadoria. Isso porque, tal bem enquadrar-se-ia no conceito de bem dominical, de acordo com o art. 99, inciso III, do novo Código Civil, aprovado pela Lei n. 10.406, de 10 de janeiro de 2002. Desta forma, sua transferência deveria observar os ditames de lei específica, em conformidade com o que dispõe o art. 101 do Código Civil. Portanto, a transferência do petróleo não poderia ser equiparada à transferência de uma mercadoria, que não está sujeita à regulamentação específica.

Do exposto no presente tópico conclui-se que ainda que se admitisse que no momento da extração do petróleo há a transferência da propriedade de um bem, tal bem não se enquadraria no conceito de mercadoria. Assim, não seria legítima a incidência do ICMS no momento da extração do petróleo.

2.1.2 Da natureza dos *royalties* pagos pelos extratores de petróleo

Alega a Governadora do Estado do Rio de Janeiro, nos autos da Ação Direta de Inconstitucionalidade n. 3.019, que a transferência da propriedade do petróleo da União ao extrator do petróleo dá-se de forma onerosa, em virtude da necessidade de pagamento de *royalties* pelo extrator do petróleo. Dessa forma, pretende-se fazer crer que os valores pagos a título de *royalties* corresponderiam ao preço do petróleo supostamente pago pelo extrator do petróleo à União.

Note-se que de acordo com o art. 20, § 1º, da Constituição Federal, os Estados, o Distrito Federal e os Municípios, bem como aos órgãos da administração direta da União também fazem jus aos *royalties* devidos em função da exploração de jazidas de petróleo.

Ora, caso os *royalties* pudessem ser considerados como o preço do petróleo, e como alega o Fisco do Estado do Rio de Janeiro, a propriedade do petróleo fosse transferida pela União ao extrator, os *royalties* deveriam ser integralmente pagos à sua proprietária, ou seja, à União.

Os *royalties* não decorrem da suposta transferência da propriedade do petróleo ao extrator, mas à cessão do direito de exploração das jazidas de petróleo.

O conceito de *royalties* sempre esteve atrelado à aquisição do direito de uso de bens imaterias ou direitos.[7]

7. Segundo Gilberto Ulhôa Canto, "embora o termo *royalty* seja utilizado pela legislação brasileira, não se encontra definido pelo direito positivo brasileiro, que se limitou a referir-se à remuneração de exploração de marcas de indústria e comércio e patentes de invenção, por assistência técnica, científica, administrativa ou semelhantes" (*Temas de Direito Tributário*, v. 2, Rio de Janeiro, Alba, 1963). Ensina Gilberto Ulhôa Canto, ainda, que se recorrendo à literatura estrangeira é encontrada uma definição de *royalty* que abrange a remuneração pelo uso de coisas tangíveis, e pelo exercício de direitos, tanto os que decorrem da criação literária, artística ou industrial, como os inerentes à condição pessoal do cedente, exceto a remuneração pela assistência téc-

Assim, o Tribunal Pleno do Supremo Tribunal Federal, nos autos do Mandado de Segurança n. 24.312-DF, concluiu que os *royalties* devidos em função da extração petróleo são uma contraprestação ao direito de exploração das jazidas de petróleo. Mais: decidiu o Supremo Tribunal Federal que as receitas decorrentes dos *royalties* são receitas originárias tanto da União quanto dos Estados, Distrito Federal e dos órgãos da administração direta da União.

Dessa forma, em conformidade com a decisão acima referida do Supremo Tribunal Federal, nem mesmo se poderia alegar que as receitas dos *royalties* originariamente pertenceriam à União em virtude da transferência da propriedade do petróleo por esse ente público, e parcela dos *royalties* pertencente à União posteriormente deveria ser repassada aos Estados, ao Distrito Federal e aos órgãos da administração direta da União, apenas em decorrência de expressa disposição constitucional. De acordo com a mencionada decisão, a União efetivamente faz jus a apenas uma parcela dos *royalties* pagos pelas empresas exploradoras das jazidas de petróleo, o que corrobora que os valores pagos a título de *royalties* não refletem o preço da transferência de propriedade do petróleo.

Em virtude de todo o acima exposto, vê-se que ainda que houvesse a transferência da propriedade do petróleo no momento de sua extração, e sua transferência não seria onerosa.

2.2 *Da base de cálculo do ICMS eleita pela Lei Noel*

Provavelmente, em virtude de não haver a transferência de titularidade de uma mercadoria a título oneroso no momento da extração do petróleo, outro problema foi encontrado pelo legislador para a expedição da Lei Noel: definir a base de cálculo do ICMS incidente nessa operação.

A base de cálculo do ICMS, assim como a de qualquer outro tributo, consiste na expressão numérica do seu fato gerador. Por representar a medida numérica do fato tributável, dimensão de sua grandeza, afirma a doutrina que a base de cálculo é o "núcleo da hipótese de incidência".[8]

Na situação em que a base de cálculo esteja mensurando elementos estranhos ao estrito fato gerador do tributo, detecta-se inconsistência na tributação, pois a pretexto de tributar um fato específico, alcançam-se outros, por se incluir na medida deste fato elementos mensuradores de outros fatos não previstos por lei como geradores da incidência.

Assim, a base de cálculo do ICMS, em observância à sua atribuição de confirmação do núcleo do fato alcançável pela norma de incidência, deve corresponder ao valor da operação de venda de mercadoria, não podendo, assim, incidir sobre quaisquer outras parcelas que não correspondam ao preço da mercadoria entregue, sob pena de se transformar em outro tributo.[9]

Nesse exato sentido, o art. 13, I, da Lei Complementar n. 87/1996 estabelece

nica, que se trata de prestação de serviços. Conclui, então que se pode afirmar que *royalty* é "modalidade de remuneração do uso de bens imateriais ou de direitos".

8. Alfedro Augusto Becker, *Teoria Geral do Direito Tributário*, São Paulo, Lejus, 1998, p. 287. Com relação ao tema, o Prof. Paulo de Barros Carvalho ensina que a base de cálculo "tem a virtude de confirmar, infirmar ou afirmar o critério material expresso na composição do suposto normativo" (*Curso de Direito Tributário*, 14ª ed., Saraiva, p. 324).

9. Roque Antonio Carrazza faz importantes observações sobre o tema: "Em termos mais técnicos, o tipo tributário é relevado após a análise conjunta da hipótese de incidência e da base de cálculo da exação. Se houver um descompasso entre elas, podemos dizer que o tributo não foi corretamente instituído e, destarte, não pode ser validamente exigido (...). Portanto, para total garantia do contribuinte, de que está sendo tributado nos termos da Constituição, exige-se uma *correlação lógica* entre a base de cálculo e a *hipótese de incidência* do tributo. Por quê? Por que a base de cálculo é índice seguro para a identificação do aspecto material da *hipótese de incidência*, que confirma, afirma ou infirma" (*ICMS*, 7ª ed., 2001, pp. 62-63)

que a base de cálculo do imposto incidente sobre o fornecimento de mercadoria é "o valor da operação".

Não obstante, a base de cálculo do ICMS eleita pela Lei Noel, como esclarecido anteriormente, é o preço de referência do petróleo, assim entendido como a "média ponderada dos seus preços de venda praticados pelo concessionário, em condições de mercado, ou ao seu preço mínimo estabelecido pela ANP, aplicando-se o que for maior".

O preço mínimo do petróleo fixado pela ANP objetiva exclusivamente estabelecer a base de cálculo dos valores que deverão ser pagos pelo extrator do petróleo em virtude de sua exploração, tais como *royalties*, contribuição especial e o pagamento pela retenção ou ocupação da área etc.

O valor de venda do petróleo pelos extratores do petróleo a seus clientes também não pode ser considerado o potencial preço de venda do petróleo pela União ao extrator. Caso o valor do preço de venda do petróleo para terceiros fosse exatamente o mesmo valor que o preço do petróleo supostamente pago pelo extrator à União, não haveria qualquer margem de lucro para o extrator, tampouco repasse dos custos e encargos da extração, suportados pelo produtor do petróleo, de forma que se trataria de atividade economicamente inviável.

Assim, nem o preço de referência nem a média de preço de venda do petróleo pelo extrator poderia servir como base de cálculo do ICMS imposto sobre a extração do petróleo.

O próprio Fisco, ainda que de forma indireta, reconhece que os valores eleitos pela Lei Noel como base de cálculo do ICMS cobrado na extração do petróleo não refletem o valor que seria cobrado pela União em virtude da conferência da propriedade do petróleo ao extrator.

Com efeito, a Governadora do Estado do Rio de Janeiro, nos autos da Ação Direta de Inconstitucionalidade n. 3.019 alega que o petróleo é transferido pela União ao extrator de maneira onerosa. No entanto, para sustentar tal afirmação alega que o encargo que deveria ser suportado pelo extrator corresponderia ao valor dos *royalties*, devidos em conformidade com o disposto na Lei do Petróleo, mais especificamente, nos termos do art. 47, § 2º, da Lei do Petróleo. Dessa forma, adotando-se o raciocínio da Governadora do Estado do Rio de Janeiro, os valores pagos a títulos de *royalties* é que deveriam ter sido indicados como base de cálculo do ICMS.

Vale ressaltar, contudo, que ainda que houvesse transferência de propriedade do petróleo, os *royalties* não representariam o valor da operação da qual decorreria a transferência de propriedade do petróleo, como exposto acima, razão pela qual os valores pagos a título de *royalties* também não poderiam refletir a base de cálculo do ICMS imposto sobre a extração do petróleo.

A indicação do preço de referência do petróleo fixado pela ANP ou o preço médio de venda do petróleo pelo extrator só vem a corroborar que a suposta transferência de propriedade do petróleo não tem conteúdo econômico, de forma que é impossível eleger-se uma base de cálculo para fins de tributação de tal operação pelo ICMS.

A base de cálculo do ICMS instituído pela Lei Noel desvirtuou a hipótese de incidência desse tributo, constituindo tal fato em mais uma irregularidade da referida Lei, que não está em conformidade com o nosso ordenamento jurídico.

2.3 Do sujeito passivo — Violação à imunidade recíproca

2.3.1 Das disposições da Lei Complementar n. 87/1996

Em conformidade com o art. 146, inciso III, alínea *a*, da Constituição Federal, cabe à lei complementar definir o contribuinte dos impostos. Atualmente, a lei complementar que cumpre essa função, é a Lei Complementar n. 87, de 13 de setembro de 1996, cujo art. 4º, *caput*, determina que o contribuinte do ICMS é "qualquer pessoa, física ou jurídica, que realize, com habitualidade ou em volume que caracterize intuito comercial, operações de circulação de mercadoria ou prestações de serviços de transporte interestadual e intermunicipal e de comunicação, ainda que as operações e as prestações se iniciem no exterior".

Note-se, portanto, que, nos termos do art. 4º da Lei Complementar n. 87/1996, o contribuinte do ICMS no caso da extração do petróleo só poderia ser a União, que seria a responsável pela realização da operação mercantil em questão, caso efetivamente se pudesse considerar que no momento da extração de petróleo ocorre a transferência de propriedade de uma mercadoria.

Assim, em conformidade com o disposto no art. 4º da Lei Complementar n. 87/1996, caso no momento da extração do petróleo houvesse a transferência de sua propriedade da União Federal ao extrator, e o petróleo pudesse ser considerado uma mercadoria, a sujeição passiva recairia sobre a União, na qualidade de "transmitente" da "mercadoria" petróleo.

2.3.2 Da imunidade recíproca

Contudo, outro óbice constitucional intransponível se apresenta. A União não poderia ser eleita como sujeito passivo da relação tributária, em virtude da imunidade recíproca prevista no art. 150, inciso VI, alínea *a*, da Constituição Federal, a União, os Estados e os Municípios não podem instituir impostos sobre o patrimônio, a renda e os serviços uns dos outros.[10]

O Supremo Tribunal Federal, em algumas oportunidades,[11] já analisou casos em que se pretendia cobrar o ICMS sobre circulação de mercadorias promovidas por entidades de assistência social, cujos patrimônios, rendas e serviços são também imunes, nos termos do art. 150, inciso IV, alínea *c*, da Constituição Federal, tendo decidido pela impossibilidade de cobrança de tal imposto.

Vale ressaltar que nos acórdãos proferidos pelo Supremo Tribunal Federal destacou-se que o fato de a carga referente ao ICMS incidente sobre as mercadorias comercializadas pelas entidades de assistência social ser suportada pelos compradores de tais mercadorias seria irrelevante para aplicação da regra de imunidade sob análise, por se tratar de uma questão econômica e não jurídica.[12]

De fato, o repasse de ônus tributário pelo sujeito passivo da relação jurídica tributária é critério extrínseco da relação jurídica tributária, razão pela qual não pode ser utilizado para fins de aplicação da regra prevista pelo art. 150, inciso VI, alínea *c*, da Constituição Federal.

Saliente-se, ainda, que a situação ora sob análise não se enquadra nas hipóteses previstas no § 3º do art. 150 da Constituição Federal, em que não se aplica a regra

10. Comentando o art. 150, inciso VI, da Constituição Federal assim se posiciona Ruy Barbosa Nogueira: "Já o item VI, limitando-se aos impostos, dispõe sobre os casos da chamada imunidade ao poder imposicional. A imunidade é categoria muito mais ampla que a da isenção. Enquanto a isenção exclui apenas o crédito tributário (CTN, art. 175, I), a imunidade exclui o próprio poder de instituir imposto sobre determinados bens ou situações que, por sua natureza e por interesse público, não devem ficar sujeito a impostos" (*Curso de Direito Tributário*, 14ª ed., São Paulo, Saraiva, 1995, p. 127).

11. Recursos Extraordinários ns. 175.886-SP, 186.175-SP, 203.755-SP e 225.671-SP.

12. Esse entendimento, contudo, não é pacífico na doutrina. Mizabel Derzi ("Imunidade recíproca, o princípio federal e a Emenda Constitucional n. 3/93", in *Revista de Direito Tributário* 62/76-99) e Regina Helena Costa (*Imunidades Tributárias — Teoria e Análise da Jurisprudência do STF*, São Paulo, Malheiros Editores, 2001, pp. 149-154), defendem a posição de que apenas quando a União, os Estados, os Municípios e o Distrito Federal fossem contribuintes de fato do ICMS aplicar-se-ia a regra do art. 150, inciso VI, alínea *a*, da Constituição Federal. Há quem alegue, ainda, que a regra de imunidade em questão somente se aplicaria aos impostos que incidissem diretamente sobre a renda, o patrimônio ou serviço (cf. Betina Treiger Grupenmacher, *Eficácia e Aplicabilidade das Limitações Constitucionais ao Poder de Tributar*, São Paulo, Resenha Tributária, 1997, p. 133).

de imunidade prevista no art. 150, inciso VI, alínea *c*, da Constituição Federal, quais sejam: (i) desenvolvimento de atividades reguladas pelo Direito Civil; (ii) atividades nas quais os beneficiários pagam preços públicos ou tarifas;[13] ou a (iii) impostos devidos sobre bens imóveis.

Isso porque, a conferência da propriedade do petróleo decorre do monopólio da União sobre tal produto, como já destacado anteriormente, sendo certo, ainda, que cabe à União, por meio da Agência Nacional do Petróleo — ANP, regulamentar a forma pela qual tal conferência de propriedade se dar. Portanto, a operação jurídica que supostamente ensejaria a incidência do ICMS é regulamentada por normas de Direito Público, e não por normas de Direito Privado.

Além disso, como já analisado anteriormente, não é devida uma contraprestação pelo extrator em virtude da atividade de extração em si, mas em virtude do seu direito de explorar uma jazida de petróleo, o que é feito por meio de *royalties* — que, de acordo com o exposto acima, devem ser entendidos como uma contraprestação pelo direito de exploração desse recurso — devidos não somente à União, mas também aos Estados e ao Distrito Federal, razão pela qual não se pode afirmar que o extrator teria que pagar preço público ou tarifa em razão da suposta transferência de propriedade de mercadorias que se pretende tributar.

2.4 Da não-cumulatividade e da destinação do ICMS

Para sustentar a impossibilidade de cobrança do ICMS na extração do petróleo, alega-se, na petição inicial da Ação Direta de Inconstitucionalidade n. 3.019, que a exação instituída pela Lei Noel não estaria em conformidade com o art. 155, § 2º, inciso I, da Constituição Federal, que determina que o ICMS devido nas operações anteriores poderá ser compensado com o imposto devido nas operações posteriores.

Isso porque, de acordo com disposto no art. 155, § 2º, inciso X, *b*, da Constituição Federal, as operações interestaduais envolvendo o petróleo não estariam sujeitas à incidência do ICMS. Assim, o ICMS incidente na extração do petróleo não poderia ser compensado com o imposto devido nas etapas posteriores se o petróleo extraído no Estado do Rio de Janeiro for remetido a pessoa física ou jurídica residente em outro Estado da Federação ou ao Distrito Federal.

Embora a Lei Noel tenha instituído uma carga excessiva, ao prever a tributação da extração do petróleo quando esse produto é destinado a outros Estados ou ao Distrito Federal, ao que parece o fato de a extração do petróleo estar sujeita à incidência do ICMS e esse imposto não poder ser compensado com o imposto devido nas etapas subseqüentes quando se tratar de operações interestaduais fere um outro dispositivo constitucional, e não propriamente o disposto no art. 155, § 2º, inciso I, da Constituição Federal.

Mais especificamente, ao determinar que a extração do petróleo estaria sujeita à incidência do ICMS, considerando-se que as operações interestaduais envolvendo o petróleo são imunes, a Lei Noel desvirtua a destinação que o legislador constitucional atribuiu aos valores do ICMS incidente sobre a comercialização do petróleo.

De fato, em virtude das disposições da Constituição Federal, o ICMS incidente na cadeia econômica do petróleo e de seus derivados será efetivamente recolhido ao Estado onde estiver localizado o consumidor final do petróleo e seus derivados.

Assim, nessas operações o próprio legislador constitucional houve por bem mi-

13. Como ressalta o Prof. Roque Carraza: "A imunidade tributária também não beneficia as pessoas políticas enquanto exercem atividades econômicas, mediante contraprestação ou recebimento de preços ou tarifas. Invertendo o raciocínio, podemos afirmar que as pessoas políticas são imunes quando exercem atividades econômicas sem contrapartida ou pagamento de preços ou tarifas pelo beneficiário" (*Curso de Direito Constitucional Tributário*, 16ª ed., São Paulo, Malheiros Editores, 2001, p. 606).

tigar o princípio da não-cumulatividade, aplicável ao ICMS, determinando expressamente no art. 155, § 2º, inc. II, alíneas *a* e *b*, da Constituição Federal que os créditos referentes a operações que precedam outras operações isentas ou não-tributadas pelo imposto não poderão ser aproveitados.

Da análise conjunta dos incisos II, alíneas *a* e *b* e X, alínea *b*, do art. 155 da Constituição Federal, pode-se inferir que o legislador constitucional pretendeu criar uma exceção ao regime geral aplicável ao ICMS, segundo o qual o ICMS incide em todas as fases da cadeia econômica das mercadorias, sendo a carga total amenizada pela possibilidade irrestrita de aproveitar-se o imposto cobrado nas operações anteriores. Tais disposições conduzem o intérprete à conclusão de que a intenção do legislador constitucional, mais do que garantir a possibilidade de compensação dos valores do ICMS cobrados nas operações anteriores, no caso específico do petróleo e de seus derivados, foi transferir o valor integral do ICMS incidente em toda a cadeia econômica do petróleo ou derivados do petróleo ao Estado onde tais produtos são consumidos (ou ao Distrito Federal).[14]

Ao instituir o ICMS sobre a extração de petróleo, o Estado do Rio de Janeiro pretendeu desvirtuar o regime atribuído pela Constituição Federal à tributação do petróleo e seus derivados por esse imposto, estando, a Lei Noel por mais esse motivo, em desconformidade com as disposições da Constituição Federal.

Por mais esse motivo, portanto, verifica-se que as normas jurídicas introduzidas pela Lei Noel não estão em conformidade com o nosso ordenamento jurídico.

3. *Conclusões*

Em virtude de todo o exposto, pode-se concluir que a Lei Noel não está em conformidade com o ordenamento jurídico, sendo, portanto, apenas relativamente válida, pois:

(a) a extração de petróleo não configura transferência de propriedade de mercadoria a título oneroso, hábil a ensejar a incidência do ICMS, haja vista que (i) na extração do petróleo não há transferência de sua propriedade, sendo a propriedade desse produto conferida originariamente ao seu produtor, ou seja, ao extrator do petróleo, nos termos do art. 26, *caput*, da Lei do Petróleo; (ii) no momento de sua extração, o petróleo não se enquadra no conceito de mercadoria, pois a União não pode dispor livremente desse bem, sendo certo, ainda, que caso antes da extração do petróleo tal bem pertencesse à União, enquadrar-se-ia no conceito de bem dominical, que não se confunde com mercadoria; (iii) a operação por meio da qual a propriedade do petróleo é conferida ao extrator não tem conteúdo econômico; os *royalties* devidos pelo extrator não podem ser considerados uma contraprestação pela conferência da propriedade do petróleo, pois se trata de uma contraprestação ao direito de explorar as jazidas de petróleo paga diretamente à União, aos Estados, ao Distrito Federal e aos Municípios;

(b) A indicação do preço de referência do petróleo fixado pela ANP ou o preço médio de venda do petróleo pelo extrator como base de cálculo do ICMS instituído pela Lei Noel desvirtuou a hipótese de incidência desse tributo;

(c) Ainda que no momento da extração do petróleo houvesse a transferência da propriedade de uma mercadoria a título oneroso, o contribuinte do ICMS não poderia ser o extrator do petróleo, pois nos termos do art. 4º, *caput*, da Lei Complementar n. 87/1996, o contribuinte do imposto é aquele que promove com habitualidade ou intuito comercial a operação de circulação de mercadorias; e não poderia ser exigido

14. É o que concluiu o STF nos autos do Recurso Extraordinário n. 198.088-5, em que foi assentado o entendimento no sentido de que o objetivo do art. 155, § 2º, alínea *b*, da Constituição Federal foi garantir ao Estado (ou Distrito Federal) destinatário das mercadorias o valor do ICMS devido na cadeia econômica de tais produtos.

o imposto da União, em virtude do princípio da imunidade recíproca, previsto no art. 150, inciso VI, alínea *a*, da Constituição Federal; e

(d) A imposição de ICMS sobre a extração de petróleo fere o regime excepcional previsto pela Constituição Federal em virtude do qual o ICMS incidente sobre o petróleo e de seus derivados deve ser recolhido ao Estado ou ao Distrito Federal em que esteja localizado o consumidor final de tais produtos.

CADERNOS DE DIREITO TRIBUTÁRIO

O ÔNUS/DEVER DA PROVA NO PROCESSO ADMINISTRATIVO TRIBUTÁRIO

FABIANA DEL PADRE TOMÉ

Doutora em Direito Tributário pela PUC/SP
– Professora nos Cursos de Especialização em Direito Tributário promovidos pela PUC/SP e pelo Instituto Brasileiro de Estudos Tributários/IBET
– Advogada

1. Considerações introdutórias: o ato de provar. 2. Ônus da prova: 2.1 Função e estrutura do ônus da prova – 2.2 O ônus da prova no processo comunicativo. 3. Distribuição do ônus da prova: 3.1 Inversão do ônus da prova – 3.2 Convenção das partes relativa à distribuição do ônus da prova. 4. "Ônus" da prova no direito tributário. 5. Presunção de legitimidade dos atos administrativos e o "ônus" da prova em matéria tributária. 6. O ônus/dever da prova em face de presunções legais. 7. Conclusões.

1. Considerações introdutórias: o ato de provar

A prova, como relato lingüístico que é, decorre de atos de fala, caracterizadores de seu processo de enunciação, realizado segundo as normas que disciplinam a produção probatória. Produzido o enunciado protocolar correspondente à prova, este só ingressa no ordenamento por meio de uma norma jurídica geral e concreta, que em seu antecedente traz as marcas da enunciação (enunciação-enunciada), prescrevendo, no conseqüente, a introdução no mundo jurídico dos enunciados que veicula. Esse instrumento utilizado para transportar os fatos ao processo, construindo fatos jurídicos em sentido amplo, é o que denominamos *meio de prova*.

Isso não significa, contudo, que para *provar* algo basta simplesmente juntar um documento aos autos. É preciso estabelecer relação de implicação entre esse documento e o fato que se pretende provar. A prova decorre exatamente do vínculo entre o documento e o fato probando. Conquanto consistam em enunciados lingüísticos, os fatos só apresentarão o caráter de *provas* se houver um ser humano utilizando-os para deduzir a veracidade de outro fato. É que – como pondera Dardo Scavino – "um fato não prova nada, simplesmente porque os fatos não falam, se obstinam em um silêncio absoluto do qual uma interpretação sempre deve resgatá-los. Somos nós quem provamos, que nos valemos da interpretação de um fato para demonstrar uma teoria".[1]

1. Dardo Scavino, *La Filosofía Actual: Pensar sin Certezas*, Buenos Aires, Paidós, 1999, p. 39 (tradução nossa).

Para concretizar tal desiderato, produzindo enunciados probatórios, exige-se observância de uma série de regras estruturais, que se prestam à organização dos diversos elementos lingüísticos, cujo relacionamento se mostra imprescindível à formação da prova. Trata-se da sintaxe interna da prova.

Entende-se por *sintaxe* a parte da Gramática que examina as possíveis opções relativas à combinação das palavras na frase, em suas relações de concordância, de subordinação e de ordem.[2] Consiste no componente do sistema lingüístico que determina os liames de interligação entre os elementos constituintes da sentença, atribuindo-lhes uma estrutura.

Efetuados tais esclarecimentos, não é difícil concluir que a prova, na qualidade de enunciado de linguagem, apresenta uma sintaxe interna e outra externa: (1) a forma como os signos se combinam para constituir o enunciado probatório corresponde à sintaxe interna; (2) o modo pelo qual a prova se articula com outros enunciados diz respeito à sintaxe externa. Sobre o assunto, esclarece Paulo de Barros Carvalho que, "assim como há uma sintaxe interna das normas jurídicas (intranormativa), há também uma sintaxe externa (internormativa). A mesma coisa ocorre com as provas: há uma estrutura interior (sintaxe interna) e outra exterior (sintaxe externa), que governa a articulação das provas, organizando-as para que o julgador possa decidir".[3]

Neste trabalho dedicaremos nossa atenção à primeira modalidade sintática, procurando elucidar seu procedimento organizacional, conferindo especial ênfase ao sujeito incumbido de produzir enunciados probatórios no âmbito do processo administrativo tributário, em virtude de lhe ser atribuído o chamado "ônus da prova".

2. *Ônus da prova*

O primeiro passo para determinar o conceito de "ônus" consiste em diferençá-lo do conceito de "obrigação" no marco do processo em geral e da prova em particular, para, com base nessas distinções, fixarmos, ainda que de modo preliminar, a idéia do que seja o *ônus*.

O ponto diferencial entre *ônus* e *obrigação* está nas conseqüências cominadas a quem não realiza um determinado ato. Tratando-se de vínculo obrigacional, havendo omissão do sujeito que figura no pólo passivo, este pode ser coercitivamente obrigado pelo sujeito ativo. No ônus, diversamente, o indivíduo que não cumpre suas atribuições apenas sofre as implicações inerentes ao próprio descumprimento. Anota Francesco Carnelutti que "existe somente obrigação quando a inércia dá lugar à sanção jurídica (execução ou pena); entretanto, se a abstenção do ato faz perder somente os efeitos úteis do próprio ato, temos a figura do ônus. (...). Por isso, se a conseqüência da falta de um requisito dado em um ato é somente sua nulidade, há ônus e não obrigação de efetuar o ato de cujo requisito se trata".[4]

A esse critério distintivo acrescente-se outro, fundado no *interesse*: enquanto o vínculo obrigacional se impõe para a tutela de um interesse alheio, no ônus o liame volta-se à tutela de interesse próprio. Como explica Ovídio A. Baptista da Silva, "a parte gravada com o ônus não está obrigada a desincumbir-se do encargo, como se o adversário tivesse sobre isso um direito correspectivo, pois não faz sentido dizer que alguém tenha direito a que outrem faça prova no seu próprio interesse".[5]

2. Antônio Houaiss, Mauro de Salles Villar e Francisco Manoel de Mello Franco, *Dicionário Houaiss da Língua Portuguesa*, Rio de Janeiro, Objetiva, 2001, p. 2.581.

3. Paulo de Barros Carvalho, *Teoria da Prova e o Fato Jurídico Tributário*, Apostila do Programa de Pós-Graduação em Direito (Mestrado e Doutorado) da USP e da PUC/SP.

4. Francesco Carnelutti, *A Prova Civil*, 2ª ed., trad. de Lisa Pary Scarpa, Campinas/SP, Bookseller, 2002, p. 255.

5. Ovídio A. Baptista da Silva, *Curso de Processo Civil*, vol. 1, p. 345.

O ônus consiste na necessidade de desenvolver certa atividade para obter um determinado resultado pretendido. Sua existência pressupõe um direito subjetivo de agir, que pode ou não ser exercido, isto é, um direito subjetivo disponível. Nesse sentido, sublinha Paulo de Barros Carvalho que "o ônus configura, logicamente, uma relação *meio-fim*, estabelecida numa regra técnica e estruturada na forma *ter-que*, enquanto a obrigação funda-se no operador deôntico *obrigatório*".[6]

Arruda Alvim[7] distingue o *ônus perfeito* do *ônus imperfeito*. Na primeira modalidade o ônus implica uma tarefa que o titular do direito subjetivo disponível tem de exercitar caso pretenda obter efeito favorável. Em tal hipótese, o descumprimento da atividade exigida acarreta, necessariamente, conseqüência jurídica danosa. Quanto ao ônus imperfeito, o resultado prejudicial em razão da ausência de efetivação do ato envolvido na relação de ônus é possível, mas não necessário. Nessa segunda espécie é que se enquadra a figura do *ônus da prova*.

Na lição de Giuseppe Chiovenda,[8] assim como não existe um dever de contestar, igualmente não há que falar em *dever de provar*. Por isso, denomina-se "ônus da prova" a relação jurídica que estabelece a atividade de carrear provas aos autos, já que, nas suas palavras, "é uma condição para se obter a vitória, não um dever jurídico". Esse ônus, todavia, é *imperfeito*, no sentido de que, conquanto quem não produza a prova assuma o risco pela sua falta, tal omissão não implica, por si só, a perda do direito que se pretende ver tutelado, pois, ainda que a parte não tenha se desincumbido do ônus da prova, o julgador pode dar-lhe ganho de causa em virtude de motivos outros. Eduardo Cambi[9] formula exemplo no qual os fatos alegados pelo autor são impossíveis, situação em que, mesmo o réu não tendo contestado a ação, apresentando provas em contrário, o juiz pode rejeitar o pedido do autor, julgando-o improcedente. Por outro lado – esclarece o processualista –, ainda que a parte tenha realizado o ato exigido em decorrência do seu ônus probatório, isso não é suficiente para que lhe seja atribuído efeito favorável, posto que, ao apreciar os fatos alegados e valorar as provas em seu conjunto, o julgador pode entender mais convincentes os argumentos e elementos probatórios trazidos por uma parte que por outra. Não basta produzir prova, desincumbindo-se do respectivo ônus, para obter êxito na demanda: é preciso que a prova resultante cumpra a função em razão da qual foi realizada, sendo persuasiva o bastante para conferir convicção ao seu destinatário.

2.1 Função e estrutura do ônus da prova

Consignamos ser o ônus uma espécie de encargo jurídico a que se vêem submetidas as partes do processo com vistas a obter o resultado que o sistema outorga a quem realiza os atos na forma e tempo estabelecidos por esse sistema. A figura do ônus da prova, especificamente, decorre da necessidade de possibilitar a decisão em situações em que o conjunto probatório seja insuficiente para convencer o julgador. Assevera Enrique M. Falcón[10] que tanto as partes, ao desempenhar sua atividade probatória, como o julgador, no momento de avaliar as provas e ditar a decisão, devem ser orientados por uma regra que ofe-

6. Paulo de Barros Carvalho, *Teoria da Prova e o Fato Jurídico Tributário*, cit. Esse autor esclarece que, apesar da distinção entre as figuras do *ônus* e da *obrigação*, o primeiro também apresenta caráter jurídico, uma vez que a regra técnica estruturada no "ter-que" é posta deonticamente pelo legislador.

7. Arruda Alvim, *Manual de Direito Processual Civil*, 5ª ed., vol. 2, São Paulo, Ed. RT, pp. 430-431.

8. Giuseppe Chiovenda, *Principii di Diritto Processuale Civile*, 4ª ed., Nápoles, Jovene, 1928, p. 48.

9. Eduardo Cambi, *Direito Constitucional à Prova no Processo Civil*, São Paulo, Ed. RT, 2001, p. 35.

10. Enrique M. Falcón, *Tratado de la Prueba*, vol. 1, Buenos Aires, Astrea, 2003, p. 245.

reça condições de determinar o vencedor e o perdedor na demanda, já que não é possível deixar de julgar.

Ao mesmo tempo em que o ônus da prova corresponde ao encargo que têm as partes de produzir provas para demonstrar os fatos por elas alegados, serve ao julgador como auxiliar na formação de seu convencimento, em especial nas hipóteses em que a prova é insuficiente, incerta ou faltante. Nesse sentido, o ônus da prova está intimamente relacionado com problemas de valoração dos elementos carreados aos autos.

A referência à dupla função do ônus da prova é feita também por Eduardo Cambi: "(i) servir de *regra de conduta* para as partes, predeterminando quais são os fatos que devem ser provados por cada uma delas e, assim, estimulando suas atividades; (ii) servir de *regra de julgamento*, distribuindo, entre as partes, as conseqüências jurídicas e os riscos decorrentes da suficiência ou da ausência da produção da prova, bem como permitindo que, em caso de dúvida quanto à existência do fato, o juiz possa decidir, já que não se admite que o processo se encerre com uma decisão *non liquet*".[11] A partir dessa bipartição, fala-se em *ônus da prova em sentido subjetivo*, no primeiro caso, e em *ônus da prova em sentido objetivo*, na segunda situação. Tal dualidade existe tão-somente para fins de estudo analítico, pois uma função não subsiste sem a outra: elas se co-implicam. Sendo o ônus uma faculdade, exige um titular que a exerça, servindo de base para a aplicação da regra de julgamento. Por outro lado, a falta de certeza que conduz o julgador a decidir conforme os preceitos do ônus da prova não pode ser dissociada do encargo que pesa sobre quem solicita a tutela jurisdicional, cujo pressuposto é a verificação desse fato incerto. O âmbito objetivo do ônus da prova está, portanto, intimamente ligado com o aspecto subjetivo, sendo ambos necessários para a compreensão do instituto do ônus da prova.

11. Eduardo Cambi, *Direito Constitucional à Prova no Processo Civil*, cit., p. 40.

2.2 O ônus da prova no processo comunicativo

O Direito apresenta-se na forma de um sistema comunicacional, composto por comunicações diferençadas em razão do código *lícito/ilícito*. Seguindo os ensinamentos de Tércio Sampaio Ferraz Jr.,[12] podemos visualizar o sistema do Direito posto como um *discurso racional*, entendido como discurso fundamentante. Esclarece o autor que para ser racional "não é preciso que a cadeia reflexiva das fundamentações nos conduza a um corpo de axiomas e dele sejam dedutíveis, nem que, caso este corpo não seja patente ou mesmo não exista, que sejamos capazes de descobrir princípios últimos, explicativos ainda que provisórios (discurso fundamentável), mas sim que haja uma regra que me obrigue à fundamentação (regra do dever de prova)".

Considerada essa característica em relação aos sujeitos do processo comunicacional, identificamos o (1) emissor como aquele que tem o encargo de provar e o (2) receptor na posição de destinatário do enunciado, em constante troca de mensagens, denominada *interação*. Assevera Gustavo Sampaio Valverde que "o discurso no qual o ouvinte aparece na condição de um interventor ou interessado ativo, pondo em xeque a assertiva endereçada pelo orador, caracteriza-se como um diálogo e torna duvidoso o objeto da discussão. É estabelecido, assim, um discurso *dialógico* que tem por objeto um *dubium*. Nesses casos o ouvinte põe em dúvida e exige que o orador justifique o que disse, de modo que, a partir daí, a discussão é enriquecida com ações lingüísticas endereçadas à persuasão e ao convencimento".[13] Exatamente essa é a situação verificada nos processos jurídicos, quer administrativos ou judiciais.

12. Tércio Sampaio Ferraz Jr., *Teoria da Norma Jurídica*, 3ª ed., Rio de Janeiro, Forense, pp. 17-18.

13. Gustavo Sampaio Valverde, *Coisa Julgada em Matéria Tributária*, São Paulo, Quartier Latin, 2004, p. 86.

Como discurso dialógico, a comunicação jurídica materializada nos autos processuais exige que todos os fatos alegados sejam fundamentados, com vistas a possibilitar a solução do *dubium* conflitivo. No discurso jurídico-processual temos duas relações comunicativas: uma entre sujeito ativo e julgador; outra entre sujeito passivo e julgador. Em cada um desses liames, os emissores (sujeitos ativo e passivo) enunciam fatos contrapostos, cujo reconhecimento fará prevalecer o direito de um ou de outro. O julgador, como destinatário, exige daqueles que discursam a prova de seus argumentos, os quais devem fazê-lo conforme prescrito pelas regras de distribuição do ônus da prova.

3. Distribuição do ônus da prova

O direito à produção probatória decorre da liberdade que tem a parte de argumentar e demonstrar a veracidade de suas alegações, objetivando convencer o julgador. Por isso, ainda que não lhe tenha sido atribuído o ônus da prova, todos os elementos de convicção que levar aos autos serão importantes, interferindo no ato decisório. Visto por outro ângulo, o direito à prova implica a existência de ônus, segundo o qual determinado sujeito do processo tem a incumbência de comprovar os fatos por ele alegados, sob pena de, não o fazendo, ver frustrada a pretendida aplicação do direito material.

Existem, assim, preceitos que determinam a quem incumbe o ônus de provar, denominados *regras de distribuição do ônus da prova*. A respeito delas, três são as principais teorias elaboradas pela doutrina: (1) do *fato afirmativo*, em que o ônus da prova cabe a quem alega; (2) da *iniciativa*, segundo a qual é sempre do autor o encargo de provar os fatos por ele afirmados; e (3) dos *fatos constitutivos, impeditivos e extintivos*, nos termos dos quais àquele que demanda compete provar os fatos constitutivos do seu direito, enquanto ao demandado cabe provar fatos impeditivos ou extintivos de sua obrigação.

Além dessas três concepções – que, a nosso ver, estão intimamente relacionadas entre si, podendo ser compiladas em uma só –, autores há, como Jeremías Bentham,[14] que entendem que o ônus da prova deve ser imposto à parte que puder satisfazê-lo com menores inconvenientes, isto é, menor perda de tempo, menos incômodos e despesas inferiores. A dificuldade da adoção dessa sistemática é que, na realidade, não haveria, propriamente, regra norteadora da distribuição do ônus, considerando que ao julgador caberia, caso a caso, deliberar livremente sobre a que parte incumbiria constituir prova dos fatos.

Modernamente, Leo Rosenberg[15] e Gian Antonio Micheli[16] se encarregaram de desenvolver teorias sobre o ônus da prova, sempre considerando sua função auxiliar à atividade julgadora. Para Rosenberg as regras inerentes ao ônus da prova ajudam o aplicador do Direito a formar um juízo afirmativo ou negativo sobre a pretensão, ainda que remanesçam incertezas com respeito às circunstâncias do fato, porque referidas regras lhe indicam o modo de chegar a uma decisão em tais situações. A essência e o valor das normas sobre o encargo da prova consistem nessa instrução dada ao julgador acerca do conteúdo da decisão que deve pronunciar num caso em que não se têm elementos de convicção sobre um fato importante. No mesmo sentido, Micheli assevera que a regra do ônus da prova manifesta natureza de norma dirigida exclusivamente ao julgador para regular o exercício concreto da jurisdição. O ônus da prova adquire sua maior relevância no momento em que o julgador deve exarar sua decisão, motivo pelo qual não se apresenta como um dever jurídico, mas apenas como

14. Jeremías Bentham, *Tratado de las Pruebas Judiciales*, trad. de Manuel Osorio Florit, Granada, Editorial Comares, 2001, p. 36.

15. Leo Rosenberg, *La Carga de la Prueba*, trad. de Krotoschin, Buenos Aires, EJEA, 1956, p. 27.

16. Gian Antonio Micheli, *La Carga de la Prueba*, trad. de Sentís Melendo, Buenos Aires, EJEA, 1961, pp. 59 e ss.

uma necessidade prática de provar, a fim que o julgador possa considerar determinado fato como existente.

Excluída a posição de Bentham – que, como anotamos, é demasiadamente ampla, atribuindo ao julgador a função de estabelecer, em cada caso concreto, a parte que tem o ônus da prova –, as demais correntes doutrinárias relacionam-se e se completam. Ao mesmo tempo em que estabelecem encargos às partes, as regras de distribuição do ônus da prova conferem um norte ao julgador nas hipóteses em que as provas não sejam suficientes para convencê-lo deste ou daquele fato. As teorias do fato afirmativo, da iniciativa e dos fatos constitutivos, impeditivos e extintivos, por sua vez, não se excluem mutuamente, podendo as duas últimas ser identificadas na primeira: quem toma a iniciativa, afirma um ou mais fatos; e os fatos constitutivos, impeditivos e extintivos nada mais são que fatos afirmados.

O CPC Brasileiro prescreve, no art. 333, que o ônus da prova incumbe: "I – ao autor, quanto ao fato constitutivo do seu direito; II – ao réu, quanto à existência de fato impeditivo, modificativo ou extintivo do direito do autor". Concordamos com Devis Echandía[17] quando este afirma que tal teoria não pode ser admitida como regra geral absoluta, de modo que ao autor caiba provar os fatos constitutivos e, ao demandado, os fatos extintivos, modificativos ou impeditivos. Mais apropriado seria adaptar a assertiva de forma que esta seja independente da posição processual das partes. Entendemos, portanto, que a prova dos fatos constitutivos cabe a quem pretenda o nascimento da relação jurídica, e a dos extintivos, impeditivos ou modificativos a quem os alegue, independentemente de ser autor ou réu. Segundo Pontes de Miranda,[18] o ônus da prova incumbe ao sujeito que alega a existência ou a inexistência de um fato do qual deva resultar uma mutação no estado jurídico atual das coisas. Daí por que Emilio Betti[19] conclui serem dois os ônus assumidos por quem pede qualquer coisa em juízo: (1) o ônus da afirmação, isto é, deve afirmar a existência de um fato jurídico no qual se funda o pedido; e (2) o ônus da prova, quer dizer, precisa provar aquela alegação. A repartição do ônus da prova acompanha o ônus da afirmação, tanto em relação ao autor como ao demandado.

Tal conclusão aplica-se ainda que a assertiva seja referente a fatos negativos. A negação de um fato jurídico exige determinação no tempo e no espaço, caracterizando aquilo que Devis Echandía[20] denominou *negativas formais*, por seu conteúdo implicar afirmação de fato positivo contrário ao alegado pela parte adversa. Semelhante é o posicionamento de Nicola Framarino dei Malatesta, para quem "a negação de uma determinada *qualidade* e a de um *direito* determinado são sempre formais".[21] Esclarece o autor: "Não se nega a qualidade de branco a um objeto, senão para asseverar que sua cor é vermelha, verde, amarela, ou qualquer outra, contrária ao branco. A negação de uma qualidade é sempre, portanto, formal, tendo por conteúdo imediato a afirmação de uma outra qualidade. (...). A existência real de todo direito concreto está sempre ligada à existência de condições positivas. Por isso, de um lado, o sujeito exclusivo do direito é a pessoa humana e não se pode conceber um direito, direi assim, suspenso fora do sujeito; do outro, a existência de todo direito concreto está ligada à existência de determinadas condições positivas e não é por isso admis-

17. Devis Echandía, *Teoría General de la Prueba Judicial*, Buenos Aires, Victor P. De Zavalía, 1970, p. 216.

18. Pontes de Miranda, "Anotações" à obra de Francisco Augusto das Neves e Castro, *Teoria das Provas e suas Aplicações aos Atos Civis*, Campinas, Servanda, 2000, p. 63.

19. Emilio Betti, *Diritto Processuale Civile*, 2ª ed., Roma, Società Editrice del Foro Italiano, 1936, p. 91.

20. Devis Echandía, *Teoría General de la Prueba Judicial*, cit., p. 210.

21. Nicola Framarino dei Malatesta, *A Lógica das Provas em Matéria Criminal*, 2ª ed., trad. de Paolo Capitanio, Campinas/SP, Bookseller, 2001, p. 134.

sível pela existência de condições positivas contrárias. Quando, pois, nega-se um direito a uma pessoa, se o afirma a outra ou ao menos afirma-se uma condição positiva, incompatível com a existência do direito em questão". A prova compete a quem tem interesse em fazer prevalecer o fato afirmado. Por outro lado, se o autor apresenta provas do fato que alega, incumbe ao demandado fazer a contraprova, demonstrando fato oposto. Em processo tributário, por exemplo, se o Fisco afirma que houve determinado fato jurídico, apresentando documento comprobatório, ao contribuinte cabe provar a inocorrência do alegado fato, apresentando outro documento, pois a negativa se resolve em uma ou mais afirmativas.

3.1 Inversão do ônus da prova

Do conceito histórico que distribuía o encargo da prova ao autor ou ao demandado, segundo as alegações de cada qual, deriva a questão da inversão do ônus da prova. Esta consistiria no estabelecimento de certas presunções legais acerca da existência de fatos favoráveis a uma das partes, competindo à parte contrária a produção de prova que ilida tal presunção. Nesse sentido, ter-se-ia a figura da inversão do ônus da prova sempre que a lei deixasse de atribuir o ônus da prova a quem afirma o fato, impondo-o ao sujeito que nega sua existência, estabelecendo uma presunção *juris tantum* da veracidade da assertiva da parte favorecida.

Seguindo, porém, a linha de raciocínio de Leo Rosenberg[22] e Gian Antonio Micheli,[23] entendemos inexistir inversão do ônus da prova, pois referido encargo não está determinado previamente para esta ou aquela parte, ficando na dependência da alegação efetuada. Não obstante se observe no ordenamento uma série de normas que, aparentemente, estabeleçam essa inversão do ônus da prova, a interpretação sistemática desses dispositivos leva à conclusão de que eles não invertem, efetivamente, o encargo de provar, pois continua havendo necessidade de que cada uma das partes demonstre o pressuposto de fato previsto na hipótese da norma que invoca como fundamento à sua pretensão.

22. Leo Rosenberg, *La Carga de la Prueba*, cit., p. 43.

23. Gian Antonio Micheli, *La Carga de la Prueba*, cit., p. 61.

3.2 Convenção das partes relativa à distribuição do ônus da prova

As convenções sobre a distribuição do ônus da prova são reputadas inadmissíveis ou, na melhor das hipóteses, vistas com extrema reserva por Giuseppe Chiovenda,[24] Ugo Rocco,[25] Gian Antonio Micheli[26] e Devis Echandía.[27] O posicionamento de Chiovenda não poderia ser outro, já que entende ser o ônus da prova dirigido ao convencimento do julgador, como regra de julgamento. No mesmo sentido manifesta-se Micheli, por considerar que o ônus da prova refere-se ao exercício jurisdicional, em relação ao qual não cabe às partes intervir. Ugo Rocco também é contrário a tais convenções, dado o caráter publicístico do processo, sendo vedado às partes acordar de modo contrário às normas que disciplinam o exercício das provas, que, a seu ver, vincula-se ao direito de ação e se destina a formar a convicção do julgador. Devis Echandía, não obstante repudie essa espécie de convenção, apresenta posicionamento mais flexível, entendendo que apenas na hipótese de inexistir na lei disposição sobre a distribuição do ônus da prova seria admissível a estipulação privada que o imponha a uma das partes.

24. Giuseppe Chiovenda, *Instituições de Direito Processual Civil*, 4ª ed., vol. 2, trad. de J. Guimarães Menegale, São Paulo, Saraiva, 1969, pp. 281-282.

25. Ugo Rocco, *Trattato di Diritto Processuale Civile*, vol. 2, Turim, UTET, 1957, p. 190.

26. Gian Antonio Micheli, *La Carga de la Prueba*, cit., p. 37.

27. Devis Echandía, *Teoría General de la Prueba Judicial*, cit., p. 133.

De outro lado, reconhecem legitimidade a convenções acerca da distribuição do ônus probatório, entre outros, Leo Rosenberg[28] e Francesco Carnelutti,[29] desde que, obviamente, o objeto do contrato não caracterize direito indisponível. Para esses juristas, se a parte tem poder de disposição no processo, essa disposição pode ser estendida aos seus ônus processuais, como o da produção probatória.

O Código de Processo Civil Brasileiro legitima as convenções relativas ao ônus da prova, respeitados os limites que ele próprio estabelece. Prescreve, em seu art. 333, parágrafo único, ser nula a convenção que distribua de maneira diversa o ônus da prova quando: "I – recair sobre direito indisponível da partes; II – tornar excessivamente difícil a uma parte o exercício do direito". Avalia Moacyr Amaral Santos que "a legitimação de tais convenções resulta da evolução do direito probatório, adaptando-o à realidade prática, pois que, se às partes é lícito confessar, expressa ou implicitamente, os fatos, renunciar a seu direito, transacionar ou transigir com referência a ele, seria incongruente impossibilitá-las de convencionar sobre a quem cabe a prova dos fatos em que o direito se fundamenta".[30] Entendendo que o ônus da prova, além de encargo da parte, serve também como regra de julgamento, em relação à qual convenções privadas não podem interferir, e considerado o comando veiculado pelo art. 333, parágrafo único, do estatuto processual, que veda que o acordo de vontades atinja direitos indisponíveis ou impeça o acesso ao Judiciário, identificamos na chamada *convenção de distribuição do ônus da prova* nada mais que uma forma de confissão relativa a certos fatos, que devem ser disponíveis e não impliquem renúncia à tutela jurisdicional.

4. "Ônus" da prova no direito tributário

Vimos que o *ônus* consiste no encargo ou responsabilidade por determinado comportamento, não se confundindo com o conceito de *obrigação*. Reveste os caracteres de uma *faculdade*, consistindo em permissão bilateral: o agir é necessário para alcançar certa finalidade; se inobservado, contudo, não acarreta punição, mas apenas o não-atingimento do objetivo pretendido. A existência do ônus pressupõe um direito subjetivo disponível, que pode ou não ser exercido – situação que não se verifica na esfera tributária, tendo em vista que os atos de lançamento e de aplicação de penalidades pelo descumprimento de obrigações tributárias ou de deveres instrumentais competem ao Poder Público, de modo privativo e obrigatório, tendo de fazê-lo com base nos elementos comprobatórios do fato jurídico e do ilícito tributário. Daí por que não tem a autoridade administrativa mero ônus de provar o fato jurídico ou o ilícito tributário que dá suporte a seus atos, mas verdadeiro *dever*, como manifestado por José Souto Maior Borges: "O Fisco, entretanto, tem o dever – não o ônus – de verificar a ocorrência da situação jurídica tributária conforme ela se desdobra no mundo fático, com independência das chamadas provas pré-constituídas ou presunções de qualquer gênero. (...). Se o procedimento administrativo tributário é, em princípio, indisponível, nele não cabe a inserção da categoria jurídica em que o ônus consiste".[31] A construção do fato no antecedente da norma administrativo-tributária individual e concreta, por meio das provas admitidas, constitui-se na própria motivação do ato administrativo, elemento sem o qual este não subsiste.

28. Leo Rosenberg, *La Carga de la Prueba*, cit., p. 78.

29. Francesco Carnelutti, *Sistema di Diritto Processuale Civile*, vol. 1, Pádua, CEDAM, 1936, p. 308.

30. Moacyr Amaral Santos, *Prova Judiciária no Cível e Comercial*, 5ª ed., vol. 1, São Paulo, Saraiva, 1983, p. 165.

31. José Souto Maior Borges, *Lançamento Tributário*, 2ª ed., São Paulo, Malheiros Editores, 1999, p. 121.

Efetuado o lançamento ou o ato de aplicação de penalidade segundo os moldes prescritos pelo ordenamento – incluindo sua fundamentação na linguagem das provas –, passa a ser do contribuinte o ônus da contraprova. Instalado o contencioso administrativo, o discurso jurídico assume o caráter de uma *discussão*, enriquecida por ações lingüísticas endereçadas à persuasão e ao convencimento, em que a cada parte incumbe justificar suas afirmações.

Situação diversa é aquela em que a norma individual e concreta, constituidora do fato jurídico tributário e do correspondente liame obrigacional, é expedida pelo particular. Nesse caso, o ato de formalização não se enquadra na definição do conceito de lançamento tributário, por lhe faltar, na composição, a participação de agente público competente. A despeito disso, é comumente denominado *lançamento por homologação*, como explica Alberto Xavier: "Entre nós generalizou-se uma classificação, pretensamente baseada no Código Tributário Nacional, que atende ao grau de colaboração do contribuinte no procedimento administrativo do lançamento. Nuns casos, o Fisco toma ele próprio a iniciativa da prática do lançamento, quer por razões atinentes à natureza do tributo, quer por incumprimento, pelo contribuinte, dos seus deveres de cooperação: é o lançamento *direto* ou *ex officio* previsto no art. 149. Noutros casos – situados no pólo oposto – é o contribuinte que toma a iniciativa do procedimento, apresentando a sua declaração tributária e colaborando ativamente, como parte, no seu desenrolar: é o lançamento *misto* ou *por declaração*, previsto no art. 147. Enfim, em certas hipóteses o Fisco só atua eventualmente, a título de controle *a posteriori*, cabendo ao contribuinte a principal tarefa de calcular o tributo devido, realizar o seu pagamento, sujeito, como se disse, a eventual homologação das autoridades: é o *lançamento por homologação* previsto no art. 150".[32] O critério classificatório que leva à identificação dessas três modalidades de "lançamento" reside no grau de participação do contribuinte no procedimento que culminará no ato constitutivo do crédito tributário. Entendido o lançamento como ato, porém, chegamos à conclusão de que lançamento é um só: o chamado lançamento de ofício, pois se trata de ato exarado por autoridade administrativa, nos exatos termos do art. 142 do CTN. No chamado *lançamento por declaração* a constituição do crédito também decorre de norma individual e concreta produzida pela Administração, não diferindo do lançamento de ofício. A participação do administrado restringe-se ao cumprimento de deveres instrumentais, existentes também no denominado *lançamento de ofício*, em que o contribuinte tem de cumprir deveres dessa espécie, tais como escriturar livros, emitir notas fiscais etc. Os deveres instrumentais são imprescindíveis à operacionalidade da tributação, pois é com base neles que o Fisco constitui o crédito tributário, introduzido no ordenamento pelo ato de lançamento. O denominado *lançamento por homologação*, por sua vez, nada tem de lançamento. Não é exarado por autoridade administrativa, mas pelo próprio particular. É o contribuinte quem, cumprindo deveres instrumentais, constitui o crédito tributário.

Esses esclarecimentos são necessários para identificar o sujeito que constitui o fato jurídico tributário e, por conseguinte, a quem compete apresentar provas do referido fato. Tratando-se de lançamento realizado pela autoridade administrativa, esta precisa motivar seu ato mediante emprego da linguagem das provas. Sendo a norma individual e concreta emitida pelo particular, a ele incumbe demonstrar a veracidade dos fatos alegados.[33]

32. Alberto Xavier, *Do Lançamento: Teoria Geral do Ato, do Procedimento e do Processo Tributário*, 2ª ed., Rio de Janeiro, Forense, 1997, p. 70.

33. Essa comprovação pode consistir em deixar à disposição da Fiscalização os documentos relativos ao fato relatado no antecedente da norma individual e concreta.

Caso o ato de lançamento não se fundamente em provas, estará irremediavelmente maculado, devendo ser retirado do ordenamento. Na hipótese de o contribuinte deixar de apresentar os documentos comprobatórios do fato enunciado no antecedente da norma individual e concreta por ele emitida, sujeitar-se-á ao ato de lançamento a ser realizado pela autoridade administrativa e à aplicação das penalidades cabíveis, como adverte Geraldo Ataliba: "O sistema de legislação vigente, quanto ao assunto, é claro: a omissão do contribuinte, a sua falta de colaboração ou a colaboração maliciosa ou danosa, além de serem criminalmente reprimidas, não inibem o Fisco no lançamento".[34] Opostamente, se o contribuinte fornecer os documentos que se referem ao objeto fiscalizado, as informações neles contidas farão prova a seu favor.

Devidamente provado o fato enunciado pelo Fisco ou pelo contribuinte, as alegações que pretendam desconstituí-lo devem, igualmente, estar fundadas em elementos probatórios. Tudo na esteira da regra segundo a qual o ônus/dever da prova cabe a quem alega, não se admitindo, na esfera tributária, convenções que alterem essa forma de distribuição.

5. *Presunção de legitimidade dos atos administrativos e o "ônus" da prova em matéria tributária*

Os atos administrativos apresentam características que objetivam, simultaneamente, conferir garantia aos administrados e prerrogativas à Administração. Dentre elas, releva destacar a *presunção de legitimidade*, caracterizando presunção *juris tantum* de validade, da qual decorre que o ato seja considerado regularmente praticado até que outra linguagem jurídico-prescritiva determine o contrário, invalidando-o.

Essa presunção, entretanto, não exime a Administração do *dever* de comprovar a ocorrência do fato jurídico, bem como das circunstâncias em que este se verificou. É que, sendo os atos de lançamento e de aplicação de penalidade vinculados e regidos, dentre outros, pelos princípios da estrita legalidade e da tipicidade, tais expedientes dependem, necessariamente, da cabal demonstração da ocorrência dos motivos que os ensejaram. A motivação deve ser, portanto, respaldada em provas. Seguindo semelhante linha de raciocínio, conclui Paulo de Barros Carvalho: "Na própria configuração oficial do lançamento, a lei institui a necessidade de que o ato jurídico-administrativo seja devidamente fundamentado, o que significa dizer que o Fisco tem que oferecer prova concludente de que o evento ocorreu na estrita conformidade da previsão genérica da hipótese normativa".[35]

Ao discorrer sobre o tema, Susy Gomes Hoffmann[36] esclarece que a presunção de legitimidade não diz respeito ao conteúdo do ato administrativo, mas à sua existência no mundo jurídico. Nesse sentido, aliás, a presunção de legitimidade é atributo de todo ato jurídico, quer seja ele praticado pela Administração ou pelo particular. Trata-se de pressuposto para a realização de negócios jurídicos, dado o caos que se instalaria caso todos os atos praticados tivessem sua validade colocada em dúvida. É exatamente em razão dessa presunção de legitimidade que os atos públicos e privados, enquanto não questionados, permanecem no sistema, produzindo os respectivos efeitos de direito.

Inconcebível, portanto, o posicionamento segundo o qual, diante da presunção de legitimidade dos atos administrativos, caberia ao contribuinte apresentar pro-

34. Geraldo Ataliba, "Lançamento – Procedimento regrado", *Estudos e Pareceres de Direito Tributário*, São Paulo, Ed. RT, 1978, p. 337.

35. Paulo de Barros Carvalho, "A prova no procedimento administrativo tributário", *Revista Dialética de Direito Tributário* 34/107-108, São Paulo, Dialética, 1998.

36. Susy Gomes Hoffmann, *Teoria da Prova no Direito Tributário*, Campinas/SP, Copola, 1999, p. 127.

vas contrárias ao relatado nos atos de lançamento e de aplicação de penalidade, incumbindo-se a autoridade administrativa apenas de ilidir as provas que o contribuinte juntar aos autos do processo instaurado. É insustentável o lançamento ou o ato de aplicação de penalidade que não tenha suporte em provas suficientes da ocorrência do evento.

6. *O ônus/dever da prova em face de presunções legais*

É freqüente a afirmação da doutrina no sentido de que, configurando-se hipótese de presunção legal, ocorreria *inversão do ônus da prova*, ficando a autoridade administrativa dispensada de maiores providências probatórias, passando a ser do contribuinte o ônus de descaracterizar o fato presumido. Tal assertiva tem suas origens nos ensinamentos de direito processual civil, em que se costuma afirmar existir inversão do ônus da prova sempre que houver "o estabelecimento de certas presunções legais de existência de fatos (quer constitutivos, quer extintivos, impeditivos ou modificativos) em favor de uma das partes, cabendo à parte contrária a produção de prova que invalide tal presunção".[37] Não podemos simplesmente transportar esse raciocínio para a esfera tributária, pois esta é regida por princípios próprios, que se aproximam, em muitos aspectos, das rígidas diretrizes do direito penal. A tipicidade é uma delas.[38]

Por isso, mesmo quando existam presunções legais, compete à autoridade administrativa apresentar provas do fato a partir do qual se estabelece o raciocínio presuntivo. Qualquer que seja a modalidade de presunção, é imprescindível a prova dos indícios para, a partir deles, demonstrar a existência de causalidade com o fato que se pretende dar por ocorrido. A diferença reside na circunstância de que, tratando-se da chamada *presunção legal*, a relação causal entre fato presuntivo e fato presumido dá-se no âmbito pré-legislativo. Identificando o aplicador do Direito, no caso concreto, a situação prevista na hipótese da regra de presunção, há de concluir pela ocorrência do fato prescrito no conseqüente normativo: o fato presumido. A demonstração do fato presuntivo é condição inarredável para a constituição do fato presumido.

A legislação do imposto sobre a renda e proventos de qualquer natureza relaciona uma série de situações que autorizam presumir a ocorrência do fato jurídico tributário, desencadeando o correspectivo vínculo obrigacional. É o que se verifica, por exemplo, nas hipóteses de configuração de saldo credor de caixa e de passivo fictício.

O art. 9º do Decreto-lei 1.598/77 prescreve, em seus §§ 1º e 2º, que a escrituração mantida com observância das disposições legais faz prova a favor do contribuinte dos fatos nela registrados e comprovados por documentos hábeis, cabendo à autoridade administrativa a prova da inveracidade dos fatos assim registrados. Em razão disso, autuação fiscal fundada na alegação de omissão de receitas só é admissível se demonstrado o fato presuntivo legalmente previsto. Nos termos do art. 12, § 2º, do referido decreto-lei, "o fato de a escrituração indicar saldo credor de caixa, ou a manutenção, no passivo, de obrigações já pagas, autoriza a presunção de omissão no registro de receita, ressalvada ao contribuinte a prova da improcedência da presunção".[39] Esse dispositivo evidencia ser imperativa a produção probatória pelo Fisco: este tem de comprovar a existência de

37. João Penido Burnier Jr., *Teoria Geral da Prova*, Campinas/SP, Edicamp, 2001, pp. 132-133.

38. Convém registrar nossa posição no sentido de que mesmo na esfera civil inocorre inversão do ônus da prova, pois sempre há necessidade de se provar determinada condição para desencadear a relação presuntiva.

39. Semelhante é a disposição do art. 40 da Lei 9.430/1996, bem como do art. 282 do Decreto 3.000/1999 (RIR/1999).

saldo credor de caixa ou de passivo fictício, como pressuposto indeclinável da caracterização da omissão de receitas. É o que se depreende da decisão do 1º Conselho de Contribuintes cujo trecho transcrevemos: "IRPJ – Omissão de receitas – Indícios. A atividade administrativa de lançamento há de se submeter ao princípio da reserva legal, o que faz com que as exigências tributárias somente possam ser formalizadas com prova segura dos fatos que revelem o auferimento da receita passível de tributação ou mediante a demonstração de que ocorreram os fatos expressamente arrolados pela lei como presunção de omissão de receita".[40]

O mesmo se pode dizer da distribuição disfarçada de lucros: apenas se comprovada a realização de negócio jurídico, entre pessoas ligadas, por valor comprovadamente diverso do de mercado é que se tem instalada a relação implicacional presuntiva.[41]

Também a hipótese de falta de emissão de documento fiscal ou a de sua expedição em valor inferior ao do negócio jurídico, referidas no art. 2º da Lei 8.846/1994,[42] são circunstâncias que exigem comprovação, não bastando meras suposições fundadas em indícios fracos. Esse posicionamento é verificado no seguinte julgado: "IRPJ – Omissão de receita – Subfaturamento. Incabível a exigência com base em omissão de receita pela prática de subfaturamento, quando o Fisco não consegue carrear aos autos provas da ocorrência de tal fato. Pedidos de mercadorias com códigos que sugerem indicações de tal prática são apenas indícios que não confirmam a prática da irregularidade".[43]

Essas são apenas algumas referências, de caráter exemplificativo,[44] com vistas a demonstrar a inocorrência de inversão do ônus da prova, ainda que se esteja diante de hipóteses de presunção legal.

Com maior razão tratando-se de presunção *hominis*, a nosso ver perfeitamente admissível na esfera tributária, as provas hão de ser veementes, não deixando margem a dúvidas quanto à ocorrência do fato alegado: "Recurso voluntário – Omissão de receita – Presunção simples. Incumbe à Fiscalização apresentar um conjunto de indícios que permita ao julgador alcançar a certeza necessária para seu convencimento, afastando possibilidades contrárias, mesmo que improváveis. A certeza é obtida quando os elementos de prova confrontados pelo julgador estão em concordância com a alegação trazida aos autos. Se remanescer uma dúvida razoável de improcedência da exação, o julgador não poderá decidir contra o acusado. No estado de incerteza, o Direito preserva a liberdade em sua acepção mais ampla, protegendo o contribuinte da inferência do Estado sobre seu patrimônio".[45]

Por tudo o que se expôs, descabe falar em inversão do ônus da prova, qualquer que seja a figura presuntiva: (1) sendo caso da chamada presunção legal, impõe-se a comprovação, por parte do Fisco, da situação ensejadora da relação implicacional prescrita em lei; (2) na presunção simples, além da prova do acontecimento tomado como fato presuntivo, é preciso demonstrar o vínculo lógico entre este e o fato presumido.

7. Conclusões

7.1 Por "ônus" compreende-se a espécie de encargo jurídico a que se vêem submetidas as partes do processo com vistas a obter o resultado que o sistema outor-

40. 3ª C, 2ª T., Acórdão 103-21.652, rel. Cons. Paulo Jacinto do Nascimento, j. 18.6.2004.

41. Art. 60 do Decreto-lei 1.598/1977.

42. Regulamentado pelos arts. 283 e 848 do Decreto 3.000/1999 (RIR/1999).

43. Trecho da ementa do Acórdão 108-05.454 do 1º Conselho de Contribuintes, 8ª C., rel. Cons. Nelson Lósso Filho, j. 11.11.1998.

44. Sobre outras hipóteses presuntivas, consulte-se a obra *Presunções no Direito Tributário*, de Maria Rita Ferragut (São Paulo, Dialética, 2001).

45. Câmara Superior de Recursos Fiscais, 1ª T., Acórdão 01-05.095, rel. Cons. Marcos Vinícius Neder de Lima, j. 17.10.2004.

ga a quem realiza os atos na forma e no tempo por ele estabelecidos. A figura do ônus da prova decorre da necessidade de possibilitar a decisão em situações em que o conjunto probatório é insuficiente para convencer o julgador. Funciona, assim, como regra auxiliar na formação do convencimento do sujeito incumbido de compor conflitos.

7.2 O direito à produção probatória decorre da liberdade que tem a parte de argumentar e demonstrar a veracidade de suas alegações, objetivando convencer o julgador. Visto por outro ângulo, o direito à prova implica a existência de ônus, segundo o qual determinado sujeito do processo tem a incumbência de comprovar os fatos por ele alegados, sob pena de, não o fazendo, ver frustrada a pretendida aplicação do direito material. Desse modo, a prova dos fatos constitutivos cabe a quem pretenda o nascimento da relação jurídica, enquanto a dos extintivos, impeditivos ou modificativos compete a quem os alega.

7.3 A existência do ônus pressupõe um direito subjetivo disponível, razão pela qual não se pode falar que a autoridade administrativa tributária tenha o ônus da prova. Os atos de lançamento e de aplicação de penalidade pelo descumprimento de obrigação tributária ou de dever instrumental competem ao Poder Público, de modo privativo e obrigatório, tendo de fazê-lo com base nos elementos comprobatórios do fato jurídico e do ilícito tributário. Tem a Administração, por conseguinte, *dever* de provar. A circunstância de os atos administrativos tributários desfrutarem de presunção de legitimidade não dispensa a produção probatória que os fundamente, pois, sendo esses atos regidos pelos princípios da estrita legalidade e da tipicidade, tais expedientes dependem da cabal demonstração da ocorrência dos motivos que os ensejaram.

7.4 Mesmo quando existam presunções legais, compete à autoridade administrativa apresentar provas do fato a partir do qual se estabelece o raciocínio presuntivo. É imprescindível a prova dos indícios para, a partir deles, demonstrar a existência de causalidade com o fato que se pretende dar por ocorrido. Descabe falar, portanto, em inversão do ônus da prova.

CADERNOS DE DIREITO TRIBUTÁRIO

ESTATUTO DO CONTRIBUINTE

AGOSTINHO TOFFOLI TAVOLARO
Vice-Presidente da *International Fiscal Association*/IFA 1983/1985
– Membro do Comitê Permanente Científico da IFA (Amsterdã/Holanda) 1990/2000
– Presidente da Associação Brasileira de Direito Financeiro (1997/1998), atual Vice-Presidente
– Acadêmico da Cadeira 14 e Vice-Presidente da Academia Brasileira de Direito Tributário
– Professor de Direito Comercial na Faculdade de Direito
da Pontifícia Universidade Católica de Campinas (São Paulo/Brasil)
– Advogado

1. Introdução. 2. A proteção dos direitos humanos. Noção histórica. 3. As gerações dos direitos humanos. 4. Os direitos dos contribuintes e os pactos internacionais: 4.1 A Convenção Européia dos Direitos Humanos (CEDH) – 4.2 O Pacto de San José da Costa Rica (1969). 5. O Estatuto do Contribuinte em outros países: 5.1 Canadá: "Declaration of Taxpayer Rights" – 5.2 Estados Unidos da América: "Taxpayer Bill of Rights" (1998) – 5.3 Espanha: "Ley de Derechos y Garantías de los Contribuyentes" (Lei 1/1998, de 26.2.1998) – 5.4 Itália: "Statuto dei Diritti del Contribuente" (Lei 212/2000). 6. Brasil. Direitos humanos. Tributação e Constituição: 6.1 Direitos humanos explícitos e implícitos – 6.2 A tributação e os direitos humanos na Constituição de 1988. 7. Os Códigos Estaduais de Defesa dos Contribuintes: 7.1 Minas Gerais: a Lei 13.515, de 7.4.2000 – 7.2 São Paulo: Lei Complementar 939, de 3.4.2003. 8. O Projeto de Lei do Senado 646/1999 (complementar): 8.1 Justificação – 8.2 Principais disposições do Projeto. 9. Visão crítica dos Estatutos do Contribuinte. 10. Um exemplo da violência contra o direito do contribuinte que poderá ser coibido pelo Estatuto. 11. Conclusão.

1. Introdução

Adentrando o 3º Milênio, podemos constatar que a preocupação com a pessoa humana se constitui, cada vez mais, objeto do Direito, transcendendo os lindes do *suum cuique tribuere* dos romanos, para adquirir um enfoque cada vez mais pessoal da criatura humana em todos os seus aspectos.

Na verdade, constitui-se hoje no cerne do Direito, mais que jamais anteriormente, o respeito à pessoa humana, aos seus assim chamados direitos humanos, direitos do homem, direitos fundamentais, direitos civis, liberdades públicas – expressões, ao nosso ver, designativas de uma mesma realidade, que é, para nós, apenas e tão-somente, o direito à vida em todos os seus aspectos, embora caiba consignar que autores há, como Alberto Nogueira, que negam essa sinonímia.[1]

1. Em nosso "Direitos humanos e tributação" (in Evaldo Brito e Roberto Rosas (coords.), *Dimen-*

2. A proteção dos direitos humanos. Noção histórica

Embora muitos pretendam ver apenas nos tempos modernos a proteção dos direitos humanos, historicamente se apresentam eles desde a era que Fábio Konder Comparato chama de proto-história, com a criação das primeiras instituições democráticas em Atenas.[2] Para nós, no entanto, essa proto-história recua ainda mais no tempo, aos Códigos de Manu e Hamurabi e ao conjunto das normas vigentes no Egito, eis que a simples edição de normas revela a necessidade da segurança jurídica e da certeza do direito em todos os tempos. Argumente-se que o Direito era a lei do mais forte, e que pouco ou nada se reconhecia aos grupos humanos alijados do poder. No entanto, a mera existência de regras a serem observadas e obedecidas demonstra que, ainda que de modo incipiente e discriminatório, se reconheciam direitos aos membros do grupo social, distantes, embora, da sofisticação dos nossos dias.

Já dentro do período histórico dos direitos humanos, registrados documentalmente, podemos enumerar as seguintes manifestações:

– Declaração das Cortes de Leão de 1188;

– Inglaterra: a *Magna Charta*, *Habeas Corpus* (1679) e *Bill of Rights* (1689);[3]

– América do Norte: Declaração de Direitos da Virgínia (1776) e Declaração da Independência (1776);

são Jurídica do Tributo, Homenagem ao Professor Dejalma de Campos, São Paulo, Meio Jurídico, 2003, p. 41) abordamos o assunto com maior detenção.

2. Fábio Konder Comparato, *A Afirmação Histórica dos Direitos Humanos*, 2ª ed., São Paulo, Saraiva, 2001, p. 39.

3. *Magna Charta Libertatum seu Concordiam inter regem Johannem et Barones pro concessione libertatum ecclesiae et regni Angliae*, aceita com revolta por João-Sem-Terra, que teria exclamado, quando lhe foi apresentado o texto: "*As well may they ask for my crown!* (v. Jayme de Altavilla, *Origem do Direito dos Povos*, São Paulo, Mellhoramentos, s/d, p. 113).

– Revolução Francesa: Declaração dos Direitos do Homem e do Cidadão (1789);

– Carta das Nações Unidas (1945);

– Declaração Universal dos Direitos Humanos (1948);

– Convenção Européia dos Direitos Humanos, do Conselho da Europa (1950) ;

– Reino Unido: Human Rights Act (1998);

– os Pactos Internacionais de Direitos Humanos de 1966;

– Convenção Americana de Direitos Humanos de 1969 (o Pacto de San José da Costa Rica);

– Carta dos Direitos Fundamentais da União Européia (Nice, dezembro/2000);

– MERCOSUL: Pacto de Ushuaia (1998).

3. As gerações dos direitos humanos

Não passe sem referência que os direitos humanos são por muitos autores categorizados em gerações, cabendo a Karel Vasak[4] a primazia de enunciar essa distinção, classificando: (1) 1ª geração, os direitos civis e políticos, fundamentados na liberdade; (2) 2ª geração, direitos econômicos, sociais e culturais, fundamentados na igualdade; (3) 3ª geração, direitos de solidariedade – direito ao desenvolvimento, à paz e ao meio ambiente –, fundamentados na fraternidade.

Endossada a distinção por inúmeros autores, inclusive Norberto Bobbio, novas gerações foram acrescidas, buscando categorizar os direitos decorrentes da Cibernética e da Bioética, dentre outros.

Neste passo, cumpre indicar que Paulo Bonavides[5] aponta como direitos de 4ª

4. *Apud* George Marmelstein Lima, "Críticas à teoria das gerações (ou mesmo dimensões) dos direitos fundamentais", disponível na Internet: *www.jus.com.br* (acesso em 29.12.2003).

5. Paulo Bonavides, *Curso de Direito Constitucional*, 7ª ed., São Paulo, Malheiros Editores, 1998, p. 524.

geração direitos à informação, à democracia direta, ao pluralismo, fundamentados na democracia – direitos, esses, que asseguram o futuro da cidadania e da liberdade de todos os povos.

Criticada essa classificação em gerações, por trazer em seu bojo a idéia de sucessão cronológica, alvitrou-se a denominação "dimensões" dos direitos fundamentais; no entanto, não se forra essa nova denominação à evidência de que são eles indivisíveis, não se lhe podendo reconhecer outra utilidade senão a finalidade didática com que se reveste. Tenha-se em mente que Ricardo Lobo Torres[6] repele essa categorização, colocando, mesmo, os direitos sociais e econômicos fora do âmbito dos direitos humanos, contra ela afirmando que "esse tipo de raciocínio leva à banalização dos direitos humanos e à confusão com os princípios de justiça social".

4. Os direitos dos contribuintes e os pactos internacionais

Dos pactos internacionais citados, dois deles mereceram a atenção da doutrina e dos tribunais quanto à abrangência dos direitos dos contribuintes: a Convenção Européia dos Direitos Humanos (CEDH), do Conselho da Europa, e a Convenção Americana de Direitos Humanos de 1969 (Pacto de San José da Costa Rica).

4.1 A Convenção Européia dos Direitos Humanos (CEDH)

A CEDH, de 4.11.1950, embora a critique Comparato,[7] por se ater aos direitos individuais clássicos, apresentou evolução em sua trajetória, que culminou com a inclusão, sob seu pálio, dos direitos econômicos, vale dizer, também dos direitos dos contribuintes, com supedâneo em seu art. 6º, § 1º, que assim dispõe: "Art. 6 – *Right to a fair trial*: 1 . In the determination of his civil rights and obligations or of any criminal charge against him, everyone is entitled to a fair and public hearing within a reasonable time by an independent and impartial tribunal established by law (...)".

Como aponta Masson,[8] historiando que o Conselho de Estado Francês negou a aplicação da CEDH em matéria fiscal, havendo se pronunciado em sentido contrário a Corte de Cassação (Câmara Comercial e Financeira), vindo a Comissão/Corte Européia dos Direitos do Homem a se definir também no mesmo sentido, admitindo a aplicação da CEDH também em matéria impositiva.[9]

Do texto do § 1º deflui, ainda, o direito do contribuinte de ver seu litígio julgado dentro de um prazo razoável,[10] havendo já sido obrigada a Itália a indenizar um contribuinte por haver demorado oito anos um processo de seu interesse.

4.2 O Pacto de San José da Costa Rica (1969)

O Pacto de San José da Costa Rica, promulgado em nosso país pelo Decreto 678, de 6.11.1992, ao determinar as garantias judiciais, é – como salientou Ramón Valdés Costa[11] – o primeiro documento

6. Ricardo Lobo Torres, *Os Direitos Humanos e a Tributação – Imunidades e Isonomia*, Rio de Janeiro, Renovar, 1995, p. 12.

7. Fábio Konder Comparato, *A Afirmação Histórica dos Direitos Humanos*, cit., 2ª ed., p. 238.

8. Thibauld Masson, "La protection du contribuable a travers la Convention Européene des Droits de l'Homme: une nouvelle consideration des droits de la défense?", in *Fiscalité Européene et Droit International des Affaires* 131, ano 2000, e no *site index.htmlindex.html* (acesso em 21.4.2004).

9. Texto da CEDH no *site http://conventions.coec.int/*.

10. Maurice-Christian Bergerès, "Une nouvelle garantie pour le contribuable: le litige fiscal doit être jugé dans un delai raisonnable", *Les Petites Affiches* 73/9-16, 11.4.2003 (disponível na Internet: *Lexinter.net/Doctrine/procfiscale.htm*, acesso em 15.4.2004).

11. Ramón Valdés Costa, "Protección de los derechos del contribuyente a nivel internacional – El Pacto de San José de Costa Rica", *Revista Tributaria* t. XV-n. 84, Montevidéu, 1988, também publicado na *Revista Derecho Fiscal* t. XLIV-n. 480, Argentina, 1988.

internacional que expressamente inclui os direitos de natureza fiscal dentre os por ele garantidos, na forma de seu § 1º, *verbis*:

"Art. 8º. *Garantias judiciais.*

"§ 1º. Toda pessoa tem direito a ser ouvida com as devidas garantias e dentro de um prazo razoável, por um juiz ou tribunal competente, independente e imparcial, estabelecido anteriormente por lei, na apuração de qualquer acusação penal formulada contra ela, ou para que se determinem seus direitos ou obrigações de natureza civil, trabalhista, fiscal ou de qualquer outra natureza."

Destarte, recebido o Pacto em nosso Direito, aqui deverão ter suas normas, em nosso entender, plena aplicação, ingressando em nosso Direito com a força e vigor que lhe empresta o art. 5º, § 2º, da CF.

5. O Estatuto do Contribuinte em outros países

Buscando consolidar o quadro dos direitos do contribuinte em face da Administração Fiscal, assistimos no último quarto do século que passou e no início deste século XXI à introdução, em vários países, de normas codificadas de direitos do contribuinte, dando o seu *Estatuto*.

Assim é que, dentre outras, podemos enumerar:

– Canadá: *Declaration of Taxpayer Rights* (1985);

– Estados Unidos: *Taxpayer Bill of Rights* (1998);

– Espanha: *Ley de Derechos y Garantías de los Contribuyentes* (1998);

– Itália: *Statuto dei Diritti del Contribuente* (2000).

5.1 Canadá: "Declaration of Taxpayer Rights"

Primazia, sem dúvida, cabe ao Canadá, cuja *Declaration*[12] se fez, em 2002, objeto de projeto de emenda da *House of Commons* (*Bill* C-332 primeira leitura de 10.12.2002), visando a confirmar os direitos dos contribuintes e criar o *Bureau* de Proteção dos Contribuintes, emendando também o *Income Tax Act*, a fim de determinar que o ônus da prova incumbe ao Ministro, ao pretender exigir imposto do contribuinte, se este colaborou plenamente com o Ministério, fornecendo-lhe todos os documentos razoavelmente necessários exigidos e deu uma explicação razoável das operações financeiras praticadas.

Os direitos constantes da Declaração original são os direitos a informação, cortesia e consideração, imparcialidade, presunção de honestidade, tratamento justo, privacidade e confidencialidade, recurso, audiência antes do pagamento, arranjar seus negócios de modo a pagar o menor imposto.

5.2 Estados Unidos da América: "Taxpayer Bill of Rights" (1998)

O *Bill of Rights* americano, consubstanciado como Título III do *Internal Revenue Service Reestructuring and Reform Act* de 1998, alinha regras gerais e também casuísmos em benefício dos contribuintes, cabendo apontar, dentre outros, os seguintes aspectos:[13] (1) ônus da prova incumbente à Administração Fiscal, desde que preenchidas as condições que menciona; (2) confidencialidade nas relações do contribuinte com seu representante autorizado perante o IRS; (3) possibilidade de pagamento em prestações do tributo exigido; (4) possibilidade de recuperar custos e despesas (inclusive honorários de advogado ou auditor) de defesa em processos administrativos ou judiciais em caso de vitória; (5) penhora da residência principal do contribuinte somente permitida em casos excep-

12. Texto integral na *ABDF – Resenha* 9/59, maio-junho/1985, 1.33, e também no *Bulletin for International Fiscal Documentation* 39/183, abril/1985.

13. Disponível na Internet: *www.unclefed.com* (acesso em 24.4.2004).

cionais; (6) penhora de contas bancárias sujeitas a aviso prévio de 30 dias ao contribuinte, a fim de que este possa apresentar defesa ou requerer pagamento parcelado; (7) proibição de penhora de propriedade quando as despesas de penhora e venda do bem excederem seu valor de mercado; (8) criação do *Office for Taxpayer Services*.

Cabe ainda apontar que inúmeros Estados Americanos já possuem ou estão em vias de possuir seus Estatutos dos Contribuintes – como, por exemplo: Alabama, Arkansas, California, Colorado, Florida, Geórgia, Hawaii, Indiana, Kentucky, Minnesota, Montana, Nebraska , New Hampshire, North Carolina, North Dakota, South Dakota, Virginia e Wisconsin.

5.3 Espanha: "Ley de Derechos y Garantías de los Contribuyentes" (Lei 1/1998, de 26.2.1998)

Enumera a lei espanhola como direitos gerais dos contribuintes: (1) observância da capacidade econômica e dos princípios de justiça, generalidade, igualdade, progressividade, eqüitativa distribuição da carga tributária e proibição do confisco; (2) a aplicação do sistema tributário basear-se-á nos princípios da generalidade, proporcionalidade, eficácia e limitação dos custos indiretos do cumprimento das obrigações acessórias; (3) direito de informação e assistência pela Administração Fiscal; (4) direito a conhecer o estado dos procedimentos de que seja parte; (5) direito a certidões e cópias das declarações apresentadas; (6) direito de não apresentar documentos já apresentados e que estejam em poder da Administração; (7) confidencialidade; (8) respeito e consideração por parte da Administração; (9) consulta; (10) prazo máximo de decisão dos procedimentos de 6 meses, salvo disposição legal distinta; (11) prescrição: 4 anos; (12) prazo de duração da fiscalização de 12 meses, prorrogável por mais 12, nos casos que menciona; (13) recurso.

5.4 Itália: "Statuto dei Diritti del Contribuente" (Lei 212/2000)

A lei italiana apresenta-se – como relatam Buscema, Forte e Santilli[14] – como marco da renovação e modernização da obrigação tributária, sempre mais semelhante à obrigação do Código Civil, posicionando o contribuinte não mais como súdito, mas como cidadão, em situação paritária com o Fisco, caracterizando-se por abandonar a ultrapassada visão do Fisco como inimigo do contribuinte, por ser não uma mera carta de intenções, mas sim o ponto de chegada da evolução do direito tributário, inspirado não no autoritarismo, mas na cooperação e respeito recíproco, dando como missão estratégica da Administração Fiscal favorecer o adimplemento espontâneo da obrigação fiscal, destruindo o mito de ser o Estatuto idealizado contra a Administração Tributária.

Victor Uckmar,[15] ao dissertar sobre o estatuto *in fieri*, então aprovado somente pelo Senado, lembra que já em 1991 havia proposto na assembléia do Conselho Nacional de Economia e do Trabalho (órgão constitucional consultor do Governo Italiano) a edição de uma carta de direitos do contribuinte, sublinhando, ao referir o então Projeto, que, não obstante tratar-se de lei ordinária, sua derrogação, segundo seu art. 1º, constante da lei aprovada, somente se pode fazer através de norma expressa, proibida também a criação de novos tributos ou a extensão dos tributos existentes a outros contribuintes por decreto-lei (art. 4º).

Cabe mencionar que prevê o Estatuto, além de outras disposições: (1) informação dos atos relativos ao contribuinte; (2) proibição de se exigir do contribuinte documentos já em poder da Administração Financeira ou de outras Administrações Públi-

14. Angelo Buscema, Francesco Forte e Dante Santilli, *Statuto del Contribuente*, Pádua, CEDAM, 2002, p. XVI.

15. Victor Uckmar, "Los efectos en Itália del Estatuto del Contribuyente", in Heleno Taveira Torres (coord.), *Justiça Tributária*, São Paulo, Max Limonad, 1998, p. 792.

cas indicadas pelo contribuinte; (3) motivação dos atos da Administração Financeira; (4) extinção da obrigação tributária por compensação; (5) as relações entre Fisco e contribuinte deverão ser regidas pelos princípios da colaboração e boa-fé; (6) criação do *Garante del Contribuente*, órgão colegiado, composto de três membros pertencentes às categorias dos (a) magistrados, (b) funcionários da Administração Financeira e (c) advogados, comercialistas ou contadores, cabendo a presidência ao magistrado, que terá as funções de apreciar, a pedido escrito do contribuinte ou de qualquer interessado, as disfunções, irregularidade e comportamentos prejudiciais ao relacionamento Fisco/contribuinte.

6. Brasil. Direitos humanos. Tributação e Constituição

6.1 Direitos humanos explícitos e implícitos

Em nosso país temos compendiado os direitos humanos na Lei Magna, ao longo de toda ela, dando-se destaque aos preceitos do art. 5º, que Manoel Gonçalves Ferreira Filho[16] enumera como explícitos, a saber:

"I – Direitos cujo objeto imediato é a 'liberdade': (1) de locomoção – art. 5º, LXVIII; (2) de pensamento – art. 5º, IV, VI, VII, VIII, IX; (3) de reunião – art. 5º, XVI; (4) de associação – art. 5º, XVII a XXI; (5) de profissão – art. 5º, XIII; (6) de ação – art. 5º, II; (7) liberdade sindical – art. 8º; (8) direito de greve – art. 9º.

"II – Direitos cujo objeto imediato é a 'segurança': (1) dos direitos subjetivos em geral – art. 5º, XXXVI; (2) em matéria penal – art. 5º, XXXVII a LXVII; (3) do domicílio – art. 5º, XI.

"III – Direitos cujo objeto imediato é a 'propriedade': (1) em geral – art. 5º, XXII; (2) artística, literária e científica – art. 5º, XXVII a XXIX; (3) hereditária – art. 5º, XXX e XXXI."

Além desses e da recolta que se faz no campo da Constituição, tal como quanto aos direitos à seguridade social (art. 194), à educação e cultura (arts. 205 e 215), ao meio ambiente (art. 225), impõe-se mencionar a ressalva expressa do art. 5º, § 2º, dos direitos implícitos, decorrentes do regime e princípios adotados pela Constituição.

6.2 A tributação e os direitos humanos na Constituição de 1988

Lembrando a célebre frase do *Chief Justice* Marshall em seu voto em "McCulloch *vs.* Maryland", afirmando que "the power to tax involves the power to destroy", temos oportunidade de ver, no curso dos eventos da história da Humanidade, que não poucas vezes foi esse poder exercido, seja para restringir a liberdade de religião e de culto, seja para restringir o direito de locomoção, sabido que em vários países se criaram tributos extorsivos sobre a saída de seus habitantes do território nacional, seja para coibir o livre exercício de determinadas profissões ou dificultar o comércio de certos produtos, seja para impedir a livre expressão do pensamento (a imunidade tributária dos livros, jornais, periódicos e papel de imprensa aí encontra sua razão, pois no regime do Estado Novo, imposto ao Brasil pela ditadura Vargas – 1937/1945 – assim se procurou, ao lado da censura do DIP, manietar a liberdade de imprensa,[17] conforme escreveu Aliomar Baleeiro[18]).

Razão, em nosso entender, assiste a Condorcet Rezende, que vê na tributação

16. Manoel Gonçalves Ferreira Filho, *Curso de Direito Constitucional*, São Paulo, Saraiva, 1989, p. 254.

17. Ricardo Lobo Torres, *Os Direitos Humanos e a Tributação – Imunidades e Isonomia*, cit., p. 244.

18. Aliomar Baleeiro, *Limitações Constitucionais ao Poder de Tributar*, 5ª ed., Rio de Janeiro, Forense, 1980, p. 189 – adicionando ainda o direito à cultura, ao lembrar que Jorge Amado defendeu essa imunidade, na Constituição de 1946, tendo como ponto central de sua argumentação o interesse cultural.

da propriedade, "como transferência compulsória de uma parcela do patrimônio particular para os cofres públicos", do ponto de vista jurídico, uma verdadeira "agressão ao direito de propriedade".[19]

Para a defesa dos direitos humanos dos contribuintes quanto à tributação erige o texto constitucional muralha de limitações ao poder de tributar, em cujas ameias despontam:

"a) art. 150, I – ao princípio de tributação somente com representação ou no sentido negativo ("no taxation without representation") da Magna Carta de 1215 – exigir ou aumentar tributo sem lei que o estabeleça, pois a lei é elaborada pelo consentimento dos representantes do povo;

"b) art. 150, II – ao princípio da isonomia – proibido tratamento desigual entre contribuintes na mesma situação;

"c) art. 150, III, 'a' e 'b' – aos princípios da legalidade e anterioridade;

"d) art. 150, IV – ao direito de propriedade, proibindo a utilização de tributos com efeito de confisco. Cabe aqui lembrar as dificuldades para a caracterização do confisco, de tal modo que a Suprema Corte Argentina chegou a fixá-lo em 33% do valor da propriedade para os impostos territorial e de doação, enquanto que no Projeto de Lei Complementar 173/1999, do então senador Fernando Henrique Cardoso, caracteriza-se o confisco 'sempre que seu valor, na mesma incidência ou em incidências sucessivas, superar o valor normal de mercado dos bens, direitos ou serviços envolvidos no respectivo fato gerador ou ultrapassar 50% do valor das rendas geradas na mesma incidência', expondo Ricardo Lobo Torres que os princípios da razoabilidade e da econimicidade, bem manejados, têm a aptidão de modular o efeito confiscatório;[20]

"e) art. 150, V – à liberdade de ir e vir – direito de locomoção, proibindo a limitação ao tráfego de pessoas e de bens;

"f) art. 150, VI, 'b' – à liberdade de pensamento e religião – proibindo instituir impostos sobre templos de qualquer culto;

"g) art. 150, VI, 'd' – à liberdade de pensamento, proibindo impostos sobre patrimônio, renda ou serviços de partidos políticos, entidades sindicais de trabalhadores, instituições de educação e assistenciais sem fins lucrativos;

"h) art. 150, VI, 'd' – à liberdade de pensamento e de palavra – proibindo impostos sobre livros, jornais, periódicos e papel destinado à sua impressão."

7. Os Códigos Estaduais de Defesa dos Contribuintes

No Brasil vemos que os contribuintes, por seus representantes no Legislativo dos Estados, vêm se preocupando em ver assegurados seus direitos, através de diplomas específicos, não obstante as disposições constitucionais precitadas, havendo editado seus Códigos de Defesa dos Contribuintes os Estados de Minas Gerais e São Paulo.

7.1 Minas Gerais: a Lei 13.515, de 7.4.2000

Nas Alterosas estatui a Lei 13.515/2000 o Código de Defesa do Contribuinte do Estado de Minas Gerais, contendo 41 artigos, divididos em 7 seções:

Seção I – Dos Princípios (arts. 1º e 2º) – Onde se enunciam os objetivos do Código, dentre eles promover o bom relacionamento entre o Fisco e o contribuinte, proteger o contribuinte dos excessos do poder impositivo, assegurar a ampla defesa dos direitos do contribuinte no âmbito do processo administrativo, prevenir e reparar os danos decorrentes do abuso do poder arrecadatório do Estado e assegurar a eficaz prestação de orientação ao contribuinte.

19. Condorcet Rezende, "Relações Fisco e contribuinte, in *Estudos Tributários*, Rio de Janeiro, Renovar, 1999, p. 168.

20. V. *http://legis.senado.gov.br;pls/prodasen/PRODASEN.RPT MATERIA.SHO* (acesso em 28.4.2004).

Seção II – Dos Direitos do Contribuinte (arts. 4º a 11) – Onde se relacionam em 18 itens esses direitos, dos quais cabe alinhar, em breve e não-exaustiva notícia: (1) igualdade de tratamento em qualquer repartição administrativa; (2) acesso a dados e informações de seu interesse e obtenção de certidões no prazo de 15 dias; (3) educação tributária e orientação sobre procedimentos administrativos; (4) recusa a prestar informações por requisição verbal, quando preferir intimação por escrito; (5) exigir mandado judicial para busca em local que não contenha mercadoria ou documento de interesse da Fiscalização, que poderá lacrar o móvel ou depósito em que acredite estejam os bens ou documentos, lavrando termo próprio e entregando-o ao contribuinte, solicitando de imediato ao seu superior a obtenção de ordem judicial; (6) amplo direito de defesa; (7) observância pela Administração dos princípios da legalidade, igualdade, anterioridade, irretroatividade, publicidade, capacidade contributiva, impessoalidade, uniformidade, não-diferenciação e vedação de confisco; (8) gerência de seu próprio negócio, vedada a divulgação de quaisquer informações, obtidas por razões de ofício, sobre sua situação econômica ou financeira ou de terceiro, e sobre a natureza e estado de seus negócios; (9) não ser cobrado de obrigações prescritas; (10) ver excluídas dos sistemas das repartições fazendárias referências a débitos prescritos, tributários ou não.

Seção III – Da Proteção, da Informação e da Orientação ao Contribuinte (arts. 12 a 14) – Onde se prescreve o sigilo sobre a condição de contribuinte pontual ou inadimplente, vedando-se a divulgação, nos meios de comunicação, de dados sobre seus débitos.

Seção IV – Das Vedações (arts. 15 a 19) – Onde se elenca não poder o Estado instituir imposto que não seja uniforme em todo o território estadual, salvo a concessão de incentivos fiscais para promover o equilíbrio econômico entre as regiões econômicas, bem como estabelecer diferença tributária entre bens e serviços em razão de sua procedência ou destino, proibindo-se, ainda, ao Estado impor restrição à fruição de benefício ou incentivo fiscal por motivo de litígio administrativo ou judicial pendente, bem como exigir certidão negativa como condição para a formulação de consulta ou pedido de regime especial de tributação ou restituição de impostos.

Seção V – Das Normas e das Práticas Abusivas (arts. 20 a 22) – Onde se fulminam de nulidade as exigências administrativas de obrigações com base em presunção não estabelecida em lei, que prejudiquem as normas de bom relacionamento entre Fisco e contribuinte ou obriguem a renúncia do direito de indenização.

Nesta seção define-se como abusiva a exigência de obrigações incompatíveis com a boa-fé, a eqüidade e os bons costumes, que ofendam os princípios fundamentais do sistema jurídico, sejam excessivamente onerosas para o contribuinte, ultrapassando sua capacidade econômica e financeira e reduzindo sua competitividade no seu ramo de atividades.

Finalmente, ali se veda à autoridade administrativa, sob pena de responsabilidade, a prática de atos como, por exemplo, condicionar a prestação de serviço ao cumprimento de obrigação sem base legal, negar ao contribuinte a autorização para impressão de documentos fiscais com fundamento na existência de débito, fazer-se acompanhar de força policial apenas para efeito coativo etc.

Seção VI – Do Sistema Estadual de Defesa do Contribuinte (arts. 23 a 26) – Onde se institui o *Sistema Estadual de Defesa do Contribuinte* – SISDECON, composto pela Câmara de Defesa do Contribuinte – CADECON e pelos Serviços de Proteção dos Direitos do Contribuinte – DECON, cabendo à CADECON o planejamento, elaboração, proposição e coordenação da política estadual de proteção ao contribuinte, sendo órgão de composição mista (representantes do Governo e entidades privadas), ao qual se deferem também o recebimento e análise de consultas, denúncias ou sugestões apresentadas por contribuintes, atuando como assistente em processos administrativos e no processo disciplinar, bem como credenciar os DECONs.

Seção VII – Das Sanções (arts. 27 a 29) – Onde se atribui à CADECON e aos DECONs receber reclamações dos contribuintes, facultado à CADECON, no caso de reclamação procedente, representar contra o servidor responsável, devendo imediatamente ser aberta sindicância ou processo administrativo disciplinar, ou dar conhecimento à autoridade competente das irregularidades apuradas, que deverá suspender os efeitos dela decorrentes até que seja sanada, estabelecendo-se, ainda, que a iniciativa das ações judiciais será sempre do contribuinte, possibilitado ao DECON intervir no processo como assistente – iniciativa, essa, que se defere também às entidades de classe, associações e cooperativas de contribuintes.

Observação que nos parece imperativa é a de que a norma estadual, neste caso, há de necessariamente conformar-se com a legislação processual federal, eis que privativa a competência da União para legislar sobre direito processual, a teor do art. 22, I, da Carta Magna.

Seção VIII – Disposições Gerais (arts. 30 a 41) – Contendo disposição (art. 30) que, embora nos pareça salutar, afigura-senos de duvidosa eficácia, ressalva feita da Constituição Mineira, por se tratar de lei ordinária, eis que determina que somente surtirá efeito após 90 dias de sua publicação a lei que antecipar a data de recolhimento de tributo de competência do Estado. Confessamos, aqui, desconhecer a Constituição de Minas Gerais.

Norma merecedora de atenção é também a do art. 32, que limita o valor da taxa cobrada pelos serviços públicos ao seu efetivo custo, seja em seu aspecto material, de difícil – se não impossível – quantificação, seja em seu aspecto de veiculação por lei ordinária, apresentando o mesmo questionamento acima referido quanto ao art. 30.

Outra disposição salutar é de se fixar, no processo administrativo tributário, a necessária intimação e prazo de cinco dias para manifestação do contribuinte a respeito de documentos novos juntados ao processo, em qualquer fase.

7.2 São Paulo:
Lei Complementar 939, de 3.4.2003

Nas plagas de Piratininga foi editada a lei complementar supra, que "institui o código de direitos, garantias e obrigações do contribuinte no Estado de São Paulo", contendo 25 artigos e um artigo único de disposição final e transitória, dividido em 5 capítulos:

Capítulo I – Das Disposições Preliminares (arts. 1º a 3º) – Neste capítulo são relacionados os objetivos do Código, que se enunciam como promoção do bom relacionamento entre o Fisco e o contribuinte, proteção do contribuinte contra o exercício abusivo do poder de fiscalizar, lançar e cobrar tributo, assegurar a ampla defesa do contribuinte no processo administrativo-fiscal, prevenir e reparar os danos decorrentes de abuso de poder por parte do Estado, assegurar a adequada prestação de serviços de orientação aos contribuintes, bem como assegurar o regular exercício da fiscalização.

Capítulo II – Dos Direitos, Garantias e Obrigações dos Contribuintes (arts. 4º a 7º) – Aqui se apresenta o rol de direitos dos contribuintes, onde cumpre colocar em relevo: (1) adequado e eficaz atendimento pela Secretaria da Fazenda; (2) igualdade de tratamento, respeito e urbanidade nas repartições públicas do Estado; (3) a ciência formal da tramitação do processo administrativo-fiscal, vistas e obtenção de cópias; (4) preservação do sigilo de seus negócios; (5) a faculdade de cumprir as obrigações acessórias por meios eletrônicos; (6) o exercício do direito de defesa; (7) obtenção de certidões, a serem fornecidas dentro do prazo de 10 dias úteis; (8) o exercício do direito de petição; (9) o ressarcimento de danos causados por agente da Administração Tributária.

São também listadas garantias do contribuinte, das quais cabe apontar a exclusão da responsabilidade pelo pagamento de tributo e de multa não previstos na legislação; a faculdade de corrigir obrigação tributária, antes de iniciado o procedimento fiscal; a presunção relativa da verdade nos lançamentos contidos em seus livros e documentos contábeis ou fiscais; a obediência ao contraditório, ampla defesa e duplicidade de instância e a participação paritária dos contribuintes no julgamento do processo na instância colegiada; a fruição de benefícios e incentivos independentemente da existência de processo pendente; o restabelecimento da espontaneidade quando não concluída dentro de 90 dias a auditoria fiscal, contados da data da entrega dos documentos por ela solicitados, prorrogável por mais 90 dias.

Especifica, ainda, o capítulo as obrigações do contribuinte, dentre elas o fornecimento de condições de segurança e local adequado em seu estabelecimento para a execução dos procedimentos de fiscalização.

Capítulo III – Dos Deveres da Administração Fazendária (arts. 8º a 20) – Disciplina-se, aqui, a atividade fiscalizatória da Fazenda, desde a emissão de ordem de fiscalização, notificação ou outro ato administrativo autorizando a execução de quaisquer procedimentos fiscais, exceto nos casos de extrema urgência, que a lei exemplifica (flagrante infracional, continuidade de ação fiscal iniciada em outro contribuinte, apuração de denúncia), prazo de 180 dias para devolução de bens e documentos apreendidos, salvo quando prova de infração, necessidade de fundamentação da decisão de julgamento, resposta à consulta no prazo de 30 dias, vedação de emissão de ordem de fiscalização ou equivalente no caso de denúncia anônima que não preencha os requisitos que enumera.

Capítulo IV – Do Sistema Estadual de Defesa do Contribuinte (arts. 21 a 25) – É instituído o Conselho Estadual de Defesa do Contribuinte – CODECON, de composição paritária, integrado por representantes do Poder Público e entidades empresariais e de classe, cabendo-lhe planejar, elaborar, propor, coordenar e executar a política estadual de proteção ao contribuinte, recebendo e analisando consultas, sugestões e reclamações dos contribuintes, representando, quando for o caso, contra o servidor responsável, devendo ser aberta imediatamente sindicância ou processo administrativo disciplinar.

Capítulo V – Da Disposição Final e Transitória (artigo único) – Neste capítulo declaram-se inválidos os atos e procedimentos da Fiscalização que desatendam aos pressupostos legais e regulamentares, em especial nos casos de incompetência da pessoa jurídica, órgão ou agente, omissão de procedimentos essenciais e desvio de poder.

8. O Projeto de Lei do Senado 646/1999 (complementar)

O senador Jorge Bornhausen apresentou o projeto de lei complementar supra em 25.11.1999, onde ainda se encontra na Comissão de Assuntos Econômicos – CAE, relator o senador Romero Jucá.[21]

Tem o projeto como ementa: "Dispõe sobre os direitos e garantias dos contribuintes e dá outras providências", disciplinando a matéria em 53 artigos, divididos em 7 capítulos, a saber: "Capítulo I – Das Disposições Preliminares"; "Capítulo II – Das Normas Fundamentais"; "Capítulo III – Dos Direitos do Contribuinte"; "Capítulo IV – Das Consultas em Matéria Tributária"; "Capítulo V – Dos Deveres da Administração Fazendária"; "Capítulo VI – Da Defesa do Contribuinte"; "Capítulo VII – Das Disposições Finais"; "Justificação".

21. V. *http:/legis.senado.gov.Br/pls/prodasen/PRODASEN.RPT_MATERIA.SHOW* (acesso em 28.4.2004).

8.1 Justificação

Em sua justificação, afirma o senador Bornhausen que o Projeto abre a página de uma nova cidadania, passando o cidadão-contribuinte a ter uma relação de igualdade jurídica com o Fisco, cuidando-se, com o Projeto, não de interpretar a Carta Magna, mas sim de construí-la, descrevendo o trabalho de construção como o de "reler a Constituição em face dos novos fatos políticos e das novas demandas sociais para sobre eles projetar os princípios fundamentais implícitos da Carta e, destarte, dar-lhes solução justa sem ruptura institucional, sem cismas sociais e sem a necessidade de sucessivas e infindáveis emendas".

Em seu entender, "há que se ter presente que vive hoje o mundo na era dos direitos legislados. A cidadania não se satisfaz mais com meras declarações de direitos. Assim, a Constituição Brasileira tornou expresso que 'as normas definidoras dos direitos e garantias fundamentais têm aplicação imediata' (art. 5º, § 1º). Logo está o tempo de ter o cidadão seus direitos fundamentais subordinados à discricionariedade do Estado mediante cláusulas de eficácia contida ou não-auto-aplicáveis ou apenas programáticas".

8.2 Principais disposições do Projeto

De se ceder, aqui, a palavra ao autor do Projeto, que nos itens 7 a 21 de sua justificação relaciona os pontos que vê como de maior relevância de sua proposição:

"7 – Destaquem-se, de início, algumas disposições que, no Projeto, mais afetam a relação do cidadão-contribuinte com Fisco e mais demandam o repensar de práticas consagradas no nosso direito público. A cláusula que conceitua justiça tributária como aquela que 'atenda aos princípios constitucionais da isonomia, da capacidade contributiva, da eqüitativa distribuição da carga tributária, da generalidade, da progressividade e da não-confiscatoriedade (art. 2º, parágrafo único). São parâmetros para a validade dos tributos, tanto para o Fisco que o institua, quanto para o contribuinte que o conteste. Sua abstração cederá à eficácia no exame de cada caso concreto, seja no plano administrativo ou no processo judicial. Tal norma, em combinação com aquelas que dispõem sobre o processo administrativo-tributário e a fundamentação dos atos da Administração Fazendária, abre campo novo à relação do cidadão com o agente estatal.

"8 – A explicitação de que o exigir ou aumentar tributo somente se dará mediante lei (Constituição Federal, art. 150, inciso I) 'pressupõe a estipulação expressa de todos os elementos indispensáveis à incidência, quais sejam, descrição objetiva da materialidade do fato gerador, a indicação dos sujeitos do vínculo obrigacional, da base de cálculo e da alíquota, bem como dos aspectos temporal e espacial da obrigação tributária' (art. 4º). Mais do que a legalidade formal, também a transparência, a moralidade e a economicidade (Constituição Federal, art. 37, *caput*) na relação de direito entre os sujeitos ativo e passivo da relação tributária.

"9 – O respeito à anualidade (Constituição Federal, art. 150, inciso III, alínea 'b'), mediante publicidade que se dê, efetivamente, dentro do ano civil anterior ao da exigibilidade, mediante circulação dos *Diários Oficiais* até 31 de dezembro, com acesso aos assinantes e ao público em geral, donde inválidas as ficções de circulação com data retroativa do periódico (arts. 5º e 9º).

"10 – A identificação diferenciada dos fatos geradores e das bases de cálculo dos impostos atribuídos à competência da União, dos Estados, do Distrito Federal e dos Municípios, de sorte a evidenciar a inexistência, ainda que indireta, da bitributação (art. 7º).

"11 – A explicitação do serviço prestado ou posto à disposição do obrigado e do exercício do poder de polícia que justifiquem a criação de taxas (art. 6º).

"12 – Crucial à nova cidadania e à construção constitucional é a disposição de que 'os efeitos da decisão transitada em julgado, em controle difuso ou em ação direta proclamando a inconstitucionalidade de lei ou ato normativo federal, estadual, municipal ou do Distrito Federal, não implicarão exigência de complementação, no âmbito administrativo ou judicial, do valor do crédito tributário extinto anteriormente à vigência da decisão' (art. 15).

"Cuida-se de conferir estabilidade e previsibilidade à relação jurídica já consolidada entre o contribuinte e o Fisco. Vale dizer, extinto embora o crédito tributário, ou usufruída uma vantagem fiscal qualquer, estará o contribuinte sujeito a ter que pagar a mais, ou a se desfazer e a compensar monetariamente a vantagem fiscal, se, a qualquer momento, em futuro incerto, vier o Judiciário a declarar inconstitucional a lei vigente ao tempo de consolidação da relação tributária.

"Está consagrado na nossa cultura jurídica que a lei declarada inconstitucional, mediante decisão final do Judiciário, é nula desde sua edição, não se convalidando qualquer ato sob ela praticado. Não contempla a jurisprudência a hipótese de o Judiciário, particularmente as Cortes Constitucionais, poderem, caso a caso, mediante juízo de oportunidade política e conveniência social, em face dos valores acolhidos na Constituição mesma, dentre eles, sem dúvida, a estabilidade e previsibilidade da lei e das relações dela legitimamente extraídas, declarar a inconstitucionalidade com efeito para o futuro. Este o passo de construção constitucional. Por que não acolher o Judiciário brasileiro a experiência de outros sistemas constitucionais, mais antigos, mais estáveis e culturalmente mais prestigiosos, nos quais as Cortes Constitucionais adotam tal procedimento? São clássicos e inúmeros os precedentes, até mesmo no campo do direito penal e processual penal, e portanto no âmbito crucial da liberdade, nos quais, reconhecida a inconstitucionalidade da lei no caso concreto, e assim anulada a condenação, não se estenderam, genérica e retroativamente, os efeitos da decisão.

"Ao valor constitucional supremo de não se admitir como válida a norma contrária à Constituição, sem o quê ruiria o primado da Constituição escrita, se coloca ou troca valor essencial à ordem jurídica, qual seja, a consolidação imutável da relação contribuinte-Fisco, vale dizer, sociedade civil-Estado, validamente constituída conforme a lei vigente.

"Estranho ao sistema valorativo de uma Constituição que cria uma ordem estatal fundada em um sistema de direitos e garantias individuais em face do Estado, vale dizer, de uma ordem estatal que extrai validade legal e legitimidade política da sociedade civil que a gerencia mediante representantes eleitos, estranho será, repita-se, admitir a eterna instabilidade e imprevisibilidade de uma relação jurídica do cidadão-contribuinte validamente constituída com o agente estatal sob a lei. A norma é central à compreensão dessa nova cidadania, vale dizer, de uma relação entre iguais, no plano das relações obrigacionais do cidadão-contribuinte com o Estado fiscal.

"A motivação da norma tem agora reconhecimento formal; sua percepção cultural está acolhida na recentíssima Lei n. 9.868, de 10 de novembro último, cujo art. 27 dispõe: 'Ao declarar a inconstitucionalidade de lei ou ato normativo, e tendo em vista razões de segurança jurídica ou de excepcional interesse social, poderá o Supremo Tribunal Federal, por maioria de dois terços de seus membros, restringir os efeitos daquela declaração ou decidir que ela só tenha eficácia a partir de seu trânsito em julgado ou de outro momento que venha a ser fixado'.

"13 – Outras disposições relevantes desse novo tempo homenageiam o princípio de que ninguém será privado de seus bens e direitos sem o devido processo legal (Constituição Federal, art. 5º, incisos LIV e LV). Assim, fica proibida a interdição de estabelecimentos, a proibição de transacionar com repartições públicas, a instituição de barreiras fiscais e outros meios coercitivos para a cobrança extrajudicial de tributos (arts. 13 e 14). Da mesma forma, em razão de processo administrativo ou judicial, em matéria tributária, impedir-se o contribuinte de fruir de benefícios e incentivos fiscais ou financeiros, ou de ter acesso a linhas oficiais de crédito ou de participar de licitações (art. 26). É vedado à Administração Fazendária recusar, em razão de débitos tributários pendentes, autorização para o contribuinte imprimir os documentos necessários ao desempenho de suas atividades; ou bloquear, suspender ou cancelar inscrição do contribuinte sem a observância dos princípios do contraditório e da prévia e ampla defesa (art. 37, incisos I e III). Não menos importante, vedar-se à Administração o uso de força policial na hipótese de justo receio de resistência (art. 37, V). O direito de defesa ou de recurso, administrativo ou judicial, não poderá ser condicionado a depósito, fiança, caução, aval ou outro ônus qualquer, exceto na execução fiscal, nos termos da lei processual aplicável (art. 18).

"14 – Somente ao Judiciário será permitido desconsiderar a personalidade jurídica da sociedade quando for ela instrumento de fraude à lei para ocultar sócios ou terceiros que tenham poder de controle, conforme a Lei das Sociedades Anônimas (art. 16).

"A desconsideração (*disregard of legal entity doctrine*) visa a punir o abuso de direito e a fraude mediante o uso de personalidade jurídica. O primeiro conceito clássico vem de 1912, e foi lembrado em conferência pelo renomado jurista Rubens Requião: 'Quando o conceito de pessoa jurídica se emprega para defraudar os credores, para subtrair-se a uma obrigação existente, para desviar a aplicação de uma lei, para constituir ou conservar um monopólio ou para proteger velhacos ou delinqüentes, os tribunais poderão prescindir da personalidade jurídica e considerar que a sociedade é um conjunto de homens que participam ativamente de tais atos e farão justiça entre pessoas reais" (*E.S.D.* 2/76). Já o conceito revela a exclusividade dos tribunais. O que faz o projeto é prevenir a manipulação e o mau uso desse mecanismo de compreensão e análise dos negócios de uma pessoa jurídica pela Administração Fazendária como forma de coagir o contribuinte, no processo administrativo-tributário, o qual se desenvolve sem o controle e a condução isenta do terceiro imparcial – o juiz, perante quem os pedidos de requisição de documentos hão de ser justificados e submetidos ao crivo do contraditório.

"15 – As técnicas presuntivas são instrumento de eficácia gerencial. O que não admite o projeto é ser o sujeito passivo tomado de surpresa com o ônus da obrigação. Por isso mesmo, a lealdade do Estado com o cidadão-contribuinte demanda a publicidade prévia do ato para ciência dos que por ele afetados, para sua impugnação administrativa ou judicial (art. 35).

"16 – Parcelado o débito tributário, e se cumprido o acordo, não pode o cidadão-contribuinte continuar a sofrer os ônus da inadimplência. O Projeto resolve disputa doutrinária de tratamentos administrativos e de jurisprudência ao definir o parcelamento como novação, donde o retorno ao pleno estado de adimplência, inclusive para a obtenção de certidões negativas de débitos fiscais (art. 36).

"17 – Relevantes os prazos estabelecidos para as decisões da Administração Fazendária, livrando o cidadão-contribuinte da espera infindável para a solução de suas demandas. Assim, circunscrita a Administração Fazendária ao objeto lançado no termo de início da fiscalização, tem ela prazo de 90 dias para ultimar as diligências (art. 46).

"O prazo máximo para emitir decisão nos processos, nas solicitações ou nas reclamações será de 30 dias (arts. 19, XII, e 41). Nas consultas o prazo é de 30 dias, com a ressalva importante de que, oferecendo o contribuinte sua interpretação, prevalecerá esta se o Fisco não observar o prazo da lei (art. 31). Visto o equilíbrio entre as partes, a realidade da gerência da Administração Fazendária e o direito público que rege a matéria, todos os prazos são prorrogáveis uma única vez, por igual período, mediante justificação.

"18 – Os contribuintes passarão a conhecer os impostos incidentes sobre mercadorias, especialmente as que compõem a cesta básica, bem como os incidentes sobre serviços bancários, pela divulgação semestral da carga tributária a eles agregada (art. 20).

"19 – Duas outras disposições reforçam a lealdade que deve reger as relações do cidadão-contribuinte com o Fisco. A primeira firma que, sem prejuízo da sucumbência, o contribuinte será reembolsado do custo das fianças e outras garantias de instância judicial, para a suspensão do crédito tributário, quando este for julgado improcedente (art. 25). Nas execuções fiscais, em especial, para recorrer judicialmente, vê-se o contribuinte obrigado a afiançar o débito que se lhe impõe, com o quê arca com o custo financeiro até agora não compensável. A segunda permite que o contribuinte, credor do Fisco em face de decisão final, administrativa ou fiscal, compense o crédito contra o débito quaisquer que tenha perante a mesma Fazenda Pública (art. 29), com o quê o Projeto encerra demandas intermináveis nas quais se disputa sobre a natureza coincidente ou não dos tributos que enseja a compensação.

"20 – O Projeto, dada sua natureza de lei complementar, resolve ainda a compreensão do melhor sentido do quanto disposto nos arts. 150, inciso VI, alínea 'c', e 195, § 7º, da Constituição Federal, os quais remetem à lei a criação das exigências e dos requisitos de fruição das imunidades tributárias nela previstas (art. 8º). Cuida-se, conforme a melhor leitura para a eficácia substantiva da Constituição, de lei complementar, nunca de lei ordinária, porquanto, sabiamente, é da lei complementar a competência para regular as limitações constitucionais ao poder de tributar (Constituição Federal, art. 146, II). É esta a lição dos autores de maior nomeada.

"A relevância social e política dos partidos políticos e suas fundações, das entidades sindicais dos trabalhadores, das instituições de educação e de assistência social, sem fins lucrativos, justifica que Congresso Nacional encerre a rixa doutrinária. O mandamento da lei complementar que o Projeto explicita é exatamente aquele acolhido pelo Supremo Tribunal Federal, na sessão plenária do dia 11 de novembro de 1999, em processo de que relator o Min. Moreira Alves, quando aquela Corte confirmou medida liminar antes deferida pelo Min. Marco Aurélio, sustando os efeitos de lei ordinária que pretendera atuar no campo do art. 146, inciso II, da Constituição Federal.

"21 – A eficácia desta lei assegurada mediante ações administrativas ou judiciais, de iniciativa individual ou coletiva, nos moldes do Código de Defesa do Contribuinte (Lei n. 8.078, de 11 de setembro de 1990, arts. 81 e ss.). Destarte, o Ministério Público e as associações civis ficam legitimados para a ação coletiva na defesa dos direitos e garantias explicitados no Projeto (art. 47)."

9. Visão crítica dos Estatutos do Contribuinte

O panorama que se descortinou ao serem expostos, em rápidas pinceladas, os Estatutos do Contribuinte no Canadá, nos Estados Unidos, na Espanha e na Itália, além dos vigentes nos Estados de Minas Gerais e São Paulo, evidencia que por eles se vivificam preceitos relativos aos direitos humanos.

Definido o Estatuto do Contribuinte por Ruy Barbosa Nogueira como "o conjunto das garantias constitucionais e legais que protegem o contribuinte contra os excessos fiscais", temos que essa expressão tem foros de cidadania no direito tributário desde longa data, tendo sido utilizada por Trotabas há mais de meio século,[22] dele

22. Ruy Barbosa Nogueira, *Direito Tributário Aplicado e Comparado*, vol. 1, Rio de Janeiro, Forense, 1977, p. 18 , em nota de rodapé 8.

decorrendo, como anota Gilberto de Ulhôa Canto, citando Rubens Gomes de Sousa, uma situação jurídica subjetiva.[23]

Embora alhures[24] já tenha consignado que para nós há que se falar em um só direito humano – o direito à vida –, todos os demais assim chamados nada mais sendo que atributos desse direito, expressos em liberdade, segurança, igualdade, propriedade e tantas outras denominações, em preito ao uso geral curvamo-nos aos demais, anotando que na *liberdade* Ricardo Lobo Torres vê o fundamento que vai se positivar, relativamente aos tributos, nas declarações de direitos dos contribuintes, parte integrante das declarações dos direitos do homem e do cidadão.[25]

Partindo dos ensinamentos de Ramón Valdés Costa, para quem o Estado, na relação jurídico-tributária, reveste-se da tríplice condição de criador da obrigação, credor da mesma e juiz das controvérsias que se apresentem,[26] José Osvaldo Casás[27] vê no Estatuto do Contribuinte a expressão maior do princípio da igualdade das partes na obrigação tributária, navegando nas águas de Valdés Costa e Dino Jarach.

José Juan Ferreiro Lapatza, depois de assinalar com palavras candentes a gênese da democracia na Europa Continental e de apontar que nela a relação tributária se apresentava como relação de poder, citando Hensel, para quem o tipo de relação de poder estava claro em seus caracteres essenciais, ou seja, vontade de uma parte manifestada em uma ordem que deve ser obedecida , pois "poder ordenar y tener que obedecer y no estar autorizado a exigir y deber prestar es lo que más claramente revela la antítesis esencial",[28] verbera a sobrevivência desse tipo de relação no âmbito do direito público em geral e no direito tributário em especial, para afirmar sua incompatibilidade com a democracia, onde cabe ao povo, e não mais ao soberano, autorizar os atos do Estado.

Afirma, assim, ser missão dos juristas fazer da Constituição realidade viva e submeter o poder à lei e ao Direito, adicionando:

"Desde esta perspectiva, entiendo, se equivocan, a mi juicio, quienes para defender a los contribuyentes de los posibles excesos del poder piden un Estatuto que proclame unos derechos y garantías mínimos que oponer a tales excesos.

"Pues, hecha así, la petición no puede dar al Estatuto que se pide otro sentido que el de carta de libertades otorgada por el soberano a sus súbditos, a personas que no detentan el poder como ciudadanos, sino que están unidos a él por una relación especial de dominación o vasallaje. Hecha así, la petición de un Estatuto no puede sino robustecer al poder que lo concede."[29]

Compartilhando do pensamento do autor de que a nós, juristas, cabe fazer viva a Constituição e por ela lutar, dele dissentimos, no entanto, ao negarmos equívoco na necessidade de um Estatuto do Contribuinte.

Em primeiro lugar porque no Estado Democrático não se pede ao poder, pois este, no caso brasileiro, se apresenta tripartido, sendo o Poder Legislativo o poder

23. Gilberto de Ulhôa Canto, *Direito Tributário Aplicado – Pareceres*, Rio de Janeiro, Forense Universitária, 1992, p. 57.

24. Agostinho Toffoli Tavolaro, "Direitos humanos e tributação", cit., in Evaldo Brito e Roberto Rosas (coords.), *Dimensão Jurídica do Tributo, Homenagem ao Professor Dejalma de Campos*, p. 58.

25. Ricardo Lobo Torres, "Liberdade, segurança e justiça no direito tributário", in Heleno Taveira Torres (coord.), *Justiça Tributária*, São Paulo, Max Limonad, 1998, p. 685.

26. Ramón Valdés Costa, *Instituciones de Derecho Tributario*, Buenos Aires, Depalma, 1992, p. 277, n. 37.2.

27. José Osvaldo Casás, "El principio de igualdad en el 'Estatuto del Contribuyente'", *Revista Latinoamericana de Derecho Tributario* 3/93, Madri, ILADT/Marcial Pons, 1997.

28. José Juan Ferreiro Lapatza, "El Estatuto del Contribuyente y las facultades normativas de la Administración (derecho tributario y orden democrático)", in Heleno Taveira Torres (coord.), *Justiça Tributária*, cit., p. 314.

29. Idem, p. 319.

do povo, que nele tem seus representantes. Assim, a ordem que vier, consubstanciada na lei, exprime a vontade do povo, não havendo subserviência nem relação de vassalagem.

Damos razão ao autor quando afirma que o poder político não é uma enteléquia (entidade ficcional), mas sim homens que, com legitimidade, se sentam nos órgãos legislativos, trabalham na burocracia do Poder Executivo e julgam nos tribunais. São homens, e a eles repugna debilitar-se. No entanto, é, a nosso ver, realidade do Estado de Direito a luta constante entre idéias opostas e a prevalência da vontade da maioria, ainda que muitas vezes, por demagogia, o poder seja alcançado, relegando para o inferno das ilusões perdidas o discurso que serviu para galgar o poder.

Finalmente, não esquecemos o ressaibo atávico de obediência ao poder, que se traduz, em nossos dias, na obediência cega a portarias e ordens de serviço emanadas por quem ignora os princípios constitucionais ou, pior ainda, por quem, conhecendo-os, distorce-os, para que se acomodem às suas pretensões de sabujice ao poder de plantão. Justamente por isso é que entendemos que a minudência das normas – através do Estatuto do Contribuinte – opera em favor da atuação da Constituição, que assim se vivifica e corporifica anseios da nação.

No que diz respeito às garantias – e o Direito não se afirma sem elas –, vemos que são elas divididas em temporais (prescrição, validade de atos fiscalizatórios) e processuais ou procedimentais (concernentes ao direito de defesa),[30] sendo estas as que mais são solicitadas no embate diário, razão por que Masson as coloca em relevo, ao abordar a CEDH, testemunhando: "C'est sans doute pourquoi, depuis environs 10 ans, le droit fiscal a été saisi de façon de plus en plus visible par la Convention Européenne des Droits de l'Homme, bien que ce soit, beaucoup plus, le droit des procédures fiscales quinait été le plus affecté que le régime des impositions".[31]

10. Um exemplo da violência contra o direito do contribuinte que poderá ser coibido pelo Estatuto

Flagrante desrespeito ao direito do contribuinte de gerir seus negócios e ter respeitado seu sigilo bancário se constitui na prática – oriunda do processo trabalhista e que ameaça se alastrar, qual erva daninha, para o processo de execução fiscal – da chamada penhora *on line*.

Consistente em bloqueio inicial de todas as contas bancárias do contribuinte, através de encaminhamento via Internet de solicitação do magistrado ao Banco Central e deste a toda a rede bancária, a prática em tela, além de se constituir em meio mais gravoso de execução, ferindo a privacidade das contas bancárias, atinge, em um primeiro momento, valores muito acima da importância objeto da execução, pois o bloqueio se faz em cada uma das várias contas do contribuinte pela importância do débito, tantas vezes quantas forem as contas desse contribuinte.

E se apresenta ainda mais contra o Direito a prática quando se tem que o bloqueio é feito sem o conhecimento prévio do contribuinte, que somente dele toma conhecimento ao pretender movimentar sua conta e ter a desagradável surpresa de constatar insuficiência de saldo, gerando, com isso, muitas vezes, inadimplemento de salários, fornecedores e, mesmo, de tributos.

Recomendável seria que, a exemplo do *bill of taxpayer's rights* americano, fosse obrigada a instituição bancária a dar conhecimento prévio da efetivação da penhora ao contribuinte, com prazo suficiente para

30. Francis Querol, "Le controle fiscal en France"disponível na Internet: *www.univ-tlse1.fr* (acesso em 24.4.2004).

31. Thibauld Masson, "La protection du contribuable a travers la Convention Européene des Droits de l'Homme: une nouvelle consideration des droits de la défense?" cit., in *Fiscalité Européene et Droit International des Affaires* 131, ano 2000, e no *site index.htmlindex.html* (acesso em 21.4.2004).

que possa ele arranjar seus negócios ou tomar as providências junto ao juízo, que achar convenientes (nos Estados Unidos da América a penhora somente se efetivará após 21 dias da comunicação – *US Tax Code*, *Title* 26, *Subtitle* F, *Chapter* 64, *Subchapter* D, *Sec.* 6332, "c").

11. Conclusão

De um modo geral, para nós é imperativa a existência do Estatuto do Contribuinte, a fim de que se tenha o contribuinte como cidadão, e não como súdito. Não há que se falar em Fisco inimigo do contribuinte, embora o ranço persista, seja nas hostes do Fisco como nas dos contribuintes.

Afinal, não é demais recordar que já costumava Gilberto de Ulhôa Canto citar dito de Oliver Wendell Holmes: "Gosto de pagar impostos, porque com eles se compra civilização"; e que em 1793 a Constituição Francesa de 24 de junho insculpia, em seu art. 101: "Nul citoyen n'est dispensé de l'honorable obligation de contribuer aux charges publiques".

OS JUROS DE MORA E OS CRÉDITOS TRIBUTÁRIOS COM EXIGIBILIDADE SUSPENSA POR MEDIDA LIMINAR EM MANDADO DE SEGURANÇA

HELENILSON CUNHA PONTES
Doutor e Livre-Docente pela Faculdade de Direito da USP

1. Posição da questão. 2. Considerações preliminares. 3. A natureza jurídica da suspensão da exigibilidade do crédito tributário. 4. Dos juros moratórios. 5. Os juros de mora e a culpa do devedor (contribuinte). 6. Conclusão.

1. Posição da questão

O presente texto procura demonstrar a ilegitimidade representada pela incidência de juros de mora sobre créditos tributários não vencidos cuja exigibilidade foi suspensa por força de medida liminar proferida em mandado de segurança, nos termos do art. 151, IV, do CTN.

2. Considerações preliminares

O CTN, em seu art. 151, enumera as hipóteses em que a exigibilidade do critério tributário pode ser suspensa. Entre tais hipóteses situa-se a concessão de medida liminar em mandado de segurança (art. 151, IV).

Neste sentido, a questão exige que se promova a análise das conseqüências jurídicas do ato judicial – medida liminar em mandado de segurança – que determina a suspensão da exigibilidade de crédito tributário não vencido, bem como a natureza jurídica dos juros moratórios eventualmente incidentes.

O mandado de segurança, no bojo do qual é proferida medida liminar suspensiva da exigibilidade do crédito tributário não vencido, constitui, *lato sensu*, medida judicial cautelar através da qual o sujeito passivo tributário objetiva eximir-se dos efeitos moratórios decorrentes do descumprimento do dever consistente no recolhimento do tributo aos cofres públicos.

Na maioria das vezes a causa de pedir do mandado de segurança, bem como da medida liminar requerida no bojo da ação mandamental, é a ilegitimidade de uma determinada exação tributária, o que justifica o requerimento cautelar de suspensão da exigibilidade do respectivo crédito tributário. Vale dizer, o sujeito passivo, acreditando na ilegitimidade de uma exigência tributária, recorre, cautelarmente, ao Poder Judiciário, para que este suspenda a exigibilidade do crédito tributário nascido no bojo de uma obrigação legal que sujeito passivo julga ilegítima.

3. *A natureza jurídica da suspensão da exigibilidade do crédito tributário*

Prima facie, necessária a exegese da expressão "suspensão da exigibilidade do crédito tributário", bem como dos efeitos jurídico-tributários da medida liminar que determina tal suspensão.

Em um primeiro momento, pode o sujeito passivo propor o mandado de segurança antes da realização do fato gerador da obrigação tributária que julga ilegítima. Tal situação normalmente ocorre quando é publicada uma lei estabelecendo determinada incidência tributária e o sujeito passivo (potencial) que se submeterá àquele recolhimento tão logo realize o fato gerador respectivo, acreditando na ilegitimidade da exigência, antecipa-se e, cautelarmente, impetra mandado de segurança objetivando a suspensão da exigibilidade dos créditos tributários que nascerão da realização da hipótese de incidência legalmente prevista.

Nesta hipótese, o mandado de segurança antecede, ainda que por pouco tempo, a realização fática do fato gerador. Para tanto, deve o impetrante do mandado de segurança demonstrar seu estado de sujeição relativamente à incidência tributária, isto é, cumpre ao impetrante demonstrar, judicialmente, que a situação fática em que se encontra submete-o à incidência da regra tributária que julga ilegítima e que, para impedir uma posterior e breve exigência dos créditos decorrentes de uma obrigação tributária viciada pela pecha da ilegitimidade, requer que o Poder Judiciário, cautelarmente, determine a suspensão dos créditos tributários que nascerão com a realização do fato gerador legalmente previsto.

Pode, todavia, o mandado de segurança (ainda preventivo, note-se) ser proposto em um segundo momento, qual seja, no período que medeia entre a realização fática do fato gerador e a data do vencimento da obrigação tributária respectiva. Esta hipótese ocorre nos casos em que o sujeito passivo realiza o fato gerador tributário previsto legalmente; todavia, antes do prazo de vencimento do crédito respectivo, antecipa-se e procura o Poder Judiciário a fim de que este, liminarmente, suspenda a exigibilidade do crédito tributário decorrente da realização daquele fato gerador.

Normalmente, no bojo deste mesmo mandado de segurança os sujeitos passivos tributários requerem, também, a suspensão da exigibilidade dos créditos tributários futuros decorrentes da realização fática da exigência legalmente prevista que se julga ilegítima. A liminar proferida no bojo deste mandado de segurança, portanto, abrange um fato gerador já realizado (mas cujo crédito tributário respectivo ainda não é exigível, porquanto não vencido) bem como os fatos geradores futuros – por óbvio, também ainda não exigíveis.

Em ambos os casos a dívida tributária ainda não é exigível – porquanto não vencida – quando é proposta a ação mandamental no bojo da qual requerida e concedida a medida liminar. A liminar consubstancia, assim, ordem judicial que protrai os efeitos do vencimento da obrigação tributária, na medida em que incide sobre a eficácia da exigibilidade da dívida tributária.

"Exigibilidade" é termo que, não obstante vago e ambíguo, admite diferentes cargas semânticas (algo pode ser mais ou menos exigível, dependendo das conseqüências advindas de tal "exigibilidade"). De todo modo, pode-se afirmar que exigibilidade é característica daquilo que exigível, isto é, de uma prestação que pode ser exigida de outrem.

A exigibilidade constitui atributo do crédito e compõe o conceito de executoriedade, não obstante com este não se confunda. Neste sentido, vale lembrar o art. 586 do CPC, segundo o qual "a execução para cobrança de crédito fundar-se-á sempre em título líquido, certo e exigível". A exigibilidade, assim, integra o conceito de executoriedade do crédito tributário, conferindo ao título que embasa o direito creditório a presunção de liquidez e certeza (art. 204 do CTN).

A exigibilidade prevista no art. 151 do CTN refere-se ao exercício da pretensão de exigir determinada prestação (tributo), desde que realizada a hipótese legalmente prevista, após o decurso de certo prazo. Vale dizer, as medidas enumeradas no art. 151 do CTN impedem o exercício da pretensão consubstanciada na exigência de um crédito tributário (prestação) nascido com a realização fática da hipótese de incidência tributária (teoria declaratória do lançamento) ou com o lançamento tributário (teoria constitutiva do lançamento).

A suspensão opera-se sobre uma exigibilidade existente apenas "em potência", e não "em ato". A exigibilidade potencial funda-se na presunção de validade do ato normativo que estabelece o dever de recolher o crédito tributário após a realização do suporte fático normativamente previsto.

Como o ato normativo que prevê a incidência tributária – que dará azo ao crédito tributário – presume-se válido, necessário que o sujeito passivo antecipe-se e requeira tutela judicial no sentido de afastar, preventivamente, o nascimento da exigibilidade "em ato" do crédito tributário, a qual ocorrerá no momento do cumprimento do dever obrigacional consistente no recolhimento. Assim, é a presunção de constitucionalidade das leis que confere o interesse jurídico-processual ao sujeito passivo para, preventivamente, buscar a tutela judicial objetivando suspender a exigibilidade, ainda potencial, do crédito tributário.

A suspensão da exigibilidade do crédito tributário decorrente da medida liminar em mandado de segurança não objetiva, diretamente, negar ou eliminar a pretensão estatal à exigência do crédito tributário, mas, tão-somente, suspender o exercício desta pretensão até que o Poder Judiciário decida acerca da legitimidade da mesma. O mesmo ocorre no âmbito administrativo com as impugnações e recursos administrativos.

Com a impetração do mandado de segurança o sujeito passivo busca um objetivo imediato e um mediato. O primeiro representado pela suspensão liminar do exercício da pretensão de exigir o crédito tributário, afastando-se, assim, a presunção de constitucionalidade em que o mesmo se funda; o segundo consiste na discussão acerca da própria legitimidade da exigência tributária, o que consubstancia o mérito da ação mandamental, onde, de resto, ver-se-á declarada a validade ou invalidade do crédito tributário.

O efeito que se busca com a suspensão do exercício da pretensão fiscal é impedir que o Fisco leve a cabo o procedimento de exigência de crédito tributário não recolhido no prazo do vencimento, o qual redundará no executivo fiscal. Vale dizer, busca-se impedir que seja reconhecido o caráter de "exigível" ao crédito tributário, nos termos do art. 586 do CPC.

Assim, assumindo que a realização fática de uma hipótese de incidência tributária legalmente prevista (presumidamente válida), após o vencimento da dívida tributária respectiva, desencadeará um processo de efetiva exigência do crédito tributário (que culminará no executivo fiscal), admitiu o legislador que o sujeito passivo possa, antecipando-se ao desencadeamento daquele processo, recorrer ao Poder Judiciário para impedir o desenrolar do mesmo.

Marco Aurélio Greco parece entender no mesmo sentido ao afirmar que "o que me parece ter sido a intenção da lei foi prever uma hipótese em que, existindo o crédito (esteja constituído), e como ao crédito corresponde uma dívida do contribuinte, este, por ter seu patrimônio assim afetado (dívida existente), está legitimado a adotar providências (por exemplo, o depósito) ou *pleitear provimento judicial inibidor das subseqüentes atitudes do Fisco no sentido da respectiva cobrança*".[1]

Recorrendo ao Poder Judiciário antes de vencida a obrigação, e obtendo medida

1. Marco Aurélio Greco, *Decisões Judiciais e Tributação*, São Paulo, Resenha Tributária, 1994, pp. 421-422.

liminar em mandado de segurança, estará o sujeito passivo impedindo que o Fisco exerça sua pretensão de exigir o crédito tributário – pretensão, esta, que somente poderá ser exercida após o vencimento da obrigação. Do contrário, como afirma aquele autor, "se a medida liminar só tivesse sentido se deferida depois do vencimento da dívida, estaria comprometida a própria *utilidade* da prestação jurisdicional, pois o contribuinte resultaria na situação de se ver discutindo uma questão fiscal já em mora, e, portanto, em condição de descumpridor de um dever jurídico".[2]

Assim, a medida liminar que suspende a exigibilidade do crédito tributário gera: (1) para o Fisco, o efeito de suspender, ainda que temporariamente, a eficácia da sua pretensão jurídica de exigir, efetivamente, o crédito tributário, que culminará no executivo fiscal; (2) para o sujeito passivo, o efeito de suspender, provisoriamente, o estado de sujeição relativamente ao exercício da pretensão do Fisco de lhe exigir o crédito tributário, correspondente à realização da hipótese de incidência tributária legalmente prevista.

4. Dos juros moratórios

A consideração do momento em que o crédito tributário se torna exigível é fundamental para a compreensão dos efeitos da medida liminar proferida em mandado de segurança que gera a suspensão da exigibilidade do crédito tributário.

Conforme observado, antes do vencimento do prazo para recolhimento do crédito tributário o Fisco tem apenas a pretensão de exigir (decorrente de uma exigibilidade *potencial* do crédito tributário); todavia, a eficácia (o exercício) desta pretensão fica suspensa até o prazo de vencimento da obrigação – logo, não se podendo cogitar de mora, uma vez que, neste momento, o crédito tributário ainda não é exigível "em ato" ou de fato.

2. Idem, ibidem.

Pontes de Miranda[3] acentua que a exigibilidade (de fato) somente nasce com o vencimento da obrigação. Com efeito, afirma este autor que "exigibilidade e vencimento de regra coincidem. Se vence à data tal, mas para se exigir se precisa de interpelação, pôs-se a condição suspensiva à eficácia da pretensão. Então, a mora somente começa com a exigibilidade. Em mora incorre quem falta ao que se lhe poderia exigir. Se há exceção contra o credor, enquanto ele não a afasta, a mora não se dá, porque a exceção não tira eficácia ao crédito, *não lhe poda a pretensão, apenas encobre a eficácia da pretensão*".

Vale dizer, enquanto não vencida a obrigação tributária, a eficácia da pretensão de exigir o objeto obrigacional (crédito tributário) encontra-se "encoberta" (Pontes de Miranda), daí por que não se há que cogitar de mora antes de escoado o prazo para recolhimento do crédito tributário.

Os juros moratórios decorrem do retardamento do cumprimento de um dever obrigacional por parte do devedor. Os juros de mora constituem uma conseqüência do descumprimento de um dever obrigacional. Logo, a exigibilidade (efetiva, e não potencial) da dívida é pressuposto inelutável da incidência dos juros moratórios. Nas palavras de Plácido e Silva:

"Juros de mora são juros ditos *propter moram*, fundados numa demora imputável ao devedor de dívida exigível.

"Nesta razão, os juros moratórios se fundam em dois elementos dominantes: a) a existência de dívida exigível; b) a demora do não pagamento dela, imputável ao devedor."[4]

Antes de vencido o prazo para seu recolhimento o crédito tributário ainda não é exigível *de fato*, mas apenas *em potência*, já que a eficácia da pretensão estatal que o legitima ainda está suspensa pelo decurso

3. Pontes de Miranda, *Tratado de Direito Privado*, t. XXIII, pp. 139-140.

4. De Plácido e Silva, *Vocabulário Jurídico*, 9ª ed., Rio de Janeiro, Forense, p. 904.

do prazo de vencimento. A exigibilidade da pretensão estatal só se completa – e, portanto, só pode ser exercida de fato – após o prazo de vencimento do crédito tributário.

Assim sendo, a decisão judicial liminar que suspende a exigibilidade de crédito tributário não vencido *antecipa-se ao próprio nascimento da causa jurídica (impontualidade no pagamento) que embasa a exigência de juros moratórios*. Com efeito, a causa da incidência dos juros moratórios é, justamente, o não-recolhimento pontual de dívida exigível.

Em outras palavras, decorrido o prazo previsto em lei para o adimplemento da obrigação de recolher o crédito tributário sem que o mesmo tenha sido recolhido, surge, automaticamente, a incidência de juros moratórios, independentemente de qualquer notificação ou interpelação, por força da aplicação do princípio *dies interpellat pro homine*.

A medida judicial suspensiva da exigibilidade de crédito tributário não vencido, por incidir sobre a eficácia da pretensão estatal de exigir (de fato) o crédito tributário, a qual ocorre *após o prazo de vencimento da obrigação*, impede que se configure o "estado de mora".

Em outro dizer, se a decisão judicial suspende, cautelarmente, a exigibilidade "em ato" do crédito tributário, que ocorrerá após o decurso do prazo para vencimento da obrigação, o "estado de mora" sequer chega a surgir, já que desaparece sua causa jurídica (impontualidade no cumprimento de uma obrigação exigível).

Não há que se cogitar de mora no cumprimento de uma obrigação cujo prazo de vencimento resta adiado por decisão judicial que visualiza suspeita de ilegitimidade na exigência da mesma, afastando, ainda que provisoriamente, sua presunção de validade. Este é, precisamente, o efeito da decisão judicial que suspende a exigibilidade do crédito tributário. Daí por que descabe cogitar da incidência de juros moratórios sobre créditos tributários não vencidos e albergados por decisão judicial suspensiva da exigibilidade.

Marco Aurélio Greco não discrepa deste entendimento ao afirmar que, "se a cobrança supõe um crédito constituído e hábil para ensejar futura execução, uma vez que a decisão judicial, porque poderá vir a desconstituí-lo, lhe retira liminarmente a aptidão de ser cobrado, *disto decorre a não-configuração do vencimento da dívida e da mora*. O tempo (vencimento) somente pode produzir efeitos se, no instante qualificado pela lei, existe crédito apto a servir de base para deflagração da cobrança. A medida judicial compromete esta aptidão; logo, o tempo do vencimento se verifica no mundo dos fatos, mas falta objeto jurídico ao qual poderia conferir conseqüências".[5]

A decisão judicial que suspende a exigibilidade do crédito tributário, enquanto eficaz, impede que se cogite de mora, já que durante esse período, por ordem judicial, não havia obrigação a cumprir. Assim sendo, a exigibilidade do crédito – isto é, a existência de obrigação apta a ser adimplida – somente ocorre com a perda da eficácia da decisão judicial.

Ciente da revogação da decisão que suspende a exigibilidade do crédito tributário contestado judicialmente, o sujeito passivo pode recolhê-lo dentro do prazo de 30 dias, contados de tal ciência, haja vista a regra do art. 160 do CTN, segundo o qual, "quando a legislação não fixar o tempo do pagamento, o vencimento do crédito ocorre 30 (trinta) dias depois da data em que se considera o sujeito passivo notificado do lançamento". A intimação judicial da perda de eficácia da medida liminar tem para o contribuinte, portanto, o efeito jurídico de uma notificação de lançamento, para os efeitos do art. 160 do CTN.

Outra não pode ser a exegese da questão, já que a exigibilidade (de fato) do crédito tributário não vencido somente surge

5. Marco Aurélio Greco, *Decisões Judiciais e Tributação*, cit., p. 422.

com a revogação da medida judicial que, no seu nascedouro, inibiu-lhe a eficácia.

João Dácio Rolim corrobora tal entendimento ao afirmar que:

"Assim sendo, pela ausência de falta do contribuinte, uma vez que não se lhe poderia cobrar o crédito suspenso, inocorre a mora durante o período da vigência da liminar ou da sentença favorável.

"Em outras palavras, dever legal tributário não havia, já que a legalidade ou legitimidade do crédito tributário estava sendo impugnada na esfera judicial. A exigibilidade virá, portanto com a superveniência da decisão contrária. O vencimento se dará 30 dias após a publicação do acórdão cassador da liminar se o próprio acórdão não fixar outro prazo, conforme preceituado pelo art. 160 do CTN."[6]

Idêntico entendimento já manifestou René Izoldi Ávila ao afirmar que:

"Os juros de mora são conseqüência da impontualidade do contribuinte na satisfação do crédito tributário, que se torna exigível pela formalização através do lançamento tributário, de que é elemento essencial a fixação de um prazo de vencimento da obrigação tributária.

"A mora – *atraso no pagamento, tal como definido no art. 161 do CTN, 'verbis': 'o crédito não integralmente pago no vencimento é acrescido dos juros de mora'* – deixa de se verificar no momento em que o contribuinte manifesta a sua inconformidade através de qualquer das formas catalogadas nos incisos II, III e IV do art. 151, pois é evidente que, estando suspensa a exigibilidade, não há vencimento que não tenha sido atendido.

"Sendo assim, não se poderá cogitar da exigência de juros de mora, dado que não existe mora a penalizar."[7]

Ademais, o Código Tributário Nacional (art. 161, § 2º) estabelece que, enquanto pendente consulta acerca da validade de crédito tributário ainda não vencido, resta afastada a incidência de juros moratórios. Ora, a *ratio juris* desta regra é, justamente, suspender os efeitos da mora enquanto se tiver dúvida acerca da legitimidade da exigência de um crédito tributário ainda não vencido.

Mutatis mutandis, o mesmo raciocínio se aplica à suspensão judicial da exigibilidade de um crédito tributário igualmente não vencido, caso contrário estar-se-ia entendendo que o mero protocolo de uma consulta tem maior relevância jurídica que uma decisão judicial que aprecia os requisitos necessários à concessão de medida liminar em mandado de segurança.

Assim, considerando que a medida liminar suspensiva da exigibilidade de crédito tributário não vencido opera, automaticamente, uma prorrogação do vencimento da obrigação tributária respectiva, até o momento em que se decida pela sua legitimidade, incabível é a incidência de juros moratórios no período de vigência desta medida judicial.

5. Os juros de mora e a culpa do devedor (contribuinte)

A impossibilidade de incidência de juros de mora durante o período em que o crédito tributário estiver com sua exigibilidade suspensa por decisão judicial também se justifica haja vista a inexistência de culpa do devedor (contribuinte) ou de ação ou omissão culposa deste.

A incidência de juros de mora tem como causa a *culpa do devedor*, conforme ensinam a doutrina pátria e a comparada.

Roberto de Ruggiero observa que "mora é, em sentido técnico, qualquer *atraso culposo*, quer derive do devedor, quer derive do credor, e posto que usualmente e

6. João Dácio Rolim, "Medida liminar em mandado de segurança e acréscimos moratórios no recolhimento de tributos", *Repertório IOB de Jurisprudência* 6/105, São Paulo, IOB, 1993.

7. René Izoldi Ávila, "A suspensão do crédito tributário", in *Comentários ao Código Tributário Nacional*, vol. 4, São Paulo, IBET/Resenha Tributária, 1978, p. 217.

mesmo na linguagem legislativa não se possa falar de mora senão com respeito ao devedor, para significar a demora por ele tida no *solvere*, é possível e não tem menos importância para a doutrina da falta de cumprimento qualquer demora ou obstáculo posto pelo credor à execução por parte do devedor".[8]

Adiante, conclui aquele autor que "o pressuposto da mora do devedor é uma culpa e a própria mora não é, entendida tecnicamente, senão uma forma pela qual se manifesta a culpa do obrigado no momento em que é chamado a prestar. Exige-se, para que se incorra nela, um *atraso imputável ao devedor*, isto é: que este se não possa desculpar, invocando uma causa que lhe seja estranha".[9]

Entre nós, Agostinho Alvim[10] afirma que a culpa é elemento subjetivo indispensável para a configuração da mora do devedor. Para esse autor, "vencida e não paga uma dívida de dinheiro, os juros correm desde logo. Mas a ausência de culpa pelo não-pagamento impede os efeitos da mora". E, adiante, conclui, assertivamente: "mora é retardamento culposo".

Com efeito, o Código Civil de 1916 era cristalino ao estabelecer (art. 963) que, "não havendo fato ou omissão *imputável ao devedor*, não incorre este em mora".

Clóvis Beviláqua, em comentário ao art. 963 do CC de 1916, afirma que "a culpa é elemento conceitual da *mora solvendi*, que é retardamento imputável ao devedor, segundo a melhor doutrina. (...). Se o retardamento for determinado por caso fortuito ou força maior, não há mora no sentido técnico da expressão".[11]

8. Roberto de Ruggiero, *Instituições de Direito Civil*, vol. III, São Paulo, Saraiva, 1937, p. 115.

9. Idem, ibidem.

10. Agostinho Alvim, *Da Inexecução das Obrigações e suas Conseqüências*, 2ª ed., São Paulo, Saraiva, 1955, pp. 25-28.

11. Clóvis Beviláqua, *Código Civil dos Estados Unidos do Brasil Comentado*, vol. IV, Rio de Janeiro, Edição Histórica, 1958, p. 98.

Sob a égide do Código Civil de 1916, afirmou Serpa Lopes que "jurisprudência e doutrina são unânimes em reconhecer a culpa como elemento integrante da *mora solvendi*. O fato positivo de se considerar em mora o devedor que não efetua o pagamento no tempo, lugar e forma convencionados (CC, art. 955), de par com o *negativo* (art. 963) de se isentar o devedor da mora, *não havendo contra ele fato ou omissão imputável* (CC, art. 963), bem mostram a presença do elemento *culpa* no caso da *mora debitoris*".[12]

O Código Civil de 2002 (art. 394) definiu a mora nos seguintes termos: "Considera-se em mora o devedor que não efetuar o pagamento e o credor que não quiser recebê-lo no tempo, lugar e forma que a lei ou a convenção estabelecer". E, adiante (art. 396), repetiu a anterior regra codificada: "Não havendo fato ou omissão imputável ao devedor, não incorre este em mora".

A doutrina pátria anota que o requisito *culpa* continua no âmbito do Código Civil de 2002 a figurar como elemento integrante do conceito de *mora debitoris. Vale dizer, a nova codificação civil brasileira continua a exigir um "fato ou omissão imputável ao devedor" como requisito para a configuração da "mora solvendi"*.

Neste sentido, comentando o Código Civil de 2002, Nelson Nery Jr. e Rosa Maria de Andrade Nery afirmam que "o *atraso* é elemento objetivo da mora. A *culpa* é o elemento subjetivo da mora do devedor. Não há *mora solvendi* sem culpa".[13]

Na mesma trilha, observa Sílvio de Salvo Venosa que "a culpa é essencial para a caracterização da mora, ainda que esta deflua diretamente de fatos objetivos do contrato".[14]

12. Serpa Lopes, *Curso de Direito Civil*, 4ª ed., vol. II, Rio de Janeiro, Freitas Bastos, 1966, p. 381.

13. Nelson Nery Jr. e Rosa Maria de Andrade Nery, *Código Civil Anotado*, 2ª ed., São Paulo, Ed. RT, 2003, p. 317.

14. Sílvio de Salvo Venosa, *Direito Civil*, 5ª ed., São Paulo, Atlas, 2005, p. 342.

Em outro dizer, sem culpa do devedor, manifestada através de uma ato a ele imputável, não se pode cogitar de mora e de seus efeitos patrimoniais (juros).

Na hipótese de suspensão da exigibilidade do crédito tributário determinada por medida judicial não há qualquer "ato imputável ao devedor" que possa colocá-lo em estado moratório. Neste caso, o não-cumprimento da obrigação (de resto, suspensa por uma determinação judicial) tem como causa próxima o exercício da função jurisdicional, incumbida em última instância de controlar a validade das exigências estatais.

Fazer incidir juros moratórios sobre o crédito tributário com exigibilidade suspensa por ato judicial (tendo em vista a provável inconstitucionalidade da lei que o fundamenta) significa punir o contribuinte sem culpa, por um ato de terceiro (o juiz), e impor aos atos deste terceiro uma conseqüência contrária à própria razão da sua existência em um Estado Democrático apoiado no equilíbrio entre os Poderes da República.

Vale dizer, na suspensão da exigibilidade do crédito tributário por ato judicial não há "ato imputável ao devedor" (culpa), requisito exigido pela legislação pátria como necessário à configuração da *mora solvendi*.

O ato praticado pelo devedor é o mero exercício do direito de ação; mas este, como se sabe, não opera a suspensão da exigibilidade do crédito tributário, efeito que somente surge com o ato judicial. É a determinação judicial (fato não imputável ao devedor) que suspende a exigibilidade do crédito tributário, de modo que fazer incidir juros de mora (como se mora houvesse) durante o período em que o crédito (ou melhor, a obrigação) se encontra suspenso por aquela determinação significa impor autêntica punição ao contribuinte que exercita seu direito constitucional de ação, bem como implica a criação de inaceitável ônus ao exercício pelo Poder Judiciário da sua inafastável função de controle da validade dos atos estatais.

Em conclusão, na suspensão da exigibilidade do crédito tributário através de medida judicial não há qualquer culpa do devedor – razão pela qual, sem lesão à disciplina da legislação civil brasileira, impossível fazer incidir juros durante o período de suspensão.

6. Conclusão

Diante de todo o exposto acima, conclui-se que:

6.1 A suspensão da exigibilidade de créditos tributários não vencidos obtida mediante a concessão de medida liminar em mandado de segurança suspende a eficácia da pretensão estatal de exigir o crédito tributário no seu vencimento.

6.2 Tal decisão judicial tem o efeito de dilatar o prazo de vencimento da obrigação tributária, na medida em que retira, ainda que provisoriamente, sua presunção de validade.

6.3 A dilatação do prazo de vencimento da obrigação tributária operada pela medida liminar em mandado de segurança impede que se realize a causa do "estado de mora", qual seja, a impontualidade no cumprimento da obrigação. Se o prazo para o cumprimento da obrigação está prorrogado por decisão judicial, não há que se cogitar de mora.

6.4 Os juros moratórios constituem uma conseqüência patrimonial da impontualidade no cumprimento de uma obrigação exigível. Estando a obrigação, ainda que provisoriamente, inexigível, inexiste causa jurídica para a incidência de juros moratórios.

6.5 Em outras palavras, os créditos tributários não vencidos cuja exigibilidade esteja suspensa por medida liminar em mandado de segurança não sofrem incidência de juros moratórios durante tal suspensão, pois em tal período não se configurou o "estado de mora" do sujeito passivo da obrigação tributária.

6.6 Eventualmente revogada a medida liminar que suspende a exigibilidade de créditos tributários não vencidos, o sujeito passivo pode recolher o montante principal dos créditos tributários suspensos, corrigidos monetariamente, sem a incidência de juros de mora, dentro do prazo de 30 dias a contar da intimação de tal decisão revogatória.

6.7 Durante a suspensão da exigibilidade do crédito tributário não há culpa do devedor, elemento necessário e indispensável para a configuração da *mora solvendi*, razão pela qual incabível cogitar-se da fluência de juros de mora durante este período.

CADERNOS DE DIREITO TRIBUTÁRIO

EMENDAS CONSTITUCIONAIS E SEUS REFLEXOS EM MATÉRIA TRIBUTÁRIA

Adelmo Emerenciano

Mestre e Doutor em Direito pela PUC/SP. Diretor da Faculdade de Direito da Metrocamp (Faculdades Metropolitanas de Campinas). Professor do Instituto Brasileiro de Estudos Tributários. Coordenador do Núcleo de Pesquisas em Direito Regulatório do IBMEC. Membro da Câmara Americana de Comércio; do Instituto Brasileiro de Executivos de Finanças; do Centro de Estudos de Sociedades de Advogados; do Instituto Brasileiro de Estudos Tributários; da Academia Brasileira de Direito Tributário e do Instituto Brasileiro de Direito Tributário. Conselheiro efetivo do Conselho Municipal de Tributos do Município de São Paulo. Advogado

O objetivo deste trabalho é apresentar, por meio de um estudo sistemático da Constituição Federal, os aspectos de inconstitucionalidade que norteiam a produção desenfreada das emendas constitucionais e suas conseqüências em matéria tributária, notadamente no caso de atribuição de competências para edição de medidas provisórias.

Para iniciarmos o referido estudo, tomaremos como base a Emenda Constitucional 6, de 15.8.1995, que trouxe a fixação de limitação explícita à adoção de medida provisória, ao incluir no "Título IX – Das Disposições Constitucionais Gerais" a seguinte disposição: "Art. 246. É vedada a adoção de medida provisória na regulamentação de artigo da Constituição cuja redação tenha sido alterada por meio de emenda promulgada a partir de 1995".

Referido artigo foi reiterado na Emenda Constitucional 7, de 15.8.1995. Sendo assim, as matérias tratadas nas emendas constitucionais produzidas desde 1.1.1995 em diante não poderiam ser objeto de medida provisória.

Neste contexto, sem pretendermos ser exaustivos, apenas para melhor explicitar, apresentamos algumas matérias tratadas nas seguintes Emendas Constitucionais que ficaram sob óbice de regulamentação por meio de medida provisória:

Emenda Constitucional 5, de 15.8.1995 – estipulação de competência dos Estados para exploração direta ou mediante concessão dos serviços locais de gás canalizado.

Emenda Constitucional 6, de 15.8.1995 – pesquisa e lavra de recursos minerais e aproveitamento dos potenciais somente poderão ser efetuados mediante autorização ou concessão da União.

Emenda Constitucional 7, de 15.8.1995 – a lei disporá sobre a ordenação de transportes aéreo, aquático e terrestre; quanto à ordenação do transporte internacional deverão ser observado os acordos firmados pela União.

Emenda Constitucional 8, de 15.8.1995 – competência da União para explorar, diretamente ou mediante autorização, concessão ou permissão, os serviços de telecomunicações, os serviços de radiodifusão sonora e de sons e imagens.

Emenda Constitucional 9, de 9.11.1995 – altera a redação do art. 177 da CF, referente ao monopólio da União sobre os recursos de petróleo e seus derivados.

Emenda Constitucional 12, de 15.8.1996 – institui a contribuição provisória sobre movimentação ou transmissão de valores e créditos e direitos de natureza financeira.

Emenda Constitucional 17, de 22.11.1997 – institui o Fundo Social de Emergência.

Emenda Constitucional 21, de 18.3.1999 – prorroga a alíquota da CPMF.

Assim, desde a edição da Emenda Constitucional 5/1995 até a Emenda Constitucional 31/2000, ou seja, 6 anos, 26 emendas constitucionais foram publicadas, sendo que as matérias ali tratadas não poderiam se sujeitar à edição de medida provisória.

Isto significa que o Poder Constituinte derivado, por meio do Congresso Nacional e de procedimento legislativo especial, previsto no art. 60 da CF, a fim de que se mantenha a supremacia da Constituição e de suas emendas, estabeleceu que as matérias tratadas nas referidas emendas constitucionais não poderiam ser objeto de medida provisória; ou seja, estabeleceu que as referidas matérias somente poderiam ser tratadas por meio de leis.

Este procedimento conferiu ao Poder Legislativo a competência para edição de normas referentes às mencionadas matérias. Significa dizer que somente este Poder, cujos membros são eleitos pelo povo e a cuja vontade devem se curvar, é que poderia tratar das referidas matérias, preservando, desta forma, o chamado Estado de Direito e os princípios republicanos, onde a lei é norma geral e abstrata, igual perante todos e que representa a vontade popular.[1]

Neste contexto, estamos diante do princípio da legalidade, previsto no art. 5º, II, da CF, que estabelece que "ninguém será obrigado a fazer ou deixar de fazer alguma coisa senão em virtude de lei".

Referido princípio, mais que uma limitação ao Poder Público de agir contra as determinações legais, prevê o direito de liberdade do povo, remetendo-se ao previsto no rol dos direitos e garantias individuais – ou seja, garante a segurança jurídica das pessoas administradas e em matéria tributária tem sua base estatuída no princípio da estrita legalidade,[2] tendo em vista que o Constituinte estabeleceu, no art. 150, I, da CF: "Art. 150. Sem prejuízo de outras garantias asseguras ao contribuinte, é vedado à União, aos Estados, ao Distrito Federal e aos Municípios: I – exigir ou aumentar tributos sem lei que o estabeleça".

Portanto, o art. 246, incluído no texto da Constituição Federal, mais que proibir que algumas matérias fossem tratadas por meio de medida provisória, assentou referidas matérias dentro do campo de iniciativa exclusiva do Poder Legislativo, atraindo princípios constitucionais originários que não deixam margem a flexibilizações.

Para tratarmos dos aspectos inerentes à não-possibilidade de determinadas matérias serem tratadas por meio de medida provisória, é importante abrir um parêntese para tratar da medida provisória e de sua conceituação, vez que referido instrumento não é lei, mas sim ato administrativo dotado de atributos de lei, mas que se tornou um instrumento intensamente utilizado pelo Governo Federal, transformando a ordenação brasileira numa instável colcha-de-retalhos.

A CF de 1988 em seu texto original tratou da medida provisória em seu art. 62, estabelecendo: "Art. 62. Em caso de relevância e urgência, o Presidente da República poderá adotar medidas provisórias, com força de lei, devendo submetê-las de imediato ao Congresso Nacional, que, es-

1. Roque Antonio Carrazza, *Curso de Direito Constitucional Tributário*, 18ª ed.

2. Paulo de Barros Carvalho, *Curso de Direito Tributário*, 1991.

tando em recesso, será convocado extraordinariamente para se reunir no prazo de 5 (cinco) dias".

Portanto, a medida provisória nasceu como um instrumento paliativo, que poderia ser utilizado pelo Governo Federal em caso de relevância e urgência, presentes quando determinada matéria não pudesse aguardar o transcurso do prazo da edição de uma lei, dada sua importância.

Entretanto, na prática, referido instrumento foi utilizado como forma fácil e rápida de se estabelecer normas; e, assim, toda matéria, por mais cotidiana, passou a ser considerada relevante e urgente. Portanto, o art. 246 incluído na CF visou a evitar que as matérias que viessem a ser tratadas por emenda constitucional fossem objeto de medida provisória, evitando que referidos temas fossem regulados por meio de ato administrativo revestido de características de lei e com possibilidade de iniciativa legiferante do Poder Executivo.

No entanto, passados seis anos, em 11.9.2001, por meio da Emenda Constitucional 32, o Constituinte derivado, travestido de Constituinte originário, modificou a figura da medida provisória.

Referida Emenda Constitucional inovou o mundo jurídico ao aumentar o campo de abrangência das medidas provisórias, ampliando, assim, seu campo de atuação, determinando que, a partir de então, novas regras, com apenas alguns óbices, permitiriam que quase todos os temas, inclusive tributos, fossem tratados por meio de medida provisória.

É bom registrar que, ao contrário do que pode parecer ao senso comum, não se trata de um simples retorno à situação anterior à Emenda Constitucional 7/1995. O universo jurídico, quanto à sua validade sintática, é atemporal. A Constituição Federal após a Emenda Constitucional 7/1995 passou a refletir um novo equilíbrio e distribuição de competências no que se refere à separação dos Poderes, indicando um efetivo revigoramento das atribuições do Poder Legislativo, reconduzido ao seu papel de produtor de normas inaugurais do sistema.

Fixado este novo contorno, a Constituição Federal passou a refletir norma diversa da anteriormente vigente no que tange ao campo das iniciativas legiferantes. Uma nova ordem constitucional estava em vigência, sendo que as normas ab-rogadas não se mantiveram como um manancial de competências reservado e latente e que a qualquer momento poderia vir a ser reutilizado. Não. Desaparecida a competência para a edição de medidas provisórias, qualquer tentativa de conceder iniciativas ao Poder Executivo implicaria mitigação dos poderes do Poder Legislativo, com reflexos diretos no equilíbrio e na separação dos Poderes.

Fácil seria compreender este fenômeno se imaginarmos como seria compreendida esta mesma circunstância se, *v.g.*, a Constituição Federal de 1988 não contivesse previsão de edição de medidas provisórias pelo Poder Executivo e, passados alguns anos, pretendesse o Constituinte derivado incluí-las na Constituição Federal. Por certo, tal tentativa seria vista como uma ofensa ao equilíbrio e à separação dos Poderes. O mesmo se dá na circunstância ora estudada.

Em termos gerais, referida Emenda Constitucional 32/2001 estabeleceu que as medidas provisórias não poderiam tratar de matérias apontadas no art. 62, § 1º, I e IV, da CF; valeriam por 60 dias, podendo ser prorrogadas por mais 60 dias; e, se editadas até 11.9.2001, continuariam valendo, por prazo indeterminado, até que fossem revogadas por medidas provisórias ulteriores ou até que houvesse deliberação definitiva do Congresso Nacional.

Com referência à matéria tributária, a referida Emenda Constitucional estabeleceu que, com exceção dos impostos previstos nos arts. 153, I, II, IV e V, e 154, II, todos os demais tributos instituídos por meio de medida provisória produzirião seus efeitos no exercício financeiro seguinte se tiver sido convertida em lei até o último dia daquele em que foi editada; somente não se poderia instituir medida provisória sobre tributos colocados sob reserva de lei complementar.[3]

Neste novo contexto, verificamos que a Emenda Constitucional 32/2001, ao tratar das medidas provisórias, ignorou o período de seis anos em que emendas constitucionais foram editadas e suas matérias estavam adstritas à exclusiva edição de lei em seu sentido formal (art. 246), afrontando diretamente o princípio da legalidade tributária e, por conseqüência, a autonomia e independência do Poder Legislativo – interferindo, assim, na esfera da competência reservada ao Poder Legislativo, ou seja, afetando a separação dos Poderes, violando a cláusula pétrea do art. 60, § 4º, III, da CF.

Para melhor esclarecer, repetimos que, tendo o Poder Constituinte derivado, por meio da Emenda Constitucional 6/1995, estabelecido que determinadas matérias ficassem sob o âmbito do processo legislativo, ou seja, sob competência do Poder Legislativo, não mais poderia este mesmo Poder Constituinte derivado ter autonomia de, por motivos políticos e econômicos, novamente por meio de emenda constitucional, interferir na competência já conferida ao referido Poder[4] e possibilitar que a partir de 11.9.2001 as medidas provisórias pudessem tratar das matérias elencadas nas emendas constitucionais já publicadas.

Uma vez retirada do texto constitucional a competência do Poder Executivo para editar medidas provisórias sobre determinadas matérias, passando tais temas à reserva de iniciativa do Poder Legislativo, tal situação consolida-se, e não mais pode ser modificada.

E isto se dá porque a medida provisória é uma situação excepcional à condição do Poder Legislativo como legislador nato no quadro da divisão de Poderes. Uma vez retirada tal competência, não mais pode ser retornada ao Poder Executivo.

Ou seja, o Poder Constituinte derivado pode reduzir as hipóteses de edição de medida provisória, mas não pode ampliá-las.

E isto se dá porque as emendas constitucionais que tenham por propósito ampliar o rol de possibilidades de edição de medidas provisórias estariam suprimindo do Poder Legislativo a privatividade da iniciativa legiferante, o que afetaria a regra de proteção das cláusulas pétreas insculpida no art. 60, § 4º, da CF, no que tange à proteção e estabilidade da separação dos Poderes.

Nem se argumente que o redesenho do campo de iniciativa de normas inaugurais não se constitui em matéria que busque abolir a separação dos Poderes.[5]

Embora esta cláusula esteja presente em todas as nossas Constituições desde 1891, a doutrina brasileira ainda não reduziu a indeterminação do conceito. A interpretação apressada e literal conduziria ao absurdo de se admitir que seria possível deliberar sobre várias matérias até um ponto quase que definitivo e imediatamente anterior à efetiva abolição da separação dos Poderes. Buscar-se-ia um ponto de precisão milimétrico a partir do qual ocorreria a abolição da separação dos Poderes, mas no milímetro anterior tal ainda não teria ocorrido, e válida seria a norma.

Este grau de precisão é utópico, e o Direito como ciência cultural com ele não trabalha. O termo mais importante da cláusula constitucional é o "tendende a", e não somente o "abolir". Ou seja, busca-se proteger a intencionalidade, a própria supressão gradual que mitiga fracionadamente a separação dos Poderes.[6] Não se está a proteger somente um grande ato, cuja gravidade e amplitude tenham tal repercussão que ameacem de forma mortal a separação

3. Roque Antonio Carrazza, *Curso de Direito Constitucional Tributário*, cit., 18ª ed.

4. Gustavo Just Costa e Silva, *Os Limites da Reforma Constitucional*, 2000.

5. Roberto Alexy, *Teoría de los Derechos Fundamentales*, 1997.

6. Gustavo Just Costa e Silva, *Os Limites da Reforma Constitucional*, cit.

de Poderes; mas também, e principalmente, a reforma que degrade referida separação, que seja "tendente a" e que não está necessariamente no conteúdo intrínseco da norma reformadora, mas no conjunto articulado dos princípios e valores afetados pela reforma.

Neste sentido, a transferência do campo de iniciativa da produção de normas inaugurais do sistema para o Poder Executivo, emprestando vigência imediata aos comandos prescritivos, implica precarização da soberania da vontade popular representada pelo Parlamento.[7]

Em matéria tributária o tema apresenta contornos ainda mais graves.

Nos termos estabelecidos pelo art. 150, I, da CF, é vedado que as pessoas políticas exijam ou aumentem tributos sem lei em seu sentido material e formal.[8] A Constituição confere às pessoas políticas competentes, assim entendidos os Poderes Legislativo e Executivo em conjunto, o processo de edição de lei tributária. Sem a coparticipação destes Poderes nenhum tributo pode ser exigido; em outras palavras, não se estará obedecendo ao devido processo legislativo, que é uma garantia dos contribuintes.

Esta visão sistemática da dinâmica constitucional deixa evidente que a Emenda Constitucional 32/2001, na parte em que introduz novel competência para edição de medidas provisórias em campo vedado à ação de reforma constitucional por meio de emendas, incide em direta e incontornável inconstitucionalidade, ante flagrante colisão à cláusula de proteção contra a ação reformadora do Poder Constituinte derivado.[9]

Sendo tal Emenda violadora da proteção constitucional às cláusulas pétreas, a competência que instala para a edição de medidas provisórias, por viciada, também torna referidos atos em atos inconstitucionais.

Como reflexo, várias medidas provisórias trazem em si insuperável vício de origem, a lhes retirar a indispensável validade para projeção de seus efeitos.

Para ilustrar, tomamos como exemplo a Medida Provisória 66/2002, que implementou o regime de créditos para o Programa de Integração Social – PIS, introduzindo o regime apelidado de "não-cumulatividade". Esta medida provisória, dentre outras disposições relativas à base de cálculo, aumentou a alíquota da contribuição para 1,65% em 29.8.2002, sendo posteriormente convertida na Lei 10.637, de 30.12.2002.

A alíquota deste tributo sofreu alteração por meio da Emenda Constitucional 10 no ano de 1996, sendo posteriormente alterada pela Emenda Constitucional 17, no ano de 1997. Tais modificações ocorreram no período que antecedeu a edição da Emenda Constitucional 32/2001. Como conseqüência, a regra-matriz desse tributo, no que se refere à base de cálculo e à alíquota, não mais poderia ser modificada por meio de medida provisória, eis que a referida Emenda Constitucional 32 padece, em parte, do vício de inconstitucionalidade, o que impede que o Poder Executivo reinaugure competência legiferante para regular tais temas.

Assim, entendemos, pelos argumentos até então apresentados, que tanto a medida provisória referenciada acima como as matérias adstritas às emendas constitucionais editadas de 1995 a 2000 não mais poderão ser objeto de medida provisória para regular os temas tratados, principalmente as regras-matrizes dos tributos afetados pelas modificações constitucionais implementadas.

Por tudo o que foi exposto, cabe ao jurista acautelar-se quanto às dezenas de emendas constitucionais que vêm sendo editadas, a fim de evitar que inconstitucio-

7. Roberto Alexy, *Teoría de los Derechos Fundamentales*, cit.

8. Roque Antonio Carrazza, *Curso de Direito Constitucional Tributário*, cit., 18ª ed.

9. Alfredo Augusto Becker, *Teoria Geral do Direito Tributário*, 1972.

nalidades, tanto inseridas no próprio texto das emendas como relacionadas a estas, persistam.

Bibliografia

ALEXY, Roberto. *Teoría de los Derechos Fundamentales.* Madri, Centro de Estudios Constitucionales 1997.

ATALIBA, Geraldo. *Elementos de Direito Tributário.* São Paulo, Ed. RT, 1978.

__________. *Estudos e Pareceres de Direito Tributário.* vol. 2. São Paulo, Ed. RT.

__________. "Princípio federal – Rigidez constitucional e Poder Judiciário". *Estudos e Pareceres de Direito Tributário.* vol. 3. São Paulo, Ed. RT.

BASTOS, Celso Ribeiro. *Curso de Direito Constitucional.* São Paulo, Saraiva, 1990.

BECKER, Alfredo Augusto. *Teoria Geral do Direito Tributário.* São Paulo, Saraiva, 1972.

CARRAZZA, Roque Antonio. *Curso de Direito Constitucional Tributário.* 18ª ed. São Paulo, Malheiros Editores, 2002.

CARVALHO, Paulo de Barros. *Curso de Direito Tributário.* São Paulo, Saraiva 1991.

COSTA E SILVA, Gustavo Just. *Os Limites da Reforma Constitucional.* Rio de Janeiro, Renovar, 2000.

SILVA, José Afonso da. *Curso de Direito Constitucional Positivo.* São Paulo, Malheiros Editores, 2002.

TEMER, Michel. *Elementos de Direito Constitucional.* 7ª ed. São Paulo, Ed. RT, 1990.

CADERNOS DE DIREITO TRIBUTÁRIO

A "GUERRA FISCAL" ENTRE OS ESTADOS NO BRASIL – UMA ANÁLISE À LUZ DA TEORIA GERAL DO DIREITO (ENFOCANDO OS PENSAMENTOS DE KELSEN E LUHMANN)

OSVALDO SANTOS DE CARVALHO

Mestrando em Direito Tributário pela PUC/SP
– Professor da Faculdade de Direito dePresidente Prudente/Associação Educacional Toledo
– Diretor Executivo Adjunto da Administração Tributária/DEAT-SEFAZ/SP
– Juiz da 4ª Câmara Efetiva do Tribunal de Impostos e Taxas-TIT

1. Introdução. 2. Abordagem do pensamento de Hans Kelsen. 3. Abordagem do pensamento de Niklas Luhmann. 4. A "guerra fiscal" entre os Estados e Distrito Federal no Brasil. 5. Conclusão.

1. Introdução

A chamada "guerra fiscal" ou renúncia fiscal tem gerado desarranjo no federalismo brasileiro sob a ótica fiscal-tributária, e se pode afirmar, de proêmio, que a Federação Brasileira sofre uma crise de identidade sob esse enfoque, que se aprofundou com a descentralização político-jurídica levada a efeito pelo texto constitucional de 1988. O momento político vivido quando da concepção da Carta de 1988 consolidou um contraponto dialético na dinâmica das tensões do federalismo brasileiro, até aquele momento vivendo uma esgotada experiência centralizadora.

Com a Constituição de 1988 houve, de um lado, um rearranjo no sistema de transferências intergovernamentais de repartição direta e indireta do produto da arrecadação das receitas tributárias – o chamado partilhamento do produto da arrecadação –, aumentando os percentuais de participação de receitas públicas alocadas, direta ou indiretamente, em prol dos Estados, dos Municípios e do Distrito Federal.

De outra banda, manteve-se o rígido e particular sistema constitucional brasileiro de distribuição de competências tributárias exclusivas aos entes federados, o chamado partilhamento da competência tributária. Nesse sentido, em breve resumo, limitou-se à confirmação do fracionamento da tributação sobre a produção e consumo de bens e serviços entre as unidades federativas, em aparente tentativa de aperfeiçoar o modelo concebido na Reforma Tributária de 1965. Os Estados e o Distrito Federal foram aquinhoados com o ICMS (o extinto ICM acrescido da incorporação de alguns serviços especiais e do antigo imposto sobre energia e combustíveis) e para os Municípios foi mantido o ISS.

Não é objeto deste trabalho discutir todos os reflexos provocados pela mudança no sistema tributário brasileiro a partir de 1988, cingindo seu âmbito de investigação apenas ao que guarda relação com o fenômeno da "guerra fiscal" entre os Estados.

Todavia, merece menção, aqui, a feição centralizadora ocorrida a partir da década de 90 do século passado, com o explícito esforço de recomposição de perdas de recursos da União Federal, mediante o investimento na maciça criação e ampliação de tributos cuja arrecadação não se submetesse ao partilhamento obrigatório com os Estados e Municípios, que logicamente tem reflexo no acirramento da "guerra fiscal", na medida em que a União Federal resolve, com essas práticas, seus problemas de arrecadação, e os Estados e Municípios, por sua vez, ficando privados de recursos e sem perspectivas de outros instrumentos de incremento à arrecadação, lançam mão dos tributos de sua competência legislativa – no caso dos Estados, do ICMS – como instrumento de desenvolvimento regional, visando à atração de investimentos, mediante a concessão de incentivos fiscais e financeiros às empresas interessadas em se estabelecer ou deslocar para tais unidades federadas em troca de favores fiscais e financeiros.

Assim é que a autonomia dos Estados, no que concerne à competência tributária em matéria de ICMS, mostra a face do conflito latente no federalismo brasileiro em matéria tributário-fiscal, com os Estados utilizando o ICMS, de inegável caráter de "imposto nacional", como instrumento de atração de investimentos, promovendo explosiva produção de normas jurídicas de incentivos fiscais e financeiros conflitantes entre eles, passando ao largo do ideário de pacto, tema nuclear da noção teórica e pragmática de Federação, configurando, sim, uma recorrente instabilidade institucional e federativa, na medida em que, dentre outros gravames, provoca insegurança jurídica aos destinatários das normas editadas – não apenas aos contribuintes do ICMS, mas também para os próprios Estados.

É inegável que a renúncia fiscal praticada pelos entes federados é a "pedra-de-toque" da denominada "guerra fiscal" entre os Estados, estabelecendo uma crise na Federação Brasileira, posto que, na ausência de projetos de desenvolvimento nacional e regional, capazes de equalizar as gritantes desigualdades nacionais, tais entes federados têm promovido políticas desesperadas, com edição legislativa de renúncias fiscais – em sentido amplo (leis, decretos executivos, termos de ajustes de acordos etc.) –, em flagrante desarmonia com o sistema jurídico, provocando polêmica e desagregação na Federação, com profundo reflexo na sociedade.

Merece, aqui, o registro de que o ordenamento jurídico vigente – com previsão constitucional, inclusive – exige que qualquer concessão de renúncia por parte dessas pessoas políticas, a título de benefício fiscal, passe pelo crivo da celebração de convênio, com a autorização unânime de todos os Estados da Federação e do Distrito Federal, o que não tem acontecido na atualidade, gerando a denominada "guerra fiscal" entre os entes federados.

É certo que muitas dessas decisões políticas têm sido levadas ao Judiciário, pelos Estados, que se sentem prejudicados, inclusive, tendo sido objeto de inúmeras ações diretas de inconstitucionalidade junto ao STF. Todavia, não raras vezes, quando o Judiciário decide pela inconstitucionalidade da medida política – o que ocorre na maioria das vezes –, os Estados mudam formalmente o instrumento legislativo, continuando a conceder os favores fiscais sob outra roupagem, sem obedecer, contudo, ao ordenamento jurídico, configurando um desrespeito e descompasso entre o sistema político e o jurídico.

O presente trabalho monográfico objetiva desdobrar a questão relativa à "guerra fiscal", amplamente praticada pelos governos subnacionais, e suas implicações no contexto federativo brasileiro à luz da Teoria Geral do Direito, enfocando os teóricos Hans Kelsen e Niklas Luhmann.

Cuidar-se-á, aqui, da apreciação da questão colocada sob as referências desses dois grandes expoentes do século passado, que grande contribuição ofereceram à Teoria Geral do Direito. Kelsen, sob o enfoque da Teoria, e Luhmann cuidando dos Sistemas. Trata-se, pois, de visualizar o assunto enfocado sob duas ópticas distintas, não havendo a preocupação de estabelecer um confronto entre os dois pensamentos, para não se incorrer no erro apontado por Bobbio[1] quando aborda o significado da obra de Kelsen na história da Teoria Geral do Direito e seus críticos no século passado.

Bem se sabe que o fenômeno da "guerra fiscal" não pode ser reduzido a uma análise apenas sob o prisma jurídico, posto que a prática e os efeitos dela resultantes se inter-relacionam com os demais sistemas sociais, nitidamente com os sistemas político e econômico. Porém, na medida em que o nível de observação deste trabalho é sobre a Teoria Geral do Direito, seu horizonte será o jurídico e o inter-relacionamento com o sistema político, com especial atenção à Constituição, liame entre os dois sistemas, jurídico e político,[2] não se ocupando em analisar os aspectos extrafiscais dos acordos realizados entre os Estados e os contribuintes beneficiados pelos incentivos fiscais, pois tal tarefa está reservada ao sistema econômico, não obstante sua inter-relação com os demais sistemas, por meio da figura do tributo,[3] por exemplo, como elemento de inter-relação ou acoplamento estrutural, na linguagem luhmanniana, entre o sistema político e jurídico.

Tal preocupação também tem o sentido de escoimar este trabalho da Zetética[4] Jurídica empírica, notadamente do campo da Sociologia Jurídica, que seria a apreciação do fenômeno da "guerra fiscal" sob outro nível de observação, eis que os pontos de vista do sociólogo e do jurista são diferentes.

Da mesma forma, não se prenderá à Dogmática Jurídica (direito tributário, financeiro etc.), utilizando-se de alguns de seus conceitos apenas para dar amálgama à análise do tema à luz da Teoria Geral do Direito.

Como já referido, a "guerra fiscal" tem se estabelecido não apenas entre os Estados da Federação. Tem-se conhecimento de diversas práticas dessa natureza no âmbito municipal, com as Municipalidades oferecendo atrativos fiscais e financeiros para aqueles investidores interessados em se estabelecer ou transferir suas empresas com benefícios fiscais. Todavia, dado o fato de que o acirramento maior da disputa se estabelece no âmbito dos Estados e do Distrito Federal, tendo como moeda de troca a renúncia à receita do ICMS, principal tributo de competência estadual, o estudo terá como foco a "guerra fiscal" entre essas entidades políticas subnacionais. Não é por outro motivo que a Reforma Tributária em tramitação no Congresso Nacional – PEC 285/2004 – tem como um dos objetivos principais, exatamente, pôr cobro à propalada "guerra fiscal" entre os Estados, incluindo aí o Distrito Federal.[5]

1. Norberto Bobbio, *Contribución a la Teoría del Derecho*, p. 243. Bobbio diz que "as habituais confrontações entre a teoria de Kelsen e outras teorias do Direito, lamentavelmente, não vão muito além de corretos mas estéreis exercícios acadêmicos, sem conseqüências relevantes para uma melhor compreensão do sistema kelseniano" (traduzido).

2. Sobre o inter-relacionamento ou – na linguagem de Luhmann – o *acoplamento estrutural* entre sistemas político e jurídico, v. Javier Torres Nafarrate, *Luhmann: la Política como Sistema*, item X.4, pp. 367-369.

3. Sobre o acoplamento estrutural entre sistemas político e econômico, v. Javier Torres Nafarrate, *Luhmann: la Política como Sistema*, cit., item X.3, pp. 362-366.

4. Sobre Zetética Jurídica, consultar Tércio Sampaio Ferraz Jr., *Introdução ao Estudo do Direito: Técnica, Decisão, Dominação*, 4ª ed., pp. 44-47.

5. Nesse sentido, é mister registrar que a dita Reforma Tributária (em discussão na sociedade desde os anos 90), atualmente na versão PEC 285/2004, na verdade, cuida, no momento, apenas da reforma do ICMS, objetivando, dentre outras medidas, uniformizar, em âmbito nacional, a legislação do ICMS,

O presente trabalho terá, então, o objetivo de explorar os pensamentos de Kelsen e Luhmann, promovendo o necessário corte metodológico, traduzido na abstração de conceitos e posicionamentos que guardam afinidade com o fenômeno da "guerra fiscal", com a única pretensão de verificar o tema sob dois ângulos, dentre tantos outros existentes, e, quiçá, oferecer uma modesta contribuição ao debate do assunto.

Antes de adentrar especificamente o tema, é necessário registrar que o impulso para a abordagem teórica de assunto extremamente polêmico é de que eventuais divergências de opiniões podem motivar outras opiniões, com conclusões, inclusive diversas, na pressuposição de que a discussão promove o amadurecimento do conhecimento; e, mais, ainda que zelosos com o trato do Direito, parafraseando o mestre José Souto Maior Borges,[6] não pode haver no ambiente acadêmico a preocupação de erradicação do erro da ciência, como se fosse erva daninha, eis que para o progresso da Ciência do Direito, na formulação de novas hipóteses, eventual margem de erro não pode ser descartada. Nesse sentido, escorado na lição do decano e emérito tributarista pernambucano, vamos à análise do tema proposto.

atualmente dispersa entre as 27 unidades federadas (Brasil, PEC 285/2004, disponível na Internet: *http://www.camara.gov.br*, acesso em 19.2.2005).

6. O autor afirma que há sempre que contar com eventualidade do erro na pesquisa científica. Expõe como exemplo a superação da Física newtoniana pela relativista. Observa que qualquer físico, até o início do século XX, juraria contritamente sobre a mecânica newtoniana, como se fora uma bíblia. A Física relativista, contudo, a partir de 1905, abalou-lhe os fundamentos e colocou a descoberto sua margem de erro. Para ele, assim, a hipótese teórica apenas pode ser corroborada provisoriamente, isto é, se e enquanto algum teste crucial de refutação não a infirmar. Verbera o Mestre que a arte de evitar erros – citando Popper – deve ser substituída pela arte, muito mais elevada, que consiste em assumir-lhes a responsabilidade, aprender com eles e evitá-los no futuro. Ensinando sobre o erro, começa sua obra *Ciência Feliz* dedicando o título "A apologia do erro" ao primeiro capítulo (José Souto Maior Borges, *Ciência Feliz*, 2ª ed., item I.1, pp. 19-23).

2. Abordagem do pensamento de Hans Kelsen

O estudo pretende, aqui, com o necessário corte metodológico, dada a vastidão[7] da obra do autor sob enfoque, abordar os principais aspectos do pensamento kelseniano que possam guardar relação com o tema central deste trabalho, com o objetivo de melhor trabalhar a análise do assunto.

Para melhor compreensão de uma teoria é interessante fazer uma recomposição e verificar as circunstâncias históricas em que tal teoria foi concebida, eis que o modelo de Estado então reinante, as demandas sociais, as teorias precedentes, com as obras respectivas – no caso de Kelsen, podem ser citados Ihering, Thon e Jellinek, entre outros –, condicionam a formulação da teoria e todo o desenvolvimento subseqüente da ciência. Nesse sentido, é interessante promover algumas considerações sobre o momento histórico em que uma teoria nova eclodiu no concerto da Ciência Jurídica, revisitando, ainda que sinteticamente, as circunstâncias em que a teoria jurídica foi concebida. Em outras palavras, a reminiscência histórica é fator interessante para compreensão das circunstâncias que motivaram seu aparecimento e, mais, compreendê-la, no afã de bem aplicá-la ao momento contemporâneo, adaptando-a, se for o caso, às demandas hodiernas.

Inclusive, no caso da obra de Kelsen, para melhor compreendê-la[8] faz-se neces-

7. A obra de Kelsen é vastíssima, apresentando decisivas e significativas incursões pelos campos da Teoria do Estado e da Ética, direito internacional e constitucional etc.

8. Para maiores detalhes, v. os "Prefácios" às 1ª e 2ª edições da obra citada, onde o próprio autor adverte, no "Prefácio" à 1ª edição, publicada em 1934, que formulou a "*Teoria Pura do Direito* purificada de toda a ideologia política e de todos os elementos da ciência natural (...)". Segue afirmando que "importava explicar não as suas tendências endereçadas à formação do Direito, mas as suas tendências exclusivamente dirigidas ao conhecimento do Direito". No "Prefácio" à 2ª edição, publicada no ano de 1960, registra que a mesma "representa uma *completa reelaboração* dos assuntos versados na 1ª

sária uma leitura atenta das duas grandes fases de sua clássica obra *Teoria Pura do Direito*.[9]

Inegavelmente, o Positivismo Jurídico, movimento jusfilosófico que surge juntamente com o Estado Liberal, no século XIX, tem em Kelsen um de seus representantes mais autorizados no século XX, que, juntamente com Alf Ross e Herbert Hart, conforma uma tríade principal dentre os maiores expoentes da Escola Positivista, sendo elevados à condição de clássicos do Positivismo.

Adentrando o direito positivo pregado por Kelsen, para analisá-lo, é preciso entender algumas premissas por ele estabelecidas. Dentre elas, a existência de uma norma fundamental que determina o conteúdo de outras normas, atribuindo-lhes validade. A validade é o respectivo respaldo legal.

Mas, afinal, o que é a *norma fundamental* apregoada por Kelsen? Para estabelecer a validade da última norma positiva da cadeia de validação, Kelsen recusa as alternativas da tradição jusnaturalista. Ele afasta uma fundamentação metafísica que poderia colocar o fundamento de validade do direito positivo na vontade de Deus ou da Natureza, recusando-se, assim, a buscar também em fatos ou valores o fundamento último do Direito. Para ele, o fundamento de validade de uma norma só pode ser a validade de uma outra norma. Assim, a norma que confere validade à última norma positiva do ordenamento jurídico, a Constituição, é a norma fundamental. A norma fundamental não é uma norma posta, positiva. É uma norma pensada, uma norma pressuposta. Há, assim, a pressuposição de que a primeira Constituição seja uma norma jurídica de cunho obrigatório, e a formulação dessa pressuposição é a norma fundamental dessa ordem jurídica.[10]

A partir da idéia da *norma fundamental*, Kelsen reflete sobre qual é a estrutura

edição e um substancial *alargamento* das matérias tratadas. Ao passo que, então, me contentei com formular os resultados particularmente característicos de uma Teoria Pura do Direito, agora procuro resolver os problemas mais importantes de uma *Teoria Geral do Direito*, de acordo com os princípios de natureza metodológica do conhecimento científico-jurídico, e, ao mesmo tempo, precisar, ainda melhor do que antes havia feito, a posição da *Ciência Jurídica* no *sistema das ciências*" (Hans Kelsen, *Teoria Pura do Direito*, 6ª ed., 5ª tir. – grifamos).

9. Fábio Ulhoa Coelho, "Kelsen e a Ciência do Direito", in Paulo de Barros Carvalho (org.), *Revista do Programa de Pós-Graduação em Direito da PUC/SP* 1/23-40. Fábio Ulhoa Coelho, professor de Direito Comercial do Programa de Pós-Graduação em Direito da PUC/SP, adverte que há diferença substancial entre a 1ª e a 2ª edições da clássica obra de Kelsen, que alguns adotam como lição definitiva para a Ciência Jurídica. Na 2ª, para ele, encontram-se afirmações difíceis de se aceitar; contudo, totalmente compatíveis com os fundamentos da Teoria Pura do autor, como, por exemplo, a inexistência de leis inconstitucionais ou decisões ilegais, a efetividade como condição de validade, a multiplicidade de significados válidos das normas jurídicas etc.

10. Fábio Ulhoa Coelho, "Kelsen e a Ciência do Direito", cit., in Paulo de Barros Carvalho (org.), *Revista do Programa de Pós-Graduação em Direito da PUC/SP* 1/23-40. Em nota de rodapé (nota 21) da obra indicada, o professor de Direito Comercial do Curso de Pós-Graduação da PUC, reconhecido estudioso da obra de Kelsen, observa que, "na *Teoria Pura do Direito*, o jurista alemão cogita de uma norma *hipotética* fundamental, que deveria ser suposta pela Ciência do Direito para enclausurar o sistema e pôr um fim à questão aporética da legitimação do Direito. Ao se indagar do fundamento de validade da primeira norma constitucional histórica, o cientista do Direito não pode pretender encontrá-la em outra norma posta superior, porque, neste caso, a questão se colocaria em relação a esta e à autoridade que a baixou. Necessário, portanto, que o cientista do Direito suponha uma norma que determine a obediência ao primeiro constituinte histórico, mas que não tenha sido resultado de nenhum ato de autoridade. Daí a idéia de norma fundamental hipotética". Segue o ilustre professor, observando que, "em sua obra póstuma (Hans Kelsen, *Teoria Geral das Normas*, trad. de Sérgio Fabris, Porto Alegre, 1986, pp. 328 e 329), contudo, Kelsen reexamina o caráter suposto da norma fundamental e passa a considerá-la *fictícia*, isto é, algo que contradiz não somente a realidade (ela não existe enquanto uma norma real atributiva de competência), como a si mesma também (sem possuir qualquer autoridade, atribui a autoridade suprema a alguém). De qualquer forma, *hipotética* ou *fictícia*, a norma fundamental é resultado de um esforço da Ciência do Direito com vistas a possibilitar o desenvolvimento de seu objeto".

específica do sistema jurídico[11] em relação a outros sistemas normativos, contrapondo o direito positivo ao direito natural. Para distinguir os dois sistemas, o jusfilósofo alemão introduz a distinção entre *sistema normativo estático* (cujas regras se conectam mediante seu conteúdo e de forma individual de cada norma) e *sistema normativo dinâmico* (onde regras se conectam mediante o modo em que são produzidas). Para ele o ordenamento jurídico é um sistema dinâmico. Em outras palavras, num sistema estático, para Kelsen, a norma pertence ao sistema quando é tirada do conteúdo do postulado que está em sua base; já no sistema dinâmico, para uma norma pertencer ao sistema, ela deve ser produzida do modo previsto pela norma que instituiu o poder soberano – no caso, a norma fundamental.[12]

Por meio da distinção entre *ciência causal* e *ciência normativa*, Kelsen traça uma demarcação entre o *direito natural* e o *direito das normas*. A *ciência causal*, relacionada às outras ciências que visam ao conhecimento, é informada pela lei da causalidade, ou seja, os elementos do sistema estão ligados uns aos outros como causa e efeito. O clássico exemplo kelseniano é dado pela proposição "quando um metal é aquecido, dilata-se"[13] – isto é, a relação entre o calor e a dilatação é de causa e efeito. A *ciência normativa*, por seu turno, é uma ciência social diferente, descrevendo seu objeto segundo um princípio diferente da causalidade. A sociedade é o objeto da ciência normativa. Seu princípio ordenador é o binômio *imputação* x *sanção*.

Na descrição do ordenamento jurídico da conduta humana, então, é aplicado outro princípio ordenador, diferente da causalidade, designado por Kelsen como *imputação*. Exemplo: se alguém deixar de pagar o tributo, será apenado. Contudo, o liame que expressa tal proposição jurídica é totalmente diferente daquela causalidade descrita pela ciência causal. Não será uma ligação de causa e efeito. Usando outro clássico exemplo de Kelsen, na proposição jurídica não é dito, como na lei natural, "quando *A* é, *B* é", mas, sim, que, "quando *A* é, *B* deve-ser", mesmo quando *B* efetivamente não seja. Repise-se que o ser, ou, em outras palavras, o liame que expressa a ligação dos elementos na proposição jurídica diferente daquele expresso na lei natural, resulta de uma norma estabelecida por autoridade competente por meio de um ato de vontade.

Retomando a questão histórica, é interessante ressaltar que Kelsen viveu a transição do Estado Absolutista para o Estado Liberal, ou seja, a transição do direito repressivo do Estado Absolutista para o direito autônomo do Estado Liberal, que tem como objetivo uma rígida separação entre Direito e Política e o império da vontade da lei em anteposição à vontade do rei. Para Kelsen o direito positivo é a única fonte de autoridade, o que pode ser chamado de "purificação do Direito",[14] e não mais derivado do poder soberano, que dizia qual era o Direito válido.

Temos, ainda, como característica do direito autônomo do Estado Liberal a *racionalidade jurídica*, chamada também de *racionalidade formal*, com a observância rígida ao procedimento, que legitima o

11. Kelsen estuda o Positivismo sob uma perspectiva estrutural. Para ele, a ciência (Teoria Pura do Direito) se considera obrigada a compreender o direito positivo em sua essência, e a entendê-lo mediante uma análise de sua estrutura. Para Bobbio, Kelsen pertence à fase de transição entre a fase estrutural e a funcional do Direito.

12. Sobre *norma fundamental*, v. também: Luiz Fernando Barzotto, *O Positivismo Jurídico Contemporâneo, uma Introdução a Kelsen, Ross e Hart*, 2004. Nessa obra, o autor, nada obstante a apreciação crítica apresentada sobre três dos maiores expoentes da Escola Positivista, bem aborda o tema *norma fundamental* de Kelsen.

13. Kelsen, *Teoria Pura do Direito*, cit., 6ª ed., 5ª tir., p. 85.

14. Em sua obra *Teoria Pura do Direito*, Kelsen atribui o caráter de "científico" apenas ao conhecimento das normas jurídicas que desconsidera os fatores econômicos, sociais, históricos, que interferem em sua produção, bem assim os valores que determinam.

Direito. A legitimidade é tudo aquilo que observa o procedimento, não o fim. Sob o ângulo das estruturas normativas temos que a Teoria Geral do Direito é a teoria da norma, ou seja, a lei é o instrumento de garantia da ordem social e o direito positivo é visto como instrumento de organização social. Assim, por exemplo, é por meio de lei que se pode exigir um tributo.

Kelsen, como sobredito, vê o direito positivo sob o prisma instrumental: o Direito é uma técnica da organização social, lançando mão do uso de meios coercitivos para induzir os membros de um grupo social a fazer ou deixar de fazer algo. Em outras palavras, diante da ocorrência de um ilícito, o Direito deverá ser invocado. É traço comum dos ordenamentos jurídicos a presença de uma organização mais ou menos centralizada para obter (recorrendo em última instância à força) a observância de determinadas regras de fazer ou certas obrigações de não fazer. Dito de outro modo, o Direito é visto como meio, e não como fim, como é visto no Estado Social. A função do Direito no Estado Liberal é a de permitir a consecução daqueles fins sociais (exemplo: maximização do valor de liberdade jurídica) que não podem ser alcançados com outras formas não-constritivas de controle social. Mas essa função não deve ser confundida com o caráter teleológico, ou seja, o Direito deve ter, para ele, um fim, mas um fim mínimo, um fim intermediário, um fim que tem valor instrumental enquanto serve de condição prévia para atingir outros fins.

Frise-se, novamente, que Kelsen dirige sua atenção essencialmente à análise estrutural do Direito, não se detendo sobre a questão da função. E é interessante registrar aqui, de passagem, que ele define o Direito como ordenamento coativo.

Insta registrar, ainda que de passagem, que o instrumento clássico de desenvolvimento econômico de uma sociedade com um Estado não-intervencionista é o negócio jurídico, de que o Direito, precisamente enquanto ordenamento coativo, se limita a garantir a eficácia.

Abrindo parênteses, é interessante apontar, aqui, uma crítica de Bobbio, para quem, num Estado Social, onde o Estado assume a tarefa não só de controlar o desenvolvimento econômico, mas também de mudá-lo, ou seja, procurando mudar a ordem, característica típica deste Estado, o instrumento idôneo para esta função não é a norma reforçada por uma sanção negativa contra aqueles que a transgridem, mas também uma sanção positiva – sanção premial, na linguagem de Bobbio – em favor daqueles que se conformam com ela. Para Bobbio a função do Direito não é somente protetora-repressiva, mas também, cada vez mais, promocional. Ressalva Bobbio, entretanto, que seu pensamento nesse sentido não nega a validade da análise estrutural de Kelsen. Cita, por exemplo, que a prova disso é que a maior obra teórica do Direito depois de Kelsen é a de Hart, que prossegue no mesmo caminho, buscando na estrutura específica do ordenamento jurídico a determinação do conceito do Direito.[15]

Fincado nos conceitos de Bobbio, é oportuno para o presente trabalho registrar, ainda que perfunctoriamente, que, diferentemente do Estado Liberal (onde Kelsen é um dos grandes expoentes), no Estado Social, para que o Direito assuma o papel de instrumento de mudança ou transformação social (não cuidando apenas da simples manutenção da ordem), diante de sua visão prospectiva (no Estado Liberal, na perspectiva estrutural do Direito, este é retrospectivo – exemplo disso é que vê o ilícito no passado e restaura-o no presente, visão *a posteriori*), não deve haver a preocupação apenas com a sanção ao ilícito, mas também ter em mira o caráter preventivo e promocional do Direito, cuidando também do controle social *a priori*.

Retomando o pensamento de Kelsen, calha registrar que ele cuida da Teoria, e não dos Sistemas, na acepção do termo que

15. Norberto Bobbio, *Contribución a la Teoría del Derecho*, cit., pp. 260-261.

será abordada no próximo capítulo, em que se apreciará a obra do teórico dos Sistemas: Niklas Luhmann. Kelsen é um teórico da *validade*, e não da *eficácia* jurídica. Em sua teoria, entretanto, a norma jurídica deve ter o mínimo de eficácia (observância) para dar validade ao ordenamento jurídico; e, por outro lado, a perda da eficácia do ordenamento jurídico gera a invalidade, ou, em outras palavras, o ordenamento ineficaz perde validade em decorrência de não possuir mais uma norma fundamental que lhe confira validade. Para Kelsen a norma fundamental só se refere a ordenamentos coercitivos eficazes. No plano da norma singular, resumidamente, pode-se afirmar que sua validade depende da eficácia da ordem jurídica como um todo. No clássico exemplo kelseniano da revolução, quando a ordem jurídica como um todo deixa de ser eficaz, cada uma das normas singulares componentes deixa de ter validade, na medida em que a norma fundamental não pode ser mais pressuposta, inquinando de falta de fundamento de validade todas as normas singulares.

Como já afirmado, no Estado Liberal, onde a teoria de Kelsen é concebida, a ênfase da estrutura normativa volta-se para a fidelidade à lei, como instrumento de garantia da segurança jurídica. Um exemplo na seara do direito tributário é o princípio da legalidade, onde o cidadão deverá submeter-se à exação tributária mediante uma lei que institua o tributo. Outro exemplo oferecido pelo professor Tércio Sampaio Ferraz Jr. é quanto às limitações constitucionais ao poder de tributar, onde o Estado não pode criar qualquer tributo e também não pode exigi-lo fora dos limites legais. No caso brasileiro, com freios estabelecidos pela própria Constituição.

Nessa perspectiva, adotando como exemplo a figura da "guerra fiscal", os Estados, também como subordinados à ordem jurídica vigente, não poderiam conceder incentivos fiscais à margem dos dispositivos constitucionais e infraconstitucionais que norteiam a matéria, mormente sem a autorização por meio de convênio unânime entre as unidades federadas, como rezam a Constituição Federal e a Lei Complementar 24/1975.

Em apertada síntese, é essa a análise da teoria de Kelsen julgada como o mínimo suficiente para tratar do assunto sob debate, tal seja, a "guerra fiscal" entre os Estados e o Distrito Federal no Brasil.

3. Abordagem do pensamento de Niklas Luhmann

Da mesma forma que foi condensada a obra kelseniana, objetivando a correlação com o assunto sob análise – qual seja, a "guerra fiscal" –, será apreciada a proposta teórica de Luhmann, que, ao contrário de Kelsen, não cuidou da Teoria do Direito em sentido restrito, tratando dos Sistemas, podendo-se afirmar que é um teórico dos Sistemas – ressalvando mais uma vez que se cuidará de uma exposição bastante sintética de uma obra vastíssima,[16] rica, extremamente densa e eivada de conceitos, formulações e, mesmo, linguagem nada convencionais[17] (exemplos: generalização congruente de expectativas normativas contrafáticas; sistema autopoiético fechado e auto-referenciado, mas aberto cognitivamente; código, função e programa do sistema, e, no caso, também do sistema jurídico; operação; acoplamento es-

16. Javier Torres Nafarrate e Darío Rodrigues, "Autopoiesis, a unidade de uma diferença: Luhmann y Maturana", *Sociologias* 9/106-140. Lendo livros e artigos de Luhmann, nota-se claramente uma verdadeira "compulsão" de produção literária e, registre-se, extremamente densa. Os professores Darío Rodrigues (PUC/Chile) e Javier Torres Nafarrate (Universidade Ibero-Americana do México) apontam que no começo da década de 80 Luhmann já havia publicado aproximadamente 25 livros e 150 artigos.

17. Celso Fernandes Campilongo, *Política, Sistema Jurídico e Sistema Judicial*, pg. 18. Para o professor Celso Campilongo: "Penetrar no cipoal de conceitos da teoria dos sistemas – seja pelas mãos de Talcott Parsons (seu grande formulador nos anos 50 e 60), seja pelas mãos de Luhmann (com seus descobrimentos e acréscimos, especialmente a partir dos anos 70) – está longe de ser missão singela".

trutural[18] etc.), rompendo com padrões conceituais padronizados pelas ciências sociais, tornando a tarefa de análise de sua obra, por um lado, um grande desafio, e, por outro, um instigante exercício de pesquisa, buscando-se alinhavar sua proposta metodológica dispersa nas diferentes publicações e – por que não dizer? –, chegar ao encontro de conclusões tão surpreendentes quanto polêmicas.[19-20-21] Tal sintetização, recortando os conceitos essenciais ao entendimento da teoria, todavia, trará consigo a simplificação da riqueza da elaboração teórica do autor, que, dado o elevado grau de abstração de seus conceitos, bem assim sua complexidade, deve ser por demais sopesada.

O pensamento de Luhmann e os principais conceitos e formulações adotados pela sua importante teoria sistêmico-funcional da sociedade contemporânea, para melhor entendimento, devem ser cotejados com o contexto histórico vivido pelo autor, bem assim levadas em conta as influências recebidas de outros teóricos, como Parsons e Maturana. Para melhor estudo, ainda, sua obra deve ser dividida em duas grandes fases,[22] sendo a primeira no início dos anos 60, quando recebeu grande influência de Parsons, seu professor em Harvard, até meados de 80, quando formulou a *teoria dos sistemas funcional-estrutural*, tendo por premissa a diferenciação entre ambiente e sistema; e a segunda a partir de meados de 80 (mais precisamente a partir de 1984), quando, a partir da influência recebida de dois biólogos e neurofisiólogos chilenos, Humberto R. Maturana e Francisco Varela, mudou o paradigma da teoria geral dos sistemas, substituindo a teoria dos sistemas abertos, caracterizada pela diferença de ambiente/sistema, pela teoria autopoiética, tal seja, a definição do sistema social e seus subsistemas como fechados e auto-referenciados.

A síntese aqui apresentada refere-se à segunda fase do autor.

Parte o teórico alemão da relação entre sistema/ambiente para formulação de sua teoria, sendo o sistema uma delimitação do ambiente. Essa delimitação permite a redução da complexidade de uma sociedade. Luhmann, tendo como preocupação central a sociedade moderna, vê como suas

18. Para aprofundar o conhecimento sobre o conteúdo semântico de cada termo, v. Giancarlo Corsi e outros, *Glosario sobre la Teoría Social de Niklas Luhmann*, 1996.

19. V., nesse sentido, dentre diversas inovações contidas no pensamento de Luhmann, o revolucionário conceito de *sociedades em indivíduos*.

20. Quando Luhmann generaliza o conceito de autopoiésis (sistema que se leva a cabo graças a uma reprodução recursiva de seus elementos como unidades autônomas – ou autoconservação do sistema a partir da produção de seus próprios elementos), adotado da teoria biológica de Maturana, rompe com a tradição do pensamento europeu, recebendo implacáveis críticas de diversos outros pensadores contemporâneos, como Habermas e o próprio Maturana.

21. Niklas Luhmann, *El Derecho de la Sociedad*, 2002. Jesús Ignácio Martinez García, Catedrático de Filosofia do Direito da Universidade de Cantabria, Santander (Espanha), um dos apresentadores (juntamente com Javier Torres Nafarrate e Darío Rodrigues) de uma das principais obras de Luhmann (*El Derecho de la Sociedad*), titula sua apresentação como "Para ler Luhmann: aviso para os juristas", e nela adjetiva a obra como desconcertante, teoria irritante, que oferece uma forte oposição por parte de outros teóricos, um texto que exige romper com hábitos de leitura típicos do jurista. Para ele, a capacidade de geração de problemas é um dos maiores orgulhos de Luhmann. Adverte, mais, que Luhmann nunca começa pelo princípio. Simplesmente começa, por algum lugar, em algum ponto, e assim passa a outros. E nunca termina. Nunca tem conclusões, só pausas. Uma teoria assim não pode ser redonda. Os capítulos da obra, segundo esse apresentador, nem sequer seguem uma ordem necessária. São somente "entradas": estão abertas para entrar e sair, para poder voltar e entrar. Mas se atreve a assegurar, concluindo, que o leitor que o entende terá um texto hermético que se abrirá por alguma parte e se converterá em caixa de ressonância e palanque para seu pensamento. Entendendo que o jurista não deve seguir uma regra, no lugar mais inesperado da obra poderá surgir uma iluminação, fazendo brotar o sentido, a faísca que propaga o incêndio que irá dando-se luz a si mesmo.

22. Para maiores detalhes sobre as duas fases da obra de Luhmann, v. Clarissa Eckert Baeta Neves e outros, *Niklas Luhmann: a Nova Teoria dos Sistemas*, pp. 9-17.

principais características a complexidade e a diferenciação funcional. Entende-se por complexidade a totalidade das possibilidades do mundo. E a tarefa principal dos sistemas é reduzir essa complexidade. Introduz, a partir daí, o conceito de "seleção", voltada para a escolha ou rejeição de uma das múltiplas possibilidades existentes,[23] e os sistemas sociais diferenciados funcionalmente (jurídico, econômico, político, educacional etc., adiante melhor explicitados) são, exatamente, os produtos dessa seleção, que permitirão a captação e redução da complexidade do mundo.

Luhmann pressupõe a existência de três sistemas: *vivo* (diz respeito aos sistemas vitais), *psíquico* (referente à consciência e ao modo de operação) e *social*, dedicando mais seus estudos a esse último. E dentro desse sistema social teremos outros sistemas ou subsistemas: político, jurídico, econômico, educacional etc. O que indica o sistema social é a comunicação. A comunicação só ocorre na sociedade. A sociedade movimenta-se por meio de comunicação. Pelo caráter autopoiético[24] proposto por Luhmann (sistema capaz de autoconstrução, auto-reprodução), dentro da sociedade se tem comunicação, que produz comunicação, por meio de comunicação. É dessa forma que a sociedade é autopoiética, se produz a partir de si mesma.

Na história da sociedade sempre houve comunicação, organizada de diversas formas, passando pelas tradicionais: (a) por *diferenciação segmentária*: – de baixa complexidade, onde, por exemplo, somente o ancião podia criar o Direito; (b) *sociedade geográfica* – com baixo grau de comunicação, ainda. A condição do cidadão era ditada por sua origem. Na Grécia Antiga somente determinadas pessoas tinham direito ao voto; (c) *estratificação social* – determinada principalmente pela condição econômica do cidadão. Como exemplo, somente o nobre, o aristocrata, podia dizer o Direito, como na *segmentária* somente o ancião o podia.

Numa linha evolutiva, desde a *sociedade segmentária*, chega-se à *sociedade moderna*, com *diferenciação funcional* (objeto de preocupação de Luhmann). Não se trata de uma evolução *valorativa*, e sim dada pela *complexidade*. A sociedade vai se tornando mais complexa. Para ilustrar, imagine-se uma sociedade que não conhecia a escrita. A comunicação ocorria praticamente entre presentes, entre contemporâneos, precisava sempre de alguém para contar a história. Passando pelo salto do livro impresso (a bíblia de Gutemberg), até chegar aos dias de hoje, com a revolução da Cibernética, a rede mundial de comunicação (Internet), para comparar a evolução da complexidade da sociedade e de seu código diferenciador: a comunicação.

Exigem-se, para redução da complexidade, comunicações especializadas. Quanto mais possibilidades de comunicação, mais necessidade de seleção de formas especializadas de comunicação.

Para Luhmann a *complexidade* significa exigência de *selecionar*. E a exigência de seleção implica *contingência*. Ainda que rapidamente, é preciso definir os termos integrantes do trinômio complexidade/contingência/seleção, que permeiam a obra de Luhmann.

Complexidade decorre da evolução da sociedade, que demanda especialização na comunicação (sistemas diferenciados funcionalmente: político, jurídico, econômico, ambiental, educacional etc. – ou seja, com critério que o diferencia dos demais. Assim é que o sistema jurídico, por exemplo, caracteriza-se pela comunicação jurídica).

23. Diz o professor Celso Campilongo que: "A modernidade envolve múltiplas possibilidades de ação, escolha de eventos. São necessárias *seleções* que reduzam a totalidade dos comportamentos possíveis. *Os sistemas diferenciados funcionalmente* são produtos dessas seleções. Envolvem sempre uma *redução de complexidade*" (*Política, Sistema Jurídico e Sistema Judicial*, cit., p. 20 – grifamos).

24. *Autopoiésis*, de *auto* – "a si mesmo" – e *poiesis* – em Grego, "criação", "fabricação", "construção". Literalmente, aupotoiésis, então, significa autocriação.

Contingência significa a existência de diversas possibilidades de escolha, que podem incorrer em escolha favorável ou desfavorável (a escolha pode recair sobre qualquer das possibilidades).

Seleção (*seletividade*) significa a necessidade de se definir mecanismos que permitam a escolha ou a rejeição de uma das possibilidades dentre outras.

De passagem, pode-se vislumbrar aqui a manifestação do Direito por meio do direito positivo, ou do Direito posto por uma decisão, fruto de uma escolha.

Bem, como sobredito, a sociedade complexa contemporânea provoca a necessidade de sistemas especializados para redução da complexidade. Dentre os sistemas sociais temos o jurídico, o político e o econômico.

O presente estudo deter-se-á diante dos dois primeiros sistemas, com maior ênfase ao primeiro, dada a especificidade do tema central objeto de análise.

Para Luhmann os sistemas se diferenciam pela função e código dos respectivos sistemas. A *função* do *sistema político* é a de tomar decisões que vinculem toda a coletividade. Ensina o professor Celso Campilongo[25] que o uso do poder permite à Política desempenhar essa função, por meio de um *código próprio*, traduzido na distinção *governo/oposição* ou também *superior/inferior*, e um dos mecanismos básicos de atuação desses códigos de comunicação é a eleição política.[26] Todo sistema funcionalmente diferenciado possui um código próprio que lhe confere unidade e "fechamento operacional" ou caráter *autopoiético*, na linguagem luhmanniana. O sistema político, assim, será recursivo, operando autonomamente com base em suas próprias estruturas, podendo reduzir e manter sua complexidade, onde a cada decisão (escolha) corresponderão novas alternativas (contingência) e demandas para outras decisões. Governar a complexidade significa selecionar e escolher entre alternativas.

Quanto ao *sistema jurídico*, Luhmann afirma que ele confere a *generalização congruente de expectativas normativas contrafáticas*, também citada por Corsi.[27]

A *função* do Direito para Luhmann não é assegurar comportamentos, e sim assegurar as expectativas normativas contrafáticas (diferente das expectativas cognitivas), como adiante se verá. O *código* do Direito é o binário *lícito/ilícito* ou *direito/não-direito*.

Antes de discorrer propriamente sobre esses novos conceitos luhmannianos, é importante, para uma melhor elucidação do tema, haurir do ensinamento do professor Celso Campilongo,[28] publicado originalmente no jornal *O Estado de S. Paulo* e encartado em sua obra *O Direito na Sociedade Complexa*, onde resumida e cristalinamente o Mestre diz que o *sistema jurídico* não tem como função assegurar comportamentos (então, aqui, o Direito tem uma função diferente do objetivo do Estado Liberal, onde o objetivo do Direito é colocar fim aos conflitos). O Direito protege quem espera um comportamento conforme a norma. Para o professor Celso isso não implica confusão ou redução do Direito à Política. Assim, para garantir expectativas que não se ajustam às desilusões, compete ao Judiciário exercer o papel de afirmar o Direito, não confirmar o poder (veja-se, aqui, uma clara distinção entre os sistemas político e jurídico). Segue lecionando que, para isso, deve estar protegido contra pressões

25. Campilongo, *Política, Sistema Jurídico e Sistema Judicial*, cit., p. 73, e *Direito e Democracia*, 2ª ed., 2000. V. essas obras para maiores detalhes sobre código, função e também programa (conceito luhmanniano não trabalhado neste estudo) dos sistemas (neste caso, do sistema político) e a correlação com o sistema jurídico, inclusive quanto à democracia.

26. Campilongo, *Política, Sistema Jurídico e Sistema Judicial*, cit., p. 71.

27. Corsi e outros, *Glosario sobre la Teoría Social de Niklas Luhmann*, cit., pp. 79-81. Esta é outra terminologia luhmanniana.

28. Celso Fernandes Campilongo, *O Direito na Sociedade Complexa*, pp. 97-98.

que possam enfraquecer suas estruturas ou que tentam processar questões não afetas à técnica jurídica. A função política do Judiciário, se se quiser, é a de processá-la em termos jurídicos. Conclui seu pensamento afirmando que o Judiciário precisa de independência em relação ao sistema político, especialmente quando as questões que lhe são submetidas envolvam o interesse público. Se não, como seria protegido quem espera o cumprimento das normas, se uma grande violação à lei parte do próprio Estado? Para ele, somente neutralizando a força da Política (não permitindo ingerência) e estabilizando a autonomia do sistema jurídico.

A *expectativa* é *normativa*, aquela que não se adapta aos fatos (contrafática), pelo contrário, resiste aos mesmos, não está disposta ao aprendizado. Não se adapta às frustrações. Por exemplo, se vence o título e o devedor não cumpre a obrigação, o credor continua com a expectativa de receber, não existe adaptação ao fato. O contrário é a *expectativa cognitiva*, que é adaptativa, aprende com os fatos, está disposta ao aprendizado. O Direito não diz respeito a essa expectativa.

Para ser jurídica, essa expectativa deve ser também *generalizada*; significa que todos estão incluídos, não é individual. No exemplo apontado, a expectativa de receber o título é de todos os credores. A generalização é includente, daí a igualdade, todos são iguais perante a lei, ninguém pode ser excluído.

Não basta ser generalizada, deve ser, por fim, *congruente*, em três perspectivas: (1) *temporal* – é mantida a expectativa por meio da sanção. A norma jurídica permite a segurança contra as incoerências da realidade, o que faz a expectativa resistir ao longo do tempo; (2) *social* – tem a ver com a idéia de consenso. O Direito pressupõe um mínimo de consenso. Não é consenso total, e nem quanto ao resultado, e sim quanto ao procedimento. Autor e réu emprestam legitimidade ao processo para manter a expectativa do direito pretendido. Não quanto à certeza de decisão favorável (aceitação implícita da contingência), e sim quanto ao reconhecimento do "devido processo" como meio para resolver algo incerto; (3) *material* – oferece segurança contra as contradições. Está localizada no que Luhmann chama de "programas",[29] onde está escrito o que é legal/ilegal: nas leis, decretos, regulamentos etc.

São as condições retrodescritas que permitem a autopoiésis do sistema e, também determinam seu fechamento operacional. Nessa perspectiva, o Direito não pode ser tido como a panacéia para todas as necessidades, ele não é capaz de controlar outros valores, como da economia, da política, dentre outros. O que o Direito consegue produzir e auto-reproduzir é a estabilização das expectativas normativas contrafáticas. O Direito pode tratar de qualquer tema, admitindo qualquer conteúdo, mas com os critérios do Direito (não pode tratar com outros critérios, às vezes presentes nas reformas constitucionais, por exemplo). O Direito, assim como os demais sistemas, não consegue gerenciar todo o sistema social a que pertence. O sistema jurídico pode fazer evoluir o próprio Direito, não pode reformar a Política, por exemplo. O sistema jurídico não é vértice do sistema social, assim como os outros também não o são.

O sistema jurídico não desempenha sua função apenas para si, mas também para os outros sistemas; é o que Luhmann chama de oferecer *prestações* aos demais sistemas e vice-versa – como, por exemplo, o sistema jurídico confere legitimação às decisões políticas, com a aplicação das leis, e, de seu lado, o político oferece as premissas decisórias, as leis, e o reforço da eficácia das decisões jurídicas, os meios coercitivos: prisões, Polícia etc. Bem assim, o sistema jurídico permite-se *irritar* (na linguagem de Luhmann) internamente, a par-

29. Os *programas* permitem atribuir valor aos códigos. São mutáveis – greve, por exemplo, é direito hoje, pode não ser amanhã.

tir de sua própria estrutura, pelo sistema político, por exemplo. Não se trata de qualquer *imput* ou determinação do sistema político ao jurídico. As irritações ou informações são selecionadas, processadas e construídas internamente (autopoiésis), e a partir daí dá-se eventual transformação do sistema jurídico. É o que Luhmann chamou de "acoplamento estrutural". É a interação de um ambiente com outro sistema, permitindo a *abertura cognitiva do sistema*, que não compromete, entretanto, seu caráter de *operacionalmente fechado*. Em outras palavras, para Luhmann os sistemas são *operacionalmente fechados* e *cognitivamente abertos*.

Tais acoplamentos devem, contudo, ocorrer na forma mencionada, sob o risco de, operando de forma diferente, determinar a "politização da Justiça" ou a "juridificação da Política".[30]

Existem mecanismos que promovem o acoplamento entre os diversos sistemas sociais. Cabe, aqui, o comentário de que não é o Estado que está investido da função de promover acoplamentos estruturais. São mecanismos privilegiados, como a Constituição, que permitem observar o Direito desde o ponto de vista da Economia, e vice-versa. Como exemplo de outros mecanismos privilegiados que promovem o acoplamento estrutural entre os sistemas temos o *tributo* (político e econômico) e o *contrato* (econômico e jurídico).[31]

4. A "guerra fiscal" entre os Estados e Distrito Federal no Brasil

Apresentadas, em apertada síntese, as teorias de Kelsen e Luhmann, será retomado o tema sob foco apresentado na primeira parte deste trabalho, e na seqüência serão apresentadas, a título de conclusão, algumas considerações, correlacionando-as com o pensamento kelseniano e luhmanniano, no propósito de, conforme dito na abertura deste ensaio, oferecer uma contribuição à discussão deste tema tão atual e recorrente em matéria tributária, tal seja, a "guerra fiscal" entre as pessoas políticas subnacionais.

O ICMS é instrumento utilizado como "arma de fogo" na "guerra fiscal" entre os Estados, com sua renúncia no todo ou em parte, onde os entes federados praticantes dessa política disputam novos investimentos ou, mesmo, atraem empresas estabelecidas em outras unidades federadas, mediante a concessão de benefícios de natureza diversificada, especialmente a isenção, redução da base de cálculo e a concessão de crédito presumido de imposto;[32] e, com isso, outros Estados, interessados em manter as empresas neles localizadas, também lançam mão da prática da renúncia fiscal.

Em razão do caráter nacional do ICMS, a concessão de benefícios fiscais encontra tratamento rígido no ordenamento jurídico pátrio, mormente nas operações interestaduais de mercadorias e serviços. Primeiro, no ápice da pirâmide jurídica – modelo kelseniano – a Constituição fixa os parâmetros para a concessão de tais benefícios por parte das unidades federadas,[33] remetendo para lei complementar a disciplina do enunciado constitucional. A Lei Complementar 24/1975, recepcionada pela Constituição Federal de 1988, exige que a concessão ou a revogação de isenções, benefícios ou incentivos fiscais ocorram por meio de deliberação, com a aprovação unânime dos entes federados. Tal deliberação resultará na celebração de convênios autorizando os Estados e o Distrito Federal a

30. Campilongo, ob. cit., p. 82.

31. Para maiores detalhes sobre tais mecanismos de acoplamento estrutural, v. Nafarrate, *Luhmann: la Política como Sistema*, cit., pp. 357-358 e 362-369.

32. Nesse sentido, consultar: José Eduardo Soares de Melo, *ICMS – Teoria e Prática*, 7ª ed., pp. 274-275.

33. O art. 155, § 2º, XII, "g", da CF determina que cabe à lei complementar regular como, mediante deliberação dos Estados e do Distrito Federal, isenções, incentivos e benefícios fiscais serão concedidos e revogados.

ratificar, ou não, os convênios celebrados, concedendo, ou não, o benefício ou incentivo autorizado mediante – repise-se – a deliberação unânime dos representantes dos entes federados, levada a efeito no âmbito do CONFAZ.[34] Desnecessário discorrer que, após a entrada em vigor, os convênios ratificados obrigam todas as unidades federadas a cumprir o que for acordado, mesmo aquelas que não participaram da reunião que deliberou sobre a autorização para concessão de benefícios ou incentivos fiscais.

"Discorrer" é, mesmo, o termo? Talvez "lembrar", "mencionar", ou coisa que o valha?

A Lei Complementar 24/1975[35] também prevê as sanções ao desrespeito de seus preceitos, acarretando, cumulativamente, a nulidade do ato e a ineficácia do crédito fiscal atribuído ao estabelecimento recebedor da mercadoria, a exigibilidade do imposto pago ou devolvido e a ineficácia da lei que concedeu o benefício ou isenção irregular. Aqui encontram-se presentes verdadeiros pressupostos ao cometimento de sanções aos agentes políticos representantes das pessoas políticas que oferecem benefícios ou incentivos fiscais inconstitucionais, que podem incorrer ainda, em tese, em crime de responsabilidade, improbidade administrativa, ressarcimento de danos ao Erário Público e, mesmo, ser alvo de ações populares.

Resultam, ademais, em grave ônus aos contribuintes do imposto, que figuram no pólo de adquirentes das mercadorias ou serviços gravados com a renúncia fiscal concedida por parte dos Estados onde estão situados os remetentes das mercadorias, que podem não ter seus créditos reconhecidos, o que vem acontecendo com freqüência, gerando instabilidade jurídica, na verdade com graves conseqüências para todos os envolvidos na questão, sejam eles os contribuintes, agentes políticos – enfim, para todos os operadores do Direito que militam nesse confuso cipoal jurídico instalado.

A Lei Complementar 101/2000, conhecida como "Lei de Responsabilidade Fiscal", também introduziu restrições à concessão de renúncia fiscal.

Em síntese, "guerra fiscal" pode ser resumida como a concessão unilateral de incentivos ou benefícios fiscais pelos Estados, à margem da Lei Complementar 24/1975 e, por corolário lógico-jurídico, da Constituição Federal, com o intuito de atrair investimentos, gerando, por conseqüência, a retaliação dos outros Estados, das mais diversas formas possíveis, seja glosando os créditos gravados de incentivo, lançando, entre outros, autos de infração e imposição de multas aos contribuintes, e também batendo às portas do Judiciário, almejando a retirada do ordenamento da medida que concedeu o benefício inconstitucional (introduzido por leis, decretos e até por meros atos administrativos).

O tributarista Roque Antonio Carrazza[36] registra que, na prática, têm havido muitas isenções do ICMS concedidas unilateralmente pela unidade federada interessada. Para esse respeitado Mestre, estas *isenções autonômicas* são manifestamente inconstitucionais, e a qualquer tempo podem ser contestadas no STF, pelas unidades federadas prejudicadas.

O STF em inúmeras ações diretas de inconstitucionalidade[37] tem reiteradamente decidido pela inconstitucionalidade dos benefícios concedidos à margem da Lei Complementar 24/1975, e até mesmo o Conselho Administrativo de Defesa Econômica

34. O art. 2º, § 2º, da Lei Complementar 24/1975 determina que a concessão de benefícios dependerá sempre de decisão unânime dos entes federados.

35. Cf. art. 8º da Lei Complementar 24/1975.

36. Roque Antonio Carrazza, *ICMS*, 9ª ed., 2004.

37. Dentre outras, consultar: (1) Pleno, ADI 902-8-SP, rel. Min. Marco Aurélio, j. 3.3.1994, *DJU* 22.4.1994; (2) Pleno, ADI 1.179-1-SP, rel. Min. Carlos Velloso, j. 13.11.2002, *DJU* 19.2.2002; e (3) Pleno, ADI 2.458-2-AL, rel. Min. Ilmar Galvão, j. 23.4.2003, *DJU* 16.5.2003.

– CADE, instado pelo Pensamento Nacional das Bases Empresariais – PNBE, manifestou-se, administrativamente,[38] reconhecendo que tais benefícios, sem o respectivo convênio autorizador celebrado entre os Estados, por deliberação unânime, favorecem indevidamente determinados estabelecimentos instalados nos Estados concedentes de tais benefícios, prejudicando o aspecto concorrencial.[39]

5. *Conclusão*

Mirando o ordenamento jurídico que rege as concessões de benefícios ou incentivos fiscais, aqui apresentado, vê-se que ele está bem desenhado; porém, por ter sido concebido na década de 70 e em face das mutações havidas na sociedade como um todo e nos seus sistemas ou subsistemas que a integram, dentre eles o econômico, o político e – por que não dizer? – o jurídico, está a exigir ampla revisão e discussão.

Quando dito que o sistema está bem desenhado – dentro de uma perspectiva kelseniana –, observa-se que, numa disposição piramidal, desde a norma fundamental histórica que oferece supedâneo à Constituição Federal de 1988 até a legislação dos Estados e do Distrito Federal, tem-se que o assunto está positivado. Porém, vê-se que até mesmo a validade de tais normas, tais sejam aquelas que vinculam a exigência de celebração de acordo entre os Estados para que possa oferecer eiva à concessão de benefícios, está comprometida. Kelsen ensina que a norma deve conter um mínimo de eficácia. Para ele não se considera válida uma norma que nunca é observada. Hoje, no cenário da "guerra fiscal", com o estrangulamento das normas apontadas, que regem a concessão de benefícios fiscais, estas perderam o sentido e, efetivamente não têm sido respeitadas, não sendo exagero aproximar o fenômeno ao que Kelsen chamou de *desuetudo*,[40] ou seja, para ele, a norma jurídica pode perder a validade pelo fato de permanecer por muito tempo inaplicada ou inobservada.

Sob a ótica luhmanniana, olhando a sociedade como um sistema (que se distingue dos outros sistemas existentes – vivo e psíquico – pela comunicação), composta de vários subsistemas ou sistemas sociais, vê-se que a sociedade não se restringe, de longe, apenas ao sistema jurídico, não sendo ele, inclusive, seu vértice, assim como qualquer outro sistema também não o é (econômico, político etc.). O sistema jurídico recebe e oferece ressonância dos demais sistemas, por meio de instrumentos próprios (acoplamento estrutural, na linguagem de Luhmann). No caso dos sistemas jurídico e político, o mecanismo de interação é a *Constituição*, e para os sistemas político e econômico é o *tributo*, que promove tal acoplamento.

É óbvio que não pode um sistema querer invadir os demais, o jurídico ao econômico e vice-versa, eis que a Teoria dos Sistemas, aqui exposta, registra que tal atitude implica bloqueio dos sistemas. Isso ocorre quando o sistema jurídico decide com critérios exteriores, ocorrendo a "politização do Judiciário", quando decide com critérios políticos ou "juridificação da Política", na situação inversa. Resumindo, não se podem vislumbrar fins políticos com a utilização do Direito ou da Economia, nem o inverso, posto que os sistemas trabalham com códigos diversos e têm funções espe-

38. V. a resposta à consulta formulada pelo PNBE in José Eduardo Soares de Melo, *ICMS – Teoria e Prática*, cit., 7ª ed., pp. 277-279.

39. Sobre o papel institucional do CADE e a Lei 8.884/1994, consultar o voto-vista e respectivo aditamento de voto no Ato de Concentração 08012.006762/2000-99 do então Conselheiro daquele importante órgão jurisdicional administrativo, que, emprestando seu amplo conhecimento e louvando-se na melhor doutrina (Kelsen, Luhmann, Bobbio, Raffaele Di Giorgi, Celso Antônio Bandeira de Mello, dentre outros), oferece lições – na verdade, uma memorável aula impressa – sobre relevantes aspectos do sistema jurídico contemporâneo.

40. Kelsen, *Teoria Pura do Direito*, cit., 6ª ed., 5ª tir., p. 237. "Desuetudo", para Kelsen, significa o costume negativo.

cíficas; prática diversa implica "corrupção" dos códigos de comunicação próprios de cada sistema, comprometendo sua autopoiésis, bloqueando a própria evolução dos sistemas.

Obedecidas tais premissas, o sistema jurídico não pode estar insensível ao problema da "guerra fiscal", bem assim o sistema político, exigindo, nesse caso, edição legislativa contemplando as exigências hodiernas da sociedade. Urge uma Reforma Tributária. Todavia, tal Reforma, como sobredito, não poderá deixar de cuidar, por exemplo, de prever a criação de um Fundo Nacional e de Fundos Regionais de Desenvolvimento, bem disciplinados juridicamente, para que os Estados possam ter instrumentos de fomento e crescimento, geração de renda, empregos – enfim, possam dar vazão aos objetivos fundamentais da República Brasileira, insculpidos na própria Constituição.[41]

Se o caminho for o da unificação nacional da legislação do ICMS, tal como enunciado na PEC 285/2004, retirando a competência legislativa dos Estados para concessão de isenções ou outros benefícios ou incentivos fiscais, em favor desse argumento, contrário àqueles que entendem que tal medida fere o pacto federativo elevado a cláusula pétrea,[42] é que a Reforma Tributária, necessariamente, passará, no mínimo, pela rediscussão do modelo federativo quanto à redefinição da intensidade ideal de centralização e descentralização quanto ao ICMS (a autonomia federativa poderia ser assegurada pela Reforma Tributária desde que respeitada a capacidade tributária ativa dos Estados e Distrito Federal do novo ICMS, quanto a administração, arrecadação e fiscalização descentralizada).

Não há dúvida de que um novo desenho constitucional do ICMS é inevitável e irreversível, como pressuposto necessário para equalizar o desajuste hoje vivido.

Parece que se caminha para uma proposta de centralização da produção de normas jurídicas do ICMS, onde tal competência legislativa passaria para a União (enquanto produtora de lei nacional, e não lei federal), em sede de lei complementar, assegurando aos Estados a aptidão para administrar, arrecadar e fiscalizar o imposto – ou seja, mantida sua competência tributária ativa.

Ter-se-á, pois, um viés de centralização em termos de produção de normas, mas a manutenção da descentralização no tocante à administração, arrecadação e fiscalização do imposto, não significando com isso, necessariamente, a ruptura de pacto federativo, erigido à categoria de princípio pétreo, mas, quiçá, um novo federalismo, e não um pseudopacto atualmente existente, ao menos em sede do ICMS, que tem sido, como aqui tantas vezes repisado, a arma, até agora fatal, da "guerra fiscal". O ICMS, um imposto de inegável caráter nacional, encontra-se esgarçado pelos Estados. Nesse sentido, ademais, a unificação da legislação poderá simplificar, racionalizar e harmonizar o imposto, atendendo também a tais anseios da sociedade.

Uma Reforma Tributária assim concebida, apesar de, a princípio, parecer que fere frontalmente o pacto federativo, poderá ser vista sob outro prisma, admitindo-se um ajuste no grau de centralização e descentralização federativa, com o rompimento do paradigma atual (nossa história republicana está eivada de exemplos de quebra de paradigmas, inclusive quanto ao próprio ICMS, de hoje, mas que já foi IVC, antes da Reforma Constitucional de 1965, e ICM, antes de 1988).

A Constituição Federal, como acopladora dos sistemas jurídico e político, é o instrumento adequado para contrabalançar as prestações recíprocas de cada sistema, permitindo a manutenção da autopoiésis e auto-organização dos sistemas, devendo haver na Reforma Constitucional uma

41. Brasil, PEC 285/2004, disponível na Internet: *http://www.camara.gov.br* (acesso em 19.2.2005), art. 3º, II e III, e art. 170, VII.

42. Idem, art. 60, § 4º, I.

preocupação, sobremais, com outro importante sistema social, o econômico, posto que, ainda que a economia seja também um sistema autopoiético que determina sua operação mediante suas próprias estruturas, há determinados instrumentos político-econômicos (o tributo, por exemplo) que melhoram mas também podem emperrar a situação econômica da sociedade.

O assunto, pela complexidade, sua extensão e impacto na vida cotidiana, está a exigir um aprofundamento maior na sua abordagem. O presente estudo, ainda que modesto, espera ter oferecido mais uma idéia sobre o problema e contribuir para sua discussão.

Bibliografia

BARZOTTO, Luiz Fernando. *O Positivismo Jurídico Contemporâneo, uma Introdução a Kelsen, Ross e Hart*. São Leopoldo/RS, Editora Unisinos, Série Acadêmica, 2004.

BOBBIO, Norberto. *Contribución a la Teoría del Derecho*. Ed. a cargo de Alfonso Ruiz Miguel. Valência, Fernando Torres Editor, 1980.

BORGES, José Souto Maior. *Ciência Feliz*. 2ª ed. São Paulo, Atlas, 2000.

BRASIL. PEC 285/2004. Disponível na Internet: *http://www.camara.gov.br* (acesso em 19.2.2005).

CAMPILONGO, Celso Fernandes. *Direito e Democracia*. 2ª ed. São Paulo, Max Limonad, 2000.

——————. *O Direito na Sociedade Complexa*. São Paulo, Max Limonad, 2000.

——————. *Política, Sistema Jurídico e Sistema Judicial*. São Paulo, Max Limonad, 2002.

CARRAZZA, Roque Antonio. *ICMS*. 9ª ed. São Paulo, Malheiros Editores, 2004.

COELHO, Fábio Ulhoa. "Kelsen e a Ciência do Direito". In: CARVALHO, Paulo de Barros (org.). *Revista do Programa de Pós-Graduação em Direito da PUC/SP* 1/23-40. São Paulo, 1995.

CORSI, Giancarlo, e outros. *Glosario sobre la Teoría Social de Niklas Luhmann*. Prefácio de Niklas Luhmann, trad. de Miguel Romero Pérez y Carlos Villalobos, coord. de Javier Torres Nafarrate. México, Universidade Iberoamericana, 1996.

FERRAZ JR., Tércio Sampaio. *Introdução ao Estudo do Direito: Técnica, Decisão, Dominação*. 4ª ed. São Paulo, Atlas, 2003.

KELSEN, Hans. *Teoria Pura do Direito*. 6ª ed., 5ª tir, trad. de João Batista Machado. São Paulo, Martins Fontes, 2003.

LUHMANN, Niklas. *El Derecho de la Sociedad*. Trad. para o Espanhol por Javier Torres Nafarrate. México, Universidade Iberoamericana, 2002.

MELO, José Eduardo Soares de. *ICMS – Teoria e Prática*. 7ª ed. São Paulo, Dialética, 2004.

NAFARRATE, Javier Torres. *Luhmann: la Política como Sistema*. México, Fondo de Cultura Económica, Universidade Iberoamericana e Universidade Autónoma de México, 2004.

——————, e RODRIGUES, Darío. "Autopoiésis, a unidade de uma diferença: Luhmann y Maturana". *Sociologias* 9/106-140. Ano 5. Porto Alegre, janeiro-junho/2003.

NEVES, Clarissa Eckert Baeta, e outros. *Niklas Luhmann: a Nova Teoria dos Sistemas*. Org. por Clarissa Baeta Neves e Eva Machado Barbosa Samios. Porto Alegre, Ed. Universidade/UFRS, Goethe-Institut/IBCA, 1997.

CADERNOS DE DIREITO TRIBUTÁRIO

REFLEXÕES TEÓRICAS SOBRE A PROVA APLICADAS NO DIREITO TRIBUTÁRIO

FLORENCE CRONEMBERGER HARET

Pesquisadora do Instituto Brasileiro de Estudos Tributários (IBET)

1. Noções preliminares. 2. A teoria da prova empírica. 3. A teoria da prova formal. 4. Análise dos dispositivos gerais do instituto da prova. 5. Análise do instituto da prova no lançamento tributário.

1. Noções preliminares

Inicio este artigo convidando-os a uma reflexão teórica sobre o tema da prova no direito tributário antes mesmo de ingressarmos em qualquer análise prática deste instituto. Hoje, percebe-se uma grande tendência a se priorizar a prática em detrimento da teoria. Aqui, proponho justamente o contrário. Postuladas as premissas teóricas, ingressarmos na experiência jurídica conferindo fundamentos científicos à prática, proporcionando uma explicação embasada num método e num corte epistemológico único.

A Filosofia do Direito não é matéria da Ciência do Direito em sentido estrito, ou seja, da Dogmática do Direito. No entanto, é com apoio indispensável da Filosofia que ingressaremos neste estudo. Adentrando as inovações conceptuais do constructivismo lógico e semântico de Lourival Vilanova[1] na Teoria Geral do Direito, posteriormente desenvolvidas pelo professor Paulo de Barros Carvalho[2] na área tributária, tomo o sistema jurídico como um sistema comunicacional. Neste viés, Direito é texto, Direito é linguagem, Direito é comunicação.

A linguagem do Direito não coincide, no entanto, com a linguagem natural, usada no dia-a-dia. É uma linguagem específica, que prioriza seus objetivos: a regulação de condutas. Para tanto, utiliza-se de conceitos determinados visando a abarcar o maior proveito no uso de cada vocábulo, prescrevendo, desta forma, o maior número de condutas possível. Com tais características, o Direito é uma linguagem técnica.

A Ciência do Direito, por sua vez, é descritiva desta linguagem técnica; ou, melhor dizendo, é metalinguagem do Direito, servindo-se dele como linguagem-objeto. Da mesma forma que o sistema lingüístico normativo, a linguagem científica não co-

1. Lourival Vilanova, *Estruturas Lógicas e o Sistema do Direito Positivo*, São Paulo, Noeses, 2005.

2. Paulo de Barros Carvalho, *Direito Tributário: Fundamentos Jurídicos de Incidência*, São Paulo, Saraiva, 2004.

incide com a linguagem natural, por ter uma sintaxe rigorosa, especificando, no plano semântico, o conteúdo que persegue. Ambas as linguagens – técnica, do Direito, e científica, da Ciência do Direito – perdem para a linguagem natural em sua pragmática, visto que seu uso passa a ser reduzido, em detrimento da contingência das formas e dos conteúdos.

O que se percebe, porém, é que, em regra, toda linguagem é constituída de unidades de sentido: o signo lingüístico. Este pode ser uma palavra, uma frase, uma oração. Desde que tenha um suporte físico, associado a uma significação e um significado, este conjunto lógico-relacional passa a ser signo, a ser objeto de compreensão. O suporte físico, como o próprio nome já o diz, confere ao signo a natureza física. É a maneira que se encontrou na comunicação para se divulgar a mensagem. No entanto, só há mensagem quando se tiver uma idéia, uma noção. É justamente com a adição dos ingredientes do significado e da significação que teremos a noção do signo lingüístico em sua completude semiótica.

No Direito a norma jurídica é tida como o signo lingüístico, visto que é ela o suporte portador do sentido a ser compreendido pelo exegeta da linguagem do Direito. A norma é signo, como gênero, passível de ser representada em várias espécies: (1) como símbolo; (2) como ícone; ou (3) como índice – tudo dependendo da relação que mantenha com seu objeto de conhecimento. Tomo, aqui, muitos dos conceitos semióticos desenvolvidos pela professora Clarice von Oertzen de Araújo em seu recente livro.[3] É na norma jurídica que encontraremos a mensagem legislada, de um lado, e o sistema normativo, de outro, posto que norma nenhuma é criada sem sua submissão aos ditames lógicos, formais e semânticos do Direito positivado. Nas palavras do Mestre pernambucano: "A norma jurídica é uma estrutura lógico-sintática de significação, que conceitua fatos e condutas representando-os como significações objetivas. A proposição normativa (jurídica ou prescritiva) é sua forma lógica, revelando estrutura hipotética geral ou individual, abstrata ou concreta".[4] São, neste sentido, juízos prescribentes, criados pela mente de uma autoridade competente, que, verbalizados, tomam a forma de uma frase jurídica ou, num termo mais técnico, de uma proposição jurídica.

Destas preliminares tiramos duas premissas deste estudo: (1) o direito positivo é uma linguagem técnica, ordenada na forma de sistema comunicacional; e (2) a norma jurídica compõe este sistema como unidade sígnica.

O ordenamento jurídico caracteriza-se por ser um sistema cultural. O foco de sua ontologia são os objetos culturais que se encontram permeados na vida em sociedade. O objeto de conhecimento do direito positivo, em sentido amplo, são aqueles eventos factuais escolhidos pelo legislador e determinados em lei que têm a potencialidade de refletir os valores daquela sociedade. Em sentido estrito, por sua vez, não se referem os objetos reais, os eventos, que estarão sempre fora do sistema jurídico, pois intangíveis pela linguagem, mas tão-somente aqueles objetos interiores, criados e compreendidos pela consciência do homem a partir do estímulo da percepção do objeto real. Estamos falando, portanto, de ontologias diferentes: (1) o objeto real, aquele *percebido* pelo ser cognoscente e manifestado num tempo e num espaço determinado, que, quando comunicado, será sempre uma transformação do real e permanecerá íntegro somente no passado; (2) e aquele objeto cultural, *compreendido* pelo exegeta do Direito, sob a égide do sistema interpretativo do Direito posto. O objeto do ordenamento jurídico é, portanto, o conteúdo de uma forma de consciência.

3. Clarice von Oertzen de Araújo, *Semiótica do Direito*, São Paulo, Quartier Latin, 2005.

4. Lourival Vilanova, "Norma jurídica – Proposição jurídica", *RDP* 61/17.

A digressão foi longa mas oportuna para avançar algumas concepções sobre o estudo da prova, ora proposto. Viu-se que o Direito não toca a realidade, pois, como linguagem, retrata sempre parte do objeto real. Deste, surge um novo objeto, signo lingüístico, já inserido na estrutura do sistema jurídico. Neste sentido, a linguagem do Direito cria sua própria realidade, transformando lingüisticamente os objetos reais. As proposições jurídicas são, portanto, instituidoras do que "assim deve ser", a realidade jurídica; enquanto que, nos fatos naturais, as proposições nada criam, pois "assim é", havendo ou não linguagem.

Concluímos, portanto, que as proposições são a forma de concreção existencial do direito positivo. De um lado, elas fazem referência objetiva aos eventos factuais, suporte físico da significação da proposição, e, de outro lado, requerem a frase, ou seja, a forma gramatical de proposição jurídica. São estes os dois vieses da concreção do ordenamento positivado, cada qual gerando dois pontos de análise da teoria da prova: (1) a teoria da prova empírica e (2) a teoria da prova formal. Ambas terão métodos de investigação próprios. No entanto, serão coincidentes no ponto de referência, que será a mesma situação objetiva, vista sob dois aspectos constituintes diferentes.

Vamos às análises.

2. A teoria da prova empírica

Ponto de partida da teoria da prova empírica são os enunciados descritivos da Ciência do Direito. Buscam estes como resultado a verdade material, sob os critérios valorativos verdadeiros ou falsos. Observa-se que falar em "verdade material", aqui, não implica a noção de "verdade absoluta", mas sim de "verdade por estabilização de sentido". É aqui que se procura a maior aproximação semântica do signo lingüístico (a proposição descritiva) ao objeto real (o evento factual). Retrata-se a coisa ou o estado de coisas de maneira que o próprio enunciado é constituinte da verdade material. Esta é uma noção estabilizada e determinada lingüisticamente pelo Direito através de um procedimento próprio e com o fim de regular uma conduta dentro de um espaço e de um tempo preestabelecido.

Cumpre notar que nem neste campo de iniciação investigativa há uma relação entre objetos reais. O que se vê é, sim, uma relação entre objeto real e signo lingüístico, resultado de um juízo descritivo que se verbaliza na forma de proposição descritiva. Já estamos, portanto, em campo fértil do estudo da Linguagem. A relação entre este juízo e o objeto real compõe o signo em sua espécie icônica, pois o vínculo entre seus dois referenciais é de similitude. Em outras palavras, não há intersecção entre as realidades dinâmicas desses dois campos de análise, mas ambos – objeto real e signo lingüístico – trazem qualidades semelhantes a ponto de gerarem, na mente do intérprete, estímulos similares.

Tais enunciados retratando os eventos factuais não coincidem, no entanto, com a hipótese normativa. Esta, já inserida na lógica jurídica, descreve um fato que gera uma relação de implicação, resultado da atuação do functor deôntico do "dever-ser". Ou seja, o fato, abstrato (norma geral e abstrata) ou concreto (norma individual e concreta), subsumido na hipótese, já é tido como fato social juridicamente relevante – e, portanto, constitutivo, impeditivo, extintivo ou modificativo de direitos e deveres.

A Ciência do Direito tem métodos próprios de aproximação do seu objeto cognoscitivo. Desta metodologia é que depende o controle da verdade material (friso, novamente: verdade construída por estabilização de sentido). O método, portanto, definirá o sentido semântico buscado. Melhor dizendo, tomando como método científico todo instrumento que permite descrever uma realidade empírica em Linguagem, o método satisfatório será, em outras palavras, aquele capaz de confirmar a realidade social da conduta pela proposição descritiva. O princípio ordenador deste sistema interpretativo, portanto, é a relação causal, relação de causa e efeito dos eventos reais. É a partir das leis naturais que se inferirá a proposição descritiva implicacional.

Cumpre mencionar, por fim, que a prova é vista nesta acepção como processo, e não como produto. Seria, portanto, toda aquela atividade produzida pelos exegetas na busca de uma verdade material. Em termos comunicacionais, será tida como enunciação. Esta, em outras palavras, é todo aquele ato de fala, em sentido amplo (incluindo aqueles tidos na própria consciência do intérprete), que permitirá a criação do enunciado, resultado lingüístico, verbalizado sob a forma de proposição.

A enunciação pertence ao universo do ser, e, neste sentido, não ingressa, em qualquer sistema lingüístico que for, sem sofrer cortes epistemológicos. A Linguagem nunca toca o ser, devendo sempre recortá-lo da realidade e transformá-lo lingüisticamente, para que possa ser compreendido e comunicado. A enunciação, portanto, uma vez realizada, ficará prisioneira no tempo e no espaço do mundo real. Só poderemos apreendê-la através dos traços que ela deixou no enunciado, reconstituindo-a no nosso intelecto. Neste sentido, é no enunciado que encontraremos as marcas da enunciação. Tais marcas são denominadas na teoria comunicacional como *enunciação-enunciada*.

Neste sentido, prova, tomada em toda esta conjuntura, como procedimento, será essa enunciação em que se busca o sentido semântico das proposições, verdade material, submetido ao critério das leis naturais de causa e efeito.

3. A teoria da prova formal

Agora, tomando o outro extremo da concreção existencial da proposição, encontraremos a norma prescritiva, que, nas palavras de Lourival Vilanova, é a *estrutura lógico-sintática de significação*. Já vimos acima que a finalidade desta frase prescritiva é influenciar condutas ou comportamentos das pessoas. O foco desta linguagem técnica é o receptor da mensagem, visto que é a conduta dele que o sistema normativo quer prescrever. Daí se dizer que a função da linguagem do direito positivo é conativa.

No campo do sistema jurídico, analisaremos a teoria da prova em seu aspecto formal. A verdade buscada aqui é outra, qual seja, a verdade formal, abstraída do sentido sintático da proposição prescritiva. Reitero que, da mesma forma que a verdade material, a verdade formal não se refere à idéia de "verdade absoluta", mas sim de "verdade por estabilização da forma", prescrita pelo Direito. Neste sentido, a verdade empírica dos elementos constituintes da proposição descritiva torna-se irrelevante para a constituição da verdade em tela. Busca-se a validade formal da frase prescritiva de condutas, e não mais a adequação dos eventos factuais a ela. A adequação neste campo é outra, de tal modo que o objetivo é confirmar o sentido sintático através das formas gramaticais conferidas pelo sistema normativo.

A prova formal será tida, portanto, como norma jurídica, ingressada e submetida a todos os critérios do sistema dentro de sua realidade constitutiva. Evidentemente que a prova, como norma, permanecerá como signo lingüístico, pois, se Direito é linguagem, tudo aquilo que estará dentro de sua realidade também o será. Mas, diferentemente do signo lingüístico descritivo abordado acima, aqui, a prova tomará a forma de signo simbólico, visto que é fruto da convencionalidade sintática (e, por conseqüência, também semântica) deste sistema prescritivo de condutas. Trabalha com a relação entre dois signos – o fato lingüístico e o fato jurídico –, dentro de uma associação (ou combinação) arbitrária e prescritiva de conduta.

A verdade formal da prova, como resultado buscado pela norma jurídica, será submetida ao critério axiológico da validade ou da invalidade. Será válida quando produzida na forma e dentro dos padrões semânticos do sistema positivado; e inválida quando isto não ocorrer.

Observando a forma sintático-normativa, a frase jurídica da prova deve traduzir-se como juízo implicacional, em que no seu antecedente (ou hipótese) terá a descrição de um fato, abstrato ou concreto, e no seu conseqüente (ou tese) a prescrição de uma conduta. Na hipótese, como já adiantado, a conotação a um fato abstrato, nas normas gerais, e a denotação a um fato concreto, nas normas individuais, não significa dizer que há um juízo de realidade submetido aos critérios normativos. O fato em tela já é modalizado pelo prescritor, e, portanto, não coincide com aquele da realidade descritiva. A hipótese não está subordinada ao critério da verificabilidade empírica para ser válida. A validade encontra-se em outro âmbito – qual seja, na adequação dos procedimentos legalmente competentes para a construção da frase normativa. Estando a norma de acordo com os preceitos do sistema jurídico, nada há para invalidá-la. Os critérios "válido" e "não-válido" referem-se tão-somente à análise da adequação da forma, do momento, da competência do sujeito produtor do enunciado e do local. Em outras palavras, *validade* refere-se à adequação da frase na lógica do sistema normativo; refere-se à fonte de produção de normas.

Dentro desta realidade jurídica própria encontraremos dois tipos normativos que expressam o que se entende genericamente por *prova jurídica*. Teremos a prova como norma geral e concreta, veículo introdutor de outras normas, ou a prova como norma individual e concreta, enunciado prescritivo de uma conduta determinada. Ambas são proposições prescritivas; no entanto, cada qual com funções diversas dentro do sistema.

A análise da prova como norma geral e concreta imputa a ela o caráter de ser a porta aberta do sistema jurídico para fazer ingressar as realidades sociais no Direito posto. É neste instrumento jurídico que a enunciação, mencionada linhas acima, deixará suas marcas no enunciado. A prova, portanto, como norma geral e concreta, é tida como enunciação-enunciada. Como instrumento introdutor de normas é capaz e competente para criar (1) normas gerais e abstratas, (2) normas gerais e concretas, (3) normas individuais e abstratas e (4) normas individuais e concretas.

Ainda nesta modalidade prescritiva, a prova é uma regra de formação ou de transformação de proposições normativas. Caracteriza-se por ser uma linguagem que fala da constituição de novos elementos de sua própria linguagem, e, neste sentido, encontra-se como uma "linguagem de sobre-nível". Tem caráter eminentemente competencial, pois as regras de Direito estão sempre voltadas a uma conduta humana (*lato sensu*, serão sempre normas de conduta), e prescrevem o procedimento próprio em que o exegeta juridicamente competente deve se ater para a constituição do signo jurídico.

Nesta acepção, a prova é tida como símbolo lingüístico arbitrariamente convencionado como competente para inserir novas normas no sistema jurídico. Guarda o caráter de unidade normativa e é, portanto, submetida ao critério de validade ou invalidade. Tais normas probatórias não deixam de observar a realidade empírica, pois são elas que irão qualificar ou desqualificar estas realidades. No entanto, ao invés de se submeterem aos critérios da concreção existencial, das leis naturais, estarão sob o domínio dos critérios qualificadores das unidades prescritivas.

Finalmente, a prova poderá ser vista como norma individual e concreta, o produto de significação juridicizado. É aqui o culme que se pretende alcançar com as provas, qual seja, a constituição do evento factual em fato jurídico. É, portanto, o Direito criando sua própria realidade, seus próprios signos lingüísticos prescritivos de condutas, que – reitera-se – não coincidem com a realidade a que se referem. Nesta acepção, a prova é tida como o enunciado-enunciado, aquele signo desprovido de qualquer marca da enunciação, em que se tem uma unidade sígnica que, sozinha, é capaz de ativar a relação implicacional existente entre o fato prescrito no antecedente e a conduta inter-humana no conseqüente normativo.

Posto isto, creio que reduzimos algumas dúvidas com relação a este instituto bifronte que é a prova, separando essas duas realidades de análise. Retomando: (1) de um lado teremos a busca pela verdade material (estabilização de sentido) das proposições descritivas, submetidas aos valores verdadeiros ou falsos, dentro da lógica das leis naturais de causa e efeito. Fazem parte do processo de enunciação da norma, mas, pertencentes ao mundo do ser, não se integram na realidade jurídica; (2) de outro lado, buscaremos a verdade formal (estabilização da forma – linguagem competente) das proposições prescritivas de condutas, estejam elas na forma de veículo introdutor de normas (enunciação-enunciada presente no antecedente normativo) ou de norma individual e concreta (enunciado-enunciado prescritor de conduta determinada). Nesta acepção, teremos o domínio das leis jurídico-implicacionais, sob os critérios valorativos da validade.

Eis que, postas estas preliminares, podemos, agora, ingressar num estudo mais concreto, aplicando o desenvolvimento dogmático ora proposto na análise da legislação vigente sobre o tema.

4. Análise dos dispositivos gerais do instituto da prova

Sem me delongar enunciando artigo por artigo dos textos legais, farei breves referências daqueles que entendo serem pertinentes para demonstrar a aplicabilidade desta teoria na leitura da lei, iniciando-me na matéria processual geral, para depois ingressar em temas tributários, objeto deste artigo.

O art. 5º, LVI, da CF[5] prescreve como inadmissíveis as provas obtidas por meios ilícitos. Cumpre mencionar que a expressão "meio de prova" pode induzir o exegeta a duas interpretações: (1) o meio de prova produzido na enunciação, durante o processo judicial ou administrativo, ou seja, é aquele funcionando como linguagem descritiva; e (2) o meio de prova instrumento da enunciação-enunciada, tendo-o já como norma jurídica, veículo introdutor de novas proposições prescritivas no ordenamento. De um lado temos o meio de prova como alicerce da Ciência do Direito, descrevendo fatos sociais; de outro lado, já vertido em linguagem competente, como norma geral e concreta, na qual, pela linguagem prescritiva, introduz estes fatos lingüísticos no sistema positivado, constituindo-os na realidade jurídica. A mesma dicotomia interpretativa apresenta-se nos dispositivos do art. 212 do CC de 2002.[6]

Entendo que o que se pode inferir da redação destes dois artigos é que *enunciação* e *enunciação-enunciada* sempre se intercomunicam. Ou seja, num primeiro momento, em termos de teoria da prova, traduziríamos este juízo no sentido de que a proposição descritiva, submetida à verdade material, sempre dialogará com a proposição prescritiva, submetida à verdade formal. Nestes termos, serão duas proposições relacionais que, tomando um mesmo ponto de referência – uma situação objetiva do mundo real –, constroem duas realidades, ou seja, dois pontos de vista diferentes de um mesmo objeto, cada qual constituinte de fatos lingüísticos diversos e submetido aos ditames de suas respectivas linguagens.

No entanto, a enunciação-enunciada é signo indicial da enunciação. Mantém com esta uma relação de contingência. Em ou-

5. "Art. 5º. Todos são iguais perante a lei, sem distinção de qualquer natureza, garantindo-se aos brasileiros e aos estrangeiros residentes no país a inviolabilidade do direito à vida, à liberdade, à igualdade, à segurança e à propriedade, nos termos seguintes: (...) LVI – são inadmissíveis, no processo, as provas obtidas por meios ilícitos; (...)."

6. "Art. 212. Salvo o negócio a que se impõe forma especial, o fato jurídico pode ser provado mediante: I – confissão; II – documento; III – testemunha; IV – presunção; V – perícia."

tras palavras, a enunciação-enunciada difere do objeto real a que se refere, são realidades diferentes; no entanto, é através da enunciação-enunciada que se poderá, por meio de uma combinação lógico-dedutiva, presumir a enunciação. Desta forma, o prescritivo recorta o descritivo, valorando apenas esta parte do todo. É por esta razão que nem toda prova produzida pelas partes no processo judicial ou administrativo, por exemplo, é constituinte da realidade prescritiva, construída pelo intérprete competente – o juiz.

Comprovando o que acabei de anteceder, trago novo artigo, exemplificativo da relação indicial entre estes dois fatos lingüísticos. O art. 131 do CPC dispõe que: "O juiz apreciará livremente a prova, atendendo aos fatos e circunstâncias constantes dos autos, ainda que não alegados pelas partes; mas deverá indicar, na decisão, os motivos que lhe formaram o convencimento".

Este dispositivo pode ser dividido em duas partes: (1) o juiz apreciará livremente a prova, atendendo aos fatos e circunstâncias constantes dos autos, ainda que não alegados pelas partes; e (2) mas deverá indicar, na decisão, os motivos que lhe formaram o convencimento. A primeira retrata justamente a parte enunciativa da atividade do juiz. Aquela em que ele, como exegeta do Direito, toma os autos em suas mãos, lê atentamente as alegações das partes, verifica as provas trazidas nos autos, formando, com isto, seu convencimento (parte que já se integra no momento prescribente posterior, ou seja, integrante da norma jurídica). Num segundo momento, tomada esta convicção como premissa, o exegeta reveste-se da norma competencial e, como autoridade produtora de normas, insere a prescrição de conduta no sistema. São atividades cognoscitivas diferentes, mas que tomam como ponto de partida uma mesma situação referencial. Eis a interconexão de um ao outro.

Referindo-me, agora, à teoria da prova, em seu sentido sintático prescritivo determinado, como enunciado-enunciado – ou, em outras palavras, norma individual e concreta –, cumpre analisar alguns dispositivos gerais sobre o assunto. Neste sentido, verifica-se que, em alguns preceitos legais, o Código faz forte uso da linguagem operativa, como constituinte do significado normativo dos atos. Nas palavras de Paulo de Barros Carvalho, a "linguagem operativa ou performativa é o discurso em que os modos de significar são usados para concretizar alguma ação".[7] Assim é, por exemplo, no art. 215 do CC de 2002, prescrevendo que "a escritura pública, lavrada em notas de tabelião, é documento dotado de fé pública, fazendo prova plena".

O conceito de "prova plena", a que faz referência o artigo supra, portanto, diz respeito à constituição do fato jurídico. Ou seja, presume-se que a escritura pública, não havendo prova em contrário (inversão do ônus), constitui ato jurídico perfeito para gerar a relação implicacional, criando direitos e deveres jurídicos. Ou seja, o que o Código quer significar é que a escritura pública é norma individual e concreta, ou, melhor, suporte físico do signo simbólico prescritivo de direitos e deveres determinados. Confira-se também redação do art. 366 do CPC[8] sobre o assunto.

No mesmo sentido encontraremos outros artigos, sob esta mesma forma jurídico-constitutiva, tal qual o art. 365 do CPC.[9]

Analisamos até então todos os aspectos da teoria geral da prova, sem focalizar

7. Paulo de Barros Carvalho, *Apostila de Filosofia I (Lógica Jurídica)* do Programa de Pós-Graduação da PUC/SP, s/ano, p. 21.

8. "Art. 366. Quando a lei exigir, como da substância do ato, o instrumento público, nenhuma outra prova, por mais especial que seja, pode suprir-lhe a falta."

9. "Art. 365. Fazem a mesma prova que os originais: I – as certidões textuais de qualquer peça dos autos, do protocolo das audiências, ou de outro livro a cargo do escrivão, sendo extraídas por ele ou sob sua vigilância e por ele subscritas; II – os traslados e as certidões extraídas por oficial público, de instrumentos ou documentos lançados em suas notas; III – as reproduções dos documentos públicos, desde que autenticadas por oficial público ou conferidas em cartório, com os respectivos originais."

em nenhuma matéria de direito. Eis que chegado o momento de vislumbrar esta teoria à experiência e às disposições legais tributárias.

5. *Análise do instituto da prova no lançamento tributário*

Para não tornar este artigo exaustivo, farei referência apenas aos conceitos de prova tangentes ao lançamento jurídico tributário, visto que, de largo uso, será aplicável a todo tributo sujeito a este procedimento administrativo.

Prescreve o Código Tributário Nacional três meios de lançar um tributo: (1) de ofício, prescrito nos arts. 142,[10] 145[11] e 149[12] do CTN; (2) por homologação, procedimento disposto pelo art. 150[13] do CTN; e, por fim, (3) por declaração, matéria tratada pelo art. 147[14] do CTN. Vejamos cada qual.

O *lançamento de ofício* diferencia-se por se utilizar eminentemente da atividade administrativa como constituinte do ato jurídico, instituindo apenas deveres mediatos de colaboração para os contribuintes. Verifica-se no ato do lançamento de ofício aquela mesma dicotomia explicitada acima, visto que podemos entender o lançamento como enunciação – a atividade submetida a um procedimento legal produzido pela autoridade competente – ou como enunciação-enunciada – o ato administrativo introdutor e constituinte de norma tributária individual e concreta. E mais, o resultado é o próprio enunciado-enunciado prescritivo de conduta. Este tema é bastante abordado pelo professor Tárek Moysés Moussallem em seus comentários ao art. 142 do CTN.[15]

Eis que numa mesma realidade – o lançamento de ofício – temos: (1) a proposi-

10. "Art. 142. Compete privativamente à autoridade administrativa constituir o crédito tributário pelo lançamento, assim entendido o procedimento administrativo tendente a verificar a ocorrência do fato gerador da obrigação correspondente, determinar a matéria tributável, calcular o montante do tributo devido, identificar o sujeito passivo e, sendo o caso, propor a aplicação da penalidade cabível.

"Parágrafo único. A atividade administrativa de lançamento é vinculada e obrigatória, sob pena de responsabilidade funcional."

11. "Art. 145. O lançamento regularmente notificado ao sujeito passivo só pode ser alterado em virtude de: I – impugnação do sujeito passivo; II – recurso de ofício; III – iniciativa de ofício da autoridade administrativa, nos casos previstos no art. 149."

12. "Art. 149. O lançamento é efetuado e revisto de ofício pela autoridade administrativa nos seguintes casos: I – quando a lei assim o determina; (...)."

13. "Art. 150. O lançamento por homologação, que ocorre quanto aos tributos cuja legislação atribua ao sujeito passivo o dever de antecipar o pagamento sem prévio exame da autoridade administrativa, opera-se pelo ato em que a referida autoridade, tomando conhecimento da atividade assim exercida pelo obrigado, expressamente a homologa.

"§ 1º. O pagamento antecipado pelo obrigado nos termos deste artigo extingue o crédito, sob condição resolutória da ulterior homologação ao lançamento.

"§ 2º. Não influem sobre a obrigação tributária quaisquer atos anteriores à homologação, praticados pelo sujeito passivo ou por terceiro, visando à extinção total ou parcial do crédito.

"§ 3º. Os atos a que se refere o parágrafo anterior serão, porém, considerados na apuração do saldo porventura devido e, sendo o caso, na imposição de penalidade, ou sua graduação.

"§ 4º. Se a lei não fixar prazo a homologação, será ele de 5 (cinco) anos, a contar da ocorrência do fato gerador; expirado esse prazo sem que a Fazenda Pública se tenha pronunciado, considera-se homologado o lançamento e definitivamente extinto o crédito, salvo se comprovada a ocorrência de dolo, fraude ou simulação."

14. "Art. 147. O lançamento é efetuado com base na declaração do sujeito passivo ou de terceiro, quando um ou outro, na forma da legislação tributária, presta à autoridade administrativa informações sobre matéria de fato, indispensável à sua efetivação.

"§ 1º. A retificação da declaração por iniciativa do próprio declarante, quando visa a reduzir ou a excluir tributo, só é admissível mediante comprovação do erro em que se funde, e antes de notificado o lançamento.

"§ 2º. Os erros contidos na declaração e apuráveis pelo seu exame serão retificados de ofício pela autoridade administrativa a que competir a revisão daquela."

15. Tárek Moysés Moussallem, *Comentários ao Código Tributário Nacional. Artigos 142 ao 146*, São Paulo, Noeses, 2005, p. 1.096.

ção descritiva; (2) a norma competencial que permite o ato introdutor de normas (norma geral e concreta); e (3) a norma prescritiva de conduta (norma individual e concreta). Da primeira concepção à segunda, temos a inserção da proposição dentro do sistema jurídico, transformando-a em linguagem prescritiva; da segunda para a terceira, temos a figura da notificação, que é nada mais, nada menos, que o ato constitutivo da norma individual e concreta. É aqui que o lançamento é documento probatório e, como linguagem prescritiva, constitui o crédito tributário. Somente como norma individual e concreta fará prova plena do direito do contribuinte, pois, antes mesmo de ser prova, é o instrumento constituinte do próprio direito a ser provado. Tudo que vier antes da norma servirá apenas como indicador de prova (indício de prova), pois a "prova" remete sempre ao conceito de norma, de constituição da relação jurídica e de estabilização de condutas humanas.

Expondo de outra forma, traduzido o fato social em fato jurídico, estabelece-se a relação normativa-implicacional, prescrevendo as condutas dos sujeitos da relação jurídica tributária: (1) de um lado, o Estado, como sujeito ativo, credor do crédito tributário e, (2) de outro, o contribuinte, devedor do débito tributário. É com esta frase jurídica, traduzida pelo suporte físico da notificação, que se constituirá o signo normativo, simbólico, prescritivo da referida relação entre sujeito-contribuinte e Estado. A notificação traz, portanto, foros de instrumento constituinte de direitos e, em razão disso, serve, processualmente, como prova plena.

O *lançamento por homologação*, por seu turno, exige constitucionalmente a colaboração do contribuinte na constituição do crédito tributário. É, em verdade, atividade de formalização, fruto de uma *obrigação de fazer* constitucionalmente imputada ao contribuinte. Não constitui o crédito, ou seja, a norma jurídica tributária. Somente o "ato em que a referida autoridade, tomando conhecimento da atividade assim exercida pelo obrigado, expressamente a homologa".[16] O que ocorre, em regra, no entanto, é o decurso do prazo decadencial de cinco anos a contar do fato gerador (art. 150, § 4º, do CTN), mecanismo escolhido pelo direito positivo para estabilizar a relação jurídica tributária.

Em termos de teoria da prova, cumpre tecer alguns comentários sobre esta sistemática. De acordo com a teoria apresentada parágrafos acima, dentro da acepção *lançamento por homologação* temos três tipos de lançamento: (1) lançamento-enunciação (proposição descritiva); (2) lançamento-enunciação-enunciada (norma geral e concreta); e (3) lançamento-enunciado-enunciado (norma individual e concreta).

Como ato dos particulares, atividade de formalização, fruto de uma obrigação de fazer constitucionalmente imputada ao contribuinte, o lançamento é enunciação, inserido no mundo do ser. Faz parte da teoria da prova empírica e se submete às apreciações da verdade material. Tudo que se situa neste domínio não faz prova plena. Da mesma forma, portanto, todo documento apresentado até esta fase não faz prova plena. Assim o confirma o § 2º deste mesmo artigo, que prescreve: "Não influem sobre a obrigação tributária quaisquer atos anteriores à homologação, praticados pelo sujeito passivo ou por terceiro, visando à extinção total ou parcial do crédito".

Em outras palavras, é a homologação (art. 150, *caput*, do CTN) ou o decurso do prazo de cinco anos (art. 150, § 5º, do CTN) que estabiliza condutas e cria a norma individual e concreta. Esta, sim, a prova efetiva, submetida aos ditames da teoria da prova formal, dentro dos critérios de validade ou de invalidade. A prova plena do lançamento por homologação, portanto, só se dá com (1) o suporte físico do ato da autoridade administrativa que confirma o procedimento do lançamento produzido pelo contribuinte (art. 150, *caput*, do CTN); ou (2) o suporte físico da atividade infor-

16. Referência ao texto do art. 150 do CTN.

mativa do contribuinte ao Fisco, transcorrido o prazo de cinco anos (art. 150, § 5º, do CTN). Já a desconfirmação da norma pela autoridade competente perfaz outra hipótese normativa que não o lançamento, ora objeto de análise.

Neste sentido, são dois eixos diferentes a serem esmiuçados pela teoria da prova no lançamento por homologação: (1) de um lado, a toda atividade de enunciação dos particulares, anterior à própria norma, caberá a análise pela teoria da prova empírica, submetendo a atividade aos critérios valorativos da verdade material (verdade por estabilização de sentido), dentro do *bit* verdadeiro/falso; (2) de um outro lado, as normas competenciais da autoridade administrativa e as normas prescritoras de condutas serão submetidas aos critérios da teoria da prova formal, visando ao alcance da verdade formal (verdade por estabilização sintático-normativa), dentro do *bit* válida/inválida. Eis que necessário ao exegeta do Direito saber diferençar estas duas fases, científica e normativa, observada a autoconstitutividade do sistema normativo.

Por fim, o art. 147 do CTN prescreve a hipótese do *lançamento por declaração*. Assim como no lançamento por homologação, este pressupõe a atividade do contribuinte como constituinte do fato jurídico-tributário, antecedente da norma, e seus correlatos direitos e deveres, seu conseqüente normativo. O contribuinte (sujeito passivo) ou terceiros devem prestar informações para a constituição do fato jurídico tributário. O sujeito passivo tem o dever instrumental de declarar "matéria de fato", o que traduz em termos lingüísticos que o contribuinte é obrigado a produzir signo lingüístico, enunciado descritivo dos objetos reais. Portanto, não lança o crédito, pois este, observada a redação do art. 142 do CTN, é ato privativo da autoridade administrativa, agente competente na produção do ato vinculado.

Logo, a declaração do contribuinte, em um primeiro momento, nada constitui – e, portanto, não pode ser associada à norma individual e concreta. Em termos de prova, visto que não produz a norma, a declaração não faz prova plena do fato jurídico-tributário, até porque este ainda não foi constituído.

No entanto, a declaração é parte da enunciação da norma. Ou seja, é ela lançamento-enunciação, em termos de ato de fala dos particulares, fundamentado no art. 147 do CTN, que funciona como suporte fático na construção das normas introdutora (veículo introdutor de enunciados) e introduzida (norma individual e concreta). Enquanto limitada pelo art. 142 do CTN (lançamento como ato privativo do Fisco), a declaração não pode ser veículo introdutor de normas, lançamento-enunciação-enunciada, podendo ser vista apenas como aqueles atos sociais, do mundo do ser, anteriores à sua própria inserção no sistema.

Visto isto, e inseridos nesta cronologia dos atos, só poderemos analisar a declaração dentro da teoria da prova empírica, submetida, portanto à verdade material e sob os critérios axiológicos verdadeiro/falso.

Por outro viés, constituída a norma, por meio do alicerce comunicacional da declaração, o ato constitutivo de direitos e deveres é produzido pelo Fisco. É chegada a norma individual e concreta. São dois atos cronologicamente seqüenciais que se intercomunicam. Dentro de sua estrutura sintático-normativa encontraremos os elementos da declaração (valores, datas, descrição de fatos...) que permitiram o Fisco criar o enunciado-enunciado (a norma). É aqui, portanto, que a declaração, associada à atividade competencial do Fisco, adquirirá foros prescritivos e conjuntura de prova plena.

A declaração, no entanto, não vai ser aquela mesma produzida pelo contribuinte. Estamos falando, agora, de outro signo lingüístico, aquele produzido pelo juízo da autoridade administrativa a partir da leitura daquela declaração, signo e suporte físico, produzido pelo contribuinte. Transforma-se a proposição descritiva em proposição prescritiva de condutas. A declaração reinterpretada pela autoridade, portanto, passa a ser um novo ato, agora, ato ponente de norma e constitutivo de direitos e deveres. É neste sentido que o exegeta não pode equivaler, em termos de teoria da prova, um ato, dos particulares, ao outro ato, das autoridades competentes. São signos lingüísticos diferentes submetidos a ditames comunicacionais diversos. Erros interpretativos deste viés produzem essa confusão em termos de teoria da prova, que vemos freqüentemente.

O que se pode inferir diante do que foi abordado é que, epistemologicamente, podemos subdividir atos comunicacionais que se dão, no mundo real, de maneira uniforme. Tal dissociação lingüística tem sua razão de ser: permite verificar as normas aplicáveis – o que, em teoria de prova, é fundamental. Eis que a matéria, submetida a essas análises de rigor teórico, acaba aclarando situações processuais obscurecidas pelo uso irrefletido deste instituto.

ESTUDOS & COMENTÁRIOS

A TRIBUTAÇÃO DOS SERVIÇOS DE TELECOMUNICAÇÕES PRÉ-PAGOS

ANA CLÁUDIA AKIE UTUMI

MBA em Finanças e Mercado de Capitais (IBMEC, 1996) – Mestre em Direito Tributário pela Faculdade de Direito da PUC/SP – Professora Assistente de Direito Tributário Internacional na Pós-Graduação da PUC/SP – Professora convidada dos Cursos "Direito da Economia e da Empresa", do Programa de Educação Continuada (PEC) da FGV/SP (2000/2001); "Direito Tributário" e "Direito Societário", do PEC da Escola de Direito da FGV/RJ (2003/2004); "MBA em Gestão e Risco", "MBA em Negócios Internacionais" e "MBA em Comércio Exterior", da FEA/USP (desde 2002); "Especialização em Direito Tributário", da Universidade Católica de Goiás e Instituto Goiano de Direito Tributário – Advogada em São Paulo

JERRY LEVERS DE ABREU

Advogado em São Paulo – Especialista em Direito Tributário (PUC/COGEAE)

1. Introdução. 2. O ICMS sobre os serviços de comunicação. 3. ICMS sobre cartões telefônicos. 4. PIS e COFINS sobre serviços de telecomunicações: 4.1 PIS e COFINS sobre as receitas de venda de cartões telefônicos: 4.1.1 Para as Operadoras – 4.1.2 Para os Distribuidores de cartões telefônicos. 5. Conclusões.

1. Introdução

O presente artigo pretende apresentar breves reflexões sobre a tributação dos serviços de telecomunicações prestados sob a modalidade de "pré-pago", nos quais o usuário os paga antecipadamente, mediante a aquisição de cartões telefônicos ("cartões").

Esta modalidade de pagamento pelos serviços telefônicos, apesar de já existir há muito tempo – desde o tempo das chamadas "fichas telefônicas" para utilização em telefones públicos –, vem ganhando cada vez mais importância pelo fato de os aparelhos telefônicos do tipo "pré-pago" se tornarem mais e mais populares e relevantes para as operadoras de serviços de telecomunicações ("Operadoras").

Os cartões telefônicos são emitidos pelas Operadoras com valores pré-estabelecidos (por exemplo, R$ 20,00 ou R$ 50,00) – valores, estes, representativos dos créditos que o usuário terá para adquirir serviços de telecomunicações prestados pela emissora do cartão.

As Operadoras vendem, com um desconto sobre o valor de face, os cartões para empresas ("Distribuidores") que irão revendê-los para os consumidores finais, usuários dos serviços de comunicações. Tais Distribuidores podem ser bancas de jornal e revistas, lotéricas, farmácias etc. Além desses, várias Operadoras valem-se da rede bancária (das instituições financeiras) para vender os cartões telefônicos – muitas vezes não o cartão físico, mas sim os créditos equivalentes aos cartões.

Neste artigo iremos analisar as incidências do imposto relativo à circulação de mercadorias e sobre serviços de transporte interestadual e intermunicipal e de comunicações ("ICMS"), bem como das contribuições para o PIS/PASEP ("PIS") e para o financiamento da seguridade social ("COFINS").

2. O ICMS sobre os serviços de comunicação

Com o advento da Constituição Federal de 1988, o então conhecido imposto "ICM" (imposto sobre circulação de mercadorias) passou a abranger determinados serviços, quais sejam, os de transporte interestadual e intermunicipal, e os serviços de *comunicação*, atribuindo a competência tributária para tanto aos Estados e ao Distrito Federal (art. 155, II[1]).

O ICMS não incide sobre a comunicação em si – isto é, não é pelo fato de alguém se comunicar que deverá pagar o ICMS. Segundo a Carta Maior, mencionado imposto incide sobre a *prestação* de serviço de comunicação.

Vejamos um exemplo do conceito de comunicação: *Umberto Eco diagnostica os seguintes elementos do processo comunicacional: (1) fonte, (2) emissor, (3) canal, (4) mensagem e (5) destinatário. O Mestre italiano oferece como exemplo o fato de ter ocorrido um terremoto nas Filipinas e o correspondente de um jornal ter enviado esta notícia por telex ao seu redator. O que ocorreu nas Filipinas (terremoto) é a fonte, o correspondente do jornal é o emissor, o sistema pelo qual as ondas do telex se propagam é o canal, a notícia é a mensagem e o redator que a recebe é o destinatário. Presentes esses requisitos, estar-se-á instalada a comunicação.*[2]

A prestação de serviços está intimamente conectada a uma obrigação de fazer, que é *a que vincula o devedor à prestação de um serviço com ato positivo, material ou imaterial, seu ou de terceiro, em benefício do credor ou de terceira pessoa.*[3]

Nesse sentido, então, somente haverá incidência do ICMS quando houver a prestação de um serviço (obrigação de fazer) inserida em um processo comunicacional. Resta verificar como se pode dar a prestação de um serviço em processo dessa natureza.

Bem, como já salientado, para que haja comunicação devem estar presentes, concomitantemente, (1) fonte, (2) emissor, (3) canal, (4) mensagem e (5) destinatário. A prestação de serviço, no seio de um processo comunicacional, somente pode estar inserida no que se refere ao canal ou meio, isto é, num processo comunicacional só é possível a prestação de serviço quando alguém, que não participa da comunicação, fornece o canal ou o meio para que a comunicação se efetive.

1. "Art. 155. Compete aos Estados e ao Distrito Federal instituir impostos sobre: (...) II – operações relativas à circulação de mercadorias e sobre prestações de serviços de transporte interestadual e intermunicipal e de comunicação, ainda que as operações e as prestações se iniciem no exterior; (...)."

2. Guilherme von Müller Lessa Vergueiro, "A tributação dos provedores de Internet", disponível na Internet: *http://elciruelo.freeservers.com/Ponencia15.pdf.*

3. Maria Helena Diniz, *apud* José Eduardo Soares de Melo, *Imposto sobre Serviço de Comunicação*, São Paulo, Malheiros Editores, 2000, p. 61.

O prestador de serviço de comunicação, necessariamente, não participa do processo comunicacional, ou seja, o prestador do serviço não é nem o emissor, nem o destinatário da mensagem. Esses dois, emissor e destinatário, comunicam-se, sendo que o primeiro envia ao segundo uma mensagem, necessitando, para que o processo se complete, de um meio, que é fornecido pelo prestador do serviço. Caso o meio ou canal seja fornecido pelo emissor ou pelo destinatário, não há que se falar em prestação de serviço, já que a noção de prestação de serviço pressupõe a atuação de um terceiro, conforme é pacífico na doutrina.

Diante disso, verifica-se que a Constituição Federal, ao permitir a tributação da prestação de serviços de comunicação, autorizou a tributação dos valores cobrados por aquele que fornece, de qualquer forma, meios para que a mensagem chegue ao destinatário.

Neste sentido, interessante também a manifestação de José Eduardo Soares de Melo: "O ICMS não incide sobre a comunicação propriamente dita, mas sobre a 'relação comunicativa', isto é, a atividade de alguém, em caráter negocial, fornecer a terceiro condições materiais para que a comunicação ocorra. Mas não apenas isso: é mister, ainda, que a mensagem seja captada pelo destinatário (fruidor) do serviço".[4]

Assim, para que se caracterize a prestação onerosa de serviços de comunicação é necessário que o prestador de serviço seja aquele que permita a transmissão de dados, voz, imagens, de um ponto (origem) a outro (destino). Ou seja, o prestador de serviços de comunicação não é nem o emissor da mensagem (ou os dados, voz, imagens), nem tampouco seu destinatário – é aquele que permite, que fornece os meios, que transmite a mensagem do emissor para o receptor.

Marco Aurélio Greco assim se manifesta a respeito do assunto:

"Trata-se de reconhecer que, no âmbito do conjunto das atividades que podem ser conceituadas como 'de comunicação', de um lado, existem as *mensagens*, enquanto, de outro lado, existe o *meio* pelo qual tais mensagens transitam. Ou seja, cumpre distinguir entre (a) as mensagens, consistentes no conteúdo transmitido através de algum meio, (b) do próprio meio pela qual sua transmissão se viabiliza. (...).

"Assim, critério fundamental para a identificação do que configura serviço de comunicação *é reconhecer que este só diz respeito ao fornecimento dos meios para a transmissão ou recebimento de mensagens e não ao seu próprio conteúdo.*

"Neste ponto, cumpre apontar uma outra distinção ligada a esta constatação. Trata-se de reconhecer que não se pode confundir 'comunicar-se' com o 'prestar serviço de comunicação'. Quem transmite mensagens próprias a outrem está se comunicando com a outra pessoa; neste caso, não presta serviços a ninguém. (...). Em outras palavras, *presta serviços de comunicação quem fornece o 'ambiente de comunicação'*"[5] (destacamos).

Como muito bem lembra Marco Aurélio Greco, quem transmite mensagens próprias a outrem não realiza *prestação de serviços de comunicação*, mas meramente se comunica.

O vocábulo "telecomunicação", por sua vez, é espécie da qual a "comunicação" é gênero. A Lei 9.472, de junho/1997, conhecida como "Lei Geral das Telecomunicações" ("LGT"), define o serviço de telecomunicações como *o conjunto de atividades que possibilita a oferta de telecomunicação e passa a definir a telecomunicação como a transmissão, emissão ou recepção, por fio, radioeletricidade, meios ópticos ou qualquer outro processo eletromagnético, de símbolos, caracteres, sinais, escritos,*

4. José Eduardo Soares de Melo, in *Tributação na Internet*, São Paulo, Ed. RT, 2001, p. 236.

5. Marco Aurélio Greco, *Internet e Direito*, 2ª ed., São Paulo, Dialética, 2000, pp. 121-122.

imagens, sons ou informações de qualquer natureza.[6]

A LGT dispõe, ainda, que a exploração do serviço de telecomunicações dependerá de prévia outorga, pela Agência Nacional de Telecomunicações ("ANATEL"), mediante concessão, permissão ou autorização. Desta forma, todas as Operadoras são empresas concessionárias, permissionárias ou autorizatárias para a prestação dos serviços de telecomunicações, sujeitando-se, assim, aos ditames da LGT, bem como aos regulamentos da ANATEL.

As normas gerais de incidência de ICMS sobre os serviços de comunicação encontram-se na Lei Complementar 87/1996 e alterações posteriores. Vejamos a regra-matriz desta incidência tributária,[7] com base nos artigos da referida lei complementar:

• Critério material

"Art. 2º. O imposto incide sobre: (...) III – prestações onerosas de serviços de comunicação, por qualquer meio, inclusive a geração, a emissão, a recepção, a transmissão, a retransmissão, a repetição e a ampliação de comunicação de qualquer natureza; (...).

"§ 1º. O imposto incide também: (...) II – sobre o serviço prestado no exterior ou cuja prestação se tenha iniciado no exterior; (...)."

• Critério temporal

"Art. 12. Considera-se ocorrido o fato gerador do imposto no momento: (...) VII – das prestações onerosas de serviços de comunicação, feitas por qualquer meio, inclusive a geração, a emissão, a recepção, a transmissão, a retransmissão, a repetição e a ampliação de comunicação de qualquer natureza; (...) X – do recebimento, pelo destinatário, de serviço prestado no exterior; (...).

"§ 1º. Na hipótese do inciso VII, quando o serviço for prestado mediante pagamento em ficha, cartão ou assemelhados, considera-se ocorrido o fato gerador do imposto quando do fornecimento desses instrumentos ao usuário."

• Critério espacial

"Art. 11. O local da operação ou da prestação, para os efeitos da cobrança do imposto e definição do estabelecimento responsável, é: (...) III – tratando-se de prestação onerosa de serviço de comunicação: (...) b) *o do estabelecimento da concessionária ou da permissionária que forneça ficha, cartão, ou assemelhados com que o serviço é pago*; c) o do estabelecimento destinatário do serviço, na hipótese e para os efeitos do inciso XIII do art. 12; c-1) o do estabelecimento ou domicílio do tomador do serviço, quando prestado por meio de satélite; *[alínea incluída pela Lei Complementar 102, de 11.7.2000]* d) onde seja cobrado o serviço, nos demais casos; IV – tratando-se de serviços prestados ou iniciados no exterior, o do estabelecimento ou do domicílio do destinatário."

6. Art. 60 e § 6º da Lei 9.472/1997.

7. "Regra-matriz de incidência" é a denominação atribuída por Paulo de Barros Carvalho à norma geral e abstrata que regula a incidência de determinado tributo. Como norma que é, consiste em uma proposição antecedente, descritiva de possível evento do mundo social (hipótese), e um conseqüente, que funciona como prescritor de condutas intersubjetivas, envolvendo dois ou mais sujeitos de direito em torno de uma conduta regulada como proibida, permitida ou obrigatória.

A hipótese é formada pelos seguintes critérios: (1) material, representando a descrição do evento que, se ocorrido, ensejará o conseqüente da regra-matriz de incidência; (2) temporal, que determina a partir de qual momento se considera ocorrido o evento descrito na materialidade da norma; (3) espacial, descritor do espaço físico no qual se verificará a ocorrência do evento descrito no critério material.

O conseqüente, por sua vez, é formado pelos critérios: (1) pessoal, determinando o sujeito passivo e o sujeito ativo da relação tributária; (2) quantitativo, determinado a partir da aplicação da alíquota sobre a correspondente base de cálculo.

O critério material da regra-matriz de incidência descreve o evento que o legislador tributário elegeu para que seja objeto de determinada tributação. Tal evento reflete um comportamento humano que, uma vez verificado, poderá ensejar – a depender dos demais critérios – a sujeição a determinado tributo. No critério material há referência a um comportamento de pessoas, físicas ou jurídicas, condicionado por circunstâncias de espaço e de tempo (critérios espacial e temporal).

• **Critério pessoal**

* *Sujeito ativo:* Estados e Distrito Federal

* *Sujeito passivo:* "Art. 4º. Contribuinte é qualquer pessoa, física ou jurídica, que realize, com habitualidade ou em volume que caracterize intuito comercial, (...) prestações de serviços de (...) comunicação, ainda que as operações e as prestações se iniciem no exterior".

• **Critério quantitativo**

* *Base de cálculo:* "Art. 13. A base de cálculo do imposto é: (...) III – na prestação de serviço de transporte interestadual e intermunicipal e de comunicação, o preço do serviço; (...) VI – na hipótese do inciso X do art. 12, o valor da prestação do serviço, acrescido, se for o caso, de todos os encargos relacionados com a sua utilização; (...)".

* *Alíquota:* estabelecida por cada um dos Estados da Federação – em geral, alíquota de ICMS sobre telecomunicações é de, no mínimo, 25%.

3. ICMS sobre cartões telefônicos

Como vimos, o critério temporal do ICMS sobre serviços de comunicação é o momento em que ocorre essa prestação – apenas quando se verifica a concretização da prestação dos serviços de comunicação (critério material da regra-matriz de incidência do ICMS) é que se surge a obrigação tributária. No entanto, este critério temporal não é o único, tratando-se de ICMS sobre prestação de serviços de comunicação.

Ao disciplinar tributação por ICMS no caso de prestação de serviços de telecomunicações cobrada mediante ficha, cartão ou assemelhados, o § 1º do art. 12 da Lei Complementar 87/1996 estabeleceu que, nestes casos, *considera-se ocorrido o fato gerador do imposto no momento do fornecimento destes instrumentos.*[8] No mesmo sentido dispõe a cláusula 7ª do Convênio ICMS-126/1998, na redação conferida pelo Convênio ICMS-41, de 7.7.2000.

Verifica-se que verdadeira ficção jurídica foi criada pela lei complementar, pois no momento do fornecimento do cartão ora abordado ainda não há prestação de serviços de telecomunicação. José Eduardo Soares de Melo, ao analisar a tributação dos cartões telefônicos, assim asseverou: "(...) é inaceitável a regra de que – nas prestações onerosas de serviços de comunicação, em que os serviços sejam prestados mediante pagamento em ficha, cartão ou assemelhados – se deva considerar ocorrido o fato gerador quando do fornecimento desses instrumentos ao usuário (art. 12, § 1º), porque entregar tais instrumentos não significa, jamais, que o serviço já tenha sido realizado".[9]

Neste mesmo sentido, Roque Antonio Carrazza manifesta que:

"(...). O que se tributa é a *execução do serviço*, e não, simplesmente, sua estipulação.

"Esta oração exterioriza, de modo incisivo, nosso juízo no sentido de que o ICMS em tela só pode incidir quando efetivamente ocorre a *prestação onerosa do serviço de comunicação.* (...).

"Portanto, se não há ainda comunicação (...) não há incidência possível de ICMS."[10]

Quando a Operadora emite o cartão telefônico, surge para esta uma *obrigação* – obrigação de prestar serviços equivalentes ao valor do cartão emitido – sem que ocorra, naquele exato momento, a prestação dos serviços de comunicação *per se*.

8. "Art. 12. Considera-se ocorrido o fato gerador do imposto no momento: (...).

"§ 1º. Na hipótese do inciso VII, quando o serviço for prestado mediante pagamento em ficha, cartão ou assemelhados, considera-se ocorrido o fato gerador do imposto quando do fornecimento desses instrumentos ao usuário."

9. José Eduardo Soares de Melo, *Imposto sobre Serviços de Comunicação*, cit., p. 108.

10. Roque Antonio Carrazza, *ICMS*, São Paulo, Malheiros Editores, 2001, p. 146.

Aliás, em função das regras estabelecidas por cada Operadora para a utilização dos créditos, a prestação de serviços pode nem sequer ocorrer. Explique-se. Várias Operadoras determinam um prazo *máximo* para a utilização dos créditos, e inúmeros são os casos nos quais os adquirentes dos cartões acabam perdendo parte ou a totalidade dos créditos em função da não-utilização dos serviços dentro do prazo estipulado pela Operadora.

Há outras questões que precisam ser enfrentadas no tocante à tributação por ICMS sobre os pré-pagamentos por futuras prestações de serviços de comunicação. Um usuário de, por exemplo, serviços móveis pessoais, residente no Estado de São Paulo, pode muito bem adquirir seu cartão telefônico em outro Estado da Federação (por exemplo, no Rio de Janeiro) e utilizar os créditos correspondentes para efetuar chamadas telefônicas a partir de São Paulo e de um terceiro Estado (por exemplo, Minas Gerais). Ora, numa situação destas, o ICMS será integralmente destinado ao Estado do Rio de Janeiro – onde o cartão foi adquirido –, sem que os Estados nos quais os serviços foram efetivamente prestados (São Paulo e Minas Gerais, em nosso exemplo) se apropriem de qualquer parcela de ICMS sobre esses serviços. Este é um exemplo do efeito prático danoso de se cobrar o ICMS sobre a *venda* dos cartões telefônicos, e não sobre a *efetiva prestação dos serviços*.

Observe-se que, especialmente no tocante aos serviços móveis (popularmente conhecidos como aqueles oferecidos por meio de telefones celulares), o crédito adquirido de uma determinada Operadora, dependendo das normas para sua utilização, poderá ser utilizado para pagamento por serviços prestados por outras Operadoras.

Assim, quando o usuário da Operadora "A" de um telefone celular do tipo "pré-pago" viaja para uma localidade atendida pela Operadora "B", se esta estiver contratualmente obrigada a permitir que os usuários da primeira tenham acesso aos seus serviços (sistemática conhecida como *roaming*), então, a Operadora "A" terá recebido antecipadamente por serviços de comunicação prestados posteriormente pela Operadora "B". Neste caso, a Operadora "A" terá obrigação de repassar para a Operadora "B" o valor correspondente aos serviços por esta prestados ao usuário de "A", porém neste repasse não há nova incidência de ICMS.

A relação jurídica entre as Operadoras "A" e "B" seria, genericamente, equivalente a uma subcontratação, de tal forma que, para o usuário, a Operadora "A" lhe prestou serviços, por meio de sua subcontratada "B". Por força do Convênio 126/1998, atualmente, os serviços prestados por uma Operadora a outra Operadora[11] encontram-se sujeitos ao chamado "diferimento" do ICMS – isto é, o ICMS incide somente sobre os serviços cobrados diretamente do usuário. Assim, em nosso exemplo, quando a Operadora "A" paga à Operadora "B" pelos serviços prestados aos usuários da primeira, não há pagamento de ICMS, por força do referido diferimento. No entanto, em função da sistemática adotada para a tributação dos cartões telefônicos, o Estado da Operadora "A" detém a totalidade da arrecadação do ICMS, enquanto o Estado da Operadora "B" nada recebe.

A sistemática atual de tributação dos cartões telefônicos – na qual há o pagamento de ICMS quando da venda desses cartões – gera distorções como (1) pagamento de ICMS antes da prestação dos serviços de comunicação; (2) pagamento de ICMS sem que haja dita prestação (como nos casos em que o usuário perde o direito aos créditos por decurso de prazo); (3) concentração da arrecadação no Estado no qual o cartão é vendido, e não no Estado no qual as chamadas telefônicas são originadas.

Quando aos Distribuidores de cartões telefônicos, estes nada mais são que meros intermediários, sem que se caracterizem

11. Incluída no Anexo ao Convênio 126/1998.

como "prestadores de serviços de comunicação". Sendo assim, não há que se falar em pagamento de ICMS sobre serviços de comunicação quando os Distribuidores revendem os cartões telefônicos aos usuários finais.[12]

4. PIS e COFINS sobre serviços de telecomunicações

PIS e COFINS são dois tributos cujas respectivas regras-matrizes de incidência são coincidentes em quase todos os seus critérios, e servem ao financiamento da Seguridade Social.[13]

Tanto PIS quanto COFINS são tributos que, dependendo das características do contribuinte ou das atividades por ele desenvolvidas, pautam-se pelo regime da cumulatividade ou pelo regime da não-cumulatividade.

Explique-se. Sob a égide da Lei 9.718/1998 e alterações posteriores não havia a possibilidade de um contribuinte ter crédito de PIS e COFINS pagos, por exemplo, por seu fornecedor. A Lei 9.718/1998 estabelece a incidência de PIS e COFINS sobre quaisquer *receitas* auferidas por um contribuinte, independentemente da denominação contábil a elas atribuídas, tendo incidência cumulativa. As regras-matrizes de incidência de PIS e COFINS estabelecidas pela Lei 9.718/1998 poderiam ser resumidas da seguinte forma:

Critério	PIS	COFINS
Material	Auferir *faturamento*, assim entendido como a *totalidade das receitas* da pessoa jurídica	Auferir *faturamento*, assim entendido como a *totalidade das receitas* da pessoa jurídica
Temporal	Apuração mensal	Apuração mensal
Espacial	Tratando-se da *totalidade das receitas*, o critério espacial é a universalidade	Tratando-se da *totalidade das receitas*, o critério espacial é a universalidade
Pessoal	Sujeito ativo: União Sujeito passivo: contribuinte pessoa jurídica brasileira ou a ela equiparado	Sujeito ativo: União Sujeito passivo: contribuinte pessoa jurídica brasileira ou a ela equiparado
Quantitativo	Base de cálculo: *totalidade das receitas* Alíquota: 0,65%	Base de cálculo: *totalidade das receitas* Alíquota: 3%

Esta sistemática de tributação – tributação da totalidade das receitas – é objeto de várias discussões judiciais, especialmente considerando que, quando da publicação da Lei 9.718/1998, o texto constitucional então vigente estabelecia a permissão de tributar por contribuições sociais apenas o *faturamento*, na acepção de *receita de venda de produtos e de prestação de serviços* – acepção, esta, definida pelo STF quando

12. Aliás, é neste sentido que os órgãos internos das Secretarias de Fazenda de alguns Estados vêm decidindo reiteradamente, como a resposta que colacionamos abaixo:

"Resposta de Consulta n. 1.190/1999, de 1.12.1999 (SP)

"(...).

"3. Em resposta, entendemos que, no que se refere à atividade em pauta, a Consulente *apenas intermedeia* a prestação de serviços de telecomunicação, aproximando, através da rede de distribuição de fichas e cartões telefônicos, empresa de telecomunicação e usuário do sistema de telefonia.

"(...).

"6. A incidência do ICMS, quando o serviço em questão é prestado mediante ficha ou cartão telefônico, se concretiza no momento do fornecimento destes instrumentos pela prestadora dos serviços ao seu usuário ou a quem a ele deva entregar."

13. Conforme determina o art. 195, I, "b", da CF, a Seguridade Social será financiada por contribuições sociais do empregador incidentes sobre a receita ou faturamento.

do julgamento do extinto FINSOCIAL. Essa lei conferiu nova definição legal ao conceito de *faturamento*, ao estabelecer que a esse corresponderia a totalidade das receitas, em flagrante afronta ao texto constitucional então vigente.

A permissão constitucional para se tributar "receita ou faturamento" apenas surgiu com a promulgação da Emenda Constitucional 20, o que ocorreu em dezembro/1998 – mês posterior à publicação da Lei 9.718/1998 –, em uma tentativa de dar suporte constitucional à exigência estabelecida por referida lei. É bem verdade que a cobrança de PIS e COFINS com base nessa lei iniciou-se somente a partir de 1.2.1999, em respeito ao princípio constitucional da anterioridade, aplicável às contribuições sociais. Porém, a questão que hoje se encontra sob a análise do Poder Judiciário é se emenda constitucional posterior (no caso, a Emenda Constitucional 20/1998) teria o poder de "constitucionalizar" lei flagrantemente inconstitucional anterior (no caso, a Lei 9.718/1998), no que tange à base de cálculo.

A Lei 10.637/2002 trouxe a sistemática da não-cumulatividade para o PIS, enquanto a Lei 10.833/2003 fez o mesmo para a COFINS. Nesta sistemática, as alíquotas de ambos os tributos foram majoradas, mas foi conferido aos contribuintes o direito de calcular créditos de PIS e COFINS sobre determinados custos ou despesas, tais como custos de aquisição de matérias-primas e depreciação. No entanto, tais leis excetuaram determinados contribuintes e determinadas receitas desta sistemática, mantendo-os sujeitos à tributação estabelecida pela Lei 9.718/1998 e alterações posteriores. Com isto, temos, hoje, em vigor duas formas distintas de tributação por PIS e COFINS: cumulativa e não-cumulativa.

Vejamos as regras-matrizes de incidência de PIS e COFINS sob o regime da não-cumulatividade.

Critério	**PIS**	**COFINS**
Material	Auferir *faturamento*, assim entendido como a *totalidade das receitas* da pessoa jurídica	Auferir *faturamento*, assim entendido como a *totalidade das receitas* da pessoa jurídica
Temporal	Apuração mensal	Apuração mensal
Espacial	Tratando-se da *totalidade das receitas*, o critério espacial é a universalidade	Tratando-se da *totalidade das receitas*, o critério espacial é a universalidade
Pessoal	Sujeito ativo: União Sujeito passivo: contribuinte pessoa jurídica brasileira ou a ela equiparado	Sujeito ativo: União Sujeito passivo: contribuinte pessoa jurídica brasileira ou a ela equiparado
Quantitativo	Base de cálculo: *totalidade das receitas* Alíquota: 1,65%[14] Desconto do valor apurado de créditos calculados mediante aplicação da alíquota de 1,65% sobre determinados custos ou despesas	Base de cálculo: *totalidade das receitas* Alíquota: 7,6% Desconto do valor apurado de créditos calculados mediante aplicação da alíquota de 7,6% sobre determinados custos ou despesas

Não obstante, as Leis 10.637/2002 e 10.833/2003 excluíram expressamente do sistema não-cumulativo as receitas decorrentes da prestação dos serviços de teleco-

14. Note-se que há alíquotas específicas para vários setores da economia, como produtos de higiene, derivados de petróleo, refrigerantes, cervejas e suas embalagens etc., que, por não serem relevantes para o presente trabalho, não serão apresentadas.

municação.[15] Assim, no caso das Operadoras, ambas as formas de cálculo são aplicáveis. No caso das receitas de serviços de *telecomunicações*, aplica-se o regime da *cumulatividade* e, assim, não existe direito a crédito de PIS e COFINS. Tratando-se de *outras receitas*, o regime aplicável é o da *não-cumulatividade*. Desta feita, as receitas dos serviços ditos "de valor adicionado", que, a depender de suas características, podem ou não caracterizar-se como "de comunicação", sujeitam-se, assim, ao regime da *não-cumulatividade*.

4.1 PIS e COFINS sobre as receitas de venda de cartões telefônicos

4.1.1 Para as Operadoras

No tocante a PIS e COFINS, como se trata de contribuições que incidem sobre *receitas*, importante analisar a apuração das *receitas* pelas Operadoras.

Como já afirmamos anteriormente, no momento em que a Operadora emite o cartão telefônico não há o registro de *receitas* para ela. Ao adquirir um cartão telefônico, o usuário adquire, de fato, o direito de utilizar os serviços correspondentes ao valor do crédito adquirido, enquanto para a Operadora nasce a obrigação de permitir o acesso daquele usuário aos serviços por ela oferecidos.

Ora, se quando o usuário adquire o cartão telefônico nasce uma *obrigação* para a Operadora, esta deve refletir, contabilmente, sua obrigação mediante um lançamento em contas de *passivo*, como estabelecem os princípios de contabilidade juridicizados pela Lei das S/A (Lei 6.404/1976 e alterações posteriores). Esta lei, em seu art. 180, assim determina sobre as obrigações da sociedade: "Art. 180. *As obrigações da companhia*, inclusive financiamentos para aquisição de direitos do ativo permanente, *serão classificadas no passivo* circulante, quando se vencerem no exercício seguinte, e no passivo exigível a longo prazo, se tiverem vencimento em prazo maior, observado o disposto no parágrafo único do art. 179" (destacamos).

Na medida em que o usuário efetivamente utiliza os serviços da Operadora, esta deve reconhecer a *receita* pelos serviços efetivamente prestados – sejam serviços de telecomunicações ou serviços de valor adicionado.

Caso o usuário não utilize o crédito no prazo estipulado para tanto, cessa a obrigação da Operadora de assegurar os serviços correspondentes ao crédito não utilizado. Com isto, a Operadora deve baixar o passivo respectivo e reconhecer outra receita – que não correspondeu à prestação de serviços – em sua contabilidade.

Na medida em que a Operadora reconheça em sua contabilidade *receitas de serviços de telecomunicações*, tais receitas devem ser incluídas nas bases de cálculo de PIS e COFINS, apuradas com base no regime da *cumulatividade*. No entanto, tratando-se de *outras receitas* – receitas que não correspondam à prestação de serviços de telecomunicações –, o regime de apuração de PIS e COFINS aplicável é o da *não-cumulatividade*.

Note-se que, ao adquirir um cartão telefônico, o usuário pode utilizar-se de serviços oferecidos por outras Operadoras que não aquela que emitiu o cartão. Isto porque nas chamadas longa-distância nacional e internacional o usuário deve selecionar qual

15. Lei 10.637: "Art. 8º. Permanecem sujeitas às normas da legislação da contribuição para o PIS/PASEP, vigentes anteriormente a esta Lei, não se lhes aplicando as disposições dos arts. 1º a 6º: (...) II – as pessoas jurídicas tributadas pelo imposto de renda com base no lucro presumido ou arbitrado; III – as pessoas jurídicas optantes pelo SIMPLES; (...) VIII – as receitas decorrentes de prestação de serviços de telecomunicações."

Lei 10.833: "Art. 10. Permanecem sujeitas às normas da legislação da COFINS vigentes anteriormente a esta Lei, não se lhes aplicando as disposições dos arts. 1º a 8º: (...) II – as pessoas jurídicas tributadas pelo imposto de renda com base no lucro presumido ou arbitrado; III – as pessoas jurídicas optantes pelo SIMPLES; (...) VIII – as receitas decorrentes de prestação de serviços de telecomunicações."

a Operadora que lhe prestará os serviços – e, assim, poderá selecionar qualquer das Operadoras habilitadas a prestar esse tipo de serviços. Neste caso, a Operadora que emitiu o cartão tem a obrigação de repassar os valores relativos aos serviços prestados pela outra Operadora e, assim, a primeira não apura *receitas* – quem as apura é a segunda Operadora, que efetivamente prestou os serviços de telecomunicações.

Outra situação que é importante ser analisada é a do *roaming* nacional no caso dos serviços móveis celulares ou pessoais, ou seja, a utilização, pelo usuário, da rede de telecomunicações de outra Operadora que não aquele à qual o usuário esteja vinculado. Neste caso não há uma escolha pelo usuário, mas, sim, seu deslocamento para uma região na qual a Operadora responsável pela prestação dos serviços não é a mesma que emitiu o cartão telefônico. Então, é como se uma Operadora subcontratasse os serviços de outras Operadoras para atendimento de seu usuário naquelas regiões nas quais a primeira não esteja habilitada a operar.

Assim, nos serviços de *roaming* nacional, a Operadora que emitiu o cartão deve repassar para a Operadora que efetivamente prestou os serviços os valores relativos a esses. No entanto, deve também registrar receita relativa aos serviços prestados por meio de subcontratados. Neste caso, ambas as Operadoras terão que suportar o ônus de PIS e COFINS sobre as respectivas receitas, na medida em que se trata da aplicação do regime da *cumulatividade*.

4.1.2 Para os Distribuidores de cartões telefônicos

Neste tópico analisaremos qual o montante que deve ser oferecido pelos Distribuidores como receita tributável pelo PIS e COFINS. Tal como no caso das Operadoras, o fundamental para se estabelecer a tributação por PIS e COFINS é verificar qual é a *receita* auferida pelos Distribuidores.

Os Distribuidores nada mais são que intermediários entre as Operadoras – que emitem os cartões telefônicos – e os usuários dos serviços de telecomunicação, e servem de facilitadores para a distribuição dos cartões. Note-se que os Distribuidores não são – nem poderiam ser – "revendedores" dos serviços, eis que estes somente podem ser prestados pelas Operadoras.

A Secretaria da Receita Federal, por meio de respostas a consultas, tem manifestado o entendimento no sentido de que o valor total recebido pelo Distribuidor do consumidor representaria a receita tributável por PIS e COFINS. Vejamos um exemplo:

"**Processo de Consulta n. 227/2002**

"*Assunto:* Contribuição para o Financiamento da Seguridade Social - COFINS

"*Ementa:* Na revenda de cartões telefônicos, constitui receita tributável pela COFINS a totalidade dos valores recebidos do consumidor final do produto pela revendedora.

"Contribuição para o PIS/PASEP

"Na revenda de cartões telefônicos, constitui receita tributável pelo PIS a totalidade dos valores recebidos do consumidor final do produto pela revendedora."

Na medida em que não há a "revenda" de serviços de telecomunicações – e nem tampouco uma venda de mercadoria, na medida em que o cartão físico é apenas um acessório, enquanto o principal é o crédito nele representado –, quer-nos parecer que seria defensável ao Distribuidor registrar como receita apenas a parcela relativa ao serviço por ele prestado – ou seja, os serviços de distribuição de cartões telefônicos. Esta parcela seria, assim, o correspondente à diferença entre o valor recebido do usuário e o valor entregue pelo Distribuidor à Operadora.

No entanto, trata-se de questão polêmica, que certamente necessitará das Cortes administrativas e judiciais para solução, bem como uma análise detalhada do conceito de receita e da possibilidade – ou não – de inclusão do valor total recebido pelo Distribuidor do usuário nesse conceito.

5. Conclusões

Com base em todo o exposto, verificamos que a legislação de ICMS estabelece uma ficção, na medida em que a incidência deste tributo ocorre quando da *venda* dos cartões telefônicos, e não quando da efetiva prestação de serviços de telecomunicações.

Adicionalmente, no tocante a PIS e COFINS não há como haver a incidência destes tributos enquanto não há o registro de *receita*, o que ocorre em momento posterior à emissão do cartão telefônico, ou seja, quando há a efetiva prestação dos serviços.

ESTUDOS & COMENTÁRIOS

OS PRINCÍPIOS DE PERSONALIDADE, CULPABILIDADE E PROPORCIONALIDADE E O ELEMENTO SUBJETIVO DAS INFRAÇÕES TRIBUTÁRIAS: UMA ANÁLISE COMPARATIVA ENTRE O DIREITO POSITIVO ESPANHOL E O BRASILEIRO

MARCELO MARQUES RONCAGLIA

1. Introdução. 2. Princípio de personalidade. 3. Princípio de culpabilidade. 4. Princípio de proporcionalidade. 5. Responsabilidade objetiva x *responsabilidade subjetiva: 5.1 O direito positivo espanhol: 5.1.1 A Lei Geral Tributária ("Ley General Tributaria", ou simplesmente "LGT") anterior (Lei 230/ 1963) – 5.1.2 A LGT atual (Lei 58/2003) – 5.2 Autoria e responsabilidade – 5.3 O direito positivo brasileiro. 6. Translação da responsabilidade: 6.1 Pessoas físicas – 6.2 Pessoas jurídicas: 6.2.1 Superação da afirmação "societas delinquere non potest" – 6.2.2 Modificações na estrutura das sociedades – 6.2.3 Especial hipótese de responsabilidade por infrações – 6.2.4 Administradores. 7. Conclusões.*

1. Introdução

Este breve estudo tem por objetivo apresentar uma análise comparativa entre o Direito Espanhol e o Brasileiro a respeito do elemento subjetivo da conduta humana nas infrações tributárias. A escolha do tema decorre, basicamente, do fato de termos verificado que a visão espanhola acerca do direito tributário sancionador é sensivelmente distinta da existente no Brasil.

A matéria em questão, bastante inquietante e profícua a considerações de natureza dogmática, permite traçar um claro paralelo entre as posições legislativa, jurisprudencial e doutrinária da Espanha e do Brasil, que contêm diferenças significativas, e nos autoriza, por fim, a apresentar algumas sugestões – ainda que *de lege ferenda* – de alteração de nossa legislação.

Para melhor abordagem do tema, optamos por organizar este estudo a partir da análise dos princípios que informam o ordenamento punitivo estatal e que, naturalmente, têm aplicação no direito tributário sancionador. Na seqüência analisaremos como o Direito Espanhol trata do aspecto subjetivo das infrações tributárias, tal como previsto na legislação vigente e na anterior. Tem relevância mencionar a legislação anterior haja vista que a atual Lei Geral Tributária espanhola ("*Ley General Tributaria*" ou "LGT") tem menos de um ano de vida.

Logo após trataremos da situação brasileira a respeito do tema, ainda que mais rapidamente, dada a profusão de textos já elaborados sobre a matéria e amplamente divulgados no Brasil.[1] Por fim indicaremos como a legislação espanhola trata das hipóteses de transferência de responsabilidade por infrações tributárias, quando faremos novamente menção à situação brasileira. Ao final apresentaremos nossas conclusões, como já afirmado.

2. *Princípio de personalidade*

Esse princípio – mais conhecido no Brasil como princípio da personalidade da pena – é um dos pilares do ordenamento punitivo do Estado Espanhol e tem fundamento no art. 25, inciso 1, da Constituição daquele país, *in verbis*: "Art. 25. **1.** Nadie puede ser condenado o sancionado por acciones u omisiones que en el momento de producirse no constituyan delito, falta o infracción administrativa, según la legislación vigente en aquel momento. (...)".[2]

O princípio de personalidade, pois, impõe que a responsabilidade seja conseqüência da efetiva participação nos fatos que se consideram constitutivos da infração.[3] Como conseqüência disso, não resulta viável sancionar a quem não tenha cometido o ato ilícito,[4] já que, evidentemente, a imposição de sanções exige que o sujeito tenha participado, ao menos com culpa, para a realização do evento considerado infração.

Oportunamente voltaremos a este ponto, mas o princípio de personalidade tem ainda a característica de afastar definitivamente a responsabilidade objetiva do âmbito do direito sancionador. Considerando que esse princípio impõe a existência de culpa ou dolo do infrator para sua responsabilização, como afirmado no parágrafo anterior, é inquestionável que a responsabilidade por infrações, no direito administrativo sancionador espanhol, é subjetiva.[5]

A jurisprudência do Tribunal Constitucional Espanhol ("TC") acolhe este entendimento e reconhece que o princípio de personalidade da pena – protegido pelo art. 25.1. da Constituição Espanhola, como acima referido – é um dos princípios informadores do direito estatal de punir. Essa orientação pode ser observada na Sentença 146/1994, entre diversas outras.

Na referida sentença pode-se ler que:

"En cuanto a la constitucionalidad del contenido de la norma, como hemos indicado en repetidas ocasiones, los principios inspiradores del orden penal son de aplicación, con ciertos matices, al derecho administrativo sancionador, dado que ambos son manifestaciones del ordenamiento punitivo del Estado, si bien la recepción de los principios constitucionales del orden penal por el derecho administrativo sancionador no puede hacerse de forma automática, porque la aplicación de dichas garantías al procedimiento administrativo sólo es posible en la medida en que resulten compatibles con su naturaleza (por todas, STC n. 246/1991, Fundamento Jurídico 2). *Entre los principios informadores del orden penal se encuentra el principio de personalidad de la pena, protegido por el art. 25.1 de la Norma Fundamental (STC n. 254/1988, Fundamento Jurídico 5), también formulado por este Tribunal como principio de la personalidad de la pena o sanción (STC n. 219/1988, Fundamento*

1. Pode-se mencionar, por todos, o livro *Sanções Administrativas Tributárias*, publicado em 2004, coordenado pelo professor Hugo de Brito Machado e que contém nada menos que 26 estudos sobre o tema.

2. **Tradução livre:** "Art. 25. **1.** Ninguém pode ser condenado ou sancionado por ações ou omissões que no momento de sua realização não constituam delito, falta ou infração administrativa, segundo a legislação vigente naquele momento".

3. V. Adolfo Carretero Pérez e Adolfo Carretero Sánchez, *Derecho Administrativo Sancionador*, 2ª ed., p. 153.

4. Cesar Álvarez-Linera y Uría, "La responsabilidad solidaria en el derecho administrativo sancionador", *Cuadernos de Derecho Judicial. Derecho Administrativo Sancionador*, 1994, p. 391.

5. V. Ángeles de Palma Del Teso, *El Principio de Culpabilidad en el Derecho Administrativo Sancionador*, p. 58.

Jurídico 3), denominación suficientemente reveladora de su aplicabilidad en el ámbito del derecho administrativo sancionador.

"El inciso final del apartado 4 del art. 31 de la Ley n. 44/1978 establece la obligación solidaria de (todos) los miembros de la unidad familiar frente a la Hacienda; la dicción literal de este precepto permite que la Administración se dirija para el cobro de la deuda tributaria, incluidas las sanciones, no sólo al miembro o miembros de la unidad familiar que resulten responsables de los hechos que hayan generado la sanción, sino también a otros miembros *que no hayan cometido ni colaborado en la realización de las infracciones y vulnera, por ello, el aludido principio de personalidad de la pena o sanción protegida por el art. 25.1 de la Constitución, incurriendo así en vicio de inconstitucionalidad.*"[6]

Mais recentemente, na Sentença 36/2000, o TC manifestou novamente a importância daquele princípio, ao afirmar – incidentalmente – que, "en virtud del principio de personalidad de la pena o sanción establecido en el art. 25 CE, no se puede imponer una sanción pecuniaria a quien no aparece como responsable de la misma".[7]

Em síntese – e de acordo com Ángeles de Palma Del Teso[8] –, pode-se afirmar que esse princípio impede que a responsabilidade pela prática de infrações recaia sobre pessoa alheia ao ato ilícito, uma vez que não teria realizado qualquer ação ou omissão passível de punição.

3. *Princípio de culpabilidade*

O conceito de culpabilidade, em termos bastante amplos, contrapõe-se ao conceito de inocência. Entretanto, esta definição, negativa que é, não permite conhecer e identificar o conteúdo e alcance desse princípio. Por isso, cabe mencionar inicialmente que, de acordo com Juan J. Zornoza Pérez, a culpabilidade caracteriza-se pela consciência e vontade de cooperar na realização do fato antijurídico.[9]

De maneira similar, Alejandro Nieto[10] sustenta que a culpabilidade "se entiende como una atribución personal del delito, es decir, como un reproche, y que comprende los siguientes elementos esenciales: a) imputabilidad en sentido estricto o posi-

6. **Tradução livre:** "A respeito da constitucionalidade do conteúdo da norma, como já indicamos em repetidas ocasiões, os princípios inspiradores da ordem penal são de aplicação, com certos matizes, ao direito administrativo sancionador, dado que ambos são manifestações do ordenamento punitivo do Estado, ainda que a recepção dos princípios constitucionais de ordem penal pelo direito administrativo sancionador não possa ser feita de forma automática, porque a aplicação dessas garantias ao procedimento administrativo somente é possível na medida em que resultem compatíveis com sua natureza (por todas, STC n. 246/1991, Fundamento Jurídico 2). *Entre os princípios informadores da ordem penal se encontra o princípio de personalidade da pena, protegido pelo art. 25.1 da Norma Fundamental (STC n. 254/1988, Fundamento Jurídico 5), também formulado por este Tribunal como princípio da personalidade da pena ou sanção (STC n. 219/1988, Fundamento Jurídico 3), denominação suficientemente reveladora de sua aplicabilidade no âmbito do direito administrativo sancionador.*

"A parte final do inciso 4 do art. 31 da Lei n. 44/1978 estabelece a obrigação solidária de (todos) os membros da unidade familiar frente à Fazenda; a dicção literal deste preceito permite que a Administração se dirija para a cobrança da dívida tributária, incluídas as sanções, não apenas ao membro ou membros da unidade familiar que resultem responsáveis pelos atos que tenham gerado a sanção, mas também a outros membros *que não tenham cometido nem colaborado na realização das infrações e vulnera, por isso, o aludido princípio de personalidade da pena ou sanção protegido pelo art. 25.1 da Constituição, incorrendo assim em vício de inconstitucionalidade.*"

7. **Tradução livre:** "Em virtude do princípio da personalidade da pena ou sanção, estabelecido no art. 25 CE, *[Constituição Espanhola]* não se pode impor uma sanção pecuniária a quem não aparece como responsável pela mesma".

8. Ángeles de Palma Del Teso, *El Principio de Culpabilidad en el Derecho Administrativo Sancionador*, cit., p. 59.

9. Juan J. Zornoza Pérez, *El Sistema de Infracciones y Sanciones Tributarias (Los Principios Constitucionales del Derecho Sancionador)*, p. 195.

10. Alejandro Nieto, *Derecho Administrativo Sancionador*, 3ª ed., p. 338.

bilidad de actuar de otro modo; b) posibilidad de conocimiento de la antijuridicidad del hecho (antes: dolo, culpa, imprudencia); c) ausencia de causas de exculpación o disculpa".[11]

Em sua importante obra sobre o tema, esse professor afirma, ademais, que o princípio de culpabilidade implica alguns limites: (1) que não se responsabilize o sujeito por fatos alheios (princípio de personalidade); (2) não se pode castigar formas de ser, personalidades, mas apenas condutas, fatos (princípio de responsabilidade pelo fato); (3) é preciso que o fato tenha sido desejado (dolo) ou que fosse previsível ou evitável (culpa); (4) para que um sujeito possa ser considerado culpável, o fato ilícito deve poder lhe ser atribuído, como produto de uma motivação racional (princípio de culpabilidade em sentido estrito).[12]

Como conseqüência das afirmações dos parágrafos anteriores, parece inegável que o princípio de culpabilidade tem aplicação no direito administrativo sancionador, uma vez que neste tem aplicação a chamada responsabilidade subjetiva, como antes afirmado.

Esta é, aliás, a posição que adotam o TC e o Tribunal Supremo Espanhol ("TS"). Pode-se mencionar, por todas, a Sentença 76/1990, do TC: "No existe, por tanto, un régimen de responsabilidad objetiva en materia de infracciones tributarias ni nada ha cambiado al respecto la Ley n. 10/1985. Por el contrario, y con independencia del mayor o menor acierto técnico de su redacción, en el nuevo art. 77.1 sigue rigiendo el principio de culpabilidad (por dolo, culpa o negligencia grave y culpa o negligencia leve o simple negligencia), principio que excluye la imposición de sanciones por el mero resultado y sin atender a la conducta diligente del contribuyente".[13]

Por fim, não se pode deixar de mencionar que a Sentença 76/1990 tem também importância porque reconhece que o princípio de culpabilidade está incorporado na Constituição Espanhola. A Constituição não contém um preceito em que se verifique expressamente o princípio de culpabilidade, mas a interpretação do texto constitucional não permite outra conclusão senão a de que o princípio de culpabilidade é um dos princípios básicos do ordenamento punitivo do Estado.

Em outra Sentença, a de n. 246/1991, o TC adota importantes posições para o desenvolvimento do direito administrativo sancionador. Assim, por exemplo, o Tribunal reafirma que os princípios de direito penal são aplicáveis, ainda que com certos matizes, ao direito administrativo sancionador. Não obstante, o TC reconhece que a translação de princípios de uma área do Direito à outra costuma ser problemática, e por isso adverte que se deve ter cautela com a aplicação das garantias inerentes ao direito penal ao direito administrativo sancionador.

Como antes afirmado, o TC, ao proferir a Sentença 246/1991, reconheceu adicionalmente que o "principio de culpabilidad rige también en materia de infracciones administrativas, pues en la medida en que la sanción de dicha infracción es una de las manifestaciones del *ius puniendi* del Estado resulta inadmisible en nuestro orde-

11. **Tradução livre:** "(...) se entende como uma atribuição pessoal do delito, ou seja, como uma censura, e que compreende os seguintes elementos essenciais: a) imputabilidade em sentido estrito ou possibilidade de atuar de outro modo; b) possibilidade de conhecimento da antijuridicidade do ato (antes: dolo, culpa, imprudência); c) ausência de causas que afastem a ilicitude".

12. Alejandro Nieto, *Derecho Administrativo Sancionador*, cit., 3ª ed., p. 339.

13. **Tradução livre:** "Não existe, portanto, um regime de responsabilidade objetiva em matéria de infrações tributárias e nada se modificou em relação à Lei n. 10/1985. Ao contrário, e com independência do maior ou menor acerto técnico de sua redação, no novo art. 77.1 continua vigorando o princípio de culpabilidade (por dolo, culpa ou negligência grave e culpa ou negligência leve ou simples negligência), princípio que exclui a imposição de sanções pelo simples resultado e sem atender à conduta diligente do contribuinte".

namiento un régimen de responsabilidad objetiva o sin culpa".[14]

Por outro lado, consideramos conveniente esclarecer que *culpabilidade* e *voluntariedade* não se confundem, pois o conceito da primeira é mais amplo que o da segunda. A voluntariedade apenas cumpre com o requisito de que a ação praticada seja desejada, enquanto a culpabilidade exige mais para que um fato seja sancionável, visto que impõe, por exemplo, que o sujeito saiba que o fato é antijurídico.

Entretanto, se já não fosse por isso, a simples existência das figuras dos erros (de tipo e de proibição), aplicáveis ao direito administrativo sancionador, não deixa dúvida de que muitos fatos voluntários não são culpáveis e, em conseqüência, não são sancionáveis.

E, por fim, cabe dizer que não se pode predicar a culpabilidade às pessoas jurídicas, mas o legislador, por conveniência e buscando conferir efetividade à legislação, atribui-lhes esse elemento. Oportunamente voltaremos a essa questão, em detalhe.

4. *Princípio de proporcionalidade*

O princípio de proporcionalidade estabelece que a sanção seja sempre individualizada, atendida a circunstância de cada infrator. Trata-se de um limite, que impede que a gravidade da sanção supere a gravidade do ato ilícito. Por isso costuma-se afirmar que a pena proporcional à culpabilidade é a única pena útil.

O princípio de proporcionalidade configura, ainda, uma adequação entre fins e meios, estando implícito na noção de Estado de Direito, como reconheceu o TC na Sentença 62/1982.

No Brasil esse princípio é exemplarmente tratado por Helenilson Cunha Pontes,[15] para quem: "O princípio da proporcionalidade é regra cogente não apenas para o legislador, no desempenho de sua tarefa institucional de prever abstratamente as sanções tributárias, mas também para a autoridade administrativa encarregada de concretamente aplicá-las. Desta, aliás, é exigida a maior prudência para, considerando as condições individuais do infrator, *dentro da moldura tratada legalmente*, definir concretamente a sanção a ser imposta. (...)."

O STF também tem entendimento firmado sobre o tema, e pode ser mencionado, a título ilustrativo, o seguinte trecho da ementa da ADI 551-1-RJ:[16] "(...). A desproporção entre o desrespeito à norma tributária e sua conseqüência jurídica, a multa, evidencia o caráter confiscatório desta, atentando contra o patrimônio do contribuinte, em contrariedade ao mencionado dispositivo do texto constitucional federal. Ação julgada procedente".

5. ***Responsabilidade objetiva* x *responsabilidade subjetiva***

A menção aos princípios de personalidade, culpabilidade e proporcionalidade tem por principal objetivo deixar assentado que tem aplicação no direito administrativo sancionador espanhol a responsabilidade subjetiva por infrações, como se verá a seguir, em maior detalhe.

5.1 *O direito positivo espanhol*

5.1.1 A Lei Geral Tributária ("Ley General Tributaria", ou simplesmente "LGT") anterior (Lei 230/1963)

A LGT anterior, de 1963, expressamente estabelecia, em seu art. 38, que responderão solidariamente pelas obrigações

14. **Tradução livre:** "(...) princípio de culpabilidade vigora também em matéria de infrações administrativas, pois na medida em que a sanção dessa infração é uma das manifestações do *ius puniendi* do Estado resulta inadmissível no nosso ordenamento um regime de responsabilidade objetiva ou sem culpa".

15. Helenilson Cunha Pontes, *O Princípio da Proporcionalidade e o Direito Tributário*, pp. 137-138.

16. Plenário, rel. Min. Ilmar Galvão, j. 24.10.2002, *DJU* 14.3.2003.

tributárias todas as pessoas que sejam autores ou colaborem na realização de uma infração tributária. Resta claro, pois, que o elemento subjetivo da conduta estava incorporado pelo ordenamento para as infrações tributárias, não havendo sentido em se falar em responsabilidade objetiva.

No seu inciso 2 esse artigo ainda determinava que, nos casos de declaração consolidada, todas as sociedades integrantes do grupo seriam responsáveis solidárias pelas infrações cometidas nesse regime de tributação.

O caráter subjetivo da responsabilidade por infrações tributárias era reafirmado ainda pelo art. 77 daquela lei, cujo texto era o seguinte: "Art. 77. 1. Son infracciones tributarias las acciones y omisiones tipificadas y sancionadas en las leyes. Las infracciones tributarias son sancionables incluso a título de simple negligencia. (...)".[17]

Esclareça-se, por oportuno, que o conceito de *negligência* pode ser definido como culpabilidade mínima, equiparável à imprudência leve. Ainda a respeito do art. 77 é importante mencionar que, com supedâneo em suas disposições, foi confirmado pelo TC que o princípio de culpabilidade tem aplicação no direito tributário sancionador. Na Sentença 76/1990, em que se analisou a alegação de inconstitucionalidade do art. 77.1 da LGT, em face da supressão do adjetivo "voluntárias", referido às condutas ilícitas (que eventualmente tornaria objetiva a responsabilidade por infrações), o TC sustentou que: "Es cierto que, a diferencia de lo que ha ocurrido en el Código Penal, en el que se ha sustituido aquel término por la expresión 'dolosas o culposas', en la LGT se ha excluido cualquier adjetivación de las acciones u omisiones constitutivas de infracción tributaria. Pero ello no puede llevar a la errónea conclusión de que se haya suprimido en la configuración del ilícito tributario el elemento subjetivo de la culpabilidad para sustituirlo por un sistema de responsabilidad objetiva o sin culpa. En la medida en que la sanción de las infracciones tributarias es una de las manifestaciones del *ius puniendi* del Estado, tal resultado sería inadmisible en nuestro ordenamiento. Pero, como se ha dicho, nada de esto ocurre. El propio art. 77.1 de la LGT dice, en su inciso segundo, que las infracciones tributarias son sancionables 'incluso a título de simple negligencia', lo que con toda evidencia significa, de un lado, que el precepto está dando por supuesta la exigencia de culpabilidad en los grados de dolo y culpa o negligencia grave y, de otro, que, más allá de la simple negligencia, los hechos no pueden ser sancionados".[18]

De similar conteúdo foi a manifestação da *Dirección General de Inspección Financiera y Tributaria* ao analisar a questão na Circular de 29.2.1998, em que reconheceu que "la apreciación de la culpabilidad en la conducta del sujeto infractor es una exigencia que surge directamente de los principios constitucionales de seguridad jurídica, de respeto a la dignidad de la persona y de legalidad en cuanto al ejercicio

17. **Tradução livre:** "Art. 77. **1.** São infrações tributárias as ações ou omissões tipificadas nas leis. As infrações tributárias são passíveis de sanção inclusive a título de negligência".

18. **Tradução livre:** "É certo que, à diferença do que ocorreu no Código Penal, no qual se substituiu aquele termo pela expressão 'dolosas ou culposas', na LGT excluiu-se qualquer adjetivação das ações ou omissões constitutivas de infração tributária. Mas isso não pode levar à errônea conclusão de que se tenha suprimido na configuração do ilícito tributário o elemento subjetivo da culpabilidade para substituí-lo por um sistema de responsabilidade objetiva ou sem culpa. Na medida em que a sanção das infrações tributárias é uma das manifestações do *ius puniendi* do Estado, tal resultado seria inadmissível em nosso ordenamento. Mas, como já se disse, nada disso ocorre. O próprio art. 77.1 da LGT diz, em seu inciso segundo, que as infrações tributárias são sancionáveis 'inclusive a título de simples negligência', o que, com toda evidência significa, de um lado, que o preceito está dando por suposta a exigência de culpabilidade nos graus de dolo e culpa ou negligência grave e, de outro, que, mais além da simples negligência, os atos não podem ser sancionados".

de potestades sancionadoras de cualquier naturaleza".[19]

A par disso, não se pode deixar de notar que é evidente que o texto do art. 38 da antiga LGT é excessivamente amplo e carece de conteúdo preciso ao mencionar simplesmente a "colaboração" na prática de infrações. Esta – a colaboração – deve ser direta; ou seja, deve consistir em ações ou omissões relacionadas com a conduta típica. E do mesmo vício padece a nova LGT, ainda que em menor medida, como se verá a seguir.

5.1.2 A LGT atual (Lei 58/2003)

De acordo com o art. 183 da nova LGT, "son infracciones tributarias las acciones u omisiones *dolosas o culposas* con cualquier grado de *negligencia* que estén tipificadas y sancionadas como tales en esta u otra ley".[20] Ao tratar dos responsáveis solidários, a nova LGT confirma que o elemento subjetivo é fundamental para caracterização do ato ilícito passível de sanção, já que expressamente impõe que serão responsáveis solidários da dívida tributária as pessoas que sejam *autoras* ou *colaborem ativamente* na realização de uma infração tributária, sendo que sua responsabilidade também se estenderá à sanção.

De fato, a partir do artigo mencionado é inegável que apenas serão sancionáveis os atos dolosos ou culposos que violem a legislação tributária. Não se admite, no direito tributário sancionador espanhol, a imposição de penalidade sem atenção ao princípio de culpabilidade.

A Exposição de Motivos que acompanhou aquela lei confirma, eloqüentemente, essa conclusão, como se pode ver da seguinte transcrição: "Por lo que respecta a la tipificación de las infracciones y al cálculo de las sanciones, es uno de los aspectos de la nueva ley que presenta importantes modificaciones, al revisarse en profundidad el régimen sancionador de la Ley n. 230/1963, de 28 de diciembre, General Tributaria con el objeto de incrementar la seguridad jurídica en su aplicación *y potenciar el aspecto subjetivo de la conducta de los obligados en la propia tipificación de las infracciones, de modo que las sanciones más elevadas queden reservadas a los supuestos de mayor culpabilidad*".[21]

Cabe lembrar, ademais, do princípio de presunção de inocência, que é um dos fundamentos da aplicação da responsabilidade subjetiva para as infrações tributárias. Esse princípio, além de ser uma das principais manifestações do ordenamento punitivo do Estado Espanhol, constitui elemento essencial de todos os sistemas jurídicos do Ocidente.

Mas, se já não fosse pelas disposições expressas dos artigos da LGT que tratam de infrações tributárias, a aplicação da responsabilidade subjetiva para as infrações de natureza tributária também pode ser obtida a partir de una análise sistemática daquela lei.

Assim, por exemplo, pode-se mencionar seu art. 42, que estabelece quais são os responsáveis solidários da dívida tributária e não deixa dúvidas de que a existência de culpa, ainda que em grau mínimo, é necessária para a imposição de penalidades.

19. **Tradução livre:** "A apreciação da culpabilidade na conduta do sujeito infrator é uma exigência que surge diretamente dos princípios constitucionais de segurança jurídica, de respeito à dignidade da pessoa e de legalidade quanto ao exercício de potestades sancionadoras de qualquer natureza".

20. **Tradução livre:** "São infrações tributárias as ações ou omissões dolosas ou culposas com qualquer grau de negligência que estejam tipificadas e sancionadas como tais nesta ou em outra lei".

21. **Tradução livre:** "No que respeita à tipificação das infrações e ao cálculo das sanções, é um dos aspectos da nova lei que apresenta importantes modificações, ao se revisar em profundidade o regime sancionador da Lei n. 230/1963, de 28 de dezembro, Geral Tributária com o objeto de incrementar a segurança jurídica em sua aplicação e *potenciar o aspecto subjetivo da conduta dos obrigados na própria tipificação das infrações, de modo que as sanções mais elevadas fiquem reservadas às hipóteses de maior culpabilidade*".

5.2 Autoria e responsabilidade

Diante do exposto, pode-se concluir, ainda, que no direito administrativo sancionador espanhol não se pode, ao menos em tese, separar a autoria da responsabilidade. A responsabilidade punitiva por infrações somente pode recair sobre quem tenha atuado com culpa, em respeito ao princípio de personalidade das sanções, previsto pelo art. 25.1 da Constituição e amparado pelo TC na Sentença 146/1994, em seu Fundamento Jurídico ("FJ") 4.

Discordamos em parte de Alejandro Nieto, quando praticamente equipara a responsabilidade por infração à responsabilidade civil, ao separar o autor e o responsável, sendo que este último poderia suportar a sanção sem haver atuado com dolo ou culpa.[22] O citado autor admite a *responsabilidade* sem culpa quando a lei assim preveja. Não obstante, esta teoria choca-se com o princípio constitucional de personalidade, e não pode ser admitida.

Acreditamos, ademais, que sua teoria busca levar o direito administrativo sancionador ao âmbito do direito civil, como se a sanção fosse apenas uma indenização por dano causado a terceiro. No entanto, é inegável – como o próprio Alejandro Nieto reconhece em seu livro – que o direito administrativo sancionador faz parte do ordenamento punitivo do Estado, e, por isso, a ele se aplicam os princípios de culpabilidade e personalidade que impedem a separação entre autoria e responsabilidade. Até porque a imposição de penalidades tem função preventivo-repressiva, buscando persuadir o sujeito passivo a não mais incorrer na prática de atos ilícitos. São os juros que buscam cumprir a função de indenização.

Vale, por fim, a advertência de que há casos em que terceiros *indiretamente* vinculados ao ato ilícito poderiam ser sancionados – e o caso das infrações cometidas por intermédio de pessoas jurídicas é uma situação emblemática do que queremos dizer, como se verá oportunamente –, mas mesmo nestes casos se exige uma participação culpável mínima (uma negligência leve, por exemplo, como a culpa *in vigilando* ou a culpa *in eligendo*).

5.3 O direito positivo brasileiro

Existem ainda algumas importantes considerações que merecem ser feitas sobre o ordenamento jurídico espanhol, notadamente no que se refere à possibilidade de translação de responsabilidade para sujeitos distintos do infrator. Não obstante, julgamos conveniente interromper aqui a menção específica à situação espanhola, para apresentar a prometida comparação à brasileira, a respeito do que até o momento foi exposto.

No Brasil a base para qualquer discussão sobre a responsabilidade por infrações tributárias é o art. 136 do CTN, que estabelece: "Art. 136. Salvo disposição de lei em contrário, a responsabilidade por infrações da legislação tributária independe da intenção do agente ou do responsável e da efetividade, natureza e extensão dos efeitos do ato".

Muito já se discutiu sobre a correta interpretação desse dispositivo, havendo teorias para os mais variados gostos. Há autores que defendem que o citado artigo veicula a responsabilidade objetiva das infrações tributárias, que seriam desvinculadas dos princípios de culpabilidade e personalidade.[23] Não obstante, a maioria desses autores admite a hipótese de ser instituída responsabilidade subjetiva, amparada na cláusula "salvo disposição de lei em contrário". Há autores, por outro lado, que, apesar de considerarem que o citado artigo veicula hipótese de responsabilidade obje-

22. Alejandro Nieto, *Derecho Administrativo Sancionador*, cit., 3ª ed., p. 392.

23. Cf. Yoshiaki Ichihara, "Sanções tributárias – Questões sugeridas", in *Sanções Administrativas Tributárias*, pp. 498-499.

tiva, justamente por isso o criticam vigorosamente.[24]

Outros autores entendem, ainda, que o citado artigo apenas afasta a perquirição do dolo do agente, não suprimindo a necessidade de verificação de culpa. Assim, por exemplo, não seriam punidos atos praticados por força maior ou em caso fortuito.[25]. Há, por fim, os autores que afirmam que o art. 136 sofre de grave deficiência conceitual, já que as infrações tributárias, como quaisquer infrações, obedecem à responsabilidade subjetiva.[26]

A par de todas essas manifestações doutrinárias, entendemos que o entendimento mais acertado sobre o tema – e que melhor interpreta o art. 136 em face da Constituição Federal de 1988, assim como do art. 112 do CTN, que a seguir será mencionado – é o da lavra do professor Hugo de Brito Machado,[27] que assim sintetiza sua visão sobre o tema: "O art. 136 do CTN não estabelece responsabilidade objetiva em matéria de penalidades tributárias, mas a responsabilidade por culpa presumida. A diferença é simples. Na responsabilidade objetiva não se pode questionar a respeito da intenção do agente. Já na responsabilidade por culpa presumida tem-se que a responsabilidade independe da intenção apenas no sentido de que não há necessidade se demonstrar a presença de dolo ou de culpa, mas o interessado pode excluir a responsabilidade fazendo prova de que, além de não ter a intenção de infringir a norma, teve a intenção de obedecer a ela, o que não lhe foi possível fazer por causas superiores à sua vontade".

Em síntese, o professor Hugo de Brito Machado entende que o art. 136 do CTN não estabelece responsabilidade objetiva, mas sim uma responsabilidade por culpa presumida. Ou seja, aquele professor sustenta que o Código Tributário Nacional não colide com a Constituição Federal, pois, na verdade, determina que a culpa (*lato sensu*) do sancionado é sempre presumida, cabendo-lhe realizar a prova de que não atuou com dolo ou culpa.

Apesar de nosso respeito e adesão a esse entendimento, julgamos conveniente advertir que essa teoria parece estar fundamentada – com muita precisão e de maneira absolutamente louvável – na busca de um argumento que salve aquele artigo da inconstitucionalidade. Isso porque, se o citado dispositivo estabelece exatamente o que defende o mencionado professor, sua própria existência careceria de sentido, visto que, independentemente de seus termos, a atuação dos agentes fiscais sempre tem presunção (relativa) de veracidade, não havendo necessidade de que mais um artigo o diga. Ainda assim, cremos que sua posição é acertada e a ela nos filiamos, com a advertência ora apresentada.

Aos argumentos do parágrafo anterior deve-se acrescentar que, de acordo com a melhor doutrina, o intérprete, ao construir o sentido da norma, deve buscar o que permita sua manutenção no sistema. Segundo o professor Paulo de Barros Carvalho, "o exegeta deve buscar, como objetivo primacial, a conciliação harmônica das regras, e destas com os princípios do sistema".[28]

Também por isso pensamos que essa é a única interpretação que permite a manutenção do art. 136 no sistema de direito positivo sem que se incorra em inconstitucionalidade. Considerando que a Constituição Federal é bastante exaustiva ao tratar de temas como o direito tributário e, além disso, consagra o princípio de presunção de inocência como um de seus fundamentos, outra não poderia ser a interpretação desse dispositivo.

24. Cf. Vitorio Cassone, "Sanções administrativas tributárias", in *Sanções Administrativas Tributárias*, pp. 475-476.

25. V. Luciano Amaro, *Direito Tributário Brasileiro*, 10ª ed., p. 430.

26. V. Aurélio Pitanga Seixas Filho, "Sanções administrativas tributárias", in *Sanções Administrativas Tributárias*, p. 51.

27. Hugo de Brito Machado, *Curso de Direito Tributário*, 25ª ed., Malheiros, p. 165.

28. Paulo de Barros Carvalho, *Curso de Direito Tributário*, p. 490.

A interpretação sistemática do Código Tributário Nacional confirma que essa é a única interpretação possível, já que seu art. 112 prescreve que: "Art. 112. A lei tributária que define infrações, ou lhe comina penalidades, interpreta-se da maneira mais favorável ao acusado, em caso de dúvida quanto: I – à capitulação legal do fato; II – à natureza ou às circunstâncias materiais do fato, ou à natureza ou extensão dos seus efeitos; III – à autoria, imputabilidade, ou punibilidade; IV – à natureza da penalidade aplicável, ou à sua graduação".

Assim, para que não haja incompatibilidade entre o art. 136 – que veda qualquer consideração sobre a intenção do agente ou do responsável e da efetividade, natureza e extensão dos efeitos do ato – e o art. 112 do CTN – que determina que a lei seja interpretada de forma mais favorável ao acusado, quando da imposição de sanções, em caso de dúvida quanto à natureza ou às circunstâncias materiais do fato, ou à natureza ou extensão dos seus efeitos –, impõe-se considerar que os atos de lançamento de multas têm presunção de legalidade, mas que pode ser elidida pelo contribuinte, desde que comprove que agiu sem culpabilidade.

Isso, porém, não basta. Seria necessário, para que a tão almejada justiça fiscal estivesse mais próxima dos brasileiros, que fossem estabelecidas graduações de punibilidade aos infratores, de acordo com o grau de culpabilidade incorrido, desde a presença de dolo específico até uma culpa leve.[29] Ora, a gradação da sanção deve sempre levar em conta, de um lado, o bem jurídico protegido e, de outro, o potencial lesivo do ato praticado e a possibilidade de condutas reiteradas do mesmo contribuinte. Por isso, cremos que o mais adequado seria assegurar expressamente, já no Código Tributário Nacional, que a responsabilidade é subjetiva e que a imposição de sanções deverá guardar consonância com a infração praticada. Por outro lado, e desde que comprovada a ausência de intenção delitiva, deveria a lei também expressamente assegurar a impossibilidade de imposição de infrações.

Não basta, por isso tudo, que a legislação federal, por exemplo, preveja apenas e simplesmente uma multa moratória e uma multa punitiva, que pode ser agravada em caso de fraude. Ainda que os sistemas normativos se caracterizem por veicular normas gerais e abstratas, aptas a prever uma multiplicidade de situações, parece inegável que a disciplina das infrações tributárias supõe uma ampla gama de normas que dêem aplicação aos princípios mencionados neste breve estudo.

Ressalte-se, ademais, que o afastamento das penalidades não pode ser restrito aos casos fortuitos ou de força maior, mas também e especialmente em casos de erros (de tipo e proibição) na interpretação da legislação tributária. Essa conclusão decorre do inegável fato de que a legislação tributária brasileira é extremamente ampla e confusa. Se até doutrinadores de escol têm, entre si, acaloradas discussões sobre a correta interpretação de um artigo de lei, sustentando posições diametralmente opostas, não seria de esperar que os contribuintes deparassem, freqüentemente, com dificuldades na interpretação da lei, chegando a conclusões razoáveis, porém distintas daquela considerada adequada pelas autoridades fiscais? Evidente que a resposta só pode ser positiva.[30]

Não é por outra razão, aliás, que existe o art. 212 do CTN, que, embora seja simplesmente descumprido pela quase-totalidade dos entes dotados de competência impositiva, determina que a legislação tri-

29. Verdade seja dita que há algumas previsões, mais comuns nas ordens jurídicas dos Estados-membros, que tentam dar aplicação a essas graduações, procurando punir de acordo com o grau de culpabilidade do sujeito passivo.

30. Cf., a propósito do tema, as pertinentes considerações de Eduardo Rocha Dias e Natércia Sampaio Siqueira, "Sanções administrativas tributárias: uma tentativa de enquadramento constitucional", in *Sanções Administrativas Tributárias*, p. 127.

butária seja anualmente consolidada. O objetivo dessa norma é justamente dar maior publicidade e clareza à legislação fiscal, permitindo que o contribuinte possa cumprir regularmente suas obrigações fiscais, trazendo vantagens não só ao sujeito passivo, mas também ao Fisco, visto que facilita o cumprimento de obrigações fiscais e aumenta a arrecadação.

Até porque o conhecimento da legislação pelos seus destinatários é do interesse público e do público. Nesse particular são muito apropriadas as palavras de Hugo de Brito Machado Segundo, para quem "defender o contrário seria o mesmo que pugnar pelo direito do Estado de instalar os sinais e placas de trânsito em locais escuros, ocultos por copas de árvores, para *confundir* os motoristas e depois multá-los em prol do interesse público. O verdadeiro interesse público impõe que os sinais sejam claros, para que os motoristas e pedestres possam observá-los e evitar acidentes. Não se pode chamar de interesse público, mas sim de imoralidade, o ato de 'estimular' infrações, ou não providenciar para que as mesmas diminuam, e depois exigir fervorosamente as penalidades correspondentes de equívocos cometidos por administrados de boa-fé".[31]

Essa comparação, ainda que seja questionável quanto às penalidades decorrentes do não-pagamento da obrigação tributária principal (dever de pagar tributo) – visto que o Estado tem indisputável interesse no seu cumprimento –, é, sem dúvida, aplicável às penalidades aplicadas no caso do descumprimento dos deveres instrumentais (ou obrigações acessórias, na terminologia empregada pelo Código Tributário Nacional).

Frise-se, por outro lado, que a distinção que a legislação ordinária (federal, dos Estados-membros e dos Municípios) costuma fazer entre multa de mora e punitiva é importante e demonstra que existe, sim, a necessidade de se perquirir sobre a intenção do agente, como sugere o próprio CTN, no art. 112, já mencionado. A par disso, releva advertir que a distinção que deve ser feita quanto a essas multas é a respeito do grau de culpabilidade do agente, e não sobre sua finalidade, tendo em vista que têm ambas a mesma natureza, preventivo-repressiva, não exercendo a multa moratória qualquer função indenizatória, pois esta é tarefa dos juros.

Poder-se-ia objetar tudo o que aqui foi dito sob o fundamento de que o sistema tributário brasileiro já dispõe de elementos que impõem seja a responsabilidade subjetiva, ou de culpabilidade presumida, na terminologia cunhada por Hugo de Brito Machado. A objeção seria verdadeira e dogmaticamente irrepreensível mas, por outro lado, teria a deficiência de desconsiderar que de fato os entes dotados de competência para expedir atos de lançamento (*v.g.*, autoridades administrativas) ou modificá-los (*v.g.*, autoridades administrativas e Poder Judiciário) não aplicam de maneira uniforme essa interpretação, e muitos consideram irrelevantes, na imposição de penalidades, a intenção do agente bem como a natureza, extensão e efeitos do ato praticado.

As seguintes decisões, administrativas e judiciais, aliadas a algumas posições doutrinárias divergentes apontadas neste estudo, deixam isso bem claro:

(1) 1º Conselho de Contribuintes do Ministério da Fazenda: "IRPF – Rendimentos cujo imposto não foi retido pela fonte pagadora – Responsabilidade do beneficiário. Aceitar que se exima o contribuinte de responsabilidade por não oferecer rendimentos a tributação, sob o argumento de que a fonte pagadora rotulou-os de isentos, é chancelar interpretação que leva ao absurdo de reconhecer como válido o erro de direito.

"IRPF – Multa de ofício. *Concretizada a hipótese legal de incidência da penalidade (declaração inexata, Lei n. 9.430/*

31. Hugo de Brito Machado Segundo, "Sanções tributárias", in *Sanções Administrativas Tributárias*, p. 210.

1996, art. 44, I), não cabe à autoridade lançadora senão cominá-la ao contribuinte, em atenção ao princípio da responsabilidade objetiva inserto no art. 136 do CTN.

"Recurso negado" (13884.003339/99-61, Acórdão 106-11196, j. 15.3.2000, não grifado no original).

(2) 2º Conselho de Contribuintes do Ministério da Fazenda: "IPI – Notas fiscais inidôneas. Irreparável a exigência do tributo lançado *ex officio* em decorrência da glosa de créditos básicos, com cominação de pena capitulada no art. 364, inciso II, bem como a imposição da multa prevista no art. 365, *caput* e inciso II, ambos do RIPI/1982, quando devidamente comprovada a utilização, recebimento e registro de notas fiscais emitidas por quem não deu saída aos produtos nelas discriminados – *Responsabilidade objetiva. A responsabilidade por infrações da legislação tributária não está subordinada à intenção do agente ou do responsável, salvo expressa disposição legal (CTN, art. 136)* – Precedentes do STJ – Recurso a que se nega provimento" (13407.000130/96-18, Acórdão 202-11766, j. 25.1.2000, não grifado no original).

(3) 1º Conselho de Contribuintes do Ministério da Fazenda: "Juros de mora – Taxa Selic – Inconstitucionalidade – Improcedência. Os juros de mora têm previsão legal específica de aplicação – Lei n. 9.430, de 1996, art. 61, § 3º –, embasada no § 1º do art. 161 do CTN (Lei n. 5.172, de 25.10.1966). Pressupõe-se, portanto, que os princípios constitucionais estão nela contemplados pelo controle *a priori* da constitucionalidade das leis. Enquanto não for declarada inconstitucional pelo STF, que cuida do controle *a posteriori*, não pode deixar de ser aplicada se estiver em vigor. A apreciação de alegação de inconstitucionalidade de lei compete exclusivamente ao Poder Judiciário, sendo vedada sua apreciação na via administrativa pelo Conselho de Contribuintes (Regimento Interno, art. 22A).

"Multa de ofício – Alegação de inconstitucionalidade – Improcedência. A multa de ofício nos casos de falta de pagamento ou recolhimento do imposto e de declaração inexata tem previsão legal específica (Lei n. 9.430, de 1996, art. 44, inciso I). Pressupõe-se, portanto, que os princípios constitucionais estão nela contemplados pelo controle *a priori* da constitucionalidade das leis. Enquanto não for declarada inconstitucional pelo STF, que cuida do controle *a posteriori*, a lei não pode deixar de ser aplicada se estiver em vigor e nem comporta discricionariedade, tendo em vista que a atividade do lançamento é vinculada e obrigatória *e a responsabilidade por infrações independe da intenção do agente ou responsável e da efetividade, natureza e extensão dos efeitos do ato (CTN, arts. 136 e 142).* A apreciação de alegação de inconstitucionalidade de lei compete exclusivamente ao Poder Judiciário, sendo vedada sua apreciação na via administrativa pelo Conselho de Contribuintes (Regimento Interno, art. 22A).

"Recurso negado" (19515.001884/2002-18, Acórdão 102-46349, j. 16.4.2004, não grifado no original).

(4) Tribunal de Impostos e Taxas do Estado de São Paulo: "(...). Quanto à alegação da boa-fé invocada pela recorrente, não se caracteriza como condição para desconfigurar o procedimento contrário às normas estabelecidas na legislação tributária *em face do princípio da responsabilidade objetiva consagrado no Código Tributário Nacional.* Diante do exposto, nego provimento ao recurso para manter a exigência fiscal" (3ª C. Esp., processo DRT. 10-6.289/1992, j. 19.10.1994, publicado no *Boletim TIT* 292, em 18.5.1996, não grifado no original).

(5) Tribunal de Impostos e Taxas do Estado de São Paulo: "(...). A alegada ausência de má-fé não desnatura a exigência fiscal, pois *no direito tributário impera a regra da responsabilidade objetiva, visto que o CTN, em seu art. 136, preceitua que a responsabilidade por infrações* *independe da vontade do agente*. Isto posto, nego provimento ao presente recurso para manter o AIIM inicial" (1ª C. Esp., processo DRT. 7-66/1991, j. 8.2.1993, publicado no *Boletim TIT* 282, em 10.12.1994, não grifado no original).

(6) Tribunal Regional Federal da 4ª Região: "Administrativo – Pena de perdimento – Lesão ao Erário – Art. 136 do CTN – Responsabilidade objetiva.

"*Como a responsabilidade decorrente da violação à legislação tributária é objetiva, o dano ao Erário deve ser entendido como de natureza meramente potencial, sob pena de se incentivar a fraude fiscal com a aparência de inocência, dada a dificuldade de se apurar o elemento subjetivo em cada caso concreto*. Apelação e remessa *ex officio* providas" (AMS 78.080, processo 200172080023793, j. 24.9.2002, rela. Juíza Maria de Fátima Freitas Labarrère, *DJU* 23.10.2002, não grifado no original).

(7) Tribunal Regional Federal da 5ª Região: "Administrativo e tributário – IPI – Posse de mercadorias com selos de controle falsos – Pena de perdimento – Decreto-lei n. 1.593/1977, art. 33, IV.

"Ao cominar a pena de perdimento das mercadorias surpreendidas com selo de controle falso, o Decreto-lei n. 1.593/1977, art. 33, IV, não cogitou de qualquer ressalva capaz de elidir a *responsabilidade objetiva prescrita no art. 136 do CTN*" (AMS 79400, processo 200183000094886, j. 20.5.2004, rel. Des. federal Paulo Gadelha, *DJU* 15.6.2004, não grifado no original).

(8) Superior Tribunal de Justiça: "Processual – Agravo regimental – Ausência de argumento novo capaz de infirmar o decisório agravado.

"Agravo regimental que se limita a repetir tese exposta no recurso especial e no agravo de instrumento, devidamente enfrentada pela decisão recorrida, não merece provimento.

"*A inteligência do art. 136 do CTN não favorece a tese da agravante*, de que está dispensada, como compradora, da comprovação de que as notas fiscais declaradas inidôneas correspondem a negócio efetivamente realizado.

"Agravo improvido" (1ª T., AGA 357.894, j. 1.10.2002, rel. Min. Humberto Gomes de Barros, *DJU* 11.11.2002, não grifado no original).

É, por outro lado, bastante gratificante ver que existem algumas decisões, ainda titubeantes, que dão correta aplicação ao art. 136 do CTN, como se observa do seguinte acórdão da 2ª Turma do STJ:

"Tributário – Recurso especial – Infração à lei tributária – Responsabilidade – Art. 136 do CTN.

"1. O art. 136 do CTN, no que toca à infração da lei tributária, deve ser examinado em harmonia com o art. 137 também do CTN, que consagra a responsabilidade subjetiva.

"2. Recurso especial improvido" (2ª T., REsp 68.087-SP, j. 3.6.2004, rel. Min. Castro Meira, *DJU* 16.8.2004).

6. Translação da responsabilidade

Depois da identificação dos princípios de culpabilidade e personalidade, poder-se-ia concluir, desde logo, que o direito tributário sancionador espanhol não admitiria a translação da responsabilidade por infrações a pessoas distintas das que praticaram o ato ilícito. No entanto, considerando a necessidade de combater fraudes à lei, realizadas com o objetivo de evitar o pagamento de penalidades, o legislador espanhol viu-se ante um difícil dilema e buscou a solução que melhor adaptasse os princípios de culpabilidade e personalidade à necessidade de se preservar a arrecadação. Vejamos, pois, qual foi a solução encontrada pelo legislador para essa questão.

6.1 Pessoas físicas

O direito tributário sancionador espanhol contém uma regra específica a respeito das pessoas físicas, que impede a translação da responsabilidade. Trata-se do art. 39, inciso 1, da LGT, parte final, que prescreve que em nenhum caso se transmitirão sanções.

Pensamos que essa regra está em harmonia com o princípio de personalidade, que impede que a sanção supere a pessoa do infrator. E essa regra é bastante expressiva ao determinar que "em nenhum caso" as sanções serão transmitidas, impedindo, dessa maneira, qualquer tentativa de se trasladar a responsabilidade entre pessoas físicas.

6.2 Pessoas jurídicas

A respeito das pessoas jurídicas a situação é bastante distinta, pois a LGT expressamente estabelece que as sanções deverão ser suportadas pelos sucessores. Em seu art. 40, que trata dos "sucessores de pessoas jurídicas e de entidades sem personalidade", a LGT determina, em seu inciso 5, em síntese, que as sanções decorrentes de infrações praticadas por sociedades ou entidades assemelhadas serão exigíveis dos seus sucessores, até o limite de sua responsabilidade sobre o tributo devido.

Esse dispositivo deixa claro que a regra existente é a de que as multas aplicadas a pessoas jurídicas podem ser trasladadas a seus sucessores. Não se pode deixar de notar que a opção legislativa espanhola – ainda que busque privilegiar a justiça fiscal, no intento de evitar que se perpetrem fraudes, mediante alterações nas estruturas societárias de pessoas jurídicas – choca-se, frontalmente, com o primado dos princípios de culpabilidade e personalidade. Essa questão, entretanto, ainda não foi submetida ao crivo dos Tribunais daquele país, não havendo, portanto, uma definição sobre sua constitucionalidade.

6.2.1 Superação da afirmação "societas delinquere non potest"

Ainda que as pessoas jurídicas não tenham, em si mesmas, capacidade de ação, a legislação espanhola as equipara às pessoas físicas no que diz respeito às infrações tributárias, na busca de uma maior efetividade das sanções e da aplicação da legislação tributária.

O TC confirma essa definição legal, ainda que tenha proferido sentenças bastante contraditórias sobre o tema. Isso porque, ainda que o Tribunal considere que as pessoas jurídicas podem ser sancionadas por infrações tributárias, reconhece, por outro lado, a aplicação do princípio de personalidade, sem explicitar, de maneira satisfatória, as razões pelas quais se harmonizariam esses dois posicionamentos.

A Sentença 246/1991 é bastante ilustrativa dessa posição:

"Incluso este Tribunal ha calificado de 'correcto' el principio de la responsabilidad personal por hechos propios – principio de la personalidad de la pena o sanción (STC n. 219/1988). Todo ello, sin embargo, *no impide que nuestro derecho administrativo admita la responsabilidad directa de las personas jurídicas, reconociéndoles, pues, capacidad infractora. Esto no significa*, en absoluto, que para el caso de las infracciones administrativas cometidas por personas jurídicas *se haya suprimido el elemento subjetivo de la culpa, sino simplemente que ese principio se ha de aplicar necesariamente de forma distinta a como se hace respecto de las personas físicas*.

"Esta construcción distinta de la imputabilidad de la autoría de la infracción a la persona jurídica nace de la propia naturaleza de ficción jurídica a la que responden estos sujetos. Falta en ellos el elemento volitivo en sentido estricto, pero no la capacidad de infringir las normas a las que están sometidos. Capacidad de infracción y, por ende, reprochabilidad directa que deriva del bien jurídico protegido por la norma que se infringe y la necesidad de que dicha protección sea realmente eficaz (en el presente caso se trata del riguroso cumplimiento de las medidas de seguridad para prevenir la comisión de actos delictivos) y por el riesgo que, en consecuencia, debe asumir la persona jurídica que está sujeta al cumplimiento de dicha norma."[32]

Assim, pois, acreditamos que a superação da afirmação *societas delinquere non potest* colide com o princípio de culpabilidade, pois são os administradores das sociedades – e não as sociedades em si mesmas consideradas (que têm personalidades jurídicas distintas) – os que podem atuar com dolo ou culpa, fazendo com que se observe o princípio *nulla poena sine culpa*. Haveria alternativas para essa deficiente técnica legislativa, como adiante se verá.

6.2.2 Modificações na estrutura das sociedades

A partir das disposições da LGT pode-se concluir, com fundamento em estudo realizado por Ángeles de Palma Del Teso,[33] que as seguintes modificações na estrutura das sociedades têm como conseqüências:

Transformação – Não apresenta maiores dificuldades, pois a transformação não afeta a personalidade jurídica, já que a sociedade não desaparece, mas sim continua existindo sob uma nova forma. Portanto, não há alteração a respeito do responsável.

Fusão – Com a extinção das sociedades anteriores e a criação de uma nova, essa sociedade adquire, por sucessão universal, todos os direitos e obrigações das duas anteriores.

Cisão (total ou parcial) – Com a extinção da sociedade, ou a segregação de parte dela, os adquirentes dos ativos da sociedade cindida serão responsáveis pelas sanções relativas à sociedade inicial.

Dissolução – Ocorre o mesmo que com a cisão: os que venham a receber o patrimônio social serão responsáveis pelas sanções.

A definição da transferência da responsabilidade é questão complexa e polêmica. Isso porque, se têm aplicação os princípios de culpabilidade e personalidade, como garantias previstas na Constituição Espanhola, não seria possível que a sanção fosse transferida a pessoa distinta da que cometeu a infração. Dessa forma, as disposições da LGT que estabelecem as hipóteses de transferência de responsabilidade, mencionadas antes, seriam inconstitucionais.

No entanto, o argumento contrário, manifestado por autores de destaque, como Alejandro Nieto, é bastante sedutor e se fundamenta, em síntese, em que a aplicação desses princípios e a conseqüente impossibilidade de transferência da responsabilidade por infrações acabariam por permitir – talvez até incentivassem – a utilização das formas jurídicas com o objetivo de evitar o pagamento de multas.

A respeito dessa posição, são muito esclarecedoras as palavras de Alejandro Nieto:[34] "La cuestión de las relaciones en-

32. **Tradução livre:** "Inclusive este Tribunal considera 'correto' o princípio da responsabilidade pessoal por fatos próprios – princípio de personalidade da pena ou sanção (STC n. 219/1988). Tudo isso, entretanto, *não impede que nosso direito administrativo admita a responsabilidade direta das pessoas jurídicas, reconhecendo-lhes capacidade infratora. Isso não significa*, em absoluto, que para o caso das infrações cometidas por pessoas jurídicas *se tenha suprimido o elemento subjetivo da culpa, mas simplesmente que esse princípio deve ser aplicado necessariamente de forma distinta de como se faz com respeito às pessoas físicas*.

"Esta construção distinta da imputabilidade da autoria da infração à pessoa jurídica nasce da própria natureza de ficção jurídica a que respondem esses sujeitos. Falta-lhes o elemento volitivo em sentido estrito, mas não a capacidade de infringir as normas a que estão submetidos. Capacidade de infração e, por conseqüência, possibilidade de censura direta que deriva do bem jurídico protegido pela norma que se infringe e a necessidade de que essa proteção seja realmente eficaz (no presente caso de trata do rigoroso cumprimento das medidas de segurança para prevenir a prática de atos delitivos) e pelo risco que, em conseqüência, deve assumir a pessoa jurídica que está sujeita ao cumprimento dessa norma."

33. Ángeles de Palma Del Teso, *El Principio de Culpabilidad en el Derecho Administrativo Sancionador*, cit., pp. 85-87.

34. Alejandro Nieto, *Derecho Administrativo Sancionador*, cit., 3ª ed., p. 395.

tre autoría y responsabilidad – o, si se quiere, la de la responsabilidad por hechos ajenos – alcanza una nueva dimensión en la economía moderna penetrada por empresas multinacionales y también por grupos de capitales de gran envergadura que, operando a través de 'ingeniería organizacional', logran una capacidad prácticamente total a la hora de buscar a los verdaderos responsables. Porque, en último extremo y en las operaciones turbias, el autor se volatiliza sin dejar huella y, por supuesto, sin desvelar el centro desde el que se tomaron las decisiones ilícitas. La manifestación más sencilla de este fenómeno es de la responsabilidad de las empresas-matrices, a las que el Derecho Norteamericano pretende implicar en la responsabilidad por los actos realizados por las sociedades filiales instrumentales".[35]

Essa teoria tem ainda como fundamento o de que não haveria vulneração dos princípios de culpabilidade e personalidade, uma vez que, ao responder a sociedade pelas infrações administrativas, nada impediria que essa responsabilidade se transmitisse a quem percebesse seu patrimônio, em proporção ao recebido.

De acordo com essa posição doutrinária, pois, a impossibilidade de transferência da responsabilidade por infrações das pessoas jurídicas não estaria em harmonia com a finalidade de prevenção de atos ilícitos que o direito administrativo sancionador busca cumprir, pois, se assim o fosse, uma simples modificação da estrutura societária poderia impedir a assunção de responsabilidades por infração. Em síntese: os adeptos desse entendimento crêem que há um choque com os princípios de culpabilidade e personalidade, mas os bens jurídicos protegidos (a arrecadação e a finalidade preventivo-repressiva do direito administrativo sancionador) o justificariam.

Nossa opinião, porém, é divergente. Diante desta clara contradição entre princípios (e posições doutrinárias, naturalmente), acreditamos que, ainda que a preocupação com a arrecadação seja plenamente justificável, a verdade é que o sistema constitucional hoje vigente na Espanha – em que o ilícito assume uma dimensão personalíssima – impede que se considere a possibilidade de transferência da responsabilidade por infrações.

Com efeito, somente uma modificação no texto constitucional espanhol poderia legitimar aquela teoria e a possibilidade de que a responsabilidade por infrações fosse transferível a outras pessoas, físicas ou jurídicas. Na estrutura constitucional atual isso é impossível, segundo pensamos.

De acordo com a posição que apresentamos quando analisamos o art. 136 do CTN, impõe-se – não só pelo nosso convencimento, mas também por coerência – afirmar que também no Brasil o caráter subjetivo das infrações não permite que as sanções sejam transferidas a pessoas jurídicas distintas do infrator. Este parece ser um inarredável efeito da aplicação dos princípios da culpabilidade e da personalidade.

Talvez seja essa, aliás, a razão pela qual o art. 132 do CTN se refira apenas aos "tributos" devidos, quando determina que "a pessoa jurídica de direito privado que resultar de fusão, transformação ou incorporação de outra ou em outra é responsável pelos tributos devidos até a data do ato pelas pessoas jurídicas de direito privado fusionadas, transformadas ou incorporadas". Nesse particular, pois, cremos que a legislação brasileira harmoniza melhor que

35. **Tradução livre:** "A questão das relações entre autoria e responsabilidade – ou, se se prefere, a da responsabilidade por atos de terceiros – alcança uma nova dimensão na economia moderna penetrada por empresas multinacionais e também por grupos de capitais de grande envergadura que, operando através de 'engenharia organizacional', logram uma capacidade praticamente total na hora de buscar os verdadeiros responsáveis. Porque, em último extremo e nas operações escusas, o autor se volatiliza sem deixar rastros e, evidentemente, sem desvelar o centro desde que se tomaram as decisões ilícitas. A manifestação mais simples deste fenômeno é da responsabilidade das empresas-matrizes, as que o Direito Norte-Americano pretende implicar na responsabilidade pelos atos realizados pelas sociedades filiais instrumentais".

a espanhola os diversos elementos colocados em choque pelos princípios aqui referidos. Pensamos, por fim, que também esse dispositivo confirma a interpretação aqui conferida ao art. 136 do CTN.

Nossa posição, todavia, não é indene de críticas pela doutrina nacional, e pode-se mencionar, por exemplo, o entendimento de Sacha Calmon Navarro Coêlho, que, ao tratar da sucessão empresarial, afirma que "inexiste sucessão real, mas apenas legal. O sujeito passivo é a pessoa jurídica que continua total ou parcialmente a existir juridicamente, sob outra 'roupagem institucional'".[36]

Não queremos ser, aqui, repetitivos, mas parece-nos que essa posição desconsidera que a sociedade sucedida e seus sucessores têm personalidades jurídicas distintas, de maneira que a transferência da responsabilidade importa ofensa aos princípios de personalidade e culpabilidade. E, além disso, a boa-fé há de ser sempre presumida, mesmo na sucessão empresarial, cabendo às autoridades fiscais anular eventuais modificações fraudulentas na estrutura de entidades, se for o caso. A arrecadação e o combate à fraude fiscal, nas suas mais variadas formas, devem ser defendidos com empenho, veementemente; mas isso não justifica que princípios básicos e elementares dos cidadãos sejam aviltados a todo e qualquer momento.

6.2.3 Especial hipótese de responsabilidade por infrações

A LGT contém ainda uma exceção aos casos em que a responsabilidade por infrações pode ser transferida a terceiros. Trata-se da situação prevista em seu art. 42, inciso 1, alínea "c". Ainda que o citado artigo estabeleça que serão responsáveis solidários pela dívida tributária as pessoas ou entidades que sucedam, sob qualquer forma, a titularidade ou o exercício de explorações ou das atividades econômicas, pelas obrigações tributárias contraídas do titular anterior e derivadas de seu exercício, outorga ao sucessor uma garantia.

Esse dispositivo, combinado com o art. 175 da mesma lei, assegura que o sujeito que pretenda adquirir um fundo de comércio terá direito de solicitar à Administração Tributária certificação detalhada das "dívidas, sanções e responsabilidades tributárias" dele derivadas. A Administração deverá expedir essa certificação no prazo de até três meses, e a responsabilidade será limitada às dívidas, sanções e obrigações nela contidas. Se a certificação for expedida sem mencionar dívidas de qualquer natureza ou se a Administração não expedir o documento no prazo legal, o solicitante ficará isento de responsabilidade.

Esse procedimento mitiga o choque da translação de responsabilidade com os princípios de culpabilidade e personalidade. Não obstante, mesmo nesse caso a legislação viola as garantias constitucionais antes descritas.

6.2.4 Administradores

De acordo com o art. 40 da anterior LGT, os administradores de pessoas jurídicas eram considerados responsáveis *subsidiários* das infrações tributárias simples e da totalidade da dívida tributária, nos casos de infrações graves cometidas, quando não realizassem os atos necessários que fossem de sua incumbência para o cumprimento das obrigações tributárias infringidas, quando consentissem com o descumprimento por quem deles dependesse ou quando adotassem acordos que tornassem possíveis essas infrações.

A LGT atual é ainda mais clara, em seu art. 43, ao estabelecer a responsabilidade subsidiária dos administradores nos casos em que atuem com culpa ou dolo, considerada desde a mais simples negligência.

A nova LGT, pois, mantém uma situação bastante especial, mais benigna aos

36. Sacha Calmon Navarro Coêlho, "Infração tributária e sanção", in *Sanções Administrativas Tributárias*, p. 438.

administradores, excepcionando-os da regra geral do seu art. 42. Os administradores têm garantida uma responsabilidade subsidiária, frente à responsabilidade solidária prevista para todos os demais casos de participação em infrações.

Acreditamos tratar-se de uma incoerência do sistema, e que não se harmoniza com a finalidade preventivo-repressiva do direito administrativo sancionador. Isso porque as pessoas jurídicas acabam sendo freqüentes infratoras da legislação tributária justamente porque seus administradores – que são os que de fato cometem as infrações – em muitos casos não são sancionados por seus atos.

Uma alternativa para solucionar esse problema, assim como para melhor superar a afirmação de que *societas delinquere non potest*, seria, como sugerido por Juan J. Zornoza Pérez, (a) sancionar pessoalmente os administradores e, adicionalmente, (b) sancionar pecuniariamente a sociedade, para que os órgãos de controle sejam advertidos (culpa *in eligendo* e culpa *in vigilando*).

7. *Conclusões*

Como conclusão a este breve estudo, podemos afirmar que a Constituição Espanhola garante, como fundamentos do ordenamento punitivo do Estado, os princípios de culpabilidade, personalidade e proporcionalidade. Esses princípios são de clara aplicação no direito administrativo sancionador e no direito sancionador tributário e prescrevem que a responsabilidade por infrações tributárias seja subjetiva. Tais preceitos ainda impedem, por exemplo, a transferência da responsabilidade por infrações à legislação tributária.

Acreditamos que a Constituição Federal também impõe que a responsabilidade por infrações tributárias seja subjetiva, sendo esta a melhor interpretação ao art. 136 do CTN. Assim, não há autorização legal para que sejam transferidas sanções. Não obstante, seria pertinente uma alteração legislativa a deixar isso mais claro e tornar mais efetiva a garantia traduzida pelos princípios anteriormente mencionados.

Bibliografia

ÁLVAREZ-LINERA Y URÍA, César. "La responsabilidad solidaria en el derecho administrativo sancionador". *Cuadernos de Derecho Judicial. Derecho Administrativo Sancionador*. Madri, Consejo del Poder Judicial, 1994 (pp. 381-402).

AMARO, Luciano da Silva. *Direito Tributário Brasileiro*. 10ª ed. São Paulo, Saraiva, 2004.

BALEEIRO, Aliomar. *Direito Tributário Brasileiro*. Rio de Janeiro, Forense, 1999.

CARRETERO PÉREZ, Adolfo, e CARRETERO SÁNCHEZ, Adolfo. *Derecho Administrativo Sancionador*. 2ª ed. Madri, Editoriales de Derecho Reunidas, 1995.

CARVALHO, Paulo de Barros. *Curso de Direito Tributário*. São Paulo, Saraiva, 2000.

CASSONE, Vitorio. "Sanções administrativas tributárias". *Sanções Administrativas Tributárias*. São Paulo e Fortaleza, Dialética, 2004.

COÊLHO, Sacha Calmon Navarro. "Infração tributária e sanção". *Sanções Administrativas Tributárias*. São Paulo e Fortaleza, Dialética, 2004.

DEL TESO, Ángeles de Palma. *El Principio de Culpabilidad en el Derecho Administrativo Sancionador*. Madri, Tecnos, 1996.

DIAS, Eduardo Rocha, e SIQUEIRA, Natércia Sampaio. "Sanções administrativas tributárias: uma tentativa de enquadramento constitucional". *Sanções Administrativas Tributárias*. São Paulo e Fortaleza, Dialética, 2004.

GARBERÍ LLOBREGAT, José. *La Aplicación de los Derechos y Garantías Constitucionales a la Potestad y al Procedimiento Administrativo Sancionador*. Madri, Trivium, 1989.

ICHIHARA, Yoshiaki. "Sanções tributárias – Questões sugeridas". *Sanções Administrativas Tributárias*. São Paulo e Fortaleza, Dialética, 2004.

LAPATZA, José Juan Ferreiro. *Curso de Derecho Financiero Español*. Madri, Marcial Pons, 2000.

MACHADO, Hugo de Brito. *Curso de Direito Tributário*. 25ª ed. São Paulo, Malheiros Editores, 2004.

MACHADO SEGUNDO, Hugo de Brito. "Sanções tributárias". *Sanções Administrativas Tributárias*. São Paulo e Fortaleza, Dialética, 2004.

NIETO, Alejandro. *Derecho Administrativo Sancionador*. 3ª ed. Madri, Tecnos, 2002.

PONTES, Helenilson Cunha. *O Princípio da Proporcionalidade e o Direito Tributário*. São Paulo, Dialética, 2000.

QUERALT, Juan Martín, SERRANO, Carmelo Lozano, OLLERO, Gabriel Casado, e LÓPEZ, José M. Tejerizo. *Curso de Derecho Tributario*. 14ª ed. Madri, Tecnos, 2003.

SEIXAS FILHO, Aurélio Pitanga. "Sanções administrativas tributárias". *Sanções Administrativas Tributárias*. São Paulo e Fortaleza, Dialética, 2004.

SOARES DE MELO, José Eduardo. *Curso de Direito Tributário*. São Paulo, Dialética, 1997.

——————. "Sanções tributárias". *Sanções Administrativas Tributárias*. São Paulo e Fortaleza, Dialética, 2004.

SUAY RINCÓN, José. *Sanciones Administrativas*. Zaragoza, Publicaciones del Real Colegio de España, 1989.

ZORNOZA PÉREZ, Juan J. *El Sistema de Infracciones y Sanciones Tributarias (Los Principios Constitucionales del Derecho Sancionador)*. Madri, Civitas, 1992.

PRINCÍPIO DA NÃO-DISCRIMINAÇÃO DO TRATAMENTO FISCAL NAS RELAÇÕES DE COMÉRCIO INTERNACIONAL E SEUS EFEITOS EM RELAÇÃO À CONTRIBUIÇÃO PARA O PIS/PASEP E À COFINS

CIRO CARDOSO BRASILEIRO BORGES
Mestre em Direito Tributário pela PUC/SP
–Advogado em São Paulo

1. Introdução. 2. Princípio da não-discriminação do tratamento fiscal nos tratados internacionais sobre as relações de comércio internacional: 2.1 Previsões no GATT, no Tratado de Montevidéu de 1980 e no Tratado de Assunção – 2.2 Princípio da nação mais favorecida e princípio do tratamento nacional: 2.2.1 Âmbitos de irradiação de efeitos – 2.2.2 Tratamento fiscal discriminatório. 3. Princípio da não-discriminação do tratamento fiscal nas relações de comércio internacional em face da contribuição para o PIS/PASEP e da COFINS: 3.1 Tratamento fiscal discriminatório e o princípio da nação mais favorecida – 3.2 Tratamento fiscal discriminatório e o princípio do tratamento nacional: 3.2.1 Sistemáticas de cumulatividade: 3.2.1.1 Períodos posteriores à Lei 9.715/1998 e à Lei 9.718/1998 e anteriores à Lei 10.637/2002 e à Lei 10.833/2003 – 3.2.1.2 Períodos posteriores à Lei 10.637/2002 e à Lei 10.833/2003 e anteriores à Lei 10.865/2004 – 3.2.1.3 Período posterior à Lei 10.865/2004 – 3.2.2 Sistemáticas de não-cumulatividade: 3.2.2.1 Períodos posteriores à Lei 10.637/2002 e à Lei 10.833/2003 e anteriores à Lei 10.865/2004 – 3.2.2.2 Período posterior à Lei 10.865/2004. 4. Conclusões.

1. Introdução

O presente estudo tem por objeto o princípio da não-discriminação do tratamento fiscal nas relações de comércio internacional e seus efeitos em relação à contribuição para o PIS/PASEP e à COFINS. Para tanto, impende seja explicitado em que termos o mesmo se encontra previsto nos tratados internacionais de que é parte signatária a República Federativa do Brasil.

Com o mesmo propósito, far-se-á referência a tipos de tratado internacional que prevêem o princípio da não-discriminação do tratamento fiscal, explicitando seu desdobramento nas vertentes do princípio da nação mais favorecida e do princípio do tratamento nacional e as especificidades dos respectivos âmbitos de irradiação de efeitos. Tais as premissas a serem desenvolvidas e indispensáveis à identificação do tratamento fiscal discriminatório nas relações de comércio internacional.

Feitos esses esclarecimentos, o princípio da nação mais favorecida e o princípio do tratamento nacional, sob o contexto das relações de comércio internacional, serão aplicados em relação às regras-matrizes de incidência da contribuição para o PIS/PASEP e da COFINS, bem como no que toca às particularidades de seus regimes jurídico-tributários, ao longo das respectivas evoluções legislativas.

Ao final, expostas as conclusões sobre o tema, serão apresentadas propostas para o afastamento dos tratamentos fiscais discriminatórios menos favoráveis às receitas auferidas em decorrência de operações mercantis com produtos estrangeiros importados compreendidas na hipótese de incidência da contribuição para o PIS/PASEP e da COFINS, sob o enfoque específico do princípio do tratamento nacional nas relações de comércio internacional.

2. Princípio da não-discriminação do tratamento fiscal nos tratados internacionais sobre as relações de comércio internacional

O princípio da não-discriminação do tratamento fiscal está previsto em diversos tipos de tratado internacional, ora se referindo à renda e ao capital, ora à prestação de serviços e ora às relações de comércio internacionais, como forma de se evitar a atribuição de tratamento fiscal discriminatório.

Daí ter-se como pressuposto, para fins deste estudo, que os tratados internacionais analisados tenham atendido a formalidades e procedimentos referentes às respectivas celebrações e recepções, em especial aquelas estabelecidas no art. 49, I, e no art. 84, VIII, considerando também o quanto disposto no art. 21, I, da CF.

De acordo com o princípio da não-discriminação do tratamento fiscal, é vedado o tratamento fiscal discriminatório entre as partes signatárias do tratado internacional, de modo a que não haja tratamentos fiscais menos favoráveis em relação à renda e ao capital, à prestação de serviços ou às relações de comércio internacionais.

Além dessa versatilidade relativa aos tipos de tratado internacional, deve-se ressaltar que o princípio da não-discriminação do tratamento fiscal, de maneira recorrente nos tratados internacionais, se *desdobra* em duas importantes vertentes, quais sejam: o *princípio da nação mais favorecida* e o *princípio do tratamento nacional*.

Explicitado, então, o desdobramento do princípio da não-discriminação do tratamento fiscal no princípio da nação mais favorecida e no princípio do tratamento nacional, cumpre verificar as respectivas previsões nos tratados internacionais sobre as *relações de comércio internacional*, por ser este o tipo de tratado internacional objeto do presente estudo.

2.1 Previsões no GATT, no Tratado de Montevidéu de 1980 e no Tratado de Assunção

O princípio da nação mais favorecida e o princípio do tratamento nacional, desdobramentos que são do princípio da não-discriminação do tratamento fiscal, estão dispostos no *General Agreement on Tariffs and Trade* – GATT, no Tratado de Montevidéu de 1980, que constituiu a Associação Latino-Americana de Integração – ALADI, e no Tratado de Assunção, que constituiu o Mercado Comum do Sul – MERCOSUL, dos quais é parte signatária a República Federativa do Brasil.

O GATT foi recepcionado no ordenamento jurídico pátrio pela Lei 313/1948, que autorizou o Poder Executivo a aplicá-lo na forma da redação constante da Ata Final da Segunda Reunião da Comissão Preparatória da Conferência das Nações Unidas sobre Comércio e Emprego, assinada pelos Estados Unidos do Brasil e outros países, em Genebra, em 30.10.1947, e prevê o princípio da nação mais favorecida e o princípio do tratamento nacional, respectivamente, em seus arts. I e III, *in verbis*:

"Art. I – **Tratamento Geral de Nação Mais Favorecida**

"1. Qualquer vantagem, favor, imunidade ou privilégio concedido por uma parte contratante em relação a um produto originário de ou destinado a qualquer outro país será imediata e incondicionalmente estendido ao produto similar, originário do território de cada uma das outras Partes Contratantes ou ao mesmo destinado. Este dispositivo se refere aos direitos aduaneiros e encargos de toda natureza que gravem a importação ou a exportação, ou a elas se relacionem, aos que recaiam sobre as transferências internacionais de fundos para pagamento de importações e exportações, digam respeito ao método de arrecadação desses direitos e encargos ou ao conjunto de regulamentos ou formalidades estabelecidos em conexão com a importação e exportação bem como aos assuntos incluídos nos §§ 1 e 2 do art. III.

"(...).

"Art. III – **Tratamento Nacional em Matéria de Impostos e de Regulamentação Internos**

"1. Os produtos de qualquer Parte Contratante importados no território de outra Parte Contratante serão isentos da parte dos tributos e outras imposições internas de qualquer natureza que excedam aos aplicados, direta ou indiretamente, a produtos similares de origem nacional. Além disto, nos casos em que não houver no território importador produção substancial de produto similar de origem nacional, nenhuma Parte Contratante aplicará tributos internos novos ou mais elevados sobre os produtos de outras Partes Contratantes com o fim de conceder proteção à produção de produtos, diretamente competidores ou substitutos, não taxados de maneira semelhante; os tributos internos dessa natureza, existentes, serão objeto de negociação para a sua redução ou eliminação."

A propósito, enfatiza André Lipp Pinto Basto Lupi:

"O princípio fundamental para o sistema multilateral do comércio é o da *não-discriminação*, visando a alcançar condições de concorrência o mais igualitárias possível.

"(...).

"O princípio assume várias formas no Acordo, sendo as duas mais relevantes a cláusula da nação mais favorecida (cláusula NMF) e o princípio do tratamento nacional. A primeira está prevista no art. I do GATT e o segundo no art. III."[1]

A ALADI, por sua vez, foi constituída por ocasião do Tratado de Montevidéu de 1980, firmado pela República Federativa do Brasil em 12.8.1980, recepcionado pelo Decreto Legislativo 66/1981, tendo sido depositado o respectivo instrumento de ratificação em Montevidéu, em 15.1.1982, e promulgado pelo Decreto 87.054/1982, que impõe a regência do princípio do tratamento nacional, de acordo com seu art. 46: "Art. 46. Em matéria de impostos, taxas e outros gravames internos, os produtos originários do território de um País-Membro gozarão no território dos demais Países-Membros de um tratamento não menos favorável que o tratamento que se aplique a produtos similares nacionais".

E o MERCOSUL teve sua constituição com o Tratado de Assunção, celebrado pela República Federativa do Brasil em 26.3.1991, recepcionado pelo Decreto Legislativo 197/1991, tendo sido depositada a respectiva carta de ratificação em Assunção, em 30.10.1991, e promulgado pelo Decreto 350/1991, que também estabelece observância ao princípio do tratamento nacional, nos termos do seu art. 7: "Art. 7. Em matéria de impostos, taxas e outros gravames internos, os produtos originários do território de um Estado-Parte gozarão, nos outros Estados-Partes, do mesmo tratamento que se aplique ao produto nacional".

1. André Lipp Pinto Basto Lupi, *Soberania, OMC e MERCOSUL*, São Paulo, Aduaneiras, 2001, p. 167.

Diante desses dispositivos, não há dúvida de que as relações de comércio internacional configuram hipótese em relação à qual o princípio da não-discriminação do tratamento fiscal deve ser observado por parte dos países signatários do tratado internacional, nas suas vertentes do princípio da nação mais favorecida e do princípio do tratamento nacional.

2.2 Princípio da nação mais favorecida e princípio do tratamento nacional

O princípio da não-discriminação do tratamento fiscal, conforme exposto, desdobra-se no princípio da nação mais favorecida, disposto no art. I do GATT, e no princípio do tratamento nacional, previsto no art. III do GATT, no art. 46 do Tratado de Montevidéu de 1980 e no art. 7 do Tratado de Assunção. Cumpre, a partir de então, expor suas características.

O *princípio da nação mais favorecida* impõe que as partes signatárias do tratado internacional devem conferir aos produtos estrangeiros, inclusive similares, de qualquer país signatário do tratado internacional um tratamento fiscal não menos favorável que o tratamento fiscal mais favorável atribuído aos produtos estrangeiros de qualquer outro país signatário ou não do tratado internacional.

Daí que se um país signatário do tratado internacional confere determinado tratamento fiscal mais favorável em relação aos produtos estrangeiros de qualquer que seja o país, signatário ou não do tratado internacional, esse tratamento fiscal mais favorável deve ser atribuído também em relação aos produtos estrangeiros, inclusive similares, dos países signatários do tratado internacional.

É, portanto, vedado aos países signatários do tratado internacional conferir tratamento fiscal discriminatório menos favorável aos produtos estrangeiros, inclusive similares, de país signatário do tratado internacional em relação aos produtos estrangeiros de qualquer outro país, signatário ou não do tratado internacional, cujo tratamento fiscal é mais favorável.

Acerca do princípio da nação mais favorecida, confira-se Hamilton Dias de Souza: "Tal cláusula decorre, inclusive, da cláusula do 'Tratamento Geral da Nação Mais Favorecida', que de tão importante constava já do art. I do GATT/1947 e permanece como corolário da não-discriminação, no sentido de garantir a extensão aos demais parceiros comerciais dos mesmos favores, privilégios ou benefícios que venham a ser concedidos a outros".[2]

A expressão "princípio da nação mais favorecida", portanto, deve-se à circunstância de que os produtos estrangeiros, inclusive similares, de países signatários do tratado internacional devem receber tratamento fiscal não menos favorável que o tratamento fiscal de que gozam os produtos estrangeiros de uma *nação mais favorecida* qualquer.

E o *princípio do tratamento nacional* determina que as partes signatárias do tratado internacional devem atribuir aos produtos estrangeiros, inclusive similares, de qualquer país signatário do tratado internacional um tratamento fiscal não menos favorável que o tratamento fiscal mais favorável conferido aos produtos nacionais.

Isto significa que se um país signatário do tratado internacional confere determinado tratamento fiscal mais favorável em relação aos produtos nacionais, esse tratamento fiscal mais favorável deve ser atribuído também em relação aos produtos estrangeiros, inclusive similares, dos países signatários do tratado internacional.

Resta, portanto, vedado aos países signatários do tratado internacional conferir tratamento fiscal discriminatório menos favorável aos produtos estrangeiros, inclusive similares, de país signatário do tratado internacional em relação aos produtos

2. Hamilton Dias de Souza, "Tratados internacionais – OMC e MERCOSUL", *Revista Dialética de Direito Tributário* 27/42, São Paulo, Dialética, 1997.

nacionais cujo tratamento fiscal é mais favorável.

A expressão "princípio do tratamento nacional", desta forma, deve-se à circunstância de que os produtos estrangeiros, inclusive similares, de países signatários do tratado internacional devem receber tratamento fiscal não menos favorável que o *tratamento fiscal nacional*, isto é, que o tratamento fiscal conferido aos produtos nacionais.

2.2.1 Âmbitos de irradiação de efeitos

É imprescindível, para o presente estudo, a exata delimitação das situações em relação às quais o princípio da nação mais favorecida e o princípio do tratamento nacional são aplicáveis no âmbito das relações de comércio internacional, ou seja, a delimitação dos respectivos *âmbitos de irradiação de efeitos*.

Estabelece-se, então, a premissa de que, quando os tratados internacionais sobre as relações de comércio internacional se referem à não-discriminação do tratamento em razão dos tributos incidentes sobre *produtos estrangeiros*, deve-se compreender que, percorrido o processo de construção de sentido – isto é, o processo interpretativo –, a vedação ao tratamento fiscal discriminatório atinge os fatos jurídico-tributários das *operações de importação de produtos estrangeiros*, das *operações mercantis com produtos estrangeiros importados* realizadas em território nacional e das *receitas auferidas em decorrência de operações mercantis com produtos estrangeiros importados*.

E não poderia ser diferente, uma vez que as normas jurídicas incidem sobre condutas humanas intersubjetivas, e não sobre objetos propriamente, tais como *produtos estrangeiros* e *produtos nacionais*.

Deste modo, nos termos dos arts. I e III do GATT, do art. 46 do Tratado de Montevidéu de 1980 e do art. 7 do Tratado de Assunção, pode-se afirmar que o *princípio da nação mais favorecida* é aplicável sobre as *operações de importação de produtos estrangeiros*, enquanto o *princípio do tratamento nacional* é aplicável sobre as *operações mercantis com produtos estrangeiros importados* realizadas em território nacional e as *receitas auferidas em decorrência de operações mercantis com produtos estrangeiros importados*.

Tratando do GATT, verifique-se a lição de Hely Lopes Meirelles:

"2. Esse Acordo apresenta duas partes bem diferençadas: a Parte I, sobre *direito de importação*; a Parte II, sobre *tributos de comércio interno* e outras normas mercantis. Na parte tarifária o GATT estabelece as *vantagens aduaneiras* propriamente ditas, consistentes no *tratamento de nação mais favorecida* (art. 1º) e na *limitação das imposições alfandegárias* a incidir sobre as mercadorias importadas das Nações Pactuantes, favores estes *só concedidos aos produtos especificados nas respectivas listas nacionais* (art. 2º).

"3. Na parte de comércio (Parte II), o GATT impõe, *para todas as mercadorias importadas das Nações Pactuantes*, a *igualdade de tratamento tributário com os produtos similares nacionais*, não podendo recair sobre aquelas quaisquer imposições internas não incidentes sobre estes (art. 3º).

"(...).

"4. Como se vê, o GATT, nas suas cláusulas normativas, estabeleceu vantagens de duas ordens para as Nações Pactuantes: a primeira, relativa à *importação*, restrita às mercadorias especificadas nas listas individuais de cada Nação; a segunda, concernente *ao comércio*, extensiva, indiscriminadamente, a todos os produtos importados dos países integrantes do Acordo. Bem diferençadas, portanto, ficaram as *vantagens de importação* das *vantagens de comércio*. Para a importação o GATT só assegura *favores aduaneiros* aos produtos constantes das listas individuais de cada Nação Pactuante; para o comércio é assegurado a toda e qualquer mercadoria importada de país signatário do Acordo *o mesmo tratamento fiscal* dado ao produto nacional similar.

"5. Deste modo, o GATT distingue e contempla diferentemente a *imposição alfandegária* da *imposição de comércio*, concedendo vantagens de dois tipos aos produtos das Nações Pactuantes."[3]

Como se percebe, o *princípio da nação mais favorecida* e o *princípio do tratamento nacional*, dispostos nos arts. I e III do GATT, por se tratar, respectivamente, de *vantagens de importação* e de *vantagens de comércio*, são aplicáveis o primeiro às *operações de importação de produtos estrangeiros*, e com relação ao segundo às *operações mercantis com produtos estrangeiros importados* realizadas em território nacional e às *receitas auferidas em decorrência de operações mercantis com produtos estrangeiros importados*.

Além disso, o jurista convoca a atenção para a circunstância de que o princípio da nação mais favorecida tem seu âmbito de irradiação de efeitos limitado aos produtos estrangeiros arrolados na Lista de Concessões a que se refere o art. II do GATT, enquanto o âmbito de irradiação de efeitos do princípio do tratamento nacional não encontra restrições a quaisquer produtos estrangeiros.

Retornando à questão de interesse, confira-se a conclusão de Hely Lopes Meirelles: "I – As vantagens asseguradas pelo GATT são de duas ordens: vantagens de importação e vantagens de comércio. As vantagens de importação consistem no tratamento de nação mais favorecida e na garantia de que os produtos constantes da Lista nacional (no caso do Brasil, Lista III) não pagarão direitos alfandegários superiores aos estabelecidos na mesma Lista. As vantagens de comércio consubstanciam-se na igualdade de tratamento tributário entre o produto importado de nação signatária do GATT e o produto nacional similar; no impedimento de monopólio; na liberdade de trânsito dos produtos; e na limitação das imposições internas *antidumping*".[4]

E, sintetizando os âmbitos específicos de irradiação de efeitos do princípio da nação mais favorecida e do princípio do tratamento nacional, verifique-se André Lipp Pinto Basto Lupi: "Ambos os princípios inscritos nas cláusulas citadas do GATT são portanto facetas do princípio da não-discriminação, sendo a cláusula NMF relativa à não-discriminação entre concorrentes externos ao mercado aduaneiro de um membro e o princípio do tratamento nacional relativo à não-discriminação entre o produto importado e o nacional, depois de aquele ter cruzado a aduana".[5]

Estabelecidas tais premissas, passa-se à análise propriamente do tratamento fiscal discriminatório, levando-se em consideração suas características, as cautelas para sua identificação e as modalidades em que pode se apresentar, tendo em vista a aplicação das vertentes do princípio da não-discriminação do tratamento fiscal nas relações de comércio internacional.

2.2.2 Tratamento fiscal discriminatório

O afastamento do *tratamento fiscal discriminatório*, de acordo com o princípio da nação mais favorecida e o princípio do tratamento nacional, tem como *pressuposto* a existência de tratamento fiscal mais favorável concedido por uma das partes signatárias do tratado internacional em detrimento de tratamento fiscal discriminatório menos favorável atribuído a outra parte signatária do tratado internacional.

Ressalte-se, porém, que a aplicação do princípio da não-discriminação do trata-

3. Hely Lopes Meirelles, "Estudo sobre o GATT (*General Agreement on Tariffs and Trade*)", *RDP* 1/64-65, São Paulo, Ed. RT, 1967.

4. Hely Lopes Meirelles, "Estudo sobre o GATT (*General Agreement on Tariffs and Trade*)", cit., *RDP* 1/69.

5. André Lipp Pinto Basto Lupi, *Soberania, OMC e MERCOSUL*, cit., pp. 169-170.

mento fiscal demanda cautela na identificação de tratamentos fiscais efetivamente discriminatórios, devendo ser afastadas quaisquer idéias relativas a *falsas discriminações do tratamento fiscal*, sobre o quê esclarece Edison Carlos Fernandes:

"Para identificarmos a existência da discriminação, contudo, devemos ter em conta a advertência feita pelo Mestre português Abel Laureano de que 'a discriminação tem por pressuposto o verificar-se no seio de um só sistema jurídico, no âmbito de um só *imperium*, em suma, dentro de um Estado-membro (*innerhalb eines Mitgliedstaates*). As disparidades de regime ora em apreço correspondem afinal à própria diferenciação dos sistemas jurídicos entre si, decorrem em suma do mero facto da coexistência de entidades políticas dotadas de soberania'.

"Dessa forma, o autor português define o que seja a *falsa discriminação*, colocando-a em contraponto com a *discriminação*. Ou seja: quando o produto de um Estado encontra no outro maiores gravames e encargos tributários, sendo que os produtos nacionais deste outro Estado sofrem os mesmos gravames e encargos, estamos diante da falsa discriminação. A diferença de tratamento, sendo no segundo mais onerosa, decorre simplesmente do fato de estarmos tratando com dois ordenamentos jurídicos distintos, um com mais carga tributária, o outro com menos. A verdadeira discriminação ocorrerá quando, dentro de um mesmo sistema jurídico, os produtos nacionais forem privilegiados, em termos tributários, em relação aos produtos dos países parceiros. É essa situação que o princípio da não-discriminação pretende evitar."[6]

Percebe-se que tanto o *princípio da nação mais favorecida* quanto o *princípio do tratamento nacional*, ao determinarem a equiparação do tratamento fiscal discriminatório menos favorável em relação ao tratamento fiscal mais favorável, levam em conta que esses tratamentos fiscais menos e mais favoráveis tenham sido conferidos no âmbito de um mesmo ordenamento jurídico, somente com o quê se torna possível a configuração da discriminação do tratamento fiscal.

Sendo imprescindível, portanto, a existência de tratamentos fiscais um menos e outro mais favoráveis em um mesmo sistema jurídico, pode-se concluir que a mera incidência tributária sobre *operações de importação de produtos estrangeiros*, por si só, não viola o princípio da não-discriminação do tratamento fiscal.

Ademais, saliente-se que o tratamento fiscal discriminatório menos favorável conferido às *operações de importação de produtos estrangeiros* de um país signatário do tratado internacional, submetidas ao *princípio da nação mais favorecida*, não pode ser afastado com a atribuição de tratamento fiscal mais favorável em relação às *operações mercantis com produtos estrangeiros importados* ou às *receitas auferidas em decorrência de operações mercantis com produtos estrangeiros importados* desse mesmo país, que, por sua vez, estão submetidas ao *princípio do tratamento nacional*. A recíproca é verdadeira.

O *procedimento* para se verificar a ocorrência de tratamento fiscal discriminatório menos favorável aos produtos estrangeiros de países signatários do tratado internacional em relação ao tratamento fiscal mais favorável conferido aos produtos nacionais, considerando-se também os respectivos similares, já foi objeto de manifestação por parte de Heleno Taveira Torres:

"Metodologicamente, o procedimento não poderia ser mais simples, bastando identificar-se qual o tipo de tratamento atribuído pela legislação tributária ao produto nacional, após atestar sua similaridade com o produto estrangeiro que se pretenda importar, e, assim:

"I – sendo aquele tributado, que as condições, alíquotas e bases de cálculo adotadas sejam idênticas para este;

6. Edison Carlos Fernandes, *Sistema Tributário do MERCOSUL: o Processo de Harmonização das Legislações Tributárias*, 3ª ed., São Paulo, Ed. RT, 2001, p. 228.

"II – sendo o produto nacional contemplado com qualquer regime de isenção, total ou parcial (redução de alíquota ou de base de cálculo, alíquota zero etc.), que este mesmo tratamento seja dispensado ao produto estrangeiro similar."[7]

Esse procedimento é o mesmo, *mutatis mutandis*, no caso do princípio da nação mais favorecida, para se verificar a ocorrência de tratamento fiscal discriminatório menos favorável aos produtos estrangeiros, inclusive similares, de países signatários do tratado internacional em relação ao tratamento fiscal mais favorável conferido aos produtos estrangeiros de outro país signatário ou não do tratado internacional.

Destaque-se, então, que o tratamento fiscal mais favorável pode decorrer de diversas hipóteses, tais como não-incidência, isenção, alíquota zero, redução de base de cálculo, diferenciação de alíquotas, direito a desconto de crédito, não-submissão à cumulatividade de incidências tributárias ou submissão em patamar menos elevado e mais vantajoso, bem como quaisquer benefícios fiscais; enfim, pode decorrer de diversas variáveis integrantes de um regime jurídico-tributário.

O tratamento fiscal fundado em quaisquer dessas hipóteses é mais favorável porque não implica ônus tributário ou implica ônus tributário em patamar menos elevado e mais vantajoso em favor das operações de importação de produtos estrangeiros de determinado país signatário ou não do tratado internacional e das receitas auferidas em decorrência de operações mercantis com produtos nacionais, em detrimento de ônus tributário em patamar mais elevado e menos vantajoso contra as operações de importação de produtos estrangeiros de países signatários do tratado internacional e das receitas auferidas em decorrência de operações mercantis com produtos estrangeiros importados de países signatários do tratado internacional.

A equiparação do tratamento fiscal com base no princípio da nação mais favorecida ou no princípio do tratamento nacional, deste modo, não subsiste sem que haja tratamento fiscal mais favorável decorrente de não-incidência, isenção, alíquota zero, redução de base de cálculo, diferenciação de alíquotas, direito a desconto de crédito, não-submissão à cumulatividade de incidências tributárias ou submissão em patamar menos elevado e mais vantajoso, bem como quaisquer benefícios fiscais, dentre diversas variáveis integrantes de um regime jurídico-tributário.

Por fim, consoante já se pôde depreender, o princípio da nação mais favorecida e o princípio do tratamento nacional, no contexto das relações de comércio internacional, levam em conta não apenas o critério da *identidade* entre os produtos nacionais e estrangeiros, para fins da caracterização do tratamento fiscal discriminatório e da imposição de seu respectivo afastamento, mas também o critério da *similaridade*, que deve ser considerado na abordagem deste estudo.

Estabelecidas as premissas até então desenvolvidas, cumpre, a partir de então, analisar e confrontar os tratamentos fiscais previstos na legislação de regência, ao longo de sua evolução, em face das diversas alterações e inovações ocorridas, relacionados às regras-matrizes de incidência e respectivos regimes jurídico-tributários da contribuição para o PIS/PASEP e da COFINS.

3. Princípio da não-discriminação do tratamento fiscal nas relações de comércio internacional em face da contribuição para o PIS/PASEP e da COFINS

De acordo com o exposto, o princípio da não-discriminação do tratamento fiscal

7. Heleno Taveira Torres, "Capital estrangeiro e princípio da não-discriminação tributária no Direito interno e nas convenções internacionais", *Revista Dialética de Direito Tributário* 87/52, São Paulo, Dialética, 2002.

nas relações de comércio internacional desdobra-se no *princípio da nação mais favorecida* e no *princípio do tratamento nacional*, cujos respectivos âmbitos de irradiação de efeitos envolvem as *operações de importação de produtos estrangeiros*, no que toca ao primeiro, e, com relação ao segundo, as *operações mercantis com produtos estrangeiros importados* realizadas em território nacional e as *receitas auferidas em decorrência de operações mercantis com produtos estrangeiros importados*.

Saliente-se que tanto a contribuição para o PIS/PASEP quanto a COFINS, nos termos da lei, dentre suas diversas regras-matrizes de incidência, recaem sobre as *operações de importação de produtos estrangeiros* e as *receitas auferidas em decorrência de operações mercantis com produtos estrangeiros importados*, não recaindo, porém, sobre as *operações mercantis com produtos estrangeiros importados*, o que, nada obstante, dá ensejo à afirmação de que tais figuras jurídico-tributárias se projetam sobre as relações de comércio internacional.

O princípio da nação mais favorecida e o princípio do tratamento nacional, portanto, irradiam efeitos em relação a seis regras-matrizes de incidência tributária e respectivos regimes jurídico-tributários, justificadas as particularidades de cada uma delas em razão das diferentes bases de cálculo e alíquotas, quais sejam: a contribuição para o PIS/PASEP-importação, a COFINS-importação, a contribuição para o PIS/PASEP-receitas-cumulatividade, a COFINS-receitas-cumulatividade, a contribuição para o PIS/PASEP-receitas-não-cumulatividade e a COFINS-receitas-não-cumulatividade.

A contribuição para o PIS/PASEP-importação e a COFINS-importação foram instituídas pela Lei 10.865/2004, resultado de processo legislativo referente a projeto de lei de conversão da Medida Provisória 164/2004, cuja previsão estabelece como um dos critérios materiais de suas hipóteses de incidência o fato jurídico-tributário da *operação de importação de produtos do exterior*.

A contribuição para o PIS/PASEP-receitas-cumulatividade e a COFINS-receitas-cumulatividade foram instituídas pela Lei 9.715/1998, apenas em relação à primeira, e pela Lei 9.718/1998, no que toca a ambas, tendo como critério material de suas hipóteses de incidência o fato jurídico-tributário da *totalidade de receitas auferidas pela pessoa jurídica*, estando suas regras-matrizes associadas a sistemáticas de cumulatividade.

E a contribuição para o PIS/PASEP-receitas-não-cumulatividade e a COFINS-receitas-não-cumulatividade foram instituídas, respectivamente, pela Lei 10.637/2002 e pela Lei 10.833/2003, tendo como critério material de suas hipóteses de incidência o fato jurídico-tributário da *totalidade de receitas auferidas pela pessoa jurídica*, estando suas regras-matrizes associadas a sistemáticas de não-cumulatividade.

Estabelece-se, então, a premissa de que o *princípio da nação mais favorecida* exige sua observância por parte da contribuição para o PIS/PASEP-importação e da COFINS-importação, considerando todas as variáveis integrantes dos respectivos regimes jurídico-tributários, por suas regras-matrizes de incidência se projetarem sobre as *operações de importação de produtos estrangeiros*.

Do mesmo modo, o *princípio do tratamento nacional* impõe sua observância por parte da contribuição para o PIS/PASEP-receitas-cumulatividade, da COFINS-receitas-cumulatividade, da contribuição para o PIS/PASEP-receitas-não-cumulatividade e da COFINS-receitas-não-cumulatividade, considerando todas as variáveis integrantes dos respectivos regimes jurídico-tributários, tendo em vista suas regras-matrizes de incidência se projetarem sobre as *receitas auferidas em decorrência de operações mercantis com produtos estrangeiros importados*.

3.1 Tratamento fiscal discriminatório e o princípio da nação mais favorecida

O *princípio da nação mais favorecida* irradia efeitos em relação à contribuição para o PIS/PASEP-importação e à COFINS-importação, afastando a discriminação do tratamento fiscal, quando estes, ao incidirem sobre *operações de importação de produtos estrangeiros*, forem mais favoráveis em relação às operações de importação de produtos estrangeiros de um país signatário ou não do tratado internacional e, por conseguinte, menos favoráveis em relação às operações de importação de produtos estrangeiros de países signatários do tratado internacional.

Neste caso, visualiza-se tratamento fiscal discriminatório menos favorável às operações de importação de produtos estrangeiros de países signatários do tratado internacional em relação ao tratamento fiscal mais favorável conferido às operações de importação de produtos estrangeiros de um outro país qualquer.

A discriminação do tratamento fiscal reflete-se na ausência de ônus tributário ou na presença de ônus tributário em patamar mais elevado e menos vantajoso projetado sobre as operações de importação de produtos estrangeiros de países signatários do tratado internacional, beneficiando as operações de importação de produtos estrangeiros de país signatário ou não do tratado internacional em relação às quais a incidência jurídica implica ônus tributário em patamar menos elevado e mais vantajoso.

Daí que, aplicando-se o princípio da nação mais favorecida, deve ser conferido às operações de importação de produtos estrangeiros de países signatários do tratado internacional um tratamento fiscal não menos favorável que o tratamento fiscal atribuído em relação às operações de importação de produtos estrangeiros de outro país signatário ou não do tratado internacional.

As *vantagens de importação* de que gozam as operações de importação de produtos estrangeiros beneficiadas com o tratamento fiscal mais favorável ensejam, portanto, a equiparação do tratamento fiscal em relação às operações de importação de produtos estrangeiros de países signatários do tratado internacional, que devem deixar de se submeter ao tratamento fiscal discriminatório menos favorável.

3.2 Tratamento fiscal discriminatório e o princípio do tratamento nacional

O *princípio do tratamento nacional* irradia efeitos em relação à contribuição para o PIS/PASEP-receitas-cumulatividade, à COFINS-receitas-cumulatividade, à contribuição para o PIS/PASEP-receitas-não-cumulatividade e à COFINS-receitas-não-cumulatividade incidentes sobre a *totalidade de receitas auferidas pela pessoa jurídica*, afastando a discriminação do tratamento fiscal quando estas forem mais favoráveis em relação às *receitas auferidas em decorrência de operações mercantis com produtos nacionais* e, por conseguinte, menos favoráveis em relação às *receitas auferidas em decorrência de operações mercantis com produtos estrangeiros importados* de países signatários do tratado internacional.

Neste caso, visualiza-se tratamento fiscal discriminatório menos favorável às operações mercantis com produtos estrangeiros importados de países signatários do tratado internacional em relação ao tratamento fiscal mais favorável conferido às operações mercantis com produtos nacionais, sob a estrita perspectiva das respectivas receitas auferidas pelas pessoas jurídicas.

A discriminação do tratamento fiscal reflete-se na ausência de ônus tributário ou na presença de ônus tributário em patamar mais elevado e menos vantajoso projetado sobre as receitas auferidas em decorrência de operações mercantis com produtos estrangeiros importados de países signatários do tratado internacional, beneficiando as receitas auferidas em decorrência de operações mercantis com produtos nacionais em relação às quais a incidência jurídica implica ônus tributário em patamar menos elevado e mais vantajoso.

Daí que, aplicando-se o princípio do tratamento nacional, deve ser conferido às receitas auferidas em decorrência de operações mercantis com produtos estrangeiros importados de países signatários do tratado internacional um tratamento fiscal não menos favorável que o tratamento fiscal atribuído em relação às receitas auferidas em decorrência de operações mercantis com produtos nacionais.

As *vantagens de comércio* de que gozam as receitas auferidas em decorrência de operações mercantis com produtos nacionais beneficiadas com o tratamento fiscal mais favorável ensejam, portanto, a equiparação do tratamento fiscal em relação às receitas auferidas em decorrência de operações mercantis com produtos estrangeiros importados de países signatários do tratado internacional, que devem deixar de se submeter ao tratamento fiscal discriminatório menos favorável.

Acerca da aplicabilidade do princípio do tratamento nacional, nos termos do art. III do GATT e do art. 7 do Tratado de Assunção, em relação aos regimes jurídico-tributários da contribuição para o PIS/PASEP-receitas-não-cumulatividade e da COFINS-receitas-não-cumulatividade, confira-se posicionamento de Aroldo Gomes de Mattos: "Daí resultam as seguintes premissas: a) diante dessas normas internacionais, que possuem nível constitucional, os bens e serviços importados devem se submeter a idêntico ou não menos favorável regime tributário conferido aos nacionais; b) nesse regime incluem-se as contribuições PIS/COFINS, que não passam de impostos disfarçados (captação de riqueza) incidentes sobre o faturamento, aplicados, na prática, não só nos fundos sociais a que se destinam, como, também e principalmente, na cobertura de déficits orçamentários".[8]

A partir de então, cumpre observar os tratamentos fiscais integrantes dos regimes jurídico-tributários da Contribuição para o PIS/PASEP-receitas-cumulatividade, da COFINS-receitas-cumulatividade, da Contribuição para o PIS/PASEP-receitas-não-cumulatividade e da COFINS-receitas-não-cumulatividade no âmbito das relações de comércio internacional. Isto, ressalte-se, considerando *efetivas incidências tributárias* sobre as receitas auferidas em decorrência de operações mercantis tanto com produtos nacionais quanto com produtos estrangeiros importados, por ocasião da segunda possível incidência tributária, conforme demonstrado logo adiante.

3.2.1 Sistemáticas de cumulatividade

Nas *sistemáticas de cumulatividade* das figuras jurídico-tributárias em questão, a verificação sobre a existência de tratamento fiscal mais favorável projetado sobre as receitas auferidas em decorrência de operações mercantis com produtos nacionais em relação ao tratamento fiscal discriminatório menos favorável projetado sobre as receitas auferidas em decorrência de operações mercantis com produtos estrangeiros importados, que configura discriminação do tratamento fiscal, sofre variação de acordo com o período objeto de análise.

A exata identificação, no caso da Contribuição para o PIS/PASEP-receitas-cumulatividade e da COFINS-receitas-cumulatividade, dos regimes jurídico-tributários conferidos às receitas auferidas em decorrência de operações mercantis com produtos nacionais e às receitas auferidas em decorrência de operações mercantis com produtos estrangeiros importados deve levar em conta três períodos para cada uma dessas figuras jurídico-tributárias, em face da legislação de regência há pouco mais que sete anos.

8. Aroldo Gomes de Mattos, "PIS/COFINS: a não-cumulatividade e os tratados internacionais", *Revista Dialética de Direito Tributário* 104/12-13, São Paulo, Dialética, 2004.

3.2.1.1 *Períodos posteriores à Lei 9.715/1998 e à Lei 9.718/1998 e anteriores à Lei 10.637/2002 e à Lei 10.833/2003* – Em relação aos períodos em questão, estavam em vigor e produziam efeitos, respectivamente, a Contribuição para o PIS/PASEP-receitas-cumulatividade e a COFINS-receitas-cumulatividade, incidentes sobre a totalidade das receitas auferidas pelas pessoas jurídicas, nelas incluídas as *receitas auferidas em decorrência de operações mercantis com produtos nacionais e com produtos estrangeiros importados*, cujas alíquotas, em regra, correspondiam, respectivamente, a 0,65% e a 3%, mantendo-se nestes percentuais até então, de acordo com a Lei 9.715/1998 e a Lei 9.718/1998.

Saliente-se que naqueles períodos não havia os direitos a desconto de créditos quando da apuração dos montantes a serem recolhidos perante os cofres públicos, tampouco haviam sido instituídas a Contribuição para o PIS/PASEP-importação e a COFINS-importação, de modo que as operações de importação de produtos estrangeiros ainda não se submetiam a tais incidências tributárias.

Diante desse panorama, os regimes jurídico-tributários conferidos às *receitas auferidas em decorrência de operações mercantis com produtos nacionais* e às *receitas auferidas em decorrência de operações mercantis com produtos estrangeiros importados*, por ocasião da segunda possível incidência tributária, objeto de irradiação de efeitos do *princípio do tratamento nacional*, sem desconsiderar os efeitos produzidos quando da primeira possível incidência tributária, podem ser sintetizados comparativamente na seguinte tabela:

	Contribuição para o PIS/PASEP		**COFINS**	
	1ª possível incidência/ geração de crédito	*2ª possível incidência/ desconto de crédito*	*1ª possível incidência/ geração de crédito*	*2ª possível incidência/ desconto de crédito*
operações mercantis c/ produtos nacionais	incidência-receitas	incidência-receitas	incidência-receitas	incidência-receitas
	não-incidência, isenção, alíquota zero ou 0,65%	0,65%	não-incidência, isenção, alíquota zero ou 3%	3%
	crédito-venda-interna	crédito-aquisição-interna	crédito-venda-interna	crédito-aquisição-interna
	–	–	–	–
operações mercantis c/ produtos estrangeiros	incidência-importação	incidência-receitas	incidência-importação	incidência-receitas
	–	0,65%	–	3%
	crédito-importação	crédito-aquisição-exterior	crédito-importação	crédito-aquisição-exterior
	–	–	–	–

Por ocasião da primeira possível incidência tributária verifica-se que as receitas auferidas em decorrência de operações mercantis com produtos nacionais poderiam se submeter à hipótese de não-incidência, de isenção, de alíquota zero ou de incidência mediante as alíquotas de 0,65% e de 3%, respectivamente, da contribuição para o PIS/PASEP-receitas-cumulatividade e da COFINS-receitas-cumulatividade, enquanto as operações de importação de produtos estrangeiros não se submetiam às incidências tributárias, por não terem ainda sido instituídas a contribuição para o PIS/PASEP-importação e a COFINS-importação.

Tratando-se da segunda possível incidência tributária, constata-se que tanto as receitas auferidas em decorrência de operações mercantis com produtos nacionais quanto as receitas auferidas em decorrência de operações mercantis com produtos estrangeiros importados se submetiam às incidências mediante as alíquotas de 0,65% e de 3%, respectivamente, da contribuição para o PIS/PASEP-receitas-cumulatividade e da COFINS-receitas-cumulatividade.

Não houve, portanto, discriminação do tratamento fiscal em relação às receitas auferidas em decorrência de operações mercantis com produtos estrangeiros importados, tendo sido observado o princípio do tratamento nacional.

Tais regimes jurídico-tributários, ao contrário, davam ensejo a tratamento fiscal discriminatório menos favorável em relação às receitas auferidas em decorrência de operações mercantis com produtos nacionais, que poderiam ser objeto do fenômeno da cumulatividade de incidências tributárias mediante as alíquotas de 0,65% e de 3%, respectivamente, da contribuição para o PIS/PASEP-receitas-cumulatividade e da COFINS-receitas-cumulatividade, por ocasião das possíveis primeira e segunda incidências tributárias, implicando ônus tributário em patamar mais elevado e menos vantajoso.

Neste caso, o tratamento fiscal era mais favorável às receitas auferidas em decorrência de operações mercantis com produtos estrangeiros importados, que não detinham a aptidão de ser objeto do fenômeno da cumulatividade de incidências tributárias, uma vez que, por essa ocasião de incidência tributária, estariam ainda se submetendo à primeira efetiva incidência das figuras jurídico-tributárias em questão, o que implica ônus tributário em patamar menos elevado e mais vantajoso.

Frise-se que a aptidão para que uma incidência tributária seja qualificada de cumulativa demanda, pelo menos, duas incidências tributárias, sendo uma posterior, apta a ser predicada de cumulativa, e outra anterior, a qual, considerada isoladamente, jamais poderia receber o predicado da cumulatividade; dependendo também de o ciclo de incidências tributárias em questão ser monofásico ou plurifásico – tema sobre o qual esse autor já teve a oportunidade de manifestar entendimento.[9]

3.2.1.2 *Períodos posteriores à Lei 10.637/2002 e à Lei 10.833/2003 e anteriores à Lei 10.865/2004* – Nos períodos objeto da presente epígrafe, sem prejuízo da existência da contribuição para o PIS/PASEP-receitas-cumulatividade e da COFINS-receitas-cumulatividade, entraram em vigor e passaram a produzir efeitos a contribuição para o PIS/PASEP-receitas-não-cumulatividade e a COFINS-receitas-não-cumulatividade, incidentes sobre a totalidade das receitas auferidas pelas pessoas jurídicas, nelas incluídas as *receitas auferidas em decorrência de operações mercantis com produtos nacionais e com produtos estrangeiros importados*, cujas alíquotas, em regra, correspondiam, respectivamente, a 1,65% e a 7,6%, mantendo-se nestes percentuais até então, de acordo com a Lei 10.637/2002 e a Lei 10.833/2003.

Isto significava mais uma variável na análise dos regimes jurídico-tributários conferidos às receitas auferidas em decorrência de operações mercantis com produtos nacionais comparativamente em relação aos regimes jurídico-tributários atribuídos às receitas auferidas em decorrência de operações mercantis com produtos estrangeiros importados.

É que, por ocasião da primeira possível incidência tributária, as receitas auferidas em decorrência de operações mercantis com produtos nacionais poderiam também se submeter às alíquotas de 1,65% e de 7,6%, respectivamente, da contribuição para o PIS/PASEP-receitas-não-cumula-

9. Ciro Cardoso Brasileiro Borges, "Aspectos da não-cumulatividade da contribuição para o PIS/PASEP e da COFINS", tese apresentada e aprovada no XVIII Congresso Brasileiro de Direito Tributário, promovido pelo Instituto Geraldo Ataliba/Instituto Internacional de Direito Público e Empresarial, realizado nos dias 27, 28 e 29.10.2004, em São Paulo/SP, *RDTributário* 92/247-264, São Paulo, Malheiros Editores, 2005.

tividade e da COFINS-receitas-não-cumulatividade, enquanto as operações de importação de produtos estrangeiros permaneceram a não se submeter às incidências tributárias, por não terem ainda sido instituídas a contribuição para o PIS/PASEP-importação e a COFINS-importação.

Saliente-se que naqueles períodos passaram a haver direitos a desconto de créditos quando da apuração dos montantes a serem recolhidos perante os cofres públicos, porém essas sistemáticas de não-cumulatividade, analisadas adiante, não se aplicavam à contribuição para o PIS/PASEP-receitas-cumulatividade e à COFINS-receitas-cumulatividade.

Em face desse contexto, os regimes jurídico-tributários conferidos às *receitas auferidas em decorrência de operações mercantis com produtos nacionais* e às *receitas auferidas em decorrência de operações mercantis com produtos estrangeiros importados*, por ocasião da segunda possível incidência tributária, objeto de irradiação de efeitos do *princípio do tratamento nacional*, sem desconsiderar os efeitos produzidos quando da primeira possível incidência tributária, podem ser sintetizados comparativamente na seguinte tabela:

	Contribuição para o PIS/PASEP		**COFINS**	
	1ª possível incidência/ geração de crédito	*2ª possível incidência/ desconto de crédito*	*1ª possível incidência/ geração de crédito*	*2ª possível incidência/ desconto de crédito*
operações mercantis c/ produtos nacionais	incidência-receitas	incidência-receitas	incidência-receitas	incidência-receitas
	não-incidência, isenção, alíquota zero, 0,65% ou 1,65%	0,65%	não-incidência, isenção, alíquota zero, 3% ou 7,6%	3%
	crédito-venda-interna	crédito-aquisição-interna	crédito-venda-interna	crédito-aquisição-interna
	–	–	–	–
operações mercantis c/ produtos estrangeiros	incidência-importação	incidência-receitas	incidência-importação	incidência-receitas
	–	0,65%	–	3%
	crédito-importação	crédito-aquisição-exterior	crédito-importação	crédito-aquisição-exterior
	–	–	–	–

Por ocasião da primeira possível incidência tributária, verifica-se que as receitas auferidas em decorrência de operações mercantis com produtos nacionais poderiam se submeter à hipótese de não-incidência, de isenção, de alíquota zero ou de incidência mediante as alíquotas de 0,65% e de 3% ou de 1,65% e de 7,6%, respectivamente, da contribuição para o PIS/PASEP-receitas-cumulatividade e da COFINS-receitas-cumulatividade ou da contribuição para o PIS/PASEP-receitas-não-cumulatividade e da COFINS-receitas-não-cumulatividade, enquanto as operações de importação de produtos estrangeiros não se submetiam às incidências tributárias, por não terem ainda sido instituídas a contribuição para o PIS/PASEP-importação e a COFINS-importação.

Tratando-se da segunda possível incidência tributária, constata-se que tanto as receitas auferidas em decorrência de operações mercantis com produtos nacionais quanto as receitas auferidas em decorrência de operações mercantis com produtos estrangeiros importados se submetiam às incidências mediante as alíquotas de 0,65% e de 3%, respectivamente, da contribuição para o PIS/PASEP-receitas-cumulatividade e da COFINS-receitas-cumulatividade.

Não houve, portanto, discriminação do tratamento fiscal em relação às receitas auferidas em decorrência de operações mercantis com produtos estrangeiros importados, tendo sido observado o princípio do tratamento nacional.

Tais regimes jurídico-tributários, ao contrário, davam ensejo a tratamento fiscal discriminatório menos favorável em relação às receitas auferidas em decorrência de operações mercantis com produtos nacionais, que poderiam ser objeto do fenômeno da cumulatividade de incidências tributárias mediante as alíquotas de 0,65% e de 3% ou de 1,65% e de 7,6%, respectivamente, da contribuição para o PIS/PASEP-receitas-cumulatividade e da COFINS-receitas-cumulatividade ou da contribuição para o PIS/PASEP-receitas-não-cumulatividade e da COFINS-receitas-não-cumulatividade, por ocasião das possíveis primeira e segunda incidências tributárias, implicando ônus tributário em patamar mais elevado e menos vantajoso.

Neste caso, o tratamento fiscal era mais favorável às receitas auferidas em decorrência de operações mercantis com produtos estrangeiros importados, que não detinham a aptidão de ser objeto do fenômeno da cumulatividade de incidências tributárias, conforme já exposto, uma vez que, por essa ocasião de incidência tributária, estariam ainda se submetendo à primeira efetiva incidência das figuras jurídico-tributárias em questão, o que implica ônus tributário em patamar menos elevado e mais vantajoso.

3.2.1.3 *Período posterior à Lei 10.865/2004* – No que toca ao período em referência, correspondente ao que atualmente se encontra em vigor e produzindo efeitos, quando coexistiam a contribuição para o PIS/PASEP-receitas-cumulatividade, a COFINS-receitas-cumulatividade, a contribuição para o PIS/PASEP-receitas-não-cumulatividade e a COFINS-receitas-não-cumulatividade, foram instituídas a contribuição para o PIS/PASEP-importação e a COFINS-importação, incidentes sobre *operações de importação de produtos estrangeiros*, dentre suas hipóteses de incidência, cujas alíquotas, em regra, correspondem, respectivamente, a 1,65% e a 7,6%, de acordo com a Lei 10.865/2004.

Isto também significa mais uma variável na análise dos regimes jurídico-tributários conferidos às receitas auferidas em decorrência de operações mercantis com produtos nacionais comparativamente em relação aos regimes jurídico-tributários atribuídos às receitas auferidas em decorrência de operações mercantis com produtos estrangeiros importados.

É que, por ocasião da primeira possível incidência tributária, as operações de importação de produtos estrangeiros passaram a se submeter às incidências mediante as alíquotas, em regra, de 1,65% e de 7,6%, respectivamente, da contribuição para o PIS/PASEP-importação e da COFINS-importação, deixando de não se submeter às incidências tributárias, como sucedia nos períodos anteriores.

Saliente-se que, no período em análise, passaram a haver direitos a desconto de créditos em relação às referidas operações de importação de produtos estrangeiros, conforme estabelecido no art. 15, I, da Lei 10.865/2004, transcrito abaixo, porém apenas quando da apuração dos montantes a serem recolhidos perante os cofres públicos a título de contribuição para o PIS/PASEP-receitas-não-cumulatividade e de COFINS-receitas-não-cumulatividade: "Art. 15. As pessoas jurídicas sujeitas à apuração da contribuição para o PIS/PASEP e da COFINS, nos termos dos arts. 2º e 3º das Leis ns. 10.637, de 30 de dezembro de 2002, e 10.833, de 29 de dezembro de 2003, poderão descontar crédito, para fins de determinação dessas contribuições, em relação às importações sujeitas ao pagamento das contribuições de que trata o art. 1º desta Lei, nas seguintes hipóteses: I – bens adquiridos para revenda".

Diante dessas sucessivas alterações e inovações legislativas, os regimes jurídico-tributários conferidos às *receitas auferidas em decorrência de operações mercantis com produtos nacionais* e às *receitas auferidas em decorrência de operações mercantis com produtos estrangeiros importados*, por ocasião da segunda possível incidência tributária, objeto de irradiação de efeitos do *princípio do tratamento nacional*, sem desconsiderar os efeitos produzidos quando da primeira possível incidência tributária, podem ser sintetizados comparativamente na seguinte tabela:

	Contribuição para o PIS/PASEP		**COFINS**	
	1ª possível incidência/ geração de crédito	*2ª possível incidência/ desconto de crédito*	*1ª possível incidência/ geração de crédito*	*2ª possível incidência/ desconto de crédito*
operações mercantis c/ produtos nacionais	incidência-receitas	incidência-receitas	incidência-receitas	incidência-receitas
	não-incidência, isenção, alíquota zero, 0,65% ou 1,65%	0,65%	não-incidência, isenção, alíquota zero, 3% ou 7,6%	3%
	crédito-venda-interna	crédito-aquisição-interna	crédito-venda-interna	crédito-aquisição-interna
	–	–	–	–
operações mercantis c/ produtos estrangeiros	incidência-importação	incidência-receitas	incidência-importação	incidência-receitas
	1,65%	0,65%	7,6%	3%
	crédito-importação	crédito-aquisição-exterior	crédito-importação	crédito-aquisição-exterior
	–	–	–	–

Por ocasião da primeira possível incidência tributária verifica-se que as receitas auferidas em decorrência de operações mercantis com produtos nacionais podem se submeter à hipótese de não-incidência, de isenção, de alíquota zero ou de incidência mediante as alíquotas de 0,65% e de 3% ou de 1,65% e de 7,6%, respectivamente, da contribuição para o PIS/PASEP-receitas-cumulatividade e da COFINS-receitas-cumulatividade ou da contribuição para o PIS/PASEP-receitas-não-cumulatividade e da COFINS-receitas-não-cumulatividade, enquanto as operações de importação de produtos estrangeiros passaram a se submeter às incidências da contribuição para o PIS/PASEP-importação e da COFINS-importação, respectivamente, mediante as alíquotas de 1,65% e de 7,6%.

Tratando-se da segunda possível incidência tributária, constata-se que tanto as receitas auferidas em decorrência de operações mercantis com produtos nacionais quanto as receitas auferidas em decorrência de operações mercantis com produtos estrangeiros importados se submetem às incidências mediante as alíquotas de 0,65% e de 3%, respectivamente, da contribuição para o PIS/PASEP-receitas-cumulatividade e da COFINS-receitas-cumulatividade.

Em apenas uma dessas hipóteses, portanto, não há discriminação do tratamento fiscal em relação às receitas auferidas em decorrência de operações mercantis com produtos estrangeiros importados – qual seja, aquela em que as receitas auferidas em decorrência de operações mercantis com produtos nacionais, por ocasião da primeira possível incidência tributária, se submetem às incidências da contribuição para o PIS/PASEP-receitas-não-cumulatividade e da COFINS-receitas-não-cumulatividade, cujas alíquotas correspondem, respectivamente, a 1,65% e a 7,6%.

Por conseguinte, não está sendo observado o princípio do tratamento nacional em todas as demais hipóteses, quais sejam, aquelas em que as receitas auferidas em decorrência de operações mercantis com produtos nacionais, quando da primeira possível incidência tributária, se submetem à hipótese de não-incidência, de isenção, de alíquota zero ou de incidência mediante as alíquotas de 0,65% e de 3%, respectivamente, da contribuição para o PIS/PASEP-receitas-cumulatividade e da COFINS-receitas-cumulatividade.

Daí haver tratamento fiscal discriminatório menos favorável em relação às receitas auferidas em decorrência de operações mercantis com produtos estrangeiros importados, que se submetem a ônus tributário em patamar mais elevado e menos vantajoso, por serem objeto do fenômeno da cumulatividade de incidências tributárias tão-somente, ou em patamar mais elevado e menos vantajoso que o previsto na legislação para as receitas auferidas em decorrência de operações mercantis com produtos nacionais, por ocasião da segunda possível incidência tributária.

E o tratamento fiscal é mais favorável em relação às receitas auferidas em decorrência de operações mercantis com produtos nacionais, que não se submetem ao fenômeno da cumulatividade de incidências tributárias ou se submetem em patamar menos elevado e mais vantajoso que o estabelecido na legislação para as receitas auferidas em decorrência de operações mercantis com produtos estrangeiros importados, por ocasião da segunda possível incidência tributária, implicando, no que toca àquelas, ônus tributário em patamar menos elevado e mais vantajoso, o que configura violação ao princípio do tratamento nacional.

3.2.2 Sistemáticas de não-cumulatividade

Nas *sistemáticas de não-cumulatividade* das figuras jurídico-tributárias em questão, a verificação sobre a existência de tratamento fiscal mais favorável projetado sobre as receitas auferidas em decorrência de operações mercantis com produtos nacionais em relação ao tratamento fiscal discriminatório menos favorável projetado sobre as receitas auferidas em decorrência de operações mercantis com produtos estrangeiros importados, que configura discriminação do tratamento fiscal, também sofre variação de acordo com o período objeto de análise.

A exata identificação, no caso da contribuição para o PIS/PASEP-receitas-não-cumulatividade e da COFINS-receitas-não-cumulatividade, dos regimes jurídico-tributários conferidos às receitas auferidas em decorrência de operações mercantis com produtos nacionais e às receitas auferidas em decorrência de operações mercantis com produtos estrangeiros importados deve levar em conta dois períodos para cada uma dessas figuras jurídico-tributárias, considerando a legislação de regência há pouco mais que três anos.

3.2.2.1 *Períodos posteriores à Lei 10.637/2002 e à Lei 10.833/2003 e anteriores à Lei 10.865/2004* – Nos períodos objeto da presente epígrafe, quando já existiam a contribuição para o PIS/PASEP-receitas-cumulatividade e a COFINS-receitas-cumulatividade, cujas alíquotas, em regra, correspondiam, respectivamente, a 0,65% e a 3%, de acordo com a Lei 9.715/1998 e a Lei 9.718/1998, entraram em vigor e passaram a produzir efeitos a contribuição para o PIS/PASEP-receitas-não-cumulatividade e a COFINS-receitas-não-cumulatividade, incidentes sobre a totalidade das receitas auferidas pelas pessoas jurídicas, nelas incluídas as *receitas auferidas em decorrência de operações mercantis com produtos nacionais e com produtos estrangeiros importados*, cujas alíquotas, em regra, correspondiam, respectivamente, a 1,65% e a 7,6%, mantendo-se nestes percentuais até então, de acordo com a Lei 10.637/2002 e a Lei 10.833/2003.

O advento dessas figuras jurídico-tributárias deu-se concomitantemente à instituição das respectivas sistemáticas de não-cumulatividade, que permitiam os descontos de créditos calculados sob as alíquotas de 1,65% e 7,6%, respectivamente, em relação à contribuição para o PIS/PASEP-receitas-não-cumulatividade e à COFINS-receitas-não-cumulatividade, quando da apuração dos montantes a serem recolhidos perante os cofres públicos, nos termos do art. 3º, I, e § 1º, I, da Lei 10.637/2002 e do art. 3º, I, e § 1º, I, da Lei 10.833/2003, cujas redações àquele tempo eram iguais, correspondendo à seguinte:

"Art. 3º. Do valor apurado na forma do art. 2º a pessoa jurídica poderá descontar créditos calculados em relação a: I – bens adquiridos para revenda, exceto em relação às mercadorias e aos produtos referidos nos incisos III e IV do § 3º do art. 1º; (...). § 1º. O crédito será determinado mediante a aplicação da alíquota prevista no art. 2º sobre o valor: I – dos itens mencionados nos incisos I e II do *caput*, adquiridos no mês; (...)."

E isto independentemente de as receitas auferidas em decorrência de operações mercantis com produtos nacionais, por ocasião da primeira possível incidência tributária, terem se submetido à hipótese de não-incidência, de isenção, de alíquota zero ou de incidência mediante as alíquotas de 0,65% e de 3% ou de 1,65% e de 7,6%, respectivamente, da contribuição para o PIS/PASEP-receitas-cumulatividade e da COFINS-receitas-cumulatividade ou da contribuição para o PIS/PASEP-receitas-não-cumulatividade e da COFINS-receitas-não-cumulatividade.

Durante esses períodos, saliente-se, ainda não haviam sido instituídas a contribuição para o PIS/PASEP-importação e a COFINS-importação, de modo que as operações de importação de produtos estrangeiros permaneciam a não se submeter a tais incidências tributárias.

No entanto, diferentemente do que sucedia em relação às receitas auferidas em decorrência de operações mercantis com produtos nacionais, por ocasião da primeira possível incidência tributária, as operações de importação de produtos estrangeiros, em face do quanto estabelecido no art. 3º, § 3º, I, da Lei 10.637/2002 e no art. 3º, § 3º, I, da Lei 10.833/2003, de idênticas redações e transcritos abaixo, não ensejavam os direitos a desconto de créditos quando da apuração dos montantes a serem recolhidos perante os cofres públicos a título de contribuição para o PIS/PASEP-receitas-não-cumulatividade e de COFINS-receitas-não-cumulatividade:

"Art. 3º. (...).

"§ 3º. O direito ao crédito aplica-se, exclusivamente, em relação: I – aos bens e serviços adquiridos de pessoa jurídica domiciliada no país; (...)."

Em face desse panorama, os regimes jurídico-tributários conferidos às *receitas auferidas em decorrência de operações mercantis com produtos nacionais* e às *receitas auferidas em decorrência de operações mercantis com produtos estrangeiros importados*, por ocasião da segunda possível incidência tributária, objeto de irradiação de efeitos do *princípio do tratamento nacional*, sem desconsiderar os efeitos produzidos quando da primeira possível incidência tributária, podem ser sintetizados comparativamente na seguinte tabela:

	Contribuição para o PIS/PASEP		**COFINS**	
	1ª possível incidência/ geração de crédito	*2ª possível incidência/ desconto de crédito*	*1ª possível incidência/ geração de crédito*	*2ª possível incidência/ desconto de crédito*
operações mercantis c/ produtos nacionais	incidência-receitas	incidência-receitas	incidência-receitas	incidência-receitas
	não-incidência, isenção, alíquota zero, 0,65% ou 1,65%	1,65%	não-incidência, isenção, alíquota zero, 3% ou 7,6%	7,6%
	crédito-venda-interna	crédito-aquisição-interna	crédito-venda-interna	crédito-aquisição-interna
	1,65%	1,65%	7,6%	7,6%

	Contribuição para o PIS/PASEP		**COFINS**	
	1ª possível incidência/ geração de crédito	*2ª possível incidência/ desconto de crédito*	*1ª possível incidência/ geração de crédito*	*2ª possível incidência/ desconto de crédito*
operações mercantis c/ produtos estrangeiros	incidência-importação	incidência-receitas	incidência-importação	incidência-receitas
	–	1,65%	–	7,6%
	crédito-importação	crédito-aquisição-exterior	crédito-importação	crédito-aquisição-exterior
	–	–	–	–

Por ocasião da primeira possível incidência tributária verifica-se que as receitas auferidas em decorrência de operações mercantis com produtos nacionais poderiam se submeter à hipótese de não-incidência, de isenção, de alíquota zero ou de incidência mediante as alíquotas de 0,65% e de 3% ou de 1,65% e de 7,6%, respectivamente, da contribuição para o PIS/PASEP-receitas-cumulatividade e da COFINS-receitas-cumulatividade ou da contribuição para o PIS/PASEP-receitas-não-cumulatividade e da COFINS-receitas-não-cumulatividade, enquanto as operações de importação de produtos estrangeiros não se submetiam às incidências tributárias, por não terem ainda sido instituídas a contribuição para o PIS/PASEP-importação e a COFINS-importação.

Tratando-se da segunda possível incidência tributária, constata-se que tanto as receitas auferidas em decorrência de operações mercantis com produtos nacionais quanto as receitas auferidas em decorrência de operações mercantis com produtos estrangeiros importados se submetiam às incidências mediante as alíquotas de 1,65% e de 7,6%, respectivamente, da contribuição para o PIS/PASEP-receitas-não-cumulatividade e da COFINS-receitas-não-cumulatividade.

Em apenas uma dessas hipóteses, portanto, não há discriminação do tratamento fiscal em relação às receitas auferidas em decorrência de operações mercantis com produtos estrangeiros importados – qual seja, aquela em que as receitas auferidas em decorrência de operações mercantis com produtos nacionais, por ocasião da primeira possível incidência tributária, tenham se submetido às incidências da contribuição para o PIS/PASEP-receitas-não-cumulatividade e da COFINS-receitas-não-cumulatividade, cujas alíquotas correspondem, respectivamente, a 1,65% e a 7,6%.

Por conseguinte, não foi observado o princípio do tratamento nacional em todas as demais hipóteses, quais sejam, aquelas em que as receitas auferidas em decorrência de operações mercantis com produtos nacionais tenham se submetido à hipótese de não-incidência, de isenção, de alíquota zero ou de incidência mediante as alíquotas de 0,65% e de 3%, respectivamente, da contribuição para o PIS/PASEP-receitas-cumulatividade e da COFINS-receitas-cumulatividade.

É que, nessas hipóteses, as pessoas jurídicas adquirentes de produtos nacionais para revenda têm direito a desconto de créditos calculados sob as alíquotas de 1,65% e de 7,6%, respectivamente, da contribuição para o PIS/PASEP-receitas-não-cumulatividade e da COFINS-receitas-não-cumulatividade, quando da apuração dos montantes a serem recolhidos perante os cofres públicos, o que é expressamente vedado, de acordo com o art. 3º, § 3º, I, da Lei 10.637/2002 e com o art. 3º, § 3º, I, da Lei 10.833/2003, já reproduzidos, tratando-se de aquisições de produtos perante pessoas jurídicas domiciliadas no exterior, ou seja, no caso de importação de produtos estrangeiros.

Mesmo na hipótese de as receitas auferidas em decorrência de operações mercantis com produtos nacionais terem se submetido à não-incidência, à isenção ou à alíquota zero, subsistiam os direitos a desconto de créditos calculados sob as alíquotas de 1,65% e de 7,6%, respectivamente, da contribuição para o PIS/PASEP-receitas-não-cumulatividade e da COFINS-receitas-não-cumulatividade, quando da apuração dos montantes a serem recolhidos perante os cofres públicos, o que não sucedia – repita-se – no caso de aquisições de produtos perante pessoas jurídicas domiciliadas no exterior, ou seja, tratando-se de importação de produtos estrangeiros.

E na hipótese de as receitas auferidas em decorrência de operações mercantis com produtos nacionais terem se submetido às incidências mediante as alíquotas de 0,65% e 3%, respectivamente, da contribuição para o PIS/PASEP-receitas-cumulatividade e da COFINS-receitas-cumulatividade, subsistiam também os direitos a desconto de créditos calculados sob as alíquotas de 1,65% e de 7,6%, respectivamente, da contribuição para o PIS/PASEP-receitas-não-cumulatividade e da COFINS-receitas-não-cumulatividade, quando da apuração dos montantes a serem recolhidos perante os cofres públicos, o que não sucedia tratando-se de aquisições de produtos perante pessoas jurídicas domiciliadas no exterior, ou seja, no caso de importação de produtos estrangeiros.

Neste último caso, perceba-se, havia diferenças entre as alíquotas relacionadas às incidências tributárias e aos cálculos dos créditos correspondentes a 1% e a 4,6%, referentes a créditos a serem descontados, respectivamente, a título de contribuição para o PIS/PASEP-receitas-não-cumulatividade e de COFINS-receitas-não-cumulatividade, cujos respectivos valores não eram efetivamente recolhidos perante os cofres públicos, por ocasião da primeira possível incidência tributária.

Daí haver tratamento fiscal discriminatório menos favorável em relação às receitas auferidas em decorrência de operações mercantis com produtos estrangeiros importados, em face das vedações dos direitos a desconto de créditos no caso de aquisições de produtos perante pessoas jurídicas domiciliadas no exterior, ou seja, tratando-se de importação de produtos estrangeiros, quando da apuração dos montantes a serem recolhidos perante os cofres públicos a título de contribuição para o PIS/PASEP-receitas-não-cumulatividade e de COFINS-receitas-não-cumulatividade, por ocasião da segunda possível incidência tributária, o que implica ônus tributário em patamar mais elevado e menos vantajoso.

Nesse sentido também se posiciona Aroldo Gomes de Mattos:

"Daí resultam as seguintes premissas: (...) c) são, portanto, inconstitucionais as disposições das aludidas Leis 10.637/02 e 10.833/03, na parte em que só admitiram descontar da base de cálculo das contribuições PIS/COFINS os valores relativos aos bens e serviços 'adquiridos de pessoa jurídica domiciliada no país', dando, assim, tratamento diferenciado e favorável aos produtos nacionais em confronto com os de origem estrangeira".[10]

E o tratamento fiscal é mais favorável às receitas auferidas em decorrência de operações mercantis com produtos nacionais, em relação às quais há os direitos a desconto de créditos quando da apuração dos montantes a serem recolhidos perante os cofres públicos a título de contribuição para o PIS/PASEP-receitas-não-cumulatividade e de COFINS-receitas-não-cumulatividade, por ocasião da segunda possível incidência tributária, implicando ônus tributário em patamar menos elevado e mais vantajoso, o que configura a violação ao princípio do tratamento nacional.

3.2.2.2 *Período posterior à Lei 10.865/2004* – Em relação ao período em questão,

10. Aroldo Gomes de Mattos, "PIS/COFINS: a não-cumulatividade e os tratados internacionais", *Revista Dialética de Direito Tributário* 104/13. São Paulo, Dialética, 2004.

correspondente ao que atualmente se encontra em vigor e produzindo efeitos, em que já coexistiam a contribuição para o PIS/PASEP-receitas-cumulatividade, a COFINS-receitas-cumulatividade, a contribuição para o PIS/PASEP-receitas-não-cumulatividade e a COFINS-receitas-não-cumulatividade, foram instituídas a contribuição para o PIS/PASEP-importação e a COFINS-importação, incidentes sobre *operações de importação de produtos estrangeiros*, dentre suas hipóteses de incidência, cujas alíquotas, em regra, correspondem, respectivamente, a 1,65% e a 7,6%, nos termos da Lei 10.865/2004.

Isto significa mais uma variável na análise dos regimes jurídico-tributários conferidos às receitas auferidas em decorrência de operações mercantis com produtos nacionais comparativamente em relação aos regimes jurídico-tributários atribuídos às receitas auferidas em decorrência de operações mercantis com produtos estrangeiros importados.

É que, por ocasião da primeira possível incidência tributária, as operações de importação de produtos estrangeiros passaram a se sujeitar às incidências mediante as alíquotas, em regra, de 1,65% e de 7,6%, respectivamente, da contribuição para o PIS/PASEP-importação e da COFINS-importação, deixando de não se submeter às incidências tributárias, como sucedia nos períodos anteriores.

Saliente-se que, no período em análise, passaram a haver direitos a desconto de créditos calculados sob as alíquotas de 1,65% e de 7,6% em relação às referidas operações de importação de produtos estrangeiros, conforme estabelecido no art. 15, § 3º, da Lei 10.865/2004, transcrito a seguir, quando da apuração dos montantes a serem recolhidos perante os cofres públicos, respectivamente, a título de contribuição para o PIS/PASEP-receitas-não-cumulatividade e de COFINS-receitas-não-cumulatividade:

"Art. 15. (...).

"(...).

"§ 3º. O crédito de que trata o *caput* deste artigo será apurado mediante a aplicação das alíquotas previstas no *caput* do art. 2º das Leis ns. 10.637, de 30 de dezembro de 2002, e 10.833, de 29 de dezembro de 2003, sobre o valor que serviu de base de cálculo das contribuições, na forma do art. 7º desta Lei, acrescido do valor do IPI vinculado à importação, quando integrante do custo de aquisição."

Mas não é só. Em face do advento da Lei 10.865/2004, as receitas auferidas em decorrência de operações mercantis com produtos nacionais submetidas à hipótese de não-incidência, de isenção ou de alíquota zero, por ocasião da primeira possível incidência tributária, tendo em vista o quanto disposto no art. 3º, § 2º, II, da Lei 10.637/2002 e no art. 3º, § 2º, II, da Lei 10.833/2003, de iguais redações e reproduzidos abaixo, excetuada a hipótese de isenção quando as receitas auferidas em decorrência de operações mercantis com produtos nacionais, por ocasião da segunda possível incidência tributária, não se sujeitarem à hipótese de não-incidência, de isenção ou de alíquota zero, deixaram de ensejar a geração dos direitos a desconto de créditos quando da apuração dos montantes a serem recolhidos perante os cofres públicos a título de contribuição para o PIS/PASEP-receitas-não-cumulatividade e de COFINS-receitas-não-cumulatividade, por ocasião da segunda possível incidência tributária:

"Art. 3º. (...).

"(...).

"§ 2º. Não dará direito a crédito o valor: (...) II – da aquisição de bens ou serviços não sujeitos ao pagamento da contribuição, inclusive no caso de isenção, esse último quando revendidos ou utilizados como insumo em produtos ou serviços sujeitos à alíquota 0 (zero), isentos ou não alcançados pela contribuição."

A propósito, consoante já advertido, o presente estudo leva em consideração *efetivas incidências tributárias* sobre as receitas auferidas em decorrência de operações mercantis tanto com produtos nacionais quanto com produtos estrangeiros importados, quando da segunda possível incidência tributária, de modo que, por essa ocasião, não serão contempladas as hipóteses de não-incidência, de isenção e de alíquota zero, restando prejudicada a análise das situações descritas no art. 3º, § 2º, II, *in fine*, da Lei 10.637/2002 e no art. 3º, § 2º, II, *in fine*, da Lei 10.833/2003, com redação dada pela Lei 10.865/2004.

Diante dessas sucessivas alterações e inovações legislativas, os regimes jurídico-tributários conferidos às *receitas auferidas em decorrência de operações mercantis com produtos nacionais* e às *receitas auferidas em decorrência de operações mercantis com produtos estrangeiros importados*, por ocasião da segunda possível incidência tributária, objeto de irradiação de efeitos do *princípio do tratamento nacional*, sem desconsiderar os efeitos produzidos quando da primeira possível incidência tributária, podem ser sintetizados comparativamente em duas tabelas, sendo que a primeira delas segue abaixo:

	Contribuição para o PIS/PASEP		**COFINS**	
	1ª possível incidência/ geração de crédito	*2ª possível incidência/ desconto de crédito*	*1ª possível incidência/ geração de crédito*	*2ª possível incidência/ desconto de crédito*
operações mercantis c/ produtos nacionais	incidência-receitas	incidência-receitas	incidência-receitas	incidência-receitas
	não-incidência ou alíquota zero	1,65%	não-incidência ou alíquota zero	7,6%
	crédito-venda-interna	crédito-aquisição-interna	crédito-venda-interna	crédito-aquisição-interna
	–	–	–	–
operações mercantis c/ produtos estrangeiros	incidência-importação	incidência-receitas	incidência-importação	incidência-receitas
	1,65%	1,65%	7,6%	7,6%
	crédito-importação	crédito-aquisição-exterior	crédito-importação	crédito-aquisição-exterior
	1,65%	1,65%	7,6%	7,6%

Saliente-se que, *a contrario sensu* do disposto no art. 3º, § 2º, II, da Lei 10.637/2002, e no art. 3º, § 2º, II, da Lei 10.833/2003, com redação dada pela Lei 10.865/2004, por ocasião da primeira possível incidência tributária, as receitas auferidas em decorrência de operações mercantis com produtos nacionais submetidas à hipótese de isenção, quando as receitas auferidas em decorrência de operações mercantis com produtos nacionais, por ocasião da segunda possível incidência tributária, estiverem efetivamente submetidas às incidências da contribuição para o PIS/PASEP-receitas-não-cumulatividade e da COFINS-receitas-não-cumulatividade, mediante as alíquotas de 1,65% e de 7,6%, permaneceram a ensejar a geração dos direitos a desconto de créditos calculados sob as alíquotas de 1,65% e de 7,6%, respectivamente, da contribuição para o PIS/PASEP-receitas-não-cumulatividade e da COFINS-receitas-não-cumulatividade, quando da apuração dos montantes a serem recolhidos perante os cofres públicos, por ocasião da segunda possível incidência tributária.

Nada obstante ter havido alterações, sem implicações relevantes para o presente estudo, nas redações do art. 3º, I, e § 1º, I, da Lei 10.637/2002 e do art. 3º, I, e § 1º,

I, da Lei 10.833/2003, o mesmo sucedeu em relação às receitas auferidas em decorrência de operações mercantis com produtos nacionais submetidas às incidências da contribuição para o PIS/PASEP-receitas-cumulatividade e da COFINS-receitas-cumulatividade, mediante as alíquotas de 0,65% e de 3%, por ocasião da primeira possível incidência tributária, que também permaneceram a ensejar a geração dos direitos a desconto de créditos calculados sob as alíquotas de 1,65% e de 7,6%, respectivamente, da contribuição para o PIS/PASEP-receitas-não-cumulatividade e da COFINS-receitas-não-cumulatividade, quando da apuração dos montantes a serem recolhidos perante os cofres públicos, por ocasião da segunda possível incidência tributária, consoante se verifica da segunda tabela:

	Contribuição para o PIS/PASEP		**COFINS**	
	1ª possível incidência/ geração de crédito	*2ª possível incidência/ desconto de crédito*	*1ª possível incidência/ geração de crédito*	*2ª possível incidência/ desconto de crédito*
operações mercantis c/ produtos nacionais	incidência-receitas	incidência-receitas	incidência-receitas	incidência-receitas
	isenção, 0,65% ou 1,65%	1,65%	isenção, 3% ou 7,6%	7,6%
	crédito-venda-interna	crédito-aquisição-interna	crédito-venda-interna	crédito-aquisição-interna
	1,65%	1,65%	7,6%	7,6%
operações mercantis c/ produtos estrangeiros	incidência-importação	incidência-receitas	incidência-importação	incidência-receitas
	1,65%	1,65%	7,6%	7,6%
	crédito-importação	crédito-aquisição-exterior	crédito-importação	crédito-aquisição-exterior
	1,65%	1,65%	7,6%	7,6%

Por ocasião da primeira possível incidência tributária verifica-se que as receitas auferidas em decorrência de operações mercantis com produtos nacionais podem se submeter à hipótese de não-incidência, de isenção, de alíquota zero ou de incidência mediante as alíquotas de 0,65% e de 3% ou de 1,65% e de 7,6%, respectivamente, da contribuição para o PIS/PASEP-receitas-cumulatividade e da COFINS-receitas-cumulatividade ou da contribuição para o PIS/PASEP-receitas-não-cumulatividade e da COFINS-receitas-não-cumulatividade, enquanto as operações de importação de produtos estrangeiros passaram a se submeter às incidências da contribuição para o PIS/PASEP-importação e da COFINS-importação, respectivamente, mediante as alíquotas de 1,65% e de 7,6%.

Tratando-se da segunda possível incidência tributária, constata-se que tanto as receitas auferidas em decorrência de operações mercantis com produtos nacionais quanto as receitas auferidas em decorrência de operações mercantis com produtos estrangeiros importados se submetem às incidências mediante as alíquotas de 1,65% e de 7,6%, respectivamente, da contribuição para o PIS/PASEP-receitas-não-cumulatividade e da COFINS-receitas-não-cumulatividade.

Em duas dessas hipóteses, portanto, há discriminação do tratamento fiscal em relação às receitas auferidas em decorrência de operações mercantis com produtos estrangeiros importados – quais sejam, aquelas em que as receitas auferidas em decorrência de operações mercantis com produtos nacionais, por ocasião da primeira possível incidência tributária, estejam submetidas à hipótese de isenção ou de incidência da contribuição para o PIS/PASEP-receitas-cumulatividade e da COFINS-receitas-cumulatividade, cujas alíquotas correspondem, respectivamente, a 0,65% e a 3%.

É que, nessas hipóteses, as pessoas jurídicas adquirentes de produtos nacionais, quando da segunda possível incidência tributária, têm direito a desconto de créditos calculados sob as alíquotas de 1,65% e de 7,6%, respectivamente, da contribuição para o PIS/PASEP-receitas-não-cumulatividade e da COFINS-receitas-não-cumulatividade, quando da apuração dos montantes a serem recolhidos perante os cofres públicos, apesar de as receitas auferidas em decorrência de operações mercantis com produtos nacionais, no que toca à primeira possível incidência tributária, se submeterem à hipótese de isenção ou de incidência da contribuição para o PIS/PASEP-receitas-cumulatividade e da COFINS-receitas-cumulatividade mediante as alíquotas de 0,65% e de 3%, respectivamente, o que corresponde a ônus tributário em patamar menos elevado e mais vantajoso.

Paralelamente, as pessoas jurídicas adquirentes de produtos estrangeiros importados, quando da segunda possível incidência tributária, têm os mesmos direitos a desconto de créditos calculados sob as alíquotas de 1,65% e de 7,6%, respectivamente, da contribuição para o PIS/PASEP-receitas-não-cumulatividade e da COFINS-receitas-não-cumulatividade, quando da apuração dos montantes a serem recolhidos perante os cofres públicos, porém as operações de importação de produtos estrangeiros, correspondentes à primeira possível incidência tributária, se submetem às incidências da contribuição para o PIS/PASEP-importação e da COFINS-importação, respectivamente, às alíquotas de 1,65% e de 7,6%, que correspondem a ônus tributário em patamar mais elevado e menos vantajoso.

Assim, na hipótese em que as receitas auferidas em decorrência de operações mercantis com produtos nacionais se submetem à hipótese de isenção ou de incidência da contribuição para o PIS/PASEP-receitas-cumulatividade e da COFINS-receitas-cumulatividade, respectivamente, mediante as alíquotas de 0,65% e de 3%, por ocasião da primeira possível incidência tributária, considerando os direitos a desconto de créditos calculados sob as alíquotas de 1,65% e de 7,6%, respectivamente, da contribuição para o PIS/PASEP-receitas-não-cumulatividade e da COFINS-receitas-não-cumulatividade, quando da segunda possível incidência tributária, verifica-se haver diferenças entre as alíquotas relacionadas às incidências tributárias e aos cálculos dos créditos correspondentes a 1,65% e 7,6% ou a 1% e 4,6%, de acordo com a hipótese, referentes a créditos a serem descontados destas últimas figuras jurídico-tributárias, respectivamente, cujos respectivos valores efetivamente não são recolhidos perante os cofres públicos, por ocasião da primeira possível incidência tributária.

Percebe-se, então, haver incidências jurídicas que implicam ônus tributário em patamar menos elevado e mais vantajoso em favor das receitas auferidas em decorrência de operações mercantis com produtos nacionais e incidências jurídicas que implicam ônus tributário em patamar mais elevado e menos vantajoso contra as receitas auferidas em decorrência de operações mercantis com produtos estrangeiros importados.

Nas demais hipóteses, por conseguinte, está sendo observado o princípio do tratamento nacional, quais sejam, aquelas em que as receitas auferidas em decorrência de operações mercantis com produtos nacionais, por ocasião da primeira possível incidência tributária, se submetem à hipótese de não-incidência, de alíquota zero ou de incidência mediante as alíquotas de 1,65% e de 7,6%, respectivamente, da contribuição para o PIS/PASEP-receitas-não-cumulatividade e da COFINS-receitas-não-cumulatividade.

Isto porque, quando as receitas auferidas em decorrência de operações mercantis com produtos nacionais se submetem à hipótese de não-incidência ou de alíquota zero, as pessoas jurídicas adquirentes de produtos nacionais não têm os direitos a desconto de créditos quando da apuração dos montantes a serem recolhidos perante os cofres públicos a título de contribuição para o PIS/PASEP-receitas-não-cumulatividade e de COFINS-receitas-não-cumulatividade, nos termos do art. 3º, § 2º, II, da Lei 10.637/2002, e do art. 3º, § 2º, II, da Lei 10.833/2003, anteriormente transcritos.

E nas situações em que as receitas auferidas em decorrência de operações mercantis com produtos nacionais se submetem às incidências da contribuição para o PIS/PASEP-receitas-não-cumulatividade e da COFINS-receitas-não-cumulatividade, respectivamente, mediante as alíquotas de 1,65% e de 7,6%, as pessoas jurídicas adquirentes de produtos nacionais têm os direitos a desconto de créditos calculados sob as mesmas alíquotas de 1,65% e de 7,6%, respectivamente, da contribuição para o PIS/PASEP-receitas-não-cumulatividade e da COFINS-receitas-não-cumulatividade, quando da apuração dos montantes a serem recolhidos perante os cofres públicos.

Daí haver tratamento fiscal discriminatório menos favorável em relação às receitas auferidas em decorrência de operações mercantis com produtos estrangeiros importados apenas quando as receitas auferidas em decorrência de operações mercantis com produtos nacionais se submetem à hipótese de isenção ou de incidência da contribuição para o PIS/PASEP-receitas-cumulatividade e da COFINS-receitas-cumulatividade, respectivamente, mediante as alíquotas de 0,65% e de 3%, quando da primeira possível incidência tributária, pois os direitos a desconto de créditos calculados sob as alíquotas de 1,65% e de 7,6%, respectivamente, da contribuição para o PIS/PASEP-receitas-não-cumulatividade e da COFINS-receitas-não-cumulatividade, quando da apuração dos montantes a serem recolhidos perante os cofres públicos, por ocasião da segunda possível incidência tributária, estão atrelados às incidências tributárias e condicionados aos efetivos recolhimentos perante os cofres públicos da contribuição para o PIS/PASEP-importação e da COFINS-importação, mediante as alíquotas de 1,65% e de 7,6%, respectivamente, nos termos do art. 15, § 1º, da Lei 10.865/2004, *in verbis*:

"Art. 15. (...).

"§ 1º. O direito ao crédito de que trata este artigo e o art. 17 desta Lei aplica-se em relação às contribuições efetivamente pagas na importação de bens e serviços a partir da produção dos efeitos desta Lei."

E o tratamento fiscal é mais favorável às receitas auferidas em decorrência de operações mercantis com produtos nacionais quando se submetem à hipótese de isenção ou de incidência da contribuição para o PIS/PASEP-receitas-cumulatividade e da COFINS-receitas-cumulatividade, respectivamente, mediante as alíquotas de 0,65% e de 3%, por ocasião da primeira possível incidência tributária, uma vez que os direitos a desconto de créditos calculados sob as alíquotas de 1,65% e de 7,6%, respectivamente, da contribuição para o PIS/PASEP-receitas-não-cumulatividade e da COFINS-receitas-não-cumulatividade, quando da apuração dos montantes a serem recolhidos perante os cofres públicos, em relação à segunda possível incidência tributária, subsistem sem que haja efetivamente o recolhimento perante os cofres públicos da contribuição para o PIS/PASEP-receitas-não-cumulatividade e da COFINS-receitas-não-cumulatividade, respectivamente, mediante as alíquotas de 1,65% e de 7,6%, quando da primeira possível incidência tributária, o que implica ônus tributário em patamar menos elevado e mais vantajoso, configurando violação ao princípio do tratamento nacional.

E isto se dá porque nos direitos a desconto de créditos calculados sob as alíquotas de 1,65% e de 7,6%, respectivamente, da contribuição para o PIS/PASEP-receitas-não-cumulatividade e da COFINS-receitas-não-cumulatividade, quando da apuração dos montantes a serem recolhidos perante os cofres públicos, por ocasião da segunda possível incidência tributária, considerando a hipótese de isenção ou de incidência da contribuição para o PIS/PASEP-receitas-cumulatividade e da COFINS-receitas-cumulatividade, respectivamente, mediante as alíquotas de 0,65% e de 3%, quando da primeira possível incidência tributária, estão embutidos, respectivamente, os direitos a desconto de créditos referentes às diferenças entre as alíquotas relacionadas às incidências tributárias e aos cálculos dos créditos correspondentes a 1,65% e 7,6% ou a 1% e 4,6%, de acordo com a hipótese, efetivamente não recolhidas perante os cofres públicos, refletindo ônus tributário em patamar mais elevado e menos vantajoso contra as receitas auferidas em decorrência de operações mercantis com produtos estrangeiros importados e ônus tributário em patamar menos elevado e mais vantajoso em favor das receitas auferidas em decorrência de operações mercantis com produtos nacionais, o que configura violação ao princípio do tratamento nacional.

4. Conclusões

O princípio da não-discriminação do tratamento fiscal, de maneira recorrente nos tratados internacionais, desdobra-se nas vertentes do princípio da nação mais favorecida e do princípio do tratamento nacional, consistindo na vedação ao tratamento fiscal discriminatório entre as partes signatárias do tratado internacional, de modo a que não haja tratamentos fiscais menos favoráveis em relação à renda e ao capital, à prestação de serviços ou às relações de comércio internacionais, a depender do tipo de tratado internacional.

No que toca aos tratados internacionais sobre as relações de comércio internacional, o princípio da nação mais favorecida está previsto no art. I do GATT, enquanto o princípio do tratamento nacional se encontra disposto no art. III do GATT, no art. 46 do Tratado de Montevidéu de 1980 e no art. 7 do Tratado de Assunção.

De acordo com o princípio da nação mais favorecida, as partes signatárias do tratado internacional devem conferir aos produtos estrangeiros, inclusive similares, de qualquer país signatário do tratado internacional um tratamento fiscal não menos favorável que o tratamento fiscal mais favorável atribuído aos produtos estrangeiros de outro país signatário ou não do tratado internacional.

E, nos termos do princípio do tratamento nacional, as partes signatárias do tratado internacional devem atribuir aos produtos estrangeiros, inclusive similares, de qualquer país signatário do tratado internacional um tratamento fiscal não menos favorável que o tratamento fiscal mais favorável conferido aos produtos nacionais.

Pode-se afirmar, então, que o princípio da nação mais favorecida é aplicável em relação às operações de importação de produtos estrangeiros e o princípio do tratamento nacional é aplicável no que toca às operações mercantis com produtos estrangeiros importados realizadas em território nacional e às receitas auferidas em decorrência de operações mercantis com produtos estrangeiros importados.

O princípio da não-discriminação do tratamento fiscal nas relações de comércio internacional, por conseguinte, pode irradiar efeitos em relação à contribuição para o PIS/PASEP-importação e à COFINS-importação, enquanto princípio da nação mais favorecida, e em relação à contribuição para o PIS/PASEP-receitas-cumulatividade, à COFINS-receitas-cumulatividade, à contribuição para o PIS/PASEP-receitas-não-cumulatividade e à COFINS-receitas-não-cumulatividade, na qualidade de princípio do tratamento nacional.

Assim, em face das demonstrações dos tratamentos fiscais integrantes de seus respectivos regimes jurídico-tributários, conclui-se que, no que toca à observância do princípio do tratamento nacional, os tratamentos fiscais mais favoráveis conferidos às receitas auferidas em decorrência de operações mercantis com produtos nacionais em relação aos tratamentos fiscais discriminatórios menos favoráveis atribuídos às receitas auferidas em decorrência de operações mercantis com produtos estrangeiros importados, identificados em cada período, implicando, em favor daquelas, ônus tributário em patamar menos elevado e mais vantajoso, violam o art. III do GATT, o art. 46 do Tratado de Montevidéu de 1980 e o art. 7 do Tratado de Assunção.

Diante de todo o exposto, as propostas ora apresentadas, tendo em vista o princípio do tratamento nacional, para a solução desses tratamentos fiscais discriminatórios menos favoráveis atribuídos às receitas auferidas em decorrência de operações mercantis com produtos estrangeiros importados, devidamente identificados no presente estudo, consistem em duas providências, a seguir explicitadas, que poderão ser concretizadas pelo Poder Executivo, com edição de medida provisória, pelo Poder Legislativo, mediante produção de lei, e pelo Poder Judiciário, sendo devidamente provocado.

No que toca aos períodos posteriores à Lei 10.637/2002 e à Lei 10.833/2003 e anteriores à Lei 10.865/2004, nas sistemáticas de não-cumulatividade, devem ser afastadas as vedações dos direitos a desconto de créditos no caso de aquisições de produtos perante pessoas jurídicas domiciliadas no exterior, ou seja, tratando-se de importação de produtos estrangeiros, quando da apuração dos montantes a serem recolhidos perante os cofres públicos a título de contribuição para o PIS/PASEP-receitas-não-cumulatividade e de COFINS-receitas-não-cumulatividade.

Em relação ao período posterior à Lei 10.865/2004, tanto nas sistemáticas de cumulatividade quanto nas sistemáticas de não-cumulatividade, devem ser reduzidas as alíquotas de 1,65% e de 7,6%, respectivamente, da contribuição para o PIS/PASEP-importação e da COFINS-importação, para as alíquotas de 0,65% e de 3 %, o mesmo sucedendo, no caso das sistemáticas de não-cumulatividade, no que toca às alíquotas dos respectivos direitos a desconto de créditos, restando afastados os excessos de 1% e de 4,6%.

Além disso, ainda no que se refere ao período posterior à Lei 10.865/2004, nas sistemáticas de não-cumulatividade, os tratamentos fiscais fundados em não-incidência, isenção e alíquota zero conferidos às receitas auferidas em decorrência de operações mercantis com produtos nacionais, quando da primeira possível incidência tributária, também devem ser atribuídos às operações de importação de produtos estrangeiros, inclusive similares, mantendo-se os respectivos direitos a desconto de créditos quando da apuração dos montantes a serem recolhidos perante os cofres públicos a título de contribuição para o PIS/PASEP-receitas-não-cumulatividade e de COFINS-receitas-não-cumulatividade, por ocasião da segunda possível incidência tributária.

Adotadas essas providências, deixariam as receitas auferidas em decorrência de operações mercantis com produtos estrangeiros importados de se submeter a tratamentos fiscais discriminatórios menos favoráveis em relação aos tratamentos fiscais mais favoráveis conferidos às receitas auferidas em decorrência de operações mercantis com produtos nacionais, não mais subsistindo, contra aquelas, ônus tributário em patamar mais elevado e menos vantajoso, a título de contribuição para o PIS/PASEP e de COFINS.

Por fim, não há que se cogitar que o afastamento dos tratamentos fiscais discriminatórios, nas formas acima propostas, por parte do Poder Judiciário implicaria sua atuação como legislador positivo – o que é vedado no ordenamento jurídico brasileiro –, uma vez que, em verdade, seriam expurgados apenas os excessos representativos propriamente das respectivas discriminações, em consonância, inclusive, com o art. III do GATT, quando estabelece que "serão isentos da parte dos tributos e outras imposições internas de qualquer natureza que excedam aos aplicados, direta ou indiretamente, a produtos similares de origem nacional".

ISENÇÕES DE ICMS E ISS VEICULADAS POR TRATADOS INTERNACIONAIS E O PACTO FEDERATIVO

ALDO DE PAULA JUNIOR
Mestrando em Direito Tributário pela PUC/SP

1. Introdução e delimitação do objeto. 2. O tratado internacional: 2.1 O tratado como fonte do direito; 2.2 O tratado e sua relação com o direito interno; 2.3 Entendimentos jurisprudenciais. 3. A Federação Brasileira e seus aspectos tributários: 3.1 Origens e contornos do federalismo brasileiro da Constituição de 1988; 3.2 A competência tributária como elemento de independência do ente federativo. 4. A isenção de ICMS e ISS veiculada por tratado internacional e o pacto federativo: 4.1 O art. 151, III, da Constituição Federal; 4.2 O tratado veiculador da isenção e a legislação interna (relação internormativa cronológica ou semântica?). 5. Conclusões.

1. Introdução e delimitação do objeto

O ICMS e o ISS tomam em sua materialidade constitucional operações de circulação de mercadorias e de prestação de serviços que como tais, podem envolver sujeitos de direitos de países diferentes.

Em matéria de ICMS nossa Constituição adotou o princípio do país de destino, ou seja, desonerou por intermédio de uma imunidade as "operações que destinem mercadorias para o exterior" (art. 155, § 2º, X, *a*, c/c XII, *e*) e outorgou à lei complementar a "exclusão da incidência" sobre as exportações de "outros produtos e serviços" não albergados pela imunidade.

Quanto ao ISS, calcado no mesmo princípio, o constituinte originário também atribuiu à União, mediante lei complementar, a competência para "excluir da sua incidência exportações de serviços para o exterior" (art. 156, § 3º, II).

Contudo, estes impostos podem onerar outras operações que tenham em um de seus pólos um estrangeiro, fator que conjugado com interesses do país na esfera internacional pode ensejar a instituição de uma isenção.

O problema surge em nosso sistema constitucional porque adotamos modelo de repartição de competência entre os entes federativos em relação aos impostos sobre o consumo (IPI, União; ICMS, Estados e DF; e ISS, Municípios e DF). Como o ISS e o ICMS são de competência dos Municípios e dos Estados, respectivamente, alega uma parte da doutrina que os tratados internacionais celebrados pela União não poderiam veicular tais isenções, principalmente por força do art. 151, III, da Constituição Federal.

Este é o nosso objeto.

A partir do texto constitucional em vigor, principalmente das normas que estipulam os contornos de nosso pacto federativo e da competência tributária, e das normas infraconstitucionais aplicáveis, notadamente o Código Tributário Nacional, analisaremos a possibilidade de veiculação por tratado internacional de isenções em matéria de ISS e ICMS.

Preocupados com a prática, cotejaremos nossas premissas e os respectivos resultados com a jurisprudência do Supremo Tribunal Federal e do Superior Tribunal de Justiça.

2. O tratado internacional

Em tempos de intensa circulação comercial, de pessoas e de bens entre cidadãos de diversos países e de construção (ou solidificação) de blocos regionais entre Estados, o conceito de soberania, classicamente entendida como o poder de decidir em último grau e instância as matérias internas do Estado, tem sofrido ponderações e reformulações.

Estas relações, bem como as implicações dela decorrentes, podem ser estudadas sob o enfoque sociológico, político, econômico ou jurídico.

Tomaremos no presente estudo como primeiro corte epistemológico as relações entre Estados sob o ponto de vista jurídico, e nesta seara, faremos novo corte para estudar apenas as normas que disponham sobre isenções de tributos estaduais e municipais em cotejo com o sistema constitucional tributário, notadamente as normas que disciplinam o pacto federativo.

Conforme nos ensina Celso D. de Albuquerque Mello,[1] "o sistema jurídico internacional apresenta certos caracteres semelhantes ao direito interno: a) é uma ordem normativa; b) é dotado de sanção; c) tem idêntica noção de ato ilícito, isto é, que ele consiste na violação de uma norma. Todavia o DI é 'primitivo' em relação ao direito interno e as suas sanções são ainda coletivas".

Continua o Professor Livre-Docente da Universidade Federal do Rio de Janeiro:

"Podemos dizer que a norma internacional possui as seguintes características apontadas por Aguilar Navarro: a) 'são muito poucas em número'; b) 'são extremamente abstratas, quase que se reduzem a um mero invólucro sem conteúdo'; c) são atributivas de sentido de que dão 'uma competência sem assinalarem a materialidade da ação a executar'. Pode-se acrescentar com Martti Koskenniemi que o DI tem uma 'coerência formal em alto grau e é substantivamente indeterminado'. E talvez John Hertz tenha razão ao escrever que o DI é uma ideologia superotimista.

"(...).

"Outras características podem ser apresentadas, com fundamento em Serge Sur: a) ela tem uma relatividade, uma vez que cada Estado desenvolve a sua concepção sobre ela. Não há tratado universal. Os atos unilaterais só são obrigatórios para os Estados que os aceitam. Existem normas com maior grau de autoridade (*jus cogens*) e normas com menor grau de autoridade (recomendações da AG). Enfim não tem uma constituição; b) a mudança das normas internacionais é mais ampla do que no D. Interno. Existe às vezes uma fase em que a norma é mais complexa do que no D. Interno. Existe, as vezes, uma fase em que a norma é contestada, mas não surge uma nova norma; c) a própria obrigatoriedade de uma norma vem lentamente e não de um golpe."[2]

Interessa-nos, destas normas, os tratados internacionais instituidores de isenções de ICMS e de ISS, frente às normas constitucionais relativas ao pacto federativo fiscal.

2.1 O tratado como fonte do direito

Podemos definir o tratado internacional pelo seu aspecto formal, ou seja, sua elaboração: é um veículo introdutor de nor-

1. *Curso de Direito Internacional Público*, 1 vol., 15ª ed., Rio de Janeiro, Renovar, 2004, p. 83.

2. Celso D. de Albuquerque Mello, ob. cit., p. 84.

mas entre Estados, ao menos dois, que pode conter inúmeros conteúdos, desde questões relativas a fronteiras ou à tributação de residentes ou não residentes.

O tratado internacional não é o único veículo hábil a tal mister, mas é o mais difundido e utilizado, interessando-nos sobremaneira. Celso D. de Albuquerque Mello nos alerta que "os autores mais modernos têm observado que se deve abandonar o 'fetichismo do tratado' (Focsaneanu). Este autor acentua que um tratado só é fonte do DI se ele realmente determinar de modo efetivo o comportamento dos Estados. Lembra que se pode admitir como fonte do DIP os acordos entre organizações de comércio exterior, que não são tratados. Era através destes acordos que a China Comunista e o Japão mantinham relações comerciais. O importante é o consentimento dos Estados (Kiss) ou, ainda, o essencial é atingir um resultado, mesmo 'sem qualquer ato jurídico internacional aparente' (Vellas). Os Estados atualmente têm abandonado os tratados formais pelos comunicados intergovernamentais. Outras vezes o comunicado é feito em separado por cada delegação; quando eles são paralelos, surge um tratado. O comunicado não visa o acordo, ele apenas o 'constata e reproduz' (R. Pinto)".[3]

Os tratados retiram fundamento de validade do conjunto de práticas e princípios no concerto das nações, regidos em sua substância pelo *pacta sunt servanda*, pela isonomia e pela reciprocidade e atravessam as seguintes fases de elaboração: (i) negociação; (ii) assinatura; (iii) ratificação; (iv) promulgação; (v) publicação; e (vi) registro.

Em nosso sistema constitucional, compete ao Presidente da República, por força do art. 84, VIII, "celebrar tratados, convenções e atos internacionais, sujeitos a referendo do Congresso Nacional". É ele o representante da República Federativa do Brasil (*infra*) que participa da fase de negociação e assinatura do tratado.

3. Ob. cit., pp. 211-212. É do mesmo autor a elucidação sobre as terminologias dos tratados: "*Tratado* — é utilizado para os acordos solenes, por exemplo, tratado de paz. *Convenção* — é o tratado que cria normas gerais, por exemplo, convenção sobre mar territorial. *Declaração* — é usada para os acordos que criam princípios jurídicos ou 'afirmam uma atitude política comum' (ex.: Declaração de Paris de 1856). *Ato* — quando estabelece regras de direito (ato geral de Berlim de 1885). Entretanto, existem Atos entre Estados que não são tratados (Ata de Helsinki de 1975), vez que não produzem efeitos jurídicos obrigatórios, mas que têm um caráter normativo no aspecto político ou moral. Em português esta observação não procede muito porque neste caso nós usamos a palavra 'ata' e não 'Ato', contudo a palavra usada em inglês é uma só: "Act". *Pacto* — foi utilizado pela primeira vez no Pacto da Liga das Nações. É um tratado solene (Pacto de Renúncia à Guerra de 1928). *Estatuto* — empregado para os tratados coletivos geralmente estabelecendo normas para os tribunais internacionais (Estatuto da CIJ). *Protocolo* — normalmente pode ter dois significados: a) protocolo de uma conferência, que é a ata de uma conferência; b) protocolo-acordo — é um verdadeiro tratado em que são criadas normas jurídicas (Protocolo de Aquisgrana, de 1818, sobre os ministros residentes). E utilizado neste caso como um suplemento a um acordo já existente. *Acordo* — é geralmente usado para tratados de cunho econômico, financeiro, comercial e cultural. *'Modus vivendi'* — designa um acordo temporário (*modus vivendi* de 1936 sobre a navegação do Reno). *Concordata* — são os assinados pela Santa Sé sobre assuntos religiosos. A concordata trata de matéria que seja da competência comum da Igreja e do Estado. Observa Charles Rousseau que ela, do ponto de vista material, regulamenta matéria de ordem interna (organização do culto, disciplina eclesiástica, relação dos fiéis com o governo). Do ponto de vista formal, é um tratado concluído entre dois sujeitos de DI. Para Hauriou, antigamente não era um verdadeiro tratado. *Compromisso* — utilizado para os acordos sobre litígios que vão ser submetidos à arbitragem. *Troca de notas* — são os acordos sobre matéria administrativa. Tem mais de um instrumento. Acordo em forma simplificada — ou acordos executivos — são aqueles que não são submetidos ao Poder Legislativo para aprovação. Muitas vezes feitos por troca de notas. São concluídos pelo Poder Executivo. *Carta* — é o tratado em que se estabelecem direitos e deveres (Carta Social Européia). É uma forma solene. Utilizado também para os instrumentos constitutivos de organizações internacionais (Carta da ONU). *Convênio* — palavra utilizada para tratados que versam sobre matéria cultural ou transporte. *Acomodação ou compromisso* — palavra não utilizada no Brasil. É um acordo provisório. Rousseau afirma que ele tem por finalidade regulamentar a aplicação de um tratado anterior" (*Curso...*, cit., pp. 213-214).

Na prática legislativa brasileira, o tratado celebrado pelo Presidente da República é submetido ao Congresso Nacional que o ratifica mediante decreto legislativo (art. 49, I, da CF/1988) e, em seguida, o Presidente da República edita Decreto para outorgar-lhe publicidade e completar-lhe a formação no âmbito interno.

2.2 *O tratado e sua relação com o direito interno*

Uma vez celebrado o tratado e existente na comunidade internacional surge o problema fundamental da sua relação com o direito interno do Estado signatário.

A doutrina divide-se em duas correntes principais, embora haja posições conciliatórias, para explicar tal relação: dualista e monista.

Na primeira, o tratado comporia um sistema independente do direito interno, conforme concepção original de Heinrich Triepel em 1899 de que o Direito Internacional e o Direito Interno "'são noções diferentes' e, em conseqüência, as duas ordens jurídicas podem ser tangentes, mas não secantes, isto é, são independentes, não possuindo qualquer área em comum".[4]

O monismo, por sua vez, divide-se em duas posições: com primazia do direito interno e outra do direito internacional: "O monismo com primazia do direito interno tem as suas raízes no hegelianismo, que considera o Estado como tendo uma soberania absoluta, não estando, em conseqüência, sujeito a nenhum sistema jurídico que não tenha emanado de sua própria vontade. Assim sendo, o próprio fundamento do DI é a autolimitação do Estado, na formulação definitiva desta teoria feita por Jellinek. O DI tira sua obrigatoriedade do Direito Interno. O DI é reduzido a um simples 'direito estatal externo'. Não existem duas ordens jurídicas autônomas que mantenham relações entre si. O DI é um direito interno que os Estados aplicam na sua vida internacional".[5]

Esta concepção tem por principal crítica a submissão total do direito internacional ao panorama interno o que recusa força normativa aos tratados na relação interestatal, e não encontra amparo na prática internacional.

"O monismo com primazia do Direito Internacional foi desenvolvido principalmente pela escola de Viena (Kelsen, Verdross, Kunz, etc.). Kelsen, ao formular a teoria pura do Direito, enunciou a célebre pirâmide de normas. Uma norma tem a sua origem e tira a sua obrigatoriedade da norma que lhe é imediatamente superior. No vértice da pirâmide estava a norma fundamental, a norma base, que era uma hipótese, e cada jurista podia escolher qual seria ela.

"(...).

"Kelsen inicialmente sustentou a inexistência de conflitos entre as ordens interna e internacional, uma vez que a norma inferior jamais poderia ir de encontro à norma superior, que era a sua fonte e fundamento. Finalmente, o mestre da escola de Viena, ainda por influência de Verdross, passou a admitir a possibilidade de conflitos entre as duas ordens jurídicas, como de fato existem. É o denominado 'monismo moderado', que veio substituir o 'monismo radical' de Kelsen na sua fase anterior.

"O conflito entre o direito interno e o Internacional não quebra a unidade do sistema jurídico, como um conflito entre a lei e a Constituição não quebra a unidade do direito estatal. O importante é a predominância do DI; que ocorre na prática internacional, como se pode demonstrar com duas hipóteses: a) uma lei contrária ao DI dá ao Estado prejudicado o direito de iniciar um 'processo' de responsabilização internacional; b) uma norma internacional contrária à lei interna não dá ao Estado direito análogo ao da hipótese anterior."[6]

4. *Apud* Celso, cit., p. 121.

5. Idem, p. 123.

6. Idem, p. 124.

A jurisprudência internacional tem sido unânime em consagrar a teoria monista com primazia do Direito Internacional.[7]

A doutrina que adere a esta corrente e é contrária ao dualismo alega que o tratado internacional somente poderia ser revogado mediante procedimento específico, qual seja, a denúncia, e a revogação por norma interna de nível legal desprestigiaria o país na ordem internacional pelo enfraquecimento da força normativa dos tratados por ele celebrados.

Contudo, Celso Mello, crítico da posição adotada pelo Supremo Tribunal Federal no julgamento do RE 80.004, entende que "a Constituição de 1988 adota o dualismo ao fazer a incorporação do DI no D. Interno, pelo menos em um setor determinado, ao estabelecer que os direitos do homem consagrados em tratados internacionais fazem parte do direito interno. A pergunta que, por enquanto, está sem resposta é se a jurisprudência poderá estender esta orientação a outras matérias, vez que não tem norma proibitiva".[8]

Heleno Torres adota a teoria dualista:

"A diversidade das fontes de produção normativa e a definição dos critérios de validade permite-nos falar na referida separação, que se mantêm em concurso, para reger os fatos próprios das relações interestatais e supra-estatais, para o que o direito interno mostra-se insuficiente.

"As fontes e os critérios de validade do direito interno são aquelas previstas no seio da respectiva Constituição, que indica os órgãos de produção do Direito, define as competências materiais e prevê o processo legítimo para a respectiva juridificação. Desse modo, somente existirá para o sistema uma norma que vier a ser produzida por órgão dotado de competência e que tenha obedecido o respectivo processo de criação, nos termos da Constituição e das demais leis internas.

"Já o direito internacional exige outros critérios para que possa obrigar o Estado, no concerto das nações, se validamente reconhecido, por incorporação ou transformação. Sua fonte de produção é distinta, deflui do princípio *pacta sunt servanda*; sua formação atende a outros critérios típicos, consuetudinários ou definidos em estatutos supra-estatais (ONU, Corte Internacional de Justiça, União Européia, OEA, etc.). Eis os seus fundamentos de validade, que não são os mesmos do direito interno, insistimos. A relação entre ambos limita-se a uma relação de aplicabilidade, não de validade.

"(...).

"Como os ordenamentos são independentes, os empenhos internacionais assumidos pelos Estados possuem validade própria e prevalecem sobre o direito interno, mas tão-somente nos augustos limites das relações entre os signatários, pelo princípio da *prevalência de aplicabilidade das normas internacionais*. Em conseqüência, para os demais casos, não contemplados no âmbito objetivo do acordo, mantêm-se plenamente eficazes e inalteradas as disposições internas."[9]

Alberto Xavier, por sua vez, adota a teoria monista com prevalência do Direito Internacional e aponta os seguintes fundamentos para tal adoção:

"(i) a Constituição Federal consagrou o sistema monista com cláusula geral de recepção plena (art. 5º, § 2º), o que significa que os tratados valem na ordem interna como tal e não como leis internas, apenas sendo suscetíveis de revogação ou denúncia pelos mecanismos próprios do direito dos tratados, o que é precisamente a essência da sua superioridade hierárquica;

"(ii) muito embora o art. 5º, § 2º, da Constituição Federal atribua expressa superioridade hierárquica apenas aos tratados em matéria de direitos e garantias funda-

7. Idem, p. 127.
8. Idem, p. 131.

9. *Pluritributação Internacional sobre a Renda das Empresas*, 2ª ed., São Paulo, Ed. RT, 2001, p. 554.

mentais, essa disposição deve ser interpretada, não como norma especial, mas como revelação de princípio geral, sendo que em qualquer caso a matéria tributária inclui-se no domínio dos direitos e garantias individuais (art. 150, *caput*);

"(iii) os Tribunais aplicam os tratados como tal e não como lei interna;

"(iv) a celebração dos tratados é ato da competência conjunta do Chefe do Poder Executivo e do Congresso Nacional (art. 84, VIII e art. 49, I), não sendo portanto admissível a sua revogação por ato exclusivo do Poder Legislativo;

"(v) o art. 98 do Código Tributário Nacional — que é lei complementar que se impõe ao legislador ordinário — é expresso ao estabelecer a superioridade hierárquica dos tratados, sendo inadmissível restringir essa superioridade apenas a algumas espécies ou modalidades, não distinguidas por lei;

"(vi) nem o decreto legislativo, que formaliza o referendo do Congresso Nacional, nem o decreto do Presidente da República, que formaliza a promulgação, têm o alcance de transformar o tratado em lei interna."[10]

A distinção doutrinária é útil na medida em que elucida a importância dada ao tratado na ordem interna pelo país signatário e as formas de sua convivência com o direito interno. Pela teoria monista, o tratado valeria por si, sem necessidade de conversão e somente poderia ser revogado por outro tratado, ao passo que pela outra teoria, o tratado poderia ser revogado ou modificado por norma interna.

A Emenda Constitucional 45/2004 trouxe mais um elemento normativo em matéria de tratados internacionais ao acrescentar ao art. 5º o § 3º, *verbis*:

> Art. 5º. (...).
>
> § 3º. Os tratados e convenções internacionais sobre direitos humanos que forem aprovados, em cada Casa do Congresso Nacional, em dois turnos, por três quintos dos votos dos respectivos membros, serão equivalentes às emendas constitucionais.

Em uma análise inicial, podemos dizer que este dispositivo reconhece que somente incorpora o texto constitucional os tratados (i) sobre direitos humanos, (ii) aprovados em cada Casa do Congresso Nacional, em dois turnos, por três quintos dos votos dos respectivos membros.

O § 2º do mesmo art. 5º (veiculado na redação original da Constituição) passaria a receber nova leitura, agora em conjunto com este dispositivo:

> § 2º. Os direitos e garantias expressos nesta Constituição não excluem outros decorrentes do regime e dos princípios por ela adotados, ou dos tratados internacionais em que a República Federativa do Brasil seja parte.

Em conjunto, poderíamos afirmar que os tratados internacionais em que a República Federativa do Brasil seja parte conferem direitos e garantias, mas que somente serão incorporados ao texto constitucional, e conseqüentemente, adquiririam *status* constitucional aqueles relativos a direitos humanos aprovados segundo o processo legislativo aplicável às Emendas Constitucionais.

Ou seja, sempre submetem-se à Constituição.

Este dispositivo, aliado à possibilidade de controle de constitucionalidade do tratado pelo Supremo Tribunal Federal (art. 102, III, *b*, da CF/1988) responde à relação internormativa existente entre estas normas e a Constituição, mas não responde aos questionamentos nascidos de eventual colisão com normas infraconstitucionais.

Analisando todos estes dispositivos, e os argumentos levantados pelos doutrinadores acima expostos, filio-me ao posicionamento do Prof. Alberto Xavier quanto ao monismo com supremacia do direito internacional em face da legislação interna, mas

10. *Direito Tributário Internacional do Brasil*, 6ª ed., Rio de Janeiro, Forense, 2004, p. 120.

com a observação de que o tratado submete-se à Constituição Federal, no âmbito interno, porque retira sua legitimidade e processo de formação deste diploma.

Entretanto, se houver colisão semântica entre dispositivos de tratado e de lei (infraconstitucional) prevalecem aqueles pela especialidade e supremacia do interesse nacional, aliado à autolimitação efetuada pelo Estado no concerto das nações, ao *pacta sunt servanda* e ao rito adequado à revogação da norma convencional.

O art. 98 do Código Tributário Nacional, ao dispor sobre a supremacia do tratado internacional em matéria tributária encaixa-se perfeitamente a esta proposta, na medida em que veiculada por norma geral em matéria tributária consentânea às disposições constitucionais.

Não há nenhum dispositivo na Constituição que prescreva de forma expressa a hierarquia do tratado internacional frente à legislação interna.

Tampouco há tal dispositivo em relação às demais normas jurídicas.

A hierarquia, desde Kelsen, repousa na fonte produtora da norma e no caso dos tratados internacionais, a fonte é a República Federativa do Brasil presentada (na acepção de Pontes de Miranda) pelo Presidente da República.

Este elemento autoriza-nos deduzir a prevalência do tratado internacional em eventual colisão semântica com o direito interno e sua submissão à Constituição da República.

2.3 Entendimentos jurisprudenciais

Celso D. de Albuquerque Mello salienta que em um primeiro momento o Supremo Tribunal Federal adotou a teoria monista com o primado do direito internacional (Ap. Cível 9.587/1951; Pedido de Extradição 7, de 1913; Apelação Cível 7.872, de 1943),[11] contudo, no julgamento do RE 80.004[12] (1978), baseando-se em autores dualistas, reverteu seu entendimento ao fixar que uma lei posterior pode revogar um tratado anterior.

Estas decisões são anteriores à atual Constituição de 1988, portanto servem muito mais como elementos marginais que determinantes de uma nova jurisprudência construída sobre as balizas constitucionais de 1988.

Tomando-se a Constituição de 1988 como marco temporal passamos a analisar duas decisões marcantes: a proferida no julgamento da medida cautelar na ADI 1.480, Rel. Min. Celso de Mello, julgada em 1997, e da proferida no julgamento a medida cautelar na ADI 1.600/UF, Rel. Min. Sydney Sanches, julgada em 2001.

A ADI 1.480/MC, Rel. Min. Celso de Mello (j. 4.9.1997, *DJU* 18.5.2001, p. 429, Ement. vol.-02031-02, p. 213) recebeu a seguinte ementa:

> *Ementa: Ação Direta de Inconstitucionalidade. Convenção 158/OIT. Proteção do trabalhador contra a despedida arbitrária ou sem justa causa. Argüição de ilegitimidade constitucional dos atos que incorporaram essa convenção internacional ao direito positivo interno do Brasil (Decreto Legislativo 68/1992 e Decreto 1.855/1996). Possibilidade de controle*

11. Ob. cit., p. 130.

12. "*Ementa: Convenção de Genebra, Lei Uniforme sobre Letras de Câmbio e Notas Promissórias, aval aposto a nota promissória não registrada no prazo legal, impossibilidade de ser o avalista acionado, mesmo pelas vias ordinárias. Validade do Decreto-lei 427, de 22.1.1969.* Embora a Convenção de Genebra que previu uma Lei Uniforme sobre Letras de Câmbio e Notas Promissórias tenha aplicabilidade no direito interno brasileiro, não se sobrepõe ela as leis do país, disso decorrendo a constitucionalidade e conseqüente validade do Dec.-lei 427/1969, que institui o registro obrigatório da nota promissória em repartição fazendária, sob pena de nulidade do título. Sendo o aval um instituto do direito cambiário, inexistente será ele se reconhecida a nulidade do título cambial a que foi aposto. Recurso extraordinário conhecido e provido" (RE 80.004/SE, Rel. Min. Xavier de Albuquerque, j. 1.6.1977, *DJU* 29.12.1977, p. 9.433, *DJ* 19.5.1978, p. 3.468, Ement. vol.-01083-02, p. 915, *RTJ* vol.-00083-03, p. 809).

abstrato de constitucionalidade de tratados ou convenções internacionais em face da Constituição da República. Alegada transgressão ao art. 7º, I, da Constituição da República e ao art. 10, I, do ADCT/1988. Regulamentação normativa da proteção contra a despedida arbitrária ou sem justa causa, posta sob reserva constitucional de lei complementar. Conseqüente impossibilidade jurídica de tratado ou convenção internacional atuar como sucedâneo da lei complementar exigida pela Constituição (CF, art. 7º, I). Consagração constitucional da garantia de indenização compensatória como expressão da reação estatal à demissão arbitrária do trabalhador (CF, art. 7º, I, c/c o art. 10, I, do ADCT/1988). Conteúdo programático da Convenção 158/OIT, cuja aplicabilidade depende da ação normativa do legislador interno de cada país. Possibilidade de adequação das diretrizes constantes da Convenção 158/OIT às exigências formais e materiais do estatuto constitucional brasileiro. Pedido de medida cautelar deferido, em parte, mediante interpretação conforme à Constituição. Procedimento constitucional de incorporação dos tratados ou convenções internacionais.

— É na Constituição da República — e não na controvérsia doutrinária que antagoniza monistas e dualistas — que se deve buscar a solução normativa para a questão da incorporação dos atos internacionais ao sistema de direito positivo interno brasileiro. O exame da vigente Constituição Federal permite constatar que a execução dos tratados internacionais e a sua incorporação à ordem jurídica interna decorrem, no sistema adotado pelo Brasil, de um ato subjetivamente complexo, resultante da conjugação de duas vontades homogêneas: a do Congresso Nacional, que resolve, definitivamente, mediante decreto legislativo, sobre tratados, acordos ou atos internacionais (CF, art. 49, I) e a do Presidente da República, que, além de poder celebrar esses atos de direito internacional (CF, art. 84, VIII), também dispõe — enquanto Chefe de Estado que é — da competência para promulgá-los mediante decreto. O iter procedimental de incorporação dos tratados internacionais — superadas as fases prévias da celebração da convenção internacional, de sua aprovação congressional e da ratificação pelo Chefe de Estado — conclui-se com a expedição, pelo Presidente da República, de decreto, de cuja edição derivam três efeitos básicos que lhe são inerentes: (a) a promulgação do tratado internacional; (b) a publicação oficial de seu texto; e (c) a executoriedade do ato internacional, que passa, então, e somente então, a vincular e a obrigar no plano do direito positivo interno. Precedentes.

Subordinação normativa dos tratados internacionais à Constituição da República.

— No sistema jurídico brasileiro, os tratados ou convenções internacionais estão hierarquicamente subordinados à autoridade normativa da Constituição da República. Em conseqüência, nenhum valor jurídico terão os tratados internacionais, que, incorporados ao sistema de direito positivo interno, transgredirem, formal ou materialmente, o texto da Carta Política. O exercício do *treaty-making power*, pelo Estado Brasileiro — não obstante o polêmico art. 46 da Convenção de Viena sobre o Direito dos Tratados (ainda em curso de tramitação perante o Congresso Nacional) —, está sujeito à necessária observância das limitações jurídicas impostas pelo texto constitucional.

Controle de constitucionalidade de tratados internacionais no sistema jurídico brasileiro.

— O Poder Judiciário — fundado na supremacia da Constituição da República — dispõe de competência, para, quer em sede de fiscalização abstrata, quer no âmbito do controle difuso, efetuar o exame de constitucionalidade dos tratados ou convenções internacionais já incorporados ao sistema de direito positivo interno. Doutrina e Jurisprudência.

Paridade normativa entre atos internacionais e normas infraconstitucionais de direito interno.

— Os tratados ou convenções internacionais, uma vez regularmente incorporados ao direito interno, situam-se, no sistema jurídico brasileiro, nos mesmos planos de validade, de eficácia e de autoridade em que se posicionam as leis ordinárias, havendo, em conseqüência, entre estas e os atos de direito internacional público, mera relação de paridade normativa. Precedentes. No sistema jurídico brasileiro, os atos internacionais não dispõem de primazia hierárquica sobre as normas de direito interno. A eventual precedência dos tratados ou convenções internacionais sobre as regras infraconstitucionais de direito interno somente se justificará quando a situação de antinomia com o ordenamento doméstico impuser, para a solução do conflito, a aplicação alternativa do critério cronológico (*lex posterior derogat priori*) ou, quando cabível, do critério da especialidade. Precedentes.

Tratado internacional e reserva constitucional de lei complementar.

— O primado da Constituição, no sistema jurídico brasileiro, é oponível ao princípio *pacta sunt servanda*, inexistindo, por isso mesmo, no direito positivo nacional, o problema da concorrência entre tratados internacionais e a Lei Fundamental da República, cuja suprema autoridade normativa deverá sempre prevalecer sobre os atos de direito internacional público. Os tratados internacionais celebrados pelo Brasil — ou aos quais o Brasil venha a aderir — não podem, em conseqüência, versar matéria posta sob reserva constitucional de lei complementar. É que, em tal situação, a própria Carta Política subordina o tratamento legislativo de determinado tema ao exclusivo domínio normativo da lei complementar, que não pode ser substituída por qualquer outra espécie normativa infraconstitucional, inclusive pelos atos internacionais já incorporados ao direito positivo interno.

Legitimidade constitucional da Convenção 158/OIT, desde que observada a interpretação conforme fixada pelo Supremo Tribunal Federal.

— A Convenção 158/OIT, além de depender de necessária e ulterior intermediação legislativa para efeito de sua integral aplicabilidade no plano doméstico, configurando, sob tal aspecto, mera proposta de legislação dirigida ao legislador interno, não consagrou, como única conseqüência derivada da ruptura abusiva ou arbitrária do contrato de trabalho, o dever de os Estados-partes, como o Brasil, instituírem, em sua legislação nacional, apenas a garantia da reintegração no emprego. Pelo contrário, a Convenção 158/OIT expressamente permite a cada Estado-parte (Artigo 10), que, em função de seu próprio ordenamento positivo interno, opte pela solução normativa que se revelar mais consentânea e compatível com a legislação e a prática nacionais, adotando, em conseqüência, sempre com estrita observância do estatuto fundamental de cada País (a Constituição Brasileira, no caso), a fórmula da reintegração no emprego e/ou da indenização compensatória. Análise de cada um dos Artigos impugnados da Convenção 158/OIT (Artigos 4º a 10).

Este julgamento fixou, dentre outros pontos, os seguintes:

(i) os tratados internacionais subordinam-se à Constituição Federal;

(ii) são passíveis de controle de constitucionalidade pelo Supremo Tribunal Federal (e em controle difuso pelos demais órgãos do Poder Judiciário);

(iii) no plano sintático, os tratados situam-se no mesmo nível das leis ordinárias;

(iv) eventual conflito entre tratados e leis ordinárias resolvem-se pelos critérios cronológico ou da especialidade;

(v) o Presidente da República não pode celebrar tratados sobre matérias reservadas à lei complementar.

Em 2001, o Plenário julgou a medida cautelar na ADI 1.600/UF, Rel. Min. Sydney Sanches (j. 26.11.2001, *DJU* 20.6.2003, p. 56, Ement. vol.-02115-09, p. 1.751) assim ementado:

Ementa: Constitucional. Tributário. Lei Complementar 87/1996. ICMS e sua instituição. Arts. 150, II; 155, § 2º, VII, "a", e inciso VIII, CF. Conceitos de passageiro e de destinatário do serviço. Fato gerador. Ocorrência. Alíquotas para operações interestaduais e para as operações internas. Inaplicabilidade da fórmula constitucional de partição da receita do ICMS entre os Estados. Omissão quanto a elementos necessários à instituição do ICMS sobre navegação aérea. ***Operações de tráfego aéreo internacional. Transporte aéreo internacional de cargas. Tributação das empresas nacionais. Quanto às empresas estrangeiras, valem os acordos internacionais — Reciprocidade. Viagens nacional ou internacional — Diferença de tratamento. Ausência de normas de solução de conflitos de competência entre as unidades federadas. Âmbito de aplicação do art. 151, CF é o das relações das entidades federadas entre si. Não tem por objeto a União quando esta se apresenta na ordem externa. Não-incidência sobre a prestação de serviços de transporte aéreo, de passageiros — Intermunicipal, interestadual e internacional. Inconstitucionalidade da exigência do ICMS na prestação de serviços de transporte aéreo internacional de cargas pelas empresas aéreas nacionais, enquanto persistirem os convênios de isenção de empresas estrangeiras. Ação julgada, parcialmente procedente.***

Neste processo, discutia-se a constitucionalidade da inclusão da navegação aérea no âmbito de incidência do ICMS sobre serviços de transportes intermunicipais e interestaduais, veiculada pela Lei Complementar 87/1996.

Dentre os argumentos expostos, interessam-nos o relativo à existência de tratados internacionais que isentam as companhias aéreas estrangeiras que prestam serviços de transporte no Brasil, o que acarretaria a exigência deste imposto apenas em relação às empresas brasileiras em flagrante ofensa à isonomia.

A ação foi julgada parcialmente procedente, para excluir do âmbito de incidência da Lei Complementar 87/1996 os transportes aéreos de passageiros (porque não havia critério para determinar a repartição de receitas entre os Estados envolvidos, já que o bilhete emitido à pessoa física seria sempre de operação interna — venda a consumidor final — ainda que o serviço envolvesse mais de uma unidade da Federação) e o transporte aéreo internacional de cargas pelas empresas aéreas nacionais, *enquanto persistirem os convênios de isenção de empresas estrangeiras*.

Em relação ao tema do presente trabalho, o acórdão fixou o seguinte entendimento:

(i) tratado internacional pode veicular isenção de tributo estadual (ICMS);

(ii) o art. 151 da Constituição Federal aplica-se à União enquanto pessoa política de direito público interno e não à República Federativa do Brasil por ela representada na celebração de tratados;

(iii) a LC 87/1996 que trazia cláusula geral de incidência (v. arts. 1º e 2º) não revogou as isenções de ICMS concedidas a empresas aéreas estrangeiras, ainda que posterior;

(iv) ao não revogar tais isenções (por âmbito de aplicabilidade distinto) a LC 87/1996 ofendeu a isonomia.

Lê-se do voto do Min. Nelson Jobim:

> Dir-se-ia que os acordos internacionais, firmados pela União, não podem ser opostos aos Estados.
>
> A CF veda à União a instituição de "isenções de tributos da competência dos Estados (...)" (art. 151, III).
>
> Afirmar-se-ia, com isso, que os Estados, não obstante os Tratados, poderiam cobrar o tributo das empresas estrangeiras.
>
> Por todos, leio Sacha Calmon:
>
> "(...) José Afonso da Silva é enfático: 'O Estado Federal, a República Federativa do Brasil, é que é a pessoa jurídica de direito internacional. Na verdade, quando se diz que a União é a pessoa de direito internacional, não se está dizendo bem, mas quer-se referir a duas coisas: (a) as relações internacionais da República Federativa do Brasil realizam-se por intermédio de órgãos da União, integram a competência desta, conforme dispõe o art. 21, incisos I — IV; (b) os Estados Federados não têm competência em matéria internacional, nem são entidades reconhecidas pelo Direito internacional, são simplesmente direito interno'.

"É imperioso, pois, distinguir a União Federal quanto representa o Estado Brasileiro na ordem internacional e a União como pessoa jurídica de Direito Público interno. Assim, quando o art. 151, III, da Constituição Federal veda à União a faculdade de "instituir isenções de tributos da competência dos Estados, do Distrito Federal ou dos Municípios", não está limitando a competência do Estado Brasileiro para concluir acordos tributários que envolvam gravames estaduais ou municipais, mas apenas proibindo, na ordem jurídica interna, a isenção heterônoma e ditatorial que existia na Carta autoritária de 1967, (...). A isenção oriunda da lei da União invasiva da competência estadual e municipal é algo diverso da isenção decorrente de tratado (...)."

Uma coisa é vedar à União a utilização de lei para isentar imposto estadual e municipal. Outra coisa é recepcionar isenção derivada de tratado internacional (e não de lei complementar ou federal).

A isenção heterônoma decorre de lei. A isenção convencional, de tratado internacional. Quanto a essa última, o Direito brasileiro o que prescreve é a sua obediência pela Nação (União, Estados, Distrito Federal e Municípios).

Lembra, ainda Sacha Calmon, que a CF permite a isenção heterônoma em dois casos: ICMS, nas exportações para o exterior de serviços e outros produtos além dos mencionados no inciso X, *a* (CF, art. 155, § 2º, XII, *e*);

ISS, nas exportações para o exterior (CF, art. 156, § 3º, II).

O âmbito de aplicação do art. 151, da CF, em todos os seus incisos, é o das relações das entidades federadas, entre si.

Não tem por objeto a União Federal quando esta se apresenta como a República Federativa do Brasil, na ordem externa.

Lembro a Súmula 575,[13] do STF e as Súmulas 20[14] e 71[15] do STJ.

Tratam da questão do tratado de Montevidéu (GATT).

Essas súmulas não dizem com regra equivalente ao atual art. 151, III.

Essa regra não tem similar nas Constituições anteriores.

Por tudo isso, concluo ser inconstitucional, como está posto na LC 87/1996, a instituição do ICMS sobre a prestação de serviços de transporte aéreo, de passageiros — intermunicipal, interestadual e internacional.

Deixo de declarar a inconstitucionalidade em relação ao transporte terrestre de passageiros.

O tema não foi posto pela inicial.

Concluo, também, ser inconstitucional, com fundamento no art. 150, II, da CF, a exigência do ICMS na prestação de serviços de transporte aéreo internacional de cargas pelas empresas aéreas nacionais, enquanto persistirem os Convênios de isenção de empresas estrangeiras (Ementário 1.852-1.855).

Neste acórdão vislumbramos a manutenção das premissas relativas à superioridade da Constituição frente ao tratado internacional, mas não a relativa à equiparação hierárquica entre eles, ou seja, mesmo sendo posterior e mais abrangente a LC 87/1996 não revogou as isenções veiculadas por tratados internacionais anteriores o que acarretou inclusive a inconstitucionalidade do dispositivo por ofensa à isonomia (empresas brasileiras e estrangeiras).

Poder-se-ia alegar que tal posicionamento fundamentou-se no princípio da reciprocidade de tratamento (não-discriminação) e no da isonomia entre as empresas nacionais e estrangeiras, e não na relação semântica entre a norma veiculada pelo tratado e a LC que instituiu nova incidência do imposto (revogando a isenção).[16]

13. "A mercadoria importada de país signatário do GATT, ou membro da ALALC, estende-se a isenção do imposto sobre circulação de mercadorias concedida a similar nacional."

14. "A mercadoria importada de país signatário do GATT é isenta do ICM, quando contemplado com esse favor o similar nacional."

15. "O bacalhau importado de país signatário do GATT é isento do ICM."

16. Heleno Torres entende que o GATT "não tem por objetivo a criação, modificação ou extinção

Contudo, entendemos que o princípio da reciprocidade e da isonomia foram aplicados ao caso concreto exatamente para se justificar a prevalência da eficácia do tratado internacional em relação ao direito interno. Os princípios são instrumentos para a solução do conflito aparente entre as normas e foram utilizados no caso concreto.

Neste sentido, transcrevemos trecho de acórdão do Superior Tribunal de Justiça que fundamentou a edição da Súmula 71 daquele Tribunal:

> Não existe o bacalhau brasileiro.
>
> Ele é pescado nas águas frias e temperadas do Hemisfério Norte, das Costas da Terra Nova, Noruega, Inglaterra e Islândia e deve ser enquadrado na categoria de peixes salgados e secos, isentos do Imposto de Circulação de Mercadorias, nos termos da cláusula primeira do Convênio ICM 089/1988, prorrogado pelo Convênio ICM 60/1988.
>
> *A exclusão do bacalhau feita pelo parágrafo único da cláusula primeira do Convênio ICM n 08/1988, contraria o art. III do GATT que garante a isenção ao produto importado de país signatário do acordo com similar nacional e prevalece sobre a legislação tributária interna (CTN art. 98)* e esta isenção não foi revogada pela Emenda Constitucional 23/1983.
>
> Esta Egrégia Corte, nos Recursos Especiais 1.309-SP, *DJ* de 28.5.1990; 1.532-SP, *DJ* de 19.2.1990; 1.845-SP, *DJ* de 25.6.1990; 2.448-SP, *DJ* de 6.8.1990; 2.767-SP, *DJ* de 8.6.1990 e 3.143-SP, *DJ* de 6.8.1990, firmou o entendimento, consubstanciado na Súmula 20 (...) (REsp 21.577, *DJ* 29.6.1992, grifo nosso).

No julgamento do REsp 21.577 (1992) o Superior Tribunal de Justiça entendeu que a legislação posterior não pode revogar dispositivo veiculado em tratado internacional, ou seja, reconheceu a prevalência da aplicação do direito internacional em relação ao direito interno.[17]

Embora não tenha sido expressamente consignado nos acórdãos, nem nos votos deles integrantes, concluímos que a jurisprudência caminha para a convivência sintática entre as disposições veiculadas pelos tratados e aquelas veiculadas pela legislação interna, privilegiando o tratado em eventual conflito semântico entre seus dispositivos, sempre em observância aos princípios constitucionais notadamente os relativos à atuação do Estado na esfera internacional.

3. A Federação Brasileira e seu aspecto tributário

Seguindo o corte epistemológico a que nos propusemos, cumpre-nos abordar e delimitar, para o presente estudo, o conceito de Federação veiculado pela Constituição Federal de 1988, para no capítulo seguinte abordarmos nosso tema central.

A análise da "natureza jurídica do Estado Federal, tem como objetivo caracterizar, no plano jurídico, essa técnica de exercício de poder (federalismo político), especialmente porque a Federação é um princípio constitucional, assim definido pela pragmática da comunicação normativa constitucional. Já o estudo dos reflexos dessa natureza jurídica sobre a relação jurídica tributária implica na análise da natureza jurídica das competências tributárias coexistentes, que são uma decorrência da descentralização territorial de poder. É nesse sentido que se pode falar de Constituição Federal como, fundamentalmente, um ato normativo de discriminação de compe-

de tributos dos países membros. Não visa a criar ou extinguir isenções ou imunidades tributárias dos Estados signatários. Tampouco prevê qualquer obrigação internacional para que os Estados venham a criar ou extinguir determinados impostos ou concessão de determinadas isenções. O que o Acordo GATT preceitua é a obediência ao princípio da não-discriminação, tão-somente" (ob. cit., p. 589).

17. Em sentido contrário, entendendo que o GATT não veiculou isenção e se o fez não foi recebido pela Constituição Federal, Francesco Conte ("O tratado internacional e a isenção de tributos estaduais e municipais: breves reflexões", in *Revista Dialética de Direito Tributário* 35/33 e ss., ago. 1998).

tências das entidades intra-estatais do que resulta uma fonte imediata de situações subjetivas".[18]

3.1 Origens e contornos do federalismo brasileiro na Constituição de 1988

A Federação é uma forma de governo, organização interna do Estado marcada pela descentralização política.

Paralelamente ao governo central, articulam-se governos regionais descentralizados, com autonomia legislativa, administrativa e executiva, todos subordinados à Constituição Federal.

A adoção da Federação "tornou-se alternativa com que contam os Estados de dimensões continentais, os Estados de composição plurinacional, os Estados de pluralidade lingüística e as grandes concentrações populacionais, para equacionarem o exercício do poder político nos respectivos territórios. O federalismo contem a fórmula que assegura a coexistência da unidade na diversidade".[19]

Ao longo da história o federalismo norte-americano e o alemão (Lei Fundamental de Bonn de 1949) são exemplos da evolução deste regime: "O modelo norte-americano concebeu a organização constitucional do Governo Central e dos Governos estaduais. Estabeleceu o convívio entre ambos, através da atribuição dos poderes enumerados e dos poderes reservados. Invertendo a descrição esquemática de Tocqueville, segundo a qual o Governo dos Estados é o direito comum e o Governo Federal é a exceção, a evolução ulterior do federalismo dilatou os poderes centrais, com apoio na cláusula da supremacia, enunciada no art. VI da Constituição, e na criação jurisprudencial dos poderes implícitos. No modelo norte-americano, o federalismo vinculou-se ao governo presidencial. O modelo do federalismo alemão da Lei Fundamental de 1949, que lança raízes na Constituição de Weimar de 1919, renovou os fundamentos do federalismo, afastando-se do modelo norte-americano. Concebeu nova repartição de competências, que ultrapassou a repartição dual norte-americana, introduzindo no mecanismo federal a repartição mista da legislação concorrente, ampliando a atividade legislativa dos Estados-membros. Os Estados da Federação participam nas relações com a União Européia, quando uma questão envolver a legislação de competência dos Länder, mediante transferência de atribuições da República Federal aos Länder. No federalismo alemão, o governo federal associou-se ao parlamentarismo. Insere-se o federalismo alemão no movimento de abandono do modelo norte-americano, que Alfred Stepan apontou nas democracias contemporâneas".[20]

Pinto Ferreira[21] observa que no Brasil "historicamente, os atuais Estados-membros derivam das Províncias do Império e do Reino Unido, do mesmo modo que estas Províncias derivam das antigas capitanias. Assim sendo, o nosso governo regional tem raízes históricas remontando a cerca de 400 anos, o Estado federado tem uma longa história, provindo em linha reta das antigas províncias, do mesmo modo que estas derivam das Capitanias".

E continua o ilustre constitucionalista: "A colonização portuguesa, tanto quanto a espanhola, bastante divergiu assim da colonização inglesa, pois esta sempre se propôs experimentar o *self-government*, um grau relativo de autonomia política em suas colônias, o que as habituou de início à prática do governo representativo, ao passo que a colonização lusitana se estruturava na base de simples descentralização administrativa,

18. Edvaldo Brito, "Federalismo tributário", in *Cadernos de Direito Constitucional e Ciência Política* 18/134 e ss., Ed. RT, ano 5, jan.-mar. 1997.

19. Raul Machado Horta, "O federalismo no direito constitucional contemporâneo", in *Revista da Academia Brasileira de Letras Jurídicas* 19-20/224, Rio de Janeiro, ano XVII, 2001.

20. Raul Machado Horta, ob. cit., p. 223.

21. "O regime dos Estados na Federação Brasileira", in *Revista de Informação Legislativa* 1/5, Brasília, 1964.

de autonomia administrativa e não política".[22]

Com a Proclamação da República as províncias (20 à época) transformaram-se em Estados-membros, mas ainda não possuíam tais contornos pela ausência de autonomia política, o que somente ocorreu em 12 de agosto de 1834 com a edição de um Ato Adicional que transformou os conselhos gerais das Províncias em Assembléias Provinciais com membros leitos pelo povo.

"A princípio com a Constituição do Império a estrutura das Províncias era garantida pela rigidez da lei constitucional, somente lei especial do Parlamento geral poderia modificar tal estrutura, elas possuindo uma simples descentralização burocrática ou administrativa. Nem mesmo tinham o direito à sua integridade territorial e daí os desmembramentos que sofreram, como por ocasião do caso das Províncias do Paraná e do Amazonas, criadas pelo esfacelamento de outras Províncias. O presidente dessas Províncias era nomeado pelo Premier como simples delegado do poder central, ao passo que os conselhos gerais de Províncias, conquanto eletivos, tinham apenas funções restritas de 'propor, discutir, deliberar sobre os negócios mais interessantes de suas Províncias', mediante projetos que depois remetiam para o Governo central.

"Esta sufocante asfixia administrativa fazia perigar a própria unidade nacional, e daí a origem do Ato Adicional de 12 de agosto de 1834, outorgando certa autonomia às coletividades integrantes do Império, quando os conselhos gerais das Províncias se transformaram em Assembléias provinciais, com membros eleitos pelo povo da região. Os seus poderes eram bem amplos abrangendo a instrução primária, a polícia e a economia municipal, a fixação da força policial, o levantamento de empréstimos, o processo dos magistrados, a divisão civil, judiciária e eclesiástica, bem como a suspensão dos presidentes das províncias. Tais deliberações dependiam, evidentemente, da sanção dos delegados do poder central, isto é, do presidente da Província, porém as Assembléias poderiam superar e rejeitar tais vetos por uma maioria de dois terços em determinada matéria (orçamento, polícia e economia das Comunas, processo dos magistrados) ao mesmo tempo se possibilitava o recurso suspensivo dos presidentes para o poder central, como no caso da realização de obras públicas interessando a várias Províncias, atos violadores de tratados internacionais, e posteriormente as leis provinciais em desacordo com a Constituição, esta hipótese última sugerida pela Lei de Interpretação do Ato Adicional."[23]

A partir de então, ressalvadas exceções, o federalismo brasileiro compõe-se pela reunião de Estados-membros dotados de autonomia constitucional (poder constituinte derivado decorrente — política-jurídica) observando-se os princípios da Constituição Federal:

"Além disso os nossos Estados-membros têm o poder de participação na formação da vontade federal, ou melhor, na formação dos órgãos do Governo nacional, mediante a técnica do bicameralismo, conforme a qual uma das câmaras, a Câmara Alta, chamada de Senado, é tida como uma Câmara dos Estados, admitindo-se a igualdade de participação ou a inalterabilidade numérica dos senadores, em número igual para cada Estado. É o princípio da igualdade de representação dos Estados federados na Câmara Alta, conforme tradição norte-americana, adotada na Argentina, no Brasil, no México e na Suíça.

"(...).

"De modo geral, esta estrutura é a que tem dominado na tradição republicana brasileira, salvo no período ditatorial, de maneira que bem se poderia definir o Estado-membro, em nossa vida pública, como aquela corporação territorial dotada de autonomia constitucional dentro dos limites

22. Ob. cit., p. 6.

23. Pinto Ferreira, ob. cit., pp. 6-7.

assegurados pela Carta federal, ao qual se assegura o direito à integridade territorial, o poder de participar na formação do Governo nacional e o exercício dos poderes residuais ou remanescentes."[24]

À definição acima, "corporação territorial dotada de autonomia constitucional dentro dos limites assegurados pela Carta Federal, ao qual se assegura o direito à integridade territorial, o poder de participar na formação do Governo nacional e o exercício dos poderes residuais ou remanescentes" podemos acrescentar a autonomia entres os membros da Federação, conforme enunciado pelo art. 18, *caput*, da Constituição.[25]

A União Federal, neste contexto federativo, surge como uma entidade política necessária para a representação dos interesses dos Estados-membros na órbita internacional, ou seja, da República Federativa do Brasil, (mais uma vez invocamos o art. 18, *caput*, da Constituição Federal), e neste tópico, concordamos com Marcelo Elias Sanches quando afirma: "A Federação *lato sensu* é a forma, a moldura de Estado instituída pela Magna Carta (art. 1º), em que há a existência de um ente federado central e outros setoriais. O primeiro é a fusão dos interesses dos entes federados setoriais e da Nação, compondo, para esta análise, a defesa e administração do interesse nacional, internamente. Enquanto que perante a Sociedade Internacional, faz-se presente, no feliz vocábulo de Pontes de Miranda, a República Federativa do Brasil. Estou convencido que é decorrente do próprio federalismo a presença e existência necessária da União Federal, não carecendo de norma jurídica constitucional instituí-la, resultante inata da idéia de *Federação*, sob pena de termos uma *Confederação*".[26]

Às unidades federadas, União, Estados, Distrito Federal e Municípios, a Constituição Federal outorgou competências legislativas a serem exercidas nos limites por ela conferidas em uma convivência autônoma e harmoniosa desconsiderada apenas em hipóteses excepcionais de intervenção federal nos Estados ou estadual nos Municípios (arts. 34 e ss. da Constituição).

A regra é a autonomia e a convivência legislativa em seu feixe de competência o que caracteriza nosso federalismo como sendo de equilíbrio e de cooperação.

Reinhold Zippelius, analisando com profundidade a questão da repartição da competência na estrutura do Estado federal, observa:

"Também de acordo com a compreensão atual, o Estado federal é uma união de Estados de natureza tal que também a própria associação organizada de Estados (ou seja, a federação) reveste a qualidade de Estado. Tenta-se enquadrar a relação entre federação e Estados-membros e o Estado global; enquanto os outros dizem que no Estado federal estão reunidos o Estado global, os Estados-membros e o Estado central (Nawiasky, III, 158, *et seq.*). Na verdade, a totalidade das competências do Estado global é assumida em parte pelos órgãos dos Estados-membros e em parte pelos órgãos centrais da associação organizada dos Estados, não sendo possível materializar, num Estado central separado, as competências dos puros órgãos centrais. A distribuição das competências no Estado federal é equilibrada por forma a que nem os órgãos centrais da federação, nem os órgãos dos Estados-membros possuem, por si sós, a supremacia das competências ('soberania dos órgãos').

"Freqüentemente, as competências estatais são repartidas consoante as matérias. Assim, aos órgãos centrais da federação são normalmente atribuídos os assuntos externos, e aos Estados-membros, re-

24. Pinto Ferreira, ob. cit., pp. 7 e 8.

25. "Art. 18. A organização político-administrativa da Republica Federativa do Brasil compreende a União, os Estados, o Distrito Federal e os Municípios, todos autônomos, nos termos desta Constituição."

26. "Os tratados internacionais e a disciplina dos tributos estaduais e municipais", in *Revista Dialética de Direito Tributário* 59/58, São Paulo, Dialética, 2000.

gra geral, a vigilância sobre a segurança e a ordem públicas. A competência legislativa é atribuída em função da matéria a legislar, incumbindo quer aos órgãos centrais, quer aos órgãos dos Estados-membros. No entanto, também são concebíveis outros modelos de repartição. Nos tempos mais recentes, sobretudo os esquemas de repartição cooperativa das funções adquiriram especial importância."[27]

A Constituição outorgou à União competências legislativas privativas (art. 22 da CF/1988), aos Estados e Distrito Federal competência legislativa subsidiária ou residual (art. 25, § 1º, da CF/1988) e aos Municípios a competência para legislar sobre "assuntos de interesse local" (art. 30, I, CF/1988), por óbvio em complementação ou exclusão daquela conferida aos demais entes federativos.

No art. 24, o constituinte originário disciplinou a chamada competência legislativa concorrente.

Deste dispositivo, interessam-nos a idéia de competência legislativa concorrente e a técnica de solução de conflito diante de eventual incompatibilidade semântica, conforme retomaremos no capítulo seguinte.

Pela peculiar caracterização do Distrito Federal, a ele são reservadas as competências legislativas e administrativas dos Estados e dos Municípios (art. 32, § 1º, CF/1988).

Ao lado da competência legislativa, a Constituição repartiu entre as unidades federadas a competência administrativa nos arts. 21 (competência privativa da União); 23 (competência comum dos entes federados); 25 (Estados); e 29 (Municípios).

Para custear estas atividades, e assim permitir a autonomia política dos membros da Federação, o constituinte originário outorgou-lhes competência tributária (v. *supra*) e repartiu as receitas tributárias mediante uma idéia de cooperação entre a União, os Estados, Distrito Federal e os Municípios, com previsão orçamentária predeterminada de repasse constitucional de verbas decorrentes de impostos da União e dos Estados.

Por estas características vislumbramos que a Constituição Brasileira de 1988 não adotou única e exclusivamente o modelo de distribuição de competência fixado pelo federalismo norte-americano, baseado na delimitação privativa da União e residual dos Estados-membros, mas modelo híbrido, que se aproxima do modelo alemão (da Constituição de Bonn de 1949) por temperar à esta repartição clássica, competências comuns e concorrentes (*supra*).[28]

27. Elcio Fonseca Reis, *Federalismo Fiscal. Competência Concorrente e Normas Gerais de Direito Tributário*, Belo Horizonte, Mandamentos, 2000, p. 57.

28. "A inovadora repartição de competências, adotada nas Constituições da Áustria, da Alemanha Federal e da Índia, veio conferir apreciável enriquecimento à técnica que individualiza o Estado Federal no domínio das formas estatais. Deu-se nova substância à atividade legislativa do Estado-membro, permitindo-lhe o ingresso no amplo setor da legislação federal, sem prejuízo das regras de coexistência, que demarcam, com maior amplitude do que na técnica dual do federalismo norte-americano, as fronteiras normativas do Estado Federal. Essa repartição, flexível nos seus movimentos e diversificada na sua matéria, é instrumento capaz de preservar o duplo ordenamento do Estado Federal, impedindo que o crescimento progressivo dos poderes federais venha absorver, na exaustividade dos poderes enumerados, a matéria indeterminada dos poderes reservados. De outro lado, a participação dos Estados em matéria legislativa mais ampla permitirá o afeiçoamento das normas da legislação federal de princípios e de regras gerais às peculiaridades econômicas, sociais e culturais de cada Estado, mediante o desenvolvimento de particularidades que a absorvente e unificadora legislação federal central geralmente desestimula e ignora.

"Na repartição concorrente ou mista reside a fonte do federalismo de equilíbrio, forma que se opõe ao federalismo centrípeto, fundado na plenitude dos poderes federais, que se expandiu nas Constituições Federais de 1934, 1946 e 1967. A repartição de competências, estruturada na Constituição Federal de 1988, acolheu as novas tendências do federalismo e na concepção constitucional é visível a influência da técnica de competência da Lei Fundamental da Alemanha de 1949. Inspirando-se no modelo alemão, a Constituição de 1988, mantendo a legislação de

Raul Machado Horta classifica estes modelos híbridos como um federalismo de equilíbrio (em oposição ao centrípeto em que as decisões são impostas pela União e o descentralizado em que prevalecem os Estados). Além desta classificação, vale a transcrição da divisão entre federalismo *simétrico* e *assimétrico*:

"O federalismo simétrico pressupõe a existência de características dominantes, que servem para diferi-lo do federalismo assimétrico, de certo modo infenso, este último, a uma sistematização rigorosa. Se utilizarmos a caracterização lógico-formal de Kelsen, para demonstração de nosso raciocínio, o federalismo simétrico corresponderá a uma estrutura normativa, distribuída em planos distintos, que identificam a concepção federal e assinalam sua autonomia no conjunto das formas políticas. Projetada na concepção de Kelsen, a simetria federal, dentro de tipologia constante, envolve a existência do ordenamento jurídico central, sede das normas centrais do Estado Federal e de ordenamentos jurídicos parciais, responsáveis respectivamente, pelas normas federais da União e locais dos Estados-membros, organizados e comandados pela Constituição Federal na função de Constituição total, fonte de repartição de competências, que alimenta o funcionamento do ordenamento central e dos ordenamentos parciais. O esquema normativo assim descrito é constante e regular, compondo a estrutura normativa do federalismo simétrico. A reprodução posterior desse esquema normativo-ordenamento jurídico central, ordenamentos jurídicos parciais, Constituição Federal — na Constituição jurídico-positiva conduz ao modelo de federalismo simétrico, partindo da representação teórica e formal.

"(...).

"Rupturas nas linhas definidoras do federalismo simétrico geram formas irregulares de federalismo, ingressando na figura do federalismo assimétrico. Essas rupturas tanto podem consistir em deformações no estilo e nas regras federais em razão do funcionamento do sistema federal, como em criações novas, estranhas ao conjunto identificador do federalismo simétrico. (...).

"O federalismo assimétrico não deixa de ser forma anômala, se confrontado com o federalismo simétrico. A anomalia do federalismo assimétrico, para a concepção que estamos desenvolvendo, não se limita a manifestação do fenômeno fático. Pressupõe a criação normativa, a existência de regra no ordenamento jurídico federal, em contraste com os fundamentos normativos do federalismo simétrico. As normas assimétricas, embora de incidência parcial, podem alterar profundamente a estrutura do federalismo simétrico. Não conhecendo Constituição Federal totalmente assimétrica, é possível, entretanto, localizar regras assimétricas no corpo da Constituição Federal."[29]

competência privativa, introduziu na repartição de competências a técnica da legislação concorrente da União, dos Estados e do Distrito Federal, abrandando o volume da legislação privativa da União. A legislação concorrente encerra apreciável matéria legislativa, para ser objeto da atividade da União, dos Estados e do Distrito Federal, observadas as regras que a CF estabeleceu (art. 24, §§ 1º, 2º, 3º e 4º). Na legislação concorrente cabe à União estabelecer normas gerais e aos Estados deferiu-se a competência de legislação suplementar, que poderá tornar-se competência legislativa completa, na ausência de lei federal de normas gerais. E não só na legislação concorrente se admitiu a atividade legislativa do Estado. No quadro privativo da legislação federal, que abrange o amplo domínio do direito codificado, admitiu-se legislação estadual sobre questões específicas, mediante autorização de lei complementar (art. 22, parágrafo único). Recentemente, a Lei Complementar 103, de 14 de julho de 2000, que autoriza os Estados e o Distrito Federal instituir o piso salarial, a que se refere o art. 7º inciso V da CF, inaugurou o ingresso da legislação estadual no domínio da legislação privativa da União. Se prosperar essa modalidade de legislação compartilhada, o federalismo brasileiro ingressará em outra fase, a do federalismo de equilíbrio, que tornará distante e impraticável o federalismo centrípeto, fundado no quase monopólio legislativo da União" (Raul Machado Horta, ob. cit., pp. 236-237).

29. Raul Machado Horta, ob. cit., pp. 229-231.

Pelas nossas características constitucionais, podemos classificar a Federação de 1988 como *assimétrica* (por conter normas que desviam-se do modelo simétrico, como o maior número de possibilidade de intervenção federal), de *equilíbrio* (pela divisão entre as competências legislativas e administrativas, prevendo a convivência de normas provenientes de fontes distintas, ainda que com conteúdo semântico diverso, desde que compatíveis com o sistema — norma geral, norma específica) e *financeiro* (pela destinação constitucional de receitas da arrecadação da União para os Estados e Municípios e daqueles para estes).

3.2 A competência tributária como elemento de independência do ente federativo

Como analisado anteriormente, um dos fatores que caracterizam a Federação Brasileira é a autonomia político-administrativa dos entes federativos garantida pelo poder de auto-organização mediante as Constituições Estaduais e as Leis Orgânicas (do Distrito Federal e dos Municípios), conforme arts. 25, 29 e 32 da Constituição Federal.

A auto-organização é condicionada à obediência aos princípios da Constituição Federal e à competência legislativa nela estabelecida (*supra*).

Mas para que se garanta a autonomia político-administrativa faz-se necessária a outorga de autonomia *financeira* e neste ponto, surgem a competência tributária (arts. 153 a 156) e o repasse constitucional de receitas tributárias (arts. 157 a 162).

Roque Antonio Carrazza aponta para a competência tributária as seguintes características: "(i) privatividade; (ii) indelegabilidade; (iii) incaducabilidade; (iv) inalterabilidade; (v) irrenunciabilidade; e (vi) facultatividade do exercício".[30]

Estas características denotam na doutrina clássica, baseada no federalismo norte-americano, a supervalorização do ente federativo em oposição uns aos outros e principalmente em relação à União, contudo, nossa Constituição de 1988 não adotou modelo tão rigoroso, excludente ou *dual*.

O art. 154 reserva à União a competência residual (inciso I) e a competência para instituição de impostos extraordinários "compreendidos ou não em sua competência tributária" em caso de guerra externa ou sua iminência.

O art. 155, § 2º, XII, *e*, da CF/1988 confere à União aptidão para mediante lei complementar "excluir da incidência do imposto (ICMS), nas exportações para o exterior, serviços e outros produtos além dos mencionados no inciso X, *a*".

O art. 156, § 3º, II, da CF outorga mesma competência à União, mas em matéria de ISS.

O art. 156, III dispõe que o Município terá competência para tributar os "serviços de qualquer natureza (...) definidos em lei complementar".

Por estas e por outras características, vislumbramos que o modelo adotado pela Constituição de 1988 para a competência tributária não é privativo, exclusivo, fechado, mas temperado com a possibilidade de modulação desta competência por norma infraconstitucional.

Não há redução ou alteração de competência.

A Constituição prevê apenas e tão-somente a prevalência da norma nacional em detrimento da norma local, pautada por motivos de relevante interesse nacional, suspendendo-se a eficácia da norma local (não sua vigência).

Edvaldo Brito aponta que "essas perspectivas conduzem a um federalismo cooperativo e redistributivista no segmento econômico-financeiro e requer nova disciplina jurídica da desconcentração territorial de poder, objetivando a execução de funções públicas promotoras do bem-estar social e do desenvolvimento econômico, ao tempo em que se mostra como um federa-

30. Ob. cit., p. 451.

lismo centrípeto desde quando é necessário atribuir à União a superintendência de todo o território, rejeitada, porém qualquer tendência para a hipertrofia que é forma patológica da concentração, porque o federalismo centrípeto, sem as usurpações causadas por essa patologia, é essencial à efetivação da descentralização de poder, na medida em que, assim, preserva-se a uniformização das regras jurídicas que disciplinam a coexistência das competências das entidades intra-estatais".[31]

Esta convivência não restringe a competência tributária, tampouco reduz a independência político-administrativa do ente federativo.

É óbvio que há redução no montante a ser arrecadado e até mesmo limitação na atividade administrativa do ente federativo, que não poderá cobrar a parcela disciplinada pela lei nacional, mas tal redução não desqualifica ou desnatura sua competência.

Não há incompatibilidade entre as normas porque veiculadas pelo próprio poder constituinte originário. A regra é a autonomia no exercício da competência tributária, mas tal autonomia cede espaço aos interesses nacionais, notadamente em casos de guerra ou sua iminência (impostos extraordinários), de interesse nacional (comércio exterior ou normas gerais previstas no art. 146 da CF/1988) e de equilíbrio da Federação (ISS).

"Os reflexos jurídicos, aqui analisados, demonstram que esse federalismo cooperativo e redistributivo tem caracteres centrípetos sob o ângulo legislativo, embora pareça contraditório que, para realizar-se a descentralização política, tenha-se de concentrar atividades dessa natureza. A razão está na circunstância de que a descentralização não abarca todas as matérias. Kelsen examina, exaustivamente, o tema, nessa linha, lembrando que não há qualquer obstáculo para que se conceda um procedimento por instâncias, a partir da comunidade local menor até a mais ampla, ou uma faculdade de revogação ou de reforma da instância superior sobre a inferior (cf. *Teoría General del Estado*, trad. por Luis Legaz Lacambra, México, Ed. Nacional, 1979, pp. 237 e ss.). A Constituição Brasileira não hierarquiza, propriamente, os corpos autônomos, sob o aspecto abordado por Kelsen, mas, essa sua observação de que não há obstáculo para que se atribuam procedimentos diversos, a esses corpos, é próprio da Federação, pois, 'a autonomia é, somente, uma forma especial de administração do Estado' e nada impede que a competência legislativa seja repartida de modo a que se defira a um corpo autônomo central a emissão da lei que determine a uniformização do conteúdo da lei emitida pelos demais corpos autônomos descentralizados.

"Esse novo federalismo cumpre, no Brasil, sob a ótica jurídica, esse tipo de descentralização incompleta, pois, atribui-se à União a emissão da lei complementar de normas gerais regulando diversas matérias constitucionais e tendo eficácia determinante sobre o conteúdo da lei que ela e os demais corpos autônomos descentralizados emitem."[32]

Como visto, a Federação não é centrífuga, ou seja, os Estados não são, em absoluto, plenamente independentes no concerto federativo, pelo contrário, sua autonomia só existe no seio do regime federativo do qual faz parte e a responsável pela manutenção deste pacto é a União Federal, legítima guardiã do equilíbrio federativo, que pode inclusive intervir nos Estados para defendê-lo (art. 34 da CF/1988).

4. A isenção de ICMS e ISS veiculada por tratado internacional e o pacto federativo

Após a análise, ainda que breve, dos contornos do regime jurídico dos tratados e da Federação no sistema constitucional brasileiro de 1988 e da fixação das premis-

31. Ob. cit., p. 140.

32. Edvaldo Brito, ob. cit., p. 142.

sas metodológicas e conceituais, podemos ingressar no núcleo do presente trabalho que dividiremos em duas partes: a primeira analisará a possibilidade de um tratado internacional veicular uma isenção de ICMS ou ISS frente o art. 155 da CF/1988; e a segunda, partindo da premissa de que tal edição é possível, passaremos à análise das relações existentes entre esta norma e as normas internas dos Estados e dos Municípios.

4.1 O art. 151, III, da Constituição Federal

A primeira questão que se coloca é saber se a União pode celebrar tratado que veicule uma isenção de ICMS ou de ISS diante do conteúdo do art. 151, III, da Constituição que lhe veda expressamente "instituir isenções de tributos de competência dos Estados, do Distrito Federal ou dos Municípios".

Ao lado deste dispositivo, o art. 18 confere aos entes federativos autonomia, o que os equipara em *status* constitucional e retira a possibilidade de ingerência sobre os assuntos alheios.

Duas correntes se dividem sobre o tema:

A primeira admitindo tal veiculação por entender que o art. 151, III, dirige-se à União como pessoa política interna, ente federativo equiparado aos demais, que não pode desta feita sobrepor sua vontade à competência dos Estados ou dos Municípios.

Quando a União celebra o tratado ela o faz em nome da República Federativa do Brasil, presentando (com a expressão de Pontes de Miranda) todos os entes federativos por expressa disposição constitucional (arts. 1º, 4º, 21, I, e 84, VIII).

Apesar de celebrado pela União, o tratado vincula toda a República Federativa do Brasil (Estado Brasileiro) e não apenas este ente federativo.

Ademais, os Estados federados e os Municípios não têm legitimidade para atuar no âmbito internacional nas relações entre países, o que reforça a legitimidade da União na sua representação. Neste sentido, Alberto Xavier: "A voz da União, nas relações internacionais, não é a voz de uma entidade com interesses próprios e específicos, potencialmente conflitantes com os dos Estados e dos Municípios, mas a voz de uma entidade que a todos eles engloba — a República Federativa do Brasil. E é assim, porque, por razões de unidade do sistema federativo, a Constituição vedou aos Estados e Municípios, privados de personalidade jurídica de Direito Internacional, a possibilidade de manterem relações com Estados soberanos e organizações internacionais, atribuindo a representação dos seus interesses, no plano internacional, à União. Com toda a coerência, o art. 5º, § 2º, da Constituição reconhece a qualidade de parte dos tratados internacionais à República Federativa do Brasil e não à União, revelando que esta atua como mero órgão da pessoa jurídica de direito internacional público, que é a República Federativa do Brasil".[33]

Heleno Torres é da mesma opinião: "A União, na qualidade de pessoa de Direito Público internacional, não está limitada em seu poder por efeito do princípio federativo, afinal, *in casu*, ela exerce exclusivamente a soberania, sem conhecer qualquer limitação, a salvo as de direitos humanos ou dos princípios e regras de Direito Internacional, seja de ordem interna, uma vez que os entes federados são apenas autônomos, e não 'soberanos', seja de ordem externa, quanto ao direito de Estados estrangeiros".

Ainda neste sentido: Souto Maior Borges,[34] Carlos Mário da Silva Velloso,[35]

33. Ob. cit., p. 152.

34. "Isenções em tratados internacionais de impostos dos Estados-membros e Municípios", in Celso Antônio Bandeira de Mello (org.), *Direito Tributário. Estudos em Homenagem a Geraldo Ataliba*, São Paulo, Malheiros Editores, 1997, p. 166.

35. "Os tratados na jurisprudência do Supremo Tribunal Federal", in *Revista de Informação Legislativa* 162/35-45, Brasília, Senado Federal, ano 41, abr.-jun. 2004.

Sacha Calmon Navarro Coelho,[36] Hugo de Brito Machado,[37] Kiyoshi Harada,[38] Moisés Akselrad,[39] Wagner Balera,[40] Cecília Marcodes Hamati,[41] Valdir de Oliveira Rocha,[42] Fernando de Oliveira Marques,[43] Edison Carlos Fernandes,[44] Halley Henares Neto e Vinícius T. Campanile,[45] Plínio Marafon e Maria Helena Tinoco Soares,[46] Antônio Carlos Rodrigues do Amaral,[47] Oswaldo Othon Saraiva Filho,[48] Marcos da Costa e Paulo Lucena de Meneses,[49] Marcelo Elias Sanches,[50] Welber Barral e Tatiana Lacerda Prazeres,[51] e Daniela Ribeiro de Gusmão.[52]

Em sentido contrário, pela impossibilidade de veiculação de isenção de ICMS e ISS por tratado internacional, Roque Carrazza, responde à questão:

"Ao argumento de que não é a União, enquanto ordem jurídica parcial central, que firma o tratado internacional, mas sim, a República Federativa do Brasil, enquanto ordem jurídica global (o Estado Brasileiro), contrapomos que, no plano interno, mesmo quando esta pessoa política representa a Federação, não pode conceder isenções heterônomas, com exceção das expressamente autorizadas nos arts. 155, § 2º, XII, *e*, e 156, § 3º, II, ambos da CF.

"Ora, se a União, como ordem jurídica global (nacional), está impedida de conceder isenções heterônomas (tirantes as já apontadas exceções), nada autoriza concluir — à mingua de qualquer ressalva neste sentido — que lhe é permitido fazê-lo quando comparece no cenário internacional, firmando tratados.

"É que a União, mesmo no plano internacional, está subordinada à Constituição e, diferentemente das Cartas norte-americana, mexicana e Argentina (só para citarmos alguns exemplos), a brasileira não prescreve a supremacia dos tratados internacionais sobre as leis estaduais, municipais ou distritais. E, em face dos princípios federativo, da autonomia municipal e da autonomia distrital, nem esta supremacia pode ser inferida. A nosso juízo, pois, o tratado internacional não pode obrigar os Estados, os Municípios e o Distrito Federal a abrirem mão de parte ou da totalidade de suas competências tributárias. Nem mesmo quando ratificado por meio de decreto legislativo. Entendemos incontroverso que ao Congresso Nacional é vedado usurpar competências que a Lei das Leis outorgou aos Estados, ao Distrito Federal e aos Municípios."[53]

Também pela impossibilidade, Francesco Conte[54] aponta novo argumento:

"É irrefragável, nessa contextura, que as regras tributárias constitucionais experimentaram profunda cirurgia plástica: ao passo que, no texto da Constituição de 1967/1969 (§ 2º do art. 19), à União Federal era franqueada a possibilidade de conceder isenções de tributos estaduais e municipais, pela atual Constituição da República, promulgada em outubro de 1988, é,

36. Sacha Calmon Navarro Coelho, Mizabel Abreu Machado Derzi e Humberto Theodoro Junior, *Direito Tributário Contemporâneo*, São Paulo, Ed. RT, 1997, p. 229.

37. Ives Gandra da Silva Martins (Org.), *Tributação no Mercosul*, São Paulo, Ed. RT, Centro de Extensão Universitária, 1997 (*Pesquisas Tributárias*, Nova série, n. 3), p. 91.

38. *Tributação no Mercosul*, cit., p. 210.

39. Idem, pp. 226-229.

40. Idem, p. 258.

41. Idem, pp. 271-275.

42. Idem, p. 281.

43. Idem, pp. 339-341.

44. Idem, pp. 356-358.

45. Idem, p. 454.

46. Idem, p. 469.

47. Idem, p. 495.

48. Idem, pp. 506-507.

49. Idem, pp. 523-526.

50. Ob. cit.

51. "Isenção de tributos estaduais por tratados internacionais", in *Revista Dialética de Direito Tributário* 70, São Paulo, Dialética, 2001.

52. "A concessão, pela União, de isenções relativas a tributos estaduais e municipais (possibilidade no âmbito de tratados internacionais)", in *Revista Forense*, Rio de Janeiro, Forense, jul.-set. 1999, pp. 67-78.

53. Ob. cit., p. 774.

54. "O tratado internacional...", cit., in *Revista Dialética de Direito Tributário* 35.

expressamente, vedado à União 'instituir isenções de tributos da competência dos Estados, do Distrito Federal ou dos Municípios' (inciso III, do art. 151), cuja dicção, por sinal não distingue entre a órbita interna e externa, de sorte que, consoante vetusta regra de hermenêutica, se o legislador constituinte não distinguiu não é lícito ao intérprete fazê-lo.

"De fora parte isso, é de pontiaguda evidência que, *v.g.* o GATT não determina isenção sobre qualquer tipo de operação, quer a importação de mercadoria, quer a sua circulação doméstica, vale dizer, não alberga qualquer norma isencional, mas, apenas, programaticamente, isto sim, obriga a aplicação de tratamento tributário isonômico (que não se conceda ao produto importado de países que o tenha subscrito, tratamento tributário mais oneroso do que o dispensado ao produto similar nacional).

"Nessa linha de raciocínio, *situando-se a hipótese no terreno do conflito normativo*, é lícito asseverar que, por exemplo, o GATT (no caso de admitir-se que conceda ele, diretamente, a isenção de tributos estaduais ou municipais) *não foi recepcionado pela novel ordem constitucional*, pois, repita-se à exaustão, a União no atual regime constitucional, não pode mais conceder isenções de tributos estaduais ou municipais. Somente pode isentar, em linha de princípio, a pessoa jurídica de direito público interno competente para tributar."

No mesmo sentido, Ives Gandra da Silva Martins:[55]

"Pode o Presidente, com o referendo do Congresso Nacional, assinar os tratados que desejar e considerar úteis para o país, desde que nenhum dispositivo constitucional seja afetado, pois, nesta hipótese, o tratado seria inconstitucional e não surtiria efeitos no país.

"(...).

"Desta forma, no que concerne à tributação interna, não pode o Governo brasileiro dispor das competências estaduais e municipais — que se repartem em 5 mil entidades — para definir isenções, pois só o pode fazer no que concerne a seus próprios tributos."

Acompanham a divergência: José Augusto Delgado,[56] Diva Malerbi,[57] Marilene Talarico Martins Rodrigues,[58] Vittorio Cassone,[59] José Eduardo Soares de Mello,[60] Yoshiaki Ichihara,[61] Ricardo Abdul Nour,[62] Helenilson Cunha Pontes[63] e Monica Cabral Moura.[64]

A questão também é polêmica nos Tribunais Superiores.

Em sentido afirmativo, vale ressaltar os votos proferidos pelo Min. Nelson Jobim e pelo Min. Celso de Mello, no julgamento da medida cautelar na ADI 1.600/UF (Rel. Min. Sydney Sanches).

Lê-se do voto do Min. Celso de Mello:

> A vedação constitucional em causa incide sobre a União Federal, enquanto pessoa jurídica de direito público interno, responsável, nessa específica condição, pela instauração de uma ordem normativa autônoma meramente parcial, inconfundível com a posição institucional de soberania do Estado Federal Brasileiro, que ostenta a qualidade de sujeito de direito internacional público e que constitui, no plano de nossa organização política, a expressão mesma de uma comunidade jurídica global, investida do poder de gerar uma ordem normativa de dimensão nacional, essencialmente diversa, em autoridade, eficácia e aplicabilidade, daquela que se consubstancia nas leis e atos de caráter meramente federal.
>
> Sob tal perspectiva, nada impede que o Estado Federal Brasileiro celebre tratados internacionais que veiculem cláusu-

55. *Tributação no Mercosul*, cit., pp. 32-33.

56. Idem, p. 71.
57. Idem, p. 80.
58. Idem, p. 150.
59. Idem, p. 187.
60. Idem, p. 201.
61. Idem, p. 243.
62. Idem, p. 322.
63. Idem, p. 383.
64. Idem, p. 395.

las de exoneração tributária, em matéria de ICMS, pois a República Federativa do Brasil, ao exercer o seu *treaty making power*, estará praticando ato legítimo que se inclui na esfera de suas prerrogativas como pessoa jurídica *de direito internacional público*, que detém — em face das unidades meramente federadas — o *monopólio* da soberania e da personalidade internacional.

Na realidade, a cláusula de vedação inscrita no art. 151, III, da Constituição é *inoponível* ao Estado Federal Brasileiro (*vale dizer*, à República Federativa do Brasil), *incidindo*, unicamente, no plano das relações *domésticas* que se estabelecem entre as pessoas políticas de direito público interno.

Por isso mesmo, *entendo* que se revela possível à República Federativa do Brasil, em sua qualidade de sujeito de direito internacional público, conceder isenção, em matéria de ICMS, mediante tratado internacional, sem que, ao assim proceder, incida em transgressão ao que dispõe o art. 151, III, da Constituição, pois tal regra constitucional destina-se, em sua eficácia, a vincular, unicamente, a União, enquanto entidade estatal de direito público interno, rigorosamente pacificada, nessa específica condição institucional, às demais comunidades jurídicas parciais, de dimensão meramente regional e local, como o são os Estados-membros e os Municípios.

Pela impossibilidade da concessão, vale a transcrição da ementa do acórdão proferido pelo Superior Tribunal de Justiça no REsp 90.871-PE, Rel. Min. José Delgado:

Tributário. Isenção. ICMS. Tratado Internacional.

1. O sistema tributário instituído pela CF/1988 vedou a União Federal de conceder isenção a tributos de competência dos Estados, do Distrito Federal e Municípios (art. 151, III).

2. Em conseqüência, não pode a União firmar tratados internacionais isentando o ICMS de determinados fatos geradores, se inexiste lei estadual em tal sentido.

3. A amplitude da competência outorgada à União para celebrar tratados sofre os limites impostos pela própria Carta Magna.

4. O art. 98 do CTN, há de ser interpretado com base no panorama jurídico imposto pelo novo Sistema Tributário Nacional.

Pelos fundamentos adotados, filiamonos à primeira corrente e admitimos a edição de isenções de ICMS e de ISS através de tratados internacionais celebrados pela União.

O núcleo da questão está no veículo introdutor e não no representante que o celebra. A confusão é meramente aparente na medida em que se verifica que o tratado internacional celebrado vincula a República Federativa do Brasil e como tal todos os entes federativos. O fato de ser celebrado pela União, não desqualifica esta celebração.

É oportuna a transcrição das observações de Heleno Torres:

"Seria ilógico pensar que apenas a União (pessoa jurídica de direito público interno — ordem parcial autônoma, do mesmo modo com os Estados e Municípios) tivesse de ser a única a sofrer as coarctações ou a beneficiar-se das concessões inerentes às disposições acordadas nas convenções firmadas pela República Federativa do Brasil. O interesse nacional deve prevalecer sobre os interesses dos entes federados, sempre, pelo que não se deve confundir autonomia com soberania estatal. Outros fundamentos, tão relevantes quanto o federalismo, como é o caso da presença da Nação na ordem internacional com autodeterminação, respeitando a todos os preceitos insculpidos no art. 4º da Constituição exigem tal postura hermenêutica.[65]

"E dizendo isso estamos afirmando que não há qualquer antinomia entre normas tributárias de direito interno que tragam na hipótese de incidência materialidade isenta por tratado internacional, pela neces-

65. Ob. cit., p. 585.

sária prevalência de aplicabilidade que se deve conferir ao Direito Internacional."

Não discutimos a supremacia da Constituição em face dos tratados internacionais, admitimos-na sem ressalvas. Os tratados também submetem-se à Constituição Federal, seja em seus aspectos formais, porque dali retiram seu fundamento de validade quanto à formação, seja em seu conteúdo (art. 4º da Constituição da República).

A relação que se estabelece entre o tratado e as normas internas é infraconstitucional.

Neste contexto, entendemos que o art. 151, III, da Constituição aplica-se à União Federal como pessoa jurídica de direito político interno em sua relação com os demais entes federativos e não à República Federativa do Brasil.

Como visto acima, a União quando celebra um tratado internacional o faz representando todos os entes federativos por expressa disposição constitucional e não apenas os interesses da União. Basta inverter o propósito do tratado para se vislumbrar o problema da conclusão em sentido contrário, conforme exemplo de Heleno Torres, se concedesse um benefício, será que o tratado somente beneficiaria a União Federal (em seu âmbito interno)?

Não se trata de isenção heterônoma, mas autônoma conforme aguda observação de Souto Maior Borges:

"Tampouco haverá obstáculos normativos se o tratado envolver impostos estaduais, distritais e municipais, quando se entenda, agora acertadamente, que ele é celebrado pela República Federativa do Brasil (CF, art. 5º, § 2º). O art. 151, III da Constituição Federal, que veda à União instituir isenções de tributos da competência dos Estados, Distrito Federal e Municípios, é inaplicável à hipótese, eis que aqui não se trata de limitação de direito interno, mas de limites interestatais (comunitários) à ação tributária unilateral estatal; limites decorrentes do princípio da harmonização tributária.

"(...).

"Ora, é critério vetor da exegese das normas jurídicas que a aplicação do princípio tem preferência sobre a da simples norma. O princípio é, na hipótese, o da igualdade entre Estados (CF, art. 4º, V), em contraponto da norma que alberga a proibição de conceder a União isenções de impostos estaduais, distritais e municipais (CF, art. 151, III). Isso abstraindo-se que celebrante do tratado não é a União Federal, mas a República Federativa do Brasil (CF, arts. 5º, § 2º). Logo, a objeção fulcrada na simetria entre poder de tributar e poder de isentar na ordem interna (art. 151, III), não se sustenta, até porque a isenção interestatal é, se e enquanto visualizada sob a perspectiva da ordem interna, *autônoma* e não *heterônoma*. É a República Federativa do Brasil que o celebra e portanto a União, Estados-membros, Distrito Federal e Municípios (CF, arts. 1º e 18, *caput*), que se presentam (Pontes de Miranda) e não apenas *representam* na celebração do ato interestatal. O ato interestatal tem, porém, uma caracterização bifronte: no plano interno, é *autônoma* a isenção na sua formalização e pelos seus participantes. No plano externo, porém, ela é *heterônoma*, porque os pressupostos para a sua integração envolvem a participação dos Estados-membros da Comunidade, celebrantes dos tratados."[66]

Ao outro argumento levantado por Carrazza, Conte e Martins, quanto à máxima de que somente pode tributar quem tem o poder de isentar, observamos que esta frase tem respaldo doutrinário, não normativo.

Pelo contrário, a Constituição nos traz exemplos em sentido oposto, vide arts. 155, § 2º, XII, *e*, e 156, § 3º, que permitem à União conceder isenções em matéria de ICMS e de ISS nas operações destinadas ao exterior.

66. *Teoria Geral da Isenção Tributária*, 3ª ed., São Paulo, Malheiros Editores, 2001, p. 303.

E por fim, quanto às posições jurisprudenciais apontadas, salientamos que é de competência do Supremo Tribunal Federal a guarda da Constituição e por conseqüência, a interpretação do art. 151, III, não cabendo ao Superior Tribunal de Justiça tal tarefa, e analisando a jurisprudência do Supremo identificamos a ADI 1.600/UF, Rel. Min. Sydney Sanches que admite a edição de isenção de ICMS por tratado, postulando inclusive pela sua prevalência em relação às normas internas.

O aspecto prático se coloca à favor da primeira corrente pela necessidade de integração comercial e aduaneira com os demais países componentes do Mercosul (e até mesmo com os demais países com os quais o Brasil mantém relações comerciais).

Os demais membros do Mercosul possuem como imposto sobre o consumo o IVA federal, o Brasil divide-o entre as quatro esferas federativas, cabendo o imposto sobre produtos industrializados à União, o imposto sobre a circulação de mercadorias e prestação de serviços de transportes intermunicipais e de comunicação aos Estados e ao Distrito Federal e o imposto sobre os demais serviços aos Municípios e ao Distrito Federal.

Trata-se, portanto, de optarmos pela autonomia cega dos Estados e dos Municípios, em total isolamento com a União e os demais países do bloco (quiçá do mundo) ou em interpretarmos a Constituição neste contexto político, econômico e social em que ora vivemos. Optamos pela última opção.

4.2 O tratado veiculador da isenção e a legislação interna (relação internormativa cronológica ou semântica?)

Como visto no item anterior, admitimos a edição de isenção de ICMS ou de ISS por tratado internacional. A questão que se nos coloca agora é saber quais as relações possíveis entre esta norma e a legislação interna.

Temos duas fontes normativas: (i) uma externa com fundamento de criação na Constituição Federal; (ii) outra interna, consubstanciada nas Assembléias Legislativas dos Estados e do Distrito Federal e das Câmaras Municipais.

Estas duas fontes normativas retiram previsão, e legitimidade, da Constituição Federal inseridas todas em um federalismo assimétrico, de equilíbrio e financeiro (*supra*).

Quanto às relações entre estas fontes normativas, a Constituição Federal nada dispôs, mas ao disciplinar a competência legislativa concorrente no art. 24, a Carta Política trouxe um critério de solução de conflitos para convivência sintática e semântica entre normas nacionais e normas estaduais:

> § 1º. No âmbito da legislação concorrente, a competência da União limitar-se-á a estabelecer normas gerais.
>
> § 2º. A. competência da União para legislar sobre normas gerais não exclui a competência suplementar dos Estados.
>
> § 3º. Inexistindo lei federal sobre normas gerais, os Estados exercerão a competência legislativa plena, para atender a suas peculiaridades.
>
> § 4º. A superveniência de lei federal sobre normas gerais suspende a eficácia da lei estadual, no que lhe for contrário.

Por este dispositivo, permite o constituinte originário a convivência no plano normativo de regras postas pela União e pelos Estados, sem que haja uma exclusão ou hierarquia sintática, ou seja, não há uma hierarquia pré-determinada da lei federal em relação à lei estadual. Ambas podem conviver, e na falta de lei federal, o Estado adquire a competência legislativa plena.

A hierarquia se estabelece no plano semântico, ou seja, no seu conteúdo.

Se tratarem do mesmo assunto, a lei federal que dispuser sobre "normas gerais" terá prevalência de aplicação frente a lei estadual suspendendo a *eficácia da lei estadual no que lhe for contrária.*

Não há revogação ou suspensão da vigência, mas convivência com suspensão da eficácia do dispositivo local que colidir com tal norma geral.

Modificada ou revogada a norma geral, o dispositivo restabelece sua eficácia outrora suspensa, readquirindo seu âmbito de aplicação completo.

Como adotamos a teoria monista submetida à Constituição Federal, mas alocando o tratado em prevalência à legislação interna (*supra*) entendemos que as duas normas convivem, inclusive por expressa autorização do art. 5º, § 2º que insere os direitos e garantias veiculados por tratados ao sistema jurídico brasileiro.

E por faltar na Constituição critério de hierarquia para estas espécies normativas temos que elas convivem em harmonia sintática, e semântica, até eventual conflito aparente entre seus conteúdos.

Desde Kelsen a hierarquia se estabelece pela fonte produtora da norma e pelo seu fundamento constitucional. No caso concreto, temos duas fontes normativas com mesmo fundamento constitucional, a única diferença é o seu nível de representação.

Enquanto os Estados, Distrito Federal e Municípios representam apenas suas respectivas esferas territoriais, a União, ao celebrar um tratado internacional o faz em nome de todos os entes federativos reunidos na República Federativa do Brasil, em defesa dos interesses nacionais e não locais, por este motivo, podemos afirmar que em eventual conflito semântico, prevalece a norma editada pela República Federativa do Brasil, ou seja, o tratado internacional.

Souto Maior Borges é enfático: "Assim sendo, silente a ordem internacional, a questão da primazia de aplicabilidade do tratado ou da lei interna deve ser resolvida pela Constituição Federal: esta deve determinar que, em caso de conflito, será aplicado o tratado — não a lei. Precisamente o que ocorre no sistema constitucional e infraconstitucional brasileiro. A Constituição, no seu art. 5º, § 2º, prescreve que a enunciação dos direitos e garantias individuais nela instituídos não exclui outros direitos decorrentes de tratados internacionais em que a República Federativa do Brasil seja parte. A Constituição Federal reconhece portanto a efetividade dos tratados na ordem interna. Uma coisa porém é reconhecer essa efetividade e outra, inteiramente diversa, assegurar a prevalência dos tratados sobre a lei interna. Sob esse aspecto, a solução do problema permanece em aberto. Em nada afeta porém a efetividade da legalidade geral (CF art. 5º, II) e a legalidade tributária (CF, art. 150, I) a desaplicação da lei interna e a aplicação do tratado em hipóteses de isenções interestaduais fundadas na regra da reciprocidade, uma das manifestações da igualdade entre os Estados na ordem internacional (CF art. 4º, V). Aqui aplica-se a lógica do razoável (Ricaséns Siches). Não é razoável supor que lei ou autoridade municipal ou estadual possam contrapor-se ao regime jurídico dos tratados celebrados — di-lo a Constituição Federal no seu art. 5º, § 2º, *in fine* — pela República Federativa do Brasil, integrada pela União, Estados, Distrito Federal e Municípios (CF, arts. 1º e 18, *caput* combinados). Aceitar-se solução doutrinária oposta — prevalência da ordem nacional — importaria quando menos dificultar a integração da América Latina pela instituição de blocos econômicos de Estados, como o Mercosul, e portanto a própria formação de um direito Comunitário".[67]

O art. 98[68] do Código Tributário Nacional atende a esta premissa ao preconizar a superioridade (semântica) do tratado internacional em face da legislação interna anterior ou posterior.

A este respeito a doutrina divide-se em pelo menos três posições: (i) o art. 98 do CTN não teria sido recepcionado pela CF em virtude do art. 151, III; (ii) o art. 98 te-

67. *Teoria...*, cit., pp. 310-311.

68. "Art. 98. Os tratados e as convenções internacionais revogam ou modificam a legislação tributária interna e serão observados pelo que lhes sobrevenha."

ria sido recepcionado pela CF porque compatível com o regime normativo dos tratados; (iii) o art. 98 teria sido recepcionado pela CF porque esta omitiu-se na adoção de um critério hierárquico de tratados e o CTN preenchera este papel na qualidade de norma geral em matéria tributária. Interessam-nos as duas últimas posições e em ambas o art. 98 tem validade semântica.

O Min. Carlos Velloso observa que "quando integrava o Superior Tribunal de Justiça, ao votar no julgamento do REsp 1.966-SP, sustentou, com o apoio de seus pares":

> Em caso igual, REsp 846-SP, tive oportunidade de manifestar-me no sentido da possibilidade de o Código Tributário Nacional, na condição de lei complementar à Constituição, estabelecer o primado do Direito Internacional sobre o Direito Interno, no campo tributário. Assim o voto que proferi no citado REsp 846-SP:
>
> "Sempre entendi que, no campo tributário, os tratados e as convenções internacionais, desde que regularmente incorporados ao direito interno, prevalecem sobre a legislação tributária interna. Vale dizer, sempre emprestei validade ao que está disposto no art. 98, CTN, não obstante reconhecer incorreta a sua redação, por isso que as normas internacionais não revogam as leis internas, simplesmente prevalecem sobre estas, no caso concreto. O Supremo Tribunal Federal, em diversos acórdãos, admitiu, no campo tributário, o primado do direito externo (RE 76.099-SP, Rel. Min. R. Alckmin, *RTJ* 73/454; RE 87.704-SP, Rel. Min. Leitão de Abreu, *RTJ* 93/1180; RE 92.982-SP, Rel. Min. Rafael Mayer, *RTJ* 96/921; RE 97.088-RJ, Rel. Min. Oscar Correa, *RTJ* 104/1.244).
>
> "É verdade que, no julgamento do RE 80.004-SE, algumas vozes se manifestaram, de passagem, no sentido de que talvez não fosse possível ao Código Tributário Nacional estabelecer o primado do Direito internacional sobre o Direito Interno, por isso que apenas a Constituição poderia fazê-lo. A questão, entretanto, de validade ou não do art. 98 do CTN, não foi decidida no mencionado RE 80.004-SE, porque a matéria discutida ali não era tributária (*RTJ* 83/809).
>
> "O que sustento é que a Constituição de 1967 prescrevia, no art. 18, § 1º, que a lei complementar estabeleceria normas gerais de direito tributário, disporia sobre os conflitos de competência nessa matéria entre a União, os Estados, o Distrito Federal e os Municípios e regularia as limitações constitucionais ao poder de tributar.
>
> "Assim, fiel ao comando constitucional, poderia a lei complementar estabelecer o primado anteriormente referido, já que essa matéria constitui, ao que me parece, norma geral de direito tributário. Destarte, força é concluir que, quando o CTN consagrou, no art. 98, o primado do direito externo, fê-lo com expressa autorização constitucional. Vale acrescentar, de outro lado, que a mencionada disposição inscrita no art. 98 CTN foi bem recebida pela Constituição de 1988, art. 146, III, a dizer, da mesma forma, que cabe à lei complementar estabelecer normas gerais em matéria tributária.
>
> "Lembrou bem o Sr. Min. Ilmar Galvão que a Corte Suprema, por mais de uma vez, deu pela validade do art. 98 CTN, jamais entendendo que citado dispositivo fosse inconstitucional.
>
> "Do exposto, porque entendo que, na órbita da legislação tributária, os tratados e as convenções internacionais, desde que incorporados ao direito interno, prevalecem sobre a legislação interna, assim válida a disposição inscrita no art. 98, CTN, adiro ao voto do Sr. Ministro Relator."[69]

Ainda sobre o art. 98 do CTN, Moreira Alves,[70] Jacob Dolinger,[71] Francisco Re-

69. Ob. cit., pp. 37-38.

70. RE 90.824-SP.

71. "Na realidade, a norma insculpida no art. 98 do CTN, de que os tratados sobre matéria tributária não podem ser afetados por lei posterior, deriva do fato de que estes tratados são acordos contratuais e, como tais, não podem ser afetados por normas le-

zek,[72] Alberto Xavier[73] e Sacha Calmon Navarro Coelho[74] compartilham desta mesma opinião.

Concordamos com esta posição e entendemos que a superioridade é semântica (de conteúdo) não sintática (não há revogação).

Explicamos:

Entendemos que o tratado internacional convive com a legislação interna e em eventual conflito semântico, suspende a eficácia da norma estadual ou municipal que lhe for anterior e impede a produção de efeitos da norma contraditória que lhe for posterior.

Souto Maior Borges observa que Alberto Xavier produziu importante doutrina para explicar esta relação internormativa, "para quem as normas respectivas operam por duas formas diferentes: para a ordem jurídica aplicável (ordem interestatal legitimante do tratado), consiste ele num ato de exercício de competência exclusiva (privativa) e portanto excludente de qualquer outra. Para a ordem jurídica inaplicável (a ordem interna, a da lei nacional), traduz-se conseqüentemente numa exclusão da competência".[75]

A *exclusão de competência* somente poderia ser admitida se a entendêssemos como *competência administrativa* (eficácia) porque a competência legislativa permanece inalterada.

Por ser norma constitucional de atribuição de poder, a competência somente pode ser restringida pela própria Constituição (há discussão se emenda constitucional poderia restringi-la) e não poderia sê-lo por tratado internacional.

As regras veiculadas pelos arts. 155, § 2º, XII, *e*, e 156, § 3º, por exemplo, ao permitirem a edição de isenção de ICMS e ISS, respectivamente, por lei complementar da União, por sua vez, também não configuram restrição da competência destes entes federativos, mas redução da eficácia de tais normas.

A diferença é fundamental.

(i) se não editada a lei complementar os Estados e Municípios podem exercer sua competência por completo;

(ii) editada a lei complementar, os Estados continuam detentores da competência legislativa em matéria destes tributos, só não podem cobrá-lo enquanto perdurar a medida isentiva.

A relação é semântica com prevalência da norma nacional (de interesse geral). Acompanhamos Souto Maior Borges:

"Como a norma do tratado não revoga a norma legal, mas apenas *exclui sua aplicabilidade* às situações reguladas no ato convencional de isenção tributária, tem-se que a exclusão será da competência administrativa, e portanto infralegal, para aplicá-lo. E não só dela: também a exclusão da competência jurisdicional (competência orgânica do poder judiciário) para aplicar, pelo critério de preferência, lei conflitante com o tratado. Mas a lei tributária persiste, inobstante a superveniência do tratado, com a sua validade e vigência intocadas. Decerto a isenção antessupõe a competência do poder que isenta. Competência que *in casu* envolve uma *limitação* interestatal ao poder de tributar. Mas a isenção é matéria sob reserva de lei (CF, arts. 5º, II e 150, I; CTN, arts. 97 e 175, I). Dada porém a inaplicação do ato legal tributante e aplicação do tratado isentante, trata-se na órbita aplicativa, de uma incompetência administrativa e judicial, decorrente dos pressupostos consti-

gais posteriores; as decisões baseadas na natureza contratual do tratado e as decisões baseadas no art. 98 do CTN são praticamente idênticas" ("As soluções da Suprema Corte Brasileira para os conflitos entre o direito interno e o direito internacional: um exercício de ecletismo", *Revista Forense*, Rio de Janeiro, v. 92, n. 334, pp. 71-107, abr.-jun. 1996).

72. "Em tal quadro, a lei ordinária conflitante com tratado preexistente há de sucumbir, mas em razão de outro conflito: o que a contrapõe a lei complementar. Esta não se confunde com a própria carta constitucional, mas subjuga a lei ordinária inscrita em seu âmbito temático" ("Direito dos Tratados", *Revista Forense*, Rio de Janeiro, 1984, pp. 463-464).

73. Ob. cit., p. 25.

74. Ob. cit., p. 142.

75. Ob. cit., p. 315.

tucionais de aplicabilidade do tratado. Só a competência administrativa ou judicial são excluídas: efeito indireto do tratado, que, diretamente, só visa isentar a situação circunstancial nele prevista.

"(...).

"Quebra-se, por efeito do tratado, a relação de implicação entre o poder de tributar e o de isentar (só quem tributa, isenta): o poder (competência) de isentar não envolve, nas relações entre tratado e lei interna, o poder de tributar. O tratado isenta, não tributa porém: trata-se de uma relação assimétrica e inconvertível."[76]

Também neste sentido, Heleno Taveira Torres:

"Entre os entes formadores das ordens jurídicas parciais não há preeminência ou relação hierárquica de uma sobre a outra, visto serem autônomas e isônomas entre si e diferenciarem-se apenas pela distinção das competências materiais pertinentes a cada uma. Mas não se diga o mesmo quanto à relação entre a ordem jurídica global e soberana (representante dos interesses nacionais) e as ordens parciais. A ordem global soberana prevalece sobre as ordens parciais autônomas.

"(...).

"E dizendo isso estamos afirmando que não há qualquer antinomia entre normas tributárias de direito interno que tragam na hipótese de incidência materialidade isenta por tratado internacional, pela necessária prevalência de aplicabilidade que se deve conferir ao Direito Internacional."[77]

O art. 98 do Código Tributário Nacional ao disciplinar que o tratado internacional *revoga* a legislação interna que lhe for incompatível e prevalece em face da legislação posterior traz desta feita uma impropriedade semântica porque não se trata de revogação, mas de prevalência na aplicação.

Na verdade, a relação internormativa é de suspensão da eficácia e não revogação, nos termos do art. 24, § 4º, da Constituição Federal.

A este propósito anotam Souto Maior Borges e Heleno Taveira Torres citado por aquele:

"No conflito entre tratado e lei interna, ambos permanecem válidos. Não retira o tratado a voz da lei interna. Só que esta é desaplicada, para abrir-se ensancha à aplicação do tratado. Dar-se-á preferência pelo tratado no âmbito do ato de aplicação, ato humano, praticado pelos indivíduos-órgãos da sociedade: juízes e tribunais. (...) Daí porque, se esgotado o prazo de vigência temporário de um tratado isentante, pelo advento do seu termo final de vigência ou consumação de *denúncia* intercorrente, a lei interna poderá ser reaplicada sobre situação dantes isenta, sem que se deva editar-se novo ato legislativo, dado que a revogação não ocorreu em decorrência do tratado.

"Corretamente essa prevalência da aplicabilidade dos tratados internacionais é sustentada por Heleno Torres, em texto lapidar 'Assim, são demarcadas as duas funções do art. 98 do CTN: *recepção sistêmica* das normas convencionais e, quanto à *execução* destas, um comando comportamental — modalizado deonticamente como 'proibido' — destinado ao legislador ordinário, de veto a qualquer pretensão de alteração *in fieri*, por via unilateral, do que fora pactuado, nos termos do princípio *pacta sunt servanda intra pars* — o que confirma o princípio da *prevalência de aplicabilidade* das normas internacionais sobre o direito interno. Mas se ele (art. 98) não existisse, pelas características do sistema brasileiro, supradescritas, em nada alteraria o mecanismo da recepção' (*Pluritributação Internacional sobre a Renda das Empresas*, p. 400)."[78]

Conforme expusemos anteriormente entendemos que no julgamento da medida cautelar na ADI 1.600/UF, Rel. Min. Sydney Sanches o Supremo Tribunal Federal

76. Ob. cit., pp. 316-317.
77. Ob. cit., pp. 585-586.
78. Ob. cit., p. 331.

afastou a aplicabilidade da Lei Complementar 87/1996 na parte em que incompatível com as isenções veiculadas por tratados internacionais relativos a transportes aéreos.

O princípio da reciprocidade de tratamento e da isonomia entre as empresas aéreas nacionais e estrangeiras serviu como pano de fundo para a aplicação desta técnica.

Ainda que posterior, a LC 87/1996 não pode modificar a aplicação dos tratados internacionais que concediam isenções às empresas de transportes aéreos pelos serviços prestados em nosso território o que nos autoriza afirmar que o tratado prevaleceu em face da legislação em sentido contrário a ele subseqüente, ao amparo da tese ora esposada.

5. *Conclusões*

A partir da análise das normas constitucionais que regulam a atuação da República Federativa do Brasil no concerto das nações, das normas que delineiam os contornos do nosso regime federativo, das normas que disciplinam a relação normativa entre os entes da Federação e da competência tributária tecemos as seguintes conclusões:

(i) A Federação caracteriza-se pela autonomia política, integridade territorial e participação no governo central (bicameralismo);

(ii) Nosso Estado Federal inspira-se no modelo americano de atribuições de competências entre os entes federados (competência residual) e a União (competência privativa), mas tempera-o com características germânicas como a atribuição de competências concorrentes e comuns;

(iii) Nossa Federação caracteriza-se como de equilíbrio, pela divisão de competências e outorga à União o papel de garante da unidade e dos interesses nacionais, ao outorgar-lhe a edição de normas gerais e ao permitir a concessão de isenções autônomas para o ICMS e o ISS na exportação;

(iv) Os entes federados somente detêm autonomia no âmbito da Federação, guardada pela União nos limites da Constituição, ou seja, a autonomia não é absoluta;

(v) O ICMS e o ISS também repercutem nas relações interestatais (comércio exterior) por interferirem em relações de importação e de exportação. A União detém competência legislativa para disciplinar o comércio exterior (art. 22, VIII) e a prerrogativa de conceder isenções autônomas às exportações nestes dois impostos (art. 155, § 2º, XII, *e*, e 156, § 3º, da CF/1988);

(vi) O tratado internacional é um veículo introdutor de normas entre Estados, ao menos dois, que pode conter inúmeros conteúdos, desde questões relativas a fronteiras ou à tributação de residentes ou não residentes e surge no atual contexto geopolítico como importante instrumento entre as relações interestatais;

(vii) Em nosso sistema constitucional, compete ao Presidente da República, por força do art. 84, VIII, "celebrar tratados, convenções e atos internacionais" e ao Congresso Nacional ratificá-los e referendá-los (art. 49, I, da CF/1988);

(viii) O tratado é celebrado em nome da República Federativa do Brasil (art. 5º, § 2º, da CF/1988) como exercício da soberania e fundamenta sua validade no princípio do *pacta sunt servanda* (direito das gentes);

(ix) A República Federativa do Brasil é formada pela união indissolúvel entre os Estados, Distrito Federal e Municípios (art. 1º e art. 18 da CF/1988), portanto, o tratado por ela celebrado vincula toda a nação;

(x) A vedação contida no art. 151, III, da CF/1988 que impede a União de conceder isenção de tributos dos Estados, Distrito Federal e dos Municípios não se aplica aos tratados internacionais porque celebrados pela República Federativa do Brasil;

(xi) Assim que ratificado (Congresso Nacional — decreto legislativo — e Presidente da República — decreto), o tratado integra o sistema jurídico do país em patamar inferior ao da Constituição (art. 5º, § 2º, c/c art. 102, III, *b*, ambos da CF/1988), exceto se veicular norma de direitos humanos e for aprovado por *quorum* de Emenda Constitucional, quando será integrado no corpo da própria Constituição (art. 5º, § 3º, da CF/1988, inserido pela EC 45/2004);

(xii) Pela superioridade da fonte normativa e pela especialidade de seu conteúdo, o tratado prevalece em eventual conflito semântico com a legislação interna, ainda que posterior a ele;

(xiii) O Supremo Tribunal Federal assentou no RE 84.004-SE que o tratado é recebido no âmbito interno no patamar de lei ordinária e eventual conflito entre eles resolve-se pelos critérios adotados pela Lei de Introdução ao Código Civil (cronológico ou especialidade);

(xiv) Entretanto, em matéria tributária, existem decisões do STF que entendem o tratado hierarquicamente superior (em seu aspecto semântico) à lei ordinária por dois motivos: (i) por tratar-se de tratado-contrato; (ii) pela disciplina do art. 98 do CTN;

(xv) O art. 98 do CTN foi recepcionado pela Constituição de 1988 porque compatível com seu conteúdo;

(xvi) A Constituição Federal não dispõe de forma expressa sobre o critério de solução de conflitos entre a legislação interna e os tratados internacionais, o art. 98 do CTN, ao exercer o papel destinado à norma geral de direito tributário integra esta lacuna;

(xvii) Daí porque em matéria tributária tal conflito normativo pode ser resolvido pelos princípios constitucionais ou pela aplicação direta do art. 98 do CTN;

(xviii) A isenção de ICMS ou de ISS concedida por intermédio de tratado suspende a eficácia da regra matriz de incidência que lhe for anterior e impede a produção de efeitos de norma impositiva que lhe for posterior;

(xix) No julgamento da ADI 1.600/UF-MC o Supremo Tribunal Federal, com fundamento no princípio da reciprocidade de tratamento e da isonomia no âmbito interno, deixou de aplicar a LC 87/1996 na parte em que previa a exigência de ICMS de empresas de transporte aéreo porque vigente isenção anterior para as empresas estrangeiras;

(xx) Assim que denunciado o tratado, a norma estadual ou municipal recupera sua eficácia total, sem necessidade de nova edição normativa.

ESTUDOS & COMENTÁRIOS

O APROVEITAMENTO DO ICMS ACUMULADO NA EXPORTAÇÃO

TÉRCIO CHIAVASSA
Especialista em Direito Processual Civil pela *Università degli Studi di Milano*
– Mestre em Direito pela USP

DIEGO CALDAS RIVAS DE SIMONE
Mestrando em Direito Tributário pela PUC/SP

1. Introdução. 2. Ilegitimidade da restrição ao aproveitamento dos créditos de ICMS acumulados. 3. Ofensa à não-cumulatividade, à legalidade administrativa e à estrita legalidade tributária. 4. Abuso de poder. 5. Conclusões.

1. Introdução

O art. 155, § 2º, X, "a", da CF de 1988 assegurou imunidade do imposto sobre operações relativas à circulação de mercadorias e sobre prestações de serviços de transporte interestadual e intermunicipal e de comunicação (ICMS) às operações de exportação de mercadorias.

Em razão dessa imunidade, muitos contribuintes encontram-se na situação de acúmulo de créditos de ICMS relativos à aquisição de insumos utilizados em seus processos de industrialização de produtos destinados à exportação.

Tais créditos, nos termos do art. 25, § 1º, II, da Lei Complementar 87, de 13.9.1996, podem ser transferidos pelo sujeito passivo a outros contribuintes do mesmo Estado, mediante a emissão, pela autoridade estadual competente, de documento que reconheça o crédito.

A desoneração das exportações e a possibilidade da manutenção dos pertinentes créditos de ICMS é uma saudável opção política do Governo para desonerar a carga tributária nas exportações e, dessa forma, possibilitar a competitividade do produto brasileiro no mercado externo. A prevista transferência desses créditos acumulados, por sua vez, é na maioria das vezes a única forma de efetivamente neutralizar a carga tributária nas operações de exportação.

No entanto, embora a Constituição expressamente reconheça o direito à manutenção e ao aproveitamento desses créditos de ICMS acumulados, como forma de desonerar a carga tributária nas exportações, diversos Estados – ao arrepio das disposições constitucionais e da legislação de regência – impõem restrições ao aproveitamento desses créditos, notadamente no que se refere à possibilidade de sua transferência a outros contribuintes, o que compromete a eficácia do dispositivo constitucional ratificado pelo legislador complementar.

Desta forma, muitos contribuintes, em razão do grande volume de exportações realizadas, que superam em muito as operações tributadas e aptas a absorver o valor dos créditos acumulados apurados mensalmente em suas escritas fiscais, vêem frustrado – de maneira absolutamente inconstitucional e ilegal – seu legítimo intuito de transferir seus créditos acumulados de ICMS decorrentes da exportação de mercadorias.

Nesse contexto, a questão que merece reflexão – tema deste estudo – é a ilegitimidade de qualquer restrição à transferência de créditos acumulados de ICMS decorrentes de exportação, pelas autoridades fiscais estaduais, uma vez que sua disciplina se esgotou na Lei Complementar 87/1996.

2. Ilegitimidade da restrição ao aproveitamento dos créditos de ICMS acumulados

A Lei Complementar 87/1996 determina, em seu art. 25, § 1º, que os saldos credores de ICMS acumulados por estabelecimentos exportadores podem ser, na proporção que estas saídas representem do total das saídas realizadas pelo estabelecimento, (1) imputados pelo sujeito passivo a qualquer estabelecimento seu no Estado e (2) *havendo saldo remanescente, transferidos pelo sujeito passivo a outros contribuintes do mesmo Estado, mediante a emissão pela autoridade competente de documento que reconheça o crédito*:

"Art. 25. Para efeito de aplicação do disposto no art. 24, os débitos e créditos devem ser apurados em cada estabelecimento, compensando-se os saldos credores e devedores entre os estabelecimentos do mesmo sujeito passivo localizados no Estado.

"*§ 1º. Saldos credores acumulados a partir da data de publicação desta Lei Complementar por estabelecimentos que realizem operações e prestações de que tratam o inciso II do art. 3º*[1] *e seu parágrafo único podem ser, na proporção que estas saídas representem do total das saídas realizadas pelo estabelecimento: I – imputados pelo sujeito passivo a qualquer estabelecimento seu no Estado; II – havendo saldo remanescente, transferidos pelo sujeito passivo a outros contribuintes do mesmo Estado, mediante a emissão pela autoridade competente de documento que reconheça o crédito.*

"§ 2º. Lei estadual poderá, nos demais casos de saldos credores acumulados a partir da vigência desta Lei Complementar, permitir que: I – sejam imputados pelo sujeito passivo a qualquer estabelecimento seu no Estado; II – sejam transferidos, nas condições que definir, a outros contribuintes do mesmo Estado" (grifos nossos).

Há duas hipóteses distintas e inconfundíveis em relação ao aproveitamento dos créditos acumulados de ICMS: (1) outros saldos credores, previstos na legislação estadual (art. 25, § 2º, da Lei Complementar 87/1996) e (2) *os créditos acumulados em relação às operações de exportação de mercadorias para o exterior* (art. 25, § 1º, da Lei Complementar 87/1996).

No primeiro caso – outros saldos credores, conforme indicado no art. 25, § 2º, da Lei Complementar 87/1996 – é dada ao legislador estadual a prerrogativa de, dentro dos limites estabelecidos, definir as condições para eventuais transferências de créditos acumulados de ICMS. Isto porque, se o crédito se acumulou porque o Estado concedeu uma isenção ou previu uma alíquota diferenciada mais baixa, por exemplo, deve caber ao próprio Estado – que assim previu por mera liberalidade sua – o juízo

1. "Art. 3º. O imposto não incide sobre: (...) II – operações e prestações que destinem ao exterior mercadorias, inclusive produtos primários e produtos industrializados semi-elaborados, ou serviços."

quanto à conveniência e oportunidade de permitir a respectiva transferência.

A respeito do regime jurídico indicado no art. 25, § 2º, que se reporta exclusivamente à generalidade dos casos de acúmulo de créditos, é importante destacar a expressa previsão da Lei Complementar 87/1996 de que caberá à lei estadual permitir a transferência dos créditos acumulados, nas condições por ela estabelecidas. Para tal hipótese, portanto, é possível admitir um procedimento peculiar de exame, em que as circunstâncias fáticas sejam discricionariamente apreciadas pelas autoridades fiscais estaduais para fins de deferimento da transferência, cabendo à lei estadual ou ao seu respectivo regulamento dispor de que forma, quando e em que dimensão e condições a transferência poderá ocorrer.

Situação diversa, contudo, é a segunda hipótese, referente aos créditos acumulados em relação às operações de exportação. Aqui, reconhecida a natureza do crédito e devidamente apropriado, afigura-se evidente a auto-aplicabilidade do art. 25, § 1º, da Lei Complementar 87/1996, não sendo dada ao legislador ou às autoridades fiscais estaduais a imposição de qualquer restrição ao aproveitamento dos créditos do ICMS advindos de exportação de mercadorias.

Nesta situação, não há espaço para a lei ou regulamento estadual e muito menos para as autoridades fiscais disporem sobre a conveniência ou oportunidade da transferência, uma vez que a disciplina concernente à transferência dos créditos originados em razão da exportação de mercadorias já se encontra direta e exaustivamente regulada pela Lei Complementar 87/1996. Em outras palavras, as normas que tratam do direito de transferir o saldo credor de ICMS decorrente de exportações originam-se e se esgotam na própria Lei Complementar 87/1996, sem qualquer interferência em razão de vontade diversa do Estado.

A única exigência admitida é a emissão pela autoridade estadual competente de "documento que reconheça o crédito", *mero ato formal de reconhecimento de situação fática*, ou seja, mero reconhecimento da efetiva realização das exportações que originaram o crédito acumulado que se pretende transferir, não envolvendo manifestação de vontade do Estado que restrinja o direito a esse aproveitamento.

A função das autoridades fiscais, neste particular, é simplesmente afirmar a existência e o montante do crédito acumulado em relação às operações de exportação em que se originaram tais créditos. Nesse exato sentido é a lição de Marco Aurélio Greco:

"Emitir documento é praticar ato administrativo de mera ciência de situação subjetiva ou objetiva de alguém e não envolve manifestação de vontade do Estado que crie, altere ou extinga situação jurídica subjetiva do sujeito passivo.

"É, simplesmente, *afirmar* a existência do crédito acumulado, sua origem e montante.

"Portanto, não há espaço para a atribuição de competências discricionárias às autoridades administrativas, que envolvam ou impliquem um juízo de conveniência e oportunidade quanto à transferência.

"O campo reservado à autoridade estadual é apenas de verificação material da origem (= exportações), existência (= falta de outras operações tributáveis com que compensá-los) e dimensão (= montante em moeda) do crédito acumulado. Nada mais! É o que resulta da disciplina da Lei Complementar 87/1996.

"Lembre-se que transferir o crédito acumulado é a forma de neutralizar efetivamente a carta tributária que está embutida, economicamente, no preço das mercadorias exportadas. Exatamente porque o objetivo constitucional e complementarmente visado é assegurar essa neutralização é que a Lei Complementar 87/1996 viabiliza a transferência sem interferência da legislação estadual neste ponto.

"À autoridade estadual fica reservado o exame material dos fatos que levaram à acumulação do crédito e ao respectivo montante."[2]

Convém analisarmos, ainda, qual seria o real conteúdo do "documento" exigido pela Lei Complementar 87/1996, no intuito de demonstrar que se trata de um documento declaratório e, portanto, vinculado. A esse respeito, Marco Aurélio Greco é enfático:

"O termo 'documento' utilizado pelo § 1º, II, do art. 25 da Lei Complementar 87/1996 aponta no sentido de que a lei complementar deixa claro que o evento exigido não é uma apreciação subjetiva do agente público, mas a expedição de um instrumento formal (daí, 'documento') do qual conste a afirmação da origem, existência e dimensão dos créditos (daí, 'que reconheça').

"Ou seja, não se trata de 'reconhecimento' visto como *conteúdo* de um ato administrativo específico, mas sim de um *efeito* decorrente de uma afirmação contida num documento administrativo emitido à vista dos fatos ocorridos (verificação material e não avaliação subjetiva). No regime da lei complementar não há, no caso, propriamente um 'ato de reconhecimento', mas a emissão de um documento que, por conter a afirmação de que os fatos ocorridos são os previstos na lei complementar, estará 'reconhecendo' o crédito.

"Não há, propriamente, um 'ato de reconhecimento' pelo Estado do crédito acumulado. Há, isto, sim, um ato de verificação material que atesta o ocorrido (exportações e acúmulo em certo montante), cujo efeito dele decorrente é o reconhecimento do crédito acumulado.

"Vale dizer, não está a lei complementar atribuindo ao Estado competência para 'querer' ou 'não querer' reconhecer, mas sim determinando que, se houver um documento em que se identifique o crédito (afirme sua existência, origem e montante), estará implementada a *conditio juris* do exercício do direito de transferir.

"A Lei Complementar 87/1996 está regulando um aspecto de caráter eminentemente formal no sentido de que o Fisco tenha ciência ('conheça') da existência do crédito acumulado, pelos reflexos que lhe atingem. Mas não tem competência para decidir se autoriza ou não a transferência, nem a ela pode se opor; menos ainda criar empecilhos diretos ou indiretos ao exercício desse direito. Daí a exigência de que seja expedido pelo Fisco um instrumento do qual constem claramente tais dados, para evitar dúvidas e eliminar eventuais incertezas junto à própria Administração ou perante terceiros."[3]

Ademais, é verdadeiro ato vinculado, conforme lição de Marco Aurélio Greco: "Tratando-se, porém, de créditos acumulados por exportações (art. 25, § 1º, da Lei Complementar 87/1996), não há espaço para atos discricionários, pois a lei complementar já atribui ao contribuinte o direito de transferi-los, condicionando seu exercício apenas a uma verificação material, objetiva, da sua regularidade e exatidão. Por isso, a meu ver, a exigência de autorização prévia para fins de permitir a transferência de créditos acumulados por exportações fere o § 1º do art. 25 da Lei Complementar 87/1996".[4]

A legislação de regência não impôs restrições ou condições à transferência do saldo credor nas hipóteses em que sua origem decorre de operações de exportação. Compete ao Estado em que o contribuinte estiver situado, tão-somente, a verificação da efetiva ocorrência das exportações e também do montante dos saldos credores apurados. Nisto, portanto, reside a atividade fiscalizatória do Estado.

Nesse sentido, vale conferir julgado do STJ no ROMS 13.544, que decidiu pela

2. Marco Aurélio Greco, "ICMS – Créditos acumulados por exportação – Transferência a contribuinte do mesmo Estado", *Revista Forum de Direito Tributário* 9/67 e ss., Minas Gerais, Forum.

3. Marco Aurélio Greco, "ICMS – Créditos acumulados por exportação – Transferência a contribuinte do mesmo Estado", cit., *Revista Forum de Direito Tributário* 9/67 e ss.

4. Idem, ibidem.

impossibilidade de restrições da legislação estadual ao direito de aproveitamento dos créditos acumulados de ICMS em decorrência de operações de exportação, bem como pela possibilidade de sua transferência:

"Tributário – ICMS – Créditos acumulados – Transferência a terceiros (CF de 1988, art. 155, § 2º, XII, e art. 25, § 1º, II, da Lei Complementar n. 87/1996).

"1. O legislador constitucional estabeleceu hipótese de transferência de crédito acumulado, mas delegou à lei complementar a disciplina desta imunidade ou isenção heterônoma.

"2. A Lei Complementar n. 87/1996 estabeleceu no art. 25 duas hipóteses de transferência de crédito acumulado do ICMS. No § 1º, os créditos oriundos de operações de exploração de matéria-prima ou produtos industrializados, como previsto no art. 3º, II. No § 2º, delegou ao legislador estadual a escolha das hipóteses, quando pretendesse o contribuinte transferir o seu crédito a terceiro.

"3. Hipótese dos autos em que a transferência a terceiros refere-se a créditos oriundos de operações disciplinadas no art. 3º, II, da Lei Complementar n. 87/1996.

"4. Recurso provido."[5]

É importante transcrever, ainda, trecho do voto da Min. Eliana Calmon, relatora do ROMS 13.544, cuja ementa encontra-se transcrita acima:

"Pelo texto, *não é dado ao legislador estadual qualquer vedação ao aproveitamento dos créditos de ICMS, sob pena de infringir o princípio da não-cumulatividade, quando este aproveitamento se fizer em benefício de qualquer outro estabelecimento seu, no mesmo Estado, ou de terceiras pessoas, observando-se para tanto a origem no art. 3º*. É exatamente esta última a hipótese dos autos, porque a empresa objetiva transferir os créditos acumulados para terceiros.

"Parece que o Tribunal *a quo*, ao examinar a querela, olvidou o § 1º e partiu para a interpretação da hipótese do inciso II do § 2º do art. 25 da Lei Complementar n. 87/1996, o qual não tem aplicação à espécie.

"Assim sendo, *concluo que têm as recorrentes inteira razão quando afirmam o equívoco do Tribunal na interpretação do texto pertinente com o pedido, o que lhes garante, sem nenhuma legislação estadual, obter a declaração de crédito de que fala o inciso II do § 1º da Lei Complementar n. 87/1996, razão pela qual dou provimento ao recurso para conceder a segurança nos termos pedidos*" (grifos nossos).

Na mesma linha, o STJ, recentemente, ratificou o posicionamento exarado no julgado transcrito acima, conforme se depreende do julgamento do RMS 13.969:

"Tributário – ICMS – Créditos acumulados de ICMS sobre matéria-prima destinada a exportação – Transferência a terceiros – Auto-aplicabilidade do art. 25, § 1º, II, da Lei Complementar n. 87/1996.

"I – *'A Lei Complementar n. 87/1996 estabeleceu no art. 25 duas hipóteses de transferência de crédito acumulado do ICMS. No § 1º, os créditos oriundos de exploração de matéria-prima ou produtos industrializados, como previsto no art. 3º, II. No § 2º, delegou ao legislador estadual a escolha das hipóteses, quando pretendesse o contribuinte transferir o seu crédito a terceiro'* (RMS n. 13.544, rela. Min. Eliana Calmon, *DJU* 2.6.2003, p. 229).

"II – Tratando-se a hipótese dos autos da espécie do art. 3º, II, da Lei Complementar n. 87/1996, vez que se trata de exportação de madeira, é de se dar provimento ao recurso ordinário."[6]

Ainda em relação ao julgamento do RMS 13.969, vale conferir trecho do voto do Min. Teori Zavascki, que deixou clara a auto-aplicabilidade do art. 25, § 1º, da Lei Complementar 87/1996, possibilitando, assim, a transferência dos créditos sem

5. Rela. Min. Eliana Calmon, j. 19.11.2002, *DJU* 2.6.2003.

6. *DJU* 4.4.2005.

qualquer tipo de restrição por parte dos Estados:

"1. Cuida-se de mandado de segurança visando ao reconhecimento do direito ao aproveitamento de créditos de ICMS nos moldes do art. 25, § 1º, II, da Lei Complementar 87/96. (...)

"(...).

"O Relator, Min. Francisco Falcão, deu provimento ao recurso, por entender que, 'segundo o art. 3º, II, c/c o art. 25, § 1º, II, supratranscritos, o imposto (ICMS) não incide sobre operações e prestações que destinem ao exterior mercadorias, inclusive produtos primários e produtos industrializados semi-elaborados, ou serviços, podendo o saldo remanescente ser transferido pelo sujeito passivo a outros contribuintes no mesmo Estado, mediante emissão pela autoridade competente de documento que reconheça o crédito. É norma de eficácia plena, a independer de lei estadual regulamentadora. Já quanto aos demais casos, que não o previsto no inciso II do art. 3º, o art. 25, § 2º, II, exige, como condição de eficácia da norma complementar, a edição de lei estadual que regule a transferência dos créditos'. Refere julgado da 2ª Turma em que se adotou idêntica orientação (RMS n. 13.544-PA, Min. Eliana Calmon, *DJU* 2.6.2003).

"O Min. José Delgado, em voto-vista, deu parcial provimento ao recurso, para 'garantir à impetrante o direito de aproveitar os saldos credores remanescentes acumulados do ICMS a partir da data do seu pedido, desde 12.12.1998, que resultarem de operações para o exterior (isenção prevista no inciso II do art. 3º e seu parágrafo da Lei Complementar n. 87/1996), na proporção que as saídas das mercadorias representarem, do total dos saldos apurados, para transferir a outros contribuintes do mesmo Estado, mediante emissão, pela autoridade competente, do documento que reconheça o crédito, conforme determina a lei, sem nenhum outro condicionamento'. Foi acompanhando pelo Min. Luiz Fux.

"2. O art. 25, § 1º, da Lei Complementar n. 87/1996 é expresso ao conferir ao contribuinte detentor de saldos credores de ICMS acumulados desde a edição desse diploma legal, em razão de operações de exportação, a faculdade de aproveitá-los mediante transferência a qualquer estabelecimento seu no mesmo Estado (inciso I) e, havendo saldo remanescente, mediante transferência a outro contribuinte do mesmo Estado (inciso II) – utilizando-se, nesse segundo caso, de documento expedido pela autoridade fazendária reconhecendo a existência do crédito. Trata-se de norma de eficácia plena, que dispensa qualquer regulamentação por lei estadual. A legislação estadual é requerida apenas para o reconhecimento do direito à utilização, nas modalidades acima descritas, dos demais saldos credores acumulados a partir da vigência da lei complementar, isto é, aqueles que não os decorrentes de exportações, nos inequívocos termos do § 2º do mesmo dispositivo. (...).

"3. Diante do exposto, acompanho o Relator, Min. Francisco Falcão, dando provimento ao recurso ordinário, para conceder a segurança, de modo a assegurar à impetrante o direito de transferir, na proporção que as saídas das mercadorias representem do total dos saldos apurados, os créditos acumulados em decorrência das operações descritas no art. 3º da Lei Complementar n. 87/1996, desde 12.12.1998, a outros contribuintes do mesmo Estado, mediante a emissão pela autoridade competente de documento que reconheça o crédito. É o voto."

Ademais, é importante notar que, também recentemente, o STF concedeu medida liminar nos autos da ADI 3.390, ajuizada pela Confederação Nacional da Indústria, suspendendo a eficácia do Decreto 4.482, de 28.12.2004, do Estado do Rio de Janeiro, que impunha restrições ao aproveitamento e à utilização de créditos de ICMS decorrentes de exportação. A esse respeito, vale conferir trecho da liminar concedida pelo Min. Nelson Jobim:

"A Lei Complementar federal n. 87/1996 dispôs sobre a matéria, estabelecendo que a compensação se dará por escrituração, do que se conclui que o lançamento será feito por homologação.

"A lei estadual atacada, além de dar à matéria disciplina diversa à da Lei Complementar n. 87/1996, invade a esfera reservada à lei complementar, posto que estabelece regras condicionantes do direito de compensação, afrontando diretamente o dispositivo constitucional invocado.

"Leis estaduais não podem tratar sobre o tema, sob pena de incorrerem em inconstitucionalidade, por vício formal.

"(...).

"O *periculum in mora* é evidente, na medida em que os contribuintes estão obrigados a estornar os créditos de ICMS já aproveitados.

"Defiro a liminar, *ad referendum* do Plenário.

"Suspendo a eficácia da Lei n. 4.482, de 28.12.2004, do Estado do Rio de Janeiro."

Em relação aos créditos acumulados de ICMS oriundos de exportação de mercadorias que foram devidamente apropriados não é dado ao legislador ou às autoridades fiscais estaduais estabelecer qualquer restrição ao seu aproveitamento e transferência. Sua tarefa nesse campo é apenas e tão-somente formal, visando à comprovação fática das exportações realizadas pelo contribuinte.

Assim, se a Constituição Federal explicitamente reconhece o direito à manutenção e ao aproveitamento dos créditos de ICMS acumulados em decorrência da exportação de mercadorias (art. 155, § 2º, X, "a", da CF de 1988) e a Lei Complementar 87/1996 garante a possibilidade de transferência desses créditos sem qualquer restrição por parte da legislação estadual ou das autoridades fiscais (art. 25, § 1º, II, da Lei Complementar 87/1996), não há como se furtar da conclusão de que qualquer restrição nesse sentido acaba por restringir – ilegal e inconstitucionalmente – o direito ao aproveitamento desses créditos.

De que adianta o Estado determinar em sua Carta Política a desoneração da carga tributária do ICMS nas exportações, para que as mercadorias cheguem em condições iguais de competitividade no mercado internacional, se uma autoridade interna de um dos Estados Federados impede a transferência do crédito acumulado e, com isso, prejudica o fabricante/exportador nacional, tornando, assim, ineficaz a disposição constitucional?

Em vista das razões já expostas, é possível afirmar que qualquer restrição à transferência, à compensação ou à recuperação integral dos créditos acumulados, inclusive a própria omissão quanto à expedição do referido "documento que reconheça o crédito", configura ofensa à Constituição e à lei complementar e, além disso, converte as eventuais exigências adicionais do Estado em mero pretexto para a negativa do exercício desse direito.

3. Ofensa à não-cumulatividade, à legalidade administrativa e à estrita legalidade tributária

As únicas exceções à não-cumulatividade encontram-se expressamente previstas pelo art. 155, § 2º, II, "a" e "b", da CF e refletidas no art. 20 da Lei Complementar 87/1996, ou seja, apenas devem ser estornados os créditos de ICMS nas hipóteses de operações ou prestações subseqüentes isentas ou não-tributadas pelo ICMS *e caso não haja expressa previsão constitucional ou da legislação infraconstitucional quanto à manutenção dos créditos nessas circunstâncias.*

A esse respeito, é importante reiterar que a possibilidade de manutenção e aproveitamento dos créditos de ICMS acumulados em decorrência da exportação de mercadorias está prevista na própria CF de 1988, em seu art. 155, § 2º, X, "a", bem como no art. 20, § 3º, da Lei Complementar 87/1996.

Assim, considerando a impossibilidade de qualquer restrição à não-cumulatividade bem como ao aproveitamento, manutenção e transferência dos créditos de ICMS na presente situação, é evidente que qualquer restrição das autoridades estaduais quanto a esses direitos é inconstitucional e ilegal, por ofender a não-cumulatividade intrínseca ao imposto estadual.

Ademais, é inconcebível que se imponham restrições à transferência de créditos de ICMS nessas circunstâncias sem que haja uma norma legitimando esse procedimento, e ainda mais na existência de outras que, pelo contrário, legitimam essa transferência sem a possibilidade de qualquer restrição (art. 25, § 1º, da Lei Complementar 87/1996), sob pena de violação à legalidade administrativa, prevista no art. 5º, II, da CF.

A par dessa circunstância, e especificamente em relação às restrições impostas pelos Regulamentos do ICMS de alguns Estados quanto à possibilidade de transferência de créditos acumulados de ICMS provenientes de exportação a terceiros, é importante notar que, apesar de a Lei Complementar 87/1996 autorizar a transferência e não impor qualquer condição adicional à realização, a não ser a mera verificação da efetiva ocorrência das exportações, há normas regulamentares de alguns Estados que limitam esse direito, determinando como, onde e em que circunstâncias a transferência pode ser realizada.

A esse respeito, entendemos que a imposição das condições acima fere a estrita legalidade tributária, prevista no art. 150, I, da CF, que veda aos Estados "exigir ou aumentar tributo sem lei que o estabeleça", já que não caberia à legislação regulamentar estadual impor restrições à possibilidade de transferência desses créditos a terceiros, pois tais condições não foram contempladas pela Lei Complementar 87/1996.

Os Regulamentos estaduais – normas de reconhecida natureza regulamentar –, ao restringirem a possibilidade de transferência desses créditos, nada mais fazem que criar/majorar indevidamente o imposto estadual, contrariando a legalidade em matéria tributária. O STJ, ao julgar questão análoga à presente, assim decidiu: "Tributário – ICMS – Serviço de transporte de mercadoria destinada ao exterior – Não-incidência. A Lei Complementar n. 87/1996 prevê a não-incidência do ICMS na prestação de serviços de transporte de mercadorias destinadas à exportação. Revestem-se de ilegalidade as limitações impostas pela Portaria n. 26/1999–SEFAZ ao gozo deste benefício fiscal pelas empresas exportadoras, porquanto restringe direito resguardado por lei complementar, em flagrante ofensa ao princípio da hierarquia das leis".[7]

4. Abuso de poder

"O abuso de poder ocorre quando a autoridade, embora competente para praticar o ato, ultrapassa os limites de suas atribuições ou se desvia de suas finalidades administrativas."[8] Assim, as autoridades fiscais estaduais, ao criarem quaisquer óbices à possibilidade de transferência dos créditos acumulados em decorrência de exportação ou se omitirem quanto à expedição de "documento que reconheça o crédito" – que, repita-se, não envolve manifestação de sua vontade –, (1) extrapolam suas faculdades/atribuições administrativas, bem como (2) deixam de praticar o ato por motivos ou fins diversos dos previstos em lei, na medida em que infringem o direito dos contribuintes à manutenção e transferência desses créditos.

Desta forma, comprovada a total ilegalidade e a inconstitucionalidade da res-

7. RE 418.957-MT, *DJU* 26.8.2002.

8. Hely Lopes Meirelles, *Direito Administrativo Brasileiro*, 28ª ed., São Paulo, Malheiros Editores, p. 109.

trição à manutenção e transferência de créditos acumulados de ICMS decorrentes de exportação, as autoridades fiscais estaduais, ao criarem restrições à transferência desses créditos ou se absterem de emitir o documento requerido de reconhecimento do crédito – que deveriam expedir para o correto atendimento do interesse público e cumprimento das normas legais e constitucionais em vigor, ainda mais quando este ato configura mera formalidade, incapaz de impedir o exercício daqueles direitos –, acabam por negar, tacitamente, o direito garantido pela Constituição e pela Lei Complementar 87/1996, em nítido abuso de poder.

5. *Conclusões*

Conclui-se pela ilegitimidade das restrições impostas pelas normas estaduais ao aproveitamento dos créditos de ICMS acumulados em decorrência da exportação de mercadorias, bem como à sua transferência, seja para estabelecimentos do mesmo titular ou estabelecimentos interdependentes, seja para o pagamento de fornecedores ou para terceiros. Qualquer vedação nesse sentido restringe o efetivo direito ao aproveitamento desses créditos, contrariando a eficácia constitucional pretendida e também os rumos determinados pela Lei Complementar 87/1996.

ESTUDOS & COMENTÁRIOS

COMENTÁRIOS SOBRE A RESOLUÇÃO DO SENADO FEDERAL 71, DE 26.12.2005

FABRÍCIO DA MOTA ALVES
Advogado Especialista em Direito Tributário
– Assessor Parlamentar no Senado Federal – Professor universitário

1. Introdução. 2. Razões do parecer da Comissão de Constituição, Justiça e Cidadania : 2.1 A facultatividade do Senado Federal na execução da atribuição constitucional – 2.2 Hermenêutica jurídica sobre o resíduo legal e suas conclusões: alicerces da resolução suspensiva – 2.3 O emprego de argumentação lógico-jurídica como subsídio do ato resolutivo: 2.3.1 Argumentação "a coherencia" – 2.3.2 Argumentação apagógica – 2.3.3 Argumentações teleológica, sistemática e histórico-evolutiva – 2.4 Correlação da resolução senatorial aos efeitos concretos das decisões do STF – 2.5 Considerações acerca da atuação senatorial – 2.6 Contextualização das políticas públicas de desoneração tributária para o setor exportador nacional. 3. A Resolução 71, de 26.12.2005: 3.1 Natureza do ato normativo suspensivo – 3.2 Conteúdo, forma e estrutura – 3.3 Oportunidade e discricionariedade para edição da resolução senatorial – 3.4 Natureza e significado da expressão preservadora – 3.5 Alcance da ressalva contida no art. 1º, "in fine" – 3.6 Obrigatoriedade de observância pelos três Poderes. 4. Conclusão.

1. Introdução

O Senado Federal publicou, em 27.12. 2005, no *DOU*, Seção 1, p. 1, a Resolução 71, de 26.12.2005, que "suspende, nos termos do inciso X do art. 52 da Constituição Federal, a execução, no art. 1º do Decreto-lei n. 1.724, de 7 de dezembro de 1979, da expressão 'ou reduzir, temporária ou definitivamente, ou extinguir', e, no inciso I do art. 3º do Decreto-lei n. 1.894, de 10 de novembro de 1981, das expressões 'reduzi-los' e 'suspendê-los ou extingui-los'".

O texto promulgado foi assim editado:

RESOLUÇÃO N. 71, DE 2005

Suspende, nos termos do inciso X do art. 52 da Constituição Federal, a execução, no art. 1º do Decreto-lei n. 1.724, de 7 de dezembro de 1979, da expressão "ou reduzir, temporária ou definitivamente, ou extinguir", e, no inciso I do art. 3º do Decreto-lei n. 1.894, de 10 de novembro de 1981, das expressões "reduzi-los" e "suspendê-los ou extingui-los".

O Senado Federal, no uso de suas atribuições que lhe são conferidas pelo inciso X do art. 52 da Constituição Federal e tendo em vista o disposto em seu Regimento Interno, e nos estritos termos das decisões definitivas do Supremo Tribunal Federal,

Considerando a declaração de inconstitucionalidade de textos de diplomas legais, conforme decisões definitivas proferidas pelo Supremo Tribunal Federal nos autos dos Recursos Extraordinários ns. 180.828, 186.623, 250.288 e 186.359,

Considerando as disposições expressas que conferem vigência ao estímulo fiscal conhecido como "crédito-prêmio de IPI", instituído pelo art. 1º do Decreto-lei n. 491, de 5 de março de 1969, em face dos arts. 1º e 3º do Decreto-lei n. 1.248, de 29 de novembro de 1972; dos arts. 1º e 2º do Decreto-lei n. 1.894, de 16 de dezembro de 1981, assim como do art. 18 da Lei n. 7.739, de 16 de março de 1989; do § 1º e incisos II e III do art. 1º da Lei n. 8.402, de 8 de janeiro de 1992, e, ainda, dos arts. 176 e 177 do Decreto n. 4.544, de 26 de dezembro de 2002; e do art. 4º da Lei n. 11.051, de 29 de dezembro de 2004,

Considerando que o Supremo Tribunal Federal, em diversas ocasiões, declarou a inconstitucionalidade de termos legais com a ressalva final dos dispositivos legais em vigor, Resolve:

Art. 1º. É suspensa a execução, no art. 1º do Decreto-lei n. 1.724, de 7 de dezembro de 1979, da expressão "ou reduzir, temporária ou definitivamente, ou extinguir", e, no inciso I do art. 3º do Decreto-lei n. 1.894, de 10 de novembro de 1981, das expressões "reduzi-los" e "suspendê-los ou extingui-los", preservada a vigência do que remanesce do art. 1º do Decreto-lei n. 491, de 5 de março de 1969.

Art. 2º. Esta Resolução entra em vigor na data de sua publicação.

Senado Federal, em 26 de dezembro de 2005

Senador *Renan Calheiros*, Presidente do Senado Federal.

Trata-se de ato normativo de competência exclusiva do Senado Federal, atribuído pela Constituição Federal, que vem suspender a execução das expressões atingidas pelas decisões judiciais transitadas em julgado do STF, conferindo efeito *erga omnes* à declaração de inconstitucionalidade de partes de leis federais.

As decisões, muito embora tenham reconhecido a inconstitucionalidade das expressões em questão, somente geraram efeitos concretos entre as partes litigantes no alcance dos respectivos acórdãos. Isso porque os recursos foram submetidos ao crivo da Corte Suprema por meio de controle difuso de constitucionalidade, ou seja, a via de exceção foi levantada nos autos de processos em andamento, gerando procedimento *incidenter tantum*, o que somente produziu efeitos *inter partes* e *ex tunc*.

Assim, a fim de estender a eficácia dessas declarações, cujo mérito – a inconstitucionalidade da delegação ministerial nos referidos decretos-leis – já era há muito discutido e estava pacificado pela jurisprudência do próprio Tribunal e do extinto TFR, o STF, em atenção ao disposto no inciso X do art. 52 da CF, comunicou ao Senado Federal suas decisões, a fim de que a Câmara Alta desse vazão à sua competência, suspendendo, por fim, a execução das expressões inconstitucionais destacadas nas respectivas normas federais.

Agindo, portanto, em conformidade com o art. 178 do RISTF,[1] o Presidente do STF encaminhou ao Presidente do Senado Federal as respectivas decisões judiciais. No Senado os comunicados foram recebidos sob a forma dos Ofícios "S"-11, 15 e 17, de 2002, e 11, de 2003, contendo, cada um, cópia das normas federais apreciadas nos julgamentos, dos pareceres da Procuradoria-Geral da República, das versões dos registros taquigráficos do julgamentos, das certidões de trânsito em julgado e dos acórdãos proferidos, conforme assim determina o RISF (art. 387).

Uma vez lidos em Plenário, os ofícios "S" foram encaminhados à Comissão de Constituição, Justiça e Cidadania, a quem

1. "Art. 178. Declarada, incidentalmente, a inconstitucionalidade, na forma prevista nos arts. 176 e 177, far-se-á comunicação, logo após a decisão, à autoridade ou órgão interessado, bem como, depois do trânsito em julgado, ao Senado Federal, para os efeitos do art. 42, VII, da Constituição" (atual dispositivo: art. 52, X).

compete apresentar o respectivo projeto de resolução do Senado (RISF, art. 388, c/c o art. 101, III). Lá tramitaram em conjunto, tendo como derradeiro Relator o eminente senador Amir Lando, parlamentar vanguardista em matéria de cumprimento da excepcional atribuição constitucional.

O Senador ofertou relatório e voto favorável à apresentação da resolução senatorial, o qual fora aprovado à unanimidade pela CCJ em decisão terminativa. No entanto, *exercendo a competência constitucional excepcionalíssima*, houve por bem consignar no texto do ato normativo o reconhecimento da vigência do crédito-prêmio do IPI, justamente em um momento em que o setor exportador viu falecer no STJ suas esperanças de reverter um resultado desfavorável em disputas judiciais de décadas com a Receita Federal.

A simples suspensão da execução das expressões inconstitucionais nos respectivos decretos-leis, por si só, reacenderia debates, ao menos nos julgamentos de recursos que ainda se fundamentam nessa tese, especialmente quanto aos seu efeito *ex nunc* ou *ex tunc*.

Entretanto, não bastasse a polêmica em torno da decisão do STJ que chancelou a tese fazendária de extinção do estímulo fiscal a partir de 30.6.1983 – o "Plano B" da Receita Federal –, o Senado criou uma situação nova e ao mesmo tempo inesperada, ao consignar expressamente a preservação de vigência do crédito-prêmio de IPI.

Para compreendermos o que motivou aquele órgão legislativo e com que propósito assim agiu, afigura-se crucial analisar o parecer apresentado pelo senador Amir Lando.

2. *Razões do parecer da Comissão de Constituição, Justiça e Cidadania*

2.1 A facultatividade do Senado Federal na execução da atribuição constitucional

O parecer da CCJ do Senado Federal revela-se um profundo estudo de hermenêutica jurídica, que veio retratar com precisão a opinião mais justa e correta acerca da vigência do estímulo fiscal. *Deixou claro, ainda, que a edição da resolução apresentada pressupunha exercício necessário e anterior de interpretação normativa para que o Senado pudesse exercer sua função constitucional.* Como se verá adiante, os argumentos lógico-jurídicos para o cumprimento desse poder-dever são facilmente identificáveis.

Analisando pormenorizadamente o parecer, o Relator expôs, logo de início, a importância e o alcance da atribuição conferida pelo inciso X do art. 52 da CF, discorrendo, ainda, sobre a natureza jurídica da resolução senatorial e seus efeitos. Citou também precedente seu, quando relatou outro ofício "S" em que se posicionou pelo arquivamento da resolução senatorial, dando margem a discussões sobre a discricionariedade do Senado em atender ao comunicado do STF, segundo critérios políticos de interesse público e social relevante.

Mais adiante, o eminente parlamentar, já se antecipando a polêmicas, deixou claro que *o texto resolutivo não se prestaria a modificar o conteúdo das decisões do STF, estando aquele órgão legislativo plenamente consciente dos limites de sua atuação constitucional*: "Por fim, temos por relevante também destacar que, uma vez inclinado pela aprovação da resolução, o Senado Federal em hipótese alguma poderá modificar o conteúdo da decisão judicial, afetando, mediante a resolução senatorial suspensiva, lei ou parte de lei que não tenha sido objeto da decisão do Supremo, sob pena de extrapolar sua atribuição constitucional, pelo quê agiria como legislador positivo diante de declaração de inconstitucionalidade de lei".

Aqui se faz necessário um pequeno comentário: sabe-se que o STF, ao exercer o controle de inconstitucionalidade, atua como legislador negativo, eis que extirpa do ordenamento jurídico nacional lei, no todo ou em parte, que afronte a Constituição formal e/ou materialmente. No entanto, o parecer adverte que não estaria a agir como "legislador positivo". Após sua leitura na íntegra, bem assim analisando o projeto de resolução do Senado que apresentou, *verifica-se que a advertência se antecipa à ressalva que seria inserida após o comando de suspensão.*

Não obstante, retomando o viés político que permeia todos os atos do Congresso Nacional, consignou ainda, em relação à atuação daquela Câmara política: "Pode, outrossim, quando do ato suspensivo, firmar sua posição diante do contexto histórico, econômico e social em que esteja inserido o objeto normativo da lei declarada inconstitucional, quando disciplinado por outros diplomas legais não afetados pela decisão do Supremo".

Dessa forma o ilustre Senador introduziu a controvertida matéria em seu relatório, colacionando o conjunto de normas federais que, de alguma forma, disciplinam o crédito-prêmio do IPI e, ainda, apresentando diversos entendimentos doutrinários e jurisprudenciais, todos favoráveis à tese de plena vigência do estímulo fiscal.

Segundo se extrai do parecer, o Senado Federal detém o poder constitucionalmente atribuído, o direito de agir, ou *facultas agendi*, nas palavras do Relator. Formalmente, aquele órgão pode agir se e quando quiser, sem que nada ou ninguém possa intervir. Autorizam esse comportamento o postulado constitucional da tripartição e harmonia dos Poderes e o princípio da reserva legal. Como bem advertiu o parlamentar: "Trata-se, sem dúvida, de *facultas agendi*, pelo quê a Constituição sabiamente não disciplina qualquer sanção pela recusa à projeção *erga omnes* de decisão judicial declaratória de inconstitucionalidade que lhe competiria conceder. Se assim fosse, certamente estaria prejudicada a conciliação dos postulados insertos na Lei Maior que delineiam a harmonia e independência dos Poderes estatais, requisito fundamental – paralelamente à submissão do Estado à lei e à enunciação de direitos e garantias fundamentais – para a boa constituição de um Estado Democrático de Direito".

Todavia, seu relatório deixou claro que *o Senado Federal tem o dever, não legal nem constitucional, mas institucional, de se posicionar diante da declaração de inconstitucionalidade das expressões destacadas dos Decretos-leis 1.724/1979 e 1.894/1981, em face do resíduo legal disciplinador do combatido benefício fiscal*, sem, contudo, extrapolar os limites da sua competência constitucional.

E assim o fez, com amplo respaldo institucional, social, moral e constitucional.

2.2 Hermenêutica jurídica sobre o resíduo legal e suas conclusões: alicerces da resolução suspensiva

Conforme consignou o Relator, a controvérsia agora levantada cinge-se a discussões jurídicas sobre o que remanesce no ordenamento jurídico após a suspensão da eficácia normativa da delegação ministerial para "extinguir, reduzir ou suspender" o crédito-prêmio de IPI. *Trata-se, pois, de imprescindível exercício de hermenêutica jurídica, diante da nebulosidade de normas que expressamente confiram ou retirem vigência ao benefício fiscal.*

Para tanto, o parecer apresentou tese própria, segundo a qual *as decisões do STF e a subseqüente suspensão da execução dos textos inconstitucionais, no tocante à delegação ministerial, implicam a realização de um exercício de interpretação incidente sobre o resíduo legal disciplinador do crédito-prêmio de IPI*, conduzindo necessariamente a duas conclusões, que serão detalhadas a seguir.

Primeiramente, a de que *o legislador tanto previu a extinção como a manutenção do estímulo fiscal, conforme o arbítrio ministerial para aumentá-lo, reduzi-lo ou suspendê-lo* – essa ilação tem amplo apoio doutrinal e jurisprudencial.

Nesse sentido, o relatório evidenciou que as normas fatalistas restaram derrogadas pela norma delegatória, e essa foi declarada parcialmente inconstitucional, sobrevivendo apenas a competência do Ministro da Fazenda para aumentar o estímulo fiscal, uma vez que aquelas não se restabeleceram, em razão do fato de a repristinação de normas não ser admitida em nosso sistema jurídico.

Em segundo lugar, concluiu o Relator que *a resolução suspensiva somente encontra vez na medida em que se considera vigente o estímulo fiscal antes totalmente dependente do arbítrio ministerial.* De fato, não haveria razão para suspender a execução dos textos inconstitucionais acaso não se considerasse vigente o crédito-prêmio de IPI. Esse foi, inclusive, o entendimento que sobejou nos acórdãos encaminhados ao Senado Federal pelo STF.

Com a promulgação da norma resolutiva do Senado *remanesceu ainda a delegação de competência ao Ministro da Fazenda para aumentar o estímulo fiscal*, eis que não afetada pelas decisões judiciais da Alta Corte. Assim, fosse outro o entendimento do eminente Relator, *não se faria necessário suspender a execução de textos legais que conferem ao órgão ministerial competência para manipular um benefício fiscal inexistente.*

Ora, que sentido haveria em permitir a sobrevivência apenas da competência legal para aumentar um estímulo fiscal revogado? Certamente, nenhum.

2.3 O emprego de argumentação lógico-jurídica como subsídio do ato resolutivo

Podemos observar facilmente que os trabalhos parlamentares reverberam um misto de argumentações que, uma vez identificadas e analisadas, esclarecerão com ainda maior presteza a intenção do Senado Federal e a necessidade de editar tal norma.

Cada inferência detectada no parecer encerra uma conclusão plausível, fruto de exercícios de pura lógica jurídica. Devemos reconhecer que, na busca pelo esclarecimento do resíduo legal que disciplina o crédito-prêmio de IPI, *o senador Amir Lando agiu com bastante cautela, posto que se valeu de diversas formas de raciocínio lógico-jurídico e de diferentes recursos de hermenêutica jurídica para ir dar na resolução que o Senado aprovou.*

Agiu, pois, contrariamente a decisões judiciais recentemente proferidas que usaram de singulares recursos de hermenêutica jurídica, particularmente a sobrevalorização da *intentio legislatoris*, generalizando o processo exegético ao desprezo da advertência de Carlos Maximiliano: "Em toda escola teórica há um fundo de verdade. Procurar o pensamento do autor de um dispositivo constitui um meio de esclarecer o sentido deste; o erro consiste em generalizar o processo, fazer do que simplesmente um dentre muitos recursos da Hermenêutica – o objetivo único, o alvo geral; confundir o meio com o fim. Da vontade primitiva, aparentemente criadora da norma, se deduziria, quando muito, o *sentido desta*, e não o respectivo *alcance*, jamais preestabelecido e difícil de prever"[2] (grifos no original).

O Relator, ao contrário, reuniu argumentos dos mais diversos para concluir que, de início, o fato então examinado – vigência do crédito-prêmio de IPI – somente poderia ser regulamentado por normas que, sucessivas ou não, fossem, sobretudo, compatíveis entre si. Caso contrário incidiria a revogabilidade em favor da lei mais recente, particularmente no critério cronológico, segundo o qual *lex posterior derogat legi priori*.

Notadamente, podemos observar, lá, presentes algumas espécies de raciocínio lógico-jurídico, embasadas nos seguintes argumentos:

2.3.1 Argumentação "a coherencia"[3]

Segundo concluiu o parecer da CCJ, *não poderia o legislador que editou o De-*

2. Carlos Maximiliano, *Hermenêutica e Aplicação do Direito*, Rio de Janeiro, Forense, 2003, p. 37.

3. Nas palavras de Chaïm Perelman, um legislador sensato "não pode regulamentar uma mesma situação de duas maneiras incompatíveis".

creto-lei 1.658/1979 também ter pretendido, ao editar o Decreto-lei 1.724/1979, que ambos coexistissem no ordenamento jurídico à plena vigência. Isso porque ou se extingue definitivamente o crédito-prêmio de IPI, ou se manipula esse benefício à discricionariedade ministerial. No caso concreto, verifica-se que o Decreto-lei 1.724/1979 derrogou tacitamente o Decreto-lei 1.658/1979 na questão da sobrevivência do crédito-prêmio de IPI, conforme a própria doutrina reconhece.

De fato, *o benefício somente veio a ser fatalmente afetado*, posteriormente ao Decreto-lei 1.658/1979, *pela Portaria MF-960/1979, através da qual o Ministro da Fazenda estabeleceu a suspensão do crédito-prêmio por tempo indeterminado*, já no exercício de sua novel atribuição legal. Em seguida, nova disposição infralegal atingiu o estímulo fiscal, dessa vez com suporte no Decreto-lei 1.724/1979: *o Ministro da Fazenda emitiu a Portaria MF-176/1984, impôs a extinção gradativa do benefício, que seria extinto a partir de maio/1985.*

Ora, se o legislador manda aplicar a uma nova situação a isenção prevista no art. 1º do Decreto-lei 491/1969, é porque esse dispositivo não foi derrogado.[4]

A conclusão, portanto, é a de que *o legislador executivo, mediante a edição sucessiva das duas normas – extintiva e delegatória –, disciplinou o estímulo fiscal de maneira a sobreviver no ordenamento jurídico apenas a norma delegatória, derrogando a anterior, por incompatibilidade.* Ao assim fazer, permitiu a sobrevivência do crédito-prêmio de IPI.

2.3.2 Argumentação apagógica[5]

Quanto à argumentação ao absurdo, partiremos da premissa (equivocada) de que a *mens legislatoris* seria suficiente para dirimir a controvertida interpretação do arcabouço legal residual que rege o crédito-prêmio de IPI para, então, realizarmos o seguinte questionamento: se realmente tivesse intencionado extinguir o malfadado benefício fiscal, por que razão o legislador editou uma norma posterior – incompatível e, pois, derrogatória – para delegar ao Ministro da Fazenda competência para manipular o crédito-prêmio? *Certo é que não se pode aumentar, extinguir, reduzir ou suspender algo que não existe, e esse argumento independe da psicologia legislativa*, conforme se deduz dos trabalhos do eminente Senador Relator.

Escaparia à lógica racional a conclusão de que o legislador executivo teria editado o Decreto-lei 1.724/1979 com outro propósito senão o de revogar o fatalista Decreto-lei 1.658/1979, pois, simplesmente, não se poderia manipular um estímulo fiscal revogado. Tal entendimento foi explicitamente lapidado no parecer senatorial.

Esse raciocínio lógico-jurídico adquire importância na medida em que o argumento contrário fora amplamente utilizado pela 1ª Seção do STJ quando julgou o REsp 541.239-DF, que entendeu por extinto o benefício fiscal a partir de 1983.

Demais disso, ainda que o Decreto-lei 1.724/1979 tivesse sido editado em data anterior ao termo fatal da vigência do crédito-prêmio de IPI (30.6.1983), ainda permaneceu plenamente em vigor até a promulgação da Resolução 72/2005 (26.12.2005) do Senado Federal, quando a execução de partes de sua redação foi suspensa, por estarem contaminadas pela inconstitucionalidade.

E, diante do expresso reconhecimento do vício de nulidade por desapego às normas constitucionais, a lei derrogada não voltou à vigência. Isso porque, muito embora seja remansoso o entendimento de que

4. TRF-1ª R., AC 96.01.54413-5-DF (apelação cível), rel. Juiz Tourinho Neto, *DJU* 1.3.2000, p. 19.

5. Tipo de argumento segundo o qual se supõe que "o legislador é sensato e que jamais poderia ter admitido uma interpretação da lei que conduzisse a conseqüências ilógicas ou iníquas" (ob. cit.).

a declaração de inconstitucionalidade produz efeitos desde a entrada em vigor da norma declarada inconstitucional, implicando excepcionalmente a revalidação das normas que a lei viciada eventualmente tenha revogado, não estamos diante de controle abstrato de constitucionalidade, mas concreto.

Além disso, conforme bem demonstrou o Relator, resta ainda vigente a delegação ministerial para "aumentar" o incentivo, vez que sua inconstitucionalidade não foi apreciada em qualquer esfera do Poder Judiciário, nem atingida pela resolução senatorial.

Ora, retoma-se o raciocínio ao absurdo, há pouco delineado: se resta agora, mesmo após a promulgação da Resolução 71/2005, ainda em vigor a atribuição de competência para o Ministro da Fazenda "aumentar" o incentivo fiscal, permanece o efeito derrogatório do Decreto-lei 1.724/1979 sobre o Decreto-lei 1.658/1979, que – repise-se – sequer atingiu sua validade plena, posto que previa efeitos para datas futuras, mas foi revogado antes disso.

2.3.3 Argumentações teleológica, sistemática e histórico-evolutiva

A busca pelo espírito da lei e por sua finalidade também foi realizada pelo parecer senatorial. De fato, a exegese teleológica teve vez, na medida em que se buscou definir a *ratio legis* em face da *occasio legis*. Para tanto, o parecer citou Ferrara e Schlossman, para concluir que a intenção da lei e o seu espírito não raro desprendem-se da vontade do legislador, alcançando resultados próprios, pouco importando as exposições de motivos.

Por isso, a melhor interpretação é aquela que foca a finalidade da lei tal qual expressa, apenas sendo complementada pela exegese psicológica. Perelman, a esse respeito, já advertiu que o espírito e a finalidade da lei "não são reconstituídos a partir dos trabalhos preparatórios, mas a partir de considerações sobre o próprio texto da lei".[6]

Também foram objeto de laudas de consideração a perseguição do verdadeiro sentido da norma quando inserta num sistema legislativo ordenado e a tentativa de determinar, através das múltiplas e sucessivas normas editadas, qual seria a primitiva intenção do legislador, muito embora o próprio Relator deixe claro que a *intentio legislatoris* não é fator principal, mas secundário, complementar, na determinação do sentido legal rebuscado.

O estudo da CCJ remonta à ordenação jurídico-normativa em que o estímulo fiscal está inserido, desde a Constituição de 1967 à Lei ordinária 11.051/2004. *O parecer arrola 12 normas federais que, direta ou indiretamente, demonstram viger o estímulo fiscal*, seja pela sua regulamentação explícita, seja pela normatização de outros assuntos de interesse nacional que com ele tenham correlação:

(1) *Decreto-lei 491, de 5.3.1969* (instituiu o crédito-prêmio de IPI sem determinação de prazo ou vigência, inicialmente voltado às fabricantes e exportadoras de manufaturados);

(2) *Decreto-lei 1.248, de 29.11.1972* (criou as *trading companies*, destinadas a atuar na área específica de exportação, mantido o produtor-vendedor – fabricante dos produtos exportáveis – como beneficiário do estímulo fiscal);

(3) *Decreto-lei 1.456, de 7.4.1976* (estendeu às empresas comerciais exportadoras – *trading companies* – o direito à fruição do mesmo estímulo fiscal atribuído ao produtor-vendedor);

(4) *Decreto-lei 1.658, de 24.1.1979* (estabeleceu uma extinção gradativa do estímulo fiscal com data-limite sobre 30.6.1983; foi revogado pelo Decreto-lei 1.724/1979, que delegou ao Ministro da Fazenda a competência para aumentar, reduzir ou extinguir o crédito-prêmio; diante da inconstitucionalidade dessa delegação, a data

6. Chaïm Perelman, ob. cit., p. 80.

extintiva restou definitivamente revogada, posto que não há repristinação no ordenamento jurídico nacional);

(5) *Decreto-lei 1.722, de 3.12.1979* (derrogou o Decreto-lei 1.658/1979, estabelecendo nova data fatal para o crédito-prêmio em 1.1.1980; todavia, não chegou a ter eficácia plena, pois foi revogado pelo Decreto-lei 1.724/1979 antes mesmo dessa nova data, com a delegação ao Ministro da Fazenda da manipulação do benefício);

(6) *Decreto-lei 1.724, de 7.12.1979* (delegou ao Ministro da Fazenda competência para "aumentar ou reduzir, temporária ou definitivamente, ou extinguir" o estímulo fiscal, tendo sido atingida pelas decisões declaratórias de inconstitucionalidade);

(7) *Decreto-lei 1.894, de 16.12.1981* (embora tenha mantido a delegação de competência para o Ministro da Fazenda – o que foi considerado inconstitucional –, não fixou prazo para a vigência temporal do estímulo fiscal, a qual se tornou indeterminada, sendo a percepção do crédito-prêmio atribuída com exclusividade às empresas comerciais exportadoras; também estendeu o benefício a todos os produtos nacionais, sem qualquer discriminação);

(8) *Lei 7.739, de 16.3.1989* (apesar de dispor sobre a organização da Presidência da República e dos Ministérios, a norma alterou o texto da alínea "b" do § 1º do art. 1º do Decreto-lei 1.894/1981, que assegura o direito à fruição do crédito do IPI, disciplinando sua equivalência; apesar de não tratar especificamente do crédito-prêmio do IPI, a norma, ao derrogar o dispositivo do Decreto-lei 1.894/1981, reproduziu todo o texto do citado art. 1º para atingir somente a alínea "b" do § 1º, conferindo-lhe nova redação; assim, os incisos I e II daquele artigo foram mantidos vigentes, sendo que o inciso II assegura explicitamente a fruição do crédito-prêmio do IPI);

(9) *Lei 8.402, de 8.1.1992* (além de restabelecer o direito ao benefício por parte do produtor-vendedor – que era apenas das exportadoras a partir do Decreto-lei 1.894/1981 –, restaurou a duplicidade que havia ao tempo do Decreto-lei 1.476/1976);

(10) *Decreto 3.000, de 26.3.1999* (regulamenta a tributação, fiscalização, arrecadação e administração do imposto sobre a renda e proventos de qualquer natureza, permitindo às empresas exportadoras de produtos manufaturados imputar ao custo, para fins de apuração do lucro líquido, os gastos no exterior com *marketing* de seus produtos);

(11) *Decreto 4.544, de 26.12.2002* (estabelece a TIPI, admitindo o crédito do imposto sobre a produção de mercadorias destinadas a exportação saídas com imunidade ou isenção); e

(12) Lei 11.051, de 29.12.2004 (essa lei, convertida a partir da Medida Provisória 219/2004, restringe a compensação de créditos por empresas que a declarem nas hipóteses de "crédito-prêmio instituído pelo decreto-lei de 1969"; é o reconhecimento expresso e normativo da existência do estímulo fiscal).

Muitas dessas normas, muito embora não disciplinem o crédito-prêmio em si, foram mencionadas pelo eminente Senador com o intuito de demonstrar, de maneira inequívoca, que em diversas ocasiões o legislador reconhece a existência do estímulo fiscal no ordenamento jurídico, pois a ele se refere reiteradamente nos muitos textos legais. Como se trata, aqui, de um exercício de interpretação normativa, essas referências são úteis para nortear o hermeneuta.

Esses foram, pormenorizadamente, os argumentos principais do parecer da CCJ que revelaram, de forma complementar e sistêmica, a vigência do crédito-prêmio de IPI. Tal conclusão legitimou o Senado Federal a editar a norma resolutiva suspensiva, inclusive quanto à necessária ressalva ao final do art. 1º.

2.4 Correlação da resolução senatorial aos efeitos concretos das decisões do STF

Visando a contribuir para a mitigação da controvérsia jurídica, o Senado Federal houve por bem agir com ineditismo na apresentação da resolução senatorial – muito embora também com total amparo constitucional, legal e regimental –, fazendo constar, além da precisa atribuição constitucional suspensiva, a indicação da legislação que remanesce em vigor relativamente ao estímulo fiscal controvertido, como, aliás, deixou claro: “Assim, parece-nos de bom alvitre que, ao suspender a execução das normas acoimadas de inconstitucionais em conformidade com os ofícios ‘S’ *sub examine*, seja definitivamente esclarecida e ressalvada a legislação que permanece em vigor, não alcançada pelas decisões referenciadas”.

Agiu dessa forma não somente pelas muitas razões acima expostas, mas também pelo que se observou nas decisões encaminhadas pelo STF, proferidas em controle difuso de constitucionalidade, ou seja, em sede de exame *in concreto*, por via incidental.

Assim agiu sobretudo pela conseqüência prática dos julgamentos dos seguintes recursos: (1) RE 180.828, no qual foi declarada a inconstitucionalidade da expressão “ou reduzir, temporária ou definitivamente, ou extinguir”, constante do art. 1º do Decreto-lei 1.724/1979, e das expressões “reduzi-los” e “suspendê-los ou extingui-los”, constantes do inciso I do art. 3º do Decreto-lei 1.894/1981; (2) RE 186.623; (3) RE 250.288; e (4) RE 186.359 – nesses três últimos o STF declarou a inconstitucionalidade da expressão “ou extinguir”, constante do art. 1º do Decreto-lei 1.724/1979.

Nesses julgados o STF reconheceu às empresas litigantes o direito à compensação pelo crédito-prêmio de IPI. *Isso, por si, já legitimaria a apresentação da Resolução 71/2005 da forma como o fez o Senado Federal*, com o indicativo do que remanesceu vigente após a suspensão da execução dos textos legais.

Além disso, corrobora esse raciocínio o fato de que, acaso estivesse de fato revogado o estímulo fiscal em questão desde 1983, os processos que motivaram a discussão na Alta Corte padeceriam de uma das condições da ação: o interesse de agir. Note-se que o STF, no exercício do controle de constitucionalidade, não adentra pedido recursal de declaração quando se constata revogação da norma então examinada, conforme ampla jurisprudência.

De fato, pacificou-se naquela Corte o entendimento de que a revogação de ato normativo objeto de ação direta implica a prejudicialidade dessa ação. O marco inicial dessa jurisprudência está na ADI 709, relatado pelo Min. Paulo Brossard. Trata-se, na verdade, de falecimento de uma das condições da ação, como reafirma o Relator:

“2. Se a ação direta tem por objeto específico a declaração em tese de inconstitucionalidade de lei ou ato normativo federal ou estadual, com a finalidade de expungir do sistema jurídico vigente aqueles atos que se não harmonizam com a Constituição, é de concluir-se que a revogação do ato normativo, objeto da declaração, traz como conseqüência a prejudicialidade da ação, por perda de objeto.

“3. Na ação direta de inconstitucionalidade o interesse de agir existe se e enquanto a lei estiver em vigor. Não se pode admitir ação direta contra ato normativo revogado, porque o interesse de extirpar do ordenamento jurídico o ato normativo maculado pela inconstitucionalidade já não existe, porque a própria autoridade ou órgão requerido se incumbiu de fazê-lo. O Plenário da Corte assentou, quando do julgamento da ADI n. 2-1 do Distrito Federal, que lei anterior à Constituição, que a contrarie, não pode ser objeto de ação direta de inconstitucionalidade, porque a Constituição superveniente não torna inconstitucionais as leis anteriores com ela conflitantes, mas as revoga. Deste modo, tanto a lei revogada como a que venha a ser revogada, no curso da ação direta, não podem constituir seu objeto.”

O mesmo, por consectário lógico, aplica-se às ações em que se efetua o controle abstrato de constitucionalidade. Observe-se, ainda, que a data de distribuição do RE 180.828 foi 25.3.1992; portanto, após a edição do Decreto-lei 1.724/1979.

Portanto, ao desprover os recursos extraordinários da União Federal, o STF julgou procedentes os pedidos formulados pelas empresas autoras das demandas, reconhecendo-lhes o direito ao crédito-prêmio de IPI e, assim, sua plena vigência à época da decisão proferida.

2.5 Considerações acerca da atuação senatorial

De início, podemos afirmar convictamente que *o Senado Federal não agiu de forma a extrapolar sua competência constitucional.* Agiu, sim, em estrita observância à permissão contida na Constituição de 1988 e aos ditames do Regimento Interno daquela Casa Legislativa.

Para se chegar a essa conclusão, o parecer da CCJ enalteceu que a doutrina e a jurisprudência são unânimes em atestar que, ao exercer a competência privativa, contida no inciso X do art. 52 da CF, a Câmara Alta não pode exercer qualquer tipo de reexame sobre as motivações da decisão do STF, nem rediscuti-las, conferindo-lhes interpretação própria e diversa da que lá esteja consignada. Igualmente seria vedado ao Senado alterar o conteúdo da declaração de inconstitucionalidade, suspendendo a execução de normas ou parte de normas fora dos limites dos acórdãos transitados em julgado.

Cumpre-lhe, tão-somente, *segundo seus próprios e políticos critérios de conveniência e oportunidade*, dar publicidade à decisão do STF, ampliando seus efeitos a toda a sociedade tutelada.

Ciente disso, o próprio parecer da CCJ adverte:

"Ressalte-se, ainda, que esta Casa não está interferindo na decisão do Supremo, sequer conferindo-lhe qualquer forma de interpretação, posto que o presente Projeto de Resolução volta-se precisamente à suspensão das expressões reconhecidas e declaradas inconstitucionais por aquela Alta Corte.

"Acreditamos, contudo, que, para obviar equívocos e incertezas, a suspensão da execução dos dispositivos reputados inconsonantes com o sistema constitucional deva ser seguida da imprescindível e esclarecedora ressalva, indicada a legislação que continua em vigor."

Inserido ao final do art. 1º da resolução, o texto a que se refere o trecho acima foi delineado de forma a ressalvar claramente a vigência do estímulo fiscal instituído pelo art. 1º do Decreto-lei 491/1969.

Essa ressalva, conforme analisaremos adiante, nada mais é que fruto da análise das conseqüências práticas e jurídicas dos julgados do STF; e, como a resolução tem o firme propósito de ampliar os efeitos das decisões transitadas em julgado, pode-se concluir que o Senado não extrapolou sua atribuição excepcionalíssima, tendo agido na mais perfeita e necessária ordem.

Além disso, *o juízo positivo de vigência do estímulo fiscal, conforme demonstraremos oportunamente, era pressuposto indispensável ao exercício da competência constitucional exclusiva daquela Casa Legislativa.*

2.6 Contextualização das políticas públicas de desoneração tributária para o setor exportador nacional

O senador Amir Lando, além de ser um parlamentar vanguardista em matéria de resolução suspensiva de lei inconstitucional, também tem um histórico de atuação parlamentar singular. Sua intervenção no cenário político vai muito além da célebre relatoria na Comissão Parlamentar de Inquérito que resultou no processo de *impeachment* do ex-Presidente Fernando Collor, nos idos de 1992.

Em 2005 o parlamentar voltou ao cenário político nacional por duas atuações marcantes: a primeira foi a relatoria da "CPMI do Mensalão e da Compra de Votos", que investigou a compra sistemática de votos de parlamentares, que acabou encerrada sem a aprovação de um relatório final.

Outra atuação que mereceu destaque foi a relatoria da Medida Provisória 255/2005, conhecida como "MP do Bem-2", que foi assim nominada porque a medida provisória original, de n. 252/2005, não fora aprovada pelo Congresso no prazo constitucional, mesmo após a prorrogação.

Essa relatoria, cremos, teve participação, de forma secundária e tangencial, na aprovação da Resolução 71/2005. Isso porque o Senador, na parte final do seu relatório, discorre sobre o momento histórico e social que o país atravessava como premissa extrajurídica e justificadora da necessidade do posicionamento político do Senado. Suas precisas palavras foram:

"Por fim, a despeito da discussão jurídica, entendemos ser necessário, também, destacar o momento político-social por que este país atravessa.

"Recentemente, o Governo editou a Medida Provisória n. 252, de 2005, que 'institui o Regime Especial de Tributação para a Plataforma de Exportação de Serviços de Tecnologia da Informação – REPES, o Regime Especial de Aquisição de Bens de Capital para Empresas Exportadoras – RECAP e o Programa de Inclusão Digital, dispõe sobre incentivos fiscais para a inovação tecnológica e dá outras providências", a qual fora incorporada pela Medida Provisória n. 255, de 2005, convertida na Lei n. 11.196, de 21 de novembro de 2005, de cujo projeto de lei de conversão, inclusive, fui designado Relator Revisor."

Essa medida provisória, como bem destacou o parecer da CCJ, foi mais uma estratégia governamental para fomentar a exportação nacional – como, aliás, consta da Exposição de Motivos que seguiu a mensagem do Presidente ao Congresso:

"2. A criação do REPES tem por objetivo aperfeiçoar nosso sistema tributário, possibilitando ao Brasil maior inserção nas exportações de serviços de Tecnologia de Informação – TI, com preços compatíveis com os oferecidos no mercado internacional, criando conseqüentemente estímulo à exportação de serviços com valor agregado e baseado em alta tecnologia.

"(...).

"5. A criação do RECAP visa a incentivar o investimento produtivo e a ampliação das exportações mediante a correção de distorções que oneram o custo dos bens de capital das empresas preponderantemente exportadoras. (...)."

De fato, medidas como essa vêm preenchendo as pautas de votação do Congresso Nacional, o que sinaliza um posicionamento político de estímulo à exportação nacional, através de estratégias como a desoneração tributária. Esse foi, aliás, o entendimento do senador Amir Lando:

"Observa-se, assim, que o Governo Brasileiro, apoiado pelo Congresso Nacional, vem desenvolvendo políticas de desoneração tributária em favor do setor exportador nacional, com respeito aos acordos internacionais, mas de forma a atender aos anseios locais por crescimento social e econômico, fomentando a competitividade internacional de empresas nacionais.

"Juntamente com ações de natureza financeira, fiscal e administrativa adotadas na última década, foram adotadas medidas para aumentar a base exportadora. Cabe destacar, de maneira especial, o impacto da desoneração de produtos semi-elaborados, determinada pela Lei Complementar n. 87, de 1996, que isenta do ICMS as exportações desses produtos e de básicos. Essa ação foi complementada com a garantia de crédito do imposto relativo aos insumos empregados nos produtos exportados."

Esse dado é importante, na medida em que se tem discutido, até mesmo pela divulgação de dados (falaciosos) da Receita Federal – contra os quais o professor Luiz Gonzaga de Mello Belluzzo já se manifestou em diversos estudos econômicos –, que a manutenção do gozo ao direito de compensação do crédito-prêmio de IPI poderia onerar os cofres públicos. O próprio senador Amir Lando fez referência a essa afirmação, citando Carrazza, Arruda Alvim e o professor Souto Borges.

Aqui, temos por conveniente evidenciar alguns argumentos interessantes apresentados em parecer doutrinário recentemente lavrado pelo professor Belluzo,[7] com o intuito de ilustrar a realidade internacional em face das políticas públicas nacionais de incentivo à exportação, em consonância, ainda, à sensibilidade política do Senador Relator.

A "MP do Bem", citada no parecer da CCJ, na opinião do parecerista, nada mais é que o reconhecimento da fragilidade do Sistema Tributário Nacional no país, que necessita de paliativos legislativos, editados sob o manto da relevância e da urgência, para mitigar a excessiva carga que onera os mais diversos segmentos da economia brasileira: "O reconhecimento oficial da persistência dos problemas é dado pelas recentes e seguidas concessões de benefícios pelo Governo Federal, geralmente através de medidas provisórias (sendo a mais famosa a 'MP do Bem'); constituem tentativas de mitigar os efeitos danosos da tributação brasileira sobre as exportações. Porém, o alcance continua sendo muito limitado, porque tais medidas têm sido restringidas a beneficiar um pequeno número de contribuintes e, ainda, de atividades econômicas previamente escolhidas pelo Governo".[8]

De fato, não foi a primeira forma a ser implementada no âmbito das políticas de desoneração de tributos. Entretanto, foi a mais relevante do Governo atual. Ainda assim, insuficiente.

Ora, ao invés de promover remendos legislativos como esse, os Poderes Públicos deveriam focalizar sua atenção na estabilidade das boas medidas tributárias. De fato, ainda nas palavras do professor Belluzzo: "(...) o Governo Federal alcançaria eficácia muito melhor e eficiência muito maior se apoiasse medidas que tivessem caráter genérico, como a do crédito-prêmio de IPI, pois seria um benefício oferecido ao universo dos contribuintes, independente do porte e do setor econômico em que atuam".[9]

Certo é, portanto, que não existem argumentos subsistentes contra a manutenção do estímulo fiscal. Existem, sim, dados e valores sofismaticamente divulgados, que vão contra a própria política brasileira atual de estímulo ao setor exportador e contra seu reconhecimento tácito de sobrecarga tributária.

3. A Resolução 71, de 26.12.2005

3.1 Natureza do ato normativo suspensivo

No presente caso, estamos diante de um ato de co-participação na função judicial, conforme definição de Anna Cândido da Cunha Ferraz,[10] que se aproxima muito, ainda, do conceito de norma interpretativa. Diríamos até mesmo *sui generis*, eis que singular no ordenamento jurídico nacional, tanto em relação à forma como ao conteúdo.

Não há dúvida, porém, de que se trata de ato legislativo. O relatório da CCJ, ao tecer considerações preliminares sobre a natureza da atuação senatorial, teceu pertinentes comentários a esse respeito, que transcrevemos *ipsis litteris*:

"Trata-se, assim, de ato de caráter normativo, com divergência na doutrina no sentido de ser ato legislativo ou quase-legislativo, posto que afeta norma jurídica *stricto sensu*, suspendendo-lhe a eficácia.

"O STF já se posicionou no sentido de recusar-lhe o caráter legislativo, à luz

7. Belluzo, *Parecer Doutrinário* de 9.1.2006.
8. Idem, p. 5.
9. Idem, p. 6.
10. *Apud* Natália de Miranda Freire, *Técnica e Processo Legislativo: Comentários à Lei Complementar 95/1998*, Belo Horizonte, Del Rey, 2002, p. 115.

do entendimento consagrado pelo então Ministro Luiz Gallotti, relator do MS n. 16.519-DF (requerentes: Gali-Flor Construção Ltda. e outros, requerido: Senado Federal, publicado no *DJU* 9.11.1966, julgado em 20.6.1966), segundo o qual, para ter natureza de ato legislativo, 'teria que competir não só ao Senado mas também à Câmara, dependendo ainda de sanção do Presidente da República'.

"Entendemos, contudo, tratar-se de uma atividade legislativa exclusiva, equivalente à revogação de normas inquinadas de inconstitucionalidade. Nesse sentido, pactuamos do entendimento do então Procurador-Geral da República Alcino Salazar, em parecer lavrado quando do julgamento do mandado de segurança retromencionado, segundo o qual 'sempre que se impõe, se revoga, se modifica ou se suspende uma regra, aí temos o ato legislativo, seja ele uma lei, um decreto ou uma deliberação'."

Além disso, a própria Constituição espalma qualquer dúvida a esse respeito, quando trata do processo legislativo: "Art. 59. O processo legislativo compreende a elaboração de: (...) VII – resoluções".

Tal como estabelecido pela Constituição Federal de 1988, o processo legislativo abrange não só a elaboração de lei *stricto sensu*, mas também de emendas constitucionais, medidas provisórias, decretos legislativos e resoluções.

As resoluções podem ser, assim, entendidas como atos exclusivos do Congresso Nacional, da Câmara dos Deputados ou do Senado Federal que versem sobre competência privativa de cada órgão legislativo e que extrapolem o âmbito do simples ato administrativo.

No caso do Senado Federal as resoluções têm, por vezes, a característica a de conferir relevantes efeitos externos às matérias tratadas no exercício daquelas atribuições, conforme a finalidade atribuída pela Constituição, como é o caso das resoluções financeiras e das resoluções nomeantes.

A Resolução 71/2005, pois, é, sem dúvida, ato legislativo, pelo quê pactuamos do conceito do eminente senador Amir Lando ao defini-la como "ato legislativo exclusivo".

3.2 Conteúdo, forma e estrutura

Antes, porém, de analisar a resolução quanto à sua forma, cumpre-nos destacar que o processo legislativo das resoluções do Senado – em especial daquela materialmente direcionada a cumprir o inciso X do art. 52 da CF – não tem disciplina específica nas leis maiores, restando apenas a regulamentação – nem sempre completa – dos regimentos internos. A esse respeito, temos por oportunas as palavras de José Afonso da Silva, que nos ensina: "Nada se diz sobre o processo de formação dos decretos legislativos e das resoluções. Aqueles são atos destinados a regular matérias de competência exclusiva do Congresso Nacional (art. 49) que tenham efeitos externos a ele; independem de sanção e veto. As resoluções legislativas são também atos destinados a regular matéria de competência do Congresso e de suas Casas, mas com efeitos internos; assim, os regimentos internos são aprovados por resoluções. Contudo, são previstas algumas resoluções com efeito externo, como a de delegação legislativa e as do Senado sobre matéria financeira e tributária (arts. 68, § 2º, 52, IV a X, e 155, § 2º, V). Como a Constituição não dispôs sobre o processo de sua formação, isso ficou para os regimentos internos".[11]

Podemos, contudo, afirmar que, do ponto de vista formal, a resolução não apresenta vício legislativo, vez que respeitou os ditames da tríade normativa que a disciplina: a Constituição Federal, a Lei Complementar 95/1998 e o RISF.

Assim, uma vez respeitado o processo legislativo, cumpre analisar o conteúdo e a forma da resolução, a fim de respaldar sua constitucionalidade. Para tanto, pedi-

11. *Curso de Direito Constitucional Positivo*, 16ª ed., São Paulo, Malheiros Editores, 1999, p. 524.

mos vênia para diagramar as partes componentes de tal norma, para então extrair o conteúdo expressivo de cada uma.

Uma norma – e a resolução do Senado enquadra-se nesse gênero – contém os seguintes elementos básicos: a ordem legislativa e a matéria legislada. Aquela compreende a parte preliminar e o fecho da lei. Essa última, o texto ou corpo da lei. Conforme disciplina a Lei Complementar 95/1998, art. 3º, o projeto de ato normativo deve ser estruturado em: (1) *parte preliminar*, compreendendo epígrafe, ementa, preâmbulo, enunciado do objeto e indicação do âmbito de aplicação das disposições normativas; (2) *parte normativa*, compreendendo o texto legal de conteúdo substantivo relacionado à matéria regulada; e (3) *parte final*, compreendendo as disposições transitórias e as necessárias à implementação das normas ou, ainda, a cláusula de vigência ou de revogação.

A parte preliminar da resolução, como se observa, menciona o nome da norma no local destinado à epígrafe (do grego *epi* + *graphô,* "sobre + escrever"). Ali estão a qualificação do ato na ordem jurídica, sua situação no tempo, sua numeração e sua denominação, devendo ser grafada em letras maiúsculas (art. 4º da Lei Complementar 95/1998): "RESOLUÇÃO N. 71, DE 2005".

Segue-se então a ementa (do Latim, "idéia"), texto que sintetiza seu conteúdo visando a permitir, de modo imediato e conciso, o conhecimento da matéria legislada, onde se verifica a clara intenção de suspender a execução das já mencionadas expressões inconstitucionais: "Suspende, nos termos do inciso X do art. 52 da Constituição Federal, a execução, no art. 1º do Decreto-lei n. 1.724, de 7 de dezembro de 1979, da expressão 'ou reduzir, temporária ou definitivamente, ou extinguir', e, no inciso I do art. 3º do Decreto-Lei n. 1.894, de 16 de dezembro de 1981, das expressões 'reduzi-los' e 'suspendê-los ou extingui-los'".

Logo adiante tem início o preâmbulo. Essa parte da norma contém a declaração do nome da autoridade e do cargo em que se acha investida, a atribuição constitucional em que se funda para promulgar a norma e a base legal do ato legislativo, com clara menção à ordem de execução ou mandado de cumprimento. É o endereço da prescrição de força coativa do ato, mas também abarca os fundamentos legais e/ou esclarecimentos acerca do ato legislado:

"O Senado Federal, no uso de suas atribuições que lhe são conferidas pelo inciso X do art. 52 da Constituição Federal e tendo em vista o disposto em seu Regimento Interno, e nos estritos termos das decisões definitivas do Supremo Tribunal Federal,

"Considerando a declaração de inconstitucionalidade de textos de diplomas legais, conforme decisões definitivas proferidas pelo Supremo Tribunal Federal nos autos dos Recursos Extraordinários ns. 180.828, 186.623, 250.288 e 186.359,

"Considerando as disposições expressas que conferem vigência ao estímulo fiscal conhecido como 'crédito-prêmio de IPI', instituído pelo art. 1º do Decreto-lei n. 491, de 5 de março de 1969, em face dos arts. 1º e 3º do Decreto-lei n. 1.248, de 29 de novembro de 1972; dos arts. 1º e 2º do Decreto-lei n. 1.894, de 16 de dezembro de 1981, assim como do art. 18 da Lei n. 7.739, de 16 de março de 1989; do § 1º e incisos II e III do art. 1º da Lei n. 8.402, de 8 de janeiro de 1992, e, ainda, dos arts. 176 e 177 do Decreto n. 4.544, de 26 de dezembro de 2002; e do art. 4º da Lei n. 11.051, de 29 de dezembro de 2004,

"Considerando que o Supremo Tribunal Federal, em diversas ocasiões, declarou a inconstitucionalidade de termos legais com a ressalva final dos dispositivos legais em vigor, Resolve: (...)."

Nessa passagem do texto resolutivo foram evidenciados o órgão competente para a prática do ato (Senado Federal), sua base legal (competência e motivação – inciso X do art. 52 da CF; matéria objeto da resolução – art. 1º do Decreto-lei 491, de 5.3.1969, em face dos arts. 1º e 3º do Decreto-lei 1.248, de 29.11.1972; dos arts. 1º e 2º do Decreto-lei 1.894, de 16.12.1981, assim como do art. 18 da Lei n. 7.739, de 16.3.1989; do § 1º e incisos II e III do art. 1º da Lei 8.402, de 8.1.1992, e, ainda, dos arts. 176 e 177 do Decreto n. 4.544, de 26.12.2002, e do art. 4º da Lei 11.051, de 29.12.2004) e os esclarecimentos necessários à prática do ato ("tendo em vista o disposto em seu Regimento Interno, e nos estritos termos das decisões definitivas do Supremo Tribunal Federal", "Considerando a declaração de inconstitucionalidade de textos de diplomas legais, conforme decisões definitivas proferidas pelo Supremo Tribunal Federal nos autos dos Recursos Extra-ordinários ns. 180.828, 186.623, 250.288 e 186.359", "Considerando que o Supremo Tribunal Federal, em diversas ocasiões, declarou a inconstitucionalidade de termos legais com a ressalva final dos dispositivos legais em vigor").

A parte normativa da resolução está sintetizada no art. 1º, que determina a suspensão da execução dos textos inconstitucionais e, ao final, apresenta a ressalva de vigência do objeto legal remanescente: "Art. 1º. É suspensa a execução, no art. 1º do Decreto-lei n. 1.724, de 7 de dezembro de 1979, da expressão 'ou reduzir, temporária ou definitivamente, ou extinguir', e, no inciso I do art. 3º do Decreto-lei n. 1.894, de 10 de novembro de 1981, das expressões 'reduzi-los' e 'suspendê-los ou extingui-los', preservada a vigência do que remanesce do art. 1º do Decreto-lei n. 491, de 5 de março de 1969".

Trata-se, como se pode observar, do ponto central do ato normativo. A ressalva inserida ao final desse artigo é, por si, o centro da polêmica que ora se pretende instaurar no ordenamento jurídico.

Como já dito, *a ressalva veio esclarecer que o crédito-prêmio continua vigente, e, para isso, tinha que ter redação expressa nesse sentido*. Não se trata de imprecisão da redação normativa, nem redação desarticulada. Pelo contrário, é a síntese do estudo exegético do parecer da CCJ, pressuposto indispensável, condição *sine qua non* para edição da resolução de suspensão, como analisaremos mais adiante.

Por fim, o artigo final apresenta o fecho da norma resolutiva, contendo sua cláusula de vigência, para então ser seguido pela assinatura:

"Art. 2º. Esta Resolução entra em vigor na data de sua publicação.

"Senado Federal, em 26 de dezembro de 2005 – senador *Renan Calheiros*, presidente do Senado Federal."

Todos esses planos normativos que foram analisados acima estão disciplinados pela Lei Complementar 95/1998 e foram estritamente observados, sob o aspecto jurídico de redação legislativa, estando, pois, harmonizados à lei retromencionada.

3.3 Oportunidade e discricionariedade para edição da resolução senatorial

Já têm sido discutidos na sociedade as razões e o momento de promulgação dessa "natipolêmica" resolução do Senado Federal, logo após pacificação pelo STJ da vigência do estímulo fiscal até 1983.

Ocorre que, a par das "estranhezas" de alguns, melhor oportunidade não poderia ter surgido senão pela promulgação da Resolução 71/2005, menos de dois meses após o insucesso do setor exportador na querela judicial com a Receita perante o STJ. Com efeito, quando do julgamento do REsp 541.239-DF, interposto pela Fazenda Nacional contra a empresa Selectas S/A Indústria e Comércio de Madeiras, *uma vacilante e incompleta 1ª Seção*[12] perfilhou, por cinco votos a três, a tese fazendária de que, com a inconstitucionalidade parcial da delegação ministerial nos Decretos-leis 1.724/1979 e 1.894/1981, restaria

12. Dois Ministros não ofertaram votos: o saudoso Min. Franciulli Neto, que estava ausente por licença médica, em razão do câncer que lhe tirou a vida, e a Min. Eliana Calmon, que presidiu a sessão.

em vigor o Decreto-lei 1.658/1979, que fixou a data fatal de vigência do estímulo fiscal em 30.6.1983.

Contrariando vozes duvidosas, o eminente Relator salientou que o Senado Federal tem a faculdade de editar a referida resolução no momento que julgar adequado, segundo seus próprios e políticos critérios, tendo sempre em vista o interesse público e a relevância social. Pode, inclusive, recusar-se a editar a resolução senatorial, como já o fez o senador Amir Lando há mais de uma década, quando apresentou parecer pelo arquivamento do "OFS" 38/1993 (Parecer CCJ-395/2003).

No caso presente, diante de tanta controvérsia, *sem nem mesmo um consenso jurisprudencial do Tribunal guardião da legislação federal*, o Senado Federal houve por bem posicionar-se perante a sociedade brasileira, expondo seu próprio e pertinente entendimento acerca da vigência do crédito-prêmio do IPI no sistema legislativo nacional. Com muita clareza e propriedade, o Senador estampou no parecer a razão dessa medida inovadora: "O objetivo dessa cautela é o de evitar dúvida ou confusões por parte dos jurisdicionados quando da interpretação e aplicação das normas em apreço, obstando sobretudo à proliferação de litígios entre os interessados. As normas proscritas do sistema jurídico (por inconstitucionais) guardam correlação com o multicitado Decreto-lei n. 491/1969, que por elas não foi afetado, mantendo-se a vigência daquele diploma. (...)".

Ora, sendo o Senado Federal uma Casa eminentemente legislativa, não poderia ter sido outro o fator propulsor dessa iniciativa senão as motivações políticas que levaram o senador Amir Lando e a própria CCJ a apresentar e aprovar, à unanimidade, o parecer que deu origem ao texto resolutivo.

A doutrina dominante entende ser a resolução senatorial um ato discricionário e, pois, facultativo. O parecer, inclusive, baseia-se na própria estrutura regimental do Senado para justificar essa conclusão: "De fato, como bem salientou o eminente Procurador-Geral da República, entendemos não se tratar de ato automático, seja pela evidente ausência de imposição – a Constituição somente confere essa atribuição privativa no inciso X do art. 52, mas não volta a disciplinar a questão em momento algum do seu texto máximo –, seja pela exegese da própria norma regimental desta Casa, que submete a questão à deliberação dos membros desta CCJ, exigindo aprovação por maioria simples. Ora, resta fincado o juízo político da matéria, posto que é regimentalmente possível a rejeição do projeto de resolução pelos próprios membros da Comissão competente, conforme critérios de conveniência e oportunidade que lhe são exclusivos e legítimos".

De fato, fosse ato obrigatório, não poderia estar sujeito à deliberação dos senadores que compõem a CCJ, pois, conforme dispõe o Regimento daquela Casa Legislativa, as proposições legislativas submeter-se-ão à apreciação dos órgãos competentes – ou seja, serão submetidas a votação e aprovação.

Se, portanto, o relator apresentar relatório e voto favorável à edição da resolução suspensiva, é possível que a Comissão, investida de orientação política diversa, rejeite o relatório apresentado e não se decida pela apresentação de um novo texto. Sendo as motivações políticas e sociais fortes o suficiente, esse quadro é regimentalmente possível – daí firmado o juízo político que permeia as atividades do Senado.

Portanto, não há qualquer "estranheza" no fato de que a CCJ somente aprovou a matéria após o fracasso no STJ.

Pelo contrário, aquela Corte superior, na tentativa de "pacificar" a questão, na verdade promoveu e ampliou a insegurança jurídica que ronda o setor exportador nacional. Isso porque a orientação daquele Tribunal vinha sendo remansosa no sentido de reconhecer a vigência do crédito-prêmio de IPI. No entanto, "estranhamente", a 1ª Turma mudou seu entendimento, conduzida por argumentos frágeis em relação à hermenêutica jurídica realizada.

Essa repentina mudança de posicionamento jurisprudencial fragilizou demasiado o setor, pois o valor envolvido atinge cifras e contratos internacionais bilionários, e, tratando-se de negociações externas, a instabilidade jurídica nacional é vista como variável negativa para sua concreção.

Assim, visando a retomar seu legítimo papel constitucional de preservar sua competência legislativa em face da atribuição normativa de outros Poderes,[13] assim como resgatar sua função social de zelar pela Constituição e pelos interesses sociais majoritários, é que o Senado Federal aprovou a resolução senatorial. Nas palavras do professor Ives Gandra da Silva Martins, "preservou-se, com a Resolução 71/2005, a competência normativa do Congresso Nacional".[14]

Não sem respaldo constitucional. Não sem respaldo social.

3.4 Natureza e significado da expressão preservadora

A todo momento o parecer da CCJ deixou claro em seu relatório: *trata-se de pressuposto necessário de juízo positivo (do Senado) para dar eficácia* ***erga omnes*** *à legislação negativa (do Supremo).*

Com efeito, o Senado Federal, ao receber os ofícios "S" do STF, deparou-se com uma situação de enorme relevância social, carecedora de efetivo esclarecimento normativo.

Na qualidade de Casa Legislativa, houve por bem exercitar sua atribuição constitucional para conceder publicidade às decisões do STF, não sem antes analisar dois aspectos fundamentais: (1) conseqüências concretas das declarações de inconstitucionalidade entre os litigantes; e (2) necessidade e utilidade da intervenção senatorial.

Em relação ao primeiro ponto, conforme já discorremos acima, o STF reconheceu às empresas litigantes o direito à compensação do crédito-prêmio de IPI, de forma que, implicitamente, a coisa julgada material ali formada reconheceu a vigência do estímulo fiscal, até por questões de harmonia e razoabilidade.

A esse respeito, Gabriel Lacerda Troianelli,[15] com agudez inquestionável, destrinçou os limites da decisão proferida no RE 180.828, o *leading case* apreciado pelo STF sobre crédito-prêmio de IPI:

"A partir do momento em que a decisão do STF no *leading case* sobre o crédito-prêmio de IPI – que foi o RE 180.828, base da Resolução 71/2005 – não afirmou expressamente a vigência do crédito-prêmio de IPI em período posterior a junho de 1983, é necessário recorrermos ao contexto em que se deu a decisão para descobrirmos o seu exato conteúdo.

"No caso, a simples leitura da petição inicial do processo que resultou no RE 180.828 já é suficiente para nos dar uma resposta segura e conclusiva, pois ela mostra que a lide refere-se a períodos posteriores a 30.6.1983, uma vez que a petição inicial, datada de 5.51986, tinha o seguinte pedido: 'Requer seja declarada a existência do direito da autora de continuar auferindo os estímulos decorrentes da exportação de seus produtos ao exterior, nos termos do Decreto-lei n. 491/1969, aplicando-se as alíquotas para este efeito consolidadas na Resolução do CIEX n. 2/1979, a partir de maio de 1985, sem a extinção do incentivo prevista na Portaria Ministerial n. 176/1984, mediante requerimento administrativo, na forma estabelecida na legislação do IPI, devidamente corrigidos monetariamente segundo os índices de varia-

13. CF, art. 49, XI.

14. Ives Gandra da Silva Martins, *Efeitos da Resolução 71/2005 do Senado Federal sobre o Crédito-Prêmio do Decreto-lei 491/1969 – Vigência, Eficácia e Validade do Referido Decreto-lei por Tempo Indeterminado – Parecer*, p. 57.

15. Gabriel Lacerda Troianelli, *Crédito-Prêmio de IPI – Os Efeitos da Resolução 71/2005 do Senado Federal*, p. 24.

ção das ORTNs e OTNs e acrescidos de juros moratórios e compensatórios, a contar da data em que os mesmos poderiam ter sido gozados'.

"Dessa forma, não pode haver dúvida de que a decisão proferida pelo STF no RE 180.828-4-RS, e transitada em julgado, assegurou à parte a fruição dos créditos-prêmio gerados, de acordo com o pedido, a partir de maio/1985.

"Assim, mesmo antes da Resolução 71/2005 não se poderia conceber que outros exportadores que igualmente pretendiam ver reconhecida a vigência do crédito-prêmio depois de maio/1985, em vez de se beneficiarem da possibilidade de vitória trazida pelo *leading case* julgado pelo STF, fossem por ele prejudicados, de forma que só tivessem o crédito-prêmio reconhecido até junho/1983.

"Nessa hipótese absurda, o exportador que, inconformado com a extinção do crédito-prêmio em abril/1985, tivesse ajuizado ação contra a inconstitucionalidade da sua extinção, e se sagrasse vencedor, seria punido pela sua vitória judicial, já que esta lhe concederia o direito ao crédito somente até 30.6.1983, configurando uma *litigatio in pejus*."

O ilustre tributarista recobre-se de razão ao infirmar essa opinião. Às empresas litigantes foi assegurado, por decisão judicial transitada em julgado, o direito de compensar os créditos de IPI com origem no Decreto-lei 491/1969. Assim, o Senado Federal veio ratificar essa conclusão judicial do Supremo, concedendo-lhe ampliativos efeitos jurídico-normativos.

Em relação ao segundo ponto, temos que *a ressalva constitui elemento necessário e anterior a partir do qual somente então o Senado Federal poderia exercer sua atribuição constitucional*. Primeiramente, por mera questão de lógica jurídica: não se faria necessário suspender a execução de delegações inconstitucionais para manipular um estímulo fiscal inexistente. Em segundo lugar, em razão da profunda exegese acerca do resíduo legal disciplinador do estímulo fiscal – *somente o juízo positivo de vigência do estímulo fiscal daria substrato para a suspensão da eficácia da delegação ministerial*. Em terceiro lugar, fez-se imprescindível a explicitação normativa para espalmar as dúvidas acerca de sucessivas e implícitas revogações e inconstitucionalidades que, de certo, somente contribuem para incerteza jurídica e social.

De toda forma, é certo que o significado da ressalva é o de conferir vigência ao estímulo fiscal.

Além da clara redação que se apresenta, a resolução conta ainda com seu preâmbulo, já analisado anteriormente, que, de forma ainda mais esclarecedora, afirma a vigência ao estímulo fiscal conhecido como "crédito-prêmio de IPI" em face do rol de normas legais que elenca, desde o Decreto-lei 491/1969 até a Lei ordinária 11.051, de 29.12.2004.

Não bastasse isso, o parecer da CCJ evidencia a plena vigência do estímulo fiscal, como que de forma a cauterizar as dúvidas sobre o tema. Portanto, não sobejam dúvidas sobre o significado da expressão contida ao final do art. 1º.

3.5 Alcance da ressalva contida no art. 1º, "in fine"

Fato curioso é a redação final dessa frase: "(...) preservada a vigência do que remanesce (...)". Tal como exposta, pode conduzir ao equivocado entendimento de que a resolução acometeu-se de imprecisa redação, pois, afinal, o que remanesceu das declarações de inconstitucionalidades *nos respectivos decretos-leis atingidos* foi a delegação ministerial para "aumentar", vez que "suspender", "extinguir" e "diminuir" não sobreviveram ao crivo do controle difuso do STF.

Se nos detivermos somente ao texto puro e simples do corpo legislativo da resolução, podemos chegar àquela errônea conclusão. Ocorre que, analisando outros aspectos, como o preâmbulo e o parecer da CCJ, *somos indubitavelmente conduzidos à conclusão de que o senador Amir Lando de fato quis traduzir, no texto da resolução senatorial, a sobrevivência do estímulo fiscal em face da vigência do art. 1º do Decreto-lei 491/1969 conferida pelo resíduo legal que o disciplina.*

Ao referir-se ao que "remanesce" do indigitado dispositivo legal, o Senador fez menção a duas evoluções legislativas que o atingiram: (1) o art. 5º do Decreto-lei 1.722/1979, que expressamente revogou os §§ 1º e 2º do art. 1º do Decreto-lei 491/1969; e (2) o art. 1º, *caput*, do Decreto-lei 1.894/1981, que tacitamente derrogou o *caput* do art. 1º do Decreto-lei 491/1969.

De fato, os dois parágrafos tratavam da forma de utilização do incentivo fiscal. Entretanto, com a edição do Decreto-lei 1.722/1979, pela primeira vez delegava-se ao Poder Executivo o estabelecimento da forma, das condições e do prazo de utilização do crédito, vindo enfim seu art. 5º a expressamente revogar os parágrafos do art. 1º do Decreto-lei 491/1969.

Já o Decreto-lei 1.894/1981, muito embora tenha mantido a delegação de competência para o Ministro da Fazenda – o que foi considerado inconstitucional –, não fixou prazo para a vigência temporal do estímulo fiscal, a qual se tornou indeterminada, sendo a percepção do crédito-prêmio atribuída com exclusividade às empresas comerciais exportadoras, *estendendo ainda o benefício a todos os produtos nacionais, sem qualquer discriminação*:

Decreto-lei 491/1969, art. 1º: "As empresas *fabricantes* e *exportadoras* de *produtos manufaturados* gozarão, a título de estímulo fiscal, créditos tributários sobre suas vendas para o exterior, como ressarcimento de tributos pagos internamente."

Decreto-lei 1.894/1981, art 1º: "Às empresas que *exportarem*, contra pagamento em moeda estrangeira conversível, *produtos de fabricação nacional*, adquiridos no mercado interno, fica assegurado: (...) II – o crédito de que trata o art. 1º do Decreto-lei n. 491, de 5 de março de 1969".

Portanto, *o que "remanesce" do art. 1º do Decreto-lei 491/1969*, conforme consignado na resolução suspensiva, *é a plena vigência do direito de gozo de créditos tributários incidentes sobre vendas para o exterior de quaisquer produtos de fabricação nacional, sem qualquer discriminação.*

Esse é o verdadeiro alcance da expressão consignada ao final do art. 1º da Resolução 71/2005.

3.6 Obrigatoriedade de observância pelos três Poderes

Outra questão que ora se formula é a seguinte: deverão os demais Poderes do Estado respeitar a resolução? A resposta a essa pergunta encontra desde alicerces jusfilosóficos como também fundamentação constitucional.

Trata-se, como já visto, de ato legislativo exclusivo, entre cujas características está a de externar com efeitos *erga omnes* o exercício de atribuição constitucional exclusiva do Senado Federal. Dessa forma, sendo espécie de norma jurídica e tendo eficácia contra todos, não se pode furtar a obedecer a ela, sob pena de o infrator ferir a harmonia dos Poderes e inutilizar o objetivo social e institucional de cada um: a concreção do bem comum.

A esse respeito, oportunas as palavras do professor Clèmerson Merlin Clève: "A Constituição Brasileira, ao consagrar o princípio da separação de Poderes, estabelece que eles não somente são independentes, uma vez que deliberam e agem, em esferas por ela determinadas, por autoridade própria, não se subordinando a nenhum outro, mas, também, são harmônicos, na medida em que se entendem, auxiliam-se, colaborando e se complementando ao visar a idêntico escopo: a satisfação dos objetivos fundamentais da República Federativa do Brasil e dos direitos fundamentais. Sendo, no entanto, que a colaboração não se dá mediante a redução ou supressão de competências, prerrogativas, tampouco por meio da inércia no seu exercício. Bem pelo contrário, atrela-se, a harmonia entre eles, à estrita, fiel e permanente observância da independência e da competência constitucionalmente conferida a cada um".[16]

De fato, estamos diante de uma resolução do Senado que tem força coativa própria e excepcional. Trata-se de ato normativo exclusivo que vem atingir o sistema legislativo nacional, extirpando-lhe a eficácia de textos inconstitucionais através da suspensão de sua execução.

Tais são a eficácia e a coercitividade do ato normativo, que nenhum indivíduo ou órgão sob a tutela do Estado pode mais agir com base nos textos legais cuja execução se encontra suspensa.

Ora, se a resolução encontra esse poder que lhe foi concedido pela própria Constituição, *temos que todo seu texto deve ser observado, não somente a parte suspensiva, mas também a parte preservadora*. Isso porque, conforme já dissemos, um é pressuposto obrigatório do outro, sem o qual não se poderia ter agido daquela forma.

Portanto, devem os demais Poderes observar a Resolução 71/2005, tendo em vista seu valor legal e eficácia *erga omnes*. Acaso se questione a constitucionalidade da resolução, essa discussão deverá ser conduzida no foro adequado, cujo órgão judiciário competente (STF) somente poderá manifestar-se se provocado. Além disso, somente após o trânsito em julgado de uma eventual decisão declaratória positiva ou negativa é que a resolução poderá ser ratificada ou cassada.

Corroboram esse entendimento diversos juristas. Entre esses, destacamos os ensinamentos do professor Ives Gandra da Silva Martins:

"Em outras palavras, a partir da Resolução 71/2005 fica definitivamente estabelecido que o crédito-prêmio sempre esteve em vigor, não podendo mais prevalecer a interpretação do STJ, que apresenta inequívoco conflito com a Resolução 71/2005, assumindo o STJ a função que não tem, de legislador positivo. A Resolução 71/2005 é, portanto, constitucional, e as decisões daquele Tribunal perdem eficácia, podendo ou ser revistas pelo próprio STJ, ou pelo STF, mas, à nitidez, não mais prevalecendo sua sinalização jurisprudencial. Ou a Resolução 71/2005 é inconstitucional – que não é –, e só o Pretório Excelso poderá declarar sua inconstitucionalidade, com eficácia *erga omnes*, ou é constitucional, e tem plena validade, sendo que, pelo gozo de presunção de legalidade, até eventual e improvável declaração de inconstitucionalidade tem plena vigência, validade e eficácia.

"(...).

"Se não for considerada inconstitucional a resolução – que não é, a meu ver, como demonstrei no corpo do presente parecer –, todos os Poderes estão obrigados a respeitá-la."[17]

A seu turno, outro grande especialista no tema, o tributarista Gabriel Lacerda Troianelli, ao concluir sua análise acerca da resolução senatorial em interessante palestra realizada recentemente, asseverou, taxativamente: "Conclui-se, portanto, que, a partir da Resolução 71/2005, não poderá mais órgão algum do Poder Judiciário, nem mesmo o STJ, legitimamente decidir no sentido da extinção do crédito-prêmio em junho/1983, pois estaria, assim, a conflitar com o precedente do STF, cuja observância tornou-se obrigatória por força da mencionada resolução".

Assim, conforme amplamente demonstrado, a Resolução 71/2005 deve ser observada por todos, transferindo-se eventual discussão acerca do crédito-prêmio de

16. Clèmerson Merlin Clève, *Resolução 71/2005 do Senado Federal e Crédito-Prêmio de IPI*, p. 2.

17. Ives Gandra da Silva Martins, *Efeitos da Resolução 71/2005 do Senado Federal sobre o Crédito-Prêmio do Decreto-lei 491/1969 – Vigência, Eficácia e Validade do Referido Decreto-lei por Tempo Indeterminado – Parecer*, cit., pp. 53-54.

IPI à competência do STF, que, quando instado, deverá manifestar-se ratificando a validade da resolução senatorial.

4. Conclusão

O assunto é polêmico. Há décadas as empresas exportadoras e a União travam disputas judiciais e extrajudiciais sobre a vigência do crédito-prêmio de IPI. Não bastasse isso, o Senado Federal utilizou sua legítima e constitucional atribuição para conferir publicidade à decisão do Supremo em controle concreto de constitucionalidade. Entretanto, inovou em matéria legislativa, ao consignar no texto da resolução suspensiva a preservação de vigência do objeto normativo atingido indiretamente pela suspensão de eficácia das normas viciadas.

E assim agiu não por mero capricho, mas com a seriedade e a legitimidade necessárias para elucidação da controvérsia jurídica que incidia sobre o resíduo legal disciplinador do estímulo fiscal. Agiu com base tanto em argumentos jurídicos como políticos, sociais e econômicos. Mas agiu corretamente. Disso não restam dúvidas.

A Resolução 71/2005 torna-se, portanto, mais um subsídio de que poderão valer-se as empresas exportadoras na defesa do seu interesse. Como o próprio STJ não conseguiu ainda pacificar definitivamente a matéria, apesar da decisão (ainda não transitada em julgado) da 1ª Seção, eventuais mudanças na composição das Turmas e, pois, da própria Seção poderão provocar também reflexos no entendimento da questão, revertendo, quem sabe em um futuro próximo, o atual e provisório quadro negativo em favor do setor exportador nacional.

Ao senador Amir Lando, bem assim a todo o Senado Federal, representado na pessoa de seu atual Presidente, senador Renan Calheiros, compete-nos direcionar nossos cumprimentos, parabenizando-os pela oportuna iniciativa, que, conforme se espera, reacenderá os debates sobre a vigência desse "dionisíaco" estímulo fiscal – aqui, apenas uma pequena referência ao controvertido deus grego, ao mesmo tempo amado e odiado por todos, jamais compreendido na plenitude de suas virtudes.

Fevereiro/2006

ISS - CONFLITO ENTRE A LEI MUNICIPAL E A NORMA GERAL DE DIREITO TRIBUTÁRIO - AUTONOMIA MUNICIPAL - LEI COMPLEMENTAR 116/2003 - ANÁLISE DOS PRINCIPAIS ASPECTOS POLÊMICOS DA LEGISLAÇÃO DO ISS

AUTA ALVES CARDOSO

Mestre em Direito Tributário pela PUC/SP
– Professora universitária – Advogada em São Paulo

1. Da lei municipal e da norma geral de direito tributário. 2. Do regime jurídico diferenciado entre as empresas privadas e as sociedades de economia mista. 3. Do conceito jurídico do prestador de serviço. 4. Da tributação dos serviços contratados ou prestados no exterior. 5. Da inexistência de solidariedade entre o tomador e o prestador do serviço. Violação ao art. 124, II, do CTN. 6. Da exclusão do contribuinte da relação jurídica tributária. 7. Conclusão.

1. Da lei municipal e da norma geral de direito tributário

Antes de mais nada, é bom repetir que os Municípios, no que atina a todos os aspectos da norma de incidência do ISS, têm competência tributária privativa. Portanto, o que prevalece na regência das imposições fiscais municipais é a lei local, e não a lei federal. Assim, se a lei local listou outros serviços que não os previstos na Lei Complementar 116/2003, e desde que estes se traduzam em autêntica prestação de serviço ou sejam uma obrigação de fazer, prevalece a lei municipal.

A Lei federal 116/2003 tem o *status* jurídico de norma geral de direito tributário, cuja aplicação só é soberana no caso de conflito de normas entre as legislações municipais. As normas gerais surgem no ordenamento jurídico para dispor preventivamente sobre conflitos de competência entre as pessoas políticas.

O Decreto-lei 406/1968, apesar de inconstitucional, foi recepcionado pela Constituição de 1988, justamente para evitar o conflito de competência entre os Municípios. A aplicação de tal norma geral permitiu, durante muitos anos, que tomadores e prestadores de serviço tivessem prefeita previsão da carga fiscal que suportariam, já que o lugar onde o tributo deveria ser recolhido possuía norma clara.

Ocorre que o STJ, em decisão meramente política, fundamentada em argumentos econômicos, e não jurídicos, entendeu que o ISS é devido no local onde o serviço é prestado, independentemente da sua natureza. A motivação aparente nos acórdãos prende-se às seguintes alegações:

(1) os Municípios são soberanos para decidir onde deve ocorrer o fato jurídico-tributário do ISS;

(2) os importadores de serviços devem receber receita fiscal, uma vez que há no país pouco centros exportadores de serviço – entre eles, São Paulo.

Os efeitos maléficos de tal decisão foram imediatamente sentidos por toda a sociedade, visto que a jurisprudência, apesar de prestigiar a competência tributária dos Municípios, elegeu um novo critério espacial para a ocorrência do fato jurídico-tributário, que não era o previsto nem nas legislações municipais, nem na norma geral.

Junta-se a isso o fato de que as legislações municipais, apesar de adotarem os critérios espaciais, previstos no Decreto-lei 406/1968, começaram a manipular o conceito jurídico de "estabelecimento". Com estas manipulações, começaram a entender que "estabelecimento" era qualquer lugar onde a prestadora de serviços possuísse equipamentos e empregados trabalhando. Assim, com um conceito tão elástico de "estabelecimento", o ISS passou a ser devido sempre no local onde o serviço era prestado.

Em face de tal quadro, os conflitos de competência instauraram-se de forma brutal.

Para acabar com tantas lides e não desestimular a contratação de serviços, nova norma geral de direito tributário foi feita, desta vez a Lei Complementar 116/2003, que elegeu três aspectos espaciais diferentes para a incidência do ISS, a saber:

– Via de regra o ISS será devido no *estabelecimento do prestador*, comportando as seguintes exceções:

– No *estabelecimento do tomador* – serviço proveniente do exterior ou cuja prestação tenha sido iniciada no exterior do país.

– No *local da prestação*

(1) instalação de andaimes, palcos, coberturas e outras estruturas, bem como os demais serviços descritos no subitem 3.05 da Lista anexa à lei complementar em comento, a saber: cessão de andaimes, palcos, coberturas e outras estruturas de uso temporário;

[Este subitem 3.05 é inconstitucional, porque os Municípios não possuem competência para tributar cessão, aluguel , comodato, arrendamento etc. Sua competência, no que atina ao ISS, limita-se à prestação de serviços. Tudo que não assumir tal "status" jurídico é inconstitucional.]

(2) da execução de obra, nos seguintes casos: execução, por administração, empreitada ou subempreitada, de obras de construção civil, hidráulica ou elétrica e de outras obras semelhantes, inclusive sondagem, perfuração de poços, escavação, drenagem e irrigação, terraplenagem, pavimentação, concretagem e a instalação e montagem de produtos, peças e equipamentos (exceto o fornecimento de mercadorias produzidas pelo prestador de serviços fora do local da prestação dos serviços, que fica sujeito ao ICMS);

(3) elaboração de planos diretores, estudos de viabilidade, estudos organizacionais e outros, relacionados com obras e serviços de engenharia; elaboração de anteprojetos, projetos básicos e projetos executivos para trabalhos de engenharia;

(4) demolição;

(5) reparação, conservação e reforma de edifícios, estradas, pontes, portos e congêneres (exceto o fornecimento de mercadorias produzidas pelo prestador de serviços fora do local da prestação dos serviços, que fica sujeito ao ICMS);

(6) colocação e instalação de tapetes, carpetes, assoalhos, cortinas, revestimentos de parede, vidros, divisórias, placas de gesso e congêneres, com material fornecido pelo tomador do serviço;

(7) recuperação, raspagem, polimento e lustração de pisos e congêneres;

(8) calafetação;

(9) varrição, coleta, remoção, incineração, tratamento, reciclagem, separação e destinação final de lixo, rejeitos e outros resíduos quaisquer;

[Os serviços prestados por particulares que visem à preservação ambiental ou, então, para ela contribuam não deviam ser onerados com tributação; antes, deveriam ser incentivados.]

(10) limpeza, manutenção e conservação de vias e logradouros públicos, imóveis, chaminés, piscinas, parques, jardins e congêneres;

[Neste subitem causa espécie que o Município onere com carga fiscal serviço que lhe compete prestar à população – a saber: limpeza, manutenção e conservação de vias e logradouros públicos –, traindo o princípio da modicidade das tarifas.]

(11) decoração e jardinagem, inclusive corte e poda de árvores;

(12) controle e tratamento de efluentes de qualquer natureza e de agentes físicos, químicos e biológicos;

[Os serviços prestados por particulares que visem à preservação ambiental ou, então, que para ela contribuam não deviam ser onerados com tributação; antes, deveriam ser incentivados.]

(13) dedetização, desinfecção, desinsetização, imunização, higienização, desratização, pulverização e congêneres;

(14) florestamento, reflorestamento, semeadura, adubação e congêneres;

(15) escoramento, contenção de encostas e serviços congêneres;

(16) limpeza e dragagem de rios, portos, canais, baías, lagos, lagoas, represas, açudes e congêneres;

(17) acompanhamento e fiscalização da execução de obras de engenharia, arquitetura e urbanismo;

(18) aerofotogrametria (inclusive interpretação), cartografia, mapeamento, levantamentos topográficos, batimétricos, geográficos, geodésicos, geológicos, geofísicos e congêneres;

(19) pesquisa, perfuração, cimentação, mergulho, perfilagem, concretação, testemunhagem, pescaria, estimulação e outros serviços relacionados com a exploração e exportação de petróleo, gás natural e de outros recursos mineras;

(20) onde o bem estiver guardado ou estacionado, no caso dos serviços descritos no subitem 11.01 da Lista;

(21) dos bens ou do domicílio das pessoas vigiadas, segurados ou monitorados, no caso dos serviços do subitem 11.02 da Lista;

(22) do armazenamento, depósito, carga, descarga, arrumação e guarda do bem, no caso dos serviços descritos no subitem 11.04 da Lista;

(23) da execução dos serviços de diversão, lazer, entretenimento e congêneres, exceto os serviços de produção, mediante ou sem encomenda prévia, de eventos, espetáculos, entrevistas, *shows*, *ballet*, danças, desfiles, teatros, óperas, concertos, recitais, festivais e congêneres;

(24) do Município onde está sendo executado o transporte, tratando-se de transporte municipal;

(25) do estabelecimento do tomador da mão-de-obra ou, na falta de estabelecimento, onde ele estiver domiciliado, no caso de fornecimento de mão-de-obra, mesmo em caráter temporário, inclusive de empregados ou trabalhadores, avulsos ou temporários, contratados pelo prestador de serviço;

(26) da feira, exposição, congresso ou congênere a que se referir o planejamento, organização e administração, no caso dos serviços de planejamento, organização e administração de feiras, exposições, congressos e congêneres;

(27) do porto, aeroporto, ferroporto, terminal rodoviário, ferroviário ou metroviário.

No caso de exploração de rodovias, mediante cobrança de preço ou pedágio dos usuários, envolvendo a execução de serviços de conservação, manutenção, melhoramentos para adequação de capacidade e segurança no trânsito, operação, monitoração, assistência aos usuários e outros serviços definidos em contratos, atos de concessão ou de permissão ou em normas oficiais.

Diante disso, verifica-se que a Lei Complementar 116/2003, ao invés de adotar apenas um aspecto espacial para a incidência do ISS – de preferência, o acolhido pela jurisprudência de nossos Tribunais Superiores –, criou três aspectos espaciais diferenciados para a cobrança do ISS, não atingindo, dessa forma, portanto, a finalidade da sua própria edição, a saber: prevenir conflitos de competência entre as pessoas tributantes.

Isto é assim porque, em nome da sua autonomia constitucional, decorrente do princípio federativo, os Municípios *são absolutamente soberanos para legislar sobre todos os aspectos integrantes da regra-matriz de incidência dos tributos inseridos em suas competências tributárias*. Logo, legislação federal só poderá ser aplicada soberanamente na prevenção dos conflitos de competência e se as suas disposições forem incorporadas ao ordenamento jurídico municipal. Caso contrário caberá ao julgador aplicá-la. Se não o fizer, como demonstra a experiência brasileira recente, o contribuinte poderá ser cobrado por muitos Municípios pela prática de um único fato jurídico tributário, devendo proceder ao ajuizamento de um sem-número de ações de consignação em pagamento – o que é inviável em empresas de dimensões continentais como a PETROBRÁS.

Outro fato que é importante notar é que a Lei 116/2003, além de não cumprir sua função de norma geral de direito tributário, dispondo preventivamente sobre conflitos de competência, criou verdadeiros atentados contra o Estatuto do Contribuinte, veiculando aumento injustificado de carga fiscal, nulificando o conceito de "prestador de serviço", tributando serviços internacionais, fora totalmente do alcance ou, melhor, do poder impositivo das normas brasileiras, subvertendo o instituto da responsabilidade tributária – o que, aliás, já vinha ocorrendo na legislação tributária preexistente.

Fixadas as premissas da autonomia municipal e da função da Lei Complementar 116/2003, inicio a análise do tema ora proposto.

2. *Do regime jurídico diferenciado entre as empresas privadas e as sociedades de economia mista*

Via de regra, as legislações municipais dispõem que são responsáveis pela retenção na fonte e recolhimento do ISS as seguintes pessoas jurídicas, em relação a quaisquer serviços que tomarem ou intermediarem, a saber: os órgãos da Administração direta da União, do Estado e do Município, bem como suas respectivas autarquias, empresas públicas, *sociedades de economia mista e suas subsidiárias e controladas*; *empresas refinadoras e distribuidoras de combustíveis sólidos, líquidos e gasosos*.

O instituto da responsabilidade tributária será analisado como item específico, em virtude de exigir reflexão mais delongada e dada seu uso abusivo pelas autoridades fiscais, como oportunamente será demonstrado.

Por hora, analisarei se a lei municipal pode determinar que as pessoas jurídicas de direito público interno podem ser tidas como fontes retentoras de obrigações tributárias, se igual obrigação não é imposta às empresas privadas.

É fato que a CF, em seu art. 173, § 1º, II, dispõe que as sociedades de economia mista sujeitar-se-ão ao regime jurídico próprio das empresas privadas, inclusive quanto aos direitos e obrigações civis, comerciais, trabalhistas e *tributárias*.

Ocorre que o Poder Público realiza a atividade fiscal por meio de obrigações tributárias, deveres administrativos e sanções.

A obrigação tributária consiste no dever do contribuinte de levar dinheiro aos cofres públicos toda vez que realizar no mundo dos fatos a conduta prevista na norma. A obrigação tributária tem sempre caráter patrimonial; é oriunda de ato lícito; traduz-se numa obrigação de dar.

Já os deveres instrumentais, denominados pelo Código Tributário impropriamente de *obrigações acessórias*, consistem em obrigações de caráter não-patrimonial que impõem ao administrado o dever de fazer ou não fazer alguma coisa, tendo em vista a fiscalização e a satisfação do crédito tributário.

Entre os deveres instrumentais estão: emitir notas fiscais; a obrigação de fonte; escriturar livros; prestar informações; fazer declarações; promover levantamentos físicos, econômicos ou financeiros; manter dados e documentos à disposição da autoridade fiscal; aceitar a fiscalização periódica de suas atividades; etc.

Tal entendimento decorre das sempre precisas lições de Paulo de Barros de Carvalho, em sua obra intitulada *Curso de Direito Tributário* (São Paulo, Saraiva), pelas quais:

"*Relações jurídicas tributárias*. No conjunto de prescrições normativas que interessam ao direito tributário, vamos encontrar os dois tipos de relações: as de substância patrimonial e os vínculos que fazem irromper meros deveres administrativos. As primeiras, previstas no núcleo da norma que define o fenômeno da incidência – regra-matriz –, e as outras, circumpostas a ela, para tornar possível a operatividade da instituição tributária: são os deveres instrumentais ou formais.

"Por sem dúvida que a prestação pecuniária a que alude o art. 3º do Código dá uma feição nitidamente patrimonial ao vínculo tributário, pois o dinheiro – pecúnia – é a mais viva forma de manifestação econômica. Esse dado, que salta à evidência, autoriza tratar o laço jurídico que se instala entre sujeito pretensor e sujeito devedor como uma autêntica e verdadeira obrigação, levando-se em conta a ocorrência do fato típico, previsto no descritor da norma. Mas é inaplicável àqueloutras relações, também de índole fiscal, cujo objeto é um fazer ou não-fazer.

"(...). Os deveres de que falamos não têm natureza obrigacional, por faltar-lhes conteúdo dimensível em valores econômicos. E, além de não serem obrigações, nem sempre são acessórias."

As obrigações referem-se a vínculos jurídicos de natureza patrimonial. Já o dever jurídico, segundo Orlando Gomes, em sua obra intitulada *Direito das Obrigações* (Rio de Janeiro, Forense), "é a necessidade que corre a todo o indivíduo de observar as ordens ou comandos do ordenamento jurídico, sob pena de incorrer numa sanção (...)".

Sendo assim, num primeiro momento há o ímpeto de se concluir pela inconstitucionalidade do artigo em comento. Ocorre que há uma nítida distinção entre as obrigações tributárias e os deveres administrativos, nas quais se inclui o dever de retenção na fonte.

Portanto, e firmado que a retenção na fonte não tem a natureza jurídica de obrigação tributária, mas sim de dever legal de natureza administrativa, temos que a lei municipal não afrontou o art. 173, § 1º, II, da CF, podendo dispor que as *sociedades de economia mista* realizem deveres instrumentais, diferentemente das empresas privadas.

A investigação de constitucionalidade possível seria referente ao princípio da igualdade – e não quanto às obrigações tributárias propriamente ditas – se o dever de fonte for um agravamento da esfera jurídica de uma classe de retentores, não suportado pelos demais integrantes do corpo social que se encontrem em situação jurídica igual.

No que atina aos ônus do dever de fonte, temos que quando os custos com a obrigação de fonte forem irrisórios e assegurarem a esfera jurídica dos retentores, porque lhes resta a certeza de que o tributo devido pelo contribuinte, economicamente por ele suportado no preço contratual, será recolhido, não lhe sobrevindo execuções fiscais lastreadas na responsabilidade solidária prevista em lei. Assim, *a priori* não há a utilidade prática no insurgimento judicial quanto ao regime de fonte, o que é muito diferente dos excessos que vem praticando a lei tributária quando atribui ao tomador do serviço deveres que são típicos do poder de polícia administrativa, inerentes à fiscalização.

É fato, entretanto, que o Código Tributário Nacional considera os deveres instrumentais como obrigação tributária e que poderá ser mantido o entendimento de que os mandamentos da legislação municipal no que atina à retenção na fonte dos tributos pagos pelas sociedades de economia mista conflitam com o art. 173, § 1º, II, da CF, por se constituírem estes em obrigações tributárias. Entretanto, tal entendimento não encontra guarida na Ciência do Direito.

Diversa, mas por outros motivos, é a situação quanto às pessoas políticas de direito público, às suas autarquias e fundações, em razão da imunidade constitucional.

Tal aspecto, que tem sido fartamente discutido na doutrina, diz respeito à imunidade recíproca das pessoas políticas, que restaria comprometida se uma pessoa política, na qualidade de responsável tributária, for executada por outra pessoa política, por débitos de prestadores de serviços ou, então, pelo descumprimento do seu dever de fonte.

Entendemos que, em nome da isonomia existente entre as pessoas políticas e em respeito às normas imunizantes, que visam a preservar a autonomia das mesmas, são inconstitucionais as disposições legais que atribuem dever de fonte ou responsabilidade tributária a uma pessoa política em face de outra. Isto é assim porque, descumprida a obrigação de fonte, surge para a autoridade fiscal o dever de impor multa e cobrá-la nos termos da Lei 6.830/1980. Sendo assim, a pessoa política que descumpriu seu dever de fonte será executada pela pessoa política tributante, comprometendo, dessa forma, sua autonomia. O mesmo dar-se-á se o prestador de serviços descumprir o dever de recolhimento. A pessoa política, na qualidade de responsável tributária, também será executada pelo rito preconizado na Lei 6.830/1980.

Logo, entendemos inconstitucionais os mandamentos de lei ordinária ou complementar referentes à responsabilidade tributária se os serviços abrangidos pelo dever de fonte e responsabilidade solidária forem os previstos no art. 150, VI, "a", e § 2º, da CF.

Lembramos, ainda, que a imunidade diz respeito à intributabilidade de uma pessoa política por outra, atinente ao patrimônio, renda ou serviços, umas das outras, desde que estes estejam vinculados às suas finalidades essenciais ou delas decorrentes.

A imunidade não se aplica, contudo, a todos os serviços. Dispõe o § 3º do art. 150 da CF que o patrimônio, renda ou serviços relacionados com a exploração de atividades econômicas, regidas pelas normas aplicáveis ao direito privado, ou em que haja contraprestação ou pagamento de preços ou "tarifas" pelo usuário, estão excluídos do alcance da imunidade constitucional.

3. Do conceito jurídico do prestador de serviço

Dispõe o art. 110 do CTN que a lei tributária não pode alterar a definição, o conteúdo e o alcance de institutos, conceitos e formas de direito privado, utilizados, expressa ou implicitamente, pela Constituição Federal para definir ou limitar competências tributárias. Logo, não pode a legislação infraconstitucional pretender aumentar o alcance da norma constitucional que determina a tributação de serviços, já que "prestar serviços" subsume-se ao regime jurídico de direito privado. É preciso, assim, que o operador do Direito não perca de vista o conteúdo jurídico da prestação de serviços, que, por determinação constitucional cabe, soberanamente, aos Municípios tributar.

Serviço, segundo as lições da nossa melhor doutrina, consiste em uma obrigação de fazer, afastadas as obrigações de dar (por exemplo, locação). Isto é, traduz-se no esforço humano prestado a outrem, em caráter negocial, com o fito de lucro.

Assim, para Aires F. Barreto, em seu artigo intitulado "ISS – Não-incidência sobre a cessão de espaço em bem imóvel" (*RDTributário* 76, Malheiros Editores), o conceito constitucional de *serviço tributável* somente abrange: (1) obrigações de fazer (e nenhuma outra); (2) serviços submetidos ao regime de direito privado – não incluindo, portanto, o serviço público; (3) que revelem conteúdo econômico, realizados em caráter negocial – o que afasta desde logo os serviços prestados a si mesmo, ou em regime familiar ou desinteressadamente.

Não está explícito na Constituição, mas sempre foi defendido pela doutrina que, para que se caracterize a prestação de serviços, é necessária, além dos requisitos postos linhas atrás, a habitualidade na prestação dos mesmos.

Ou seja, desejou a Constituição Federal, por imperativos de segurança jurídica e certeza do direito, criar uma tributação incidente sobre o prestador de serviço, legalmente estabelecido, de acordo com os ditames do direito privado, e não sobre qualquer pessoa que eventualmente, sem ser sua atividade preponderante, preste serviços a outrem.

Analogicamente, assim como se construiu um conceito jurídico de "comerciante" como sendo o único apto a realizar o fato jurídico tributário do ICMS (as alienações de bens móveis entre particulares não são oneradas pelo ICMS, por exemplo; venda de veículos etc.), também é imperioso criar o conceito jurídico de "prestador de serviço", tal como impõe a Magna Carta.

Assim, são inconstitucionais quaisquer disposições legais que determinem como sujeito passivo da obrigação tributária atinente ao ISS que o contribuinte é qualquer pessoa que, eventualmente ou no exercício de atividade que não seja preponderante em seu ramo de negócios, preste serviços a outrem.

Neste ponto, para ilustrar a necessidade de ter um conceito jurídico de "prestador de serviços", decorrente do próprio sistema e em prol da segurança jurídica, não só relembro o esforço doutrinário para a perfeita identificação do contribuinte do ICMS – ou seja, o comerciante –, como também ressalto que no caso do ITBI, tributo de competência municipal, por expressa determinação constitucional (art. 156, § 2º, I, da CF), são imunes: a transmissão de bens ou direitos incorporados ao patrimônio da pessoa jurídica em realização de capital, a transmissão de bens ou direitos decorrentes de fusão, incorporação, cisão ou extinção de pessoa jurídica, *salvo se, nesses casos, a atividade preponderante do adquirente* for a compra e venda desses bens ou direitos.

A legislação municipal de São Paulo, ao tratar do tributo em comento, disciplina, em seu art. 80, § 1º, que se considera caracterizada a *atividade preponderante* quando mais de 50% da receita operacional do adquirente, nos dois anos anteriores e nos dois anos subseqüentes à aquisição, decorrer das transações referentes à transmissão de bens ou direitos incorporados ao patrimônio de pessoas jurídicas em realização de capital e sobre a transmissão de bens ou direitos decorrentes de fusão, incorporação, cisão ou extinção da pessoa jurídica.

Diante disso, verifica-se que o exercício de atividade preponderante, entre outros requisitos, é relevante para efeito de incidência tributária, sendo totalmente contrária ao sistema de direito positivo vigente uma norma que a desconsidere, tal como ocorre com o art. 1º da Lei 116/2003 e demais legislações municipais. Além do mais, as disposições dos arts. 1º das leis em comento conflitam com os mandamentos do art. 4º da Lei Complementar 116/2003, ao consignar que se considera *estabelecimento* prestador o local onde o contribuinte desenvolva a atividade de prestar serviços, de modo temporário ou permanente, e que *configure unidade econômica ou profissional.*

Ora, quando a tributação recai sobre institutos de direito privado, há que respeitá-los em sua inteireza. "Estabelecimento" é um conceito de direito comercial que se traduz, entre outros atributos, no local onde o prestador de serviços é *encontrado para a contratação dos seus serviços. É o "ponto", com valor comercial.*

Assim, e considerando que o direito tributário incide sobre institutos de outros ramos do Direito, devendo respeitá-los em sua inteireza, e que a análise sistêmica aponta para a necessidade da perfeita identificação de todos os elementos integrantes da regra-matriz de incidência tributária – entre eles, o contribuinte –, não há como se admitir, numa análise simplesmente literal, que "prestador de serviço" seja qualquer pessoa física ou jurídica que preste serviços, independentemente da habitualidade, onerosidade e preponderância da atividade econômica.

"Prestador de serviço" deve possuir, sim, um conteúdo jurídico definido, que continua sendo: aquele que presta serviço em caráter habitual, a título oneroso, configurando uma unidade econômica ou profissional.

4. Da tributação dos serviços contratados ou prestados no exterior

Em nosso direito positivo rege as relações tributárias, entre outros, o princípio da territorialidade da tributação. Assim, para que a lei tributária de uma pessoa política possa ser aplicada nos lindes territoriais de outra é preciso que haja convênios (entre pessoas políticas de direito público interno) e tratados internacionais entre nações estrangeiras.

Diante disso, é evidente que o ISS, tributo de competência municipal, não pode onerar serviços prestados no exterior, porque a lei brasileira, seja nacional ou municipal, restringe-se territorialmente aos limites espaciais da pessoa política que a editou.

A única exceção seria a existência de tratados internacionais que veiculassem normas internacionais referentes à tributação na prestação de serviços.

Este é o primeiro indicador da inconstitucionalidade desta lei, pois, embora a própria CF permita, em seu art. 149, § 2º, que, por meio de contribuição, seja tributada a importação de produtos estrangeiros e serviços, esta é uma norma constitucional em conflito com o princípio da territorialidade, devendo prevalecer este.

Além do mais, a Constituição Federal não autorizou a criação de imposto sobre serviços prestados no exterior. Autorizou a instituição de contribuições, que são de dificílima configuração em nosso direito positivo.

Isto é assim porque só há a criação de uma autêntica contribuição quando ocorrerem as seguintes circunstâncias, a saber: uma autuação direta do Estado – portanto, prévia à cobrança da contribuição; decorrer, indiretamente, especial benefício a uma certa categoria de contribuintes. O exemplo mais corriqueiro é o da contribuição de melhoria, onde de uma autuação direta do Estado (obra pública) decorre a valorização imobiliária dos imóveis lindeiros. Outro exemplo: a CETESB investe na recuperação ambiental de Cubatão, o que proporciona para as indústrias ali localizadas a expansão das suas atividades, já que possibilita o aumento dos padrões de emissões, por exemplo. Tal recuperação ambiental foi feita com o dinheiro dos impostos – paga, portanto, com o dinheiro da coletividade. Os contribuintes (indústrias) que foram indiretamente e especialmente favorecidos devem devolver à coletividade, por meio da contribuição de melhoria, o especial benefício que tiveram.

Tirantes as hipóteses acima citadas não há como falar em contribuição no Direito Brasileiro, sendo a CIDE, a COFINS, a CPMF, o PIS/PASEP, verdadeiros impostos, já que nestes tributos não há atuação prévia do Estado e benefícios diretamente relacionados a uma categoria especial de contribuintes.

Mas, ainda que, por desvario, pudéssemos entender que a contribuição sobre serviços prestados no exterior fosse uma autêntica contribuição, esta deveria submeter-se ao princípio da territorialidade da tributação.

Além disso, e antes até da análise da constitucionalidade, ou não, de normas tributárias, temos que verificar quais são os limites que o legislador deve respeitar, em um Estado de Direito, para que a tributação não se converta em espoliação. O mesmo cuidado que o legislador deve tomar para a edição de normas penais deve ser aplicado ao regime legal tributário.

Isto é assim porque tanto no direito tributário como no direito penal não prevalece o acordo de vontades. É o Estado atuando da forma mais agressiva que possui, em relação aos administrados. Por isso, em qualquer lugar do mundo a tributação só será legítima se atender aos seguintes pressupostos: *incidir sobre riqueza nova*; *os serviços públicos prestados pelo Estado devem ser proporcionais em qualidade e quantidade aos tributos arrecadados*; *deve respeitar a capacidade contributiva*; *ser imposta por meio de lei.*

Firmadas tais premissas, temos que verificar se a tributação de serviços oriundos do exterior atende aos pressupostos da tributação legítima. Neste ponto, é bom frisar que nem seria necessário empreender tal esforço, visto que no Brasil toda tributação é espúria, se a compararmos com os critérios de tributação legítima postos linhas acima – o que, contemporaneamente, aparta as nações em Estados desenvolvidos e subdesenvolvidos ou "em desenvolvimento".

Mas voltemos aos serviços internacionais. Na prestação de serviços internacionais só pode ser contribuinte aquele que auferiu riqueza nova, a saber: o prestador do serviço. Mas, como a lei brasileira não pode alcançá-lo, posto que está no exterior, dispõe que se considera prestado o serviço e devido o imposto no *local do tomador do serviço, seja em seu estabelecimento ou domicílio.*

Assim, se o prestador estiver no exterior, auferindo receitas brasileiras, inobstante no Brasil tal serviço tenha gerado um dispêndio para quem o contratou, entende a autoridade fiscal brasileira que faz jus à tributação sobre serviços mesmo que o tomador não tenha auferido receita nova e não tenha capacidade contributiva.

Mas os abusos não param com a afronta ao princípio da territorialidade da tributação ou a despreocupação do legislador com a tributação espoliativa; subvertem-se todos os institutos de Direito, para substituir o próprio contribuinte por qualquer pessoa a que a lei atribua a condição de responsável. Vejamos.

A Lei Complementar 116/2003, em seu art. 6º, dispõe que:

"Art. 6º. Os Municípios e o Distrito Federal, mediante lei, poderão atribuir de modo expresso a responsabilidade tributária a terceira pessoa, vinculada ao fato gerador da respectiva obrigação, *excluindo a responsabilidade do contribuinte*, ou atribuindo-a a este em caráter supletivo do cumprimento total ou parcial da referida obrigação, inclusive no que se refere à multa e aos acréscimos legais.

"§ 1º. Os responsáveis a que se refere este artigo estão obrigados ao recolhimento integral do imposto devido, multa e acréscimos legais, independentemente de ter sido efetuada sua retenção na fonte.

"§ 2º. Sem prejuízo do disposto no *caput* e no § 1º deste artigo, são responsáveis: I – o tomador ou o intermediário de serviço proveniente do exterior do país ou cuja prestação tenha iniciado no exterior do país; (...)."

A legislação tributária tem reiteradamente desconsiderado, contra norma expressa do Código Tributário Nacional, a natureza jurídica dos institutos de direito privado para os quais atribui efeitos tributários. Assim, é *prestador de serviço* qualquer pessoa, tenha ou não realizado o fato jurídico-tributário, tenha ou não auferido riqueza nova. O exagero, contudo, está no trato da responsabilidade tributária, que ganha foros de grande perplexidade jurídica, quer no atinente à responsabilidade tributária solidária, quer quando a legislação exclui o contribuinte da relação jurídica tributária, voltando a imposição fiscal contra o responsável.

Analisemos as duas vertentes apartadamente.

5. *Da inexistência de solidariedade entre o tomador e o prestador do serviço. Violação ao art. 124, II, do CTN*

O ordenamento jurídico positivo brasileiro não prevê, por absoluta necessidade de coerência lógica, a responsabilidade solidária entre o prestador e o tomador do serviço, visto que estes se encontram em pólos contrapostos da relação jurídica negocial. O que determina o Código Tributário Nacional é a responsabilidade solidária de todos os prestadores de serviços entre si.

E de outra maneira não poderia ser, pois, a exegese literal do art. 124 do CTN levaria ao absurdo de ser possível a interpretação de que todos os adquirentes de mercadorias em supermercados, por terem interesse na realização do negócio jurídico (fato jurídico-tributário), seriam solidariamente responsáveis pelos tributos incidentes nas mercadorias adquiridas. O raciocínio é o mesmo no pertinente a quaisquer outros tributos.

Além disso, é preciso atentar a que só pode ser objeto de tributação a riqueza nova. Ora, no contrato de prestação de serviços só os prestadores de serviço recebem contraprestação em dinheiro, ícone de riqueza nova; portanto, somente eles podem ser chamados a responder pelo ISS. Junta-se a isso o fato de que, se o tomador de serviço pagou no preço o valor do ISS, não é juridicamente legítimo obrigá-lo a pagamentos em duplicidade.

Ademais, em que pese a que possa a lei atribuir, de modo expresso, a responsabilidade pelo crédito tributário a terceira pessoa, vinculada ao fato gerador da respectiva obrigação, supletivo do cumprimento total ou parcial da referida obrigação, esta terceira pessoa haverá de ser colhida, obrigatoriamente, dentro da moldura da descrição legal.

Além do mais, é entendimento dominante em nossa doutrina que jamais se estabelece a responsabilidade tributária, em qualquer de sua formas, entre o tomador e o prestador de serviços, pois neste caso não se atende ao requisito legal de ambos possuírem interesse comum na realização do fato jurídico-tributário, uma vez que, na realidade, possuem interesses contrapostos.

Tal mandamento legal aplica-se a todos os envolvidos no mesmo pólo da relação jurídica em tela, isto é, se houver empreiteiro e subempreiteiro, todos são responsáveis tributários pelo débito fiscal, mas nunca o tomador dos serviços.

Mais uma vez trazemos à colação as lições do ilustre Paulo de Barros Carvalho, em sua obra já citada:

"No direito tributário, o instituto da solidariedade é um expediente jurídico eficaz para atender à comodidade administrativa do Estado, na procura da satisfação dos seus direitos. Sempre que haja mais de um devedor, na mesma relação jurídica, cada um obrigado ao pagamento da dívida integral, dizemos existir solidariedade passiva, no traço do que preceitua o art. 896 do CC Brasileiro.

"Afirma o art. 124 do CTN que:

"'São solidariamente obrigadas: I – as pessoas que tenham interesse comum na situação que constitua fato gerador da obrigação principal; II – as pessoas expressamente designadas por lei.

"'Parágrafo único. A solidariedade referida neste artigo não comporta benefício da ordem.'

"O interesse comum dos participantes na realização do fato jurídico tributário é o que define, segundo o inciso I, o aparecimento da solidariedade entre os devedores.

"A expressão empregada, sobre ser vaga, não é um roteiro seguro para a identificação do nexo que se estabelece entre os devedores da prestação tributária.

"Basta refletirmos na hipótese do imposto que onera as transmissões imobiliárias. No Estado de São Paulo, a lei indica o comprador como o sujeito passivo do gravame.

"Entretanto, quer ela quer o vendedor estão diretamente ligados à efetivação do negócio, havendo indiscutível interesse comum. Numa operação relativa à circulação de mercadorias, ninguém afirmaria inexistir convergência de interesses, unindo comerciante e adquirente, para a concretização do fato, se bem que o sujeito passivo seja aquele primeiro. *Nas prestações de serviços, gravadas pelo ISS, tanto o prestador quanto o tomador do serviços têm interesse comum no evento, e nem por isso o sujeito passivo deixa de ser o prestador. [grifos nossos]*

"*Aquilo que vemos repetir-se com freqüência, em casos dessa natureza, é que o interesse comum dos participantes no acontecimento factual não representa um dado satisfatório para a definição do vínculo da solidariedade*. Em nenhuma dessas circunstâncias cogitou o legislador desse elo que aproxima os participantes do fato, o que retifica a precariedade do método preconizado no inciso I do art. 124 do Código. Vale, sim, para situações em que não haja bilateralidade no seio do fato tributado, como, por exemplo, na incidência do IPTU, em que duas ou mais pessoas são proprietárias do mesmo imóvel. Tratando-se, porém, da ocorrência em que o fato se consubstancia pela presença de pessoas em posições contrapostas, com objetivos antagônicos, a solidariedade vai instalar-se entre os sujeitos que estivessem no mesmo pólo da relação se e somente se for esse o lado escolhido pela lei para receber o impacto jurídico da exceção. É o que se dá com o *imposto de transmissão de imóveis, quando dois ou mais são os compradores; no ICMS, sempre que dois ou mais forem os comerciantes vendedores; o ISS, toda vez que dois ou mais sujeitos prestarem um único serviço do mesmo tomador*."

Ademais, não dissente deste entendimento o ilustre autor Zelmo Denari, na obra *Solidariedade e Sucessão Tributária* (p. 48), dispondo que haverá co-responsabilidade nomeada de *paritária*, *in verbis*: "(...) quando dois ou mais sujeitos passivos realizam ou participam da situação-base, isto é, quando os efeitos de um único pressuposto refere-se contemporaneamente a distintos sujeitos".

Logo, a responsabilidade tributária, solidária ou não, só será legítima se o responsável possuir mecanismos imediatos de ressarcimento em face do contribuinte. Se para reaver o que pagou ao Fisco, por débito do contribuinte, o responsável tributário for obrigado a invocar a tutela jurisdicional do Estado, estará sendo violentamente onerado, arcando com o ônus de inadimplência fiscal que cabe ao Estado arcar, no exercício da tributação.

6. Da exclusão do contribuinte da relação jurídica tributária

Mas, não bastasse o desatino das disposições legais referentes à responsabilidade solidária, passou a legislação a excluir o contribuinte da relação jurídica tributária, exigindo o tributo diretamente do responsável – o que não encontra amparo em nosso direito positivo, pelas seguintes razões.

A relação jurídica tributária consiste na obrigação do contribuinte de levar dinheiro aos cofres públicos. Só este pode levar dinheiro aos cofres públicos, porque foi quem auferiu riqueza nova.

Sendo assim, são sujeitos da obrigação tributária as pessoas políticas de direito público interno, entidades paraestatais e até pessoas físicas, desde que exerçam atividade pública de real interesse para o desenvolvimento de finalidades coletivas (sujeitos ativos), e as pessoas físicas ou jurídicas que realizam no mundo dos fatos a conduta prevista na norma tributária de incidência e que auferem riqueza nova (contribuintes).

Mutilando-se o aspecto pessoal da hipótese de incidência, excluindo, portanto, o contribuinte da obrigação tributária, esta não subsiste, porque o elo Fisco/contribuinte não se estabelece. Se não há obrigação tributária entre Fisco e contribuinte, também não subsiste a obrigação acessória de garantia do débito tributário, denominada pelo legislador de *responsabilidade tributária*, seja solidária ou não. Por imperativos lógicos, não pode subsistir a obrigação de responsabilidade se foi mutilada a regra-matriz de incidência, em seu aspecto pessoal – o que acarreta sua não-incidência.

Além do mais, não pode o legislador ordinário, desatento à Constituição Federal, prever como sujeito passivo da obrigação tributária quem não realiza o fato jurídico-tributário apenas por comodidade administrativa ou – o que é pior – para auferir tributação de serviços prestados no exterior, onde a lei brasileira não pode incidir.

São precisas a respeito as lições de Paulo de Barros Carvalho, na obra citada, pelas quais:

"Não sucede o mesmo quando o legislador deixa os limites factuais, indo à procura de uma pessoa estranha àquele acontecimento do mundo, para fazer dele responsável pela prestação tributária, quer pela forma supletiva, quer na condição de sujeito passivo exclusivo. Não é demasia repetir que a obrigação tributária só se instaura com sujeito passivo que integre a ocorrência típica, seja direta ou indiretamente unido ao núcleo objetivo da situação tributada. A ênfase afirmativa está fundamentada num argumento singelo, mas poderoso: o legislador tributário não pode refugir dos limites constitucionais da sua competência, que é oferecida de maneira discreta, mediante a indicação de meros eventos ou de bens. Aproveitando-se dessas referências, a autoridade legislativa exerce suas funções, autolimitando-se a compor a descrição normativa. Feito isso, não pode transpor as fronteiras do fato que ela mesmo demarcou, a não ser que venha a refazer a regra-matriz, mexendo no arcabouço do tributo, o que também só é possível se mantiver o núcleo de referência que a Constituição lhe atribuiu. Sendo assim, coloca-se a indagação (...): não se tratando de obrigação tributária, que índole teria esse vínculo, de que tantas vezes se socorre nosso legislador? Reuniria ele, porventura, poderes constitucionais para prescrever relações de outro jaez?

"Nosso entendimento é no sentido de que as relações jurídicas integradas por sujeitos passivos alheios ao fato tributário apresentam a natureza de sanções administrativas."

Isto posto, concluímos que:

7. Conclusão

7.1 Firmado que a retenção na fonte não possui a natureza jurídica de obrigação tributária, mas sim de dever legal de natureza administrativa, temos que as legislações municipais não afrontaram o art. 173, § 1º, II, da CF, podendo dispor que as sociedades de economia mista realizem deveres instrumentais, diferentemente das empresas privadas.

7.2 Diversa é a situação quanto às pessoas políticas de direito público, suas autarquias e fundações, em razão da imunidade constitucional, asseguradora da isonomia e autonomia das pessoas políticas de direito público interno.

7.3 O que prevalece na regência das imposições fiscais municipais é a lei local, e não a lei federal. Assim, se a lei local listou outros serviços que não os previstos na Lei Complementar 116/2003, e desde que estes se traduzam em autêntica prestação de serviço ou sejam uma obrigação de fazer, prevalece a lei municipal. A Lei federal 116/2003 possui o *status* jurídico de norma geral de direito tributário, cuja aplicação só é soberana no caso de conflito de normas entre as legislações municipais. As normas gerais surgem no ordenamento jurídico para dispor preventivamente sobre conflitos de competência entre as pessoas políticas.

7.4 "Prestador de serviço" deve ter conteúdo jurídico definido, que continua sendo aquele que presta serviço em caráter habitual, a título oneroso, configurando uma unidade econômica ou profissional.

7.5 Na prestação de serviços internacionais só pode ser contribuinte o prestador do serviço, visto que foi este quem auferiu riqueza nova e que, portanto, se pressupõe possuir capacidade contributiva. Além do mais, por força do princípio da territorialidade da tributação, a lei brasileira, seja nacional ou municipal, restringe-se territorialmente aos limites espaciais da pessoa política que a editou. A única exceção seria a existência de tratados internacionais que veiculassem normas internacionais referentes à tributação na prestação de serviços.

7.6 A legislação tributária tem reiteradamente desconsiderado, contra norma expressa do Código Tributário Nacional, a natureza jurídica dos institutos de direito privado para os quais atribui efeitos tributários. Assim, é "prestador de serviço" qualquer pessoa, tenha ou não realizado o fato jurídico-tributário, tenha ou não auferido riqueza nova. *O exagero, contudo, está no trato da responsabilidade tributária, que ganha foros de grande perplexidade jurídica, quer no atinente à responsabilidade tributária solidária, quer quando a legislação exclui o contribuinte da relação jurídica tributária, voltando a imposição fiscal contra o responsável.*

7.7 É entendimento dominante em nossa doutrina que jamais se estabelece a *responsabilidade tributária*, em qualquer de suas formas, entre o tomador e o prestador de serviços, pois neste caso não se atende ao requisito legal de ambos possuírem interesse comum na realização do fato jurídico-tributário, uma vez que, na realidade, possuem interesses contrapostos.

Tal mandamento legal aplica-se a todos os envolvidos no mesmo pólo da relação jurídica em tela, isto é, se houver empreiteiro e subempreiteiro, todos são responsáveis tributários pelo débito fiscal, mas nunca o tomador dos serviços.

7.8 A responsabilidade tributária, solidária ou não, só será legítima se o responsável possuir mecanismos imediatos de ressarcimento em face do contribuinte. Se para reaver o que pagou ao Fisco, por débito do contribuinte, o responsável tributário for obrigado a invocar a tutela jurisdicional do Estado, estará sendo violentamente onerado, arcando com um ônus de inadimplência fiscal que cabe ao Estado arcar, no exercício da tributação.

7.9 A exclusão do contribuinte da obrigação tributária faz com que a aludida obrigação não subsista, porque o elo Fisco/contribuinte não se estabelece. Se não há obrigação tributária entre Fisco e contribuinte, também não subsiste a obrigação acessória de garantia do débito tributário, denominada pelo legislador de *responsabilidade tributária*, seja solidária ou não.

Além do mais, não pode o legislador ordinário, desatento à Constituição Federal, prever como sujeito passivo da obrigação tributária quem não realiza o fato jurídico tributário, apenas por comodidade administrativa ou – o que é pior – para auferir tributação de serviços prestados no exterior, onde a lei brasileira não pode incidir.

Bibliografia

ATALIBA, Geraldo. *Hipótese de Incidência Tributária.* 6ª ed. São Paulo, Malheiros Editores, 2000.

BARRETO, Aires Fernandino. "ISS – Não-incidência sobre a cessão de espaço em bem imóvel". *RDTributário* 76. São Paulo, Malheiros Editores.

CARRAZZA, Roque Antonio. *Curso de Direito Constitucional Tributário.* 15ª ed. São Paulo, Malheiros Editores, 2000.

CARVALHO, Paulo de Barros. *Curso de Direito Tributário.* 16ª ed. São Paulo, Saraiva, 2004.

DENARI, Zelmo. *Solidariedade e Sucessão Tributária.* (p. 48).

DA IMUNIDADE E DA ISENÇÃO DO ICMS EM OPERAÇÕES E PRESTAÇÕES DESTINADAS A ATENDER AOS ÓRGÃOS DA ADMINISTRAÇÃO PÚBLICA

EDUARDO AZEREDO RODRIGUES

Procurador do Tribunal de Contas do Estado do Rio de Janeiro – Advogado e Professor da Universidade Salgado de Oliveira e da Escola Superior de Advocacia/ESA da OAB/RJ

1. Introdução. 2. Da imunidade nas hipóteses de tributos indiretos. 3. Da isenção em ICMS. 4. Da repercussão das isenções tributárias no âmbito dos contratos administrativos celebrados pela Administração Pública direta: 4.1 Eficácia do benefício fiscal no que diz respeito aos contratos celebrados sob a égide dos convênios nos quais eventualmente não se tenha fruído a isenção tributária: 4.1.1 Da impossibilidade de repetição do indébito, a título de ICMS, do órgão em face do ente público – 4.1.2 Da impertinência de reaver o valor cobrado na fatura dos serviços e mercadorias em face dos prestadores e fornecedores dos mesmos – 4.2 Eficácia do benefício fiscal no que diz respeito aos contratos já extintos, embora firmados sob a égide dos convênios acima referidos, nos quais eventualmente não se tenha fruído a isenção tributária – 4.3 Eficácia das isenções nas contratações posteriores aos convênios. 5. Conclusões.

1. Introdução

Este estudo tem por objetivo abordar os efeitos jurídicos decorrentes de isenções tributárias concedidas, em matéria de ICMS, nas operações ou prestações destinadas a atender às necessidades dos órgãos e entidades da Administração Pública direta. Para tanto, faz-se mister prévia digressão acerca da natureza jurídica das imunidades e isenções, especialmente em hipóteses nas quais, ocorrendo o fenômeno econômico da repercussão, seja a própria Administração Pública a destinatária final da mercadoria ou do serviço prestado. Por fim, cumpre abordar o impacto dos referidos benefícios fiscais no âmbito dos contratos administrativos em vigor e a possibilidade de repetição do indébito não fruído no momento oportuno.

2. Da imunidade nas hipóteses de tributos indiretos

Antes de ingressar na análise acerca da aplicação dos benefícios fiscais no âmbito dos contratos administrativos destinados a abastecer os órgãos e entidades de mercadorias e serviços sobre os quais normalmente incidiria o ICMS, faz-se necessária alguma digressão acerca da natureza jurídica do instituto da isenção e do entendimento que vem adotando a jurisprudência pátria nos casos em que, tratando-se de tributo indireto,[1] o contribuinte de fato se enquadre em alguma hipótese de não-incidência que o faça escapar dos efeitos da norma impositiva tributária.

A Constituição da República consagra, no inciso IV de seu art. 150, limitações ao poder de tributar, as quais a doutrina pátria designa como *imunidades tributárias*. Nesse sentido, as imunidades tributárias, que impõem espécie de não-incidência juridicamente qualificada, atuam no plano da competência tributária,[2] subtraindo dos entes federativos competência para instituir impostos nas referidas circunstâncias.

"A imunidade é uma heterolimitação ao poder de tributar. A vontade que proíbe é a do Constituinte."[3]

Ocorre, em algumas hipóteses, que a entidade ou o ente federativo que faria jus à imunidade não participa da relação jurídica tributária, muito embora suporte o impacto econômico relativo à prestação. É que, nos tributos indiretos, o prestador do serviço ou o fornecedor da mercadoria figura como contribuinte *de jure*, repassando o ônus do correspondente encargo no preço final do produto ou do serviço disponibilizado no mercado.

Quando o consumidor contrata determinado serviço sobre o qual incida o ICMS, o contribuinte de direito (o prestador do serviço) freqüentemente embute na nota fiscal do serviço o valor do respectivo imposto, que, agregado aos demais custos, consistirá no preço final cobrado do consumidor (contribuinte de fato). Nesse sentido, o prestador cobra do consumidor o preço pela execução do serviço, enquanto paga o respectivo imposto ao ente tributante.

Por conta disso, a jurisprudência tem entendido que não há imunidade nos casos em que o suposto beneficiário não integra a relação tributária, figurando tão-somente como contribuinte de fato.

No julgamento do RE 68.215[4] o tema acerca da desconsideração do fenômeno econômico da repercussão na relação tributária foi exaustivamente suscitado, e o voto do então Ministro Eloy da Rocha expõe com clareza essa orientação, então prevalecente: "Tenho como certa a tese do acórdão recorrido, que parte da consideração de que, no antigo imposto de consumo, como no atual IPI, contribuintes são as pessoas expressamente mencionadas na lei, e, entre elas, o industrial. A relação tributária se estabelece, apenas, entre o poder tributante e o contribuinte ou o responsável, nos termos da lei. E somente ao sujeito passivo da obrigação tributária, e não a outrem, pode dizer respeito a imunidade ou a isenção. Para esse efeito, nenhum relevo tem a figura do contribuinte de fato".

Sacha Calmon Navarro Coêlho[5] transcreve em sua obra trecho que muito bem descreve a questão, em que Aliomar Baleeiro faz uma resenha da posição então adotado pelo Pretório Excelso:

"'O STF, Pleno, em 9.9.1979, nos RE n. 68.097, n. 68.215 (*RTJ* 57/244) e n. 67.625, decidiu que o Serviço Funerário de São Paulo está sujeito ao ICM e ao IPI, cuja legislação designa o fabricante como contribuinte do tributo, nada importando que

1. Os tributos indiretos são aqueles que comportam, por sua natureza, a ocorrência do fenômeno da repercussão, por meio do qual o contribuinte de direito transfere o respectivo encargo financeiro para o contribuinte de fato (terceiro, estranho à relação jurídica tributária), a exemplo do que ocorre no ICMS e no IPI.

2. Em decorrência do princípio da supremacia da Constituição, eventual afronta a uma não-incidência juridicamente qualificada (imunidade) implicará inconstitucionalidade da norma legal. Hugo de Brito Machado preleciona que "a Constituição define o âmbito do tributo, vale dizer, o campo dentro do qual pode o legislador definir a hipótese de incidência da regra de tributação. A regra de imunidade retira desse âmbito uma parcela, que torna imune" (*Curso de Direito Tributário*, 19ª ed., São Paulo, Malheiros Editores, 2001, p. 233).

3. Sacha Calmon Navarro Coêlho, *Curso de Direito Tributário Brasileiro*, 6ª ed., Rio de Janeiro, Forense, 2001, p. 157.

4. *RTJ* 74/246.

5. Sacha Calmon Navarro Coêlho, *Curso de Direito Tributário Brasileiro*, cit., 6ª ed., pp. 260-261.

o transfira a ente público autônomo. A discussão, aliás, longa e minuciosa, está na *RTJ* 57/244 com os votos pró e contra.

"'Na mesma época o Plenário do STF modificou sua jurisprudência que permitia ao ente público opor-se, em mandado de segurança, às tributações do ICM e IPI exigidas dos fabricantes pelos fornecimentos feitos com repercussão sobre pessoas de direito público. É expressiva a ementa do RE n. 69.483-SP, de 30.9.1970, rel. Bilac Pinto: 'Imposto de Consumo – IPI. As Caixas Econômicas Federais estão sujeitas ao pagamento desses tributos. A imunidade fiscal recíproca não pode ser invocada para ilidir a cobrança desses impostos. O contribuinte *de jure* é o industrial ou produtor. Não se pode opor à forma jurídica a realidade econômica. A figura do contribuinte de fato é estranha à relação jurídica tributária. A União e suas autarquias somente podem invocar a imunidade recíproca quando se trate de impostos estaduais ou municipais'.

"'Em 1971, a tese de Bilac Pinto prevaleceu nos RE ns. 68.831; 68.903; 70.616; 68.741; 68.924; 67.748, IC; 71.955, IC; 69.149; e outros. E quanto ao ICM no RE n. 69.141, de 14.6.1971, rel. o próprio Min. Bilac Pinto.

"'Muitos julgados, no curso de 1972, quase sem discrepância, consagram essa nova interpretação (...).

"'*Data venia*, não estamos convencidos dessa tese, que daí por diante foi consagrada por outros acórdãos; nosso Direito não ignora o contribuinte de fato (CTN, art. 166; Súmula n. 546), que é uma realidade econômica.'"

Infere-se o notável entendimento de Aliomar Baleeiro, sustentando a intributabilidade do patrimônio, renda ou serviços das entes federativos, ainda que, em decorrência do fenômeno econômico da repercussão, alguns desses bens jurídicos sejam alcançados indiretamente, em uma relação tributária na qual não faça parte, como contribuinte de direito, a entidade imune.

No mesmo sentido, vale trazer à baila o entendimento contido no *Informativo 131* do STF, *verbis*: "O princípio da imunidade tributária recíproca outorgada às pessoas jurídicas de direito público interno (CF, art. 150, VI, 'a') não impede a inclusão de contribuição devida a autarquia na base de cálculo do ICMS devido por particular. Com base nesse entendimento, a Turma manteve a inclusão da contribuição para o Instituto do Açúcar e do Álcool – IAA na base de cálculo do ICMS devido por usina de açúcar e álcool ao Estado de São Paulo, tendo em vista que o referido tributo não está sendo exigido de nenhum dos entes públicos destinatários da imunidade tributária, mas sim de pessoa jurídica de direito privado. Precedente citado: RE n. 141.416-SP (DJU de 3.2.1995)" (Ag(AgRg) 175.860-SP, rel. Min. Sepúlveda Pertence, 10.11.1998).

É bem verdade que, recentemente, o STF ampliou bastante o conceito de "patrimônio, renda e serviços", quando, por exemplo, reconhece a imunidade recíproca no que toca ao IOF que incidiria sobre as aplicações financeiras.[6] No entanto, ainda está longe a Corte Constitucional de conferir ao dispositivo constitucional imunizante a eficácia operante que lhe empresta a interpretação daquele insigne tributarista.

3. Da isenção em ICMS

Por seu turno, *isenção* é espécie de não-incidência criada por lei específica do ente que detenha a competência tributária para instituir o referido tributo.[7] Enquanto a imunidade atua no plano constitucional, ceifando o poder de tributar que teria o ente federativo, a isenção se dá no plano da norma infraconstitucional, consistindo em hipótese de exclusão do crédito tributário,[8]

6. *Informativo* 32 do STF.

7. Art. 150, § 6º, da CF.

8. Não obstante o exposto, há entendimento no sentido de que a norma isencional suspende a eficácia da norma impositiva, em decorrência do quê há uma forte tendência doutrinária sustentando que,

nos termos da sistemática engendrada pelo CTN no seu art. 175, I.

Nesse sentido, não obstante tenha acolhido a jurisprudência pátria o entendimento segundo o qual, nas hipóteses de tributos indiretos, não há que se reconhecer a imunidade do contribuinte de fato, porquanto esse não perfaça o vínculo jurídico que liga o contribuinte de direito ao credor da prestação tributária, nada impede que o benefício seja concedido pelo próprio ente titular da competência tributária, sob a forma de isenção.

No que concerne ao ICMS, não se pode olvidar que toda isenção ou outro benefício fiscal deve ser concedido atendendo à forma a que alude a Lei Complementar 24/1975[9] – vale dizer, por meio de convênio.

É nesse contexto que o Convênio ICMS-107/1995[10] autoriza os Estados que menciona a conceder isenção do ICMS nas operações com energia elétrica e nas prestações de serviços de comunicação, quando tais forem destinadas a consumo por órgãos da Administração Pública Estadual direta e suas fundações e autarquias, mantidas pelo Poder Público Estadual e regidas por normas de direito público.

Da mesma forma, o Convênio ICMS-26/2003[11] autoriza a concessão de isenção nas operações ou prestações internas relativas à aquisição de bens, mercadorias ou serviços por órgãos da Administração Pública Estadual direta e suas fundações e autarquias.

Releva mencionar, entretanto, que, muito embora os benefícios fiscais a que se referem os Convênios ICMS-107/1995 e 26/2003 tenham sido destinados a beneficiar os órgãos e entidades da Administração Pública dos Estados a que se referem, o incentivo é concedido ao contribuinte de direito, vale dizer, aos prestadores dos serviços de comunicação e aos fornecedores de energia elétrica bem como dos demais bens, mercadorias ou serviços destinados àqueles órgãos. O benefício é, portanto, fruído indiretamente pelos órgãos e entidades destinatários, por meio da redução dos custos do valor do serviço ou mercadoria fornecida. É nesse sentido que o Convênio ICMS-26/2003, no § 1º de sua cláusula 1ª, condiciona a concessão do benefício fiscal ao efetivo desconto do valor correspondente ao tributo na nota fiscal do serviço ou do produto adquirido.

Do mesmo modo, no Estado do Rio de Janeiro, a Resolução SER-47/2003[12] estabelece normas a serem cumpridas pelos fornecedores de bens, mercadorias ou serviços destinados aos órgãos estaduais, a fim de que, comprovando a destinação pública dos mesmos e o efetivo abatimento do valor correspondente ao imposto dispensado,[13] possam fruir o referido benefício.

A sistemática do benefício fiscal é, então, a concessão de isenção para que o fornecedor do produto ou serviço destinado aos órgãos da Administração Pública possa abater do preço cobrado o valor correspondente ao respectivo imposto dispensado.

4. Da repercussão das isenções tributárias no âmbito dos contratos administrativos celebrados pela Administração Pública direta

Feitas essas ponderações, passemos a abordar a forma pela qual os referidos benefícios se aplicarão aos contratos admi-

uma vez revogada a norma isencional, restaura-se a eficácia da norma impositiva, mas há que ser respeitado o princípio da anterioridade.

9. Art. 155, § 2º, XII, "g", da CF.

10. Publicado no *DOU* 13.12.1995 e ratificado nacionalmente no *DOU* 2.1.1996 pelo Ato COTEPE-ICMS-8/1995.

11. Publicado no *DOU* 9.4.2003 e ratificado nacionalmente no *DOU* 28.4.2003 pelo Ato Declaratório 5/2003.

12. Resolução de 24.9.2003, publicada no *DOE* 25.9.2003 (disponível na Internet, no *website* da Secretaria de Estado da Receita do Estado do Rio de Janeiro: *http://www.receita.rj.gov.br/legislacao/tributaria/resolucao/2003/047.shtml*).

13. Art. 2º da Resolução SER-47/2003.

nistrativos nos quais – não fosse a natureza jurídica do destinatário da prestação ou operação – incidiria o ICMS.

4.1 Eficácia do benefício fiscal no que diz respeito aos contratos celebrados sob a égide dos convênios nos quais eventualmente não se tenha fruído a isenção tributária

No que diz respeito às parcelas vencidas e já pagas, entendemos não haver viabilidade jurídica para reaver o valor do imposto que poderia ter sido dispensado, além do quê a relação jurídica tributária extinguiu-se com o respectivo pagamento do tributo, nos termos do art. 156, I, do CTN. Não parece viável a adoção de qualquer medida com o intuito de promover eventual repetição do indébito, uma vez que, muito embora os produtos e serviços tenham sido destinados a um órgão estatal, não foram cumpridas, pelos fornecedores, as formalidades necessárias para a comprovação da destinação pública dos mesmos, a justificar a concessão do benefício fiscal.

Nesse sentido, ainda que, em tese, fosse cogitada a possibilidade de reaver o valor que poderia ter sido dispensado em decorrência das isenções em comento, se apresentariam como entraves as seguintes circunstâncias:

4.1.1 Da impossibilidade de repetição do indébito, a título de ICMS, do órgão em face do ente público

A natureza jurídica de isenção em caráter específico[14] de que se revestem os benefícios concedidos pelos convênios em tela representa empecilho para viabilização da pretensão de repetição do indébito com base no art. 166 do CTN, a despeito de o órgão destinatário ter meios de demonstrar que, na qualidade de contribuinte de fato, tenha assumido o respectivo encargo financeiro. Nesse sentido, a efetivação de isenção em caráter específico depende do preenchimento, pelo interessado, dos requisitos necessários para a fruição do benefício – intelecção que se extrai, *a contrario sensu*, do disposto no art. 179 do CTN, o que implica a impossibilidade de prosperar a intenção em comento.

Não fosse o primeiro óbice, a natureza jurídica que ostentam o órgão e o ente federativo geralmente se afiguraria como empecilho para a concretização de tal mister.

Decerto que, embora sem personalidade jurídica, certos órgãos – dentre os quais os Tribunais de Contas, Assembléias Legislativas, Câmaras Municipais etc. – detêm capacidade processual e podem estar em juízo para defesa de suas prerrogativas institucionais.[15]

Ainda que com dotação orçamentária específica[16] e com autonomia administrativa,[17] o orçamento dos órgãos independen-

14. Dispõe o art. 179 do CTN que, quando não concedida em caráter geral, a isenção é efetivada, em cada caso, por despacho da autoridade administrativa, em requerimento através do qual *o interessado demonstre preencher os requisitos previstos em lei para sua concessão.*

15. "*Ementa:* Recurso – Legitimidade para recorrer – Mandado de segurança – Tribunal de Contas. A jurisprudência mais recente do STF tem reconhecido aos Tribunais de Contas legitimidade para recorrerem, como autoridades coatoras, em processo de mandado de segurança, sobretudo quando atuam na defesa de sua competência constitucional" (RE 106.923-6).

16. Kiyoshi Harada esclarece que o art. 99 da Carta Magna consagra a autonomia orçamentária, e não a financeira, conceitos que não se confundem, uma vez que *autonomia orçamentária* "significa que determinado órgão, com ou sem personalidade jurídica própria, foi contemplado pela lei orçamentária anual com dotação própria, fixando o montante das despesas autorizadas, no caso do Judiciário e do Ministério Público, por propostas suas. Autonomia orçamentária quer dizer que um determinado órgão constitui-se em uma unidade orçamentária, podendo utilizar-se das verbas com que foi contemplada, mediante observância dos rígidos princípios orçamentários e à medida de disponibilidade financeira do Tesouro" (Kiyoshi Harada, "Autonomia orçamentária", *Jus Navigandi* 47, Ano 5, Teresina, novembro/2000; disponível na Internet: *www1.jus.com.br/doutrina/texto.asp?id=1279*, acesso em 17.5.2004).

17. Art. 99 da CF, em decorrência de que se aplicam aos Tribunais de Contas, no que couber, as

tes, a exemplo dos Tribunais de Contas Estaduais, não se distingue do patrimônio do próprio Estado. Com efeito, preconiza a ordem constitucional os princípios da unidade e universalidade do orçamento, dispondo o inciso I do § 5º do art. 165 da Carta da República no sentido de que a lei orçamentária anual compreenda os orçamentos de todos os Poderes.

Vale colecionar o entendimento de Ricardo Lobo Torres sobre tal aspecto da natureza jurídica do orçamento público.

"O orçamento é uno. O princípio da unidade já não significa a existência de um único documento, mas a integração finalística e a harmonização entre os diversos orçamentos. A Constituição Federal de 1988 modernizou sobremaneira a disciplina orçamentária, ao unificar o orçamento fiscal, o de investimento das estatais e o da Seguridade Social, segundo a orientação hoje prevalecente em outros países."

"O orçamento fiscal contém todas as receitas e despesas da União. Abrange os Poderes Legislativo, Executivo e Judiciário, bem como os fundos, órgãos e entidades da Administração direta e indireta, inclusive fundações instituídas e mantidas pelo Poder Público."[18]

Nessa linha de entendimento, é inexorável a conclusão de que a disputa do órgãos para repetir o indébito em face do ente federativo esbarraria na constatação do fenômeno da confusão.[19]

Em hipótese análoga vem entendendo o egrégio STJ haver confusão quando a Defensoria Pública Estadual intenta promover execução de honorários de sucumbência contra a respectiva Fazenda Pública, a exemplo do recente julgado no REsp 604.977-RS (rel. Min. José Delgado), *verbis*:

"Processual civil – Defensoria Pública representando litigante vencedor em demanda contra o Estado – Pagamento de honorários advocatícios – Impossibilidade – Confusão entre credor e devedor – Defensoria – Órgão estatal – Precedentes.

"1. 'A Defensoria Pública é órgão do Estado, por isso que não pode recolher honorários sucumbenciais decorrentes de condenação contra a Fazenda em causa patrocinada por defensor público – Confusão – Aplicação do art. 1.049 do CC (...)' (REsp n. 469.662-RS, 1ª T., *DJU* 23.6.2003, rel. Min. Luiz Fux) 2. Os honorários de advogado nas ações patrocinadas pela Defensoria Pública destinam-se ao próprio Estado. O fato de haver um fundo orçamentário com finalidade específica (criado pela Lei Estadual do Rio Grande do Sul n. 10.298/1994) é matéria contábil-financeira que não altera a situação jurídica de ser o credor dessa verba a Fazenda Estadual e não a parte ou a própria Defensoria, já que esta não detém personalidade jurídica, sendo órgão do Estado. 3. O destino do produto das receitas do Estado decorrentes de sucumbência nos processos em que seja parte é irrelevante na relação jurídica que trave com terceiros. 4. A Defensoria Pública é mero, não menos importantíssimo, órgão estadual, no entanto, sem personalidade jurídica e sem capacidade processual, denotando-se a impossibilidade jurídica de acolhimento do pedido da concessão da verba honorária advocatícia, por se visualizar a confusão entre credor e devedor. 5. Precedentes da egrégia 1ª Turma desta Corte. 6. Recurso provido."

Ademais, fácil é constatar que o valor do ICMS que poderia ter sido dispensado pelo Estado, constante na previsão orçamentária do órgão, percorrendo a cadeia econômica, foi recebido pelo fornecedor da mercadoria ou do serviço contratado e novamente retornou aos cofres públicos por ocasião do recolhimento do ICMS, razão pela qual, ainda que sob outra rubrica, no fim da operação, permanece integrando o patrimônio da Fazenda Estadual.

atribuições referentes aos Poder Judiciário (art. 73, *in fine*, da Carta Magna).

18. Ricardo Lobo Torres, *Curso de Direito Financeiro e Tributário*, 8ª ed., Rio de Janeiro, Renovar, 2001, pp. 105 e 157.

19. Dispõe o art. 381 do CC no sentido de que quando na mesma pessoa se confundem as qualidades de credor e devedor extingue-se a obrigação.

4.1.2 Da impertinência de reaver o valor cobrado na fatura dos serviços e mercadorias em face dos prestadores e fornecedores dos mesmos

Muito embora pudesse pleitear, na esfera cível, o ressarcimento do valor cobrado a título de ICMS, correspondente ao *quantum* devido pelos contribuintes de direito, em face dos prestadores dos serviços de energia elétrica e de telecomunicações, bem como dos fornecedores de produtos e mercadorias sobre os quais poderia ter sido dispensado o pagamento do imposto, não nos parece pertinente a referida pretensão. Ainda que fosse utilizado o argumento segundo o qual ninguém se escusa de cumprir a lei por desconhecimento,[20] os prestadores e fornecedores não se beneficiaram do valor correspondente à quantia que poderia ter sido dispensada, na medida em que, recebendo a mencionada parcela na qualidade de preço, repassaram aos cofres estaduais a título de tributo.

É bem verdade que, no mais das vezes, as aludidas empresas, principalmente as fornecedoras dos serviços de telecomunicações e de energia elétrica, consistem em empresas de grande potencial econômico, e certamente teriam meios de satisfazer a pretensão de devolução dessa quantia, e até mesmo teriam o dever de planejar, em suas atividades, determinada álea de risco, compatível com o patamar dos serviços que executam. No entanto, cabe ponderar que eventual procedência da pretensão indenizatória intentada em face das mesmas implicaria que o Poder Público estivesse se locupletando ilicitamente em detrimento do setor privado, porquanto o tributo que, em tese, foi efetivamente recolhido pelas empresas demandadas (e ingressou, portanto, validamente nos cofres do Estado) estaria sendo novamente devolvido, ora a este órgão da Administração Pública Estadual.

No que diz respeito às parcelas a vencer, penso que o órgão destinatário da operação ou prestação isenta deve notificar os contratados dos respectivos serviços sobre os quais incida o ICMS, no sentido de externar a intenção de fruir o benefício fiscal em comento, tão logo essa pretensão possa ser implementada, muito embora não haja possibilidade jurídica de promover coativamente este desiderato, uma vez que os contratos administrativos já teriam sido pactuados e estariam em curso. Ademais, a determinação de uma medida como essa, em um prazo previamente estabelecido, representaria a imposição de uma nova obrigação contratual, o que afetaria a segurança e a estabilidade jurídica do contrato, além de não se inserir em uma das hipóteses que ensejam a alteração unilateral do mesmo, nos termos do art. 65, I, da Lei 8.666/1993. Com efeito, tal hipótese não se afiguraria propriamente como alteração qualitativa, porque não se estaria a promover modificação do projeto ou de suas especificações para melhor adequação aos fins públicos; tampouco quantitativa, porque não haveria necessidade de acréscimos ou supressões em seu objeto. Também não se justificaria imputar alteração unilateral aos contratados, porquanto os convênios de ICMS que teriam concedido as referidas isenções não constituiriam fato superveniente em relação aos contratos em curso.

Marçal Justen Filho esclarece o seguinte quanto aos limites e à discricionariedade da Administração Pública para promover alteração unilateral do contrato:

"A alteração do contrato retrata, sob alguns ângulos, uma faculdade discricionária da Administração. Não existe, porém, uma liberdade para a Administração impor a alteração como e quando lhe melhor aprouver. (...). A Administração, após realizar a contratação, não pode impor alteração da avença mercê da simples invocação da sua competência discricionária. (...).

"A Administração tem de evidenciar, por isso, a superveniência de motivo justificado da alteração contratual. (...). Deve indicar que os fatos posteriores alteraram a

20. Art. 3º da LICC.

situação de fato ou de direito e exige um tratamento distinto daquele adotado."[21]

Ademais, perfilhando o mesmo raciocínio que desenvolvi no item anterior, o inconveniente que haveria na não-fruição do referido benefício seria a desnecessária transferência indireta do respectivo valor, do órgão para a Fazenda Pública Estadual, intermediada pelos fornecedores e prestadores contribuintes do ICMS, o que o benefício fiscal dispensaria, muito embora, em ambas as hipóteses, tais recursos tenham sua origem e destino em um mesmo orçamento público.

4.2 Eficácia do benefício fiscal no que diz respeito aos contratos já extintos, embora firmados sob a égide dos convênios acima referidos, nos quais eventualmente não se tenha fruído a isenção tributária

Na mesma linha do entendimento acima esposado, com muito mais razão sustento a impossibilidade de cobrança do que se pagou em contrato já extinto, ainda que tenha sido firmado após a vigência dos aludidos convênios.

Com efeito, não há razão para questionar o benefício que deixou de ser fruído, ainda que fosse devido, pelo não-cumprimento, à época, dos requisitos essenciais à sua concessão, pelas razões enumeradas anteriormente.

No Estado do Rio de Janeiro, por exemplo, a análise do art. 3º da Resolução SER-47/2003[22] deixa essa conclusão estreme de dúvidas, porquanto como condição para a concessão do benefício está a apresentação, pelas empresas que efetuarem operações passíveis de isenção, de declarações contendo informações do destinatário das mercadorias ou serviços, *até o 10º dia subseqüente ao da operação ou prestação*. Ora, não fosse o art. 5º da mesma resolução expresso, ainda assim, se as prestações ou operações já foram realizadas e não foi observado o prazo acima assinado, tudo levaria a crer que o benefício não seria concedido, *verbis*: "Art. 5º. O contribuinte que deixar de efetuar a comunicação a que se refere o art. 3º perderá o direito ao benefício, sendo-lhe exigido o imposto dispensado, com todos os acréscimos legais".

4.3 Eficácia das isenções nas contratações posteriores aos convênios

O meio pelo qual o órgão condicionará a contratação à não-inclusão do preço do tributo na fatura dos serviços ou mercadorias adquiridos será através de expressa previsão no edital do certame do qual decorrer a aquisição de mercadorias ou contratação dos serviços a que se referem os benefícios fiscais em comento.

Na fase de apresentação das propostas, as licitantes decerto não devem incluir no preço do serviço ou da mercadoria o valor do respectivo tributo, sob pena de serem desclassificada não somente em função da superior cotação do preço comparada às que ofertaram descontando o valor do tributo, como também por comprometer a uniformidade dos critérios. Para tanto, esta informação deverá constar expressamente no edital.

21. Marçal Justen Filho, *Comentários à Lei de Licitações e Contratos Administrativos*, Rio de Janeiro, Aide, 1994, pp. 393-394.

22. "Art. 3º. As empresas que efetuarem operações com a isenção a que se refere o art. 1º, exceto as concessionárias de serviço público a que se refere o § 2º do artigo anterior, devem apresentar à repartição fiscal de sua circunscrição, até o 10º (décimo) dia útil do mês subseqüente ao da operação ou prestação, declaração contendo a informação do órgão público estadual destinatário das mercadorias ou dos serviços.

"Parágrafo único. A declaração a que se refere este artigo deve estar acompanhada dos seguintes documentos: a) cópia do contrato social da empresa declarante; b) procuração atribuindo poderes ao signatário da declaração para representar a empresa declarante; c) cópia do documento de identidade do procurador; d) cópia das notas fiscais emitidas; e) cópia do instrumento de contrato assinado com o órgão público estadual para o fornecimento das mercadorias ou a prestação dos serviços."

Quanto à fase de cotação de preços, ideal seria que as empresas também não incluíssem o valor do tributo. De qualquer forma, é de ser considerado que a cotação do preço tem o objetivo de estabelecer o valor a ser fixado para o objeto do certame, e por uma operação aritmética, conhecendo-se a alíquota do tributo e o valor final do serviço ou da mercadoria, pode-se facilmente deduzir o valor a ser descontado a título de isenção do ICMS, ainda que a empresa tenha incluído o tributo no valor da mercadoria ou do serviço cotado.

É essencial, entretanto, que a empresa, ao cotar o preço, esclareça se está considerando, ou não, o valor do ICMS, para que o órgão licitante se certifique se deverá, ou não, abatê-lo do valor ofertado.

Tal previsão no instrumento convocatório não implicará nenhuma violação ao princípio da competitividade estatuído no inciso I do § 1º do art. 3º da Lei 8.666/1993, porque a isenção, embora concedida ao prestador de serviço ou ao fornecedor de mercadoria, se dá em função da destinação pública dos mesmos, ou seja, em decorrência da natureza do órgão ou entidade da Administração Pública estadual que deles se utilize, e não das características do prestador ou fornecedor.

Nesse sentido, se a licitação é, por exemplo, para a contratação de um serviço sobre o qual não incida o ICMS por força do Convênio ICMS-107/1995, todo prestador terá meios para requerer a concessão da sobredita isenção – e, portanto, não haverá qualquer desigualdade que possa macular o princípio da isonomia, restringindo a competitividade do certame em relação a uns, em detrimento dos demais.

Por sua vez, se a hipótese for de fornecimento de mercadoria ou produto sobre o qual não incida o ICMS em razão do Convênio ICMS-26/2003, fácil é notar que as condições estabelecidas pelo § 1º da cláusula 1ª do sobredito instrumento[23] não estabelecem requisito algum que dependa de determinada característica do fornecedor, de modo a inviabilizar a fruição do benefício por parte de eventual interessado em contratar com o Poder Público.

No que concerne aos serviços a que se refere o Convênio ICMS-107/1995, que consistem em atividades econômicas suscetíveis de regulação, nos termos do art. 174 da CF, fácil será constatar se do preço praticado está sendo descontado o valor do ICMS, porque as respectivas agências reguladoras têm ingerência, ainda que indireta, sobre o preço que pode ser cobrado pelos prestadores dos serviços de telecomunicações[24] e de fornecimento de energia elétrica.[25]

23. "Cláusula 1ª. Ficam os Estados e o Distrito Federal autorizados a conceder isenção de ICMS nas operações ou prestações internas, relativas à aquisição de bens, mercadorias ou serviços por órgãos da Administração Pública Estadual direta e suas fundações e autarquias.

"§ 1º. A isenção de que trata o *caput* fica condicionada: I – ao desconto, no preço, do valor equivalente ao imposto dispensado; II – à indicação, no respectivo documento fiscal, do valor do desconto; III – à comprovação de inexistência de similar produzido no país, na hipótese de qualquer operação com mercadorias importadas do exterior."

24. Estabelece o inciso VII do art. 19 da Lei 9.472/1997 a competência da ANATEL para "controlar, acompanhar e proceder à revisão de tarifas dos serviços prestados no regime público, podendo fixá-las nas condições previstas nesta Lei, bem como homologar reajustes". Nesse sentido, o referido diploma legal deixa certo que, embora as tarifas estejam previstas no contrato de concessão das prestadoras do serviço, *ex vi* do art. 93, VII, é nítida a ingerência que tem a referida agência reguladora, seja indiretamente, quando disciplina a licitação da qual participam as concessionária, tendo como um dos objetivos estabelecer tarifas razoáveis (art. 89, I), seja diretamente, quando, nas hipóteses de outorga sem licitação, as tarifas serão fixadas pela ANATEL (art. 103, § 3º), ou, ainda, quando aprova as tarifas por ocasião de novas prestações, utilidades ou comodidades objeto da concessão (art. 105).

25. Dispõe o § 1º do art. 15 da Lei 9.427/1996 que, sendo a tarifa máxima do serviço de fornecimento de energia elétrica fixada no contrato de concessão e em ato específico da ANEEL que autorize a aplicação de novos valores em razão de reajuste ou revisão contratual, deve a referida agência reguladora se manifestar em 30 dias após a apresentação das propostas pelas concessionárias e permissionárias do dito serviço, do que se depreende a nítida ingerência que tem a ANEEL no regime econômico-financeiro no qual é estabelecido o preço do serviço.

Já quanto aos demais bens, mercadorias e serviços aludidos no Convênio ICMS-26/2003 não há um meio eficaz de verificar se do preço final se deduziu o valor do tributo em comento, porque não há um critério que estabeleça parâmetro para o preço e que permita a comparação, além do quê há grande diversidade de produtos de diferentes marcas e modelos, do que avulta necessariamente a tamanha heterogeneidade dos preços.

Nessa última hipótese, a própria concorrência em razão do procedimento licitatório forçará o participante do certame a respeitar a isenção a que faz jus, sob pena de não ter meios de competir com os demais, muito embora não haja um critério do qual possam ser inferidos os custos e a margem de lucro que compõem o preço final repassado ao órgão contratante. Será, portanto, a competição o fator neutralizador dessa vulnerabilidade.

5. *Conclusões*

Nas hipóteses de tributos indiretos, nas quais o contribuinte de direito tenha freqüentemente a possibilidade de repassar o impacto econômico da cobrança do tributo para um terceiro – o contribuinte de fato –, o benefício fiscal destinado a beneficiar esse último se dá indiretamente, justamente por não integrar a relação jurídica tributária subjacente.

Nesse contexto, é o contribuinte de direito quem, preenchendo as condições para o benefício fiscal, requer a concessão do mesmo, a despeito de o objetivo finalístico estar atrelado à condição subjetiva do contribuinte de fato, que irá fruir a prestação sobre a qual incide o produto.

Em decorrência dessa sistemática, a eficácia dos benefícios nos contratos administrativos celebrados pelo órgão ou entidade que, na condição de contribuinte de fato, necessite das prestações passíveis da concessão do benefício dependerá da participação do fornecedor do respectivo produto ou serviço, que, na qualidade de contribuinte de direito, integra a relação originária, razão pela qual, em determinadas hipóteses, não poderá ser fruída imediatamente ou, se não requerida no momento oportuno, não se tornará factível sua repetição.

DA NÃO-INCIDÊNCIA DA CPMF SOBRE CONTRIBUIÇÕES PARA ENTIDADES DE PREVIDÊNCIA COMPLEMENTAR

ANDREA NOGUEIRA NEVES

Especialista em Direito Tributário pela PUC/SP – Professora dos Cursos de Especialização da FGV/RJ e da Universidade Cândido Mendes/RJ – Advogada em São Paulo

FABIANA ULSON ZAPPA

Especialista em Direito Tributário e Mestranda pela PUC/SP – Advogada em São Paulo

1. Introdução. 2. A isenção prevista no art. 69 da Lei Complementar 109/2001: 2.1 As contribuições como espécie tributária – 2.2 O alcance da norma veiculada no § 1º do art. 69 da Lei Complementar 109/2001. 3. A impossibilidade de lei ordinária revogar isenção prevista em lei complementar. 4. Conclusão.

1. Introdução

O tema sobre o qual nos debruçamos diz respeito à incidência da contribuição provisória sobre a movimentação e transmissão de valores e de créditos de natureza financeira (CPMF) sobre as contribuições para entidades de previdência complementar, à luz do que dispõem o art. 69, § 1º, da Lei Complementar 109/2001 e o art. 16 da Lei 9.311/1996, com redação modificada pela Medida Provisória 179/2004.

A questão ganha especial destaque se considerado o atual cenário político-econômico, no qual o Governo mostra-se interessado em buscar apoio de investidores para financiamento de obras de infra-estrutura, em especial por meio das parcerias público-privadas (PPPs).

Nesse sentido, as entidades de previdência complementar oferecem um imenso potencial de recursos disponíveis, que, dadas as características de suas obrigações, possibilitam a aplicação em investimentos com perspectiva de retorno a longo prazo. Isto porque as contribuições vertidas a planos de previdência complementar têm como objetivo o pagamento de benefícios de aposentadoria, e, portanto, durante o período de diferimento, formam-se reservas ou provisões as quais são aplicadas conforme as diretrizes estabelecidas pelo Conselho Monetário Nacional (CMN).

A despeito dessas considerações propedêuticas de ordem político-econômica, o tema será analisado de acordo com uma interpretação sistemática do direito positivo, a fim de se levar em consideração todo o ordenamento jurídico, sem excluir, é claro, o método histórico e teleológico, já que são pressupostos daquele. Tal como ensina Paulo de Barros Carvalho,[1] para quem o Direito nada mais é que um sistema de linguagem dirigida ao comportamento social nas relações de intersubjetividade, o critério sistemático de interpretação é considerado o método por excelência, já que compreende os três planos da linguagem (sintático, semântico e pragmático) – e, portanto, exaustivo da linguagem do Direito.

2. *A isenção prevista no art. 69 da Lei Complementar 109/2001*

Com o advento da Lei Complementar 109, de 29.5.2001, importantes alterações foram introduzidas no regime de previdência complementar no Brasil, dentre as quais várias de caráter tributário. Especificamente, o § 1º do art. 69, que parece não ter merecido, ainda, estudos mais aprofundados de especialistas no assunto, estabelece que não deverão incidir tributos ou contribuições de qualquer natureza sobre os valores vertidos para entidades de previdência complementar destinadas ao custeio de planos de benefícios previdenciários, *in verbis*:

> Art. 69. As contribuições vertidas para as entidades de previdência complementar, destinadas ao custeio dos planos de benefícios de natureza previdenciária, são dedutíveis para fins de incidência de imposto sobre a renda, nos limites e nas condições fixadas em lei.
>
> § 1º. *Sobre as contribuições de que trata o* ***caput*** *não incidem tributação e contribuições de qualquer natureza.*
>
> § 2º. Sobre a portabilidade de recursos de reservas técnicas, fundos e provisões entre planos de benefícios de entidades de previdência complementar, titulados pelo mesmo participante, não incidem tributação e contribuições de qualquer natureza (grifamos).

Como se vê, o § 1º do normativo acima transcrito criou uma isenção bastante ampla, excluindo do campo de incidência tributária as contribuições efetuadas para o custeio de planos de previdência complementar, extensiva a todos os tributos, na qual certamente está incluída a CPMF, prevista nos arts. 74 e 75 do ADCT e instituída pela Lei 9.311/1996,[2] cuja espécie tributária é a mesma das contribuições previstas no art. 195 da CF, destinadas ao financiamento da Seguridade Social.

Nota-se a intenção do legislador, clara e objetiva, no sentido de que nada poderá onerar as contribuições para custeio de planos de previdência complementar, como se verá a seguir.

2.1 As contribuições como espécie tributária

Malgrado a máxima de que no texto legal não existem palavras inúteis, para que não restassem dúvidas de que as contribuições em geral também estariam incluídas na isenção sobre os valores destinados a entidades de previdência complementar, o legislador foi redundante ao fazer expressa referência ao termo "contribuições", objetivando, com isso, afastar qualquer divergência existente na doutrina a respeito da classificação dos tributos, especialmente a que defende a natureza *não*-tributária das contribuições sociais, dentre as quais está a CPMF.

De fato, existem posicionamentos doutrinários que defendem a natureza não-tributária das contribuições sociais, com os quais ousamos discordar,[3] embora dignos

1. Paulo de Barros Carvalho, *Curso de Direito Tributário*, 13ª ed., São Paulo, Saraiva, 2000, p. 93.

2. A propósito, ao excluir da incidência da CPMF as contribuições destinadas a entidades de previdência complementar, o Governo Brasileiro deu importante passo para estimular o surgimento de novos planos de natureza previdenciária, como forma de suprir o déficit previdenciário que assola o país.

3. Sem prejuízo, ressalvamos nosso particular entendimento no sentido de que as contribuições

de profundo respeito, tal como milita Edvaldo Brito,[4] para quem as "contribuições sociais são prestações pecuniárias compulsórias que operam a redistribuição forçada do patrimônio privado, em favor do seu titular, para a constituição de um 'fundo de participação compulsória' destinado a suprir as necessidades no campo da previdência social e da infortunística, ou seja, no campo da Seguridade Social. No plano jurídico, elas se submetem a regime próprio desde a sua formação constitucional, (...), por isso não se confundem com tributo".

Este também é o entendimento de Hamilton Dias de Souza, para quem "no direito positivo não têm as contribuições caráter tributário, embora participem elas, em parte, do regime peculiar aos tributos".[5] Em relação especificamente às contribuições sociais, Ruy Barbosa Nogueira traça uma distinção: "As contribuições são tributos, salvo as destinadas ao custeio da assistência social, que, por estarem reguladas no art. 195, inserto no Capítulo II do Título VIII, pertinente à 'Ordem Social', têm outra natureza".[6]

No entanto, de acordo com a teoria da classificação tributária mais aceita na doutrina, inclusive acatada pelo STF, as contribuições (de melhoria, de intervenção no domínio econômico, de categoria de classes e as destinadas à Seguridade Social) são indubitavelmente espécies tributárias.

Nesse sentido, pondera Misabel Derzi,[7] dentre outros,[8] que o art. 149 da CF "veio espancar definitivamente quaisquer dúvidas em torno da natureza tributária das contribuições", determinando "de forma expressa e literal que se aplicam às contribuições os mais importantes princípios constitucionais tributários – da legalidade e da irretroatividade –, além de todas as normas gerais de direito tributário". Ainda, discorrendo especificamente sobre as contribuições sociais, o professor Paulo de Barros Carvalho advoga a tese segundo a qual "as contribuições sociais são entidades tributárias, subordinando-se em tudo e por tudo às linhas definitórias do regime constitucional peculiar aos tributos".[9]

Confirmando essa linha de entendimento, trazemos à baila o voto do ilustre Min. Carlos Velloso no julgamento pelo STF do RE 138.284-8,[10] para quem as contribuições sociais são espécie tributária própria: "As diversas espécies tributárias, determinadas pela hipótese de incidência ou pelo fato gerador da respectiva obrigação (CTN, art. 4º), são as seguintes: a) os im-

sociais são espécies tributárias, por se encaixarem perfeitamente no conceito jurídico-positivo de *tributo*, estabelecido no art. 3º do CTN, segundo o qual "tributo é toda obrigação pecuniária compulsória, em moeda ou cujo valor nela se possa exprimir, que não constitua sanção por ato ilícito, instituída em lei e cobrada mediante atividade administrativa plenamente vinculada". Ademais, as espécies tributárias não estão previstas exclusivamente no art. 145 da CF (impostos, taxas e contribuição de melhoria), mas também nos arts. 149 (contribuições sociais, de intervenção no domínio econômico e de interesse das categorias profissionais ou econômicas) e 195 (contribuições destinadas à Seguridade Social – que seguem regime tributário próprio).

4. Edvaldo Brito, "A legislação ordinária de cada ente tributante pode estabelecer prazos de decadência (e/ou prescrição), inclusive das contribuições de Seguridade Social, diversos dos previstos no Código Tributário Nacional?", *Grandes Questões de Direito Tributário*, vol. 2º, São Paulo, Dialética, 1998.

5. Hamilton Dias de Souza, "Contribuições sociais", *Caderno de Pesquisas Tributárias* 17/421, Resenha Tributária, 1989.

6. Ruy Barbosa Nogueira, *Curso de Direito Tributário*, 1989, p. 128, e artigo in *Repertório IOB de Jurisprudência*, 1ª quinzena de janeiro/1990, p. 13.

7. Misabel Derzi, "Contribuições", *RDTributário* 48/223.

8. Roque Carrazza, *Curso de Direito Constitucional Tributário*, 8ª ed., São Paulo, Malheiros Editores, 1996, p. 320; Américo Lacombe, "Contribuições no direito tributário brasileiro", *RDTributário* 47/191; Ives Gandra da Silva Martins, *A Constituição Aplicada*, vol. 3 – "Contribuições Sociais", CEJUP, 1991, p. 15; Alberto Xavier, *Temas de Direito Tributário*, Rio de Janeiro, Lumen Juris, 1991, p. 12; Marçal Justin Filho, "Contribuições sociais", *Caderno de Pesquisas Tributárias* 17/151, Resenha Tributária, 1989.

9. Paulo de Barros Carvalho, *Curso de Direito Tributário*, cit., 13ª ed., p. 43.

10. *DJU* 1.7.1992 (referente à constitucionalidade da contribuição social sobre o lucro/CSLL, instituída pela Lei 7.689/1988).

postos (CF, arts. 145, I, 153, 154, 155 e 156); b) as taxas (CF, art. 145, II); c) as contribuições, que podem ser assim classificadas: c.1) de melhoria (CF, art. 145, III); c.2) parafiscais (CF, art. 149), que são: c.2.1) sociais, c.2.1.1) de Seguridade Social (CF, art. 195, I, II e III); c.2.1.2) outras de Seguridade Social (CF, art. 195, § 4º), c.2.1.3) sociais gerais (o FGTS, o salário-educação – CF, art. 212, § 5º, contribuições para o SESI, SENAI, SENAC – CF, art. 240); c.3) especiais: c.3.1) de intervenção no domínio econômico (CF, art. 149) e c.3.2) corporativas (CF, art. 149). Constituem, ainda, espécie tributária: d) os empréstimos compulsórios (CF, art. 148)".

Assim, de acordo com o posicionamento doutrinário mais aceito, sem prejuízo dos que pensam de forma diversa, e na esteira da jurisprudência do STF, resta clara a abrangência da isenção prevista no § 1º do art. 69 da Lei Complementar 109/2001 em relação às prestações pecuniárias compulsórias (impostos, taxas e contribuição de melhoria) e "não-tributárias" (especificamente as contribuições sociais), estando indubitavelmente compreendida neste rol a CPMF.

2.2 O alcance da norma veiculada no § 1º do art. 69 da Lei Complementar 109/2001

Questão não menos controversa diz respeito à abrangência do § 1º do art. 69 da Lei Complementar 109/2001, pelo fato de estar inserido em um dispositivo normativo que trata especificamente sobre a dedutibilidade das contribuições vertidas para planos de previdência complementar da base de cálculo do imposto de renda, devendo essa isenção ser interpretada (ou não) nos limites do *caput* do art. 69. A esse respeito, afastamos qualquer interpretação no sentido de que a isenção do § 1º se refira tão-somente ao imposto de renda, tributo a que se refere o *caput*.

Isto porque, embora reconheçamos que os incisos e parágrafos de um dispositivo legal devam ser interpretados nos limites do seu *caput*, nem sempre o legislador atenta a esta preciosa técnica na elaboração das normas – como foi, nitidamente, o caso em questão.

Nesse sentido, o art. 10, III, "b", da Lei Complementar 95/1998 determina que devem ser expressos por meio dos parágrafos os aspectos complementares à norma enunciada no *caput* do artigo e as exceções à regra por este estabelecida – o que, em princípio, nos conduziria à conclusão de que a isenção prevista no art. 69 da Lei Complementar 109/2001 estaria restrita ao imposto de renda. Todavia, após uma avaliação mais aprofundada, parece-nos completamente precipitada e inadequada.

Isto porque, nitidamente contrariando a melhor técnica de elaboração de normas estabelecida na Lei Complementar 95/1998, para que não restassem dúvidas de que os parágrafos do art. 69 da Lei Complementar 109/2001 tratam de normas complementares ou – por que não dizer? – "clarificadoras" do enunciado veiculado no *caput*, o legislador fez expressa menção à expressão "contribuições", que não se harmoniza com a espécie tributária de imposto prevista no *caput*, independentemente do critério de classificação tributária que se adote, conforme anteriormente visto.

Deve-se atentar ao ensinamento de que a lei não contém palavras supérfluas, devendo todas ser entendidas como escritas adrede para influenciar no sentido da respectiva frase – de modo que não se pode desprezar o termo "contribuições" simplesmente pelo fato de estar inserido em um parágrafo e não no *caput* do dispositivo.

Assim, conclui-se que a expressão "contribuições" foi colocada pelo legislador de forma proposital, com o claro objetivo de efetivamente isentar de qualquer tributação as contribuições destinadas ao custeio de planos de previdência complementar, devendo ser interpretada como uma norma clarificadora do sentido do seu *caput*.

Aliás, antes de 1814 já assinalava Savigny[11] que "interpretar" é reproduzir a idéia original da lei e reconsiderar os fatos históricos e o sistema em que a lei está inserida. Nesse sentido, os critérios de interpretação (literal, lógico, histórico e sistemático) devem ser tomados em seu conjunto para que o resultado seja o ideal. Nesse sentido, conforme ensina Paulo de Barros Carvalho,[12] os métodos literal e lógico de interpretação das normas jurídicas estão no plano sintático, enquanto o histórico e o teleológico influem tanto no nível semântico quanto no pragmático – e, assim, considerando que o método sistemático envolve os três níveis da linguagem (sintática, semântica e pragmática), deve prevalecer, porque antessupõe os anteriores.

Por isso, na interpretação da isenção em questão também não poderá ser deixado de lado o momento histórico em que a norma foi editada, em que o Governo claramente objetiva incentivar o crescimento do segmento da previdência complementar, até como forma de captação de poupança interna para investimentos em infra-estrutura do país.

Tampouco pode-se deixar de levar em consideração uma análise finalística da norma (ou teleológica), chegando-se à verdadeira intenção do legislador – que, no caso, era desonerar as contribuições destinadas ao custeio de planos de previdência complementar de qualquer incidência tributária.

Saliente-se que não se trata, aqui, de interpretar a norma de forma extensiva; muito pelo contrário. Interpretar literalmente a norma, a teor do que determina o art. 111 do CTN, não significa fazê-lo restritamente, mas sim de acordo com seu próprio conteúdo. Trata-se, portanto, de uma interpretação conforme a própria norma. Por isso, Carlos Maximiliano desde muito adverte que "deve o Direito ser interpretado inteligentemente", isto é, "o intérprete não traduz em clara linguagem só o que o autor disse explicitamente e conscientemente; esforça-se por entender mais e melhor do que aquilo que se acha expresso, o que o autor inconscientemente estabeleceu, ou é de presumir ter querido instalar ou regular, e não ter feito nos devidos termos, por inadvertência, lapso, excesso de amor à concisão, impropriedade de vocábulos, conhecimento imperfeito de um instituto recente, ou por outro motivo semelhante".[13]

Assim, se as normas jurídicas devem ser interpretadas inteligentemente, não se pode admitir qualquer interpretação que conduza ao raciocínio de limitar a isenção prevista no § 1º do art. 69 ao conteúdo do seu *caput*, em prejuízo do real objetivo da norma. Portanto, não se vislumbra outra forma de interpretar o art. 69 senão como sendo o *caput* uma exceção à isenção geral prevista no § 1º, isto é, sobre as contribuições para planos de previdência complementar não incidem tributação e contribuições de qualquer natureza, sendo inclusive dedutíveis para fins de imposto sobre a renda, observados os limites e condições fixados em lei.

Também não se alegue que a isenção do § 1º teria eficácia contida, dependendo de lei para se efetivar, tal como determina o *caput*. Isto porque a expressão "observados os requisitos da lei" refere-se tão-somente ao imposto de renda, cujos limites de dedutibilidade já estão inclusive definidos no art. 11, § 2º, da Lei 9.532/1997, com redação alterada pela Lei 10.887/2004.[14]

11. Savigny, *Sistema del Derecho Romano Actual*, t. 1, p. 188, *apud* Osuna Fernández-Largo, 1992, pp. 21-25.

12. Paulo de Barros Carvalho, *Curso de Direito Tributário*, cit., 13ª ed., p. 100.

13. Carlos Maximiliano, *Hermenêutica e Interpretação do Direito*, 9ª ed., Rio de Janeiro, Forense, 1979, p 167.

14. "§ 2º. Na determinação do lucro real e da base de cálculo da contribuição social sobre o lucro líquido, o valor das despesas com contribuições para a previdência privada, a que se refere o inciso V do art. 13 da Lei n. 9.249, de 1995, e para os Fundos de Aposentadoria Programada Individual – FAPI, a que se refere a Lei n. 9.477, de 1997, cujo ônus seja da pessoa jurídica, não poderá exceder, em cada período de apuração, a 20% (vinte por cento) do total dos salários dos empregados e da remuneração dos dirigentes da empresa, vinculados ao referido plano."

Diante disso, não restam dúvidas de que sobre as contribuições destinadas a entidades de previdência complementar não incide a CPMF, por estarem alcançadas pela isenção prevista no § 1º do art. 69 da Lei Complementar 109/2001, cujos efeitos não dependem de lei para se concretizarem.

Desse modo, sob uma perspectiva pragmática, bastaria que as pessoas físicas ou jurídicas que efetuassem contribuições para planos de benefícios previdenciários solicitassem às instituições financeiras responsáveis pela movimentação de suas contas correntes de depósito a dispensa de retenção da CPMF sobre tais operações; contudo, não é o que ocorre.

As instituições financeiras, com toda razão, temerárias dos riscos de uma eventual autuação fiscal, retêm normalmente a CPMF sobre referidas movimentações, deixando de fazê-lo apenas na existência de ordem judicial. Isto porque, de acordo com a Lei 9.311/1996, a CPMF incide sobre todo e qualquer lançamento a débito em conta corrente de depósito, salvo nas hipóteses previstas na própria lei e em ato do Ministro da Fazenda, as quais estão, regra geral, relacionadas à condição de isento do contribuinte (art. 3º da Lei 9.311/1996[15]), e determinadas operações cujas movimentações financeiras devem ocorrer por meio de lançamentos efetuados em contas de depósito específicas beneficiadas pela alíquota zero (art. 8º da Lei 9.311/1996 e Portaria MF-227/2002) – o que não é o caso das contribuições para custeio de planos de benefícios previdenciários.

Assim, em razão da inexistência de previsão de abertura de contas correntes específicas (sem a incidência da CPMF) para movimentações decorrentes de contribuições para entidades de previdência complementar, ou ainda de procedimentos específicos que assegurem a não-incidência da CPMF, as mesmas vêm sendo normalmente lançadas a débito em contas de depósito com a incidência da contribuição, em total afronta à isenção estabelecida pelo § 1º do art. 69 da Lei Complementar 109/2001.

3. A impossibilidade de lei ordinária revogar isenção prevista em lei complementar

Neste cenário já bastante conturbado foi editada a Medida Provisória 179/2004, que conferiu nova redação ao art. 16 da Lei 9.311/1996, supostamente revogando a isenção prevista no § 1º do art. 69 da Lei Complementar 109/2001, ao estabelecer a obrigatoriedade do trânsito em conta corrente das contribuições e resgates de planos de previdência complementar.

Tal "revogação", como entendem alguns, vai de encontro à sistemática do direito positivo baseada no princípio da hierarquia dos atos normativos, segundo o qual um ato de menor escalão não pode revogar ato de maior escalão.

A lei complementar diferencia-se da lei ordinária por requisitos materiais e formais.

No aspecto material, compete à lei complementar dispor sobre determinadas matérias constitucionalmente reservadas, tais como, por exemplo, no âmbito do direito tributário, as previstas na Constituição Federal no art. 146 (conflitos de competência em matéria tributária entre a União, os Estados, o Distrito Federal e os Municípios; regular limitações constitucionais ao poder de tributar; estabelecer normas gerais de direito tributário), no art. 154 e no § 4º do art. 195 (referente à competência residual da União Federal para instituição de impostos e contribuições destinadas à Seguridade Social).

No aspecto formal diferem pelo quórum de aprovação, que é *qualificado* para

15. As isenções previstas na Lei 9.311/1996 estão, regra geral, relacionadas à imunidade do ente titular de conta corrente, de forma que não incide CPMF, por exemplo, no lançamento nas contas da União, dos Estados, do Distrito Federal, dos Municípios e também das entidades beneficentes de assistência social.

a lei complementar e *simples* para a lei ordinária.[16]

Encontramos diversas linhas de defesa da hierarquia formal das leis complementares, as quais se calcam, dentre outros argumentos, no fato de a lei complementar demandar, por força do art. 69 da CF, uma formalidade maior à sua aprovação – qual seja, a maioria absoluta de votos –, o que tornaria indiscutível sua superioridade em relação à lei ordinária.

Tal exigência demonstra que a lei complementar sempre deverá ser aprovada levando-se em conta uma maior cautela dos congressistas, em razão da exigência da maioria absoluta dos votos. Sendo reclamada tal atitude, certo é que um ato ordinariamente aprovado não pode ter o condão de revogá-la.

Discorrendo sobre esta questão, é a precisa lição de Manoel Gonçalves Ferreira Filho:[17] "É de se sustentar, portanto, que a lei complementar é um *tertium genus* interposto, na hierarquia dos atos normativos, entre a lei ordinária (e os atos que têm a mesma força que esta – a lei delegada e o decreto-lei) e a Constituição (e suas emendas). Não é só, porém, o argumento de autoridade que apóia essa tese; a própria o faz. A lei complementar só pode ser aprovada por maioria qualificada, a maioria absoluta, para que não seja, nunca, o fruto da vontade de uma minoria ocasionalmente em condições de fazer prevalecer sua voz. Essa maioria é assim um sinal certo da maior ponderação que o constituinte quis ver associada ao seu estabelecimento. Paralelamente, deve-se convir, não quis o constituinte deixar ao sabor de uma decisão ocasional a desconstituição daquilo para cujo estabelecimento exigiu ponderação especial. Aliás, é princípio geral de Direito que, ordinariamente, um ato só possa ser desfeito por outro que tenha obedecido à mesma forma". Assim, continua, "a lei ordinária, o decreto-lei e a lei delegada estão sujeitos à lei complementar, em conseqüência disso não prevalecem contra ela, sendo inválidas as normas que a contradisserem".

A problemática aqui tratada – de lei ordinária revogar isenção prevista em lei formalmente complementar – ocorreu também no caso da isenção da contribuição social para o financiamento da Seguridade Social (COFINS) devida pelas sociedades civis de profissionais, tendo a 1ª Seção do STJ uniformizado o entendimento da Corte no sentido de que isenção tributária prevista em lei complementar não pode ser revogada por meio de mera lei ordinária, cujo julgamento resultou na seguinte ementa:

> Embargos de divergência – Tributário – COFINS – Sociedades civis de prestação de serviços profissionais – Isenção reconhecida pela Lei Complementar n. 71/1991 (art. 6º, II) – Revogação pela Lei ordinária n. 9.430/1996 – Inadmissibilidade – Súmula n. 276.
>
> *Permitir-se que uma fonte formal de menor bitola possa revogar a dispensa do pagamento da COFINS, conferida por lei complementar, resulta em desconsiderar a potencialidade hierarquicamente superior da lei complementar frente à lei ordinária.* Nessa linha de raciocínio, o professor Manoel Gonçalves Ferreira Filho, ancorado no magistério dos mestres Miguel Reale e Pontes de Miranda, elucida que "é princípio geral de Direito que, ordinariamente, um ato só possa ser desfeito por outro que tenha obedecido à mesma forma" (cf. *Curso de Direito Constitucional*, 18ª ed., ed. Saraiva, p. 184).

16. Em relação à hierarquia formal, citamos a Lei Complementar 95/1998, que dispõe, conforme previsto no parágrafo único do art. 59 da Carta Magna, sobre a elaboração, redução, alteração e consolidação das normas. Nela não há referências ao conteúdo das normas, como ocorre no caso de lei complementar material, mas tão-somente à forma de criação e modificação das mesmas. Trata-se de mera hierarquia formal, existente em virtude de preceito constitucional expresso que delega à lei complementar a regulação da forma de produção de outras normas. Caso uma lei ordinária seja elaborada em desacordo com o disposto na Lei Complementar 95/1998, será inválida, por inobservância indireta de preceito constitucional.

17. Manoel Gonçalves Ferreira Filho, *Curso de Direito Constitucional*, 18ª ed., São Paulo, Saraiva, pp. 184 e ss.

"As sociedades civis de prestação de serviços profissionais são isentas da COFINS, irrelevante o regime tributário adotado" (Súmula n. 276/STJ).

Embargos de declaração acolhidos[18] (grifamos).

Como se vê, afigura-se totalmente pacificada a questão da impossibilidade de lei ordinária revogar isenção prevista em lei complementar.

Nesse contexto, a obrigatoriedade de trânsito em conta corrente de depósito prevista no art. 16 da Lei 9.311/1996, restrita inicialmente às aplicações financeiras e operações de mútuo, estendida pela Medida Provisória 179/2004 para as *contribuições e resgates decorrentes da contratação de planos de previdência complementar* e seguros de vida com características semelhantes, assumiria papel meramente operacional,[19] ou se confrontaria diretamente com a isenção prevista no art. 69 da Lei Complementar 109/2001.

Ao elencar o rol de operações que devem, obrigatoriamente, transitar em conta corrente, o art. 16 deixa claro o propósito de evitar a circulação de recursos fora do Sistema Financeiro. Nesse sentido, a Mensagem 151/2004, proferida pelo Plenário da Comissão Mista do Congresso Nacional, é bem elucidativa:

"Outro conjunto de dispositivos da Medida Provisória n. 179, de 2004, diz respeito a questões operacionais relativas às contas bancárias. O objetivo das regras é dificultar a evasão fiscal da CPMF e aumentar o controle sobre a movimentação de recursos.

"Nesse sentido, toda aplicação financeira deverá ser feita mediante lançamento a débito na conta de investimentos, e esta somente poderá ser suprida com recursos vindos da conta corrente de depósitos do mesmo titular. Ou seja, não poderá haver recursos de terceiros envolvidos no fluxo de dinheiro entre as contas bancárias do investidor.

"Analogamente, algumas operações financeiras e creditícias somente poderão ser efetuadas mediante utilização da conta corrente do próprio titular ou mutuário, vedando o envolvimento de terceiros.

"Submetem-se a essa regra as seguintes operações: (...) c) o pagamento das contribuições para planos de previdência e de seguros de vida; (...).

"A medida provisória prevê 3 (três) exceções à regra da obrigatoriedade de trânsito em conta corrente do titular: (...) c) o pagamento da contribuição a plano de seguro de vida ou de previdência privada, constituído com recursos da pessoa jurídica e da pessoa física, desde que os recursos transitem pela conta corrente da empresa. (...)."

Com isso, além dos entraves operacionais existentes, e que por si só já impediam que as instituições financeiras deixassem de reter a CPMF sobre as movimentações decorrentes de contribuições destinadas a planos de previdência complementar, com a Medida Provisória 179/2004 a situação tornou-se ainda mais complexa, diante de um aparente confronto entre leis de diferentes hierarquias – lei complementar e medida provisória, cujo *status* é de lei ordinária.

4. Conclusão

Assim, concluímos que devem prevalecer as diretrizes emanadas do § 1º do art. 69 da Lei Complementar 109/2001, que

18. REsp 354.012-SC, rel. Min. Franciulli Netto, j. 10.12.2003.

19. Redação do art. 16 da Lei 9.311/1996 dada pela Medida Provisória 179/2004:

"Art. 16. Serão efetivadas somente por meio de lançamento a débito em conta corrente de depósito do titular ou do mutuário por cheque de sua emissão, cruzado a intransferível, ou por outro instrumento de pagamento, observadas as normas expedidas pelo Banco Central do Brasil: (...) III – as contribuições para planos de benefícios de previdência complementar ou de seguros de vida com características semelhantes; (...).

"§ 3º. No caso de planos ou seguros constituídos com recursos de pessoa jurídica e de pessoa física, (...)."

regra que sobre as contribuições destinadas ao custeio de planos de previdência complementar não incidem tributos e *contribuições* de qualquer natureza – dentre as quais certamente se insere a CPMF.

Isto porque, tal como demonstrado, verifica-se que a isenção veiculada pela Lei Complementar 109/2001 somente poderia ser modificada por norma de igual ou superior hierarquia – razão pela qual a Medida Provisória 179/2004 não se perfaz em instrumento legislativo apto a impor sua revogação, assumindo caráter meramente operacional.

GRÁFICA PAYM
Tel. (011) 4392-3344
paym@terra.com.br

RDT 93

CADERNOS DE DIREITO TRIBUTÁRIO: O ART. 3º DA LC 118/2005, PRINCÍPIO DA IRRETROATIVIDADE E LEI INTERPRETATIVA – Paulo de Barros Carvalho • ISS – SERVIÇOS DE REPARAÇÃO DE TURBINAS DE AERONAVES, PARA DESTINATÁRIOS NO EXTERIOR – NÃO-INCIDÊNCIA – EXEGESE DO ART. 2º, I, E SEU PARÁGRAFO ÚNICO, DA LC 116/2003 – Roque Antonio Carrazza • LOS ANTICIPOS IMPOSITIVOS: ¿OBLIGACIONES TRIBUTARIAS? – Jorge Bravo Cucci • EXECUÇÃO FISCAL – PENHORA "ON LINE" E A LC 118/2005 – Betina Treiger Grupenmacher • FUNDAMENTACIÓN DE LA RESERVA DE LEY EN MATERIA TRIBUTARIA – Andrés Blanco • ANÁLISE DA VALIDADE DA COBRANÇA DE ICMS SOBRE A EXTRAÇÃO DE PETRÓLEO NO ESTADO DO RIO DE JANEIRO: LEI NOEL – Antonio Corrêa Meyer, Raquel Novais e Thais de Barros Meira • O ÔNUS/DEVER DA PROVA NO PROCESSO ADMINISTRATIVO TRIBUTÁRIO – Fabiana Del Padre Tomé • ESTATUTO DO CONTRIBUINTE – Agostinho Toffoli Tavolaro • OS JUROS DE MORA E OS CRÉDITOS TRIBUTÁRIOS COM EXIGIBILIDADE SUSPENSA POR MEDIDA LIMINAR EM MANDADO DE SEGURANÇA – Helenilson Cunha Pontes • EMENDAS CONSTITUCIONAIS E SEUS REFLEXOS EM MATÉRIA TRIBUTÁRIA – Adelmo Emereciano • A "GUERRA FISCAL" ENTRE OS ESTADOS NO BRASIL – UMA ANÁLISE À LUZ DA TEORIA GERAL DO DIRETO (enfocando os pensamentos de Kelsen e Luhmann) – Osvaldo Santos de Carvalho • REFLEXÕES TEÓRICAS SOBRE A PROVA APLICADAS NO DIREITO TRIBUTÁRIO – Florence Cronemberger Haret • ***ESTUDOS E COMENTÁRIOS***: A TRIBUTAÇÃO DOS SERVIÇOS DE TELECOMUNICAÇÕES PRÉ-PAGOS – Ana Cláudia Akie Utumi e Jerry Levers de Abreu • OS PRINCÍPIOS DE PERSONALIDADE, CULPABILIDADE E PROPORCIONALIDADE E O ELEMENTO SUBJETIVO DAS INFRAÇÕES TRIBUTÁRIAS: UMA ANÁLISE COMPARATIVA ENTRE O DIREITO POSITIVO ESPANHOL E O BRASILEIRO – Marcelo Marques Roncaglia • PRINCÍPIO DA NÃO-DISCRIMINAÇÃO DO TRATAMENTO FISCAL NAS RELAÇÕES DE COMÉRCIO INTERNACIONAL E SEUS EFEITOS EM RELAÇÃO À CONTRIBUIÇÃO PARA O PIS/PASEP E À CONFINS – Ciro Cardoso Brasileiro Borges • ISENÇÕES DE ICMS E ISS VEICULADAS POR TRATADOS INTERNACIONAIS E O PACTO FEDERATIVO – Aldo de Paula Junior • O APROVEITAMENTO DO ICMS ACUMULADO NA EXPORTAÇÃO – Tércio Chiavassa e Diego Caldas Rivas de Simone • COMENTÁRIOS SOBRE A RESOLUÇÃO DO SENADO FEDERAL 71, DE 26.12.2005 – Fabrício da Mota Alves • ISS – CONFLITO ENTRE A LEI MUNICIPAL E A NORMA GERAL DE DIREITO TRIBUTÁRIO – AUTONOMIA MUNICIPAL – LC 116/2003 – ANÁLISE DOS PRINCIPAIS ASPECTOS POLÊMICOS DA LEGISLAÇÃO DO ISS – Auta Alves Cardoso • DA IMUNIDADE E DA ISENÇÃO DO ICMS EM OPERAÇÕES E PRESTAÇÕES DESTINADAS A ATENDER AOS ÓRGÃOS DA ADMINISTRAÇÃO PÚBLICA – Eduardo Azeredo Rodrigues • DA NÃO-INCIDÊNCIA DA CPMF SOBRE CONTRIBUIÇÕES PARA ENTIDADES DE PREVIDÊNCIA COMPLEMENTAR – Andrea Nogueira Neves e Fabiana Ulson Zappa

MALHEIROS EDITORES

Revista de Direito Tributário

60